BERLIN
VOM KRIEGSENDE BIS ZUR WENDE
1945-1989

Jahr für Jahr:
Die Ereignisse in der geteilten Stadt

Von Axel Steinhage und Thomas Flemming

Mit einem Geleitwort von
Bundespräsident Roman Herzog

Argon

1. Auflage 1995
© 1995 by Argon Verlag GmbH, Berlin
Alle Rechte vorbehalten
Redaktion: Ferdinand Schwenkner
Umschlaggestaltung: Theodor Bayer-Eynck, Coesfeld
Satz und Repro: LVD GmbH, Berlin
Druck und Bindung:
Westermann Druck GmbH, Zwickau

ISBN 3-87024-316-3

Geleitwort
von Bundespräsident Roman Herzog

In wenigen Jahren wird Berlin, die Hauptstadt der Bundesrepublik Deutschland, wieder Regierungssitz sein. Die Ära der jahrzehntelangen Teilung ist dann überwunden.

Mehr als andere deutsche Städte hat Berlin die Folgen des Dritten Reiches und die Auswirkungen des Kalten Krieges zu spüren bekommen.

Nach dem Fall der Mauer im Jahr 1989 wurden durch internationale Verträge die Voraussetzungen für die Wiedervereinigung Deutschlands geschaffen. Freilich, erst wenn die Bevölkerung der beiden Teile Deutschlands wirklich zusammengefunden hat, wird die Vereinigung vollzogen sein. Das ist nicht einfach. Wichtige Grundlage für den zum Teil schwierigen Prozeß ist vor allem gegenseitiges Verstehen. Die Kenntnisse vom Leben im jeweils anderen Teil Deutschlands sind jedoch bei vielen noch gering, besonders bei der Generation, für die die Teilung des Landes beinahe eine Selbstverständlichkeit war, und bei der heutigen Generation, für die die Teilung Geschichte ist.

Dieses Buch, das in übersichtlicher und gut verständlicher Form die wichtigsten Ereignisse aus vierundvierzig Jahren Geschichte in Ost und West zusammenträgt, leistet einen wichtigen Beitrag zum besseren Verständnis der Vergangenheit. Ich wünsche ihm vor allem viele junge Leser.

Im August 1995

Vorwort

Die Nachkriegsgeschichte Berlins ist einzigartig. Nach dem Inferno des Zweiten Weltkrieges stand die Stadt mehr als vier Jahrzehnte im Brennpunkt des Ost-West-Konflikts. An keinem anderen Ort der Welt prallten zwei Gesellschaftssysteme so unmittelbar aufeinander, an keinem anderen Ort waren die Auswirkungen des Kalten Krieges so spürbar wie in Berlin. Die quer durch die Stadt verlaufende Mauer bildete die Grenze zwischen zwei Machtblöcken.

Die Spaltung der Stadt vollzog sich in mehreren Schritten. Unmittelbar nach Kriegsende kam es zu ersten Spannungen zwischen den Siegermächten. Diese gipfelten 1948 in der Blockade West-Berlins durch die Sowjetunion und der im selben Jahr erfolgten administrativen und wirtschaftlichen Trennung beider Stadthälften. Die Errichtung der Mauer im August 1961 bildete den Höhepunkt dieser Entwicklung. Achtundzwanzig lange Jahre sollte dieses politische Gebilde Verwandte und Freunde voneinander trennen. Über achtzig Menschen fanden bei Fluchtversuchen über die Berliner Mauer den Tod.

Beide Stadthälften machten bis zur Wende 1989 eine höchst unterschiedliche Entwicklung durch. Nahezu alle Lebensbereiche waren von der besonderen Lage in und um Berlin betroffen; nicht nur in der Politik, sondern auch in Kultur und Alltagsleben war die Spaltung allgegenwärtig. Trotz Stacheldraht und Mauer gab es manches, was beide Stadthälften verband.

In dem vorliegenden Buch wird erstmals versucht, die wechselvolle Nachkriegsgeschichte Berlins umfassend darzustellen. Der besonderen Art dieser Geschichte, bedingt durch die Teilung der Stadt, entspricht die besondere Darstellungsform: eine Gegenüberstellung der Geschehnisse in Ost und West. Sie erlaubt es dem Leser, direkt zu vergleichen, was parallel in beiden Stadthälften geschah, was es an gemeinsamen, aber auch an konträren Entwicklungen gab.

Chronologisch, Jahr für Jahr, und untergliedert in die Bereiche Politik, Wirtschaft, Kultur, Alltagsleben und Sport, werden die Ereignisse in West-Berlin fortlaufend auf den linken Seiten und die in Ost-Berlin auf den rechten Seiten dargestellt. So lädt das Buch dazu ein, nicht nur die »eigene Geschichte« noch einmal nachzuvollziehen, sondern sie auch vor dem Hintergrund der »anderen Geschichte« zu betrachten. Die Kenntnis dessen, was die Menschen im jeweils anderen Teil Deutschlands, im anderen Teil Berlins erlebten, ist eine wesentliche Voraussetzung für ein vertrauensvolles Miteinander in der Zukunft.

Argon Verlag

8	Berlin erlebt die »Stunde Null«	1945	Berlin erlebt die »Stunde Null«	9
14	Widerstand gegen Zwangsvereinigung	1946	Vereinigung der Arbeiterparteien	15
24	Reuter darf Bürgermeisteramt nicht antreten	1947	CDU-Spitze abgesetzt	25
28	Blockade – Westalliierte errichten Luftbrücke	1948	Ende der Viermächte-Verwaltung	29
36	Ende der Blockade	1949	Ost-Berlin – Hauptstadt der DDR	37
42	Berliner Wirtschaft gerät in Rückstand	1950	Normalisierung der Lebensverhältnisse	43
48	Große Koalition für Berlin	1951	Berlin im Zeichen der Weltjugendspiele	49
54	Zwischenfall im Luftkorridor	1952	Berlin wird »enttrümmert«	55
58	Volksaufstand – Zurückhaltung im Westen	1953	Volksaufstand – Sowjets retten SED-Regierung	59
64	SPD gewinnt Berliner Wahlen	1954	Volkskammerwahl ohne Berliner	65
70	Suhr Regierender Bürgermeister	1955	Ende der Sowjetischen Besatzungszone	71
76	Flüchtlinge bleiben ein Problem	1956	Hoffnung auf Reform erstickt	77
82	Willy Brandt – Regierender Bürgermeister	1957	Blitzaktion – Umtausch aller Banknoten	83
88	West-Berlin soll »Freie Stadt« werden	1958	SED verspricht Wohlstand wie im Westen	89
94	Verhandlungen in Genf	1959	Feiern zum 10. Jahrestag der DDR	95
100	Hochkonjunktur und Vollbeschäftigung	1960	Sprunghafter Anstieg der Flüchtlingszahlen	101
106	West-Berlin vom Umland abgeriegelt	1961	Mauer gegen Flüchtlinge	107
112	Leben mit der Mauer	1962	Ausbau Ost-Berlins zur Hauptstadt der DDR	113
118	Kennedy: »Ich bin ein Berliner!«	1963	Passierscheine für West-Berliner	119
124	Alliierte bekräftigen Viermächte-Status	1964	Mit Mindestumtausch gegen Spekulanten	125
128	Sowjetische Düsenjäger über West-Berlin	1965	Gedenken an das Kriegsende	129
134	Außerparlamentarische Opposition	1966	DDR fordert Anerkennung	135
140	Albertz tritt zurück	1967	Fechner löst Ebert ab	141
146	Attentat auf Rudi Dutschke	1968	DDR »Sozialistischer Staat deutscher Nation«	147
152	Bewegung in der Berlinfrage	1969	DDR verhandlungsbereit	153
158	Hoffnung auf Berlinregelung	1970	Ost-Berlin intensiviert den Wohnungsbau	159
164	Berlins Lage gesichert	1971	Führende Rolle der SED	165
170	Die Mauer wird durchlässiger	1972	Innerdeutscher Entspannungsprozeß	171
176	Erneut Streit um Status Berlins	1973	Diplomatische Aufwertung Ost-Berlins	177
180	Bindungen an die Bundesrepublik	1974	Neuer Oberbürgermeister	181
186	Spektakuläre Aktion der Terroristen	1975	Optimismus über ökonomische Entwicklung	187
192	Politische Führung in der Krise	1976	Repressionen gegen Oppositionelle	193
198	Stobbe wird Regierender Bürgermeister	1977	Wunsch nach Ausreise nimmt zu	199
204	Spannungen um Berlin	1978	Großer Empfang für DDR-Kosmonauten	205
210	Hausbesetzungen in Kreuzberg	1979	Direktwahl der Volkskammerabgeordneten	211
216	Garski-Skandal löst Senatskrise aus	1980	Kulturhauptstadt Berlin	217
222	Machtwechsel in Berlin	1981	Ost-Berliner wählen Volkskammer mit	223
228	Demonstrationen – Proteste – Krawalle	1982	Sorge um den Frieden	229
234	Koalition festigt Basis der Regierung	1983	Französischer Dom im neuen Glanz	235
240	Wechsel an der Spitze des Senats	1984	Fortschritt im Wohnungsbau	241
246	CDU und FDP setzen Koalition fort	1985	Machtkampf um Führung der Berliner SED	247
252	Bestechungsaffäre belastet Landesregierung	1986	Berlin – eine »Sozialistische Metropole«	253
258	750-Jahr-Feier und Krawalle	1987	Stadterneuerung zur 750-Jahr-Feier	259
266	Kulturstadt Europas	1988	Selbstbewußte Opposition	267
274	Nach 28 Jahren fällt die Mauer	1989	Friedliche Revolution	275

1945 BERLIN ERLEBT DIE »STUNDE NULL«

BERLIN IM FRÜHJAHR 1945

Der Nationalsozialismus und der Zweite Weltkrieg haben die Stadt Berlin in die größte Katastrophe ihrer Geschichte gestürzt. Der nationalsozialistische Terror, die angespannte Versorgungslage und die Luftangriffe hatten von der Bevölkerung schwerste Opfer gefordert. Unmittelbarer als die übrigen Deutschen hatten die Berliner an einer »doppelten Front, zwischen Bomben und Gestapo,« gestanden.

In Berlin hatte das Regime die Diktatur inszeniert; hier waren Krieg und Völkermord geplant worden. Hier aber hatte sich auch das Zentrum des Widerstandes befunden, und hier hatte es wirksame Hilfe für Verfolgte gegeben.

Als der Krieg mit der völligen Niederlage des Deutschen Reiches endet, stehen die Zukunftserwartungen der Menschen und die Erkenntnis der Befreiung im Schatten der Erlebnisse des Zusammenbruchs mit all seinen Begleiterscheinungen. Als dann eine gewisse Normalität eintritt und Überlebenswille und Aufbruchsstimmung die Menschen zum Handeln treiben, steht die Vergangenheit bereits im Schatten des aufkeimenden Ost-West-Konfliktes.

Sinnlose Verteidigungsmaßnahmen: Als Ende Januar 1945 die Rote Armee die Oder erreicht und bei Küstrin einen Brückenkopf gebildet hat, ordnet Josef Goebbels (Reichspropagandaminister, NSDAP-Gauleiter und seit 1. April durch Führererlaß auch Stadtpräsident von Berlin) in seiner Eigenschaft als Reichsverteidigungskommissar an, die Reichshauptstadt »bis zur letzten Patrone« zu verteidigen. Maßnahmen wie die Anlage von vier Sperringen und der Bau von Start- und Landebahnen, so auf der Ost-West-Achse im Tiergarten, sollen die Verteidigung und Versorgung der Stadt sicherstellen. Die Sinnlosigkeit dieser Bemühungen ist offenkundig: Den rund 94 000 in der Stadt befindlichen Wehrmachtssoldaten, SS-Angehörigen und Mitgliedern des Volkssturms steht die Übermacht zweier sowjetischer Armeen gegenüber. Hinzu kommt die mangelhafte Kampfkraft der deutschen Verbände; die Soldaten sind entkräftet, unzureichend ausgerüstet und kaum ausgebildet.

Verheerender Bombenangriff der USA: US-Amerikaner und Briten, die in Richtung Elbe vorrücken, die Eroberung Berlins verabredungsgemäß jedoch den Sowjets überlassen werden, unterstützen den bevorstehenden Angriff durch Luftangriffe. Am 3. Februar fliegen rund 1000 amerikanische Flugzeuge den schwersten Angriff auf die Reichshauptstadt während des Krieges. Innerhalb von 53 Minuten werfen sie 2264 t Bomben über Kreuzberg, Schöneberg und Tempelhof ab. Unzählige Menschen kommen ums Leben; große Teile der bebauten Fläche Berlins werden dem Erdboden gleich gemacht. Am 21. April erfolgt der letzte Luftangriff gegen Berlin. Dann setzen Artillerie und Straßenkämpfe das Werk der Zerstörung fort.

Schlacht um die Reichshauptstadt: Am 16. April eröffnet die Rote Armee die Schlacht um Berlin. Von der Oder aus stößt sie in zwei Keilen vor, deren nördlicher sechs Tage später die Randbezirke Lichtenberg, Niederschönhausen und Frohnau erreicht. Am Tag darauf wird Köpenick erobert und bis zum 26. April die Einschließung der Stadt vollendet. Lediglich im Regierungsviertel, Mitte und Tiergarten, können sich noch deutsche Truppen halten. Inzwischen bricht das öffentliche Leben in der Stadt restlos zusammen. Die Verkehrsmittel ebenso wie Gas- Strom- und Wasserversorgung kommen zu Erliegen. Wo noch nicht gekämpft wird, ziehen Erschießungskommandos der SS und Wehrmacht durch die Straßen, fahnden nach Deserteuren und holen politische Häftlinge aus den Strafanstalten, um sie zu ermorden.

Selbstmord Hitlers – Berlin kapituliert: Am 30. April, dem Tag, an dem auf der Ruine des Reichstagsgebäudes die Rote Fahne gehißt wird, nimmt sich der im Bunker unter der Reichskanzlei verschanzte Führer und Reichskanzler Adolf Hitler das Leben. Am Tag darauf entzieht sich auch Goebbels seiner Verantwortung durch Selbstmord. Inzwischen, am 20. April, hat der Stadtkommandant General Helmuth Weidling die gesamte vollziehende Gewalt in Berlin übernommen. Die sowjetische Führung setzt noch während der Kämpfe am 28. April Generaloberst Nikolai Bersarin als Chef der Besatzung und Stadtkommandant von Berlin ein, der im Befehl Nr. 1 verkündet: »Die gesamte administrative und politische Macht geht … in meine Hände über. In jedem Stadtbezirk werden gemäß der früher existierenden administrativen Einteilung militärische Bezirks- und Revierkommandanturen eingesetzt.«

Das Ende des Zweiten Weltkriegs in Europa steht nun unmittelbar bevor. Während die noch verbliebenen nationalsozialistischen Führer ihr Heil in der Flucht suchen, strecken die Reste der deutschen Truppen die Waffen: Am 2. Mai unterzeichnet General Weidling vor Armeegeneral Wassili Tschuikow am Tempelhofer Schulenburgring die bedingungslose Kapitulation. In der Nacht vom 8. auf den 9. Mai kapituliert in der ehemaligen Pionierschule in Berlin-Karlshorst vor führenden Vertretern der Oberkommandos der vier Alliierten die gesamte deutsche Wehrmacht ebenfalls bedingungslos.

Der totalen Niederlage folgt die Auflösung sämtlicher staatlicher und kommunaler Ordnung. Die Bevölkerung leidet unter schlimmsten Entbehrungen und dem Siegestaumel der Soldateska, in deren Gedächtnis die Verwüstungen der deutschen Kriegführung in der eigenen Heimat unauslöschlich sind.

Bilanz der Stunde Null: Die Bilanz des Zweiten Weltkrieges ist verheerend. Lebten 1943 noch über 4,4 Millionen Menschen in Berlin, reduzierten Evakuierung, Kriegsverluste und Deportationen die Einwohnerzahl bis Mai 1945 auf 2,3 Millionen, von denen zwei Drittel Frauen sind. Zehntausende Berliner fielen dem Terror der Nationalsozialisten zum Opfer: politisch und rassisch Verfolgte ebenso wie solche aus religiösen Gründen. Im April und Mai begehen fast 5000 Menschen Selbstmord. Von den 1933 knapp 161 000 in der Stadt lebenden Juden hatten sich etwa die Hälfte ins Ausland flüchten können. 55 000 Berliner Juden waren in Konzentrations- und Vernichtungslagern ermordet worden. Bei Kriegsende befinden sich noch rund 5000 Menschen jüdischen Glaubens in Berlin, von denen über 1000 dank der Hilfe mutiger Berliner in der Illegalität überlebt hatten; etwa 1000 Juden kehren aus Konzentrationslagern zurück.

Die Bevölkerung, die aus Bunkern und Kellern kommt, findet sich in einer riesigen Steinwüste. Straßen und Plätze sind von Toten, Trümmern und Kriegsgerät bedeckt. Rund 75 Millionen m³ Schutt hat das »Tausendjährige Reich« den Berlinern hinterlassen. 40 % des Wohnungsbestandes sind zerstört und weitere 10 % schwer beschädigt.

POLITIK

Städtisches Leben kommt in Gang: Die sowjetischen Streitkräfte versuchen unmittelbar

Aufruf an die deutsche Bevölkerung zur Unterstützung der sowjetischen Militärbehörden, April 1945.

Am Brandenburger Tor unmittelbar nach Beendigung der Kämpfe, Anfang Mai 1945.

Vor dem Kaiser-Wilhelm-Denkmal am Schloß: gefangene deutsche Offiziere mit General Helmuth Weidling (ganz rechts), 6. Mai 1945.

BERLIN ERLEBT DIE »STUNDE NULL« 1945

1945 BERLIN ERLEBT DIE »STUNDE NULL«

nach der Kapitulation geordnete Verhältnisse herzustellen. Sie übernehmen zunächst die gesamte Verantwortung für Berlin. Ihnen zur Seite steht eine Gruppe aus der Moskauer Emigration zurückgekehrter deutscher Kommunisten, die unter Führung Walter Ulbrichts (»Gruppe Ulbricht«) am 2. Mai in der Prinzenallee in Friedrichsfelde die Arbeit aufnimmt. Diese Männer – unter ihnen Karl Maron, Otto Winzer, Arthur Pieck und Wolfgang Leonhard – beginnen sofort mit dem Aufbau der KPD sowie einer Gewerkschaftsbewegung und von Bezirksverwaltungen in ganz Berlin.

Die mit Genehmigung des Stadtkommandanten Bersarin (er kommt am 16. Juni bei einem Unfall ums Leben) gebildeten Volkskomitees richten nach sowjetischem Muster ein System von Block-, Straßen- und Hausvertrauensleuten ein, die für die Durchsetzung von Befehlen der Besatzungsmacht und Anordnungen deutscher Stellen zuständig sind. Die Direktive Ulbrichts für den Aufbau der Verwaltung lautet: »Die Bezirksverwaltungen müssen politisch richtig zusammengestellt werden.« Sozialdemokraten und Bürgerliche sollen als Galionsfiguren dienen, Kommunisten die Schlüsselpositionen einnehmen. »Es muß demokratisch aussehen, aber wir müssen alles in der Hand haben.«

Neuer Oberbürgermeister und Magistrat: Bereits am 17. Mai erhält Berlin den ersten Nachkriegs-Magistrat. Der sowjetische Stadtkommandant setzt den parteilosen Arthur Werner zum Oberbürgermeister ein. Ihm zur Seite stehen 16 Stadträte, unter anderen Karl Maron (KPD, Erster Stellvertreter des Oberbürgermeisters), Andreas Hermes (Reichsminister a. D. und ehemals Zentrumsmitglied, Ernährungswesen), Ferdinand Sauerbruch (parteilos, Gesundheitswesen) und Hans Scharoun (parteilos, Bau- und Wohnungswesen); als Beiräte fungieren die Pfarrer Peter Buchholz und Heinrich Grüber. Neun Mitglieder dieses Magistrats gehören der KPD und drei der SPD an.

Entsprechend dem Aufbau der Hauptabteilungen soll jede Bezirksverwaltung in Bezirksabteilungen gegliedert werden. Hierzu genehmigt die Alliierte Kommandantur am 12. September das vom Magistrat beschlossene Bezirksverfassungsstatut.

Die alliierte Kommandatur der Stadt Berlin erläßt am 11. Juli 1945 den Befehl Nr. 1:

Die Interalliierte Militärkommandantur hat die Kontrolle über die Verwaltung der Stadt Berlin am 11. Juli 1945 übernommen. Die Berliner Verwaltungsbezirke sind folgendermaßen unter die Besatzungsmächte aufgeteilt. Amerikanisch: Kreuzberg, Zehlendorf, Schöneberg, Steglitz, Tempelhof, Neukölln. Britisch: Tiergarten, Charlottenburg, Spandau, Wilmersdorf. Französisch: Wedding, Reinickendorf. Sowjetisch: Mitte, Prenzlauer Berg, Friedrichshain, Treptow, Köpenick, Lichtenberg, Weißensee, Pankow.

...

Alle früher vom Chef der Garnison und Militärkommandanten der Roten Armee der Stadt Berlin und von den unter alliierten Kontrolle stehenden deutschen Behörden ausgegebenen Befehle und Anordnungen, die die Ordnung und Haltung der Bevölkerung der Stadt Berlin regulieren, sowie die Verantwortung der Bevölkerung für die Verletzung der Befehle und Anordnungen und für gesetzwidrige Handlungen gegen die alliierten Okkupationstruppen betreffend, bleiben bis auf besondere Verfügung in Kraft.

Die Vertreter des Alliierten Oberkommandos beschließen am 7. Juli 1945 eine Interalliierte Militärkommandantur für Berlin zu errichten:

1. Für die Ausübung der gemeinsamen Verwaltung Berlins ist eine Interalliierte Militärkommandantur unter einem Obersten Militärkommandanten zu errichten, dessen Aufgabe von jedem der Militärkommandanten der Alliierten Militärkommandaturen in Berlin der Reihe nach jeweils für einen Zeitraum von 15 Tagen wahrzunehmen ist. Der Oberste Militärkommandant wird die Verwaltung aller Sektoren Berlins ausüben und dabei Konferenzen der Alliierten Militärkommandanten einberufen, um Grundsatzfragen und die allen Sektoren gemeinsamen Probleme zu lösen. Die auf diesen Konferenzen gefaßten Beschlüsse müssen einstimmig angenommen werden. Befehle und Verordnungen des Obersten Militärkommandanten Berlins, die in russischer, englischer, französischer und deutscher Sprache herausgegeben werden, werden dem Oberbürgermeister von Berlin zugeleitet werden und sind in allen Sektoren der Stadt zu befolgen.

2. Um die Überwachung Berlins und eine Koordinierung der Verwaltung zwischen den Sektoren zu gewährleisten, ist ein Hauptquartier des Obersten Militärkommandanten zu errichten, das sich aus Alliierten Vertretern zusammensetzt. Um die Überwachung und Kontrolle der Berliner Stadtregierung zu gewährleisten, sind jeder Abteilung der Stadtregierung ein oder zwei Vertreter aus jeder alliierten Kommandaturen zuzuteilen.

3. Die Alliierte Militärkommandantur von Berlin wird die Verwaltung in ihren jeweiligen Sektoren in Übereinstimmung mit den Befehlen des Obersten Militärkommandanten organisieren, wobei lokalen Verhältnissen Rechnung zu tragen ist ...

Parteien und Gewerkschaften werden am 10. Juni zugelassen, die allerdings strenger Kontrolle der Besatzungsmacht unterliegen. Bereits am folgenden Tag erfolgt die Gründung der KPD. Die SPD konstituiert sich am 18. Juni in Neukölln unter Otto Grotewohl, die CDU – initiiert unter anderen von Jakob Kaiser, Ernst Lemmer und Walther Schreiber – am 26. Juni in Westend, Charlottenburg. Die Liberal-Demokratische Partei (LDP) folgt am 5. Juli (Vorsitzender: Wilhelm Külz, Reichsminister a. D.).

Berlin unter Viermächte-Verwaltung: Seit Herbst 1943 hatten die drei Alliierten – Vereinigte Staaten (USA), Großbritannien (UK), Sowjetunion (UdSSR) – beraten, wie Deutschland nach der zu erwartenden Kapitulation am wirksamsten zu kontrollieren und zu verwalten sei. Die Ergebnisse wurden im Londoner Protokoll vom 12. September und im Londoner Abkommen vom 14. November 1944 niedergelegt: Deutschland sollte in drei Besatzungszonen und das gemeinsam zu besetzende Gebiet von Groß-Berlin eingeteilt werden. Den Londoner Vereinbarungen tritt am 1. Mai 1945 die Republik Frankreich – nunmehr vierte Siegermacht – bei. Die in diesen Abkommen enthaltenen Bestimmungen für Berlin begründen den Viermächte-Status der Stadt. Am 5. Juni 1945 erklären die vier Alliierten in Berlin in Anbetracht der Niederlage Deutschlands die Übernahme der Regierungsgewalt im ganzen Land. Dieser Deklaration folgend, die die Bestimmungen der vorangegangen Vereinbarungen übernimmt, wird als oberstes Regierungsorgan der Alliierte Kontrollrat eingerichtet. Jede Macht soll zwar ihre Zone selbständig verwalten, aber die »Deutschland als Ganzes betreffenden Angelegenheiten« soll der Kontrollrat regeln. Für Berlin, das als Sitz der obersten alliierten Behörden weiterhin eine Art Hauptstadtrolle spielt, wird eine interalliierte Regierungsbehörde (Kommandantur) gegründet, »zwecks gemeinsamer Leitung der Verwaltung dieses Gebietes«.

Potsdamer Konferenz: Während der Potsdamer Konferenz, die vom 17. Juli bis 2. August 1945 im Schloß Cecilienhof stattfindet, beschließen die Staats- und Regierungschefs der drei Alliierten, Harry S. Truman, Josef W. Stalin und Winston S. Churchill (ab 28. Juli Clement R. Attlee) unter anderem die Übernahme der obersten Regierungsgewalt in Deutschland und die alleinige Zuständigkeit der Siegermächte für ihre Zonen und Sektoren.

Oberbürgermeister Arthur Werner im Gespräch mit Major Lipnitzki, Verbindungsoffizier der sowjetischen Besatzungsmacht, Juli 1845.

Marschall Georgi K. Schukow (mit Schärpe) und Feldmarschall Bernhard L. Montgomery (recht daneben) während der Siegesparade vor dem Brandenburger Tor, Mai 1945.

BERLIN ERLEBT DIE »STUNDE NULL« 1945

1945 VIERMÄCHTE-VERWALTUNG

Die vier Oberbefehlshaber der alliierten Streitkräfte in Deutschland unterzeichnen am 5. Juni 1945 in einem Haus der Villenkolonie Wendenschloß, Köpenick mehrere Erklärungen über die Übernahme der obersten Regierungsgewalt in Deutschland durch die Regierungen der Vereinigten Staaten, Großbritanniens der Sowjetunion und der provisorischen Regierung der Französischen Republik:

Es gibt in Deutschland keine zentrale Regierung oder Behörde, die fähig wäre, die Verantwortung für die Aufrechterhaltung der Ordnung, für die Verwaltung des Landes und für die Ausführung der Forderungen der siegreichen Mächte zu übernehmen. Unter diesen Umständen ist es notwendig, unbeschadet späterer Beschlüsse, die hinsichtlich Deutschland getroffen werden mögen, Vorkehrungen für die Einstellung weiterer Feindseligkeiten seitens der deutschen Streitkräfte, für die Aufrechterhaltung der Ordnung in Deutschland und für die Verwaltung des Landes zu treffen und die sofortigen Forderungen zu verkünden, denen Deutschland nachzukommen verpflichtet ist.

...

Die Regierungen des Vereinigten Königreichs, der Vereinigten Staaten von Amerika, der Union der Sozialistischen Sowjetrepubliken und die Provisorische Regierung der Französischen Republik übernehmen hiermit die oberste Regierungsgewalt in Deutschland, einschließlich aller Befugnisse der deutschen Regierung, des Oberkommandos der Wehrmacht und der Regierungen, Verwaltungen oder Behörden der Länder, Städte und Gemeinden. Die Übernahme zu den vorstehend genannten Zwecken der besagten Regierungsgewalt und Befugnisse bewirkt nicht die Annektierung Deutschland.

Die Regierungen des Vereinigten Königreichs, der Vereinigten Staaten von Amerika, der Union der Sozialistischen Sowjetrepubliken und die Provisorische Regierung der Französischen Republik werden später die Grenzen Deutschlands oder irgendeines Teiles Deutschlands und die rechtliche Stellung Deutschlands oder irgendeines Gebietes, das gegenwärtig einen Teil deutschen Gebietes bildet, festlegen.

...

[Feststellung über das Kontrollverfahren in Deutschland vom 5. Juni 1945]

1. Während der Zeit, in der Deutschland die sich aus der bedingungslosen Kapitulation ergebenden grundlegenden Forderungen erfüllt, wird in Deutschland die oberste Gewalt von den Oberbefehlshabern Großbritanniens, der Vereinigten Staaten, Sowjetrußlands und Frankreichs auf Anweisung ihrer Regierungen ausgeübt, von jedem in seiner eigenen Besatzungszone und gemeinsam in allen Deutschland als ein Ganzes betreffenden Angelegenheiten. Die vier Oberbefehlshaber bilden zusammen den Kontrollrat. Jeder Oberbefehlshaber wird von einem politischen Berater unterstützt.

2. Der Kontrollrat, dessen Entscheidungen einstimmig getroffen werden müssen, trägt für eine angemessene Einheitlichkeit des Vorgehens der einzelnen Oberbefehlshaber in ihren entsprechenden Besatzungszonen Sorge und trifft im gegenseitigen Einvernehmen Entscheidungen über alle Deutschland als Ganzes betreffenden wesentlichen Fragen.

...

7. Die Verwaltung des Gebietes von Groß-Berlin wird von einer Interalliierten Behörde geleitet, die unter der Leitung des Kontrollrates arbeitet und aus vier Kommandanten besteht, deren jeder abwechselnd als Hauptkommandant fungiert. Sie werden von einem Stab von Sachbearbeitern unterstützt, der die Tätigkeit der örtlichen deutschen Behörden überwacht und kontrolliert.

8. Die oben dargelegte Regelung gilt für die der deutschen Kapitulation folgende Besatzungszeit, innerhalb welcher Deutschland die sich aus der bedingungslosen Kapitulation ergebenden grundlegenden Forderungen erfüllt. Eine Regelung für die darauffolgende Zeit wird Gegenstand einer Sondervereinbarung bilden.

[Feststellung über die Besatzungszonen und Sektoren Groß-Berlins vom 5. Juni 1945]

...

2. Das Gebiet von Groß-Berlin wird von Truppen einer jeden der vier Mächte besetzt. Zwecks gemeinsamer Leitung der Verwaltung dieses Gebietes wird eine interalliierte Behörde (russisch: Komendatura) errichtet, welche aus vier von den entsprechenden Oberbefehlshabern ernannten Kommandanten besteht.

POLITIK

Beginn der Viermächte-Verwaltung: In den ersten Julitagen 1945 rücken britische und amerikanische Truppen in die ihnen vereinbarungsgemäß zugewiesenen Sektoren Berlins ein. Die Amerikaner besetzen die Bezirke Kreuzberg, Zehlendorf, Schöneberg, Steglitz, Tempelhof und Neukölln und die Briten Tiergarten, Charlottenburg, Spandau und Wilmersdorf. Die Bezirke Mitte, Prenzlauer Berg, Friedrichshain, Treptow, Köpenick, Lichtenberg, Weißensee und Pankow verbleiben unter sowjetischer Verwaltung. Am 12. August übernehmen die Franzosen die Bezirke Wedding und Reinickendorf. Mit der ersten Sitzung der interalliierten Kommandantur am 11. Juli 1945 beginnt die Viermächteverwaltung Berlins. Wichtigster Beschluß auf dieser Sitzung ist, sämtliche von der Sowjetunion für Groß-Berlin getroffenen Anordnungen in Kraft zu lassen. Weitere Verfügungen können nur einstimmig gefaßt werden. Damit sichert sich die Sowjetunion nachhaltigen Einfluß in der Stadt. Die Kommandantur bezieht ein Gebäude in der Dahlemer Kaiserswerther Straße (Zehlendorf).
Der Alliierte Kontrollrat tritt erstmals am 30. Juli zusammen. Zu seinem künftigen Sitz wird das ehemalige Kammergericht am Schöneberger Kleistpark bestimmt.

WIRTSCHAFT

Betriebe werden demontiert: Die Berliner Wirtschaft ist weitgehend lahmgelegt. Die Zerstörungen des Krieges sowie die Demontage von Industrieanlagen und ähnlichem durch die Sowjets machen es der Stadt unmöglich, sich auch nur annähernd selbst zu versorgen. Bis zur Ankunft der Westalliierten haben die Sowjets in den Westsektoren rund 85 % der bei Kriegsende noch vorhandenen industriellen Kapazität abgebaut.
Versorgung der Bevölkerung: Am 5. Mai beginnt die Ausgabe von Lebensmittelkarten. Die Einstufung der Bevölkerung erfolgt in fünf verschiedene, sich auf die Tätigkeit beziehende Gruppierungen. Die Tagesrationen reichen von 600 g Brot, 100 g Fleisch und 30 g Fett für Schwerarbeiter (Karte I) bis zu 300 g Brot, 20 g Fleisch und 7 g Fett für Nichtberufstätige (Karte V). Nach Ankunft der Westalliierten machen die Sowjets die Versorgung Berlin zum Politikum. Sie verlangen entgegen von Absprachen, daß die Versorgung der Sektoren aus den jeweils entsprechenden Zonen zu erfolgen habe. Am 13. Mai nehmen die ersten Busse in Zehlendorf, am 14. Mai die erste U-Bahn in Neukölln und am 20. Mai die ersten Straßenbahnen in Tegel und Neukölln den Verkehr wieder auf.
Tauschgeschäfte auf dem Schwarzmarkt: Vor dem Hintergrund der schwierigen Lebensverhältnisse in der Stadt etabliert sich eine Schattenwirtschaft. Auf den Schwarzmärkten versuchen viele Berliner, die wenige Habe, die

KPD BESTIMMENDE KRAFT 1945

POLITIK

KPD wird bestimmende Kraft: Der Gründungsaufruf der KPD fällt in seinen programmatischen Aussagen undogmatisch aus. Obwohl die Kommunisten weder im Magistrat noch in den Bezirksverwaltungen die Mehrheit stellen, werden sie im Ostsektor die bestimmende Kraft und haben vollen Rückhalt bei der sowjetischen Besatzungsmacht. Sie fordert zwar die Zerschlagung von Faschismus und Militarismus, strebt jedoch zumindest offiziell die Übernahme des sowjetischen Modells nicht an. Gefordert wird die – so der KPD-Gründungsaufruf – Errichtung einer parlamentarischen Demokratie mit ungehinderten »Entfaltung des freien Handels und der privaten Unternehmerinitiative«.

Neuanfang der Berliner Medienlandschaft: Der Neuaufbau von Presse und Rundfunk hat für die Sowjets eine herausragende Bedeutung. Als erste Tageszeitung nach Kriegsende und als Organ der sowjetischen Streitkräfte erscheint seit dem 15. Mai 1945 die »Tägliche Rundschau«. Als zweite Tageszeitung und ebenfalls mit Unterstützung der Sowjets erscheint am 21. Mai die »Berliner Zeitung«. Seit dem selben Tag sendet der Berliner Rundfunk ein ganztägiges Programm.

WIRTSCHAFT

Demontage hemmt den Aufbau: Große Probleme bereitet dem wirtschaftlichen Neubeginn die Demontagepolitik der sowjetischen Besat-

Verkauf der »Berliner Zeitung« (erscheint seit dem 21. Mai) vor dem S-Bahnhof Karlshorst, Sommer 1945.

Marschall Georgi K. Schukow, Chef der Sowjetischen Militäradministration in Deutschland (SMAD), erläßt am 10. Juni den Befehl Nr. 2 über die Zulassung von Parteien und Gewerkschaften:

Am 2. Mai dieses Jahres wurde Berlin von den Sowjettruppen genommen. Am 5. Juni wurde im Namen der Regierungen der Union der SSR, der Vereinigten Staaten, Großbritanniens und Frankreichs die Deklaration über die Niederlage Deutschlands und über die Übernahme der obersten Macht im ganzen Territorium Deutschlands durch die Regierungen der genannten Mächte veröffentlicht. Es wurden örtliche Selbstverwaltungen gegründet und die notwendigen Vorbedingungen zur freien gesellschaftlichen und politischen Tätigkeit der deutschen Bevölkerung geschaffen. In bezug auf das Obenangeführte befehle ich:

1. Auf dem Territorium der sowjetischen Besatzungszone in Deutschland wird die Bildung und die Betätigung aller antifaschistischen Parteien gestattet, die sich die endgültige Ausrottung der Überreste der faschistischen Elemente, die Festigung der demokratischen Grundlagen und die Entwicklung der Initiativen der breiten Bevölkerung zum Ziel setzen.

2. Der werktätigen Bevölkerung in der sowjetischen Besatzungszone in Deutschland wird das Recht zur Bildung von Gewerkschaften gegeben. Zum Schutze der Rechte der Werktätigen in den Gewerkschaften wird das Recht zum Abschluß von Kollektivverträgen mit den Unternehmungen und von Versicherungskassen und sonstigen Organisationen zum Wohl der Werktätigen gewährt.

3. Alle in den Paragraphen 1 und 2 angeführten antifaschistischen Parteiorganisationen sowie die Gewerkschaftsverbände müssen ihre Statuten bei den örtlichen Verwaltungsstellen registrieren lassen und ihnen gleichzeitig die Namen ihrer leitenden Personen melden.

4. Es wird angeordnet, daß für die ganze Zeit des Besatzungsregimes die Betätigung aller in Paragraph 1 und zwei angeführten Organisationen unter der Kontrolle der sowjetischen Militärverwaltung erfolgt.

5. Im Sinne des Vorstehenden werden alle faschistischen Gesetze sowie alle faschistischen Verordnungen, Befehle, Verfügungen Weisungen usw. aufgehoben, die sich auf die Betätigung der antifaschistischen Parteien und der Gewerkschaftsverbände beziehen und die gegen die demokratische Freiheit, Bürgerrechte und Interessen des deutschen Volkes gerichtet sind.

1945 VIERMÄCHTE-VERWALTUNG

ihnen geblieben ist, gegen Lebensmittel einzutauschen. Bevorzugte Ersatzwährung für die in die Inflation steuernde Reichsmark sind amerikanische Zigaretten. Razzien können das illegale Treiben nur für wenige Stunden unterbinden.

KULTUR

Ablenkung vom Nachkriegsalltag: Ungeachtet der Zerstörung treibt die Berliner Kultur erste Blüten und lenkt vom Nachkriegsalltag ab. Das Musikleben beginnt am 18. Mai: Im Funkhaus an der Masurenallee findet ein Opernkonzert unter Leopold Ludwig statt. Das Renaissance-Theater zeigt am 27. Mai den Schwank »Der Raub der Sabinerinnen«. Am 1. Juni wird das »Kabarett der Komiker« am Lehniner Platz mit Brigitte Mira, Peter Kreuder und anderen wiedereröffnet. Am 4. September öffnet die Städtische Oper im Theater des Westens an der Kantstraße mit Ludwig van Beethovens »Fidelio« (Regie: Hans Wenzel) ihre Pforten. Als erste Hochschule nimmt am 18. Juni in der Wilmersdorfer Kaiserallee (heute Bundesallee) die Hochschule für Bildende Künste unter Leitung des Malers Karl Hofer den Lehrbetrieb auf.

»Entartete Kunst« in Charlottenburg: Die erste bedeutende Kunstausstellung findet am 25. Juli in der Charlottenburger Schlüterstraße, im Haus der Kammer der Kunstschaffenden, statt. Dort werden Werke von Max Beckmann, Karl Hofer, Max Pechstein und anderen gezeigt. Erstmals seit den dreißiger Jahren sehen die Berliner Werke, die die Nationalsozialisten als »entartete Kunst« diffamiert hatten.

ALLTAG UND GESELLSCHAFT

Ausbreitung von Seuchen: Zu einem der größten Probleme der Stadt gehört die Wohnungsnot. Viele Berliner hausen in Ruinen, die kaum Schutz vor Feuchtigkeit und kalter Witterung bieten. Mehrköpfige Familien müssen häufig auf engstem Raum zusammenleben.
Die Folge ist eine rasche Ausbreitung von Krankheiten. Im Juli und August erkranken Tausende Berliner, deren Abwehrkräfte durch Unterernährung ohnehin geschwächt sind, an Ruhr, Typhus und Paratyphus. Die Seuchen fordern mehr als 3000 Todesopfer.
Verschärft wird die Lage durch den großen Zustrom von heimkehrenden Flüchtlingen und Vertriebenen aus den deutschen Ostgebieten. Allein zwischen Juli und Oktober kommen 1,3 Millionen Menschen nach Berlin.

Probe zu »Fidelio« von Ludwig van Beethoven in der Städtischen Oper an der Kantstraße: Intendant Michael Bohnen (Mitte) und die Sänger (von links) Wilhelm Schirp, Karina Külz, Gunther Treptow, Irma Beilke, 2. September 1945.

KALENDARIUM

1. Februar: Die deutsche Reichshauptstadt Berlin wird zum Reichsverteidigungsbereich erklärt. Die Organisation der Verteidigungsmaßnahmen gegen die heranrückende Rote Armee obliegt dem Reichsverteidigungskommissar von Berlin, Joseph Goebbels.

3. Februar: Amerikanische Verbände fliegen den bislang schwersten Luftangriff auf Berlin. Etwa vier km² der Stadtfläche sind völlig zerstört.

5. März: Auf Weisung der Führung wird die männliche Bevölkerung des Jahrgangs 1929 einberufen. Die 16jährigen sollen den im September 1944 aufgestellten Volkssturm verstärken.

16. April: An den Seelower Höhen beginnt die sowjetische Rote Armee der entscheidenden Offensive, die mit der Eroberung Berlins endet.

20. April: Amerikanische Bomberverbände fliegen ihren letzten Luftangriff auf Berlin.

21. April: Die Rote Armee erreicht Weißensee, Hohenschönhausen, Lichtenberg und Mahlow. Einen Tag später wird Köpenick erobert.

24. April. Einheiten der Roten Armee rücken über Zehlendorf, Steglitz und Schöneberg in Richtung Zentrum vor.

24. April. Der »Völkische Beobachter« stellt als letzte Berliner Tageszeitung sein Erscheinen ein. Die letzte Ausgabe des »Panzerbär«, eines »Kampfblattes für die Verteidiger Groß-Berlins«, kommt am 29. April heraus.

25. April: Die BVG stellt den Betrieb der letzten U-Bahnlinie zwischen Wittenbergplatz und Ruhleben ein. Der S-Bahnverkehr wird stellenweise noch aufrechterhalten.

30. April. Angehörige der sowjetischen Streitkräfte hissen auf dem Reichstagsgebäude die rote Fahne.

30. April. Im Bunker der Neuen Reichskanzlei begeht Führer und Reichskanzler Adolf Hitler Selbstmord.

2. Mai: Der Kampfkommandant von Berlin, Helmuth Weidling, unterzeichnet am Schulenburgring in Tempelhof die Kapitulation seiner Truppen.

7. Mai: In der Zehlendorfer Paulus-Kirche konstituiert sich eine neue Leitung der Evangelischen Kirche für Berlin und Brandenburg. Bischof von Berlin wird Otto Dibelius.

9. Mai: Im sowjetischen Hauptquartier in Berlin-Karlshorst unterzeichnen um 0:16 Vertreter der Deutschen Wehrmacht die bedingungslose Kapitulation. Eine entsprechende Urkunde war bereits am 7. Mai mit Wirkung zum 8. Mai in Reims unterzeichnet worden. Auf Drängen der UdSSR sollte die Zeremomie jedoch in Berlin wiederholt werden.

13. Mai: In Berlin wird mit der Ausgabe von Lebensmittelkarten begonnen. Durchschnittlich stehen den Berliner pro Tag und pro Kopf 1 400 Kalorien zu.

KALENDARIUM

KPD BESTIMMENDE KRAFT 1945

13. Mai: Als erster Radiosender der Nachkriegszeit geht in der Masurenallee der Berliner Rundfunk auf Sendung. Als erste Tageszeitung erscheint am 15. Mai die »Tägliche Rundschau«. Ihr folgt am 21. Mai die »Berliner Zeitung«. Erste Berliner Zeitung mit amerikanischer Lizenz ist am 27. September »Der Tagesspiegel«.

17. Mai: Der sowjetische Stadtkommandant Nikolai E. Bersarin ernennt Arthur Werner zum Oberbürgermeister. Der Parteilose steht an der Spitze des ersten Nachkriegsmagistrats der Stadt.

26. Mai. Im Steglitzer Titaniapalast geben die Berliner Philharmoniker ihr erstes Konzert nach Ende des Krieges. Als erste Berliner Bühne nimmt das Renaissance-Theater am 27. Mai mit einer Aufführung von »Der Raub der Sabinerinnen« den Spielbetrieb auf.

5. Juni: Die Oberbefehlshaber der alliierten Besatzungsstreitkräfte unterzeichnen in der Villenkolonie Wendenschloß (Köpenick) eine Deklaration über die Übernahme sämtlicher Hoheitsrechte des Deutschen Reichs.

9. Juni: In Berlin-Karlshorst nimmt die Sowjetische Militäradministration in Deutschland (SMAD) ihre Arbeit auf. Ihr obliegt die »Verwaltung der Sowjetischen Besatzungszone in Deutschland« (SBZ).

10. Juni: Die SMAD erläßt den Befehl Nr. 2, der in der sowjetischen Besatzungszone die Neugründung von Parteien und Gewerkschaften zuläßt. Allerdings unterliegen diese einer strengen Kontrolle. In den folgenden Tagen erfolgt die Gründung der KPD (13. Juni), SPD (17. Juni), CDU (26. Juni) und der Liberal-Demokratischen Partei Deutschlands (LDPD; 5. Juli).

15. Juni: Der von Walter Ulbricht geleitete Vorbereitende Gewerkschaftsausschuß veröffentlicht einen Aufruf zur Gründung freier Gewerkschaften.

1. Juli: Großbritannien, Frankreich und die USA rücken in ihre Berliner Sektoren ein. Im Londoner Protokoll vom 12. September 1944 war die Aufteilung Berlins in drei Sektoren vereinbart worden. Im Februar 1945 (Konferenz von Jalta) erhielt zusätzlich Frankreich als gleichberechtigte Siegermacht eine eigenen Sektor.

17. Juli bis 2. August: Im Schloß Cecilienhof in Potsdam legen die Siegermächte Großbritannien, Sowjetunion und USA die Grundsätze für die Zukunft des besiegten Deutschlands fest (Potsdamer Konferenz).

8. August: Im Hauptquartier der amerikanischen Streitkräfte konstituiert sich der Alliierte Kontrollrat als oberstes Organ der Viermächteverwaltung Deutschlands.

7. Oktober: An der Charlottenburger Chaussee (später Straße des 17. Juni) wird das sowjetische Ehrenmal enthüllt.

Am 17. Mai hält der sowjetische Stadtkommandant von Berlin, Generaloberst Nikolai E. Bersarin, eine Ansprache anläßlich der Einführung des ersten Nachkriegsmagistrats unter Oberbürgermeister Arthur Werner:

… Wir [die Rote Armee] sind hierhergekommen, um ein für allemal die Hitlerbande zu erledigen. Von hier aus verübte im Jahre 1941 die deutsche Hitlerarmee den Überfall auf das friedliche Sowjetvolk. … Dieser heimtückische Überfall des deutschen Imperialismus kam überraschend für die Völker der Sowjetunion, die im ersten Kriegsjahr die ganze Schwere des Krieges erleben und auf sich nehmen mußten. Es war außerordentlich schwer.
Unsere Menschen vergossen ihr Blut, litten schwere Not. Ich habe während meines ganzen Lebens nichts gesehen, was dem ähnlich war, als die deutschen Offiziere und Soldaten wie Bestien gegen die friedliche Bevölkerung vorgingen. Alle Zerstörungen, die Sie in Deutschland haben, sind Kleinigkeiten, gemessen an den Zerstörungen, die wir erfahren haben …
Heute erhebt sich die Frage, wie die nächsten Aufgaben der Stadt Berlin gelöst werden können. Vor allem ist notwendig, daß sich jeder zur Arbeit ehrlich verhält. Wer in der Praxis des Faschismus fortfährt und sich für ihn betätigt, muß entfernt werden. Außerdem sind diejenigen Faschisten, die mitschuldig sind am Unglück der Welt, zu beseitigen.
Indem ich mich an Sie wende, an die Stadtverwaltung und alle übrigen Anwesenden, möchte ich erreichen, daß sich alle einheitlich, gemeinsam und schnell und aufgrund einer neuen höheren bewußteren Disziplin an die Arbeit begeben. … Die Straßen, die in guten Zustand gebracht werden müssen, die Wohnbauten, die nicht ausreichen – man muß Wohnungen schaffen, denken Sie an den Winter – die Wiederherstellung der beschädigten Wohnungen, ein Gebiet auf dem noch nicht genügende Aktivität zu verzeichnen ist, ich denke ferner an das Verkehrswesen, das bereits in den nächsten Tagen in Ordnung gebracht werden muß, schon um das Heranbringen von Lebensmitteln zu sichern.
Das alles erfordert große Arbeit von Seiten des Oberbürgermeisters und seiner Stadtverwaltung. Aber Sie werden es nicht schaffen, wenn die Bevölkerung nicht hilft. Ich denke weiter an den Einsatz der gesamten Bevölkerung zur Herstellung wirklich sanitärer Zustände in der Stadt, damit keine Infektionskrankheiten aufkommen und jeder Kranke geheilt werden kann. Eine große Aufgabe ist auch von den Künstlern zu leisten. …

---

zungsmacht. Unmittelbar nach Kriegsende besichtigen Spezialkommandos die Berliner Betriebe, beschlagnahmen noch funktionstüchtige Gerätschaften und transportieren sie in die UdSSR.
Betroffen sind nicht nur Industriebetriebe, sondern auch Verkehrsanlagen. Im Gegensatz zu den Westsektoren wird jedoch in Ost-Berlin weit weniger demontiert, nämlich nur rund 33 % der intakten Anlagen.

KULTUR

Johannes R. Becher leitet Kulturbund: Mit Genehmigung der sowjetischen Besatzungsmacht konstituiert sich am 4. Juli im Haus des Rundfunks der Kulturbund zur demokratischen Erneuerung Deutschlands. Aufgabe des Bundes, dem unter anderen der Schauspieler Paul Wegener, der Regisseur Jürgen Fehling, der Maler Karl Hofer und der Philosoph und Rektor der Berliner Universität, Eduard Spranger, angehören, ist die Förderung eines demokratischen Geistes- und Kulturlebens. Zum ersten Vorsitzenden wird der aus dem Moskauer Exil zurückgekehrte Dichter Johannes R. Becher gewählt. Der Kulturbund versteht sich als überparteiliche und unabhängige Organisation, steht aber unter sowjetischem und kommunistischem Einfluß.

Neuaufbau des Bildungswesens: Der Wiederaufnahme von Forschung und Lehre mißt die sowjetische Besatzungspolitik besonderes Gewicht bei. Anfang Juni werden die ersten Schulen eröffnet. Am 27. August erläßt der Magistrat eine vorläufige Schulordnung, die eine Einheitsschule mit vier Grund-, fünf Mittel- und drei Oberklassen vorsieht. Religionsunterricht gilt nicht mehr als ordentliches Schulfach. In Räumen der Friedrich-Wilhelms-Universität, Unter den Linden beginnen am 3. September sogenannten Vorkurse zur Vorbereitung späterer Vorlesungen. Der Lehrbetrieb wird am 12. November aufgenommen.

SPORT

Das Sportleben in Berlin kommt nur langsam in Gang. Zwar ist das Interesse der Bevölkerung nach Ablenkung groß. Es fehlt jedoch an Sportstätten; von den mehr als 400 Berliner Turnhallen (1939) sind nur noch rund 100 nutzbar. Vereine, die im Verdacht stehen, während des Dritten Reiches in zu großer Nähe zu den Nationalsozialisten gestanden zu haben, werden aufgelöst, ihr Vermögen beschlagnahmt.
Der Magistrat gibt dem Sport wieder eine organisatorische Basis. Im Juni wird Franz Müller (KPD) zum ersten Leiter des neugeschaffenen Hauptsportamtes berufen. Gemeinsam mit dem Zentralen Sportausschuß versucht er, die Rahmenbedingungen für den Sport zu verbessern. Ende 1945 sind bereits 25 000 Berliner in Sportgruppen organisiert.

1946 WIDERSTAND GEGEN ZWANGSVEREINIGUNG

POLITIK

Ein »Eiserner Vorhang« mitten durch Europa: Ein Jahr nach dem Sieg über das nationalsozialistische Deutsche Reich verschlechtert sich das Klima zwischen den westlichen Alliierten und der Sowjetunion zusehend. In Frankreich, Großbritannien und den USA wächst der Unmut über das Streben der Sowjetunion, ihren Machtbereich zu vergrößern und in den von ihr eroberten Gebieten unter Umgehung demokratischer Verfahrensweisen kommunistische Herrschaftssysteme zu installieren.

Am 5. März hält der britische Oppositionsführer Winston Churchill bei einem Besuch im Westminster College in Fulton (Missouri, USA) eine Rede, in der er auf die politische und wirtschaftliche Teilung Europas in einen West- und einen Ostblock hinweist: »Von Stettin ... bis Triest ... hat sich ein eiserner Vorhang mitten durch Europa gesenkt.« Die UdSSR wolle »die Früchte des Krieges, und die unbeschränkte Ausdehnung ihrer Macht«.

Ausdrücklich erwähnt Churchill die Versuche der Sowjetunion, in ihrem Besatzungsgebiet in Deutschland auf Kosten der demokratischen Kräfte eine kommunistische Einparteienherrschaft zu etablieren.

Bestrebungen zur Vereinigung von SPD und KPD: Die Zusammenarbeit von Kommunisten, Sozialdemokraten und auch bürgerlichen Parteigruppen beim Aufbau einer Demokratie und im Kampf gegen den Faschismus scheint zunächst keineswegs aussichtslos. Als aber der KPD klar wird, daß sie ihre Anziehungskraft auf die breite Volksmasse überschätzt hatte, wirkt sie auf eine völlige Einigung der Arbeiterklasse hin. Die Kommunisten genießen hierbei die rückhaltlose Unterstützung der Sowjets.

Bereits Ende 1945 hatte es Kontakte zwischen Vertretern der KPD um Walter Ulbricht zu der von Otto Grotewohl geführten SPD Berlins und der sowjetischen Besatzungszone gegeben. Zahlreiche Sozialdemokraten stehen dem Werben der Kommunisten jedoch skeptisch gegenüber. Daraufhin übt die Besatzungsmacht auf Gegner einer Vereinigung massiven Druck aus. Die Repressalien reichen von Redeverboten bis hin zu Verhaftungen.

Berliner Sozialdemokratie wahrt Selbständigkeit: Während sich in der sowjetischen Einflußsphäre eine Verschmelzung von KPD und SPD immer deutlicher abzeichnet, regt sich besonders in der Berliner SPD Widerstand gegen die Vereinigung. Eine Funktionärskonferenz der Sozialdemokraten am 1. März im Admiralspalast macht die Vereinigung beider Parteien vom Ergebnis einer Urabstimmung abhängig. Sie findet am 31. März - jedoch nur in den zwölf westlichen Bezirken - statt: Von 23 755 an der Abstimmung beteiligten Sozialdemokraten stimmen 19 529 (82,2 %) gegen einen sofortigen Zusammenschluß, 14 763 (62 %) befürworten eine Zusammenarbeit beider Parteien unter Wahrung der Selbständigkeit.

Die Berliner SPD zieht die Konsequenz und wählt auf ihrem zweiten Parteitag am 7. April in der Zinnowwald-Schule (Zehlendorf) einen neuen Bezirksvorstand mit Franz Neumann, Karl J. Germer und Curt Swolinsky als gleichberechtigte Vorsitzende. Am 31. Mai läßt die Alliierte Kommandantur die verbliebene SPD und die neue Sozialistische Einheitspartei Deutschlands (SED) in allen vier Sektoren zu.

Berlin erhält Verfassung: Seit November 1945 arbeitet der Magistrat an einer vorläufigen Verfassung für Berlin. Den ersten Entwurf vom 19. Februar 1946 lehnt die Alliierte Kommandantur ab. Nach Überarbeitung, die im wesentlichen auf der Berliner Verfassung von 1920 fußt, genehmigt die Alliierte Kommandantur die »Vorläufige Verfassung für Groß-Berlin« und übermittelt sie am 13. August dem Oberbürgermeister zusammen mit der Wahlordnung und dem Wahltermin am 20. Oktober.

Sie sieht die Wahl einer Stadtverordnetenversammlung mit 130 Abgeordneten vor, die den Oberbürgermeister und die Mitglieder des Magistrats wählen. Besonderen Wert haben die Alliierten bei der Ausarbeitung der Verfassung auf das Recht der Stadtverordnetenversammlung

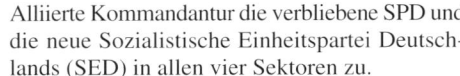

In einem Wahllokal: Urabstimmung bei der SPD zur Vereinigung mit der KPD (nur in den Westsektoren), 31. März 1946.

Anläßlich der Verleihung der Ehrendoktorwürde durch das Westminster College in Fulton (Missouri, USA) am 5. März 1946 hält der britische Oppositionsführer Winston Churchill eine auch politisch bedeutsame Rede:

... Ein Schatten ist auf die Erde gefallen, die erst vor kurzem durch den Sieg der Alliierten hell erleuchtet worden ist. Niemand weiß, was die Sowjetunion und die kommunistische internationale Organisation zu tun gedenken oder was für Grenzen ihrer expansionistischen und Bekehrungstendenzen gesetzt sind, wenn ihnen überhaupt Grenzen gesetzt sind. ... Von Stettin an der Ostsee bis hinunter nach Triest an der Adria hat sich ein Eiserner Vorhang über den Kontinent gesenkt. Hinter jener Linie liegen alle Hauptstädte der alten Staaten Zentral- und Osteuropas: Warschau, Berlin, Prag, Budapest, Belgrad, Bukarest und Sofia. ... Fast in jedem Fall herrscht eine Polizeiregierung, und bisher ist mit Ausnahme der Tschechoslowakei noch nirgends die Demokratie eingeführt worden. ... In Berlin haben die Russen den Versuch unternommen, in ihrer Zone die kommunistische Partei großzuziehen, indem den Führern der deutschen Linken besondere Vorteile eingeräumt werden. ... In einer großen Zahl von Ländern, die fern von den Grenzen Rußlands liegen, und in der ganzen Welt sind kommunistische »fünfte Kolonnen« errichtet worden, die in vollkommener Einheitlichkeit und genau nach den Direktiven arbeiten, die sie vom kommunistischen Zentrum erhalten ...
Ich glaube nicht, daß Sowjetrußland den Krieg will. Was es will, sind die Früchte des Krieges und die unbeschränkte Ausdehnung seiner Macht.

VEREINIGUNG DER ARBEITERPARTEIEN 1946

POLITIK

SED wird dominierende Kraft: Seit Herbst 1945 strebt die KPD mit Unterstützung der sowjetischen Besatzungsmacht die Vereinigung mit der SPD an. Sie hat erkannt (nach Niederlagen der Kommunisten bei Wahlen in Österreich und Ungarn), daß sie auf parlamentarischem Weg nicht an die Macht gelangen kann.

Auch aus diesem Grund verbietet die sowjetische Kommandantur in ihrem Sektor die von der Berliner SPD am 31. März organisierte Urabstimmung über die Vereinigung der beiden Arbeiterparteien. Mehrere zunächst geöffnete Wahllokale müssen nach Erscheinen sowjetischer Offiziere schließen; die Wahlurnen werden beschlagnahmt.

Drei Wochen später, am 21. und 22. April, vollziehen die Parteivorstände von KPD und SPD des sowjetischen Besatzungsgebietes auf einem gemeinsamen Parteitag im Admiralspalast die Vereinigung zur Sozialistischen Einheitspartei Deutschlands (SED). Zu gleichberechtigten Vorsitzenden werden Otto Grotewohl und Wilhelm Pieck gewählt.

Der im amerikanischen Sektor gewählte Vorstand der Berliner SPD erkennt die Verschmelzung nicht an. Künftig sind sowohl SED als auch SPD in ganz Berlin zugelassen und tätig.

Gründung von FDGB und FDJ: Die KPD und dann die SED nutzen ihre Schlüsselpositionen zum Aufbau von kommunistisch dominierten Massenorganisationen. Am 11. Februar konstituiert sich der Freie Deutsche Gewerkschaftsbund (FDGB). Zum Vorsitzenden des ersten Gewerkschaftsverbandes in der sowjetisch besetzten Zone mit Sitz in der Wallstraße (Bezirk Mitte) wird Hans Jendretzky (KPD) gewählt.

Kundgebung der KPD in den ARGUS-Werken zur Vereinigung mit der SPD, am Rednerpult Otto Grotewohl (SPD), 13. März 1946.

Am 7. März wird mit Genehmigung der Sowjetischen Militärverwaltung im Ostsektor die Freie Deutsche Jugend (FDJ) gegründet. Die Organisation versteht sich als parteiübergreifendes Sammelbecken der antifaschistischen Jugend, in dem Anhänger von KPD (bzw. SED) und SPD ebenso Aufnahme finden wie Liberale und junge Christen. Tatsächlich jedoch wird der von Erich Honecker geleitete Verband zu einem Jugendverband der SED. Alternativen zu FDGB und FDJ sind im Ostsektor (ebenso wie in der Ostzone) nicht zugelassen; die Sowjetische Militäradministration verweigert nichtkommunistischen Gruppierungen die Zulassung.

Neue Richtlinien zur Entnazifizierung: Mit der Anordnung Nr. 38 vereinheitlicht der Alliierte Kontrollrat am 12. Oktober die Maßnahmen zur Entnazifizierung der deutschen Bevölkerung. Bislang hatte es in den einzelnen Besatzungszonen und -sektoren unterschiedliche Verfahren gegeben. Besonders streng verfuhr die Sowjetische Militäradministration; rund 90% der Beamten, 80% der Richter und Staatsanwälte sowie 70% der Lehrer wurden als belastet eingestuft und entlassen.

Gemäß Direktive Nr. 38 wird die deutsche Bevölkerung über 18 Jahre in fünf Gruppen eingeteilt. Die Kategorien richten sich nach dem

---

Unter der Überschrift »Wir sind wieder einig!« wirbt die am 21. April 1946 im sowjetischen Sektor Berlins gegründete SED in Plakaten und Anzeigen um neue Mitglieder:

Nach vielen Jahren des Nebeneinanderfließens sind die beiden großen Ströme der deutschen Arbeiterbewegung wieder ineinandergemündet.

Die Vereinigung erfolgte zu einem Zeitpunkt, da das deutsche werktätige Volk seine Einheit nötiger braucht, denn je. Der imperialistisch-faschistische Krieg und die zwölf Jahre barbarischen Naziterrors haben uns in eine Lage gebracht, so schwer, wie sie kaum ein Volk vor uns zu meistern hatte.

Im Neuaufbau unseres Lebens haben die beiden Arbeiterparteien in der ersten Reihe der antifaschistisch-demokratischen Kräfte gestanden.

Ein Jahr nach dem Zusammenbruch beginnt sich überall das Leben wieder zu normalisieren. Noch haben wir es schwer. Das ist nicht zu leugnen und soll nicht geleugnet werden. Aber nur ein Unvernünftiger könnte verlangen, daß das furchtbare Nazierbe in so kurzer Zeit überwunden sein könnte.

Jetzt nun vereint, werden unsere Kräfte nicht nur verdoppelt, sondern vervielfacht. Aber nicht die alten Zustände wiederherstellen ist unser Ziel. Damit wäre nur der Ausgangspunkt wieder erreicht, von dem aus es zu Krieg und Faschismus ging.

Wir wollen eine wahrhafte Demokratie erkämpfen, eine Herrschaft des werktätigen Volkes über seine Bedrücker, über Kriegsverbrecher, Faschisten und Reaktionäre; einen Staat, in welchem die Macht aller Feinde des Fortschritts ein für allemal gebrochen wird.

Auf dem Boden dieser Demokratie wollen wir den Sozialismus vorbereiten. Die Ordnung der Gesellschaft, die keinen Krieg und keinen Terror, keine Unterdrückung und keine Ausbeutung mehr kennt, in welcher alle schaffenden Menschen ihre Kräfte frei entfalten können zum Wohle der Gemeinschaft.

Es genügt aber nicht, dieses große Ziel nur zu wollen, wir müssen es erkämpfen! Gebt unseren Brüdern im Westen ein Beispiel! Schaffen wir durch die Einheit der Werktätigen die Einheit Deutschlands!

Arbeiter und Bauern, Frauen und Jugend, Geistesarbeiter und alle, die ihr euch am Neuaufbau Deutschlands beteiligen wollt, tretet ein in die Sozialistische Einheitspartei und helft mit am Neuaufbau eines schöneren Lebens!

1946 WIDERSTAND GEGEN ZWANGSVEREINIGUNG

gelegt, Beschlüsse des Magistrats überstimmen zu kommen.

SPD gewinnt erste Nachkriegswahlen: Mit dem Erlaß der Verfassung und der Wahl am 20. Oktober findet - gegen zahlreiche Verzögerungsversuche seitens der Sowjets - der erste Abschnitt der Berliner Nachkriegsgeschichte sein Ende. Die Berliner können nun erstmals seit 1929 (die Wahlen von 1933 standen bereits im Zeichen nationalsozialistischen Terrors) demokratisch in geheimer Abstimmung eine Stadtverordnetenversammlung wählen und über ihr künftiges Schicksal entscheiden. Allerdings geschieht alles noch unter Kontrolle und mit Genehmigung der Alliierten Kommandantur.

Die herausragende Bedeutung der Wahl für die Bevölkerung, macht die hohe Wahlbeteiligung von 92,3% deutlich. Mit Abstand stärkste Partei wird die SPD, die mit 48,7% der abgegebenen Stimmen nur knapp die absolute Mehrheit verfehlt. Als zweitstärkste politische Kraft geht aus den Wahlen die CDU mit 22,2% hervor. Die SED erhält 19,8%, die liberale LDPD 9,3%.

Die Gründe für das schlechte Abschneiden der SED sind offenkundig: Die Umstände der Zwangsvereinigung werden von den meisten Berlinern abgelehnt; die neue Partei wird als

Oberbürgermeister Otto Ostrowski während einer Ansprache vor der Stadtverordnetenversammlung. 1. Reihe von links: Friedrich-Wilhelm Lucht (SPD), Walther Schreiber (CDU), Ottomar Geschke (SED), Fritz Hausberg (LDP), 2. Reihe: alliierte Offiziere, 5. Dezember 1946.

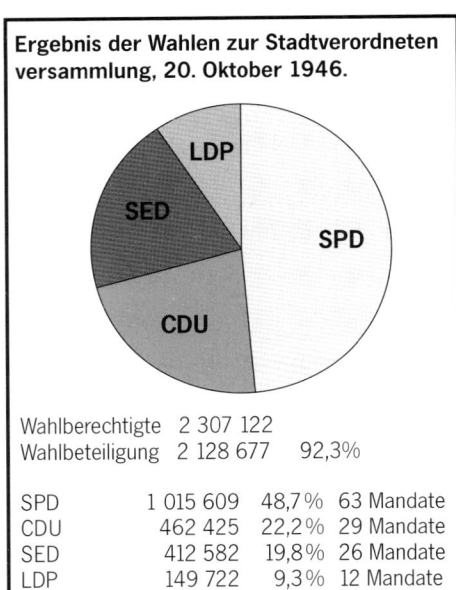

Ergebnis der Wahlen zur Stadtverordnetenversammlung, 20. Oktober 1946.

Wahlberechtigte 2 307 122
Wahlbeteiligung 2 128 677 92,3%

SPD   1 015 609   48,7%   63 Mandate
CDU   462 425   22,2%   29 Mandate
SED   412 582   19,8%   26 Mandate
LDP   149 722   9,3%   12 Mandate

Nach den Wahlen zur Stadtverordnetenversammlung am 20. Oktober 1946, den ersten freien Berliner Stadtverordnetenwahlen seit 1929 (die von 1933 standen bereits im Zeichen nationalsozialistischen Terrors), sendet der RIAS eine Ansprache des Vorsitzenden der SPD der Westzonen, Kurt Schumacher:

Im Prinzip brachte das Ergebnis der Berliner Wahlen keine Überraschungen. Mit dem Zusammenbruch der Hitlerdiktatur ist die Idee und die Praxis jeder Diktatur zusammengebrochen, und es blieb für die Welt kein Geheimnis, daß Berlin bisher diktatorisch und totalitär regiert wurde. Aber es wäre ganz falsch, das Resultat dieser Wahlen nur unter Berliner Aspekten zu betrachten. Berlin ist eine gesamtdeutsche, ja europäische Angelegenheit. ...
Berlin ist nicht nur der Ausdruck eines demokratischen, sondern eines sozialistischen Willens des gesamten Volkes. Die Berliner Wahlen haben die Welt zum erstenmal ein neues Angesicht Deutschlands erkennen lassen. Wir können nur hoffen, daß die Welt dieses neue Angesicht auch versteht und aus dieser neuen Formung des deutschen Volkes, aus seinem guten Willen, die notwendigen Resultate zieht, Konsequenzen in der geistigen und menschlichen Haltung gegenüber den Deutschen und auch in der praktischen Hilfeleistung. ...
Denn darüber sind wir Sozialdemokraten uns im klaren: Wir können versuchen, unsere Aufgabe bis zur letzten Konsequenz zu erfüllen; zu lösen vermögen wir sie nur mit Hilfe des Auslandes. Daher ergeht an alle progressiven und humanitären Elemente in der Welt der Appell, jetzt einzugreifen und zu helfen, Deutschland grundsätzlich neu zu gestalten. ...
Es gibt für uns keine Ostorientierung, und es gibt für uns keine Westorientierung. Nur auf dem Weg über ein geeintes Deutschland kommt man zu einem geeinten Europa, und dieses geeinte Europa würde dann ein Faktor sein, der den Weltfrieden entscheidend garantieren könnte. So lesen wir das Endergebnis der Berliner Wahlen als eine politische Forderung an die Deutschen und an die Welt, nichts unversucht zu lassen, um die Demokratie und den Sozialismus in die Tat umzusetzen.

»Der Tagesspiegel« kommentiert das Wahlergebnis vom 20. Oktober:

... Jawohl, der 20. Oktober hat Klarheit geschaffen. Klarheit darüber, daß die SEP keine Möglichkeit hatte, die absolute Mehrheit in Berlin zu erringen; Klarheit darüber, daß sie nicht einmal an die zweite, sondern an die dritte Stelle gerückt ist – und endlich Klarheit darüber, daß sie im Gesamtergebnis nicht einmal an die Zahlen herangekommen ist, die die KPD vor der letzten Stadtverordnetenwahl vor Hitlers Amtsantritt für sich buchen konnte. ...

verlängerter Arm der sowjetischen Besatzungsmacht betrachtet.

Die Stadtverordneten wählen am 5. Dezember Otto Ostrowski (SPD) zum Oberbürgermeister und zu Bürgermeistern Ferdinand Friedensburg (CDU), Heinrich Acker (SED) und Louise Schroeder (SPD).

KULTUR

Auseinandersetzung mit der nationalsozialistischen Zeit: Am 20. März eröffnet das Hebbel-Theater die Experimentalbühne »Studio 1946« mit der Uraufführung von Günther Weisenborns Schauspiel aus der deutschen Widerstandsbewegung »Die Illegalen«. Die Hauptrollen spielen Lu Säuberlich und O. E. Hasse.
Die nationalsozialistische Vergangenheit ist auch zentrales Thema des Programms »Kritik der reinen Unvernunft«, mit dem Werner Finck

VEREINIGUNG DER ARBEITERPARTEIEN 1946

Grad der Verstrickung in den Nationalsozialismus: Hauptschuldige, Schuldige, Minderbelastete, Mitläufer und Unbelastete.

WIRTSCHAFT

Beschränkungen für die deutsche Industrie: Der Alliierte Kontrollrat veröffentlicht am 28. März in Berlin den von ihm beschlossenen »Plan für Reparationen und für den Nachkriegsstand der deutschen Wirtschaft«. Deutschland wird als ein einheitliches wirtschaftliches Ganzes betrachtet und soll Zugang zu den internationalen Märkten haben. Der Plan legt die Obergrenze der industriellen Produktion auf 65 % des Standes von 1936 fest. Darüber hinaus belegen die Siegermächte die deutsche Wirtschaft mit einer Reihe von Beschränkungen. Güter, die für die militärische Rüstung genutzt werden könnten, dürfen nicht mehr produziert werden. Die Erzeugung von Stahl und chemischen Produkten ist limitiert, ebenso die Herstellung von Kraftfahrzeugen.

Die wegen der Beschränkungen für die Zukunft erwarteten Überproduktionen der deutschen Industrie sollen für Reparationsleistungen genutzt werden. Dabei erhält die Sowjetunion den Vorrang.

Deutsche Fachkräfte werden deportiert: Am 21. Oktober beginnen die Sowjets mit einer beispiellosen Aktion, die der Wirtschaft in Ost-Berlin sowie in der Sowjetischen Besatzungszone schwere Belastungen aufbürdet und in der Bevölkerung Angst und Schrecken verbreitet. Unter der Bezeichnung »Ossawakim« (russische Abkürzung für »Sonderverwaltung zur Durchführung von Verlagerungen«) werden rund 10 000 deutsche Wissenschaftler, Ingenieure, Techniker und Facharbeiter bestimmter Schlüsselindustrien in die Sowjetunion deportiert. Die Betroffenen, die zur Unterzeichnung von Einverständniserklärungen gezwungen werden, müssen mit ihren Familienangehörigen noch in der Nacht zum 22. Oktober ihre Heimat verlassen. Sie werden zwischen drei und fünf Jahren in der UdSSR arbeiten müssen.

Hintergrund der Aktion ist die bislang wenig erfolgreiche Demontagepolitik der Sowjetunion. In den deutschen Betriebe wird nahezu alles, was nicht niet- und nagelfest ist, demontiert und in die UdSSR verbracht. Dort lassen sich die Gerätschaften jedoch häufig nicht einsetzen, da es an qualifizierten Fachleuten zu ihrer Bedienung fehlt.

> *Das schlechte Abschneiden der SED bei den Berliner Wahlen vom 20. Oktober kommentiert das seit dem 23. April 1946 erscheinende Zentralorgan der SED »Neues Deutschland«:*
>
> *… Das Gesamtergebnis der Berliner Wahl hat … nicht die berechtigten Erwartungen der Sozialistischen Einheitspartei Deutschlands und die Erfordernisse des neuen Weges erfüllt. Das Wahlergebnis in Berlin spiegelt insbesondere die politischen Schwankungen eines großen Teiles der kleinbürgerlichen Wählerschichten wieder. Diese Erscheinung ist Auswirkung der wirtschaftlichen und sozialen Spannungen in der bürgerlichen Gesellschaft nach den beiden Weltkriegen. … Der politische Sinn der Berliner Wahl ist nicht klar zum Ausdruck gekommen. Die Entscheidung ist nicht zugunsten der von der Sozialistischen Einheitspartei Deutschlands vertretenen politischen und wirtschaftlichen Forderungen, und der bisher geleisteten Aufbauarbeit erfolgt, sondern aufgrund der von der reaktionären Presse wochenlang gegen die Sozialistischen Einheitspartei Deutschlands betriebenen unsachlichen Kampfesweise, deren Argumente neben den großen politischen Gesichtspunkten herliefen. Darum ist der Wahlausgang in Berlin als eine politische Fehlentscheidung anzusehen.*
>
> *Die bürgerlichen Wählerschichten sind nicht etwa den sozialistischen Forderungen der SED gefolgt, sondern sie glaubten, ihre nationalistischen Empfindungen in der SPD gesichert zu sehen. Eine große Verantwortung ist mit dem Wahlresultat auf die Schultern der Berliner Sozialdemokratischen Partei gelegt worden. Der Wiederaufbau Berlins erfordert die Zusammenarbeit aller demokratisch-antifaschistischen Kräfte, insbesondere der Arbeiterschaft. Die Sozialistische Einheitspartei Deutschlands hat ihre Bereitwilligkeit zur Zusammenarbeit mit jeder ehrlichen demokratischen Partei betont. …*

KULTUR

Berliner Universität eröffnet: Die traditionsreiche Berliner Friedrich-Wilhelms-Universität wird am 29. Januar im Admiralspalast an der Friedrichstraße (Bezirk Mitte) offiziell wiedereröffnet. Bereits am 12. November 1945 hatte sie auf Anordnung der Sowjets einen provisorischen Lehrbetrieb aufgenommen. Rektor der Universität, an der zur Zeit rund 4000 Studenten immatrikuliert sind, ist der Altphilologe Johannes Stroux.

In einem Lesesaal der Universitätsbibliothek wird die ehemalige Preußische Staatsbibliothek Unter den Linden als Öffentliche Wissenschaftliche Bibliothek eröffnet (1. Oktober).

Erster DEFA-Film in den Kinos: In der Staatsoper am Bahnhof Friedrichstraße (Admiralspalast) wird am 15. Oktober der Spielfilm »Die Mörder sind unter uns« uraufgeführt. Der von Wolfgang Staudte inszenierte Streifen ist die erste Produktion der am 17. Mai in Potsdam-Babelsberg als Nachfolgeorganisation der UFA gegründeten Deutsche Film-AG (DEFA). »Die Mörder sind unter uns« ist bei Publikum und Kritik ein großer Erfolg. Hauptdarsteller des Films, der sich mit ungesühnten Kriegsverbrechen auseinandersetzt, sind Ernst Wilhelm Borchert und Hildegard Knef.

ALLTAG UND GESELLSCHAFT

»Trümmerfrauen« ermöglichen Wiederaufbau: Am 10. Juli erläßt der Alliierte Kontrollrat für Deutschland in Berlin ein Gesetz, das den Einsatz von Frauen und Jugendlichen über 14

Hildegard Knef und Wilhelm Borchert in »Die Mörder sind unter uns«, 1946.

1946 WIDERSTAND GEGEN ZWANGSVEREINIGUNG

am 5. September in der Nürnberger Straße (Charlottenburg) sein Kabarett »Ulenspiegel« eröffnet. Darin schildert Finck mit Ironie Schicksal und Verstrickung des einfachen Deutschen in Nationalsozialismus und Krieg.

Technische Hochschule wird Universität: Als erste Universität im Berliner Westen öffnet am 9. April an alter Stelle, an der Charlottenburger Chaussee (heute Straße des 17. Juni), die traditionsreiche Technische Hochschule ihre Pforten und beginnt mit einer programmatischen Namensgebung. Als erste TH Deutschlands nennt sie sich Technische Universität und verpflichtet sich über die technischen Disziplinen hinaus auf ein humanistisches Erziehungs- und Bildungsideal.

Amerika Haus öffnet seine Pforten: Der Pflege der deutsch-amerikanischen Beziehungen dienen soll das am 26. Februar im Bezirk Schöneberg eröffnete Amerika Haus. Es bietet den Berlinern Gelegenheit, sich mit der amerikanischen Kultur und Lebensart vertraut zu machen. Zur Verfügung stehen eine Bibliothek und Räume, in denen Ausstellungen, Lesungen, Konzerte und Informationsveranstaltungen abgehalten werden können.

ALLTAG UND GESELLSCHAFT

CARE-Pakete für Berlin: Mit der Unterzeichnung eines Abkommens zwischen der amerikanischen Militärregierung und der Cooperative for American Remitances to Europe (CARE) am 6. Juni in Stuttgart beginnt eine beispiellose Hilfsaktion zur Bekämpfung des Elends und Notstands in Deutschland. Amerikanische Bürger können durch Einzahlung von 15 Dollar bei CARE ein aus Armeebeständen zusammengestelltes Paket erwerben und an deutsche Empfänger verschicken lassen.

Jedes Paket enthält Nahrungsmittel mit rund 40000 Kalorien, darunter Büchsenfleisch, Fett, Kekse und Schokolade, auch Zigaretten, Seife und Zahnpasta. Pakete für Kinder enthalten neben Grundnahrungsmitteln Vitaminpräparate und solche für Säuglinge Puder, Schnuller und Windeln. Berlin ist einer der Hauptnutznießer dieser Hilfe. Die Lebensmittelpakete – die ersten treffen am 10. August in der Stadt ein – retten Tausende von Menschen in West und Ost vor dem Hungertod.

RIAS tritt in Konkurrenz zum Berliner Rundfunk: Am 5. September geht der »Rundfunk im amerikanischen Sektor« (RIAS) auf Sendung. Die von der amerikanischen Besatzungsmacht betriebene Station tritt die Nachfolge des im November 1945 gegründeten »Drahtfunk im amerikanischen Sektor« (DIAS) an.
Die Gründung des Senders erfolgt, nachdem sich die Sowjetische Militäradministration geweigert hatte, den unter ihrer Kontrolle stehenden Berliner Runfunk in der Charlottenburger Masurenallee der Viermächte-Verwaltung zu unterstellen.

Sport

Sportfest ohne deutsche Beteiligung. Im Berliner Olympiastadion findet am 8.September ein internationales Militärsportfest statt, an dem sieben Nationen teilnehmen. Ausrichter sind die vier Siegermächte. Rund 85 000 Zuschauer verfolgen die zwölf Wettbewerbe. Deutsche Sportler und Zuschauer sind nicht zugelassen.

Verteilung der ersten CARE-Pakete in Berlin, August 1946.

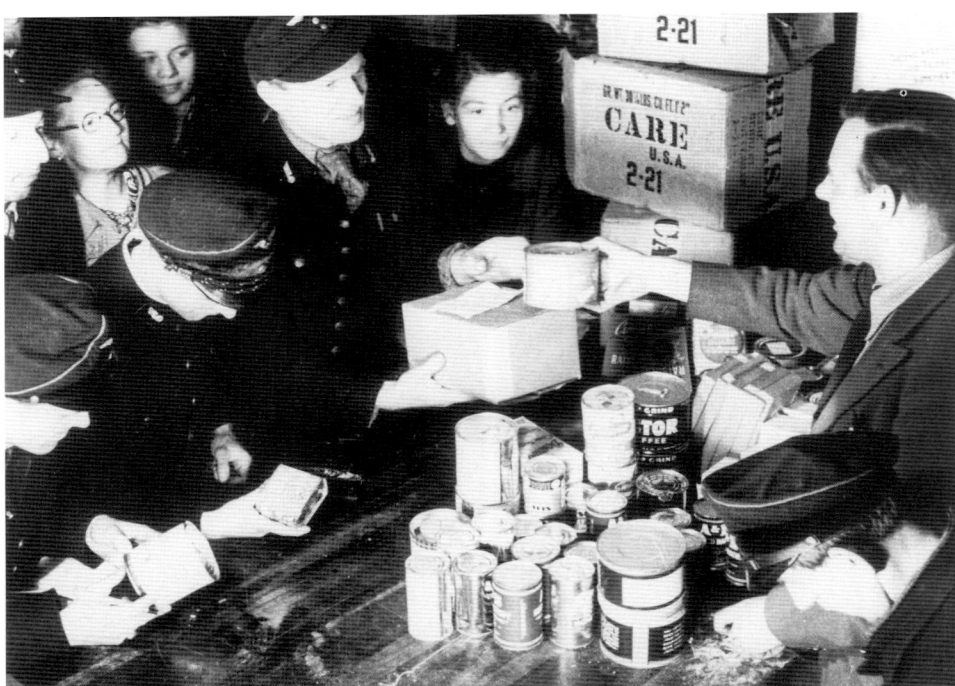

KALENDARIUM

29. Januar: Mit einem Festakt im Admiralspalast wird die Friedrich-Wilhelms-Universität als Berliner Universität eröffnet. Der Lehrbetrieb war in Teilen bereits im September 1945 aufgenommen worden.

9.-11. Februar: Auf dem ersten Delegiertenkongreß im Berliner Admiralspalast konstituiert sich der Freie Deutsche Gewerkschaftsbund (FDGB) der sowjetischen Besatzungszone.

26. Februar: Im Bezirk Schöneberg öffnet das Amerika-Haus seine Pforten. Die Einrichtung soll der Vertiefung der kulturellen Beziehungen zwischen Deutschen und US-Amerikanern dienen.

1. März: Im Admiralspalast beschließt eine Funktionärskonferenz der Berliner SPD, ihre Zustimmung zu einer Vereinigung mit der KPD von dem Ergebnis einer Urabstimmung aller Parteimitglieder abhängig zu machen.

7. März: Im sowjetischen Sektor wird die Freie Deutsche Jugend (FDJ) gegründet. Erster Vorsitzender der Jugendorganisation wird Erich Honecker (KPD).

16. März: Eine Explosion im Polizeipräsidium nahe dem Alexanderplatz fordert zwei Tote und mehr als 100 Verletzte. Das Gebäude, in dem große Mengen Munition gelagert waren, wird fast völlig zerstört.

21. März: Im neugegründeten »Studio 1946« des Berliner Hebbel-Theaters kommt das Drama »Die Illegalen« von Günther Weisenborn zur Uraufführung.

28. März: Der Alliierte Kontrollrat veröffentlicht in Berlin einen Industrieplan für die vier Besatzungszonen. Der Plan umreißt den Rahmen einer deutschen Friedenswirtschaft. Vorgesehen ist eine Obergrenze der industriellen Produktion von 65 % des Standes von 1936.

29. März: Marschall Georgi K. Schukow, Chef der SMAD, wird in die UdSSR zurückbeordert. Seine Nachfolge tritt Armeegeneral Wassili D. Sokolowski an.

31. März: In Berlin führt die SPD eine Urabstimmung über eine Vereinigung mit der KPD durch. Da im sowjetischen Sektor die Urnen noch vor Auszählung der Stimmen beschlagnahmt werden, liegt nur das Ergebnis der Westsektoren vor. Hier sprechen sich 82,2 % der Teilnehmer an der Abstimmung gegen die Vereinigung mit der KPD aus.

9. April: Die Technische Hochschule an der Charlottenburger Chaussee wird als Technische Universität eröffnet.

21. April: Im Admiralspalast in der Friedrichstraße vollziehen KPD und SPD die Vereinigung zur Sozialistischen Einheitspartei Deutschlands (SED).

25. April bis 16. Mai: Auf der dritten Pariser Konferenz einigt sich der Rat der Außenminister über die Friedensverträge mit den ehemaligen Verbündeten des Deutschen Reiches. In

KALENDARIUM — VEREINIGUNG DER ARBEITERPARTEIEN 1946

der Deutschlandfrage kann keine Einigung erzielt werden.

1. Mai: Vor der Ruine des Stadtschlosses im Lustgarten hält der FDGB eine Massenkundgebung zum 1. Mai ab, an der rund 500 000 Menschen teilnehmen.

19. Juli: Die SMAD verfügt die Einstellung sämtlicher Lieferungen von Obst und Gemüse in die Westsektoren Berlins.

10. August: Der Alliierte Kontrollrat erläßt eine Verfügung zur Verpflichtung von Frauen zu Wiederaufbauarbeiten. Betroffen sind rund 50 000 Berlinerinnen (»Trümmerfrauen«).

10. August: Die amerikanische Hilfsorganisation CARE beginnt in Berlin mit der Verteilung von Lebensmitteln.

13. August: Der Alliierte Kontrollrat übermittelt dem Oberbürgermeister die Vorläufige Verfassung für Groß-Berlin.

25. August: Zwischen Berlin und Hannover wird die erste regelmäßig verkehrende Interzonenbuslinie eingerichtet.

5. September: Der Rundfunk im amerikanischen Sektor von Berlin (RIAS) nimmt seinen Betrieb auf.

10. Oktober: Die Berlinerin Anna Maria Heineke erhält als erste Deutsche nach dem Krieg von der amerikanischen Militärregierung die Genehmigung, in die Vereinigten Staaten einzureisen und einen amerikanischen Soldaten zu heiraten. Die britische Besatzungsmacht hatten bereits Ende Juli das sogenannte Fraternisierungsverbot gelockert.

15. Oktober: Im sowjetischen Sektor wird der Film »Die Mörder sind unter uns« von Wolfgang Staudte uraufgeführt. Es ist die erste Produktion der am 17. Mai in Potsdam-Babelsberg gegründeten Deutschen Film-AG (DEFA).

20. Oktober: Aus den Stadtverordnetenwahlen geht die SPD mit 48,7 % der Stimmen vor der CDU (22,2 %) als Sieger hervor. Die SED erhält lediglich 19,8 %.

29. Oktober: Eine Volkserzählung ergibt, daß Groß-Berlin eine Einwohnerzahl von knapp 3,2 Millionen. hat. 1939 lebten in der Stadt noch rund 4,3 Millionen. Menschen.

4. November bis 11. Dezember: Auf der vierten New Yorker Konferenz kann sich der Rat der Außenminister in der Deutschlandfrage nicht einigen.

6. November: Statt Stromsperrstunden werden erstmals »Lichtstunden« eingeführt. Die Berliner dürfen täglich höchstens zweieinhalb Stunden lang Strom verbrauchen.

26. November: Auf der konstituierenden Sitzung wählt die Stadtverordnetenversammlung einstimmig Otto Suhr zu ihrem Vorsteher.

5. Dezember: Die Stadtverordnetenversammlung wählt Otto Ostrowski (SPD) zum neuen Oberbürgermeister.

Trümmerfrauen bei der Arbeit, 1946.

Jahren bei der Trümmerbeseitigung erlaubt. Obwohl in Berlin bereits rund 34 000 Menschen mit Aufräumarbeiten beschäftigt sind, stellt die durch den Krieg verursachte riesige Trümmermenge über Jahre eines der Haupthindernisse für die Einkehr normaler Lebensbedingungen dar. Männliche Arbeitskräfte stehen nicht in genügender Zahl zur Verfügung, sie sind gefallen, befinden sich in Gefangenschaft oder sind wegen im Krieg erlittener Verletzungen nicht einsatzfähig.

Die sogenannten Trümmerfrauen verrichten Schwerstarbeit. Mit bloßen Händen - Maschinen stehen nicht zur Verfügung - helfen sie, Berlin vom Schutt zu befreien. Aus den Trümmern müssen wiederverwertbare Materialien aussortiert werden. So dienen Ziegelsteine nach Abklopfen des Mörtels zum Wiederaufbau.

Bei der Enttrümmerung Berlins kommt es immer wieder zu schweren Unfällen. Einstürzende Ruinen und verborgene »Blindgänger«, die explodieren, fordern zahlreiche Opfer.

Explosion erschüttert Alexanderplatz: Zwei Tote und mehr als 100 Verletzte ist die tragische Bilanz einer schweren Explosion im Bezirk Mitte. Am 16. März zündet ein Polizist im Berliner Polizeipräsidium am Alexanderplatz versehentlich eine Handgranate und wirft sie in Panik auf einen Stapel im Hof gelagerter Munition. Bei der folgenden Detonation werden große Teile des Gebäudekomplexes zerstört. Der Knall ist im gesamten Stadtgebiet zu hören. Hunderte von Häusern in der Umgebung werden beschädigt.

Am 15. Oktober 1946 wird im Admiralspalast, dem Haus der Deutschen Staatsoper, der DEFA-Spielfilm »Die Mörder sind unter uns« uraufgeführt. Das »Neue Deutschland« schreibt:

...Wir sehen einen ernsten Film, ernst, wie sich unser tägliches Leben abspielt, ein Film der zu dem tiefen Ernst der deutschen Situation paßt, die knapp nach eineinhalb Jahren schon wieder bedenkliche Zeichen des Vergessens aufweist. Eines Vergessens, das den Weg zu einer neuen Katastrophe ebnen könnte.

Aus dieser Vergessenheit schleudert uns, und alle die es besonders angeht, dieser Film, der in Idee, Drehbuch und Regie das Werk eines jungen und sein Handwerk, aber auch die Psychologie unserer Zeit verstehenden Regisseurs, Wolfgang Staudtes ist. Diesen Film haben Menschen gemacht, die menschliche und staatliche Katastrophe aufs tiefste miterlebt haben, die aber gleichzeitig die harten und notwendigen Forderungen daraus gezogen haben. Dieser Film ist nicht amüsierlich, wenn auch vom fotografischen her köstliche und bezaubernde Einfälle das ernste Spiel erheitern; er ist ein sehr nachdenklicher und zum Nachdenken, ja mehr zum Nachfühlen, aus der Realität geschöpfter Film. Daß er gefühlsbetont ist, das ist seine große Stärke. ...

1947 REUTER DARF BÜRGERMEISTERAMT NICHT ANTRETEN

POLITIK

Rücktritt nach SED-Kontakten: Im Frühjahr und Sommer des Jahres erlebt Berlin die erste Magistrats- und Bürgermeisterkrise. Oberbürgermeister Otto Ostrowski (SPD) erklärt am 17. April seinen Rücktritt.

Laut Vorläufiger Verfassung untersteht die Selbstverwaltung Berlins der Alliierten Kommandantur. Nur mit ihrer Genehmigung unter dem Vorzeichen des Vetorechts können gesetzliche Bestimmungen in Kraft treten und personelle Entscheidungen erfolgen. Vor allem die Sowjets nutzen das Vetorecht gegen die Bestrebungen, die 1945 zu Gunsten der KPD/SED aufgezwungenen personellen Verhältnisse den durch die Wahlen entstandenen Mehrheitsverhältnissen der Parteien anzupassen. Mit Rückhalt der Sowjets beharrt die SED auf den von ihr besetzt gehaltenen Positionen, die inzwischen anderen Parteien zustehen. Vor diesem Hintergrund versucht Ostrowski in vertraulichen Gesprächen mit der SED zu einer loyalen Zusammenarbeit der Parteien zu finden. Dieses Vorgehen stößt bei der SPD – zumal sie sich übergangen fühlt – auf scharfe Kritik, die schließlich zum Rücktritt des Oberbürgermeisters führt.

Die Viersektorenstadt Groß-Berlin.

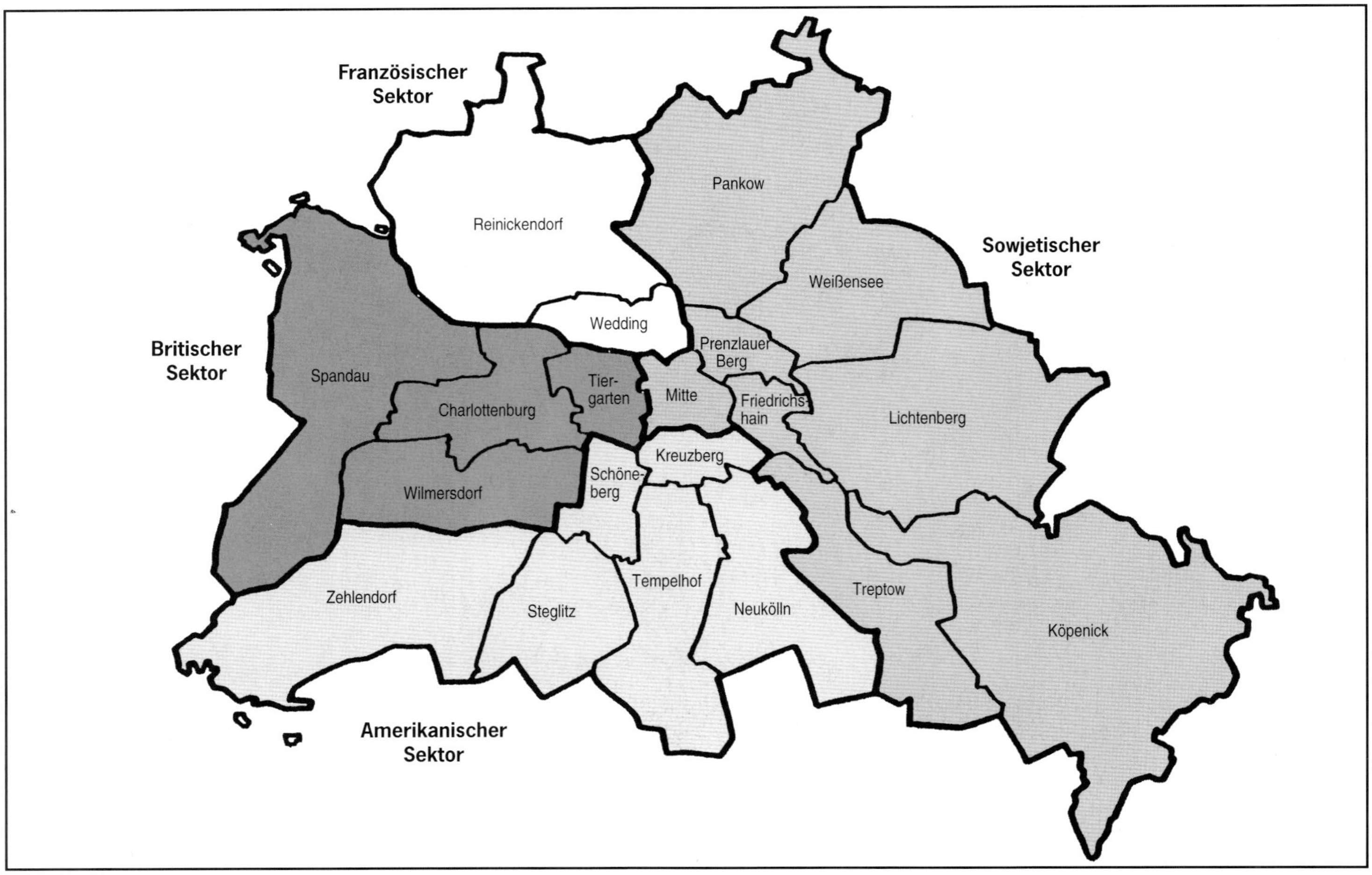

Sowjets lehnen Wahl Ernst Reuters ab: Am 24. Juni wählt die Stadtverordnetenversammlung mit der erdrückenden Mehrheit von 89 gegen 17 Stimmen bei zwei Enthaltungen Ernst Reuter (SPD) zum Oberbürgermeister (von den 26 SED-Stadtverordneten sind nur 18 anwesend). Die Bestätigung der Wahl durch die Alliierte Kommandantur und dann auch durch den Kontrollrat scheitert am sowjetischen Veto. Da der gewählte Oberbürgermeister sein Amt nicht antreten kann, beauftragt die Stadtverordnetenversammlung Bürgermeisterin Louise Schroeder (SPD) mit der Führung der Amtsgeschäfte.

Kriegsverbrecher nach Spandau verlegt: Auf Grund einer Direktive des Alliierten Kontrollrates vom Oktober 1946 werden die vom Internationalen Militärtribunal in Nürnberg zu Haftstrafen verurteilten sieben Hauptkriegsverbrecher in einem Gefängnis in Berlin-Spandau untergebracht. Am 18. Juli treffen die Häftlinge (Karl Dönitz, Walther Funk, Rudolf Heß, Konstantin Freiherr von Neurath, Erich Raeder, Baldur von Schirach und Albert Speer) auf dem Flugplatz in Berlin-Gatow ein.

Die Bewachung und Verwaltung des Gefängnisses obliegen den Vier Mächten zur gesamten Hand. Vorsitz im Viererrat des Direktoriums und die Wachmannschaften wechseln reihum monatlich.

Oberbürgermeister Otto Ostrowski (SPD), dem wegen seiner eigenmächtigen Kontaktaufnahme zur SED von der eigenen Partei das Vertrauen entzogen worden war, erklärt auf der Sitzung am 17. April 1947 seinen Rücktritt:

Durch die von der Stadtverordnetenversammlung eingenommene Haltung bin ich in eine nicht von mir verschuldete Zwangslage gebracht worden, die mich nötigt, mein Amt unter Beachtung der verfassungsmäßigen Bestimmungen zur Verfügung zu stellen. Ich gehe bei dieser Entscheidung von meiner Verantwortung vor der Berliner notleidenden Bevölkerung aus. Ich habe nie einen Hehl daraus gemacht, daß ich unentwegt festhalte an dem Gedanken, daß Berlin nur in den Händen einer gesunden und starken Arbeiterbewegung wohl geborgen ist. Ich wollte mit meiner Arbeit vor dem Urteil der schaffenden Berliner Menschen als der Anwalt ihrer Nöte bestehen können, und deshalb war ich, was ich immer gewesen bin, ein sozialistischer, demokratischer Mensch mit der selbstverständlichen Hingabe an die Gesamtheit.

CDU-SPITZE ABGESETZT 1947

POLITIK

Die SED behauptet ihre Stellung: Die sowjetische Besatzungsmacht blockiert immer wieder in der Alliierten Kommandantur mittels des Vetorechts für die SED mißliebige Beschlüsse und stützt so die einflußreichen Positionen der Partei. Hierunter leidet die freie Selbstverwaltung gemäß dem Wahlergebnis vom Oktober 1946. Über die Handlungsfähigkeit des Magistrats will die SED aber nur mit sich reden lassen, wenn sich die SPD auf ein gemeinsames, langfristiges Arbeitsprogramm verpflichtet. Da die SED unter solch einer Voraussetzung sogar einen Oberbürgermeister Reuter akzeptieren will, kann kein Zweifel bestehen, wie sehr ihr daran gelegen ist, die 1946 nicht zustandegekommene Einheitsfront der beiden Arbeiterparteien auf diesem Weg doch noch zu erreichen.

Verhaftungswelle im sowjetischen Sektor: Am 13. November beschäftigt sich die Stadtverordnetenversammlung mit einer Dringlichkeitsanfrage, die Zivilpersonen im Gewahrsam der

Der sowjetische Stadtkommandant Generalmajor Alexander Kotikow erklärt in einer Sitzung der Alliierten Kommandantur seine Haltung zum Rücktritt von Oberbürgermeister Otto Ostrowski:

Der Brief von [Parlamentspräsident] Dr. [Otto] Suhr über den Rücktritt von Dr. Ostrowski gibt der Alliierten Kommandantur keine Veranlassung, den Rücktritt des Oberbürgermeisters ohne weiteres anzunehmen. Erstens kann man ... keine Schlüsse auf die Art und den Grad der Schuld Dr. Ostrowskis ziehen, derentwegen sein Rücktritt von uns bestätigt werden soll; zweitens ist der Oberbürgermeister in Übereinstimmung mit der Berliner Verfassung und der feststehenden Praxis verpflichtet, den Alliierten Kommandanten eine offizielle und motivierte Erklärung über seinen Rücktritt einzureichen. Schon diese zwei Momente geben Veranlassung, die Angelegenheit Dr. Ostrowski sorgfältig zu studieren und zu untersuchen. In diesem Zusammenhang muß ich meinen Kollegen erklären, daß es hier offenbar nicht um Dr. Ostrowski geht, dessen Schuld ungeklärt ist, sondern um die Politik, die in der Stadtverordnetenversammlung von den Führern einer Fraktion verfolgt wird, deren Schuld der Berliner Bevölkerung gegenüber auf der Hand liegt.

...

[Es] ist ersichtlich, daß hinter alledem sich eine ganz bestimmte politische Tendenz der dominierenden Mehrheit in der Stadtverordnetenversammlung verbirgt, an deren Spitze die SPD-Fraktion steht. Diese Politik hat nichts mit den Interessen der Berliner Bevölkerung gemein. Sie beruht auf dem Wunsche ..., die Beziehungen zwischen dem Magistrat und den Besatzungsbehörden zuzuspitzen; sie beruht auf der Abneigung, die Arbeit der städtischen Selbstversammlung in Übereinstimmung mit der Berliner Verfassung zu gestalten, das heißt auf der Grundlage sachlicher Zusammenarbeit aller in der städtischen Selbstverwaltung vertretenen demokratischen Kräfte; sie beruht auf dem Bestreben der SPD-Fraktion, eine Parteidiktatur im Magistrat zu errichten. ...

Sitzung des Alliierten Kontrollrates (sowjetische Delegation). Der Kontrollrat übt die oberste Gewalt in Deutschland aus und hat auch die allgemeine Leitung der Alliierten Kommandantur in Berlin.

1947 REUTER DARF BÜRGERMEISTERAMT NICHT ANTRETEN

Holzaktion im Tiergarten an der Siegessäule: alte Bäume zu Heizmaterial, Winter 1947.

KULTUR

Musikalische Höhepunkte mit den Philharmonikern: Erstmals nach dem Ende des Krieges dirigiert am 25. Mai im Steglitzer Titania-Palast Wilhelm Furtwängler das Berliner Philharmonische Orchester. Furtwängler, seit 1922 mit kurzer Unterbrechung künstlerischer Leiter des Orchesters, war 1945 auf Grund der alliierten Entnazifizierungs-Direktive mit einem Auftrittsverbot belegt worden. Die künstlerische Leitung der Philharmoniker hat von September 1945 bis 1951 der junge Rumäne Sergiu Celibidache inne. Ebenfalls erstmals nach dem Ende des nationalsozialistischen Regimes kommt der amerikanische Geigenvirtuose Yehudi Menuhin nach Berlin und gibt mit den Berliner Philharmonikern unter Furtwängler am 30. September im Titania-Palast ein umjubeltes Konzert. Der erste Auftritt eines jüdischen Musikers in Deutschland nach den Jahren der nationalsozialistischen Barbarei besitzt wegweisende Symbolkraft und wird als Zeichen der Versöhnung gewertet.

ALLTAG UND GESELLSCHAFT

Kältewelle fordert Todesopfer: Der zweite Nachkriegswinter 1946/47 trifft die Berliner mit voller Härte. Über mehrere Wochen hinweg herrscht eine Kältewelle, wie sie die Stadt seit Jahrzehnten nicht erlebt hat. Nach Angaben des Magistrats erfrieren bis zum Mai 1142 Menschen. Über 60 000 Menschen leiden unter Erfrierungserscheinungen; Tausende erkranken an Lungenentzündungen oder schwerer Grippe.
Im zerbombten Berlin sind die Menschen der Kälte schutzlos ausgeliefert. In vielen Häusern kann nur notdürftig geheizt werden, da nicht genügend Heizmaterial zur Verfügung steht und die Wohnungen wegen der Zerstörungen nur mangelhaft abgedichtet sind. In ihrer Not strömen die Berliner in die Parkanlagen und Wälder, um Brennholz zu schlagen. Bevorzugtes Ziel ist der zentral gelegene Tiergarten, der nahezu völlig abgeholzt wird.

Notkomitee gebildet – Alliierte erhöhen Rationen: Der Magistrat steht der Not weitgehend hilflos gegenüber. Am 13. Februar erarbeitet ein Notkomitee unter Leitung von Bürgermeisterin Louise Schroeder einen Maßnahmenkatalog, der die Einrichtung von Wärmehallen und medizinischen Hilfsstellen sowie die Verteilung von warmen Mahlzeiten an Alte und Hilfsbedürftige vorsieht. Jede Verschwendung von Heizmaterial ist untersagt.
Die Besatzungsmächte reagieren auf die katastrophalen Zustände in Berlin mit einer Erhöhung der Lebensmittelrationen. Am 28. Februar verfügt die Alliierte Kommandantur die Abschaffung der Lebensmittelkartenstufe V (Nichtberufstätige) und die Heraufstufung ihrer rund 930 000 Empfänger in die Stufe III.

Hamsterfahrten ins Umland: Um die kargen Lebensmittelrationen zu ergänzen, unternehmen viele Berliner im Sommer und Herbst sogenannte

WIRTSCHAFT

Plan zum wirtschaftlichen Aufbau Europas: Der amerikanische Außenminister George C. Marshall regt am 5. Juni ein Hilfsprogramm zum Aufbau des vom Krieg zerstörten Europas an. Unter der Voraussetzung einer politischen und wirtschaftlichen Selbsthilfeinitiative der Europäer wollen die USA umfassende finanzielle und materielle Unterstützung leisten. Vom sogenannten Marshallplan können jedoch zunächst nur die Westzonen Deutschlands profitieren, da die Sowjetunion die amerikanische Hilfe ablehnt. Weder in die Ostzone noch in das unter Viermächte-Verwaltung stehende Berlin können die Hilfsleistungen gelangen. Erst 1949, nach der faktisch vollzogenen Spaltung der Stadt, findet der Marshallplan in den Westsektoren Anwendung.

CDU-SPITZE ABGESETZT 1947

sowjetischen Besatzungsmacht betrifft. In den letzten Monaten sind nach offiziellen Angaben mehr als 5400 Personen in Berlin überwiegend aus politischen Gründen von Angehörigen des sowjetischen Militärs oder Geheimdienstes verhaftet worden. Von den Betroffenen fehlt meist jede Spur.

Am 2. November wird Dieter Friede, Mitarbeiter der Zeitung »Der Abend«, telefonisch nach Ost-Berlin bestellt. Seither ist der Journalist, der sich wiederholt kritisch mit der Politik der SED und der sowjetischen Besatzungsmacht auseinandergesetzt hatte, verschwunden. Der Stadtverordnete Otto Winzer (SED) bezeichnet den Fall Friede als ein vorbereitetes Stück antikommunistischer Propaganda durch die amerikanische Besatzungsmacht. Erst im Sommer 1948 verbreitet die Nachrichtenagentur ADN eine Meldung, nach der Friede wegen Spionage verhaftet worden sei.

Magistrat verlangt Rechtssicherheit: Am selben Tag fordert der Magistrat die Alliierte Kommandantur auf, sich verstärkt für die Sicherheit der Bürger einzusetzen. Um die Rechtsunsicherheit in Berlin zu beseitigen, sei die Verabschiedung eines einheitlichen Besatzungsstatus notwendig. Gleichzeitig verlangt der Magistrat Aufklärung über die Schicksale der Verhafteten. Da die Sowjetunion die Vorkommnisse in ihrem Sektor jedoch bestreitet und entsprechende Beschlüsse in der Kommandantur verhindert, bleiben konkrete Maßnahmen aus.

Für Einheit und gerechten Frieden: Vom 6. bis 8. Dezember findet auf Initiative der SED im Admiralspalast (Mitte) der erste Volkskongreß für Einheit und gerechten Frieden statt. Nach dem Scheitern der Außenministerkonferenz in Moskau (März/April 1947), auf der sich die vier Siegermächte nicht auf eine gemeinsame

Jakob Kaiser (mit Hut), Landesvorsitzender der CDU in der Sowjetischen Besatzungszone, im Dezember 1947 von der Sowjetischen Militäradministration abgesetzt.

> *Am 9. Juli 1947 legt der sowjetische Stadtkommandant Alexander Kotikow in einem Presseinterview die Gründe für die Ablehnung von Ernst Reuter als Oberbürgermeister von Berlin dar:*
>
> *... Der sowjetische Standpunkt ist bekannt, er bleibt unverändert. Herr Reuter wird auf dem Posten des Oberbürgermeisters von Berlin nicht zugelassen werden. Diesen Posten kann nur eine Persönlichkeit bekleiden, die fähig ist, mit allen vier alliierten Besatzungsmächten loyal zusammenzuarbeiten sowie eine demokratische Leitung der städtischen Selbstverwaltung und die Befriedigung der vordringlichsten Bedürfnisse der Stadtbevölkerung zu gewährleisten. Reuter ist keine solche Persönlichkeit.*
>
> *Erstens hat es Reuter während seiner Anwesenheit in Berlin fertiggebracht, sich durch seine antisowjetischen verleumderischen Ausfälle zu empfehlen. Reuter ist einer der Initiatoren und Leiter der schmutzigen antisowjetischen Kampagne. ... Zweitens ist die politische Vergangenheit Reuters recht dunkel und zweifelhaft. ... Drittens hat Reuter im Laufe des halben Jahres seiner Arbeit im Berliner Magistrat sich keinesfalls als eine Persönlichkeit erwiesen, die imstande wäre, unter den gegenwärtigen Bedingungen zu arbeiten. Im Gegenteil, die Alliierte Kommandantur war bereits gezwungen, die Frage seiner unbefriedigenden Arbeit zu prüfen. Deshalb wurde Reuter von der Alliierten Kommandantur bisher nicht einmal auf dem Posten eines Stadtrats bestätigt.*
>
> *Das oben Dargelegte zeigt genügend klar, daß Reuter nicht zu den Menschen gehört, die – wie es in den Beschlüssen der Potsdamer Konferenz heißt, »auf Grund ihrer politischen und moralischen Eigenschaften befähigt sind, bei der Entfaltung wirklich demokratischer Institutionen in Deutschland mitzuwirken«. ...*

Linie in der Behandlung des besiegten Deutschlands einigen konnten, soll eine Delegation mit Teilnehmern aus allen Besatzungszonen ohne Rücksicht auf Parteizugehörigkeit die Wünsche des deutschen Volkes für Wege zu einem Friedensvertrag formulieren. Westdeutsche Politiker lehnen die Einladung zum Kongreß ab, da er ihrer Ansicht nach nur Propagandazwecken der SED dient.

Sowjets setzen CDU-Spitze ab: Auch Jakob Kaiser und Ernst Lemmer, Vorsitzende der CDU der sowjetischen Besatzungszone in Deutschland und Berlins, verweigern ihre Teilnahme an dem Kongreß. Daraufhin verfügt die Sowjetische Militäradministration am 20. Dezember die Absetzung der beiden Politiker. Bestimmende Kraft in der Ost-CDU werden nun Otto Nuschke und Wilhelm Wolf.

1947 REUTER DARF BÜRGERMEISTERAMT NICHT ANTRETEN

KALENDARIUM

> *Der Kritiker Erwin Kroll schildert seine Eindrücke vom Konzert mit Werken Ludwig van Beethovens des Berliner Philharmonischen Orchesters unter Wilhelm Furtwängler am 25. Mai im Titania-Palast:*
>
> Der Wiedereinschaltung Wilhelm Furtwänglers in das deutsche Musikleben kommt deswegen entscheidende Bedeutung zu, weil es sich hier um einen nachschaffenden Musiker handelt, der wie wenige berufen ist, der deutschen Musikübung in einer Zeit chaotischer Verwirrtheit wieder feste Maßstäbe zu geben. Furtwängler kam mit einem Beethovenprogramm, der »Egmont«-Ouvertüre sowie der sechsten und der fünften Sinfonie. Gibt es ein besseres Beispiel für die Weite des deutschen Musikgeistes, dessen verklärender Zauber Mensch und Natur, das Spiel der Leidenschaften und die Ruhe des Idylls umfängt? Beethoven, der mächtigste Künder dieses Musikgeistes, ist zugleich der Meister, dessen Kunst sich der Dirigent am meisten verbunden fühlt.
> ... Die Jahre romantisch-expressiven Sturm und Dranges hat dieser Dirigent längst hinter sich. Er wußte von Anfang an, daß man vor Beethoven sich nicht selbst bestätigen, nicht schauspielern, nicht »zelebrieren« darf. Er ging im Dienste an den Werken unbeirrbar seinen Weg weiter und hat, wie sein Pfingstkonzert lehrte, das Ziel nun erreicht: das, aus tiefstem Wissen geboren, sich ganz hinter das Kunstwerk stellt.
> ... Das Philharmonische Orchester dankte für das, was Furtwängler ihm gab, durch ein Spiel, das an die besten Zeiten dieses wundervoll wendigen Klangkörpers erinnerte. Es war, als ob hier ein fruchtbarer Gewitterregen alle Keime, die lange geschlummert, im Nu wieder zum blühen brachte. Die Zucht und Klarheit des Zusammenspiels, der Adel und die Leuchtkraft des Gesamtklanges wirkten wahrhaft hinreißend. Die Hörer standen von Anfang an im Banne des Dirigenten und feierten ihn durch Beifallsbezeugungen, wie sie in der Geschichte des Berliner Konzertlebens nur ganz selten zu verzeichnen sein dürften.

Hamsterfahrten; bei Bauern und Landwirten im Umland tauschen sie Schmuck, Kleidung, Porzellan oder sonstiges Hab und Gut gegen Kartoffeln, Eier, Fleisch oder andere landwirtschaftliche Erzeugnisse ein. Die Ärmsten der Armen versuchen auf den abgeernteten Feldern Reste zu ergattern.

Berlins U-Bahn rollt wieder: Am 27. April wird zwischen den Hochbahnhöfen Hallesches Tor und Gleisdreieck im Bezirk Kreuzberg der Zugverkehr aufgenommen. Damit ist das Berliner U-Bahnnetz, das im Krieg weitgehend zerstört worden war, wieder vollständig befahrbar. Erschwert wurde die Wiederaufnahme des Verkehrs dadurch, daß die sowjetische Besatzungsmacht eine große Zahl von Zügen beschlagnahmt und im Rahmen der zu leistenden Reparationen in die UdSSR verbracht hatte.

Berliner auf Hamsterfahrt.

9. Februar: Bei einem Brand im Spandauer Tanzlokal finden mehr als 80 Menschen den Tod. Drei britische Soldaten kommen bei den Löscharbeiten uns Leben. Brandursache sind vermutlich falsch aufgestellte und überhitzte Öfen.
Die Militärpolizei der vier Siegermächte sowie 5 000 Berliner Polizisten unternehmen in allen Sektoren der Stadt Razzien und Hausdurchsuchungen. Die Aktion richtet sich gegen Schieber, Kriegsverbrecher sowie die steigende Zahl sowjetischer Deserteure. Rund 2000 Menschen werden verhaftet.
13. Februar: Nach Angaben des Stadtverordnetenvorstehers Otto Suhr (SPD) sind in Berlin seit dem 1. Dezember 1946 in Berlin 134 Menschen erfroren. Täglich werden den Behörden bis zu 1000 Fälle von Lungenentzündungen gemeldet. Oberbürgermeister Otto Ostrowski (SPD) fordert die Besatzungsmächte auf, angesichts der anhaltenden Kältewelle ihre Hilfen für die Bevölkerung zu verstärken.
15. Februar: Ein Notkomitee für die Versorgung der Bevölkerung unter Vorsitz von Bürgermeisterin Louise Schroeder (SPD) beginnt mit der Umsetzung von Sondermaßnahmen zur Verbesserung der Lebensbedingungen in Berlin. Vorgesehen ist unter anderem die Einrichtung von Wärmehallen, ärztlichen Versorgungsstellen und die Speisung von Hilfsbedürftigen.
28. Februar: Der Alliierte Kontrollrat beschließt eine Erhöhung der auf Lebensmittelkarten ausgegebenen Rationen.
27. April: Zwischen Gleisdreieck und Hallesches Tor wird die während des Krieges zerstörte Hochbahnstrecke wiedereröffnet. Damit ist die letzte Lücke des rund 76 km langen Berliner U-Bahnnetzes geschlossen.
3. Mai: Im Ost-Berliner Deutschen Theater wird das Schauspiel »Die russische Frage« des sowjetischen Dramatikers Kostantin Simonow uraufgeführt. Das Stück stößt wegen seiner propagandistischen Ausrichtung bei Teilen von Publikum und Kritik auf Ablehnung.
8. Mai: Oberbürgermeister Otto Ostrowski (SPD) tritt zurück. Ihm werden eigenmächtige Verhandlungen mit der SED vorgeworfen. Die Amtsgeschäfte übernimmt Bürgermeisterin Louise Schroeder (SPD).
23. Mai: Nach Angaben des Magistrats hat sich der Baumbestand der städtischen Wälder seit 1945 um rund 50% vermindert. Ursache ist die massive Abholzung zu Heizzwecken in den letzten beiden Wintern.
24. Mai: In der Städtischen Oper findet im Rahmen der Veranstaltungsreihe »Englische Musik« (bis 8. Juni) die deutsche Erstaufführung der Oper »Peter Grimes« von Benjamin Britten statt.
25. Mai: Wilhelm Furtwängler dirigiert im Steglitzer Titania-Palast erstmals seit Kriegsende das Berliner Philharmonische Orchester.

KALENDARIUM

Der langjährige Leiter des Orchesters war 1945 wegen angeblicher Verstrickung in den Nationalsozialismus mit Auftrittsverbot belegt worden.

24. Juni: Die Stadtverordnetenversammlung wählt Ernst Reuter (SPD) zum Oberbürgermeister von Berlin.

18. Juli: Der in Goslar tagende Deutsche Städtetag nimmt Berlin als Mitglied auf

18. August: Die Alliierte Kommandantur teilt der Stadtverordnetenversammlung mit, daß sie die Wahl Reuters zum Oberbürgermeister nicht anerkennt.

18. August: Der Magistrat gibt die Stiftung des Fontane-Preises bekannt. Der Literaturpreis soll jährlich vergeben werden.

21. September: Im Bezirk Mitte veranstaltet das Deutsche Theater eine Kundgebung zur Gründung der Volksbühne im sowjetischen Sektor. Im Westteil der Stadt, im Steglitzer Titania-Palast, gründet sich am 12. Oktober die Freie Volksbühne. Damit ist die traditionsreiche Berliner Einrichtung in zwei eigenständige Organisation gespalten.

24. September: Die SED hält im Ostsektor der Stadt ihren II. Parteitag ab.

30. September: Im Titania-Palast (Steglitz) gibt der amerikanische Geiger Yehudi Menuhin als erster bedeutender ausländischer Musiker seit Ende des Krieges ein Konzert mit dem Berliner Philharmonischen Orchester.

7. Oktober: Mit der Verabschiedung eines Manifestes zur internationalen Friedenssicherung endet nach dreitägiger Dauer der in Zusammenarbeit mit dem Kulturbund vom Schutzverband deutscher Autoren im FDGB veranstaltete internationale Volkskongreß für Einheit und gerechten Frieden.

13. November: Die Berliner Stadtverordnetenversammlung fordert die Alliierten zur Bekanntgabe der Namen von Personen auf, die sich in Gewahrsam der Besatzungsmächte befinden. In den vergangenen Monaten sind im sowjetischen Sektor mehr als 5 000 Personen aus politischen Gründen verhaftet worden. Dabei kam es auch zu Entführungen aus den Westsektoren der Stadt.

20. Dezember: Die Sowjetische Militärverwaltung verfügt die Absetzung der Vorsitzenden der CDU der sowjetischen Besatzungszone und Berlins, Jakob Kaiser und Ernst Lemmer. Sie hatten sich geweigert, an dem am 6. Dezember von der SED in Berlin einberufenen Volkskongreß für Einheit und gerechten Frieden teilzunehmen. In der Folgezeit gerät die CDU (Ost) unter zunehmenden Einfluß der SED.

23. Dezember: Im früheren Metropoltheater an der Behrenstraße (Mitte) nimmt die Komische Oper mit einer Aufführung der »Fledermaus« von Johann Strauß den Spielbetrieb auf. Erster Intendant der Komischen Oper ist Walter Felsenstein.

Damit wird das Parteiensystem im sowjetischen Besatzungsgebiet verändert. Die Ost-CDU gerät zunehmend unter Einfluß der SED und entfernt sich von den Positionen der West-CDU. Ähnliches gilt für die LDP. Die Parteienlandschaft in Deutschland und Berlin ist bereits gespalten.

Streit um das Berliner Schulgesetz: Nach einer scharf geführten Auseinandersetzung verabschiedet die Stadtverordnetenversammlung am 13. November 1947 mit den Stimmen von SPD, SED und LDP das Schulgesetz für Groß-Berlin. Dabei konnte die SED einen Großteil der in der sowjetischen Besatzungszone bereits gültigen Regelungen durchsetzen. Vorgesehen ist die Schaffung einer zwölfstufigen Einheitsschule. Das bis 1945 gültige System eines gegliederten Schulsystems wird aufgegeben.

Während Befürworter die Einheitsschule als zeitgemäß erachten und auf die Gefahr einer »Elitenbildung« im gegliederten Schulwesen hinweisen, befürchten die Gegner, Jugendliche könnten nun nicht mehr entsprechend ihren Neigungen und Fähigkeiten gefördert werden. Die Westalliierten teilen diese Vorbehalte und verweigern zunächst ihre Zustimmung. Erst am 22. Juni 1948 billigt die Alliierte Kommandantur rückwirkend das neue Schulgesetz.

1950, nach der Spaltung Berlins, wird im Westteil der Stadt wieder ein gegliedertes, allerdings reformiertes Schulsystem eingeführt.

WIRTSCHAFT

Produktionsausfall durch Kohlemangel: Die im Winter 1946/1947 herrschende Kältewelle führt zu einer weitgehenden Lähmung der Berliner Wirtschaft. Im Januar müssen wegen ausbleibender Kohlelieferungen mehr als 1000 Betriebe schließen. Die Folge ist ein drastischer Rückgang der Produktion. Im Gegensatz zu den Westsektoren ist die Lage im Ostsektor nicht ganz so gespannt. Wegen der Anbindung an die sowjetische Besatzungszone können die dringend benötigten Rohstoffe die Stadt schneller erreichen.

Auch im Herbst und Winter 1947/48 ist Berlin vom Kohlemangel betroffen. Die Elektrizitätswerke (BEWAG) sehen sich am 6. November gezwungen, sogenannte Lichtstunden einzuführen. Sie treten an die Stelle der bislang gültigen Stromsperren. Die Berliner dürfen nun noch rund zwei Stunden am Tag elektrische Energie verbrauchen.

KULTUR

Umstrittene Premiere am Deutschen Theater: Das Deutsche Theater in der Schumannstraße (Mitte) bringt am 3. Mai eine deutsch sprachige Premiere, die wegen ihrer politischen Ausrichtung für Diskussionen sorgt. Mit der Aufführung des Schauspiels »Die russische Frage« des sowjetischen Dramatikers Konstantin Simonow wird zum ersten Mal eine führende deutsche Bühne in die Kulturpropaganda der Sowjetunion gegen die USA und die demokratische Welt eingeschaltet.

Ricarda Huch vor dem Schriftstellerkongreß im Berliner Kultur-Club, 4. Oktober 1947.

Volksbühnenbewegung gespalten: Am 21. September konstituiert sich im Deutschen Theater die »Volksbühne Berlin« des sowjetischen Sektors. Der Befehl der Alliierten Kommandantur vom Mai zur Bildung einer die gesamte Stadt umfassenden Volksbühnenbewegung bleibt unberücksichtigt. Daraufhin gründet die Arbeitsgemeinschaft der Freien Volksbühnen der Westsektoren am 12. Oktober im Steglitzer Titania-Palast die »Freien Volksbühne«. Damit ist die 1890 gegründete Volksbühnenbewegung, deren Ziel es ist, breitere Schichten an das Theater heranzuführen, gespalten. Die erste Aufführung der Volksbühne Berlin findet am 1. März 1948 im Akkumulatorenwerk Oberschöneweide statt.

Komische Oper im Metropoltheater: Im wiederaufgebauten Gebäude des früheren Metropoltheaters in der Behrenstraße (Mitte) eröffnet am 23. Dezember die Komische Oper mit »Die Fledermaus« von Johann Strauß ihre Pforten. Das Repertoire soll nach Angaben von Intendant und Regisseur Walter Felsenstein vor allem aus Operetten bestehen.

Internationaler Schriftstellerkongreß: Der Schutzverband deutscher Autoren im FDGB veranstaltet unter Schirmherrschaft des Kulturbundes vom 4. bis 7. Oktober den ersten als repräsentativ für das geistige Deutschland gedachten internationalen Schriftstellerkongreß. An ihm nehmen Vertreter des Pen-Clubs sowie sowjetische und amerikanische Autoren teil. Ehrenpräsidentin ist Ricarda Huch.

Zu einem Eklat kommt es, als während eines Vortrags des Amerikaners Melvin J. Lasky sowjetische Autoren und Funktionäre den Saal verlassen, weil sie die Kulturpolitik ihres Landes verunglimpft fühlen. Trotz des Streits können sich die Teilnehmer auf die Verabschiedung einer Resolution einigen, in der die Wahrung des Weltfriedens beschworen wird.

1948 BLOCKADE – WESTALLIIERTE ERRICHTEN LUFTBRÜCKE

POLITIK

Währungsreform in den Westzonen: Die Währungsreformen in den Westzonen sowie in der Ostzone einschließlich Berlins und dann in West-Berlin haben sowohl als Anlaß für die Blockade West-Berlins wie auch als Voraussetzung für den wirtschaftlichen Aufschwung des Westens entscheidende Bedeutung. Am 20. Juni tritt in den westlichen Besatzungszonen Deutschlands das Gesetz über die Neuordnung des »deutschen Geldwesens« in Kraft. Die Deutsche Mark (DM) wird alleiniges Zahlungsmittel, die Reichsmark (RM) verliert mit Wirkung vom 21. Juni ihre Gültigkeit. In dem unter Viermächte-Verwaltung stehenden Berlin findet die Währungsreform zunächst nicht statt. Der Plan, Viermächte-Gespräche über eine eigene Berliner Währung zu führen, scheitert am Widerstand der Sowjetunion.

Sowjets ordnen Währungsumstellung an: Die sowjetische Militäradministration reagiert am 23. Juni auf die Maßnahme der Westalliierten mit einer Währungsreform in der Ostzone und erteilt dem Berliner Oberbürgermeister den Befehl, die Ostwährung auch in Groß-Berlin einzuführen. Die Westalliierten verwahren sich gegen diese Verletzung des Viermächte-Status, erklären den sowjetischen Befehl in ihren Sektoren für null und nichtig und verkünden am 24. Juni die Ausdehnung der westlichen Währungsreform auf die Westsektoren Berlins. Damit besitzt West-Berlin (de facto die ganze Stadt) zwei Währungen: die mit einem »B«-Stempel markierten DM-Scheine und die alten mit aufgeklebten Kupons versehenen Reichsmarkscheine der vorläufigen Ostwährung.

Blockade der Berliner Westsektoren: Bereits seit Monaten hat es immer wieder Behinderungen im Verkehr zwischen den westlichen Besatzungszonen und den Westsektoren Berlins gegeben. Betroffen sind vor allem Truppen- und Versorgungstransporte der Westalliierten. Aus diesem Grund ordnen die amerikanische und die britische Besatzungsmacht im April die Errichtung einer »kleinen Luftbrücke« zur Versorgung der Berliner Garnisonen an.
Mit dem Streit um die Währungsreformen kommt es zur Eskalation. Am 19. Juni wird auf Anweisung der Sowjetischen Militäradministration mit der Unterbrechung des gesamten Verkehrs von und nach West-Berlin »aus technischen Gründen« begonnen. Fünf Tage später können sowohl Straßen als auch Schienen- und Wasserwege nicht mehr passiert werden. Die drei Westalliierten hatten es bei Inbesitznahme ihrer Berliner Sektoren versäumt, die Sicherung der Verkehrswege zwischen Berlin und Westdeutschland vertraglich festzulegen.

Clay errichtet Luftbrücke: Proteste der westlichen Besatzungsmächte bleiben wirkungslos. Daraufhin entschließt sich Lucius D. Clay, der amerikanische Militärgouverneur in Deutschland, am 26. Juni zu einer beispiellosen Aktion: der Versorgung der Bevölkerung durch die Luft. Dabei stößt Clay bei der eigenen Regierung auf große Vorbehalte; die logistischen und technischen Probleme einer solchen »Luftbrücke« erscheinen nahezu unlösbar.
Noch am selben Tag werden sämtliche verfügbaren amerikanischen Militärmaschinen nach Deutschland verlegt. Bereits am 25. Juni treffen die ersten Versorgungsflugzeuge in Berlin ein.

> *Am 23. Juni 1948 erlassen die Kommandanten der Westsektoren Berlins einen Befehl, der die Einführung der in den westlichen Besatzungszonen gültigen neuen Währung vorsieht:*
>
> *1. Die Kommandanten der französischen, britischen und amerikanischen Sektoren von Berlin sind benachrichtigt worden, daß die sowjetische Militär-Administration Befehle für eine Umwandlung der Währung in Groß-Berlin erlassen hat.*
> *2. Diese sowjetischen Befehle widersprechen den Viermächteabkommen über die Viermächteverwaltung von Groß-Berlin. In den französischen, britischen und amerikanischen Sektoren von Groß-Berlin sind diese Befehle null und nichtig und finden keine Anwendung auf die Einwohner der französischen, britischen und amerikanischen Sektoren von Berlin.*
> *… 5. Erforderliche Vorkehrungen werden getroffen, um in den französischen, britischen und amerikanischen Sektoren von Groß-Berlin die neue Währung, die in den betreffenden Besatzungszonen Deutschlands gültig ist, einzuführen. Eine entsprechende Ankündigung der Bedingungen, zu denen das neue Geld herausgegeben wird, wird folgen.*
> *6. Dieser Befehl tritt am 23. Juni in Kraft.*

Die Briten schließen sich am 28. Juni der Hilfsaktion an. Frankreich muß sich aus Mangel an geeignetem Fluggerät auf logistische Unterstützung beschränken. Da die Kapazität der Flughäfen Tempelhof und Gatow nicht ausreicht, wird in Tegel unverzüglich mit dem Bau eines weiteren Flugplatzes begonnen (Eröffnung nach nur sechsmonatiger Bauzeit am 1. Dezember).

100 000 Landungen in West-Berlin: Trotz anfänglicher Schwierigkeiten sind die Bemühungen der Westalliierten um die Freiheit West-Berlins von Erfolg gekrönt. Am 31. Dezember 1948 landet auf dem Flughafen Tempelhof im Rahmen der Luftbrücke bereits die 100 000. Maschine. Mittlerweile haben die mehr als 400 rund um die Uhr beteiligten Flugzeuge über 700 000 t Güter in die Stadt gebracht.

Sturm auf das Berliner Parlament: Während die Hilfsaktion der Westalliierten läuft, vollzieht sich innerhalb Berlins die Spaltung. Seit Juni stören kommunistische Demonstranten fortlaufend die im Neuen Stadthaus (Mitte) tagende Stadtverordnetenversammlung und ebenso die Sitzungen des Magistrats. Als am 6. September von der SED gelenkte Demonstranten das Neue Stadthaus stürmen, ordnet Stadtverordnetenvorsteher Otto Suhr (SPD) die Verlegung der Stadtverordnetenversammlung in das Studentenhaus am Steinplatz in Charlottenburg an.

Im Alliierten Kontrollrat: die Militärgouverneure General Brian H. Robertson (Großbritannien) und Lucius D. Clay (USA), Sommer 1948.

ENDE DER VIERMÄCHTE-VERWALTUNG 1948

POLITIK

Währungsreform im sowjetischen Besatzungsgebiet: Die sowjetische Führung wird von der von den Westmächten vorbereiteten Währungsreform überrascht, reagiert jedoch umgehend. Noch am 19. Juni, dem Tag der Verkündung der Reform, beziehen Soldaten an den Übergangspunkten zu den Westzonen Stellung, um die Einfuhr wertloser Reichsmark in die Ostzone zu verhindern. Eine Überschwemmung mit Reichsmark hätte der östlichen Wirtschaft schweren Schaden zufügen können.

Vier Tage später, am 23. Juni, verfügt die Sowjetische Militäradministration für ihr Gebiet ebenfalls eine Umstellung der Währung, in die auch – ungeachtet des Viermächte-Status – Groß-Berlin einbezogen ist. Die Sowjetunion betrachtet ganz Berlin als zu ihrem Wirtschaftsgebiet gehörig. Die Westmächte teilen diese Auffassung nicht und untersagen für ihre Sektoren die Durchführung der östlichen Währungsreform. Statt dessen ordnen sie eine Ausdehnung der in ihren Besatzungszonen erfolgten Umstellung an.

Während in den Westsektoren sowohl DM, als auch Ostmark als Zahlungsmittel zugelassen sind, untersagt die Sowjetische Militäradministration in ihrem Sektor Besitz und Verwendung der westlichen »Spaltermark«.

Blockade der Westsektoren: Am 24. Juni ordnet die Sowjetische Militäradministration »aus technischen Gründen« die vollständige Sperrung der Verkehrswege zwischen den Westzonen und den Westsektoren Berlins an. Die Blockade ist eine Reaktion auf die Einführung der »Spaltermark« durch die Westalliierten. Gleichzeitig richtet sie sich aber auch gegen die Viermächte-Verwaltung Deutschlands und Berlins. Bereits seit längerem wirft die Sowjetunion den anderen Siegermächten vor, gegen 1945 im Potsdamer Abkommen vereinbarte Bestimmungen zu verstoßen. Vor allem die in den Westzonen laufenden Vorbereitungen für die Errichtung eines westdeutschen Teilstaates stoßen auf Kritik.

Auszug aus der Alliierten Kommandantur: Die Sowjetunion betrachtet daher die Viermächte-Verwaltung als überholt und hält die Präsenz der Westalliierten in Berlin für unrechtmäßig. Am 20. März zieht sie ihre Vertreter aus dem Alliierten Kontrollrat für Deutschland zurück, weil sie sich über die Deutschlandpläne der Westmächte nur mangelhaft unterrichtet fühlt. Die Alliierte Kommandantur für Berlin verlassen die Sowjets am 16. Juni, weil sich der amerikanische Stadtkommandant Frank L. Howley in der Sitzung unbotmäßig verhalten habe. Am 21. Dezember setzen die westlichen Stadtkommandanten die Arbeit in der Kommandantur ohne sowjetische Beteiligung fort.

SED wird »Partei neuen Typs«: Die SED – mit Hilfe der sowjetischen Besatzungsmacht bestimmende politische Kraft im Ostsektor – vollzieht am 29. Juli in Berlin einen Kurswechsel. Vor dem Hintergrund des Bruchs der Sowjetunion mit dem einen eigenen Weg zum Sozialismus verfolgenden jugoslawischen Staatschef Josip Broz Tito beschließt der Parteivorstand die »Säuberung der Partei von feindlichen und entarteten Elementen«. Sozialdemokratische Einflüsse der 1946 aus der Verschmelzung von KPD und SPD hervorgegangenen SED sollen getilgt werden, die bislang gültige These von einem deutschen Sonderweg wird verworfen. Statt dessen erfolgt nun eine strikte Orientierung am sowjetischen Modell.

SED-Demonstranten im Stadtparlament: Sorgen bereiten der SED in der zweiten Jahreshälfte die in Berlin laufenden Vorbereitungen für die Neuwahl der Stadtverordnetenversammlung, die am 14. November stattfinden soll. Die Partei befürchtet eine Niederlage, da angesichts der Blockade West-Berlins die Stimmung in der Bevölkerung gegen sie gerichtet ist. Sie sucht darum nach anderen Wegen, um die einzig bestimmende politische Kraft in Ost-Berlin zu werden.

Mit Hilfe von Demonstraten, die am 6. September in das Neue Stadthaus (Mitte) eindringen, organisiert die SED-Fraktion eine eigene Sitzung der Stadtverordnetenversammlung. Daraufhin vertagt Stadtverordnetenvorsteher Otto Suhr die Stadtverordnetenversammlung und beruft sie in das Studentenhaus am Charlottenburger Steinplatz ein. Dem Ruf folgen nur die Fraktionen der SPD, CDU und LDP. Die SED erklärt, die Demonstranten seien im Stadthaus von einer reaktionären, von den USA ausgebildeten Bürgerkriegstruppe provoziert worden.

Tumulte vor dem Neuen Stadthaus (Mitte): Die Kommunisten und ihre Anhänger behindern die Arbeit der Stadtverordnetenversammlung des Magistrates, 1948.

> *Die amtliche Zeitung »Sowjet News« gibt eine Verlautbarung der sowjetischen Regierung vom 1. Juli 1948 wieder, in der die Gründe für den Rückzug aus der Alliierten Kommandantur erläutert werden:*
>
> *Wie aus offiziellen sowjetischen Kreisen bekannt wird, erhielt Oberst [Michail I.] Kalinin, der Chef der sowjetischen Abteilung des Stabes der Alliierten Kommandantur, Weisung vom sowjetischen Kommandanten Berlins, die Chefs der anderen drei Abteilungen des Stabes davon zu unterrichten, daß er es als Chef der sowjetischen Abteilung des Stabes nicht länger für möglich hält, an den Treffen des Stabes teilzunehmen. Das liegt daran, daß die Alliierte Kommandantur in Berlin für alle praktischen Zwecke ihre Tätigkeit eingestellt hat, seit der amerikanische Kommandant Oberst [Frank] Howley es am 16. Juni bei einem Treffen der Kommandantur ablehnte, sowjetische Vorschläge für eine Verbesserung der materiellen und rechtlichen Lage der Arbeiter und Büroangestellten in der Berliner Industrie und im Transportwesen zu besprechen und nach einer Reihe von Bemerkungen, die die Alliierte Kommandantur beleidigten, das Treffen verließ.*
>
> *Dieses herausfordernde Verhalten des amerikanischen Kommandanten hat die Arbeiten der Alliierten Kommandantur in Berlin zugrunde gerichtet. Bezeichnend ist die Tatsache, daß der Protest des sowjetischen Kommandanten gegen Howleys unziemliches Benehmen vom amerikanischen Kommandanten ohne Antwort gelassen wurde.*
>
> *Danach erließen der amerikanische, britische und französische Kommandant in Berlin unter Nichtbeachtung der Tatsache, daß Berlin in der sowjetischen Besatzungszone liegt und wirtschaftlich einen Teil der Sowjetzone bildet, einen ungesetzlichen Dreimächtebefehl in den westlichen Sektoren über die Einführung der neuen Währung der Westzonen in Berlin mit einem besonderen Aufdruck »B«. Diese Maßnahmen waren darauf abgestellt, den Währungsumlauf in der sowjetischen Besatzungszone und in Groß-Berlin zu zerrütten und ihre Wirtschaft zu unterhöhlen, was mit den Prinzipien der Viermächteverwaltung Berlins unvereinbar ist.*

SED gründet »demokratischen Magistrat«: Die politische Spaltung Berlins erfolgt am 30. November. An diesem Tag organisiert die SED im Ostsektor eine außerordentliche Stadtverordnetenversammlung, die im Admiralspalast zusammentritt. Die Mehrheit der 1616 Teilnehmer setzt sich aus den Mitgliedern der SED-Frak-

1948 BLOCKADE – WESTALLIIERTE ERRICHTEN LUFTBRÜCKE

Kundgebung auf dem Platz der Republik vor dem Reichstag, 9. September 1948.

300 000 demonstrieren vor dem Reichstag: Nach der Erstürmung des Stadthauses findet am 9. September vor dem Reichstagsgebäude eine Protestkundgebung statt, an der rund 300 000 Berliner teilnehmen. In einer leidenschaftlichen Rede fordert der Ernst Reuter (SPD) die Völker der Welt auf, sich für die Freiheit Berlins einzusetzen.

Überschattet wird die Demonstration von Ausschreitungen. Als wütende Berliner versuchen, die Rote Fahne vom Brandenburger Tor zu holen, kommt es zu Zusammenstößen mit der Ost-Berliner Polizei. Ein 15jähriger wird getötet und 60 Menschen werden verletzt.

Freie Wahlen nur in den Westsektoren: Die ursprünglich für den 14. November in ganz Berlin vorgesehenen Wahlen zur Stadtverordnetenversammlung können wegen des Widerstandes der SED und der sowjetischen Kommandantur nur in den zwölf westlichen Bezirken stattfinden. Am 5. Dezember wählt West-Berlin bei hoher Wahlbeteiligung (86,3 %) eine neue Stadtverordnetenversammlung. Die SPD erringt mit 64,5 % die absolute Mehrheit; ihr folgen die CDU mit 19,4 % und die LDP mit 16,1 % der Stimmen. Zwei Tage später bestätigen die Stadtverordneten einstimmig Ernst Reuter im Amt des Oberbürgermeister, in das er bereits am 24. Juni 1947 gewählt worden war, aber wegen des Einspruchs der Sowjets nicht hatte antreten können. Mit dem am 30. November in Ost-Berlin eingesetzten »provisorischen demokratischen Magistrat« unter Friedrich Ebert (SED), der jeder demokratischen und gesetzlichen Grundlage entbehrt, gibt es in Berlin jetzt zwei Stadtregierungen.

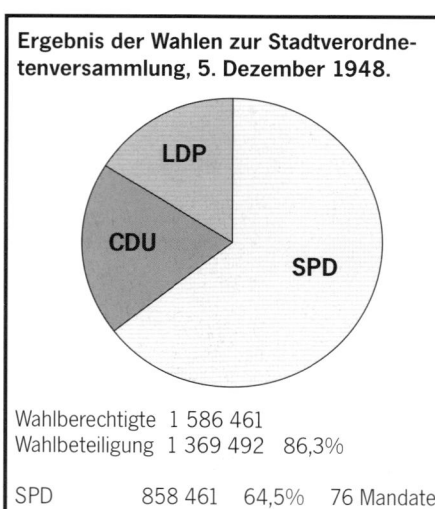

Ergebnis der Wahlen zur Stadtverordnetenversammlung, 5. Dezember 1948.

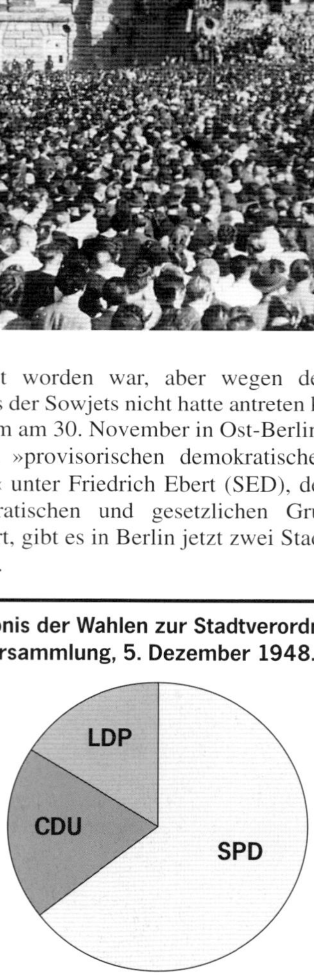

Wahlberechtigte 1 586 461
Wahlbeteiligung 1 369 492 86,3%

SPD	858 461	64,5%	76 Mandate
CDU	258 664	19,4%	26 Mandate
LDP	214 145	16,1%	17 Mandate
SED	beteiligte sich nicht		

Unter dem Eindruck der Blockade und der Erstürmung des Stadthauses durch SED-gelenkte Demonstranten fordert der gewählte Berliner Oberbürgermeister Ernst Reuter (SPD) in einer Ansprache vor dem Reichstagsgebäude die Völker der Welt auf, sich für die Freiheit der Stadt einzusetzen:

Heute ist der Tag, wo das Volk von Berlin seine Stimme erhebt. Dieses Volk von Berlin ruft heute die ganze Welt, denn wir wissen, worum es heute bei den Verhandlungen im Kontrollratsgebäude [geht]. Wir wollen nur eins klar sagen: In all diesem Handeln und Verhandeln wollen wir Berliner kein Tauschobjekt sein. Uns kann man nicht eintauschen, uns kann man nicht verhandeln, und uns kann man auch nicht verkaufen ... Ihr Völker der Welt, ihr Völker in Amerika, in England in Frankreich, in Italien! Schaut auf diese Stadt, und erkennt, daß ihr diese Stadt und dieses Volk nicht preisgeben dürft und preisgeben könnt!

WIRTSCHAFT

Für die Bevölkerung in den Westzonen Deutschlands bringt die Währungsreform einen grundlegenden Wandel. Die Auslagen der Geschäfte sind über Nacht mit Waren gefüllt. Auch wenn bestimmte Produkte noch der Bewirtschaftung

ENDE DER VIERMÄCHTE-VERWALTUNG 1948

Die von der SED initiierte Außerordentliche Stadtverordnetenversammlung verabschiedet am 30. November 1948 im Admiralspalast eine Resolution über die Absetzung des Magistrats:

Der Demokratische Block Berlin hat in seiner Sitzung vom 29. November 1948 nochmals zu der von den Spalter-Parteien in Berlin geschaffenen Lage Stellung genommen und einstimmig beschlossen, der heutigen Versammlung folgendes zu unterbreiten:
1. Die Mehrheit des infolge der Wahlen vom 20. Oktober 1946 eingesetzten Magistrats hat durch Mißachtung elementarster Lebensinteressen Berlins und seiner Bevölkerung und ständiger Verletzung der Verfassung die ihr obliegenden Verpflichtungen nicht erfüllt. Der Magistrat wird deshalb abgesetzt.
2. Zur Sicherung der einheitlichen Verwaltung und zur Vorbereitung allgemeiner demokratischer Wahlen in ganz Berlin wird ein provisorischer demokratischer Magistrat gebildet.

tion der Stadtverordnetenversammlung sowie aus Vertretern des Demokratischen Blocks Berlin, der Betriebe und der Massenorganisationen zusammen. Die Versammlung erklärt einstimmig den Magistrat von Groß-Berlin für abgesetzt und beschließt, einen provisorischen demokratischen Magistrat zu bilden. Zum Oberbürgermeister wird Friedrich Ebert (SED), der Sohn des ehemaligen Reichspräsidenten Ebert, gewählt.

WIRTSCHAFT

Notwährung ersetzt Reichsmark: Die Bestimmungen der von den Sowjets am 23. Juni durchgeführten Währungsreform sehen eine gestaffelte Abwertung der alten Reichsmark vor. Als »Kopfquote« ist ein Betrag von 70 Mark Bargeld (1:1) vorgesehen; weitere Bargeldbestände werden im Verhältnis 10:1 getauscht. Die Umstellung von Sparguthaben bis 100 RM erfolgt 1:1, bis 1000 RM 5:1 und ab 5000 RM im Verhältnis 10:1. Zahlungsmittel ist zunächst eine Notwährung aus Reichsmarkscheinen, auf der Kupons befestigt sind.
Ab dem 25. Juli kann sie durch neue Geldscheine ersetzt werden; sie tragen den Aufdruck Deutsche Mark der Deutschen Notenbank.
Die Auswirkungen der Reform auf die Bevölkerung sind nicht so gravierend wie die der Umstellung in den westlichen Besatzungsgebieten, da die Bewirtschaftung der meisten Waren fortbesteht.
SED fordert 30% Produktionszuwachs: In der

Eröffnung des ersten HO-Geschäfts für Lebensmittel in der Neuen Königsstraße (Hans-Beimler-Straße), 16. November 1948

1948 BLOCKADE – WESTALLIIERTE ERRICHTEN LUFTBRÜCKE

unterliegen, erreicht das Angebot innerhalb kurzer Zeit fast das Niveau der Vorkriegszeit. Dem Schwarzmarkt ist damit der Boden entzogen. Es gibt jedoch auch Verlierer der Währungsreform: Weil jeder Deutsche nur eine sogenannte Kopfquote von 40 DM erhält und Bargeld und Sparguthaben weitgehend entwertet werden (Umtauschkurs für Bargeld 100:5, von Sparguthaben 10:1), verlieren viele Deutsche ihr Vermögen.
Für die Bewohner der Westsektoren ist die Zeit der Entbehrungen trotz Währungsreform nicht vorbei, da durch die Blockade weitreichende Versorgungsengpässe bestehen. Trotz der Luftbrücke fehlt es an allen Ecken und Enden. Katastrophale Auswirkungen hat die Blockade für die Wirtschaft. Die Produktion bricht in vielen der 63 000 Betriebe fast völlig zusammen. Rund 6000 Unternehmen gehen in Konkurs. Die Zahl der Arbeitslosen steigt von Juni bis Dezember auf weit über das Doppelte und liegt im Dezember bei 113 000.

KULTUR

Freiheit für Lehre und Forschung: Die Spaltung Berlins macht auch vor dem Hochschulwesen nicht halt. Bereits seit längerem klagen nichtkommunistische Professoren und Studenten über den wachsenden Einfluß der SED in der Universität zu Berlin, Unter den Linden

Gründungsversammlung der Freien Universität Berlin im Titania-Palast, 4. Dezember 1948.

(Mitte, der ehemaligen Friedrich-Wilhelms-Universität). Eingriffe der sowjetischen Besatzungsmacht und der SED in die Selbstverwaltung sowie Verhaftungen von Professoren und Studenten führen zur Gründung der Freien Universität Berlin im Westteil der Stadt. Teile des Lehrkörpers und der Studentenschaft organisieren den Aufbau der Hochschule. Am 15. November werden in den Dahlemer Räumen der ehemaligen Kaiser-Wilhelm-Gesellschaft zur Förderung der Wissenschaften erste Lehrveranstaltungen durchgeführt, an denen rund 2200 Studenten teilnehmen. Die offizielle und feierlich Eröffnung der Freien Universität erfolgt am 4. Dezember im Steglitzer Titania-Palast.
Neben Oberbürgermeister Reuter, dem geschäftsführenden Rektor Edwin Redslob, dem amerikanischen Stadtkommandanten Howley und dem Dichter Thornton Wilder spricht der Gründungsrektor und Nestor der Historiker, Friedrich Meinecke, zur Festversammlung (die Rede wird von seinem Krankenlager aus vom RIAS übertragen).

50 Vorhänge für Sartres »Die Fliegen«: Einen großen Erfolg erringt am 7. Januar die deutsche Erstaufführung des auf dem antiken Atridenstoff basierenden Dramas »Die Fliegen« von Jean-Paul Sartre im Hebbel-Theater in der Kreuzberger Stresemannstraße. Regie führt Jürgen Fehling. Der Autor ist anwesend. Nach An-

---

Walther Karsch, Kritiker des »Tagesspiegel«, kommentiert die deutsche Erstaufführung von Jean-Paul Sartres »Die Fliegen« im Berliner Hebbel-Theater:

Am vergangenen Sonntag sprach im Hebbel-Theater M. Felix Lusset, der Leiter der Mission Culturelle der französischen Militärregierung in Berlin, aphoristisch-witzig über Jean-Paul Sartre und seine »Fliegen«. Die von Jürgen Fehling inszenierte Aufführung bewies, daß Lusset recht hatte, als er denjenigen, die mit soviel Aufwand an Papier und Druckerschwärze Sartres Philosophie angegriffen oder verteidigt hatten, vorhielt, sie hätten in ihrem Eifer ganz übersehen, daß es sich bei den »Fliegen« um ein Theaterstück handle, das zuerst als solches gewertet werden wolle. Hierzu wäre nunmehr zu sagen, daß Sartre ein interessantes, mit viel Dialektik, aber auch mit nicht wenig intellektueller Spitzfindigkeit ausgestattetes Diskussionsstück geschrieben hat, aber eben kein Drama. Wenn im Hebbel-Theater trotzdem ein Drama zustande kam, dann ist dies ein Verdienst Fehlings und seiner Schauspieler. ...

Das lose [am antiken Atridenstoff angelehnte Handlungs-]Gerüst füllt Sartre nicht mit dramatischen Szenen auf – was an Handlung geschieht, ließe sich auf wenige Minuten zusammendrängen –, sondern belädt und überlädt es mit Diskussionen und Dialogen, die immer wieder um die gleiche Frage kreisen. Es ließe sich denken, daß eine Inszenierung aus leichter Hand hier viel Geglitzer erzeugen könnte, obwohl bezweifelt werden muß, daß das Karussellspiel der Fragen nicht auch in einer solchen Aufführung ermüden müßte. Fehling ging den anderen Weg, er inszenierte mit schwerer Hand. Auch dabei ergab sich nicht ein festgefügtes Drama, aber es entstanden dramatisch in sich geschlossene Blöcke, sozusagen Dramen für sich. Man könnte einwenden, daß Fehling den Formulierungen Sartres zuweilen die Schärfe nahm, ihre Spitzen abbrach, doch wird, wer das Stück liest, zugeben, daß diese Schärfe und diese Spitzen sich zu weit schon von jener Ebene erhoben haben, auf der ihnen noch eine für die Bühne wirksame Form gegeben werden könnte. So kam es denn, das die Fehlingsche Inszenierung eine Reihe von Höhepunkten hatte, aber keinen eigentlichen Höhepunkt. Ein Mangel, für den die Regie nicht verantwortlich zu machen ist. ...

Wieder erwies sich Fehling in den Massenszenen als der musikalischste unserer Regisseure, wenn auch, wie anscheinend unvermeidlich beim Chorsprechen, manches Wort im Lärm unterging. Aber wie Fehling die Stimmen untereinander abzusetzen wußte, die Solopartien genau beginnen, die zarten Klänge sich ausbreiten, das Furioso anschwellen ließ – das allein erfüllte unsere in den letzten Monaten so oft enttäuschten Hoffnungen, in Berlin möge endlich wieder Theater aus Geist und Blut gespielt werden. ...

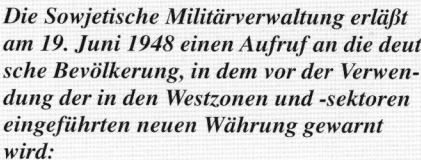
ENDE DER VIERMÄCHTE-VERWALTUNG 1948

sowjetischen Besatzungszone und dem Ostsektor Berlins unternimmt die SED neue Anstrengungen zur Steigerung der Produktivität. Beispielhaft werden die Leistungen des Bergmanns Adolf Hennecke herausgestellt, der am 13. Oktober im Erzgebirge in einer Schicht 24,4 m³ Kohle fördert und damit das Plansoll um fast 400 % übertrifft. Henneckes Leistung spornt in den folgenden Wochen Tausende von Arbeitern zur Nachahmung an.

Hintergrund der von vielen als manipuliert empfundenen Aktion – Hennecke verfügte über zahlreiche Helfer und modernstes Arbeitsgerät – ist der am 30. Juni von der Regierung der Deutschen Demokratischen Republik verabschiedete Zweijahresplan für die Wirtschaft. Darin for-

Sowjetische Währungsreform in Berlin: Ausgabestelle der Notwährung, Postscheckamt in der Dorotheenstraße (Mitte), Juni 1948.

> *Die Sowjetische Militärverwaltung erläßt am 19. Juni 1948 einen Aufruf an die deutsche Bevölkerung, in dem vor der Verwendung der in den Westzonen und -sektoren eingeführten neuen Währung gewarnt wird:*
>
> *… 1. Die in den westlichen Besatzungszonen Deutschlands herausgegebenen Geldscheine sind für den Umlauf in der sowjetischen Besatzungszone Deutschlands und im Gebiet Groß-Berlins, das sich in der sowjetischen Besatzungszone befindet und wirtschaftlich einen Teil der sowjetischen Besatzungszone darstellt, nicht zugelassen.*
>
> *2. Die sowjetische Militärverwaltung setzt die Bevölkerung Deutschlands davon in Kenntnis, daß die Einfuhr der in den westlichen Besatzungszonen herausgegebenen neuen Geldscheine sowie auch die Einfuhr von Reichsmark, Rentenmark oder Alliiertenmark aus den westlichen Besatzungszonen Deutschlands in die sowjetische Besatzungszone und in das Gebiet von Groß-Berlin verboten ist.*
>
> *3. Die Einfuhr der in Westdeutschland herausgegebenen neuen Geldscheine sowie auch der Reichsmark, Rentenmark und Alliiertenmark und die Annahme der neuen Geldscheine der Westzone an Zahlungs statt in der sowjetischen Besatzungszone Deutschlands und im Gebiet von Groß-Berlin wird als eine Handlung zur Schädigung der Wirtschaft betrachtet. Gegen die Schuldigen werden entsprechende Strafmaßnahmen angewandt werden.*

dert die SED bis 1950 eine generelle Steigerung der Produktion um 30 %.

HO bietet freien Verkauf von Waren: Auf Beschluß der Deutschen Wirtschaftskommission der Ostzone werden im Oktober auch im Ostsektor Berlins die ersten Läden der Staatlichen Handels-Organisation (HO) eingerichtet. Sie geben Waren frei ohne Bezugsmarken ab. Allerdings sind die Preise teilweise sehr hoch: Für Herrenschuhe müssen bis zu 300 Mark entrichtet werden; eine Tafel Schokolade kostet rund 20 Mark. Zu kaufen sind aber auch preiswerte Lebensmittel wie Kartoffeln (1,50 Mark pro kg). Mit der HO-Gründung werden im wesentlichen drei Ziele verfolgt. Zum einen soll Kaufkraft abgeschöpft werden; zum anderen entzieht der freie Verkauf von Waren dem Schwarzmarkt den Boden. Darüber hinaus wird der private Einzelhandel, der weiterhin viele Produkte nur gegen Marken abgeben darf, zurückgedrängt.

KULTUR

Kriminalfall »Affaire Blum«: Im Mittelpunkt des am 3. Dezember im Kino Babylon (Mitte)

1948 BLOCKADE – WESTALLIIERTE ERRICHTEN LUFTBRÜCKE

sicht der Kritik ist es Fehling in überzeugender Art und Weise gelungen, die Intentionen des existentialistischen Philosophen umzusetzen. Neben der Regie erhalten auch das Bühnenbild von Heinrich Kilger und das Ensemble (unter anderen Joana Maria Gorvin, O. E. Hasse und Kurt Meisel) großes Lob.

Erstaufführung der »Glasmenagerie«: Am 1. Dezember ist das Hebbel-Theater erneut Schauplatz einer bedeutenden deutschen Erstaufführung. Mit »Die Glasmenagerie« wird der in seiner Heimat bereits gefeierte, aus den Südstaaten der USA stammende Schriftsteller Tennessee Williams in Deutschland schlagartig bekannt.
Im Mittelpunkt des Dramas steht das unter schwierigen Umständen aufwachsende Mädchen Laura, das sich in eine Traumwelt – die Glasmenagerie – flüchtet.

Gert Fröbe spielt »Otto Normalverbraucher«: Am Silvesterabend 1948 wird der von Robert A. Stemmle inszenierte Spielfilm »Berliner Ballade« im Marmorhaus am Kurfürstendamm uraufgeführt. Der Streifen karikiert die Nachkriegsverhältnisse in Deutschland und verspottet die wiedererstarkte deutsche Bürokratie ebenso wie die Politik der Siegermächte. Das Drehbuch schrieb der Kabarettist Günter Neumann; die Musik stammt von Werner Eisbrenner. Hauptdarsteller sind Gert Fröbe, O. E. Hasse, Tatjana Sais, Aribert Wäscher und Erik Ode.

ALLTAG UND GESELLSCHAFT

Keine Überlebenden bei Flugzeugabsturz: Zu einem Politikum wird ein schweres Flugzeugunglück in Berlin-Gatow. Eine am 5. April aus Hamburg kommende britische Passagiermaschine mit zehn Fluggästen und vier Mann Besatzung stößt kurz vor der Landung auf dem Flughafen Gatow mit einem sowjetischen Jagdbomber zusammen. Beim Absturz kommen die Insassen beider Flugzeuge ums Leben. Bei dem Versuch, die Unglücksursache zu klären, kommt es zwischen Großbritannien und der Sowjetunion zu erheblichen Spannungen. Während die Briten das sowjetische Militär beschuldigen, in den dem westlichen Flugverkehr vorbehaltenen Luftkorridor eingedrungen zu sein, erklären die Sowjets, die Passagiermaschine habe das einsitzige Jagdflugzeug absichtlich gerammt.

Schöneberger Kino stürzt ein: 14 Todesopfer fordert am 26. September der Einsturz der Decke in dem Schöneberger Kino Pamet. 60 Personen erleiden zum Teil schwere Verletzungen. Nach dem tragischen Unglück ordnen die Behörden eine verstärkte Überprüfung der Theater und Lichtspielhäuser an. Auch drei Jahre nach Kriegsende sind noch immer zahlreiche Berliner Veranstaltungsräume in einem baufälligen Zustand.

SPORT

Hein ten Hoff und Gustav Eder erfolgreich: Berlin ist 1948 Schauplatz mehrerer spektakulärer Boxkämpfe. Am 15. Mai verteidigt der Deutsche Meister im Schwergewichtsboxen, Hein ten Hoff, vor rund 45 000 Zuschauern im Berliner Olympiastadion seinen Titel gegen Herausforderer Arno Kölblin durch K.o. in der fünften Runde. Wenige Wochen später, am 22. August, besiegt der deutsche Meister im Weltergewicht, Gustav Eder, in der Waldbühne Leo Starosch nach Punkten. Eder ist einer der Publikumslieblinge der Berliner; seit 18 Jahren besitzt er den Meistertitel, alle 32 Titelkämpfe konnte der mittlerweile 40jährige Boxer für sich entscheiden.

Waldbühne erlebt Schmelings letzten Kampf: Max Schmeling, Deutschlands erfolgreichster Boxer, verabschiedet sich am 31. Oktober in der Waldbühne von seinem Publikum. Der ehemalige Schwergewichtsweltmeister (1930 bis 1932) tritt in der Waldbühne gegen Richard Vogt, den amtierenden Deutschen Meister im Halbschwergewicht, an. Die rund 24 000 Zuschauer müssen jedoch schon bald erkennen, daß die Jahre nicht spurlos an dem Boxidol vorübergegangen sind. Der 43jährige besitzt nicht mehr die Spritzigkeit, die ihn einst auszeichnete. Schmeling verliert klar nach Punkten und erklärt nach dem Kampf seinen Rücktritt vom Boxsport.

Der Berliner »Tagesspiegel« berichtet über den am 31. Oktober 1948 in der Waldbühne ausgetragenen Boxkampf zwischen Max Schmeling und Richard Vogt:

Nach seinem verlorenen Kampf gegen Richard Vogt in der Berliner Waldbühne erklärte Max Schmeling, daß die Begegnung mit dem deutschen Halbschwergewichtsmeister sein letzter Kampf gewesen sei. Der frühere Weltmeister hatte nunmehr erkannt, daß ein come back, wie er es sich vorstellte, in seinem Alter nicht möglich ist. Nach der Erklärung des bedeutendsten deutschen Boxers früherer Jahre verstummten auch die Unzufriedensten, und Beifall begleitete Schmeling auf seinem letzten Gang vom Ring zur Kabine. Jeder fühlte, daß hier ein Sportsmann, der die größten Verdienste um den deutschen Boxsport hatte, und der den Versuch unternahm, durch seine Wiederkehr der Bewegung weiter von nutzen zu sein, trotz der Niederlage sich einen guten Abgang verschaffte. ...

Wir haben Schmelings ersten und letzten Kampf in Berlin erlebt, im Oktober 1924, als er gegen Dieckmann im Sportpalast wegen starker Verletzung aus dem Ring genommen wurde, und jetzt in der Waldbühne, als er gegen Meister Vogt keine Runde gewinnen konnte und nach Punkten verlor. Damals erkannte man in Schmeling den kommenden Meister, heute gratulieren wir ihm zu dem Entschluß, seine Laufbahn als beendet zu betrachten. ...

KALENDARIUM

7. Januar: Im Hebbel-Theater hat das Stück »Die Fliegen« von Jean-Paul Sartre Premiere. Die Inszenierung von Jürgen Fehling wird der größte Bühnenerfolg des Jahres.

20. März: Der Oberste Chef der Sowjetischen Militäradministration in Deutschland (SMAD), Marschall Wassili D. Sokolowski, verläßt den Alliierten Kontrollrat wegen Differenzen mit den Westmächten. Der Auszug der Sowjets aus dem obersten Regierungsorgan der Besatzungsmächte markiert das Ende der Viermächte-Verwaltung in Deutschland.

9. April: Am Lehniner Platz (Wilmersdorf) wird das British Center eröffnet. Aufgabe der Einrichtung ist die Pflege der kulturellen Beziehungen zwischen Deutschland und Großbritannien.

3. April: In Washington unterzeichnet Präsident Harry S. Truman das »European Recovery Programm«. Im Rahmen des sogenannten Marshallplans werden für den Zeitraum 1948/49 für den Wiederaufbau in Europa 5,5 Milliarden Dollar zur Verfügung gestellt. Da die Sowjetunion den Plan ablehnt, kommen Ostblockstaaten und der sowjetisch besetzte Teil Deutschlands nicht in den Genuß der Hilfsleistungen. Wegen des Viermächte-Status erhält Berlin zunächst keine Fördermittel.

5. April: In Berlin-Gatow stößt ein Britisches Passagierflugzeug mit einer sowfetischen Militärmaschine zusammen. Für die Insassen gibt es keine Rettung. UdSSR und Großbritannien machen sich gegenseitig für das Unglück verantwortlich.

22. April: Gegen die Stimmen der SED verabschiedet die Stadtverordnetenversammlung eine neue Verfassung für Groß-Berlin. In Folge des Rückzuges der Sowjetunion aus der Viermächte-Verwaltung kann diese Verfassung nicht in Kraft treten.

17. Juni: Der Königsplatz vor dem Reichstagsgebäude erhält den Namen Platz der Republik.

19. Juni: In den drei deutschen Westzonen wird eine Währungsreform durchgeführt. An die Stelle der Reichsmark tritt die Deutsche Mark (DM).

23. Juni: Die SMAD ordnet eine Währungsreform für die sowjetische Besatzungszone und Berlin unter Einbeziehung aller vier Sektoren an. Die Reichsmark wird durch Mark der Deutschen Notenbank ersetzt.

23. Juni: Die drei westlichen Stadtkommandanten untersagen die Durchführung der von der Sowjetunion befohlenen Umstellung der Währung in den Westsektoren Berlins und ordnen am folgenden Tag die Umstellung auf die Deutsche Mark (DM) an.

24. Juni: Wegen »technischer Störungen« verfügt die SMAD die Sperrung der Zugangswege zu den Westsektoren Berlins.

KALENDARIUM — ENDE DER VIERMÄCHTE-VERWALTUNG 1948

24. Juni: Der amerikanische Oberbefehlshaber in Deutschland, General Lucius D. Clay, ordnet die Einrichtung einer Luftbrücke zur Versorgung der Westsektoren Berlins an.

1. Juli: Der stellvertretende sowjetische Stadtkommandant, Gardeoberst Iwan Jelisarow, verläßt die Sitzung der Alliierten Kommandantur.

26. Juli: Ferdinand Friedensburg (CDU), amtierender Berliner Oberbürgermeister, suspendiert den Polizeipräsidenten Paul Markgraf (SED). Markgraf, der politisch mißliebige Beamte eigenmächtig entlassen hatte, weigert sich sein Amt aufzugeben und residiert weiterhin im Ostsektor. Im Westteil der Stadt übernimmt Johannes Stumm die Polizeiführung. Damit ist die Berliner Polizei gespalten.

29. Juli: In Ost-Berlin beschließt die SED die »Säuberung« der Partei von »entarteten« Elementen. Angestrebt wird die Wandlung der SED in eine »Partei neuen Typs«.

6. September: Von der SED organisierte Demonstranten sprengen im Neuen Stadthaus (Ostsektor) eine Sitzung der frei gewählten Stadtverordnetenversammlung. Die Abgeordneten (bis auf die der SED) setzen die Beratung im Studentenhaus am Steinplatz (britischer Sektor) fort.

9. September: Aus Protest gegen die Blockade der Westsektoren Berlins und gegen die Stürmung des Stadthauses versammeln sich vor dem Reichstagsgebäude rund 300 000 Berliner zu einer Kundgebung.

16. November: In Ost-Berlin werden die ersten HO-Läden der Staatlichen Handelsorganisation geöffnet. In ihnen sind Waren frei verkäuflich.

30. November: Im sowjetischen Sektor konstituiert sich ein eigener Magistrat, der den SED-Politiker Friedrich Ebert zum Oberbürgermeister wählt.

4. Dezember: Im Steglitzer Titania-Palast wird die Freie Universität Berlin mit einem Festakt eröffnet.

5. Dezember: In den Westsektoren Berlins wird eine neue Stadtverordnetenversammlung gewählt. Die SPD erhält 64,5 % der abgegebenen Stimmen.

7. Dezember: In ihrer ersten Sitzung nach den Wahlen wählen die Stadtverordneten Ernst Reuter (SPD) erneut zum Oberbürgermeister.

21. Dezember: Die drei Westalliierten nehmen die Arbeit in der Alliierten Kommandantur auf. Sie werten die Abwesenheit des sowjetischen Vertreters künftig als Stimmenthaltung und nicht als Veto.

31. Dezember: Im Marmorhaus am Kurfürstendamm wird der Spielfilm »Berliner Ballade« von Robert A. Stemmle uraufgeführt. Die Rolle des in die Mühlen der Bürokratie geratenen Heimkehrers Otto Normalverbraucher spielt Gert Fröbe.

»Affaire Blum«, Szene mit Paul Bildt.

uraufgeführten Spielfilms »Affaire Blum« steht ein authentischer Fall aus den zwanziger Jahren. Der von der Deutschen Film-AG (DEFA) in Babelsberg bei Potsdam produzierte Streifen geht jedoch über den üblichen Rahmen des Krimi-Genres hinaus. Dem Regisseur Erich Engel gelingt eine eindrucksvolle Studie über die von Antisemitismus geprägte Justiz der Weimarer Republik. In den Hauptrollen sind unter anderen Paul Bildt, Hans Christian Blech und Gisela Trowe zu sehen.

Die neue Währung, die »Klebemark«: Eine alte Rentenmark mit Kupon, Juni 1948.

Die »Tägliche Rundschau« vom 19. Juni 1948 veröffentlicht die Anordnung der Sowjetischen Militärverwaltung über die Sperrung der Zufahrtswege zu den Westsektoren Berlin:

Im Zusammenhang mit der separaten Währungsreform in den westlichen Besatzungszonen Deutschlands war die Sowjetische Militärverwaltung gezwungen, wie das Sowjetische Nachrichtenbüro mitteilt, zum Schutze der Interessen der Bevölkerung und der Wirtschaft der sowjetischen Zone sowie zur Vorbeugung einer Desorganisation des Geldumlaufs folgende Maßnahmen durchzuführen:

1. Der Passagierzugverkehr sowohl aus der sowjetischen Besatzungszone Deutschlands heraus als auch zurück wird eingestellt.

2. Die Einreise in die sowjetische Besatzungszone wird für alle Arten des Gespann- und Kraftwagenverkehrs aus den westlichen Zonen einschließlich des Verkehrs auf der Autostraße Helmstedt–Berlin gesperrt. Die Ausreise aus Berlin nach der westlichen Zone auf der Autostraße Berlin – Helmstedt wird auf den gleichen Grundlagen wie bisher erfolgen.

3. Alle Arten des Transports auf den Wasserstraßen, sowohl aus der sowjetischen Zone in die westlichen Zonen als auch umgekehrt, bedürfen einer Genehmigung des Chefs der Transportverwaltung der SMV und werden nur nach einer vorangegangenen sorgfältigen Kontrolle der beförderten Frachten und der persönlichen Sachen der Schiffsmannschaften durchgelassen.

4. Der Durchlaß von Fußgängern aus den westlichen Zonen in die sowjetische Besatzungszone Deutschlands mit Interzonenpässen der westlichen Zonen über die Kontrollpassierstellen an der Demarkationslinie wird eingestellt. Personen, die sich aus der sowjetischen Zone in die westlichen Besatzungszonen Deutschlands begeben, passieren die Kontrollpassierstellen wie bisher.

5. Der Güterzugverkehr wird ungehindert, aber unter der Bedingung einer sorgfältigen Kontrolle aller Frachten sowie der Sachen der Zugbegleit- und Schutzmannschaften erfolgen.

6. Alle diese Anordnungen treten am 19. Juni, 0.00 Uhr, in Kraft.

1949 ENDE DER BLOCKADE

POLITIK

Aufhebung der Blockade: Am 12. Mai 1949 geht ein Aufatmen durch die West-Berliner Bevölkerung: Gemäß dem Viermächte-Kommuniqué (New Yorker Abkommen) vom 4. Mai endet an jenem Tag die Blockade, die die Westsektoren von allen Landverbindungen abgeschnitten hatte. Kurz nach Mitternacht setzen sich Wagenkolonnen von den Kontrollpunkten Dreilinden und Helmstedt in Bewegung.
Elf lange Monate, seit dem 24. Juni 1948, ist West-Berlin ausschließlich aus der Luft versorgt worden. Nach einigen Anlaufschwierigkeiten landet etwa alle 90 Sekunden eine Transportmaschine in Tempelhof, Tegel, Gatow oder wassert auf der Havel. Im Frühjahr 1949 beträgt die tägliche Transportleistung im Durchschnitt rund 8 000 t. Die höchste Tagesleistung wird am 16. April 1946 erzielt, als in 1 344 Flügen – die Maschinen landen im Abstand von rund 60 Sekunden – 12 940 t befördert werden.
Zwischen Juli 1948 und Mai 1949 haben amerikanische und britische Maschinen in über 200 000 Flügen fast 1,8 Millionen t Güter in die blockierten Westsektoren gebracht. Kohle hatte mit 63 % den höchsten Anteil an der Fracht; Lebensmittel machten rund 28 % aus, und rund 9 % waren Industriegüter. Obwohl die Landwege nun wieder offen sind, bleibt die Luftbrücke bis zum 6. Oktober 1949 bestehen.

Neues Selbstbewußtsein für West-Berliner: Hinter den West-Berlinern liegen schwere Monate der Entbehrungen, der Unsicherheit, der blanken Not. Mit Hilfe der Alliierten haben die Bewohner der Westsektoren dem Druck der Sowjetunion standgehalten und ihre Freiheit bewahrt. Das Bewußtsein dieser kollektiven Selbstbehauptung gegenüber einer Weltmacht gibt vielen Menschen Kraft und Willensstärke, die vielfältigen Herausforderungen der folgenden Jahre anzunehmen.

Mehr Rechte für West-Berliner Politiker: Am 14. Mai 1949, zwei Tage nach Aufhebung der Blockade, verkünden die drei westlichen Stadtkommandanten die »Erklärung der Grundsätze der Beziehungen der Stadt Groß-Berlin zu der Alliierten Kommandantur«, das »Kleine Besatzungsstatut«, das Magistrat und Stadtverordnetenversammlung von West-Berlin weitgehende Selbständigkeit gewährt.
Die Entscheidungsbefugnisse und Verantwortungsbereiche der Politiker werden hierdurch stark erweitert. Damit gelten in West-Berlin die gleichen gelockerten Grundsätze alliierter Besatzungspolitik wie in den drei Westzonen. West-Berlin erhält die volle gesetzgeberische, vollziehende und juristische Gewalt. Alliierte Vorbe-

Ende der Blockade: Abfahrt des ersten Interzonenbusses aus Berlin, 12. Mai 1949.

Die Regierungen Frankreichs, Großbritanniens, der Vereinigten Staaten von Amerika und der Sowjetunion geben nach wochenlangen Verhandlungen ihrer Vertreter bei den Vereinten Nationen in einem Viermächte-Kommuniqué am 4. Mai 1949 in New York die Aufhebung der Blockade West-Berlins bekannt:

Die Regierungen Frankreichs, der Sowjetunion, Großbritanniens und der Vereinigten Staaten haben das folgende Übereinkommen erzielt:
1. Alle Einschränkungen, die seit dem 1. März 1948 von der sowjetischen Regierung über Handel, Transport und Verkehr zwischen Berlin und den westlichen Besatzungszonen Deutschlands sowie zwischen der Ostzone und den westlichen Besatzungszonen verhängt wurden, werden am 12. Mai 1949 aufgehoben werden.
2. Sämtliche seit dem 1. März 1948 von den Regierungen Frankreichs, Großbritanniens und den Vereinigten Staaten oder von einer von ihnen über die Verbindungswege, das Transportwesen und den Handelsverkehr zwischen Berlin und der Ostzone und zwischen den Westzonen und der Ostzone Deutschlands verhängten Beschränkungen werden ebenfalls am 12. Mai 1949 aufgehoben werden.
3. Elf Tage nach der Aufhebung der in Paragraph 1 und 2 genannten Beschränkungen, nämlich am 23. Mai 1949, wird in Paris eine Zusammenkunft des Außenministerrates stattfinden, um Deutschland berührende Fragen sowie die Probleme zu erörtern, die sich aus der Situation in Berlin ergeben, darunter auch die Berliner Währungsfrage.

OST-BERLIN – HAUPTSTADT DER DDR 1949

POLITIK

Gründung der Deutschen Demokratischen Republik: Am 7. Oktober 1949 treten die 330 Mitglieder des Deutschen Volksrates im großen Festsaal der Deutschen Wirtschaftskommission in der Leipziger Straße zusammen und erklären sich zur Provisorischen Volkskammer. Anschließend wird ein vom dritten Volkskongreß im Mai 1949 gebilligter Verfassungsentwurf in Kraft gesetzt und damit die Gründung der Deutschen Demokratischen Republik vollzogen. Der Oberste Chef der Sowjetischen Militäradministration in Deutschland (SMAD), Armeegeneral Wassili I. Tschuikow, übergibt am 10. Oktober der neugebildeten Provisorischen Regierung der DDR unter Ministerpräsident Otto Grotewohl die bisher von der Besatzungsmacht beanspruchten Verwaltungsbefugnisse.

In einer ersten amtlichen Erklärung bezeichnen die drei westlichen Hohen Kommissare die Deutsche Demokratische Republik »als eine jeder rechtlichen Grundlage entbehrende künstliche Schöpfung«. Die Sowjetunion hingegen erkennt als erster Staat die DDR am 15. Oktober völkerrechtlich an und nimmt diplomatische Beziehungen mit ihr auf. Der erste sowjetische Botschafter in der DDR, Georgi M. Puschkin, bezieht Anfang November 1949 ein früheres Schulgebäude in der Pankower Tschaikowskistraße. Noch im November 1949 wird der Grundstein für ein monumentales Botschaftsgebäude der UdSSR Unter den Linden gelegt, das Ende 1951 fertiggestellt ist.

Am 11. Oktober wählen die Abgeordneten der Provisorischen Volkskammer und Provisorischen Länderkammer gemeinsam den SED-Vorsitzenden Wilhelm Pieck zum ersten Präsidenten der DDR. Begleitet wird der Wahlakt von Demonstrationen mehrerer tausend FDJ-Mitglieder, die zum Teil mit Zügen und Bussen nach Ost-Berlin gebracht worden sind.

Ost-Berlin Hauptstadt der DDR: Im Artikel 2 der DDR-Verfassung wird Berlin ausdrücklich als »Hauptstadt der Republik« bezeichnet, was nach Ansicht des Westens einen Verstoß gegen den Viermächte-Status von ganz Berlin darstellt. Dessen ungeachtet nehmen die Regierungsorgane der DDR (außer dem Verteidigungsministerium) in Ost-Berlin ihren Sitz.

Als der sowjetische Militärkommandant von Berlin, Generalmajor Alexander G. Kotikow, am 12. November die Verwaltungsfunktionen weitgehend dem Ost-Berliner Magistrat übergibt, fällt diesem unter anderem auch die Kontrolle über die Anlagen der Deutschen Reichsbahn (einschließlich der S-Bahn) und das Wasserstraßennetz in den Westsektoren zu. Ferner unterstellt die sowjetische Besatzungsmacht auch den Personen- und Güterverkehr auf den Transitstrecken zwischen Berlin und der Bundesrepublik der Aufsicht durch die DDR-Behörden.

Massenkundgebung auf dem August-Bebel-Platz anläßlich der Gründung der DDR mit Staatspräsident Wilhelm Pieck (links neben dem Rednerpult), 11. Oktober 1949.

Das Informationsbüros der Sowjetischen Militäradministration in Deutschland veröffentlicht am 10. Februar 1949 eine Erklärung zur Einbeziehung Berlins in den Entwurf des Grundgesetzes für die Bundesrepublik Deutschland:

Die von den britischen, amerikanischen und französischen Besatzungsbehörden kontrollierte deutsche Presse hat vor einigen Tagen eine Mitteilung veröffentlicht, daß der Hauptausschuß des sogenannten »Parlamentarischen Rates« in Bonn den Beschluß gefaßt habe, »Berlin als zwölftes Land in den westdeutschen Bundesstaat einzugliedern«.

Das Informationsbüro der Sowjetischen Militäradministration in Deutschland ist ermächtigt zu erklären, daß dieser Beschluß nach Ansicht des sowjetischen Kommandos nur einen erneuten Beweis für die abenteuerliche und nicht ernst zu nehmende Politik des »Parlamentarischen Rates« in Bonn darstellt, der mit Hilfe derartiger provokatorischer Tricks versucht, die Aufmerksamkeit der deutschen Bevölkerung davon abzulenken, daß die westlichen Besatzungsbehörden eine Spaltungspolitik Deutschlands durchführen. ...

Der provokatorische Charakter und das Abenteuerliche dieses Beschlusses bestehen in der bewußten Nichtberücksichtigung der Tatsache, daß Berlin nur die Hauptstadt eines einheitlichen deutschen Staates sein kann und daß, da es in der sowjetischen Besatzungszone liegt und mit ihr verbunden ist, Berlin auf keinen Fall in einen separaten westdeutschen Staat eingeschlossen werden kann.

Der Beschluß des Hauptausschusses des »Parlamentarischen Rates« in Bonn beweist, daß bestimmte aggressive deutsche Kreise die »Berliner Frage« dazu auszunutzen versuchen, die Reibungen zwischen den Besatzungsmächten in Deutschland zu verstärken, und daß sie ebenfalls versuchen, Berlin in einen Herd wirtschaftlicher und politischer Diversionsakte gegen die sowjetische Besatzungszone zu verwandeln.

WIRTSCHAFT

Widerstand gegen »Leistungslohn«: Der erste von insgesamt elf von der Sowjetunion 1946 enteigneten und in eine Sowjet-Aktiengesellschaft (SAG) umgewandelten Berliner Betrieben, der ehemalige Rüstungsbetrieb Gema, wird im November 1949 in das Eigentum der DDR gegeben. Bis Anfang 1954 gelangen schrittweise alle der weit mehr als 200 SAG-Betriebe zum Teil gegen Zahlung hoher Geldbeträge in DDR-Besitz. Im Zentrum der Wirtschaftspolitik der SED steht 1949 in Ost-Berlin und in der DDR die Ausweitung des staatlichen Sektors. Durch administrative Maßnahmen wird der Anteil volkseigener Betriebe an der industriellen Produktion in Ost-Berlin, der Anfang 1949 rund 47 % beträgt, innerhalb von knapp zwei Jahren auf 75 % gesteigert.

Ein Hauptanliegen der Wirtschaftspolitik ist die Erhöhung der Arbeitsproduktivität. Zu diesem Zweck startet 1949 in den volkseigenen, kommunalen und genossenschaftlichen Betrieben Ost-Berlins eine Kampagne zur Einführung des »Leistungslohns«, ein dem Akkordlohn vergleich-

1949 ENDE DER BLOCKADE

> *Zum Streik der S-Bahn-Bediensteten für die Entlohnung in Westmark erklärt Oberbürgermeister Ernst Reuter am 21. Juni 1949 vor der West-Berliner Stadtverordnetenversammlung:*
>
> *Der (West-Berliner) Magistrat hat von vornherein versucht, in diesem Konflikt zwischen dem Arbeitgeber, der Reichsbahndirektion, und den Arbeitnehmern, den Eisenbahnern, zu vermitteln und zu einer Lösung der Schwierigkeiten beizutragen. ...*
> *Diese ganzen Besprechungen sind in der Art verlaufen, die wir auf dieser Seite kennen und gewohnt sind: zwei Schritte vorwärts, einen Schritt rückwärts, einen Schritt vorwärts, zwei Schritte rückwärts. ... Der langen Rede kurzer Sinn war schließlich immer der, daß die Reichsbahn keine Anstalten machte, den Eisenbahnern ihre Entlohnung in Westmark zuteil werden zu lassen. ...*
> *Der Streik könnte sofort beendet sein, wenn die Sowjetische Militäradministration zu seiner Beendigung bereit wäre. ... Der Magistrat von Berlin ist jederzeit bereit, ohne Rücksicht auf irgendwelches Prestige zu einer vernünftigen Lösung seinerseits beizutragen, und wir richten den dringenden Appell an die in Frage kommende Macht, der der Betrieb der Reichsbahn vertragsmäßig unterstellt ist, endlich den Weg freizumachen, der den Verkehr Berlins in Gang bringen kann, nämlich Vereinbarungen mit ihren Arbeitern und Angestellten zu treffen. ... Die Berliner Bevölkerung hat die Schwierigkeiten, die sich aus dem Streik ergeben haben, mit einer bewundernswerten Ruhe und Geduld getragen. ... Aber auf der anderen Seite wissen die Berliner ganz genau, daß die Freiheit und die Sicherheit der Eisenbahnarbeiter und -angestellten ein Teil ihrer eigenen Freiheit und Sicherheit ist, und haben Verständnis dafür, daß es bei dieser Auseinandersetzung um anderes als um rein materielle Dinge geht, und sind durchaus bereit, die Eisenbahner bei dieser Auseinandersetzung so lange zu unterstützen, bis eine befriedigende Regelung getroffen ist. ...*

Eisenbahnerstreik in West-Berlin: Urabstimmung in Neukölln, 14. Juni 1949.

halte gelten jedoch in bezug auf die äußere Sicherheit der Stadt, für die Bereiche Entmilitarisierung und Sicherheit der alliierten Streitkräfte sowie Überwachung der Berliner Polizei und des Bankwesens.

Oberbürgermeister Reuter bildet Allparteiensenat: Die erste Sitzung der Stadtverordnetenversammlung am 14. Januar leitet die zweite Wahlperiode ein und findet erstmals im Schöneberger Rathaus, dem künftigen Tagungsort, statt. Die Stadtverordnetenversammlung wählt einstimmig Ernst Reuter (SPD) erneut zum Oberbürgermeister. Dieser bildet einen auf 15 Mitglieder verkleinerten Allparteienmagistrat, der am 18. Januar vom Parlament bestätigt wird. Das Ressort für Verkehr und Betriebe kann vorläufig nicht besetzt werden, da ein geeigneter Fachmann in Westdeutschland noch nicht gefunden werden konnte. Mit deutlichem Unmut erklärt Oberbürgermeister Reuter dazu: »Was wir in Berlin brauchen, sind nicht Sympathie-Erklärungen. Wir wünschen eine aktive Teilnahme des Westens an unserem Kampf um die Demokratie.«

Alliierte beharren auf Sonderstatus von Berlin: Am 23. Mai 1949 unterzeichnen die Mitglieder des Parlamentarischen Rates, darunter in beratender Funktion auch fünf West-Berliner Politiker, in Bonn das Grundgesetz für die Bundesrepublik Deutschland. In Artikel 23 heißt es, das Grundgesetz gelte auch für Groß-Berlin. Berlin darf aber auf Grund der alliierten Vorbehalte nicht in die Bundesrepublik einbezogen werden.
Mit Schreiben vom 12. Mai 1949 formulieren die westlichen Militärgouverneure ausdrücklich ihren Vorbehalt gegen eine »Beteiligung Berlins am Bund«. Auf Grund seines besonderen Sta-

OST-BERLIN – HAUPTSTADT DER DDR 1949

bares Entlohnungssystem. Bei den Ost-Berliner Arbeitern trifft der Leistungslohn allerdings auf beträchtlichen Widerstand, so daß zum Bedauern der SED-Führung Ende 1949 erst rund ein Drittel der Beschäftigten in Ost-Berlin Leistungslohn beziehen.

KULTUR
Großer Erfolg für Brechts »Mutter Courage«: Mit einer Inszenierung von Bertolt Brechts Stück »Mutter Courage und ihre Kinder« am Deutschen Theater an der Schumannstraße tritt das von Brecht und Helene Weigel neugegründete »Berliner Ensemble« an die Öffentlichkeit. Die Aufführung, bei der Brecht selbst Regie führt und die Weigel die Titelrolle spielt, wird ein großer Erfolg. Der Kritiker Friedrich Luft schildert in der im Westen erscheinenden »Neuen Zeitung« den bewegenden Moment, als Brecht »nach 15 Jahren unwirtlicher Emigration wieder auf einer Berliner Bühne stand und nun der Jubel der Betroffenen aus dem Zuschauerraum über ihn hinwegging«.

Institut zur Verbreitung des Marxismus-Leninismus: Im September 1949 nimmt das Marx-Engels-Institut beim Parteivorstand der SED (später Institut für Marxismus-Leninismus beim ZK der SED) seine Arbeit auf. Zu seinen wichtigsten Aufgaben gehören die Ausarbeitung, Pflege und Verbreitung der marxistisch-leninistischen Ideologie, die Erforschung der Geschichte der deutschen und internationalen Arbeiterbewegung und die Herausgabe der Werke der »marxistischen Klassiker«. Mit der Edition einer auf 40 Bänden angelegten Ausgabe der Werke von Karl Marx und Friedrich Engels beginnt das Institut nach intensiven Vorarbeiten im Jahr 1953.

ALLTAG UND GESELLSCHAFT
Anfänge des Wohnungsneubaus: Eines der schwerwiegendsten Probleme Ost-Berlins ist nach wie vor die Wohnungsnot. Nachdem in den ersten Nachkriegsjahren die Beseitigung der Trümmer und die Instandsetzung beschädigter Wohnungen Vorrang gehabt hatten, werden im Sommer 1949 in Ost-Berlin die ersten Neubauprojekte begonnen.
Mit dem Neubau von Wohnungen wird unter anderem am Rosa-Luxemburg-Platz (Mitte), in der Greifswalder Straße und in der Prenzlauer Allee begonnen. An Trümmern werden im Laufe des Jahres 1949 erstmals mehr als 1,5 Millionen m^3 beseitigt.

»Sozialistischer Städtebau« hebt an: Im November 1949 veröffentlicht der Ost-Berliner Magistrat »Leitsätze für die Planung Groß-Berlins«, in denen der Ausbau Ost-Berlins zur repräsentativen Hauptstadt der DDR geplant ist. Über die Grundsätze eines »sozialistischen Städtebaus« heißt es unter anderem: »Im Mittelpunkt der Planung und des Aufbaus der Hauptstadt steht der werktätige Mensch. Seine Arbeits- und Wohnstätten sind so zu gestalten, daß sie ein Höchstmaß an Leistung, Gesundheit und Annehmlichkeiten gewährleisten.«

»Mutter Courage« von Bertolt Brecht: Szene mit Helene Weigel, Paul Bildt, Werner Hinz und Angelika Hurwiz.

Der Kritiker Friedrich Luft schreibt in der »Neuen Zeitung« über die Aufführung von Bertolt Brechts Stück »Mutter Courage und ihre Kinder« im Januar 1949 am Deutschen Theater in Ost-Berlin:

*Das bleibt aus der Erinnerung nicht wieder zu entfernen: wie der bedeutendste Dramatiker unserer Sprache nach 15 Jahren unwirtlicher Emigration wieder auf einer Berliner Bühne stand und der Jubel der Betroffenen aus dem Zuschauerraum über ihn hinging. Unsere Bühne hat mit der authentischen Darstellung seiner »Mutter Courage« eine herzhafte Spritze erhalten. Dieser hartnäckig unbequeme Dichter gibt mit einem dramatischen Schlage wieder Anlaß, die Position der Zeit und des Theaters genau zu überdenken und zu revidieren. Daß dergleichen gerade auf den Brettern der Bühne geschah, die sich so linientreu und wacker um die Innehaltung eines antiquierten »Progressivstils« bemüht, war dabei nicht ohne schöne Ironie zu beobachten.
Denn hier wurde radikal und ohne billige Hoffnung auf einen bequemen Ausweg aus dem Dilemma des Menschlichen vorgegangen. In fast vier Stunden klarster Darstellung der unleidliche Tatbestand: wie der Mensch böse sei von Mutterleib. Und wie die sich lustvoll fortpflanzende Pest des Krieges angetan ist, das Böse zu vervielfältigen. Diese »Chronik aus dem Dreißigjährigen Krieg« hat Brecht vor elf Jahren in Dänemark geschrieben, geschrieben mit der Überwindung und Verachtung des Illusions- und Spannungstheaters. Der exemplarische Vorgang: wie die Marketenderin Courage, gesonnen, aus dem Kriege händlerischen Nutzen zu ziehen, durch eben diesen Krieg alles verliert – drei Kinder, die Habe, die Freunde. ...
Die Szene steht unablässig voll von prallen, scharf profilierten Gestalten ... Wie widerwillig und doch selig von der Saugkraft des reinen Theaters ergriffen, gerät da Brecht, der theoretisch verbissene Puritaner der Szene, in die nicht fortzudisputierende Macht des Schauspiels. ...
Das Publikum hatte vorerst sichtbar Mühe, die Brechtsche Darstellung zu fassen, in die bewußt wie Fremdteile die Songs mit der Musik von Paul Dessau eingelassen waren. ...
Dies war glückliche Rekapitulation. Brecht selber ist weiter. Das genau den Tag und uns treffende Theater ist von ihm beständig zu verlangen. Aber wenn schon solche provozierenden und aus dem Negativen förderlichen Stücke so wieder zu sehen sind, ist Berlin als Theaterstadt noch lange nicht verloren.
Des Beifalls am Ende kein Ende.*

1949 ENDE DER BLOCKADE

tus' dürfe Berlin nicht durch den Bund regiert werden und auch keine stimmberechtigte Vertretung in Bundestag und Bundesrat erhalten. Das Berliner Parlament dürfe lediglich eine bestimmte Anzahl nicht stimmberechtigter Abgeordneter in den Bundestag entsenden.

Streik bei der S-Bahn: Die in West-Berlin wohnenden S-Bahn-Bediensteten treten am 21. Mai in einen unbefristeten Streik, um gegenüber der in Ost-Berlin ansässigen Reichsbahnverwaltung ihre Forderung nach voller Entlohnung in Westmark durchzusetzen. Bislang zahlt die Deutsche Reichsbahn auch ihren Mitarbeitern in den Westsektoren den Lohn in Ostmark aus, was zu hohen Umtauschverlusten führt, zumal seit dem 20. März 1949 in West-Berlin die Westmark alleiniges Zahlungsmittel ist. Der S-Bahner-Streik entwickelt sich rasch zu einem der härtesten Arbeitskämpfe der Berliner Nachkriegszeit.
Über 14 000 S-Bahnbedienste befinden sich im Ausstand. Um die einzelnen S-Bahnhöfe entwickeln sich regelrechte Kämpfe, bei denen die Bahnpolizei auch von der Schußwaffe gebrauch macht. Mit Erlaubnis der Westalliierten läßt der West-Berliner Magistrat angesichts der explosiven Lage am 24. Mai alle S-Bahn-Anlagen in den Westsektoren von der Polizei besetzen und eine gespannte Ruhe wiederherstellen.

Kompromiß zu Lasten West-Berlins: Die Reichsbahn bietet nunmehr an, 60 % der Löhne in Westmark zu zahlen, was von den Streikenden zunächst abgelehnt wird. Daraufhin erklärt sich der West-Berliner Magistrat bereit, die restlichen 40 % im Verhältnis 1:1 umzutauschen. Am 28. Juni wird der Ausstand beendet, nachdem die S-Bahn-Bediensteten mehrheitlich die Regelung 60 % zu 40 % akzeptiert haben.

WIRTSCHAFT

Westmark als allein gültiges Zahlungsmittel: Aufgrund der »Dritten Verordnung zur Neuordnung des Geldwesens«, von den drei westlichen Stadtkommandanten am 20. März 1949 erlassen, ist die Westmark fortan in den Westsektoren allein gültiges Zahlungsmittel. Bislang hatte auch in den Westsektoren die Ostmark im Zahlungsverkehr überwogen. Zugleich verfügen die Westmächte die Einrichtung einer Berliner Zentralbank in den Westsektoren.

KULTUR

»Der Insulaner verliert die Ruhe nich«: Die Insulaner machen den eingeschlossenen Berlinern Mut. Mit seinen Insulanern wird Günter Neumann 1949 zum beliebtesten Kabarettisten der Berliner. Der RIAS hatte zu Weihnachten 1948 das erste Insulaner-Programm ausgestrahlt; seither wächst die Popularität des Ensembles, das die bedrängte Lage der Stadt in ihrer ganzen Absurdität mit zum Teil derbem Berliner Witz auf die Bühne bringt.
Gleichsam zu einer Hymne der West-Berliner wird das »Insulaner-Lied«, das das Lebensgefühl einer um Freiheit ringenden Bevölkerung trifft: »Der Insulaner verliert die Ruhe nich,/ Der Insulaner liebt keen Jetue nich./ Der Insulaner hofft unbeirrt,/ Daß seine Insel wieder schönes Festland wird.«

Günter Neumann und die Insulaner: (von links) Ewald Wenck, Joe Furtner, Agnes Windeck, Edith Schollwer, Ilse Trautschold, Tatjana Sais, Olaf Bienert, Walter Gross und Bruno Fritz, 1949.

KALENDARIUM

1. Januar: In Berlin-Mitte wird das »Forschungsinstitut für den wissenschaftlichen Sozialismus« (später »Marx-Engels-Lenin-Institut«) der SED gegründet.

11. Januar: Am Deutschen Theater in der Ost-Berliner Schumannstraße eröffnet Bertolt Brechts mit der Aufführung seines Bühnenstücks »Mutter Courage und ihre Kinder« das »Berliner Ensemble«.

14. Januar: Im Rathaus Schöneberg tritt die neugewählte West-Berliner Stadtverordnetenversammlung zu ihrer konstituierenden Sitzung zusammen. Die am 7. Dezember auf einer außerordentlichen Sitzung erfolgte Wahl Ernst Reuters zum Oberbürgermeister wird bestätigt.

1. Februar: Die West-Berliner Liberal-Demokratische Partei Deutschlands (LDP) nimmt den Namen Freie Demokratische Partei (FDP) an.

7. Februar: In der Charlottenburger Witzlebenstraße nimmt das West-Berliner Kammergericht unter der Leitung von Georg Strucksberg seine Arbeit auf. Der Präsident des im Ost-Berliner Bezirk Mitte (Neue Friedrichstraße) ansässigen Kammergerichts war am 4. Februar wegen andauernder Querelen mit Vizepräsident Richard Hartmann (SED) in den britischen Sektor geflüchtet.

20. März: Auf Weisung der Alliierten Kommandantur wird die Deutsche Mark (DM) zum einzigen gesetzlichen Zahlungsmittel in den Westsektoren Berlins erklärt.

April: Der Wirtschaftsrat des Vereinigten Wirtschaftsgebietes führt das sog. Notopfer Berlin ein. U.a. werden Postsendungen in den Westzonen mit einer Sondergebühr von zwei Pfennigen belegt. Die Mittel sollen zur Finanzierung der Luftbrücke verwendet werden.

8. Mai: Im Ost-Berliner Treptower Park wird ein Ehrenmal für die im Zweiten Weltkrieg gefallenen sowjetischen Soldaten eingeweiht.

11./12. Mai: Um Mitternacht endet die Blockade West-Berlins durch die Sowjetunion.

14. Mai: Die drei westlichen Stadtkommandanten veröffentlichen das sogenannte Kleine Besatzungsstatut für West-Berlin. Die Stadt erhält »volle gesetzgeberische, vollziehende und gerichtliche Gewalt«. Allerdings gelten weiterhin bestimmte alliierte Vorbehalte.

21. Mai: Die West-Berliner Mitarbeiter der Reichsbahn treten in den Streik, um ihre Bezahlung in Westmark zu erzwingen. Nach entsprechenden Zusagen endet der Arbeitskampf am 28. Juni.

23. Mai: In Bonn wird das Grundgesetz für die Bundesrepublik Deutschland verkündet. Nach Artikel 23 GG gilt das Grundgesetz auch im Land Groß-Berlin. Wegen des Viermächte-Status' erlassen die westlichen Alliierten eine Reihe von Sonderregelungen für Berlin. So dürfen die Berliner Abgeordneten

KALENDARIUM — OST-BERLIN – HAUPTSTADT DER DDR 1949

für den Bundestag nicht direkt gewählt werden und besitzen nur ein eingeschränktes Stimmrecht (Genehmigungsschreiben westlicher Militärgouverneure zum Grundgesetz vom 12. Mai 1949).

18. Juni: Auf der Museumsinsel (Bezirk Mitte) öffnet die wiederhergestellte Nationalgalerie ihre Pforten.

14. August: Die West-Berliner Stadtverordnetenversammlung wählt im Schöneberger Rathaus die Vertreter für den Ersten Deutschen Bundestag. Von den acht Abgeordneten gehören fünf der SPD, zwei der CDU und einer der FDP an.

10. September: In den Messehallen am Funkturm wird der Berliner Autosalon eröffnet. Es ist die erste Automobilausstellung nach dem Krieg. An der bis zum 18. September dauernden Ausstellung beteiligen sich 81 Firmen aus der Bundesrepublik und West-Berlin.

21. September: Die Militärregierungen der westlichen Besatzungsmächte stellen ihre Tätigkeit ein und werden durch zivile Hohe Kommissare ersetzt. Für die Bundesrepublik Deutschland und Berlin tritt das Besatzungsstatut in Kraft.

30. September: Die amerikanische Luftwaffe beendet den letzten im Rahmen der Luftbrücke durchgeführten Versorgungsflug. Obwohl die Blockade West-Berlin bereits am 12. Mai geendet hatte, waren angesichts des nur schleppend in Gang gekommenen Güterverkehrs die Flüge – wenn auch in vermindertem Umfang – fortgesetzt worden.

7. Oktober: In Ost-Berlin wird die Verfassung der Deutschen Demokratischen Republik verkündet. Wie in den Bundestag dürfen auch in die Volkskammer Berliner Abgeordnete nicht direkt gewählt werden. Sie dort nur ein eingeschränktes Stimmrecht.

7. Oktober: Der Ost-Berliner Magistrat erklärt, Berlin sei gemäß der neuen Verfassung Hauptstadt der DDR.

31. Oktober: In West-Berlin trifft der erste Bundespräsident der Bundesrepublik Deutschland, Theodor Heuss, zu seinem ersten offiziellen Besuch ein. Höhepunkt ist eine Ansprache vor dem Schöneberger Rathaus vor rund 200 000 Berlinern.

1. Dezember: Oberbürgermeister Ernst Reuter übergibt das neuerrichtete Kraftwerk West (Ruhleben) seiner Bestimmung. Das Kraftwerk mit einer Leistung von 60 000 Kilowatt soll die Stromversorgung West-Berlins sichern und die Stadt unabhängig von Energielieferungen aus dem Ostteil machen.

21. Dezember: Anläßlich des 70. Geburtstags von Josef W. Stalin, des sowjetischen Partei- und Regierungschefs, wird auf Beschluß des Magistrates von Groß-Berlin im Rahmen einer Massenkundgebung die Frankfurter Allee in Stalin-Allee umbenannt.

Das sowjetische Ehrenmal im Treptower Park am Tag der Einweihung, 8. Mai 1949

Wiederaufbau historischer Gebäude: Im historischen Zentrum von Ost-Berlin beginnen an mehreren bedeutenden Gebäuden Sicherungs- und Wiederaufbauarbeiten, so am stark zerstörten Universitätsgebäude Unter den Linden, dessen Mitteltrakt bis 1952 wiederhergestellt wird. Am 1. Juli beginnen am Zeughaus, dem ältesten erhaltenen Gebäude Unter den Linden (1695 bis 1706 nach Plänen u.a. von Andreas Schlüter errichtet) die Wiederaufbauarbeiten. Dabei werden Außenwände und die Hoffassade mit ihrem reichen Skulpturenschmuck originalgetreu wiederhergestellt, die Innenräume des Gebäudes jedoch stark verändert. Ende des Jahres wird damit begonnen, die Bausubstanz des Brandenburger Tors an der Grenze zwischen dem sowjetischen und dem britischen Sektor zu sichern.

Ehrenmal für gefallene sowjetische Soldaten: Am 8. Mai, dem Jahrestag der deutschen Kapitulation, weiht der sowjetische Stadtkommandant von Berlin, Generalmajor Alexander G. Kotikow, im Treptower Park ein Ehrenmahl für die im Zweiten Weltkrieg gefallenen sowjetischen Soldaten ein. Auf dem Gelände des Ehrenmals liegen 5 000 im Kampf um Berlin gefallene Rotarmisten begraben.

Im Zentrum der Anlage steht eine 13 m hohe Statue eines Sowjetsoldaten, der symbolisch auf den Trümmern des besiegten »Dritten Reiches« steht. An der Gestaltung des Ehrenmals waren namhafte sowjetische Bildhauer und Architekten beteiligt.

Aus Anlaß der Gründung der DDR richtet der Ost-Berliner Magistrat am 9. Oktober 1949 einen Aufruf an die Bevölkerung:

An die Bürger Berlins!
Aufruf des demokratischen Magistrats der Hauptstadt der Deutschen Demokratischen Republik.
Anläßlich der Regierungsbildung richtet der demokratische Magistrat von Groß-Berlin unter Friedrich Ebert folgenden Aufruf an die Bevölkerung Berlins:
Die von den Westmächten betriebene und von dem Bonner Spalterparlament unterstützte Politik der nationalen Unterdrückung Westdeutschlands hat den über Deutschland heraufbeschworenen Notstand bis zur Gefahr der Zerreißung der Nation und ihres Staates gesteigert.
In Abwehr dieser Gefahr hat sich der Deutsche Volksrat nach dem Willen des Volkes zur Provisorischen Volkskammer der Deutschen Demokratischen Republik umgebildet.
Die vom Deutschen Volksrat beschlossene und vom Dritten Deutschen Volkskongreß am 30. Mai 1949 bestätigte Verfassung der Deutschen Demokratischen Republik wurde in Kraft gesetzt.
Die Verfassung hat die staatsrechtliche Stellung unserer Vaterstadt eindeutig geklärt. Berlin ist nicht ein Bundesland des westdeutschen Separatstaates, sondern die Hauptstadt der Deutschen Demokratischen Republik. ...

1950 BERLINER WIRTSCHAFT GERÄT IN RÜCKSTAND

POLITIK

Freiheitliche Verfassung für Berlin: Ein Jahr nach Beendigung der Blockade werden in den Westsektoren durch mehrere Ereignisse die Fundamente der freiheitlichen politischen Ordnung gefestigt. Am 4. August verabschiedet die Stadtverordnetenversammlung die Verfassung von Berlin mit dem Geltungsanspruch für Groß-Berlin. Nach Genehmigung durch die Alliierte Kommandantur tritt sie am 1. Oktober in Kraft. Ihrer Anwendung in Ost-Berlin stehen die tatsächlichen Machtverhältnisse entgegen. Die Verfassung stellt noch klarer als die von 1946 fest, daß Berlin neben den Aufgaben einer Kommune die eines Landes zu erfüllen hat. In Artikel 1 wird Berlin ausdrücklich als »ein deutsches Land und zugleich eine Stadt« und als »ein Land der Bundesrepublik Deutschland« bezeichnet, für das Grundgesetz und Gesetze der Bundesrepublik wie für jedes andere Land bindend sind.

Als gesetzgebendes Organ tritt an die Stelle der bisherigen Stadtverordnetenversammlung das Abgeordnetenhaus. Von dessen 200 Sitzen sind 73 für Mandatsträger aus dem Ostsektor vorgesehen, die aber nicht besetzt werden können, da das SED-Regime eine Beteiligung der Ost-Berliner Bevölkerung an den Wahlen verhindert. Der bisherige Magistrat wird durch die neue Verfassung in einen Senat umgewandelt, bestehend aus dem Regierenden Bürgermeister, seinem Stellvertreter und Senatoren als Chefs der Fachressorts.

Heinrich Vockel, Beauftragter der Bundesregierung bei der Schlüsselübergabe für das Bundeshaus in Berlin an Bundeskanzler Konrad Adenauer, April 1950.

Alliierte Vorbehalte: Die Alliierte Kommandantur, in der nur noch die drei Westmächte vertreten sind (»jetzt oder später« steht der UdSSR eine Rückkehr ausdrücklich offen), genehmigt die Verfassung von Berlin, macht aber hinsichtlich der Stellung Berlins zur Bundesrepublik einige Vorbehalte und behält sich die oberste Gewalt in Berlin vor.

Enge Bindungen an die Bundesrepublik: Ein zentrales politisches Thema dieser Jahre ist die Bindung Berlins an die Bundesrepublik, die von der Sowjetunion und der DDR immer wieder in Frage gestellt wird. Bundesregierung und Senat sind darum stets bemüht, neben gesetzlichen Bestimmungen diese Verbindung auch durch konkrete Maßnahmen der Welt vor Augen zu führen. Diesem Zweck dient etwa die Einrichtung einer Vertretung der Bundesrepublik in der Stadt: Am 15. April wird im Bezirk Wilmersdorf das Bundeshaus von Bundeskanzler Konrad Adenauer feierlich eröffnet. Es ist der Amtssitz des Bevollmächtigten der Bundesregierung in Berlin. Aus diesem Anlaß wird die Kaiserallee, an der das Bundeshaus liegt, in Bundesallee umbenannt.

Trotz Verluste bleibt SPD stärkste Partei: Bei den ersten Wahlen nach Inkrafttreten der neuen Verfassung erweist sich das politische Interesse der Berliner als ungebrochen. Das ist verständlich; steht die Stadt doch seit Jahren im Zentrum internationaler Konflikte und verspürt die Auswirkungen der Ost-West-Konfrontation immer wieder am eigenen Leib.

Am 3. Dezember 1950 geben 90,4% der Wahlberechtigten ihre Stimme ab. Mit 44,7% der Stimmen wird die SPD wiederum stärkste Partei, verliert jedoch gegenüber den Wahlen vom Dezember 1948 fast 20 %. Die CDU erreicht einen Stimmenanteil von 24,6 %, auf die FDP entfallen 23 %. Anfang 1951 bildet der Sozialdemokrat Ernst Reuter nach seiner Wahl zum Regierenden Bürgermeister einen Allparteiensenat. Nach wie vor sind die führenden Politiker der Überzeugung, daß die drängenden politischen und ökonomischen Probleme der Stadt nur in einer gemeinsamen Kraftanstrengung aller Demokraten bewältigt werden können.

Behinderungen im Transitverkehr: Die Blockade ist zwar seit Mai 1949 beendet, was die Sowjetunion jedoch nicht davon abhält, die Transitwege von und nach Berlin weiterhin als politisches Druckmittel einzusetzen. Westmächte und Senat nehmen die Herausforderung an. Als im Januar 1950 sowjetische Soldaten rund 40 Lastkraftwagen auf der Fahrt nach Westdeutschland anhalten und nach Berlin zurückschicken, erheben die Westalliierten scharfen Protest; zu-

---

Ergebnis der Wahlen zum Abgeordnetenhaus, 3. Dezember 1950

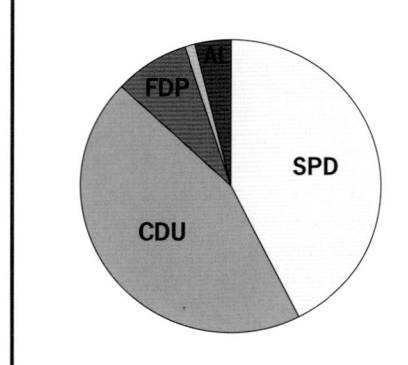

Wahlberechtigte 1 664 221
Wahlbeteiligung 1 504 580   90,4%

SPD	654 211	44,7%	61 Mandate
CDU	361 050	26,4%	34 Mandate
FDP	337 589	23,0%	32 Mandate
Sonstige		7,0%	
SED	beteiligt sich nicht		

Im Bestätigungsschreiben vom 29. August 1950 zur Verfassung von Berlin nennt die Alliierten Kommandantur ihre Vorbehalte:

Die Alliierte Kommandantura Berlin ordnet an:

1. Die Alliierte Kommandantura Berlin hat den ihr am 22. April 1948 vorgelegten Entwurf der Berliner Verfassung zusammen mit den am 4. August 1950 seitens der Stadtverordnetenversammlung beschlossenen und am gleichen Tage zur Genehmigung vorgelegten Nachträgen und Abänderungen geprüft.

2. Bei der Erteilung ihrer Zustimmung zu dieser Verfassung sowie zu den vorgeschlagenen Abänderungen derselben macht die Alliierte Kommandantura folgende Vorbehalte:

a) Der Stadtregierung durch die Verfassung übertragene Befugnisse sind den am 14. Mai 1949 veröffentlichten Bestimmungen der »Erklärung über die Grundsätze« oder irgendwelchen Abänderungen derselben unterstellt.

b) Absätze 2 und 3 des Artikels 1 werden zurückgestellt.

c) Artikel 87 wird dahingehend aufgefaßt, daß während der Übergangsperiode Berlin keine der Eigenschaften eines zwölften Landes besitzen wird. Die Bestimmungen dieses Artikels betreffend das Grundgesetz finden nur in dem Maße Anwendung, als es zwecks Vorbeugung eines Konfliktes zwischen diesem Gesetz und der Berliner Verfassung erforderlich ist. Ferner finden die Bestimmungen irgendeines Bundesgesetzes in Berlin erst Anwendung, nachdem seitens des Abgeordnetenhauses darüber abgestimmt wurde und dieselben als Berliner Gesetz verabschiedet worden sind.

NORMALISIERUNG DER LEBENSVERHÄLTNISSE 1950

POLITIK

Volkskammerwahlen ohne Ost-Berliner Beteiligung: Wegen des Viermächte-Status' von Berlin nehmen die Ost-Berliner an den ersten Volkskammerwahlen in der DDR am 15. Oktober nicht direkt teil. Die 66 Ost-Berliner Abgeordnete für das DDR-Parlament werden von der Kommunalvertretung entsandt. Sie besitzen – ebenso wie die West-Berliner Abgeordneten im Bundestag – kein Stimmrecht. Die Volkskammerwahlen erbringen nach offiziellen Angaben bei einer Wahlbeteiligung von 98,7 % einen Stimmenanteil von 99,7 % für die von der SED beherrschte Einheitsliste der Nationalen Front.

SED-Führung läßt Berliner Schloß sprengen: Ungeachtet heftiger Proteste in Ost und West wird am 7. September mit der Sprengung des im Krieg stark zerstörten Berliner Schlosses begonnen. Der Abriß geschieht auf Wunsch der politischen Führung der DDR unter Walter Ulbricht, um mit dem Schloß das »hervorragende Denkmal des preußischen Feudalismus« zu beseitigen. Außerdem hält man die Bausubstanz für so zerstört, daß ein Aufbau nicht möglich wäre. DDR-Fachleute und auch westliche Kollegen halten dagegen einen Wiederaufbau des Schlosses für möglich. Die Sprengungen sind Anfang November 1950 abgeschlossen. Lediglich einige Fassadenteile und Bildhauerwerke werden gesichert. Insbesondere wird das Portal IV an der Lustgartenseite eingelagert und 1963 in die Fassade des Staatsratsgebäudes eingefügt, weil von ihm aus Karl Liebknecht am 9. November 1918 die »Freie sozialistische Republik« ausgerufen hatte.

Mit dem Schloß verliert Berlin seinen städtebaulichen Kern. Die Anlage war ein Hauptwerk des norddeutschen Barocks, an deren Errichtung so hervorragende Künstler wie Andreas Schlüter und Johann Friedrich Eosander von Göthe mitgewirkt hatten.

Vor der Sprengung: der Schlüter-Hof des Berliner Schlosses im Hintergrund die Kuppel des Domes.

> *In einem Schreiben an Ernst Reuter erhebt der Ost-Berliner »Ausschuß der Nationalen Front der Hauptstadt der Deutschen Demokratischen Republik«, Einspruch gegen die vom West-Berliner Magistrat für den 3. Dezember 1950 geplanten Wahlen:*
>
> *Am 3. Dezember finden in West-Berlin Wahlen statt, welche die Spaltung Berlins vertiefen werden und sich somit gegen die Lebensinteressen der Ost- und West-Berliner Bevölkerung wenden. ...*
> *Der Berliner Ausschuß der Nationalen Front des demokratischen Deutschland wendet sich an die Herren Kommandanten der Westsektoren Berlins, an den Herrn Vertreter der sowjetischen Kontrollkommission in Berlin, an den Magistrat in Ost-Berlin, an den Magistrat in West-Berlin mit folgenden Vorschlägen zur Normalisierung des Lebens und der Verbesserung der materiellen Lage der Berliner Bevölkerung, in denen gleichzeitig der Wille der Berliner Bevölkerung zur Einheit Berlins zum Ausdruck gebracht wird:*
> *1. Durchführung freier demokratischer Wahlen in ganz Berlin im März 1951.*
> *2. Bildung eines gemeinsamen Ausschusses des Magistrats von Ost- und von West-Berlin zur Einleitung aller entsprechenden Maßnahmen für die Vorbereitung und Durchführung der Wahlen in ganz Berlin.*
> *3. Zur Sicherung wirklich freier und demokratischer Wahlen den Abzug aller Besatzungstruppen aus Berlin und Aufhebung der Sektorengrenzen, wie es dem Willen der Mehrheit der Berliner Bevölkerung entspricht.*

Der von den Trümmern gereinigte Platz wird zu einem Feld für Massenaufmärsche und Kundgebungen hergerichtet.

Deutschlandtreffen der FDJ: Rund 700 000 Jugendliche, darunter 30 000 aus der Bundesrepublik, nehmen vom 27. bis 30. Mai am Deutschlandtreffen der Freien Deutschen Jugend (FDJ) in Ost-Berlin teil. Auf zahlreichen Veranstaltungen werden auch Angriffe gegen die Bonner Bundesregierung gerichtet, deren antikommunistische Politik die Spaltung Deutschlands vertiefe. Viele Redner fordern den Abzug der Besatzungstruppen und einen Friedensvertrag für Deutschland. Im Rahmen des Deutschlandtreffens wird am 27. Mai das 70 000 Zuschauer fassende Walter-Ulbricht-Stadion an der Chausseestraße (Mitte) mit einer Sportveranstaltung eingeweiht.

Etwa 30 000 Jugendliche »verfallen der westlichen Propaganda« und besuchen trotz strenger Kontrollen an der Sektorengrenze West-Berlin. Dort erwartet sie ein vom Senat organisiertes Betreuungsprogramm, das die Jugendlichen über das westliche System informiert und Gelegenheit zu Diskussionen bietet.

1950 BERLINER WIRTSCHAFT GERÄT IN RÜCKSTAND

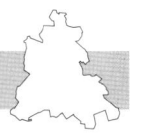

> *In einer Grundsatzerklärung über die Befugnisse des amerikanischen Stadtkommandanten von Berlin vom 5. August 1950 heißt es:*
>
> *I. Der amerikanische Stadtkommandant in Berlin ist der persönliche Vertreter des amerikanischen Hohen Kommissars in dieser Stadt und übt in seinem Namen und nach den von ihm aufgestellten Richtlinien der Politik alle Regierungsfunktionen der Vereinigten Staaten im amerikanischen Sektor von Berlin aus. ...*
>
> *V. Im Falle eines Notstands, wenn die verantwortlichen Behörden der Stadt nicht in der Lage sind, die öffentliche Ruhe und Ordnung aufrechtzuerhalten, wird der amerikanische Kommandant in Berlin die Maßnahmen ergreifen, die in seinem Verantwortungsbereich erforderlich sind.*

> *In einem Senatsbericht vom Juni 1950 über Behinderungen des Güterverkehrs von und nach West-Berlin durch DDR-Behörden heißt es:*
>
> *Das wesentlichste Moment, das sich heute noch immer behindernd auf den Interzonenverkehr auswirkt, ist die Rechtsunsicherheit. Immer wieder erfolgen Beschlagnahmungen von Kraftfahrzeugen und deren Ladungen, wobei die beschlagnahmenden Stellen die für das Verkehrswesen gültigen Rechtsnormen (Güterfernverkehrsgesetz und Kraftverkehrsordnung) nicht anerkennen bzw. beachten. ... Die Beschlagnahmungen erstrecken sich nicht nur auf West-Berliner Fahrzeuge, sondern in dem gleichen Umfange auch auf westdeutsche.*
>
> *Seit geraumer Zeit wird von einer Beschlagnahmung Abstand genommen, wenn der Fahrzeughalter bereit ist, ein Lösegeld für angebliche Verfehlungen zu entrichten. Im Durchschnitt sind 1000,- DM West an Strafgebühren bezahlt worden. Es sind jedoch auch höhere Strafen bekannt. Sowohl bei den Beschlagnahmungen der Fahrzeuge und deren Ladungen als auch bei der Entrichtung der Strafgebühren handelt es sich um ausgesprochene Willkürakte der ostzonalen Grenzkontrollorgane. ... Sollten in absehbarer Zeit keine Änderungen eintreten, müßten entsprechende Gegenmaßnahmen in Erwägung gezogen werden. ...*

beitslose gemeldet, der höchste Stand seit Kriegsende. Die Massenarbeitslosigkeit bleibt auch in den folgenden Jahren eines der größten Probleme West-Berlins, während der westdeutsche Arbeitsmarkt ab Mitte der fünfziger Jahre bereits auf Vollbeschäftigung zusteuert.

Zur Versorgung mit Konsumgütern für die Bevölkerung und Material für die Industrie und das Gewerbe ist West-Berlin weiterhin auf Lieferungen von außen angewiesen. 1950 führen die Westsektoren Waren für rund 977 Millionen DM nach Westdeutschland aus, während man von dort Güter im Wert von rund 2,24 Milliarden DM bezieht.

Angesichts der alarmierenden Lage erklärt der Bonner Bundestag Mitte März West-Berlin zum wirtschaftlichen Notstandsgebiet. Unter anderem bedeutet dies, daß bei allen öffentlich ausgeschriebenen Aufträgen in der gesamten Bundesrepublik Berliner Firmen bevorzugt werden sollen. Zur ökonomischen Erholung tragen daneben direkte Subventionen der Bundesregierung und der Vereinigten Staaten bei.

Die West-Berliner Wirtschaft hat 1950 aber auch zahlreiche Lichtblicke aufzuweisen. So kann im Frühjahr die Rationierung von Lebensmitteln und Gebrauchsgütern aufgehoben werden. Auch die Wiedereröffnung des Kaufhauses des Westens (KaDeWe) Anfang Juli empfinden die Berliner als ein Signal, daß es aufwärts geht.

gleich machen sie deutlich, daß sie jederzeit zur Errichtung einer neuen Luftbrücke bereit wären.

Eine Glocke läutet für die Freiheit: Als Symbol des Freiheitswillens der Berliner wird am 24. Oktober im Turm des Schöneberger Rathaus die Freiheitsglocke aufgezogen und feierlich eingeweiht. Die Glocke ist eine Nachbildung des amerikanischen Nationaldenkmals »Liberty Bell« in Philadelphia und ein Geschenk des amerikanischen Volkes an die Berliner. Sie wiegt 10 200 kg und läutet täglich um 12.00 Uhr. Mehr als 400 000 Berliner bekunden aus diesem Anlaß ihre Entschlossenheit, ihre Freiheit unbeugsam zu verteidigen.

WIRTSCHAFT

Programme gegen Arbeitslosigkeit: Die West-Berliner Wirtschaft hat stark an den Folgen der Blockade zu leiden. Die ökonomisch-technische Entwicklung stagniert, so daß die Berliner Unternehmen gegenüber ihrer westdeutschen Konkurrenz immer mehr ins Hintertreffen geraten. Noch immer gehen zahlreiche Betriebe in Konkurs. Hinzu kommt, daß wichtige Unternehmen der Industrie in nicht geringer Zahl während oder unmittelbar nach der Blockade aus dem »unsicheren« Berlin nach Westdeutschland abwandern.

Ende Februar 1950 sind in der Stadt 306 000 Ar-

Ankunft der Freiheitsglocke vor dem Rathaus Schöneberg, Oktober 1950.

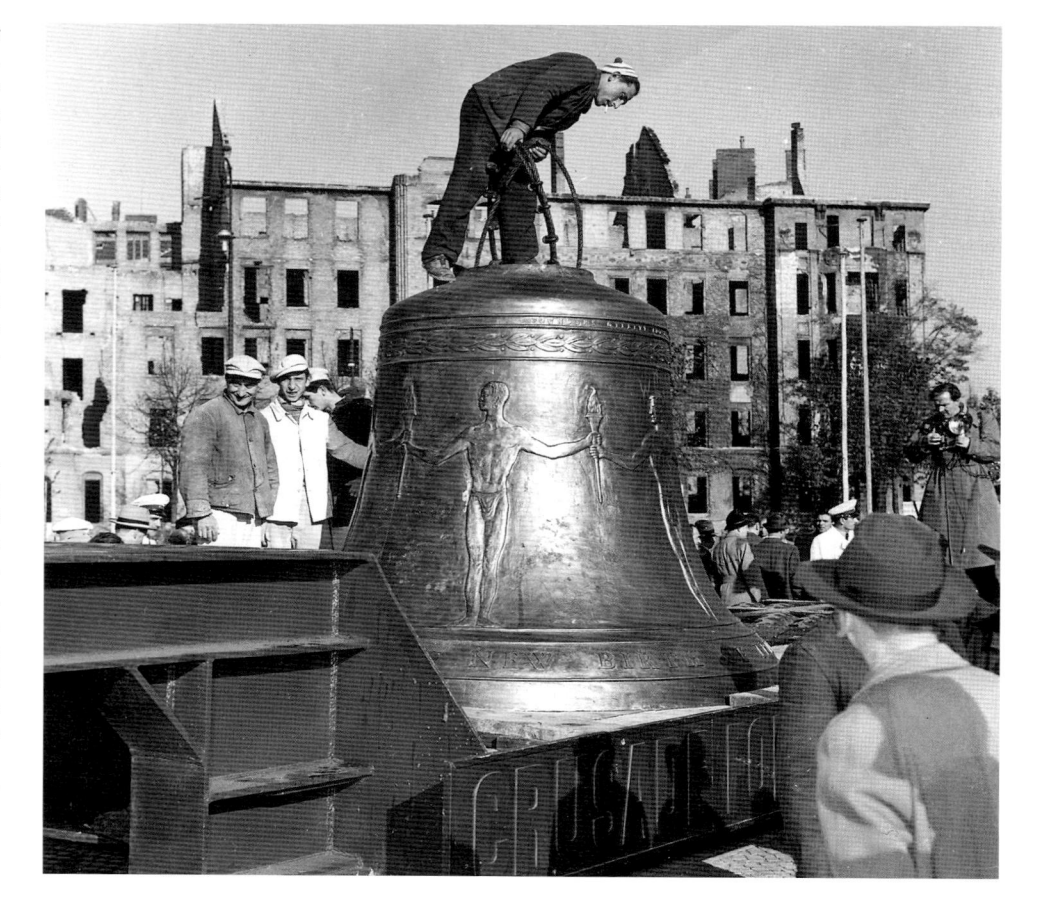

NORMALISIERUNG DER LEBENSVERHÄLTNISSE 1950

Demonstration von Frauen und Mädchen während des Deutschlandtreffens der FDJ, Mai 1950.

WIRTSCHAFT

Verstaatlichung macht Fortschritte: Die Ost-Berliner Wirtschaftsleistung ist durch Kriegsschäden und Reparationen noch so stark beeinträchtigt, daß die Ziele der SED, bis Ende 1950 wieder den Produktionsstand von 1936 zu erreichen, nicht erfüllt werden können. Lediglich 76,5% der Vorkriegsproduktion werden erbracht, während die Betriebe der DDR nach offiziellen Angaben bereits einen Produktionsstand von 111% bezogen auf das Jahr 1936 erreicht haben.

Kern der Wirtschaftsentwicklung Ost-Berlins ist der rasche Ausbau des staatlichen Sektors. Von Anfang 1949 bis Ende 1950 steigt in der Industrie der Anteil volkseigener Betriebe an der Bruttoproduktion von 47% auf 75%. Im Einzelhandel und in der Landwirtschaft befinden sich hingegen noch rund 51% in Privathand. Im Verlauf des Zweijahrplans (1949/50) erhöhte sich die Zahl der Beschäftigten in volkseigenen Betrieben von 74 000 auf rund 95 000, so daß Ende 1950 fast zwei Drittel aller Industriearbeiter im staatlich kontrollierten Sektor tätig sind.

Mitte 1950 gibt die UdSSR das Tobis-Filmstudio und die Filmkopieranstalt Afifa in Johannisthal, die 1946 zusammen mit rund 230 anderen Betrieben als Sowjetische Aktiengesellschaften (SAG) von Moskau in Besitz genommen worden waren, an die DDR zurück. Die restlichen SAG werden bis Anfang 1954 zurückgegeben.

Soziale Verbesserungen: Trotz aller ökonomischen Schwierigkeiten und Engpässe verbessern sich 1950 die Lebensverhältnisse der Ost-Berliner in einigen Bereichen. Der Durchschnittslohn beträgt nunmehr rund 300 Mark; der Mindestlohn wird auf 180 Mark erhöht. 1950 wird auch die Rationierung einiger Lebensmittel, darunter Brot, Mehl, Hülsenfrüchte, Marmelade und Seife, aufgehoben. Für Fett und Fleisch haben sich die Monatsrationen gegenüber 1948 von 300 g auf 1 300 g (Fett) und von 1 200 g auf 2 000 g (Fleisch) erhöht. Zudem sind in den vergangenen Monaten die Preise für einige Artikel gesenkt worden; im September kosten in Ost-Berlin ein Pfund Butter 12 Mark, ein Pfund Schweinefleisch 8 Mark und ein Pfund Weizenmehl 0,80 Mark.

Die Energieversorgung für Ost-Berlin kann inzwischen so weit normalisiert werden, daß zur Erleichterung der Bevölkerung 1950 die lästigen Stromsperren zu Spitzenverbrauchszeiten aufgehoben werden können.

Ofenbauer Hans Garbe »Held der Arbeit«: Anfang des Jahres steht der Ofenbauer Hans Garbe über mehrere Wochen in den Schlagzei-

---

Durch die spektakuläre Generalüberholung eines Ringofens bei laufendem Betrieb durch den Ofenbauer Hans Garbe im Januar/ Februar 1950 in Ost-Berlin sollte ein Produktionsausfall vermieden werden. Der Schriftsteller Karl Grünberg schreibt über das Ergebnis:

Garbe erhielt die Erlaubnis, eine Spezialbrigade zu bilden ... Dann ging man daran, die stillgelegte Kammer abzureißen und neu auszumauern, während nebenan – nur durch eine dünne Wand getrennt – die Glut weiterloderte! Immer mit kurzfristigen Ablösungen, da es niemand längere Zeit in dieser gut geheizten Hölle aushielt.
Wenn jemand diese Männer früher mal aufgefordert hätte, in diesen feurigen Ofen hinunterzusteigen, um bei 80 bis 100 Grad Maurerarbeiten auszuführen, hätte man denjenigen bestimmt für verrückt gehalten. Jetzt aber taten sie das, Tag für Tag, Kammer für Kammer! Niemand hatte ihnen das befohlen! Niemand hatte ihnen dafür Sonderzulagen an Lebensmitteln und anderes mehr gegeben oder versprochen. ... Ihr kategorischer Antrieb waren das Bewußtsein, für das Wohl des Volkes, für den Frieden und den Aufbau der Deutschen Demokratischen Republik zu arbeiten, sowie das Beispiel und die überlegene Willenskraft ihres hervorragenden Brigadeführers. ...
Je weiter der Ofenumbau fortschritt, um so größer wurde die Aufregung im Betrieb. Jetzt nannte man ihn nicht mehr den »Verräter« oder »Wühler«, jetzt hieß er der »Teufelskerl«, hatte er doch durch diese Leistung die ganze Belegschaft vor der sonst unvermeidlichen Entlassung bewahrt. Der Verwunderung folgte langsam die Bewunderung. Aber auch die Gegner aus Prinzip, die unverbesserlichen Hetzer und Saboteure, denen jeder Aufbauerfolg außerhalb der kapitalistischen Profitwirtschaft ein Greuel ist, ruhten nicht. Als Garbe eines Spätabends allein von einer Parteiversammlung heimkehrte, wurde er in einer dunklen Straße durch fünf Unbekannte vom Rad geschlagen ... Aber das konnte die Erfüllung des freiwillig übernommenen Planes nicht mehr aufhalten. Pünktlich, zum festgesetzten Termin, war die letzte Ofenkammer erneuert worden, wurde der generalüberholte Ofen der Betriebsleitung im Rahmen einer kleinen Feier übergeben. »Das hätten wir nie für möglich gehalten«, sagten die Zweifler und Nörgler, als sie dem Aktivisten Garbe mehr oder weniger herzlich die Hand drückten. Die Presse brachte eingehende Berichte von dem Mann, der im feurigen Ofen gemauert und durch diese Tat eine empfindliche Panne des Zweijahrplans verhindert hatte.

1950 BERLINER WIRTSCHAFT GERÄT IN RÜCKSTAND

Die dreizigjährige Verkäuferin Edith Schwarz schildert ihre Bemühungen um eine Arbeitsstelle 1950 in West-Berlin:

Ich bin schon immer morgens früh um fünf losgelaufen. In den Zeitungsanzeigen wurden vor allem Näherinnen gesucht. In diesem Beruf hatten wir Frauen am ehesten eine Chance, Arbeit zu finden, denn Kleidung wurde dringend gebraucht, die Menschen waren alle abgerissen. Schon die ganzen Jahre stellten wir unsere Kleidung her nach dem Motto »aus zwei mach eins«. Die Arbeitsuchenden standen morgens in den Treppenhäusern an, denn die kleinen Firmen arbeiteten zu der Zeit noch häufig in Privatwohnungen. Ich bin immer wieder enttäuscht nach Hause gegangen, denn es wurden meist nur zwei oder drei eingestellt von den zwanzig oder dreißig Frauen, die anstanden. So bin ich dann Morgen für Morgen unterwegs gewesen, bis es dann endlich klappte. In der Anzeige stand, daß eine Handnäherin gesucht würde; als ich hinkam, hatten sie schon eine Handnäherin eingestellt. Ich wollte gerade wieder enttäuscht gehen, da fragte mich die Firmeninhaberin, ob ich bügeln könnte. Ich sagte: »Ach Gott bügeln? Ich plätte meine Wäsche und ich plätte meine Kleidung, aber direkt gebügelt habe ich nicht.« Sie stellte mich trotzdem ein und es ging dann eigentlich ganz gut.

Bestätigt wird dieser Eindruck von der im Oktober 1950 gezeigten Deutschen Industrieausstellung, der größten deutschen Industriemesse seit Ende des Zweiten Weltkriegs.
Insgesamt erreicht die West-Berliner Produktion 1950 einen Indexwert von 32 (1936 = 100) und liegt damit weit hinter der westdeutschen Wirtschaft mit einem Produktionsindex von 109.
Billiges Einkaufen im sowjetischen Sektor: Eine erhebliche Belastung für die Wirtschaft stellt die Praxis vieler Bewohner der Westsektoren dar, sich unter Ausnutzung des günstigen Wechselkurses im Ost-Teil mit Waren und Dienstleistungen zu versorgen. Einzelhandel und Handwerk in West-Berlin haben darunter stark zu leiden. Nach Schätzungen werden zum Beispiel bei Textilien Anfang 1950 etwa 75 % des Umsatzes der HO-Läden mit Westkunden erzielt.

Hilfe durch den Marshallplan für Berlin.

Angesichts dieser Entwicklung sehen sich West-Berliner Behörden veranlaßt, die Bevölkerung im Interesse der West-Berliner Wirtschaft dringend zur Einstellung der Einkäufe im Ost aufzufordern. Sprüche wie »Herr Schimpf und Frau Schande ... verdienen im Westen und kaufen im Osten« sollen die Menschen von Einkaufszügen in den Osten abbringen. Mitarbeitern des öffentlichen Dienstes wird sogar mit Kündigung gedroht, wenn sie mit ihrem Lohn im Ostsektor einkaufen.

KULTUR

Maison de France vermittelt französische Kultur: In den ersten Nachkriegsjahren betrachten es die Alliierten als eine ihrer Hauptaufgaben die Deutschen nach Jahren der Unterdrückung und geistigen Verengung durch den Nationalsozialismus wieder für fremde Kulturen, andere Lebensstile und die Werte einer freien Gesellschaft empfänglich zu machen. Diesem Zweck dient auch das französische Kulturzentrum Maison de France am Kurfürstendamm, das am 21. April eröffnet wird. Damit sind nun alle drei Westalliierten mit eigenen Kulturzentren in West-Berlin vertreten.
Das Maison de France hat unter anderem Repräsentations- und Ausstellungsräume sowie einen Film- und Theatersaal und ein Restaurant. In einer reichhaltigen Bibliothek können sich die Berliner aus Büchern, Zeitungen und Zeitschriften über französische Kultur und Politik informieren.

SPORT

Fußballmeisterschaft in Berlin: Erstmals seit dem Ende des Zweiten Weltkriegs findet am 25. Juni 1950 im Olympia-Stadion wieder ein Endspiel um die deutsche Fußballmeisterschaft statt. Vor rund 100 000 Zuschauern besiegt der VfB Stuttgart die Mannschaft von Kickers Offenbach mit 2:1 Toren.
Vor und noch während des Krieges war Berlin mehrfach Austragungsort für das Meisterschaftsendspiel gewesen.

KALENDARIUM

5. Januar: Die französische Fluggesellschaft Air France nimmt auf der neueingerichteten Strecke Paris – Frankfurt am Main – Berlin den Flugbetrieb auf.
28. Februar: In West-Berlin sind rund 306 000 Personen arbeitslos gemeldet. Damit hat die Zahl der Arbeitslosen einen Höchststand seit Kriegsende erreicht.
20. Januar: Sowjetische Soldaten hindern rund 40 West-Berliner Lastkraftwagen auf dem Gebiet der DDR an der Weiterfahrt nach Westdeutschland und schicken sie nach West-Berlin zurück. Die Westalliierten stellen daraufhin klar, daß sie jederzeit zur Wiedererrichtung einer Luftbrücke in der Lage seien.
27. Februar: Der Ost-Berliner Ofenbauer Hans Garbe schließt zusammen mit mehreren Kollegen spektakuläre Reparaturarbeiten an einem Ringofen im Elektrowerk Siemens-Plania ab.
14. März: Der Bundestag in Bonn erklärt die Westsektoren von Berlin zum wirtschaftlichen Notstandsgebiet.
24. März: Mit einem Festakt im Admiralspalast wird die Deutsche Akademie der Künste gegründet. Die Institution versteht sich als Rechtsnachfolgerin der Preußischen Akademie der Künste.
1. April: Im Bezirk Reinickendorf nehmen die Borsigwerke nach dreijähriger durch Demontage bedingter Unterbrechung mit zunächst 700 Beschäftigten die Produktion wieder auf.
8. April: Ein Ost-Berliner Schwurgericht verurteilt den Chef der sogenannten Gladow-Bande, den achtzehnjährigen Werner Gladow, und zwei Komplizen wegen Mordes zum Tode. In den Jahren 1948/49 hatte die Gladow-Bande rund 50 Raubüberfälle verübt, bei denen zwei Menschen getötet und 15 Personen verletzt worden waren.
15. April: In Anwesenheit von Bundeskanzler Konrad Adenauer wird in Wilmersdorf das Bundeshaus in der Kaiseralle, die aus diesem Anlaß in Bundesallee umbenannt wird, feierlich eröffnet. Es ist Adenauers erste Besuch in Berlin seit seinem Amtsantritt als Bundeskanzler der Bundesrepublik Deutschland im September 1949.
21. April: Am Charlottenburger Kurfürstendamm öffnet das französische Kulturzentrum Maison de France seine Pforten. Es soll den Berlinern französische Politik und Kultur nahebringen.
1. Mai: Unter der Losung "Gegen Einheit in Ketten, für Frieden und Freiheit" versammeln sich auf dem West-Berliner Platz der Republik über eine halbe Million Menschen. Es ist die größte politische Kundgebung seit Bestehen des freiheitlichen Berlins.
30. Mai: In Ost-Berlin endet nach viertägiger Dauer ein von der kommunistischen Jugend-

KALENDARIUM

NORMALISIERUNG DER LEBENSVERHÄLTNISSE 1950

organisation FDJ organisiertes Deutschlandtreffen, an dem nach offiziellen Angaben rund 700 000 Jugendliche, davon 30 000 aus der Bundesrepublik, teilgenommen haben.

Mai 1950: Die UdSSR übergibt das Filmstudio Tobis und die Kopieranstalt Afifa in Johannisthal in DDR-Besitz.

25. Juni: Im Olympia-Stadion wird vor rund 100 000 Zuschauern der VfB Stuttgart durch einen 2:1-Sieg über Kickers Offenbach deutscher Fußballmeister. Es ist das erste Mal seit Kriegsende, daß das Endspiel um die deutsche Fußballmeisterschaft in Berlin stattfindet.

1. Juli: Die DDR stellt vereinbarte Stromlieferungen nach West-Berlin ein. Zur Energieversorgung der Westsektoren muß die Kapazität des Kraftwerks West in Ruhleben erweitert werden.

4. Juli: Das im Krieg schwer beschädigte Kaufhaus des Westens (KaDeWe) wird nach umfangreichen Instandsetzungsarbeiten wiedereröffnet.

7. September: Auf Anordnung der SED-Führung wird im Bezirk Mitte mit der Sprengung des Berliner Schlosses begonnen. Das Schloß, dessen wesentliche Teile nach Plänen von Andreas Schlüter errichtet worden waren, war durch Bomben stark beschädigt worden.

22. September: Am Brandenburger Tor werden 26 jeweils in Ost- und West-Berlin verhaftete Polizisten ausgetauscht.

1. Oktober: Die Verfassung von Berlin tritt in Kraft.

1. Oktober: Bundespräsident Theodor Heuss eröffnet auf dem Messegelände die Deutsche Industrieausstellung Berlin 1950, die größte Industrieschau Deutschlands seit Kriegsende.

4. Oktober: In Karlshorst (Lichtenberg) nimmt die Hochschule für Planökonomie ihren Lehrbetrieb auf.

8. Oktober: Die Deutsche Reichsbahn mit Sitz in Ost-Berlin stellt den Zugverkehr auf dem Lehrter Bahnhof ein, von dem bislang die Fernzugverbindungen nach Norden ausgingen.

15. Oktober: Bei den ersten Volkskammerwahlen erhalten die von der SED dominierten Einheitslisten der Nationalen Front nach offiziellen Angaben 99,7 % der abgegebenen Stimmen.

24. Oktober: Im Rahmen einer Kundgebung mit rund 400 000 Teilnehmern vor dem Schöneberger Rathauses wird die Freiheitsglocke feierlich der Bevölkerung übergeben. Sie ist ein Geschenk des amerikanischen Volkes. Rund 17 Millionen Amerikaner haben für die Glocke gespendet.

3. Dezember: Bei den Wahlen zum Abgeordnetenhaus, die nur im Westteil Berlins abgehalten werden können, entfallen auf die SPD 44,7 %, der abgegebenen Stimmen, auf die CDU 24,6 % und auf die FDP 23 %. Die SED beteiligt sich nicht an den Wahlen.

Feierliche Eröffnung der Akademie der Künste mit Otto Grotewohl (am Rednerpult) und (1. Reihe von links) Arnold Zweig, Wolfgang Langhoff, Bernhard Kellermann, ?, Bertolt Brecht, Johannes R. Becher, (2. Reihe von links) Helene Weigel, Anna Seghers, ?, Otto Nagel, Gerda Müller, Ernst Meyer, ?, Max Lingner, Ernst Legal, Gret Palucca, 24. März 1950.

len der Zeitungen. Um größere Produktionsausfälle zu vermeiden, erklärte sich Hans Garbe bereit, die notwendige Generalüberholung beim einzigen noch funktionstüchtigen Ringofen im SAG-Betrieb Siemens-Plania in Lichtenberg bei laufender Produktion vorzunehmen. Garbes und seiner Kollegen Fortschritte bei der Arbeit werden mit großer Aufmerksamkeit begleitet. Im Oktober 1950 wird Hans Garbe mit dem Ehrentitel »Held der Arbeit« ausgezeichnet und als Arbeitervorbild neben den Bergmann Adolf Hennecke gestellt.

KULTUR

Akademie der Künste gegründet: Am 24. März wird im Ost-Berliner Admiralspalast (Mitte) die Akademie der Künste gegründet, die sich in die Tradition der Preußischen Akademie der Künste stellt. Der Akademie gehören die bedeutendsten Künstler der DDR an: So etwa die Schriftsteller Anna Seghers, Bertolt Brecht, Arnold Zweig, Johannes R. Becher sowie die bildenden Künstler Otto Nagel und Gustav Seitz. In der Satzung heißt es, Aufgabe der Akademie sei die Förderung der »sozialistischen Kunst und Literatur in ihrer großen Bedeutung für die geistige Formung der neuen sozialistischen Menschen«.

Mit der Eröffnung der Hochschule für Musik im Oktober 1950 erhält Ost-Berlin eine weitere Institution zur Förderung des kulturellen Lebens. Am 16. November wird in Lichtenberg das Theater der Freundschaft als erstes Kinder- und Jugendtheater der Republik mit einer Festaufführung eingeweiht.

ALLTAG UND GESELLSCHAFT

Gladow-Bande vor Gericht: In einem der spektakulärsten Kriminalfälle der Nachkriegszeit werden am 8. April die Urteile gefällt. Ein Ost-Berliner Schwurgericht verurteilt den Anführer der berüchtigten Gladow-Bande, den achtzehnjährigen Werner Gladow, und zwei Komplizen zum Tode. Sieben Bandenmitglieder erhalten hohe Zuchthausstrafen. Die Gladow-Bande hatte in den Jahren 1948 und 1949 etwa 50 Raubüberfälle begangen, bei denen sie mit großer Brutalität vorgegangen waren und von der Schußwaffe rücksichtslos Gebrauch gemacht hatte. Im Juni 1949 war Gladow in Ost-Berlin von der Polizei gestellt und nach einem Schußwechsel verhaftet worden.

Die im Bezirk Prenzlauer Berg wohnhafte Ost-Berlinerin Anneliese Boehnke berichtet von den negativen Folgen der Einkaufsfahrten der West-Berliner für die Bevölkerung im Ostsektor:

Wenn ich z. B. abends nach der Arbeit meinen Sohn aus dem Kindergarten abgeholt hatte und wir wollten noch an der Bude eine Bockwurst essen, dann gab es keine mehr. Die Westberliner hatten alles weggegessen und hatten Pfennige dafür bezahlt. Ich kann mich auch erinnern, daß ich mal mit meinem Sohn an seinem Geburtstag essen gehen wollte. Wir sind also ins »Venezia« gegangen, Schönhauser Allee, Ecke Gleimstraße. Damals kostete ein Rumpsteak 5,60 Mark. Beim Kurs 1:5 zahlte also ein Westberliner kaum mehr als eine Mark. Die Restaurants wiederum bekamen nur ein bestimmtes Kontingent an Fleisch, jedenfalls, als wir dann abends hinkamen, war nichts mehr da. Wir im Osten haben immer gesagt, so ein Westberliner Arbeitsloser kann sich mehr leisten als wir.

1951 GROSSE KOALITION FÜR BERLIN

POLITIK

Schwierige Regierungsbildung: Nach den Wahlen zum Abgeordnetenhaus vom Dezember 1950 treten bei der Wahl des Regierenden Bürgermeisters und der Bildung eines neuen Senats politische Spannungen zwischen SPD, CDU und FDP auf. Im ersten Wahlgang für das Amt des Regierenden Bürgermeisters entfallen am 12. Januar 1951 auf Ernst Reuter (SPD) und seinen Gegenkandidaten Walther Schreiber (CDU) jeweils 62 Stimmen.
Daraufhin beauftragen die drei Fraktionen Reuter und Schreiber, ein gemeinsames Regierungsprogramm zu skizzieren und sich auf die Zusammensetzung des Senats zu einigen. Nachdem man sich auf eine Allparteienregierung geeinigt hat, wird der bisherige Amtsinhaber Reuter als einziger Kandidat am 18. Januar mit 77 von 125 Stimmen zum Regierenden Bürgermeister gewählt. Die Wahl der Senatoren durch das Parlament erfolgt am 1. Februar.

West-Staaken von britischem Sektor abgetrennt: Der neue Senat sieht sich sogleich mit einem statusbedingten territorialen Problem konfrontiert. In den frühen Morgenstunden des 1. Februar besetzen DDR-Volkspolizisten und sowjetische Soldaten den Spandauer Ortsteil West-Staaken. Das Gebiet war 1945 gemäß einem Kontrollratsbeschluß im Austausch für ein Gelände zum Ausbau des britischen Flugplatzes Gatow unter sowjetische Befehlsgewalt gestellt worden, verwaltungstechnisch aber beim Bezirksamt Spandau (britischer Sektor) verblieben.

Die Alliierte Kommandantur in der Kaiserswerther Straße (Zehlendorf), um 1948.

West-Staaken wird dem Bezirk Mitte zugeschlagen und kommt später zum Kreis Nauen. Proteste des Senats und der Wunsch der Bevölkerung nach Verbleib bei West-Berlin können die Besetzung nicht rückgängig machen. In den folgenden Wochen nutzen rund 600 Familien die Möglichkeit zur Umsiedlung in die West-Sektoren.

Mehr Kompetenzen für den Senat: Durch Änderung des Kleinen Besatzungsstatuts vom 7. März verzichten die Westmächte auf einige Kontrollrechte und erweitern somit die Kompetenzen des Senats. So gilt künftig nicht mehr die dreiwöchige Einspruchsfrist der Alliierten Kommandanten bei allen vom Abgeordnetenhaus verabschiedeten und vom Senat verkündeten Gesetzen. Sie werden sofort gültig. Ebenso entfallen Beschränkungen der Meinungs-, Presse-, und Versammlungsfreiheit wie auch die alliierten Kontrollen über »interne Angelegenheiten« des Senats, zum Beispiel die Verwaltung von Finanzen oder Lebensmitteln.

WIRTSCHAFT

Plan für Wirtschaftsaufschwung: Mit Fleiß, Ausdauer und einem unbändigen Aufbauwillen hat die West-Berliner Bevölkerung in den ersten Nachkriegsjahren Wesentliches für den wirtschaftlichen Wiederaufstieg der Stadt geleistet. Doch ist allen Beteiligten klar, daß auf Grund der besonderen politischen und geographischen Lage West-Berlins seine Wirtschaft nicht ohne ein hohes Maß direkter Zuwendungen wird bestehen können.
Im Januar legt der West-Berliner Senat vor diesem Hintergrund den sogenannten Long-Term-Plan zur wirtschaftlichen Entwicklung der Stadt

---

Am 30. Juli 1951 spricht der Regierende Bürgermeister Ernst Reuter eine Einladung an die Teilnehmer der in Ost-Berlin stattfindenden 3. Weltfestspiele der Jugend und Studenten nach West-Berlin aus:

Wir werden ganz bestimmt in diesen Tagen, trotzdem die Sowjetbehörden versuchen werden, es diesmal zu verhindern, Besuch aus dem Osten bekommen, und wir wollen auch jeden Besucher, der friedlich, mit friedlichen Absichten zu uns kommt, gern in unseren Mauern empfangen.

Wir wollen ihnen zeigen, daß der Unterschied zwischen dem System der totalitären Propaganda und dem System des freien und friedlichen Lebens sich auch äußerlich in dem Bild der Stadt, in dem Gehabe der Menschen und in unserm ganzen Auftreten manifestiert. Wir wollen ihnen überall, wo sie zu uns kommen, Gelegenheit geben, unsere Gäste zu sein. Wir wollen sie freundlich empfangen, und wir wollen ihnen die Möglichkeit geben, sich bei uns zu erholen von der irrsinnigen Anstrengung, der sie im Osten ununterbrochen ausgesetzt sind.

Wir hoffen, daß, wenn solche Begegnungen stattfinden, diese Begegnungen der gegenseitigen Meinungsbildung und dem Austausch dienen mögen und daß sie unseren Jugendlichen in der Ostzone die Hoffnung und die Sicherheit geben, daß wir sie im freien Deutschland – und dazu gehört unser freies Berlin – nicht vergessen haben, daß wir ihre Sorgen und Nöte teilen.

---

vor, der in enger Zusammenarbeit mit der Industrie- und Handelskammer, der Berliner Zentralbank und dem Deutschen Institut für Wirtschaftsförderung erarbeitet wurde. Hauptzweck des Long-Term-Plans ist es, die Bedingungen für die Schaffung von 200 000 neuen Arbeitsplätzen festzulegen und damit die Beseitigung des drängendsten Problems der West-Berliner Wirtschaft, der Massenarbeitslosigkeit, in Angriff zu nehmen. In der Industrie soll die Zahl der festen Arbeitsplätze von rund 148 000 (Stand vom Oktober 1950) auf rund 270 000 ansteigen; eine Zielvorgabe, die tatsächlich innerhalb von sechs Jahren erreicht werden kann. Der Produktionsindex (1936 = 100) steigt in diesem Zeitraum sogar von 32 (1950) auf über 110.
Zur Finanzierung der notwendigen Investitionen errechnen die Verfasser des Long-Term-Plans einen Bedarf an Fremdkapital von rund einer Milliarde DM. Tatsächlich trägt das detailliert ausgearbeitete Wirtschaftskonzept des Senats erheblich dazu bei, daß westdeutsche und ausländische Unternehmen wachsendes Vertrauen in die West-Berliner Wirtschaft fassen und verstärkt investieren. An direkten Finanz-

BERLIN IM ZEICHEN DER WELTJUGENDSPIELE 1951

POLITIK

Die Sowjetunion als großes Vorbild: »Von der Sowjetunion lernen, heißt siegen lernen.« So lautet das Motto des 3. Kongresses der Gesellschaft für Deutsch-Sowjetische Freundschaft, der vom 20. bis 22. Januar im Admiralspalast an der Friedrichstraße tagt. Auf der Versammlung wird von den Rednern immer wieder die vorbildhafte Funktion der Sowjetunion auf politischem wie ökonomischem Gebiet unterstrichen. Die Werktätigen der DDR müßten sich stets bemühen, von den Erfahrungen der Sowjetbürger zu profitieren.

Zahlreiche Redner nennen als Beispiel den sowjetischen Dreher Pawel Bykow, der, begleitet von einem starken Presseecho, in den vergangenen Wochen den Kollegen in den Ost-Berliner Betrieben Bergmann-Borsig und EAW Treptow effektivere Arbeitsmethoden vorgeführt habe. Der Kongreß richtet ein Grußtelegramm an den sowjetischen Partei- und Staatschef Josef W. Stalin mit einem Treuebekenntnis zum »großen Sowjetvolk«.

Die 1947 gegründete DSF entwickelt sich neben dem Freien Deutschen Gewerkschaftsbund (FDGB) zur größten Massenorganisation der DDR. Auch in Ost-Berlin steigt die Zahl ihrer Mitglieder rasch an, von 53 000 im Januar 1950 auf rund 200 000 Ende 1952.

Die Jugend der Welt zu Gast in Berlin: Im August ist Berlin Schauplatz der 3. Weltfestspiele der Jugend und Studenten. An der zweiwöchigen Mammutveranstaltung nehmen rund zwei Millionen Jugendliche aus der DDR und rund 26 000 Delegierte aus über 100 Staaten teil. Aus der Bundesrepublik sind rund 30 000 Jugendliche nach Ost-Berlin gereist.

Die Vorbereitungen für die Festspiele haben mehrere Monate in Anspruch genommen und haben von den Berlinern große Anstrengungen abverlangt. Zahlreiche Festivalanlagen sind innerhalb kürzester Zeit errichtet worden, darunter der Friedrich-Ludwig-Jahn-Sportpark an der Cantianstraße, das Schwimmstadion im Volkspark Friedrichshain und die Deutsche Sporthalle in der Stalinallee. An der Gestaltung der »Pionierrepublik Ernst Thälmann« in der Wuhlheide mit Stadion, Freilichtbühne, Sportanlagen und Badesee sind rund 30 000 Helfer beteiligt gewesen.

Die Festivalteilnehmer werden überwiegend in Massenquartieren in Schulen, Turnhallen und auf Dachböden untergebracht. Zum Transport der Massen von Jugendlichen zu den einzelnen Veranstaltungsorten werden zusätzliche Busse mit Fahrern aus mehreren Städten der DDR in Ost-Berlin eingesetzt.

Die Eröffnungsveranstaltung der Weltfestspiele findet am 5. August im Walter-Ulbricht-Stadion (seit 1973 Stadion der Weltjugend) statt. Die zahlreichen Veranstaltungen der folgenden Tage sind stark politisch geprägt; immer wieder wird scharfe Kritik an der Politik der westlichen Staa-

Die Dritten Weltfestspiele der Jugend: Musiker der FDJ während der Schlußkundgebung auf dem Marx-Engels-Platz (Mitte), 19. August 1951.

ten geübt. Aber auch gesellige Zusammenkünfte, Essen, Musik und Tanz kommen in diesen Tagen nicht zu kurz. Als Höhepunkt der Weltfestspiele wird am 12. August auf dem Marx-En-

---

Rede von Oberbürgermeisters Friedrich Ebert vor dem 3. Kongreß der Gesellschaft für Deutsch-Sowjetische Freundschaft am 20. Januar 1951 im Ost-Berliner Admiralspalast:

Der 3. Kongreß der Gesellschaft steht unter der verpflichtenden und wegweisenden Losung: »Von den Sowjetmenschen lernen, heißt siegen lernen«. In Verbindung mit dem Kongreßabzeichen, das das Emblem der Gesellschaft vereinigt mit dem Zeichen des Fünfjahrplanes, weist diese Losung ganz unmißverständlich auf die aus der Lage Deutschlands auch für die Gesellschaft sich ergebende nächste Aufgabe hin.

Wenn wir solche große Aufgabe vor uns sehen, müßten wir uns nach Lehrmeistern, nach Vorbildern umsehen. Wo gäbe es solche Vorbilder? Sie sind nur vorhanden, wo die Werktätigen die Herren des Landes, seiner Bodenschätze und seiner Produktionsmittel sind, wo die Wirtschaft dem Volke dient. Von wem haben unsere Aktivisten Hennecke, Striemann, Wirth, Garbe, Heine, Ermisch, Wolf und Opitz gelernt? Ihre Vorbilder waren Stachanow, die Korabelnikowa, Tschutkib, Kowaljow, Rykow und Rossijskij. Sie lehrten sie die Arbeit besser organisieren, neue Arbeitsmethoden entwickeln, Material sparen und die Qualität verbessern ... Ohne die Pflege, die Verbreiterung und die Vertiefung der deutsch-sowjetischen Freundschaft werden wir des Vertrauens und der sich aus ihm ergebenden Hilfe entraten müssen, die uns bisher in so großzügiger Weise durch die Sowjetunion und die Volksdemokratien zuteil wurde, und ohne die der Fünfjahrplan unerfüllbar bleibt ...

Der Kampf gegen die vom amerikanischen Monopolkapital betriebene Wiederaufrichtung des deutschen Imperialismus ist unsere wichtigste Aufgabe geworden. Diesen Kampf können wir nur dann mit Erfolg bestehen, wenn wir ihn mit noch größerer Energie und Beharrlichkeit führen. Wir werden nur dann helfen können, den Krieg durch den Frieden zu besiegen, wenn wir die große Bedeutung der deutsch-sowjetischen Freundschaft für diesen Kampf um den Frieden ganz erkennen und aus dieser Erkenntnis die unumgänglich notwendigen Schlußfolgerungen ziehen ... Die Gesellschaft für Deutsch-Sowjetische Freundschaft hat sich mit ihren zwei Millionen Mitgliedern für den kämpferischen Weg Lenins und Stalins entschieden. Wir sind zutiefst davon überzeugt, daß die tätige deutsch-sowjetische Freundschaft die einzige Garantie ist für unsere eigene persönliche, unseres Volkes und Europas friedliche Zukunft.

1951 GROSSE KOALITION FÜR BERLIN

> *Nach Abschluß der Weltfestspiele gibt der West-Berliner Bürgermeister Walther Schreiber (CDU) am 20. August 1951 in einem Aufruf an die Berliner folgende Einschätzung des Ereignisses:*
>
> *Die von dem internationalen Kommunismus inszenierten sogenannten Weltjugendfestspiele sind beendet. Das, was die sowjetdeutschen Handlanger des Bolschewismus sich nie hätten träumen lassen, ist Wirklichkeit geworden. Die »Weltjugendfestspiele« sind, wie kürzlich erst der Evangelische Kirchentag, ein voller Erfolg für das friedliche Berlin geworden, das in den vergangenen Tagen die freie Welt repräsentiert hat. Mehr als eine Million junger Menschen hat den Eisernen Vorhang durchbrochen und ist zu uns gekommen, um endlich einmal wieder wenigstens einige Stunden die Luft der Freiheit zu atmen. Sie haben mit uns gesprochen und aus dieser Begegnung neue Hoffnung geschöpft auf eine bessere Zukunft unseres in Recht und Freiheit geeinten deutschen Vaterlandes. ...*

hilfen fließen der West-Berliner Wirtschaft 1951 245,2 Millionen DM aus ERP-Mitteln (Marshallplan-Hilfe) sowie rund 138,5 Millionen DM Zuschüsse für das Notstandsprogramm zu (beispielsweise für Enttrümmerung und Wiederherstellung von Grünanlagen).

Bundeshilfe gesetzlich abgesichert: Positive Auswirkungen auf die ökonomische und soziale Entwicklung der Stadt hat auch das vom Bundestag am 13. Dezember gebilligte »Gesetz über die Stellung des Landes Berlin im Finanzsystem des Bundes« (Drittes Überleitungsgesetz; es tritt mit Wirkung vom 1. April 1951 am 4. Januar 1952 in Kraft).

Das Gesetz regelt die Rechtseinheit zwischen dem Bundesgebiet und Berlin sowie die Pflicht des Landes, Bundesgesetze zu übernehmen. Berlin (West) wird zwar hinsichtlich der Finanzen den anderen Bundesländern gleichgestellt, nimmt aber nicht am Finanzausgleich teil, sondern erhält zum Ausgleich eines nicht gedeckten Haushalts den Fehlbetrag in Form von Bundeshilfe.

KULTUR

Filmfestspiele mit internationalen Stars: Berlin ist bemüht, den Ruf eines kulturellen Zentrums Deutschlands und Europas, den nationalsozialistische Herrschaft und Kriegszerstörungen nachhaltig beschädigt haben, wiederzugewinnen. Einen wesentlichen Beitrag dazu sollen zwei Ereignisse leisten, die Filmfestspiele und die Festwochen, die beide 1951 erstmals veranstaltet werden.

Am 6. Juni werden im Steglitzer Titania-Palast die ersten Internationalen Filmfestspiele Berlin eröffnet, bei denen 34 Spiel- und etwa 100 Do-

Die I. Internationalen Filmfestspiele vom 6. bis 17. Juni 1951, Programmhinweise.

kumentarfilme aus 21 Nationen gezeigt werden. Über 100 Regisseure, bekannte Schauspieler und Produzenten aus aller Welt sind nach Berlin gekommen und bringen wieder einen Hauch der großen Filmwelt an die Spree.
In der Sparte Dramatische Filme wird die schweizerische Produktion »Die Vier im Jeep« mit dem Goldenen Bären ausgezeichnet. Zum besten Musikfilm erklärt die internationale Jury den amerikanischen Beitrag »Cinderella«, der auch bei den Berlinern großen Erfolg hat.

Berliner Festwochen mit vielfältigem Programm: Am 5. September eröffnet Bundespräsident Theodor Heuss im wiederaufgebauten Schiller-Theater an der Charlottenburger Bismarckstraße die ersten Berliner Festwochen. Bis zum 30. September wird den Berlinern und ihren Gästen ein reiches Kulturprogramm geboten, das Gastspiele ausländischer Bühnen, darunter der Comédie Française aus Paris und des Old Vic Theatre London, zahlreiche Premieren Berliner Häuser, Konzerte und Ausstellungen, so von Skulpturen des Engländers Henry Moore, umfaßt.

ALLTAG UND GESELLSCHAFT

Erinnerung an die Luftbrücke: Im Beisein von rund 100 000 Berlinern enthüllt der Regierende Bürgermeister Ernst Reuter am 10. Juli auf dem Platz der Luftbrücke das Luftbrückendenkmal zur Erinnerung an die beispiellose Hilfsaktion der Westalliierten für das blockierte West-Berlin. Die 20 m hohe, nach Westen geneigte Betonskulptur entstand nach einem Entwurf von Eduard Ludwig. Die drei Strebepfeiler des Denkmals symbolisieren die drei Luftkorridore. Auf dem Sockel des Denkmals sind

BERLIN IM ZEICHEN DER WELTJUGENDSPIELE 1951

gels-Platz eine Friedensdemonstration mit rund 1,2 Millionen Teilnehmern abgehalten.
Trotz Verbot, zeitweiliger Unterbrechung des S- und U-Bahnverkehrs und Kontrollen durch die FDJ »verfallen« mehrere hunderttausend Festivalteilnehmer den »Lockungen des Westens« und wechseln über die Grenze nach den Westsektoren. Am 19. August enden die Weltfestspiele der Jugend und Studenten mit einer Abschlußkundgebung auf dem Marx-Engels-Platz.

Gewalttätige Auseinandersetzungen in West-Berlin: Am 15. August kommt es am Rande der Weltfestspiele zu schweren Zwischenfällen, als rund 10 000 FDJ-Aktivisten mit »Aufklärungs- und Informationsmaterial« in die westlichen Bezirke Wedding, Neukölln und Kreuzberg ziehen. Gegendemonstranten stellen sich ihnen an verschiedenen Stellen in den Weg, so daß es zu Auseinandersetzungen kommt, in die die West-Berliner Polizei mit Wasserwerfer und Gummiknüppel eingreift. Bei den gewalttätigen Zusammenstößen werden über 100 jugendliche Mitglieder der FDJ verletzt und 115 festgenommen; gegen 47 weitere ergeht Haftbefehl wegen »illegaler Propaganda, Aufwiegelung zum Aufruhr und Widerstands gegen die Staatsgewalt«.

KULTUR

Kulturelle Vielfalt des Sozialismus: Der Entwicklung von Wissenschaft und Kultur in der DDR sollen mehrere Institutionen dienen, die 1951 mit Sitz in Ost-Berlin gegründet werden. Zu nennen sind in diesem Zusammenhang das Institut für Gesellschaftswissenschaften beim ZK der SED, zu dessen Hauptaufgaben geisteswissenschaftliche Forschung und Lehre auf marxistischer Grundlage und die ideologische Schulung führender SED-Funktionäre zählen, und die Deutsche Akademie der Landwirtschaftswissenschaften.
Der intensiveren Förderung des künstlerischen Nachwuchses der DDR dienen u.a. die Staatliche Schauspielschule (gegründet im September 1951), die Staatliche Ballettschule und die Deutsche Bauakademie, die im Dezember 1951 den Ausbildungsbetrieb aufnimmt.

Marxismus-Leninismus wird Pflichtfach: Für die Humboldt-Universität bringt die 2. Hochschulreform einige wichtige Neuerungen. So wird für sämtliche Fächer ein obligatorisches gesellschaftswissenschaftliches Studium eingeführt, das heißt, alle Studenten müssen sich künftig innerhalb der ersten Studienjahre mit den Grundlagen des Marxismus-Leninismus befassen. Des weiteren werden die bestehenden Studentenvertretungen eng an die SED-Jugendorganisation FDJ angebunden. Sind Anfang 1951 etwas über 50 % der Studenten der Humboldt-Universität Mitglied der FDJ, so erhöht sich dieser Prozentsatz infolge massiver Werbekampagnen und administrativen Drucks in den folgenden Monaten sehr rasch.

Die Humboldt-Universität, Unter den Linden mit Parolen zu den Weltfestspielen, August 1951.

Auch für die Universität soll zunehmend gelten: »Von der Sowjetunion lernen, heißt siegen lernen.«
Im Studienjahr 1951 eröffnet der Ethnograph S. A. Tokarew den Reigen sowjetischer Dozenten, die für einige Zeit an der Humboldt-Universität forschen und lehren.

ALLTAG UND GESELLSCHAFT

Evangelischer Kirchentag in beiden Teilen von Berlin: Ein Gesamtberliner Ereignis ist der 3. Evangelische Kirchentag, der vom 11. bis 15. Juli in beiden Teilen von Berlin stattfindet. An der Eröffnungsveranstaltung in der Ost-Berliner Marienkirche nahe dem Roten Rathaus nehmen als Ehrengäste der Präsident der DDR Wilhelm Pieck und der Berliner Oberbürgermeister Friedrich Ebert, von westlicher Seite Bundestagspräsident Hermann Ehlers und Volksbildungssenator Joachim Tiburtius teil. Rund 300 000 evangelische Christen kommen aus ganz Deutschland unter dem Leitwort »Wir sind doch alle Brüder« zusammen.
Haupttagungsstätten des Kirchentages sind die Messehallen am Funkturm in Charlottenburg und die Werner-Seelenbinder-Halle in Prenzlauer Berg.
Zur Abschlußveranstaltung versammeln sich rund 200 000 Teilnehmer im Olympia-Stadion und auf dem Maifeld. Im Rahmen der Schlußfeier wird als »Wort des Kirchentages«, eine Fürbitte um Freilassung der »Gefangenen in der Heimat und in der weiten Welt« verlesen. In seiner Schlußansprache erklärt der Kirchentagspräsident Reinhold von Thadden-Trieglaff, die evangelische Kirche habe Berlin nicht als Veranstaltungsort gewählt, um einen politischen Feldzug zu proklamieren.
Er weist jedoch auch auf die bedrängte Lage der Christen in der DDR hin: »Wir wollen es nicht verheimlichen, daß uns die Gewissensnot derer, die im Bekenntnis ihres Glaubens bedrängt sind, schwer belastet.«

Ausbau der Schienenverkehrswege: Mit erheblichen materiellen und finanziellen Aufwendungen treibt der Ost-Berliner Magistrat 1951 den Ausbau der Schienenverkehrswege voran. So wird im Juli ein weiteres Teilstück des südlichen Außenrings zwischen Grünau und Ludwigsfelde fertiggestellt. Hinter diesem Projekt steht auch die Absicht, Fernzüge aus der DDR direkt nach Ost-Berlin umleiten zu können und die Eisenbahnverbindungen zwischen der DDR und den Westsektoren Berlins zu unterbrechen. Die Anbindung Ost-Berlins an das Umland wird mit der elektrifizierten S-Bahnstrecke Grünau – Königswusterhausen verbessert, die am 1. Mai in Betrieb genommen wird. Neuerungen haben die Berliner Verkehrsbetriebe im Busbetrieb zu bieten. Am 1. August fährt der erste O-(Oberleitungs-)-Bus zwischen Robert-Koch-Platz und Ostbahnhof. Bis 1955 werden im Ost-Berliner Stadtgebiet rund 40 km O-Bus-Strecken eingerichtet.

1951 GROSSE KOALITION FÜR BERLIN

Einweihung des Luftbrückendenkmals auf dem Platz der Luftbrücke (Tempelhof) am 10. Juli 1951.

die Namen von 75 Amerikanern, Briten und Deutschen eingemeißelt, die während der Luftbrücke tödlich verunglückt sind.

SPORT

Internationale Fußballbegegnung: Erstmals seit Kriegsende findet im Olympia-Stadion wieder ein internationaler Fußball-Städtevergleich statt. Vor 80 000 Zuschauern trennen sich die Auswahlmannschaften von Berlin und Zürich nach einem kampfbetonten Spiel 2:2 unentschieden. Dem Berliner Team gehören Spieler der Vereine Hertha BSC, Tennis Borussia und Union 06 an. Das Match ist ein erster Schritt zur Normalisierung der internationalen Sportbeziehungen West-Berlins.

Premiere auf der AVUS: Am 1. Juli verfolgen über 350 000 Zuschauer die erste Veranstaltung seit Ende des Zweiten Weltkriegs auf der 8,3 km langen traditionsreichen Automobil-Verkehrs- und Uebungsstraße (AVUS). Sieger im Hauptrennen der Formel II über 25 Runden (207,5 km) wird der Thüringer Paul Greifzu auf einem umgebauten BMW. Bei den jeweils vier Motorrad- und Automobilrennen gehen 150 Fahrer aus zehn Nationen an den Start. Auf einem Teilstück der AVUS waren erste Motorradrennen im Mai 1949 ausgetragen worden.

KALENDARIUM

18. Januar: Das Abgeordnetenhaus wählt Ernst Reuter (SPD) zum Regierenden Bürgermeister. Reuter bildet einen Allparteien-Senat aus SPD, CDU und FDP, der am 1. Februar vom West-Berliner Parlament bestätigt wird.

20. Januar: Im Ost-Berliner Admiralspalast beginnt der 3. Kongreß der Deutsch-Sowjetischen Freundschaft, der unter dem Motto »Von der Sowjetunion lernen, heißt siegen lernen« steht.

1. Februar: DDR-Volkspolizisten und sowjetische Soldaten besetzen den Spandauer Ortsteil West-Staaken, der 1945 sowjetischer Kontrolle unterstellt, aber vom West-Bezirk Spandau verwaltet worden war. Der Ortsteil wird dem Bezirk Mitte zugeordnet.

3. Februar: In den Messehallen am Funkturm wird die erste Grüne Woche seit Ende des Zweiten Weltkriegs von Bundeslandwirtschaftsminister Wilhelm Niklas eröffnet. Bis zum 11. Februar zählt die Ausstellung rund 310 000 Besucher, davon etwa die Hälfte aus Ost-Berlin und der DDR.

11. Februar: Im Olympia-Stadion wird das erste internationale Fußballspiel in Berlin seit Ende des Zweiten Weltkriegs ausgetragen. Vor rund 80 000 Zuschauern endet die Begegnung zwischen den Mannschaften von Berlin und Zürich 2:2.

1. März: Der Regierende Bürgermeister Ernst Reuter (SPD) wird in Washington von Präsident Harry S. Truman zu einer Unterredung empfangen. Truman würdigt die unbeugsame Haltung der Berliner während der Blockade und sichert ihnen weitere politische und wirtschaftliche Unterstützung zu.

7. März: Die Alliierte Kommandantur verzichtet durch eine Änderung des Kleinen Besatzungsstatuts auf die bislang bestehende dreiwöchige Einspruchsfrist gegen die vom Abgeordnetenhaus beschlossenen Gesetze.

27. März: Das im Krieg schwer beschädigte Gebäude der Kroll-Oper gegenüber dem Reichstagsgebäude wird gesprengt. Nach dem Brand des Reichstags am 27. Februar 1933 hatten die Nationalsozialisten die Kroll-Oper als Tagungsstätte für das nur noch selten einberufene Parlament genutzt.

28. März: DDR-Volkspolizisten geben am Potsdamer Platz mehrere Schüsse auf einen amerikanischen Touristenbus ab. Es wird niemand verletzt. Nach Angaben der Volkspolizei haben Insassen des Busses West-Berliner Jugendliche beim Verteilen antikommunistischer Flugblätter im Ost-Sektor fotografiert. Die Westalliierten protestieren scharf gegen den Zwischenfall.

30. April: Die unter DDR-Verwaltung stehende Deutsche Reichsbahn verfügt die Stillegung des Görlitzer Bahnhofs im Bezirk Kreuzberg.

KALENDARIUM — BERLIN IM ZEICHEN DER WELTJUGENDSPIELE 1951

10. Mai: Der Magistrat von Ost-Berlin faßt den Beschluß, über 50 Straßen im Ostteil der Stadt, die bislang Namen von Angehörigen der Hohenzollerndynastie oder Generälen tragen, nach Wissenschaftlern, Künstlern und »Kämpfern gegen die Reaktion« zu benennen.

6. Juni: Im Titania-Palast (Steglitz) werden die I. Internationalen Filmfestspiele eröffnet. Auf dem Festival werden insgesamt 134 Filme aus 21 Staaten gezeigt. Den Goldenen Bären in der Abteilung Musikfilme erhält der amerikanische Streifen »Cinderella«.

1. Juli: Auf der AVUS findet das erste Auto- und Motorradrennen in Berlin seit Kriegsende statt. An den verschiedenen Läufen nehmen vor rund 350 000 Zuschauern 150 Fahrer aus 10 Nationen teil.

10. Juli: Auf dem Platz der Luftbrücke vor dem Flughafen Tempelhof wird das Luftbrückendenkmal, das an die Opfer der Luftbrücke zur Versorgung der blockierten Westsektoren (1948/1949) erinnern soll, vom Regierenden Bürgermeister Ernst Reuter feierlich enthüllt.

11. Juli: In Berlin beginnt der 3. Evangelische Kirchentag. An den zahlreichen Gottesdiensten und Veranstaltungen, die in beiden Teilen der Stadt stattfinden, beteiligen sich bis zum 15. Juli über 300 000 Christen aus ganz Deutschland.

17. Juli: Der Präsident der amerikanischen Henry-Ford-Stiftung, Paul G. Hoffmann, übergibt der Freien Universität Berlin eine Spende von umgerechnet rund 5,5 Millionen DM. Von dem Geld sollen in Dahlem eine zentrale Universitätsbibliothek sowie ein Komplex mit Hörsälen und Seminarräumen (Henry-Ford-Bau) errichtet werden.

19. August: Nach zweiwöchiger Dauer enden in Ost-Berlin die 3. Weltfestspiele der Jugend und Studenten, an denen nach offiziellen Angaben rund zwei Millionen Jugendliche, darunter rund 26 000 Delegierte aus 104 Ländern, teilgenommen haben.

September 1951: In Ost-Berlin nimmt die Staatliche Schauspielschule ihren Ausbildungsbetrieb auf.

5. September: In West-Berlin beginnen die ersten Berliner Festwochen, eine über dreiwöchige Veranstaltungsreihe mit internationalen Theater- und Musikaufführungen.

6. September: In Anwesenheit von Bundespräsident Theodor Heuß wird das wiederaufgebaute Schiller-Theater in Charlottenburg feierlich eröffnet.

13. Dezember: Der Deutsche Bundestag in Bonn beschließt das »Gesetz über die Stellung des Landes Berlin im Finanzsystem des Bundes« (Drittes Überleitungsgesetz; es tritt mit Wirkung vom 1. April 1951 am 4. Januar 1952 in Kraft).

Der Staatspräsident der DDR, Wilhelm Pieck, begrüßt die Teilnehmer der 3. Weltfestspiele am 5. August 1951 im Walter-Ulbricht-Stadion:

Liebe Freunde aus aller Welt. Die Situation ist außerordentlich ernst. Die amerikanisch-englischen Kriegstreiber haben trotz ihrer Niederlagen die Kriegspläne noch nicht aufgegeben. Mit fieberhafter Hast betreiben sie die Aufrüstung.

Die blutigen Feinde der Menschheit, die deutschen und japanischen Imperialisten und Militaristen, werden wieder bewaffnet und sollen erneut auf die Völker losgelassen werden. Die äußerste Verstärkung des Kampfes um den Frieden ist darum das höchste Gebot.

In allen Ländern der Welt ist die Unterschriftensammlung für die Ächtung der Atombombe durchgeführt worden. Immer neue Länder ergreift jetzt die große Bewegung für den Abschluß eines Friedenspaktes der fünf Großmächte. In der Deutschen Demokratischen Republik haben wir überaus erfolgreich eine Volksabstimmung gegen die Remilitarisierung und für den Abschluß eines Friedensvertrages mit Deutschland durchgeführt ...

Jetzt kommt es darauf an, den Völkern zu zeigen, was sie durch die Erhaltung des Friedens gewinnen. Stellen wir alle, die jungen und die alten Friedensfreunde aller Länder uns jetzt die große Aufgabe, die Bedeutung der Erhaltung des Friedens zu zeigen.

Die sozialistische Sowjetunion gibt mit ihren gigantischen Bauwerken und Plänen, die die Umgestaltung der Natur, die Erschließung riesiger Ländereien, die Ausnutzung der Wasserkraft der größten Ströme des Sowjetlandes zum Ziel haben, allen Völkern ein leuchtendes Beispiel dafür, was in friedlicher Arbeit für das Glück und den Wohlstand der Menschen geschaffen werden kann.

Für den Frieden der Welt bis zum äußersten zu kämpfen – das ist das große Gelöbnis dieser III. Weltfestspiele der Jugend und Studenten in Berlin! Die Jugend der Welt für die Werke des Friedens zu begeistern – das ist die Aufgabe, die Ihr mit in Eure Heimat nehmt!

Das Erlebnis der weltweiten Verbundenheit der Jugend, der brüderlichen Verbundenheit mit der ruhmreichen Jugend der Sowjetunion und der Länder der Volksdemokratie wird die Freie Deutsche Jugend befähigen, ihre großen Aufgaben noch besser zu meistern, für ein einheitliches, friedliebendes und demokratisches Deutschland noch hingebungsvoller zu arbeiten und für die Erhaltung des Friedens noch entschlossener zu kämpfen. Gemeinsam mit unserer Jugend werden wir dem ganzen deutschen Volke mit überzeugender Kraft und Anschaulichkeit zeigen, was es im Frieden zu schaffen vermag. Gegen Remilitarisierung, Aufrüstung und Kriegsbauten in Westdeutschland werden wir einen Friedensplan der gesamten Volkswirtschaft und der unteilbaren deutschen Kultur setzen. Das deutsche Volk aber, das in friedlicher und schöpferischer Arbeit seine Zukunft gestaltet, wird auch ein guter Nachbar und verläßlicher Freund aller friedliebenden Völker sein.

Eröffnung des Evangelischen Kirchentages in der Ost-Berliner Kirche zu St. Marien: (von links) Kirchenpräsident Martin Niemöller, Johannes Dieckmann (Präsident der Volkskammer), Bischof Otto Dibelius, Wilhelm Pieck (Staatspräsident), Reinhold von Thadden-Trieglaff (Kirchentagspräsident), Otto Nuschke (stellvertretender Staatspräsident), 11. Juli 1951.

1952 ZWISCHENFALL IM LUFTKORRIDOR

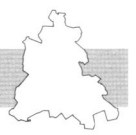

POLITIK

Passagierflugzeug von Düsenjägern beschossen: Seit Jahren steht Berlin in einem der Brennpunkten des Kalten Krieges. Immer wieder führen dramatische Vorfälle der Bevölkerung die ganze Bedrohlichkeit ihrer Lage vor Augen. So ereignet sich am 29. April ein schwere Zwischenfall im Luftkorridor zwischen Frankfurt am Main und West-Berlin.
Eine von Frankfurt kommende Passagiermaschine der Air France wird über Dessau von zwei sowjetischen Düsenjägern Mig-15 angegriffen und beschossen. 89 Geschöße treffen sie, wobei zwei Passagiere schwere und drei leichtere Verletzungen davontragen. Dem Piloten gelingt es, das Flugzeug in eine Wolkendecke zu steuern und wenig später sicher auf dem Flughafen Tempelhof zu landen.
Die Alliierte Hohe Kommission protestiert bei der Viermächte-Flugsicherheitszentrale beim Kontrollrat und die Alliierte Kommandantur bei der Sowjetischen Kontrollkommission gegen diesen »unentschuldbaren Angriff« auf ein Zivilflugzeug. Vergeblich fordern sie eine sofortige Untersuchung und Bestrafung der Verantwortlichen.
Die sowjetische Militärführung erklärt ihr Vorgehen für gerechtfertigt, da die Air-France-Maschine den Luftkorridor verlassen habe und zur Landung gezwungen werden sollte.

DDR-Agenten entführen kritischen Juristen: Im Juli 1952 sorgt ein politischer Entführungsfall für Aufsehen. Am 8. Juli wird der West-Berliner Walter Linse, ein führendes Mitglied des Untersuchungsausschusses Freihheitlicher Juristen, in Lichterfelde von Angehörigen des Staatssicherheitsdienstes der DDR in ein Auto gezerrt und verschleppt.
Rund 30 000 West-Berliner protestieren zwei Tage später vor dem Schöneberger Rathaus gegen die Entführung Linses und fordern von der DDR seine sofortige Freilassung. Der Regierende Bürgermeister Ernst Reuter kündigt auf dieser Versammlung an, daß die West-Berliner Polizei ihrerseits die Grenzübergänge in Zukunft stärker überwachen werde, um derartige Aktionen zu verhindern. Es ist bereits der 169. bekannt gewordene Fall einer Entführung durch den Staatssicherheitsdienst.

Hunderttausende fliehen aus der DDR: Der anhaltende Flüchtlingsstrom aus der DDR nach West-Berlin bereitet der Stadt wachsende Probleme. Durch Verhandlungen mit der Bundesregierung erreicht der Senat die Zusicherung, daß 80 % (im Herbst 1952 90 %) der zumeist über Ost-Berlin Geflüchteten in die Bundesrepublik weitergeleitet und dort aufgenommen werden. In West-Berlin und im Bundesgebiet müssen die Notaufnahmelager zur vorübergehenden Unterbringung von Flüchtlingen ausgebaut werden.
1952 flüchten insgesamt rund 182 000 Menschen aus Ost-Berlin und der DDR, nachdem im Vorjahr die Zahl der Flüchtlinge im Vergleich zu 1950 um rund 30 000 auf 165 000 zurückgegangen war. Der deutliche Anstieg der Flüchtlingszahl erklärt sich unter anderem durch die zusätzlichen Sperrmaßnahmen der DDR im Mai und Juni. So mancher fürchtet eine baldige völlige Schließung der Grenzen.

Bundesbehörden ziehen nach West-Berlin: Der völkerrechtliche Status Berlins ist eines der Dauerthemen im Ost-West-Konflikt. Dabei betont der West-Berliner Senat, bestärkt durch die Westalliierten, stets die engen Bindungen an die Bundesrepublik Deutschland.
Der Festigung dieser Bindungen dient auch die

Flüchtlinge aus Ost-Berlin und der DDR vor einem West-Berliner Auffanglager in Lankwitz, 1952.

Am 18. Januar 1952 veröffentlicht die Alliierte Hohe Kommission für Deutschland eine Erklärung zum Status von Berlin:

Die Alliierte Hohe Kommission hat bestimmte Abschnitte des Bundesgesetzes bezüglich der Stellung des Landes Berlin im Finanzsystem des Bundes (Drittes Überleitungsgesetz) aufgehoben. Die Rechtsgültigkeit der verbleibenden Bestimmungen des Gesetzes wird durch diese Maßnahme selbstverständlich nicht berührt. Die allgemeine Auswirkung sowie der Zweck des Gesetzes, das von der Hohen Kommission vollauf gebilligt wird, erfahren durch diese Aufhebung von einzelnen Abschnitten keinerlei Änderung.
Die Aufhebung betrifft lediglich eine kleinere Anzahl von Bestimmungen,
a) nach denen Berlin in den Gültigkeitsbereich des Grundgesetzes einbezogen wird, und die
b) Bundesgesetze ausdrücklich auf Berlin als solches anwenden.
Diese Bestimmungen waren daher mit dem Status Berlin außerhalb des Bundes sowie mit der alliierten Haltung in dieser Frage gänzlich unvereinbar.
Zum Zeitpunkt der Annahme des Grundgesetzes haben die Alliierten tatsächlich jene Klauseln, durch die Berlin in die Bundesrepublik einbezogen worden wäre, außer Kraft gesetzt, und ebenfalls entsprechende Klauseln in der Berliner Verfassung bei deren Annahme für nichtig erklärt. In ähnlicher Weise haben die Alliierten stets darauf bestanden, daß die Bestimmungen eines Bundesgesetzes an sich nicht in Berlin zur Anwendung kommen, sondern nur durch einen Akt der Berliner gesetzgebenden Körperschaft rechtswirksam werden können, der vom Berliner Abgeordnetenhaus in der gleichen Weise, wie er angenommen wurde, auch widerrufen werden kann.
Die Haltung der Alliierten bezüglich Berlins beruht auf den besonderen, bestehenden Verhältnissen der Stadt sowie der besonderen Lage der Alliierten dort. Es ist die Pflicht und die Absicht der drei Mächte, diese Sonderstellung und ihre sich nach der Inkraftsetzung der gegenwärtig verhandelten vertraglichen Abkommen daraus ergebenden Rechte beizubehalten.

BERLIN WIRD »ENTTRÜMMERT« 1952

POLITIK
DDR isoliert West-Berlin vom Umland: Auf Anordnung der DDR-Regierung werden vom 27. Mai bis 3. Juni die meisten Straßenverbindungen zwischen West-Berlin und dem Umland abgeriegelt. DDR-Bewohner können nur noch zu Fuß, mit dem Fahrrad oder der S-Bahn in die Westsektoren Berlins einreisen. Eine Fahrt mit dem Pkw ist nicht mehr möglich. Die Verbindungswege zwischen West-Berlin und der Bundesrepublik bleiben geöffnet, wie auch die Sektorenübergänge innerhalb der Stadt.

Die DDR reagiert damit unmittelbar auf die Unterzeichnung des Deutschlandvertrags zwischen der Bundesrepublik und den drei Westmächten in Bonn (26. Mai; er tritt nach der Ratifikation 1955 in Kraft).

Ab 1. Juni wird der Verkehr und der Aufenthalt westdeutscher Bürger in der DDR nur noch mit von DDR-Behörden ausgestellten Personal- oder Sonderausweisen gestattet. Wegen des großen Andrangs bei den Ämtern in Berlin kommt es dabei zu erheblichen Unannehmlichkeiten; die Antragsteller müssen in den zuständigen Rathäusern Treptow, Pankow und Mitte mit Wartezeiten von rund sieben Stunden rechnen.

Am 27. Mai werden auf Veranlassung der Ost-Berliner Postverwaltung sämtliche Telefonverbindungen zwischen beiden Teilen der Stadt sowie West-Berlin und der DDR gekappt.

Auch zahlreiche Haus- und Grundeigentümer werden im Juli entschädigungslos enteignet, weil sie in West-Berlin ansässig sind. Die Liegenschaften gehen in Volkseigentum über.

> *Über die Ausgabepraxis bei den Personal- und Sonderausweisen seit dem 1. Juni berichtet »Der Tagesspiegel« am 18. Juni 1952:*
>
> *Auch das Passierscheinverfahren hat sich als propagandistisch gelenkte SED-Schikane erwiesen. Von den etwa 25 000 Antragstellern aus West-Berlin, die sechs bis sieben Stunden vor den Rathäusern Treptow, Pankow und Bezirk Mitte warteten, ist bisher nur ein Bruchteil abgefertigt worden. In Treptow hat man zum Beispiel von 2 000 bearbeiteten Anträgen 27 genehmigt, im Bezirksamt Mitte beträgt die Zahl der Genehmigungen 100, in Pankow sind es 70. Hierbei handelt es sich fast ausschließlich um Anträge, die von West-Berliner Kommunisten gestellt wurden.*
>
> *Ende Juni 1952 heißt es in einem »Tagesspiegel«-Artikel zum selben Thema:*
>
> *Frau Erika M. aus der Badstraße hat bei Oranienburg ein Häuschen. In den schweren Jahren nach 1945 erntete sie ihr Gemüse auf dem fünfhundert Quadratmeter großen Gartenland. sie wollte einmal ganz hinausziehen; nun ist ihr der Zugang versperrt ... Zwei Schwestern, Rentnerinnen, erzählen, daß sie außer Kaninchen einen kleinen Hund draußen haben. Auch ihnen wurde der Passierschein ohne Angabe von Gründen verweigert.*

Ost-Berliner bei der Errichtung einer Straßensperre an der Sektorengrenze nach West-Berlin, Juni 1952.

WIRTSCHAFT
Ost-Berlin sperrt sich gegen Westkundschaft: Bei der Versorgung mit Lebensmitteln und Konsumgütern treten in Ost-Berlin gegen Jahresende akute Engpässe auf, die zu wachsendem Unmut in der Bevölkerung führen. Vor diesem Hintergrund verfügt der Magistrat im November 1952, daß Lebensmittel nur noch an Einheimische gegen Vorlage des Personalausweises oder einer Lebensmittelkarte abgegeben werden dürfen. Dadurch soll verhindert werden, daß West-Berliner sich weiterhin unter Ausnutzung des »manipulierten Schwindelkurses« im Ostteil Berlins mit für sie sehr preisgünstigen Nahrungsmitteln und Konsumgütern eindecken. Tatsächlich haben bislang Zehntausende West-Berliner vor allem aus den grenznahen Bezirken diese Einkaufsmöglichkeit genutzt.
In diesem besonderen Fall verfolgen Ost- und Westbehörden sogar gleiche Ziele, wenn auch aus unterschiedlichen Motiven. Der West-Berliner Senat hat bereits im Januar eine Kampagne gegen Osteinkäufe unternommen, da West-Berliner Einzelhändler und Dienstleistungsbetriebe durch die Kauffahrten zum sozialistischen Nachbarn im Osten starke Umsatzeinbußen erleiden.

KULTUR
Museum für deutsche Geschichte im Zeughaus: Beim Wiederaufbau des historischen Stadtkerns Berlins zeigen sich erste Ergebnisse. Im Juli 1952 kann das Museum für deutsche Geschichte Ausstellungsräume im teilweise wiederhergestellten ehemaligen Zeughaus Unter den Linden beziehen. Das Zeughaus, zwischen 1695 und 1706 nach Plänen u. a. von Johann Arnold Nering und Andreas Schlüter errichtet, war im Zweiten Weltkrieg stark zerstört worden.
In dem am 5. Juli vom Staatssekretär für Hochschulwesen, Wolfgang Harich, eröffneten Museum wird die deutsche Geschichte aus der Sicht der »geschichtsgestaltenden Volksmassen« dargestellt. Die »revolutionären, humanistischen und demokratischen Traditionen« des deutschen Volkes, insbesondere der Arbeiterbewegung stehen im Vordergrund.

Spielstätte für russische Dramatiker: Mit dem Maxim-Gorki-Theater, das am 28. Oktober 1952 feierlich eröffnet wird, erhält Ost-Berlin eine Spielstätte, die sich künftig vornehmlich den Werken russischer Dramatiker widmet. Als Domizil dient der von Maxim Vallentin geleiteten Bühne das Gebäude der ehemaligen Singakademie Bau am Kastanienwäldchen hinter der Neuen Wache. Vallentin gehört zu den Begründern des revolutionären Arbeitertheaters vor 1933.

ALLTAG UND GESELLSCHAFT
Ehrgeiziger Neubaukomplex an der Stalinallee: 1952 steht Ost-Berlin im Zeichen eines verstärkten Wiederaufbaus. Am 3. Februar legt Ministerpräsident Otto Grotewohl den Grundstein für das bisher aufwendigste Bauvorhaben Ost-Berlins: das Neubauprojekt an der Stalinallee

1952 ZWISCHENFALL IM LUFTKORRIDOR

Ansiedlung von Bundesbehörden. Als erste nach West-Berlin verlegte Bundesbehörde nimmt am 4. April 1952 das Bundesaufsichtsamt für das Versicherungs- und Bausparwesen an Ludwigkirchplatz in Wilmersdorf seine Arbeit auf. Ihm folgen im Lauf der Jahre eine ganze Reihe weiterer Behörden, darunter die Bundesversicherungsanstalt für Angestellte (1953), das Bundesverwaltungsgericht (1953) und das Bundeskartellamt (1958). Ende 1956 gibt es in West-Berlin bereits 35 Bundesdienststellen mit zusammen rund 12 000 Mitarbeitern.

WIRTSCHAFT

Subventionen für Aufträge an Berliner Firmen: Aufgrund mehrerer Faktoren (Blockade, Spaltung, Insellage) ist die West-Berliner Wirtschaft gegenüber der bundesdeutschen Konkurrenz stark im Nachteil. Direkte und indirekte Zuschüsse sind unabdingbar, um die Betriebe West-Berlins vor dem Zusammenbruch zu bewahren.

Ab 1952 gewinnt in diesem Zusammenhang die Subventionierung westdeutscher Aufträge an Firmen in West-Berlin an Bedeutung. Westdeutsche Firmen, die Aufträge nach West-Berlin vergeben, zum Beispiel bestimmte Teilbereiche eines Fertigungsprozesses, erhalten dafür direkte Finanzzuschüsse. Kritiker dieses Verfahrens sehen jedoch die Gefahr einer gewissen »Subventionsmentalität« der beteiligten Firmen und betriebswirtschaftlich unsinniger Produktionsaufteilungen.

KULTUR

»Berliner Morgenpost« erscheint wieder: Verglichen mit den zwanziger Jahren ist der Berliner Blätterwald sieben Jahre nach Kriegsende eher licht. Gab es 1928 in Berlin über 140 Tages- und Wochenzeitungen, so sind es 1952 in West- und Ost-Berlin nicht mehr als 30.

Von einiger Bedeutung für den West-Berliner Zeitungsmarkt ist darum das Wiedererscheinen der »Berliner Morgenpost« im Ullstein-Verlag am 26. September 1952. Die traditionsreiche Tageszeitung – sie erscheint nunmehr im 55. Jahr – war im April 1945 eingestellt worden. Das Blatt soll vor allem dem »Tagesspiegel«, dessen erste Ausgabe im September 1945 herauskam, Konkurrenz machen.

In Ost-Berlin haben das SED-Parteiorgan »Neues Deutschland« und die »Berliner Zeitung« zwar hohe Auflagen, viele Ost-Berliner bevorzugen jedoch die im Westen erscheinenden Blätter. Der Ullstein-Verlag, in dem die »Morgenpost« erscheint, ist erst im Januar 1952 nach einem Wiedergutmachungsbeschluß des Berliner Landgerichts an die früheren Besitzer, die Familie Ullstein, zurückgegeben worden. Die jüdische Verlegerfamilie war 1934 von den Nationalsozialisten zur Veräußerung ihres Presseunternehmens, zu dem auch das Ullstein-Haus in Tempelhof gehört hatte, gezwungen worden.

ALLTAG UND GESELLSCHAFT

Reichsbahn schließt Anhalter Bahnhof: Mit dem Fahrplanwechsel schließt die Deutsche Reichsbahndirektion Berlin am 18. Mai 1952 den im Bezirk Kreuzberg gelegenen Anhalter Bahnhof und gleichzeitig den unmittelbar an der Demarkationslinie zum französischen Sektor gelegenen Nordbahnhof (früher Stettiner Bahnhof). Der im Zweiten Weltkrieg stark zerstörte Anhalter Bahnhof war einst eine der am stärksten frequentierten Bahnstationen der Reichshauptstadt.

Nach seiner Stillegung werden die meisten Fernzüge aus Südwesten direkt nach Ost-Berlin geleitet. Die Bahnverbindungen zwischen West-Berlin und der DDR sind damit weitgehend unterbrochen. Nicht betroffen sind die Interzonenzüge von und nach Westdeutschland.

Die meisten einstigen Fernbahnhöfe liegen in den westlichen Sektoren, darum hat die in Ost-Berlin ansässige Reichsbahndirektion seit 1948 zahlreiche Fernverbindungen hierhin gestrichen. Mehrere Ost-Berliner Bahnhöfe sind seither ausgebaut worden, darunter der Ostbahnhof (früher Schlesischer Bahnhof). Zugleich hat die Reichsbahn einen Außenring zur Umfahrung West-Berlins gebaut.

Nobelhotel für zahlungskräftige Gäste: Von der einstigen Hotelherrlichkeit Berlins ist infolge des Bombenkrieges nichts übriggeblieben. Das Adlon am Pariser Platz oder das Hotel Kaiserhof und zahlreiche andere Hotels sind zerstört. Mit dem neu errichteten Kempinski, das am 29. Juli 1952 eröffnet wird, verfügt Berlin am Kurfürstendamm über ein Hotel, das auch höheren Ansprüchen an Service und Komfort genügt. Alle 180 Zimmer des Kempinski sind mit Bad, Radio und Telefon ausgestattet. Am Standort des Hotels Kurfürstendamm Ecke Fasanenstraße lag früher das Restaurant Kempinski, dessen jüdische Besitzer von den Nationalsozialisten zum Verkauf des Betriebs gezwungen worden waren.

Hotel Kempinski, Fasanenstraße, Haupteingang am Tag der Eröffnung, 24. Juli 1952.

KALENDARIUM

2. Januar: In Ost-Berlin beteiligen sich rund 45 000 Menschen am ersten von der Nationalen Front organisierten Arbeitseinsatz im Rahmen des »Nationalen Aufbauwerks«. Die Aktion der »freiwilligen Aufbauhelfer« dient der Beseitigung von Trümmern und der Sicherung von für den Wiederaufbau brauchbaren Materialien.

3. Januar: Durch einen Wiedergutmachungsbeschluß des Landgerichts Berlin wird der Ullstein-Verlag mit seinen Vermögenswerten, darunter das Ullstein-Haus in Tempelhof, an seine Eigentümer zurückgegeben. Die jüdische Verlegerfamilie Ullstein war von den Nationalsozialisten 1934 zum Verkauf ihres Presseunternehmens gezwungen worden.

3. Februar: Der Ministerpräsident der DDR, Otto Grotewohl, legt den Grundstein für das erste Wohngebäude des Neubauprojektes Stalinallee. Auf einer Länge von rund 1,7 km sollen in Friedrichshain nach Plänen von Hermann Henselmann und vier weiteren Architekten Wohnblocks mit Ladenzeilen als Beispiel eines modernen »sozialistischen Wohnungsbaus« errichtet werden.

4. Februar: In West-Berlin tritt das Notaufnahmeverfahren für Flüchtlinge aus Ost-Berlin und der DDR in Kraft, das die Aufnahme von 80 % der Geflüchteten in der Bundesrepublik Deutschland vorsieht. Aufgrund des Gesetzes werden in West-Berlin und im Bundesgebiet mehrere Notaufnahmelager zur vorübergehenden Unterbringung von Flüchtlingen eingerichtet.

16. Februar: Mit einer Aufführung des Stücks »Die Zwanzigjährigen« von Julien Luchaire nimmt das in eine Privatbühne umgewandelte Hebbel-Theater in Kreuzberg seinen Spielbetrieb wieder auf.

4. April: Als erste nach West-Berlin verlegte Bundesbehörde nimmt das Bundesaufsichtsamt für das Versicherungs- und Bausparwesen seine Arbeit auf. Durch die Ansiedlung von Bundesbehörden sollen die Bindungen West-Berlins an die Bundesrepublik gestärkt werden.

29. April: Im Luftkorridor zwischen Frankfurt am Main und West-Berlin kommt es zu einem schweren Zwischenfall, der die Spannungen zwischen den Westalliierten und der Sowjetunion verschärft. Zwei sowjetische Militärmaschinen vom Typ Mig 15 beschießen über Dessau eine französische Passagiermaschine. Fünf Passagiere werden zum Teil schwer verletzt. Dem Piloten gelingt es, die beschädigte Maschine sicher in Tempelhof zu landen.

4. Mai: In West-Berlin beginnt die von der Gesellschaft für Christlich-Jüdische Zusammenarbeit veranstaltete Woche der Brüderlichkeit.

18. Mai: Die Deutsche Reichsbahndirektion in Ost-Berlin schließt den Anhalter Bahnhof in Kreuzberg.

KALENDARIUM — BERLIN WIRD »ENTTRÜMMERT« 1952

26. Mai: Als Reaktion auf die Unterzeichnung des Deutschlandvertrages in Bonn, durch den die Bundesrepublik Deutschland weitgehende Souveränität erhält, verfügt die DDR-Regierung die Abriegelung der meisten Straßenverbindungen zwischen West-Berlin und dem Umland. Die Sektorengrenze innerhalb Berlins bleibt weiterhin offen.

27. Mai: Auf Anordnung der SED-Führung werden sämtliche Telefonleitungen zwischen Ost- und West-Berlin sowie zwischen West-Berlin und der DDR gekappt.

29. Mai: Der britische Außenminister, Anthony Eden, übergibt den im Tiergarten gelegenen Englischen Garten der Öffentlichkeit. Die Anlage des Parks ist zum großen Teil aus Spenden des britischen Königshauses finanziert worden

1. Juni: Für Reisen in die DDR benötigen die Einwohner West-Berlins ab sofort Ausnahmegenehmigungen, die in Ost-Berlin beantragt werden müssen.

Juli: Die Regierung der DDR verfügt, daß Haus- und Grundbesitz von West-Berlinern auf dem Gebiet der DDR enteignet wird.

Juli: Das Museum für deutsche Geschichte, in dem die historische Entwicklung Deutschlands aus SED-Sicht präsentiert werden soll, bezieht Ausstellungsräume im teilweise wiederhergestellten Zeughaus Unter den Linden.

8. Juli: Walter Linse, Mitglied im Untersuchungsausschuß Freiheitlicher Juristen, der wiederholt politische Willkürurteile in Ost-Berlin und der DDR angeprangert hat, wird von Angehörigen des Staatssicherheitsdienstes der DDR aus Lichterfelde nach Ost-Berlin entführt.

12. Juli: Zum Abschluß der in Ost-Berlin abgehaltenen II. Parteikonferenz der SED wird der »Aufbau des Sozialismus zur grundlegenden Aufgabe« in der DDR erklärt.

29. Juli: Am Kurfürstendamm wird das Luxushotel Kempinski eröffnet.

24. August: Nach sechstägiger Dauer endet der 75. Katholikentag, an dem weit über 120 000 Gläubige teilgenommen haben.

25. September: Im Ullstein-Verlag erscheint die erste Nummer der Tageszeitung »Berliner Morgenpost«.

27. November: Vor dem Hintergrund einer sich verschärfenden Versorgungskrise verfügt der Ost-Berliner Magistrat, daß Lebensmittel nur noch gegen Vorlage eines Personalausweises der DDR oder einer Lebensmittelkarte abgegeben werden dürfen. Dadurch soll der Einkauf durch West-Berliner unterbunden werden. Der West-Berliner Senat hatte bereits im Januar 1952 ein Verbot für Einkäufe von West-Berlinern im Ostteil der Stadt ausgesprochen.

21. Dezember: In Berlin-Adlershof strahlt der Deutsche Fernsehfunk der DDR seine ersten Versuchssendungen aus.

Die Stalinallee im Bau: Rohbau des Kollektivs »Friedrich Ebert, September 1952.

im Bezirk Friedrichshain. In den folgenden Jahren entsteht auf einer Länge von rund 1,7 km ein zusammenhängender Komplex von Wohnbauten und Ladenzeilen.

Die Entwürfe stammen von einer Architektengruppe unter der Leitung von Hermann Henselmann, dem Chefarchitekten von Ost-Berlin, der sich bei der Gestaltung vor allem am monumental-verspielten Stil sowjetischer Bauten aus den dreißiger und vierziger Jahren orientierte. Die Bauarbeiten werden mit großer Sorgfalt unter Verwendung hochwertiger Materialien ausgeführt; die Wohnungen sind mit ungewöhnlichem Komfort ausgestattet. Die ersten Mieter können im Januar 1953 einziehen.

Freiwilligenkampagne zur Trümmerbeseitigung: Voraussetzung für den Wiederauf- oder Neubau ist jedoch die Beseitigung der Trümmer, eine Aufgabe, die 1952 noch längst nicht bewältigt ist und in ganz Ost-Berlin weiterhin große Kraftanstrengungen fordert.

Im Rahmen eines von der Nationalen Front organisierten Nationalen Aufbauwerks beteiligen sich seit Januar 1952 mehrere Zehntausend Ost-Berliner in ihrer Freizeit an der Räumung von Trümmergrundstücken und der Sicherung brauchbarer Materialien.

Nach einer offiziellen Bilanz leisten bis Dezember 1952 rund 135 000 Aufbauhelfer mehr als 1,31 Millionen Halbschichten. Dabei beseitigen sie über 675 000 m³ Schutt und gewinnen rund 38 Millionen wiederverwendbare Ziegelsteine, 10 300 t Schrott und 200 t Buntmetalle.

Wettbewerb an der Stalinallee: Tafel mit der Anzeige des Bauabschnittes mit der besten Tagesleistung, September 1952.

Ein großen Teil des Trümmerschutts wird im Volkspark Friedrichshain zu zwei Hügeln aufgeschüttet, die später begrünt und in das Erholungsgebiet einbezogen werden.

Deutscher Fernsehfunk auf Sendung: Am 21. Dezember beginnt in Ost-Berlin das Fernsehzeitalter; von einem Studio in Berlin-Adlershof strahlt der Deutsche Fernsehfunk der DDR an diesem Tag seine ersten Versuchssendungen aus. Bis zur Aufnahme eines regulären Sendebetrieb müssen sich die Menschen allerdings nun bis Anfang 1956 gedulden.

In West-Berlin und der Bundesrepublik werden bereits seit 1952 Fernsehsendungen übertragen. Aber auch dort ist das Fernsehen davon, ein Massenmedium, wie schon in den USA zu sein, noch weit entfernt.

1953 VOLKSAUFSTAND – ZURÜCKHALTUNG IM WESTEN

POLITIK

Empörung über Gewalt gegen Arbeiter: Der Volksaufstand vom 17. Juni ist auch für die West-Berliner von herausragender Bedeutung. Den Politikern und der Bevölkerung wird klar, daß das SED-Regime zum Machterhalt nicht vor militärischer Gewalt zurückschreckt. Die drei Westmächte geben zu erkennen, daß sie Demokratie und Freiheit nur in ihren Sektoren schützen können.

Während des Aufstands selbst üben der Senat und die Westalliierten äußerste Zurückhaltung. So werden die Verbindungsstraßen mit dem Ostsektor zum Teil abgesperrt; öffentliche Verkehrsmittel enden weit vor der Grenze, um Menschenansammlungen und ein etwaiges Überwechseln in den Osten zu erschweren. Dennoch muß die Polizei aufgebrachte West-Berliner an mehreren Stellen von der Sektorengrenze abdrängen. Die Franzosen erlauben allerdings, daß mehrere Tausend Demonstranten aus dem DDR-Stahlwerk Hennigsdorf durch den französischen Sektor ins Zentrum von Ost-Berlin ziehen.

Der RIAS bemüht sich – auf amerikanische Veranlassung hin – um eine sachliche Berichterstattung über die Ost-Berliner Ereignisse und widersteht allen Forderungen, als Sprachrohr und Informationsplattform für die Aufständischen aufzutreten.

Am 23. Juni nehmen rund 125 000 Menschen vor dem Schöneberger Rathaus an einer Trauerfeier für die Opfer des Volksaufstands teil, auf der Bundeskanzler Konrad Adenauer und der Regierende Bürgermeister Ernst Reuter sprechen.

Begräbnisfeierlichkeiten für Ernst Reuter: Der Trauerkondukt mit Ehrenwache vor dem Rathaus Schöneberg, 3. Oktober 1953.

Der deutsche Bundestag erklärt am 3. Juli den 17. Juni als Tag der deutschen Einheit zum gesetzlichen Feiertag.

Trauer um Ernst Reuter: Einen schweren Verlust erleidet Berlin mit dem Tod des 64jährigen Regierenden Bürgermeisters Ernst Reuter am 29. September. Hunderttausende Berliner ziehen vom 1. bis 3. Oktober vor dem Schöneberger Rathaus am Sarg des Verstorbenen vorbei. Sie erweisen einem Politiker die letzte Ehre, der in den schweren und konfliktreichen Nachkriegsjahren – nicht zuletzt während der Blockade – den Menschen ein Vorbild an Pflichttreue, Entschlossenheit und Selbstbehauptungswillen gewesen war.

Am 22. Oktober wählt das Abgeordnetenhaus den CDU-Politiker Walther Schreiber zum Regierenden Bürgermeister. Im neuen Senat ist die SPD nicht mehr vertreten, so daß West-Berlin erstmals über eine parlamentarische Opposition verfügt.

WIRTSCHAFT

Mangel an Investitionskapital: Auch 1953 verzeichnet die West-Berliner Wirtschaft eine deutliche Aufwärtsentwicklung, ohne daß sich der Abstand zur westdeutschen »Wirtschaftswunder«-Ökonomie entscheidend verringert. Die Wirtschaftsleistung West-Berlins hat in diesem Jahr erst knapp die Hälfte des Vorkriegsstands erreicht, während sie in der Bundesrepublik diese Marke bereits weit übertroffen hat. 1953 beträgt das durchschnittliche Bruttosozialprodukt je Einwohner West-Berlins 2 500 DM, in Hamburg 3 600 DM.

Ein Problem für die West-Berliner Betriebe – und eine Hauptursache für den schleppenden Produktionszuwachs – ist der Mangel an Finanzkapital für dringend notwendige Investitionen. So werden nach Berechnungen des Deutschen Instituts für Wirtschaft in der westdeutschen Wirtschaft im Jahr 1953 rund 70 % aller Investitionen mit Eigenkapital finanziert, in West-Berlin dagegen nur rund 25 %. Um so wichtiger sind für die Wirtschaft der Stadt staatliche Finanzierungsprogramme etwa im Rahmen der 1950 erstmals aufgelegten »Berlin-Hilfe«. Ein Groß-

---

Auf einer Trauerfeier für die Opfer des Volksaufstands vom 17. Juni erklärt Bundeskanzler Konrad Adenauer am 23. Juni 1953 in West-Berlin:

Unsere Herzen sind von Trauer erfüllt, da wir unserer Toten gedenken, der Toten, die ihr Blut dahingaben für die Freiheit, deren Blut von brutalen und grausamen Machthabern vergossen wurde, um ihre tyrannische Herrschaft aufrechtzuerhalten. Mit uns trauern Millionen Deutscher, mit uns trauern alle in anderen Ländern, die die Sklaverei hassen und die Freiheit lieben. Von tiefem Mitleid sind wir erfüllt im Gedanken an das Leid und den Schmerz der Hinterbliebenen, im Gedenken an die anderen Opfer dieser grausamen Tyrannenherrschaft: Die Verwundeten und Verletzten, an diejenigen, die sie ins Gefängnis geworfen haben, die sie suchen und verfolgen, um ihre Wut, ihren Haß und ihre Angst an ihnen auszulassen. Mit elementarer Wucht ist dieser Aufstand ausgebrochen. Aus einer Welle der Unzufriedenheit an der Baustelle in der Frankfurter Allee wurde eine ungeheure Woge der Erbitterung, der Verzweiflung, die über das ganze große Gebiet, über Ost-Berlin, über Magdeburg, Brandenburg, Leipzig, Chemnitz ... über die gesamte Sowjetzone hinwegging. Wie ein Orkan brach die aufgestaute Verzweiflung und Not los gegen Sklaverei und Unterdrückung, nicht achtend Tod und Gefahr. Wie ungeheuer der Druck ist, der nun seit Jahr und Tag auf diesem Teil Deutschlands lastet, das zeigt das Aufbäumen dieser Millionen gegen ihre kommunistischen und sowjetischen Machthaber. ... Der ganzen Welt haben sie gezeigt, daß die Deutschen keine Sklaven sein wollen. Der ganzen Welt haben sie gezeigt, daß sie Tyrannei nicht mehr zu ertragen gewillt sind, daß die Zeit totalitärer Herrschaft über die Deutschen vorbei ist. Mit Waffen kann man ein unbewaffnetes, ein wehrloses Volk zu Boden schlagen, aber seinen Willen, seine Entschlossenheit, sich nicht zu beugen, kann man nicht aus seiner Brust reißen. ... Neben die Trauer, neben das Mitleid tritt der Stolz auf diese Helden der Freiheit, der Stolz auf alle, die sich auflehnten gegen diese seit nunmehr acht Jahren währende Sklaverei. ...

VOLKSAUFSTAND – SOWJETS RETTEN SED-REGIERUNG 1953

POLITIK

Protest gegen Normerhöhung: Im Juni 1953 kommt es in Ost-Berlin zu einer direkten Konfrontation zwischen der Bevölkerung und der kommunistischen Regierung. Der Anlaß ist eine Ende Mai vom Ministerrat der DDR beschlossene allgemeine Erhöhung der Arbeitsnorm um 10 % und die Umstellung von 50 % des Normensystems auf neue, technisch begründete Arbeitsnormen. Die dadurch erzielte Produktivitätssteigerung soll helfen, die wirtschaftlichen Engpässe zu überwinden. Diese Maßnahme stößt bei den Arbeitern auf Widerstand, haben doch Arbeitsnormen bislang die Möglichkeit geboten, durch deren Übererfüllung die Löhne aufzubessern. Zwar kündigt das SED-Politbüro Anfang Juni im Rahmen eines »Neuen Kurses« politische und wirtschaftliche Reformen an, von einer Rücknahme der Normerhöhung ist jedoch nicht die Rede.

Streiks und Protestkundgebungen: Am 15. Juni machen Bauarbeiter in Friedrichshain ihrem Unmut in spontanen Arbeitsniederlegungen Luft. Tags darauf formieren Bauarbeiter aus der Stalinallee einen Demonstrationszug, um gegen die Normen- und gleichzeitigen Preiserhöhungen zu protestieren. Doch weder vor dem Gewerkschaftshaus (Wallstraße) noch beim Haus der Ministerien (Wilhelmstraße) finden sie Gehör. Walter Ulbricht und Otto Grotewohl sind für die Arbeiter nicht zu sprechen; mit untergeordneten Re-

---

Der Dramatiker und Dichter Bertolt Brecht richtet am 17. Juni 1953 eine Grußadresse an den Generalsekretär der SED Walter Ulbricht:

Lieber Genosse Ulbricht! Die Geschichte wird der revolutionären Ungeduld der Sozialistischen Einheitspartei Deutschlands ihren Respekt zollen. Die große Aussprache mit den Massen über das Tempo des sozialistischen Aufbaues wird zu einer Sichtung und Sicherung der sozialistischen Errungenschaften führen. Es ist mir ein Bedürfnis, Ihnen in diesem Augenblick meine Verbundenheit mit der Sozialistischen Einheitspartei Deutschlands auszusprechen. Ihr Bertolt Brecht.

Brecht schreibt auch über den 17. Juni:

Die Lösung
Nach dem Aufstand vom 17. Juni
Ließ der Sekretär des Schriftstellerverbands
In der Stalinallee Flugblätter verteilen
Auf denen zu lesen war, daß das Volk
Das Vertrauen der Regierung verscherzt habe
Und es nur durch verdoppelte Arbeit
Zurückerobern könne. Wäre es da
Nicht doch einfacher, die Regierung
Löste das Volk auf und wählte ein anderes?

---

17. Juni 1953: Demonstranten mit Spruchband in den Straßen Berlins.

gierungsmitgliedern und SED-Funktionären wollen diese jedoch nicht verhandeln. Für den folgenden Tag wird zum Generalstreik aufgerufen, und auf dem Straußberger Platz soll eine Kundgebung stattfinden.

Am Morgen des 17. Juni bilden sich in zahlreichen Betrieben Ost-Berlins Streikkomitees. Inzwischen hat sich die Nachricht von den Berliner Protesten in der ganzen DDR verbreitet. An mehr als 270 Orten wird gestreikt und demonstriert.

Aus mehreren Außenbezirken bewegen sich Demonstrationszüge ins Zentrum von Ost-Berlin. Die Forderungen nach Rücknahme der Normen- und Preiserhöhungen treten zurück; die Arbeiter fordern jetzt den Rücktritt der Regierung und freien Wahlen. Aus einem Arbeiterprotest entsteht binnen weniger Stunden ein Aufstand, den »feindliche Agenten und Westberliner Provokateure schüren«.

Sowjetische Panzer gegen Arbeiter: Angesichts der sich zuspitzenden Lage verhängt der sowjetische Stadtkommandant am frühen Nachmittag des 17. Juni »für die Herbeiführung einer festen öffentlichen Ordnung im sowjetischen Sektor von Berlin« den Ausnahmezustand. Panzer rücken an mehreren Stellen gegen die Demonstranten vor und werden aus der wütenden Menge mit Steinen beworfen. Sowjetische Soldaten geben ungezielte Schüsse ab. Bei den Zusammenstößen kommen in Berlin zahlreiche Menschen ums Leben.

Am Abend des 17. Juni ist der Aufstand niedergeschlagen. Die Regierung gibt bekannt, die schändlichen Versuche ausländischer Agenten, die wichtigen, auf Verbesserung der Lebenslage der Bevölkerung gerichteten Maßnahmen der Regierung zu stören und Verwirrung zu säen, um der Herstellung der Einheit Deutschlands neue Hindernisse in den Weg zu legen, seien gescheitert.

Steigende Flüchtlingszahlen: Als Reaktion auf den Aufstand vom 17. Juni verfügt die Regierung zwar soziale Verbesserungen, ein Vertrauensverhältnis zur Bevölkerung kann sie aber trotzdem nicht herstellen. Daran können auch

1953 VOLKSAUFSTAND – ZURÜCKHALTUNG IM WESTEN

Die Marheineke Markhalle in Kreuzberg, Anfang Dezember 1953.

teil des Investitionskapitals stammt aus dem ERP-Sondervermögen des Bundes, aus dem West-Berlin bis 1960 über 3,7 Milliarden erhält.
Ein Hauptproblem ist nach wie vor die hohe Arbeitslosigkeit. 1953 kommen in West-Berlin auf 100 Erwerbstätige 21 Arbeitslose, in der Bundesrepublik nur noch sechs. Zwar konnten seit 1950 über 150 000 neue Arbeitsplätze geschaffen werden, jedoch die Verluste infolge von Blockade und Firmenabwanderungen nach Westdeutschland noch längst nicht ausgleichen. Nach einer Erhebung des Senats arbeiten Anfang 1953 rund 45 000 Ost-Berliner im Westteil der Stadt, während rund 27 000 West-Berliner im sowjetischen Sektor ihrem Broterwerb nachgehen.

KULTUR

Sensationeller Erfolg für »Warten auf Godot«: Am 8. September erleben die Berliner eine epochale deutsche Erstaufführung. Im Steglitzer Schloßpark-Theater hat Samuel Becketts Schauspiel »Warten auf Godot« Premiere und schlägt Publikum und Kritik sogleich in seinen Bann. »Warten auf Godot« – von Karl-Heinz Stroux inszeniert – bricht inhaltlich wie ästhetisch mit so mancher Tradition des Theaters und bringt das durch Verunsicherung und Sinnsuche gekennzeichnete Lebensgefühl vieler Menschen in bislang nicht gekannter Intensität zum Ausdruck. Das handlungsarme Stück, in dem zwei Vagabunden auf einen gewissen Godot warten und sich die Zeit mit philosophisch-absurden Dialogen vertreiben, begründet den Weltruhm des irischen Autors.

Jüdisches Gemeindeleben in West-Berlin: Hatten in Berlin Mitte 1933 über 160 000 Glaubensjuden gelebt, so waren es nach Vertreibung und Deportation durch die Nationalsozialisten nur noch rund 7 500 (1946). Das Schicksal der Juden ruft der Vorsitzende der Jüdischen Gemeinde,

»Warten auf Godot«, Szene mit (von links) Alfred Schieske, Hans Hessling, Friedrich Maurer und Walter Franck, September 1953

Sowohl der West-Berliner Senat, als auch die Bundesregierung und die Westalliierte üben während der Ereignisse am 17. Juni große Zurückhaltung. Eine Ausnahme bildet der West-Berliner DGB-Vorsitzende Ernst Scharnowski, der dazu aufruft, sich der Volksbewegung anzuschließen:

Der Deutsche Gewerkschaftsbund betrachtet seit Monaten mit Sorge die soziale Rückentwicklung, die sich bei Euch vollzieht. Eure demokratischen Selbsthilfemaßnahmen, geboren aus dem Naturrecht jedes bedrückten Menschen, die entstanden sind aus einer spontanen und ureigenen Eingebung Eurerseits, haben zu Ereignissen geführt, über deren Auswirkung und Stärke wir in West-Berlin außerordentlich erstaunt sind.
...
Die Maßnahmen, die Ihr als Ostberliner Bauarbeiter in voller eigener Verantwortung und ohne fremde Einmischung selbst beschlossen habt, erfüllen uns mit Bewunderung und Genugtuung. Ihr könnt diese Forderungen, gestützt auf die in der sowjetischen Besatzungszone geltenden menschlichen Grundrechte der Verfassung, mit vollem Recht verlangen. ...
Die gesamte Ostberliner Bevölkerung darf deshalb auf die stärksten und erfolgreichsten Gruppen der Ostberliner Arbeiterbewegung vertrauen. Laßt sie nicht allein. Sie alle kämpfen nicht nur für die sozialen Rechte der Arbeitnehmer, sondern für die allgemeinen Menschenrechte der gesamten Ostberliner und ostzonalen Bevölkerung. Tretet darum der Bewegung der Ostberliner Bauarbeiter, BVGer und Eisenbahner bei und sucht Eure Straußberger Plätze überall auf. ...

VOLKSAUFSTAND – SOWJETS RETTEN SED-REGIERUNG 1953

Die DDR-Regierung gibt am 17. Juni 1953 eine offizielle Erklärung zu den Ereignissen in Ost-Berlin ab:

BEKANNTMACHUNG
*Maßnahmen der Regierung der Deutschen Demokratischen Republik zur Verbesserung der Lage der Bevölkerung sind von faschistischen und anderen reaktionären Elementen in Westberlin mit Provokationen und schweren Störungen der Ordnung im demokratischen Sektor beantwortet worden. Diese Provokationen sollen die Herstellung der Einheit Deutschlands erschweren.
Der Anlaß der Arbeitsniederlegungen der Bauarbeiter in Berlin ist durch den gestrigen Beschluß in der Normenfrage fortgefallen.
Die Unruhen, zu denen es danach gekommen ist, sind das Werk von Provokateuren und faschistischen Agenten ausländischer Mächte und ihrer Helfershelfer aus deutschen kapitalistischen Monopolen. Diese Kräfte sind mit der demokratischen Macht in der Deutschen Demokratischen Republik, die die Verbesserung der Lage der Bevölkerung organisiert, unzufrieden.
Die Regierung fordert die Bevölkerung auf:
1. Die Maßnahmen zur sofortigen Wiederherstellung der Ordnung in der Stadt zu unterstützen und die Bedingungen für eine normale und ruhige Arbeit in den Betrieben zu schaffen.
2. Die Schuldigen an den Unruhen werden zur Rechenschaft gezogen und streng bestraft. Die Arbeiter und alle ehrlichen Bürger werden aufgefordert, die Provokateure zu ergreifen und den Staatsorganen zu übergeben.
3. Es ist notwendig, daß die Arbeiter und die technische Intelligenz in Zusammenarbeit mit den Machtorganen selbst die notwendigen Maßnahmen zur Wiederherstellung des normalen Arbeitsablaufes ergreifen.*

soziale Maßnahmen wie die Erhöhung der Mindestrente von 65 auf 75 Mark oder die Verbesserung der Versorgungslage durch Import zusätzlicher Lebensmittel aus der Sowjetunion kaum etwas ändern. Im Jahr 1953 verlassen rund 331 000 Menschen illegal die DDR. Die meisten nehmen den Weg nach West-Berlin.

WIRTSCHAFT

Kollektivierung der Landwirtschaft: Mit Gründung der ersten Landwirtschaftlichen Produktionsgenossenschaft (LPG) Neue Ordnung in Marzahn am 1. März 1953 halten sozialistische Eigentums- und Produktionsformen auch in der Landwirtschaft Berlins Einzug. Im April folgen 67 Bauern und Landarbeiter in Wartenberg dem Beispiel der Marzahner Bauern. 1955 werden in den Bezirken Buchholz und Buch zwei weitere LPGs gegründet, wobei die SED insbesondere Großbauern für die Kollektivierung gewinnen möchte.

Die Landwirtschaft ist für die Stadt noch immer ein bedeutender Wirtschaftsfaktor; Anfang der fünfziger Jahre werden fast 20 % der Fläche Ost-Berlins landwirtschaftlich genutzt. Vorherrschend ist der Gemüseanbau, der einen nicht geringen Teil zur Versorgung der Stadtbevölkerung beiträgt.

KULTUR

Probleme der Kollektivierung auf der Bühne: Die Uraufführung von Erwin Strittmatters Stück »Katzgraben« in einer Inszenierung von Bertolt Brecht am Berliner Ensemble bringt einen neuen Akzent in das ostdeutsche Gegenwartstheater. Als einer der ersten setzt sich Strittmatter mit den gesellschaftlichen Veränderungen infolge der Bodenreform auseinander, wobei auch negative Aspekte wie Zwangsmaßnahmen gegen nicht kooperative Bauern angesprochen werden.

»Die Distel« übt Kritik: Das am 2. Oktober gegründete Kabarett »Die Distel« bereichert die Berliner Kulturszene um einen kritischen Geist. Im Haus der Presse am Bahnhof Friedrichstraße (Teil des Admiralspalastes) geht das erste Programm der »Distel« über die Bühne: »Hurra! Humor ist eingeplant«.
Rasch entwickelt sich »Die Distel« unter Leitung von Erich Brehm zum bekanntesten politischen Kabarett in der DDR, dessen Kritik an Bürokratie, ideologischer Phrasendrescherei oder chronischen Versorgungsmängeln beim Publikum »ankommt«. Mit viel Gespür gelingt dem Ensemble eine Gratwanderung zwischen dem noch Möglichen und dem schon Verbotenen.

Wiederaufbau zerstörter Synagogen: Wie im Westteil der Stadt besteht auch in Ost-Berlin eine jüdische Gemeinde. Am 28. August wird in der Rykestraße (Prenzlauer Berg) die vollständig restaurierte Synagoge, die größte Deutschlands, eingeweiht. Sie war beim Juden-Pogrom am 9. November 1938 stark beschädigt worden und hatte den Krieg überdauert.

Zur Ehrung der Opfer und zur Mahnung an die Lebenden wird am 11. Oktober 1953 auf dem jüdischen Friedhof in Weißensee ein Ehrenmal für die von den Nationalsozialisten verfolgten und ermordeten Juden enthüllt.

ALLTAG UND GESELLSCHAFT

Verbesserte Versorgung der Bevölkerung: Da in Teilbereichen die Konsumgüterproduktion verstärkt worden ist, kann im April 1953 in Ost-Berlin und der DDR die Rationierung für weitere Warengruppen, vor allem für Textilien und Schuhe, aufgehoben werden. Viele Lebensmittel sind jedoch weiterhin rationiert. Als Folge des Volksaufstandes vom 17. Juni kommt es in der zweiten Jahreshälfte bei der Versorgung zu einer gewissen Entspannung: Aus den sozialistischen Staaten, vor allem aus der Sowjetunion, werden zusätzliche Lebensmittel eingeführt.

Berliner zerreißen die Rote Fahne vom Brandenburger Tor, 17. Juni 1953.

1953 VOLKSAUFSTAND – ZURÜCKHALTUNG IM WESTEN

KALENDARIUM

Über die deutsche Erstaufführung von Samuel Becketts »Warten auf Godot« im Schloßpark-Theater am 8. September schreibt der Kritiker Friedrich Luft:

Samuel Beckett, der französisch schreibende Ire, tut nichts, um etwas zu erfinden, das einem Ablauf, einer Handlung ähnlich sähe. Zwei Ausgesteuerte des Schicksals, zwei Penner in steifen Hüten, stehen den ganzen Abend auf der nur mit Rupfen ausgeschlagenen Bühne und räsonieren. Sie warten. Sie warten auf Godot. Und da ist denn symbolisch für den Namen Godot einsetzbar, was man immer will: das Schicksal, Gott, das Glück, das echte Leben überhaupt, die Wirklichkeit. Sie warten. Zwei Männer im Zustand einer trüben, immer wieder enttäuschten Hoffnung. ... Wie nun füllt Beckett die beiden je einstündigen Akte? Er füllt sie auf dichterische Art mit dem reinen Wort. Er läßt das Wort kräftig und rüde sein im puren, verantwortungslosen Quatsch, der gesprochen wird. Gleich daneben belastet er Sentenzen, die die beiden Penner unter ihren steifen Hüten hervorbringen, mit heimlicher Symbolik und Doppeldeutigkeit. ... Er setzt daneben ganz zarte Effekte, läßt Lyrik vernehmen, eine verlorene Stromer-Lyrik, die ihren zierlichen Effekt macht. Und dann wieder greift er direkt nach der Wahrheit, läßt in dem Dialog der beiden, der wie zufällig hingeplaudert wirkt, uns vor verdeckten Einsichten erschrecken, die die Zeit, die das Lebensgefühl einer ausgeleerten Epoche, die den Nerv der Gegenwart genau und mit einer melancholischen Hellsichtigkeit treffen. ...
Das Stück ist vernichtend? Ist pessimistisch bis in die äußersten Konsequenzen der Verneinung? – Das ist es nicht. Zwischen den beiden Räsoneuren, zwischen den Pennern unter dem steifen Hut, lebt eine menschliche Beziehung, so isoliert, so völlig vereinsamt und vom Leben und der Umwelt abgeschnitten und verloren sie sonst sein mögen. ...
Das Publikum, vorerst offenbar unsicher, was dies solle, schien den Zustand, schien das Lebensgefühl, das hier ausgedrückt wird, bald zu erkennen. Es gab langen Beifall für dieses Stück. ..., das innerhalb seiner selbst soviel latente Gegenwartsdramatik fühlen läßt.
Der Autor zeigte sich, hager, ernst und linkisch, mit den Mitwirkenden oft. Er schien selbst erstaunt, daß Menschen an so viel Bitterkeit und extremer Wahrheit Vergnügen finden können.

Heinz Galinski, bei der Einweihung der restaurierten Synagoge in der Charlottenburger Pestalozzistraße am 9. September, dem Tag des jüdischen Neujahrsfestes, in mahnende Erinnerung.

Titelseite der Erstausgabe der »BZ«, 19. November 1953.

ALLTAG UND GESELLSCHAFT

Ende der »Hungerjahre«: Die Lebensumstände für die meisten West-Berliner haben sich trotz aller politischen und wirtschaftlichen Probleme in den letzten Monaten deutlich verbessert. Das Angebot an Lebensmitteln und Konsumgütern ist zufriedenstellend. Die Preise bleiben im Rahmen, wenn auch die West-Berliner Bäcker im April mit Preiserhöhungen für Unmut bei der Kundschaft sorgen. Ende März hält mit der Eröffnung des ersten Lebensmittelgeschäftes mit Selbstbedienung in Steglitz amerikanische Verkaufskultur Einzug in Berlin.
An Berliner Einkaufstraditionen knüpft hingegen die wiedererrichtete Marheineke-Markthalle in Kreuzberg an, die am 3. September von Bezirksbürgermeister Willy Kressmann eröffnet wird. Und so mancher Berliner hat auch wieder Geld übrig, um es in Glücksspielen einzusetzen. Rund 300 000 Personen beteiligen sich im Januar 1953 an dem ersten Spiel des Berliner Zahlenlottos.

Bewegung auf dem West-Berliner Zeitungsmarkt: Seit dem 19. November erscheint mit der »BZ« in Berlin wieder ein Boulevardblatt, das im Straßenverkauf vertrieben wird. Herausgegeben wird die 1876 gegründete Zeitung vom Ullstein-Verlag.
Gegen die Lizenzierung durch den amerikanischen Hohen Kommissar hatten zahlreiche Politiker, Journalisten und Verleger Bedenken erhoben. Von einer Boulevard-Zeitung befürchtet man einen negativen Einfluß auf den auf engen Raum beschränkten Berliner Pressemarkt.

7. Januar: Die ersten 70 Mieter beziehen Wohnungen im Neubaukomplex an der Ost-Berliner Stalinallee. Die von einer Architektengruppe um Hermann Henselmann entworfene Bebauung zwischen dem Straußberger Platz und dem Frankfurter Tor im Bezirk Friedrichshain ist das bislang aufwendigste Wiederaufbauprojekt in Ost-Berlin.
11. Januar: In West-Berlin findet die erste Ausspielung des Berliner Zahlenlottos statt, für die rund 300 000 Tippscheine ausgefüllt worden sind.
29. Januar: Durch Erlaß des West-Berliner Innensenators wird die rechtsradikale Organisation Nation Europa verboten. Vor allem britische Zeitungen hatten in den vergangenen Tagen unter Hinweis auf diese Gruppe vor den Aktivitäten ehemaliger Nationalsozialisten in West-Berlin gewarnt.
9. Februar: Der Senat von Berlin veröffentlicht einen Bericht, nach dem Ende 1952 rund 45 000 Ost-Berliner in West-Berlin arbeiteten. Zur gleichen Zeit gehen rund 27 000 West-Berliner im sowjetischen Sektor einer geregelten Arbeit nach.
13. Februar: Der SED-Politiker Friedrich Ebert wird von der Ost-Berliner Stadtverordnetenversammlung auf ihrer konstituierenden Sitzung als Oberbürgermeister wiedergewählt.
1. März: In Marzahn gründen 31 Bauern und Landarbeiter die erste Landwirtschaftliche Produktionsgenossenschaft (LPG) auf Ost-Berliner Boden. Anfang der fünfziger Jahre sind fast 20 % der Stadtfläche landwirtschaftlich, vor allem für den Gemüseanbau, genutzt.
26. März: Zur Vermeidung von Zusammenstößen und Konflikten untersagt der West-Berliner Polizeipräsident allen ihm untergebenen Polizeikräften das Betreten von Ost-Berliner Gebiet. Auch außerdienstlich dürfen Polizisten nicht mehr in den Ostsektor fahren.
29. März: Die sowjetische Fluggesellschaft Aeroflot richtet eine ständige Flugverbindung zwischen Moskau und dem Flughafen Schönefeld ein, die sechs Mal wöchentlich bedient werden soll.
31. März: Im Bezirk Steglitz öffnet das erste Berliner Lebensmittelgeschäft mit Selbstbedienung der Kunden seine Pforten.
9. Juni: Das Politbüro der SED beschließt den sogenannte Neuen Kurs, mit dem eingeräumte Fehler korrigiert werden sollen. So soll der private Sektor der DDR-Wirtschaft gestärkt, der Reiseverkehr erleichtert werden.
15. Juni: Aus Protest gegen die Erhöhung der Arbeitsnormen um durchschnittlich 10 % legen Bauarbeiter in Friedrichshain und an der Ost-Berliner Stalinallee die Arbeit nieder.
17. Juni: Sowjetische Panzer gehen in Ost-Berlin gegen mehrere Tausend Demonstranten vor, die freie Wahlen, ein Ende der SED-Herrschaft und die Einheit Deutschlands fordern.

KALENDARIUM VOLKSAUFSTAND – SOWJETS RETTEN SED-REGIERUNG 1953

Bei Zusammenstößen kommen zahlreiche Menschen ums Leben. Die Zahl der Opfer ist ungewiß. Die SED spricht von 23 Toten, andere Berichte von mehr als 260 getöteten Demonstranten und über 100 auf seiten der Volkspolizei. Fast 5000 Personen werden in den Wochen nach dem 17. Juni in Ost-Berlin und in anderen Orten der DDR verhaftet.

23. Juni: Vor dem Schöneberger Rathaus findet in Anwesenheit von Bundeskanzler Konrad Adenauer und des Regierenden Bürgermeisters Ernst Reuter eine Trauerfeier für die Opfer des Volksaufstands vom 17. Juni statt, an der rund 125 000 Menschen teilnehmen.

3. Juli: Der deutsche Bundestag erklärt den 17. Juni als Tag der deutschen Einheit zum gesetzlichen Feiertag.

11. Juli: Der am 17. Juni über Ost-Berlin verhängte Ausnahmezustand wird vom sowjetischen Stadtkommandanten aufgehoben.

28. August: In der Rykestraße (Prenzlauer Berg) wird die restaurierte Synagoge eingeweiht. Am 2. Januar hat die Jüdische Gemeinde von Berlin in Ost-Berlin einen provisorischen Vorstand gewählt.

3. September: Im Bezirk Kreuzberg öffnet die Marheineke-Markthalle ihre Pforten.

8. September: Im Steglitzer Schloßpark-Theater findet die deutschsprachige Erstaufführung von Samuel Becketts Stück »Warten auf Godot« in der Inszenierung von Karl-Heinz Stroux statt. Die Aufführung findet bei Publikum und Kritik einhellig ein positives Echo.

9. September: In der Charlottenburger Pestalozzistraße wird die 1938 stark beschädigte und jetzt restaurierte Synagoge feierlich eingeweiht.

29. September: Ernst Reuter, seit 1948 Oberbürgermeister und seit 1951 Regierender Bürgermeister von Berlin, stirbt im Alter von 64 Jahren.

2. Oktober: Im Haus der Presse am Bahnhof Friedrichstraße (Admiralspalast) geht das erste Programm des Ost-Berliner Kabaretts »Die Distel« mit dem Titel »Hurra! Humor ist eingeplant!« über die Bühne.

22. Oktober: Mit den Stimmen von CDU und FDP wählt das Abgeordnetenhaus den CDU-Politiker Walther Schreiber als Nachfolger des verstorbenen Ernst Reuter zum Regierenden Bürgermeister.

5. November: Das Abgeordnetenhaus billigt einen Gesetzentwurf über die Einrichtung einer Rundfunkanstalt mit dem programmatischen Namen Sender Freies Berlin.

12. November: Ein Koalitionssenat aus CDU und FDP wird vom Abgeordnetenhaus bestätigt. Da die SPD nicht mehr im Senat vertreten ist, hat West-Berlin erstmals seit Kriegsende eine parlamentarische Opposition.

19. November: In West-Berlin erscheint das Boulevardblatt »BZ«.

Die Synagoge Friedenstempel in der Rykestraße (Prenzlauer Berg), erbaut 1903/04.

Das Zentralkommitee (ZK) der SED faßt am 21. Juni 1953 einen Beschluß »Über die Lage und die unmittelbaren Aufgaben der Partei«:

Die Ereignisse in der Deutschen Demokratischen Republik hängen unmittelbar mit der Entwicklung der internationalen und nationalen Lage zusammen. ...
Dadurch sind die amerikanischen und deutschen Kriegstreiber in eine schwere Lage geraten. Sie sehen ihre Pläne scheitern. Der dritte Weltkrieg, den sie möglichst rasch entfesseln wollen, rückt in die Ferne.
In ihrer Beunruhigung greifen sie zu abenteuerlichen Maßnahmen. Eine von ihnen ist die Ansetzung des Tages X, an dem sie von Berlin aus die Deutsche Demokratische Republik aufrollen wollten, auf den 17. Juni 1953. Das ist der Versuch, den Kriegsbrand, den die Völker der Welt in Korea eben austreten, mit Hilfe des Brückenkopfes Westberlin nach Deutschland hinüberzuwerfen. ...
Der Gegner benutzte zur Auslösung seiner Provokation die Mißstimmung einiger Teile der Bevölkerung, die durch Folgen unserer Politik im letzten Jahr entstanden war. ... Er warf gleichzeitig seine mit Schwefel-, Phosphor- und Benzinflaschen sowie mit Waffen ausgerüsteten Bandenkolonnen über die Sektorengrenze mit der Aufgabe, die Arbeitsniederlegung ehrlicher Bauarbeiter durch Hetzlosungen in eine Demonstration gegen die Regierung umzufälschen ...

1954 SPD GEWINNT BERLINER WAHLEN

POLITIK

SPD kehrt an die Regierung zurück: Bei den Wahlen zum Abgeordnetenhaus am 5. Dezember erhält die SPD 44,6 % (-0,1 %) der abgegebenen Stimmen und erreicht knapp die absolute Mehrheit der Mandate. Die CDU kann sich um 5,8 % auf 30,4 % verbessern, während die FDP schwere Verluste hinnehmen muß und nur noch 12,8 % der Stimmen erhält (1950: 23 %). Erstmals seit der Spaltung der Stadt im Jahr 1948 beteiligt sich auch die SED an Abgeordnetenhauswahlen, kommt jedoch nur auf einen Stimmenanteil von 2,7 %. Auf die rechtsgerichtete Deutsche Partei (DP) entfallen 4,9 %. Die außerordentlich hohe Wahlbeteiligung von 91,8 % beweist, daß das politische Interesse der West-Berliner ungebrochen ist. Der Bevölkerung ist erneut bewußt, daß im Krisenherd Berlin ihr Scharfblick und politisches Engagement das Geschick der Stadt wesentlich mitbestimmen kann.

Nach rund einem Jahr in der Opposition übernimmt die SPD wieder die Regierungsverantwortung. Die Sozialdemokraten verfügen im Parlament zwar über eine knappe absolute Mehrheit, bieten aber trotzdem der CDU eine große Koalition an. Diese würde eine Neuauflage des Allparteiensenats von 1951 zusammen mit der FDP vorziehen, wogegen die SPD sich aber sperrt. Schließlich nimmt die CDU das Koalitionsangebot an, so daß im Januar 1955 der Sozialdemokrat Otto Suhr als Nachfolger von Walther Schreiber (CDU) zum Regierenden Bürgermeister gewählt werden kann.

Wahlen zum Abgeordnetenhaus: Otto Suhr bei der Stimmabgabe, 5. Dezember 1954.

Außenministerkonferenz ohne Ergebnisse für Deutschland: Am 25. Januar beginnt im Gebäude des Alliierten Kontrollrats am Schönberger Kleistpark ein Außenministerkonferenz der vier Siegermächte. Auf insgesamt 23 Sitzungen, die abwechselnd im Kontrollratsgebäude und in der sowjetischen Botschaft Unter den Linden stattfinden, erörtern John Foster Dulles (USA), Anthony Eden (Großbritannien), Georges Bidault (Frankreich) und Wjatscheslaw M. Molotow (UdSSR) vor allem Deutschland und Berlin betreffende Fragen.

Die Konferenz endet am 18. Februar für die deutsche Frage ergebnislos. Da sich am Status quo für Deutschland nichts ändert, ist auch an eine Aufhebung der allgemeinen Vorbehalte gegen die Einbeziehung Berlins in die Bundesrepublik nicht zu denken. Die drei westlichen Außenminister machen für das Scheitern der Konferenz vor allem die sowjetische Weigerung verantwortlich, in ganz Deutschland freie Wahlen als Vorstufe zur Wiedervereinigung zuzulassen.

Bundesversammlung tagt erstmals in Berlin: Mitte des Jahres 1954 setzt der Bundestag ein deutliches Zeichen für die enge Bindung West-Berlins an die Bundesrepublik. Der Bundestagspräsident beruft die Zweite Bundesversammlung zur Wahl des Bundespräsidenten nach Berlin ein. Sie wählt am 17. Juli in der Ostpreußenhalle am Funkturm Theodor Heuss für eine zweite Amtsperiode zum Bundespräsidenten.

WIRTSCHAFT

Steuerermäßigungen für West-Berliner Arbeitnehmer: Die West-Berliner Wirtschaft ist zum Ausgleich ihrer gewichtigen Standortnachteile nach wie vor auf direkte Zuwendungen und Subventionen der Bundesrepublik angewiesen.

Erklärung der Außenminister der drei Westmächte vom 23. Oktober 1954 über die Grundsätze der künftigen Anwendung des Berlinstatus:

Was Berlin anbelangt, dessen Sicherheit Gegenstand der alliierten Garantien innerhalb des Londoner Kommuniqués vom 3. Oktober 1954 ist, haben die Außenminister der Französischen Republik, des Vereinigten Königreichs von Groß-Britannien und Nordirland und der Vereinigten Staaten von Amerika mit tiefer Befriedigung die enge und freundliche Zusammenarbeit zur Kenntnis genommen, die zwischen alliierten und Berliner Behörden geübt wird.
Die drei Mächte sind entschlossen, sicherzustellen, daß Berlin das höchstmögliche Maß von Selbstregulierung erhält, das mit der besonderen Situation Berlins vereinbar ist. Demgemäß haben die drei Regierungen ihre Vertreter in Berlin angewiesen, sich mit den Behörden dieser Stadt zu beraten, um gemeinsam und im weitest möglichen Maße die soeben erwähnten Grundsätze durchzuführen.

Am 6. Mai 1954 faßt der deutsche Bundestag in diesem Zusammenhang einen Beschluß über umfassende Steuervergünstigungen, die Anreize für eine verstärkte Erwerbstätigkeit und zusätzliche Investitionen schaffen sollen. So soll von 1955 an West-Berliner Arbeitnehmern eine Ermäßigung der Lohn- und Einkommensteuer um 20 % gewährt werden. Auch die Körperschaftssteuer wird um 20 % gesenkt, um den West-

---

Ergebnis der Wahlen zum Abgeordnetenhaus, 5. Dezember 1954.

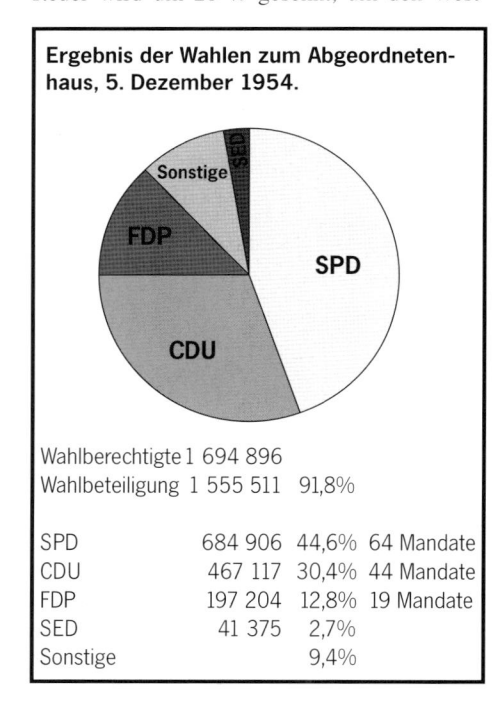

Wahlberechtigte	1 694 896		
Wahlbeteiligung	1 555 511	91,8%	
SPD	684 906	44,6%	64 Mandate
CDU	467 117	30,4%	44 Mandate
FDP	197 204	12,8%	19 Mandate
SED	41 375	2,7%	
Sonstige		9,4%	

VOLKSKAMMERWAHL OHNE BERLINER 1954

POLITIK

Volkskammerwahlen ohne Ost-Berliner Beteiligung: Im Januar 1953 hat der Magistrat, der zunächst ohne eine parlamentarische Volksvertretung amtiert hatte, eine Verordnung erlassen, die die Bildung einer »Volksvertretung von Groß-Berlin« und von »Volksvertretungen der Stadtbezirke« vorgesehen hat. Am 17. Oktober werden in Ost-Berlin erstmals Wahlen zur Volksvertretung abgehalten. Nach offiziellen Angaben entfallen bei einer Wahlbeteiligung 97,7 % auf die von der SED angeführten Einheitsliste der Nationalen Front 99,3 % der abgegebenen Stimmen.

An den gleichzeitig in der DDR stattfindenden Wahlen zur Volkskammer nehmen die Ost-Berliner aus Statusgründen nicht teil. Mitte November wählt die Berliner Volksvertretung 66 Abgeordnete für das DDR-Parlament. Auf derselben Sitzung wird auch der neue Magistrat unter Oberbürgermeister Friedrich Ebert von den Abgeordneten bestätigt.

Otto John wechselt in die DDR: Auf einer vom Ausschuß für deutsche Einheit veranstalteten Pressekonferenz im Ost-Berliner Haus der Presse am 11. August legt der ehemalige Präsident des Bundesamtes für Verfassungsschutz, Otto John, die Motive seines Übertritts in die DDR dar und beschuldigt die Bundesregierung, mit ihrer Politik eine neue Kriegsgefahr heraufzubeschwören. Konrad Adenauers Deutschlandpolitik befinde sich in einer Sackgasse. Darum habe er, John, sich entschlossen, mit verantwortlichen Persönlichkeiten der DDR mögliche Wege

Otto John (Mitte) in Ost-Berlin während der für ihn veranstalteten Pressekonferenz, rechts neben ihm Wilhelm Girnus, Sekretär des Ausschusses für deutsche Einheit, August 1954.

Sitzung der Volkskammer: (Erste Reihe Mitte) Otto Grotewohl, (am Rednerpult) Hans Loch, Finanzminister, (dritte Reihe links) Friedrich Ebert, Oberbürgermeister, 1954.

zu einer Wiedervereinigung Deutschlands zu erkunden. John war am 20. Juli 1954 mit einem befreundeten Arzt nach Ost-Berlin gekommen. Er verwahrt sich gegen Verdächtigungen, er habe bereits seit Jahren mit DDR-Behörden konspirativ zusammengearbeitet.

In West-Berlin wird der Vorfall als mysteriöse Geheimdienstaffäre eingestuft, deren Hintergründe noch Jahre später als nicht geklärt gelten. Mit der Rückkehr Otto Johns nach West-Berlin im Dezember 1955 erhält der Fall eine spektakuläre Wende. John behauptet nunmehr, seinerzeit entführt worden zu sein und die scharfen Anschuldigungen gegen Bonn aus Gründen des Selbstschutzes geäußert zu haben. Doch bei der westdeutschen Justiz findet er keinen Glauben. 1956 wird Otto John wegen »landesverräterischer Konspiration« zu vier Jahren Zuchthaus verurteilt.

WIRTSCHAFT

Sowjetunion gibt Betriebe zurück: Die letzten 33 SAG-Betriebe (Sowjetische Aktiengesellschaften), darunter das Berliner Bremsenwerk und die Siemens-Plania-Werke Lichtenberg, werden auf Beschluß der Moskauer Regierung zu Jahresbeginn in DDR-Eigentum übergeben. Ausgenommen bleiben die Uranbergwerke der Wismut im Erzgebirge, die weiterhin unter sowjetischer Aufsicht arbeiten. Die Ost-Berliner Wirtschaft gewinnt durch die Freigabe der Betriebe beträchtliche Produktionskapazitäten hinzu.

Im Rahmen der Reparationsbedingungen hatte die Sowjetunion 1946 in ihrer Besatzungszone insgesamt 213 Großbetriebe beschlagnahmt und als sogenannte SAG-Betriebe weitergeführt. Der Gesamtwert dieser Betriebe hatte schätzungsweise 2,5 Milliarden Mark betragen; in den ersten Nachkriegsjahren umfaßte ihre ausschließlich der Sowjetunion zugutekommende Arbeitsleistung insgesamt fast 25 % der Gesamtproduktion in der sowjetischen Besatzungszone. Für den Rückkauf der SAG-Betriebe mußte die DDR bis 1953 rund 2,5 Milliarden Mark zahlen.

KULTUR

Berliner Ensemble am Schiffbauerdamm: Durch die Wiedereröffnung bedeutender Spiel-

---

Erklärung der sowjetischen Regierung vom 25. März 1954 über die Gewährung der Souveränität an die Deutsche Demokratische Republik:

1. Die Sowjetunion nimmt mit der Deutschen Demokratischen Republik die gleichen Beziehungen auf wie mit anderen souveränen Staaten.

Die Deutsche Demokratische Republik wird die Freiheit besitzen, nach eigenem Ermessen über ihre inneren und äußeren Angelegenheiten einschließlich der Frage der Beziehungen zu Westdeutschland zu entscheiden.

2. Die Sowjetunion behält in der Deutschen Demokratischen Republik die Funktion, die mit der Gewährleistung der Sicherheit in Zusammenhang stehen und sich aus den Verpflichtungen ergeben, die der Sowjetunion aus den Viermächte-Abkommen erwachsen ...

3. Die Überwachung der Tätigkeit der staatlichen Organe der Deutschen Demokratischen Republik, die bisher vom Hohen Kommissar der Sowjetunion in Deutschland wahrgenommen wurde, wird aufgehoben ...

1954 SPD GEWINNT BERLINER WAHLEN

Nach der Wahl zum Bundespräsidenten: Theodor Heuss (links) und Bundestagspräsident Hermann Ehlers (ganz rechts), 17. September 1954.

Berliner Betrieben einen größeren Spielraum für den Ausbau der Produktion und damit die Bereitstellung neuer Arbeitsplätze zu bieten. Das »Notopfer Berlin« wird im Gegenzug zum 1. Juli 1954 abgeschafft.
Auch die Bundespost leistet einen Beitrag zur Senkung der Lebenshaltungs- und Betriebskosten in West-Berlin, indem sie zum 1. September die Tarife im Fernsprechverkehr von und nach Berlin um eine Entfernungsstufe senkt. Bei den Brief- und Paketgebühren tritt eine entsprechende Vergünstigung am 1. Mai 1955 in Kraft.

KULTUR

Amerika-Gedenkbibliothek eröffnet: Im Jahr 1954 wird die West-Berliner Kulturlandschaft um eine ganze Reihe von Einrichtungen bereichert. So wird am 17. September die Amerika-Gedenkbibliothek (AGB) am Blücherplatz (Kreuzberg) der Öffentlichkeit übergeben. Die Bibliothek ist aus amerikanischen Spenden in Höhe von 5,4 Millionen DM errichtet worden, die der Hohe Kommissar für Deutschland, John J. McCloy, als Anerkennung für die unbeugsame Haltung der West-Berliner während der Blockade (1948/49) übergeben hatte.
Die Bibliothek ist nach dem Vorbild der amerikanischen Public Libraries konzipiert worden und zählt zu den modernsten Büchersammlungen in Europa. Rund 70 000 der 110 000 Bücher stehen im sog. Freihandbereich, sind also für die Leser direkt zugänglich – eine für das deutsche Bibliothekswesen revolutionäre Neuerung. In der 1 500 m² großen Haupthalle sind daneben der Lesesaal, Kataloge und Leihstelle untergebracht. Die AGB bietet auch eine umfangreiche Schallplatten- und Notensammlung sowie Spezialabteilungen u.a. für Kinder- und Jugendliteratur. Die Zeitschriftenabteilung umfaßt rund 1 000 verschiedene Periodika. Zur schnellen Bearbeitung von Bestellungen sind die Magazinräume durch Rohrpost und elektrische Buchaufzüge mit der Haupthalle verbunden. Die Nutzung der AGB durch die Bevölkerung übertrifft alle Erwartungen; vier Wochen nach Eröffnung ist bereits über die Hälfte der Bestände, 59 000 Bände, ausgeliehen. Um den Standort der Bibliothek hatte es einigen Streit gegeben. Den Ausschlag für den Blücherplatz gab schließlich die Überlegung, daß nach einer Wiedervereinigung Berlins die AGB möglichst nah am alten Zentrum stehen solle.

Neues Hörsaal- und Bibliotheksgebäude für die FU: Einige Wochen zuvor, am 19. Juni, wurde mit einem Festakt im neuen Auditorium Maximum der Freien Universität eine andere Bildungsstätte, der Henry-Ford-Bau in Dahlem,

---

Erklärung der Bundesregierung über Hilfeleistung für Berlin vom 23. Oktober 1954:

Im Hinblick auf die besondere Rolle, die Berlin für die Selbstbehauptung der freien Welt gespielt hat und ferner zu spielen berufen ist, im Bewußtsein der Verbundenheit der Bundesrepublik mit Berlin als der vorgesehenen Hauptstadt eines freien wiedervereinigten Deutschlands, in dem Willen, diese Verbundenheit im Rahmen des Status Berlins zu festigen, in dem Willen, ihre Hilfeleistungen für den politischen, kulturellen, wirtschaftlichen und finanziellen Wiederaufbau Berlins fortzusetzen, und in dem Bestreben, die Stellung Berlins auf allen Gebieten zu festigen und zu stärken und insbesondere, soweit möglich, eine Verbesserung in der wirtschaftlichen und finanziellen Lage Berlins einschließlich seiner Produktionskapazität und seines Beschäftigungsstandes herbeizuführen, erklärt die Bundesrepublik:
a) daß sie das ihrerseits Erforderliche tun wird, um durch geeignete Unterstützungsmaßnahmen die Aufrechterhaltung eines ausgeglichenen Haushalts in Berlin zu gewährleisten;
b) daß sie die geeigneten Maßnahmen für eine angemessene und gerechte Behandlung Berlins bei der Kontrolle und Zuteilung von knappen Rohstoffen und Bedarfsgegenständen treffen wird;
c) daß sie geeignete Maßnahmen treffen wird, um die der Bundesrepublik aus auswärtigen Quellen zur Verfügung stehenden Mittel auch Berlin für seinen notwendigen weiteren wirtschaftlichen Aufbau zugute kommen zu lassen;
d) daß sie alle geeigneten Maßnahmen treffen wird, die zur Förderung der Erteilung von öffentlichen und privaten Aufträgen an die Berliner Wirtschaft beitragen;
e) daß sie die Entwicklung des Berliner Außenhandels fördern und Berlin in allen handelspolitischen Fragen so günstig behandeln wird, wie es die Umstände gestatten, und daß sie Berlin im Rahmen des Möglichen und in Anbetracht der Einbeziehung Berlins in die Devisenbewirtschaftung der Bundesrepublik mit den erforderlichen Devisen ausstatten wird;
f) daß sie die ihrerseits erforderlichen Maßnahmen ergreifen wird, um zu gewährleisten, daß Berlin im Währungsgebiet der Deutschen Mark (West) bleibt, und daß eine angemessene Geldversorgung in der Stadt aufrechterhalten wird;
g) daß sie an der Aufrechterhaltung einer ausreichenden Bevorratung Berlins für Notfälle mithelfen wird;
h) daß sie sich nach besten Kräften bemühen wird, die Handelsverbindungen sowie die Verkehrsverbindungen und -einrichtungen zwischen Berlin und dem Gebiet der Bundesrepublik aufrechtzuerhalten und zu verbessern und an dem Schutz oder der Wiederherstellung dieser Verbindungen und Einrichtungen nach Maßgabe der ihr zur Verfügung stehenden Mittel mitzuwirken;
i) daß sie bemüht bleiben wird, die durch die Aufnahme von Flüchtlingen entstehende überdurchschnittliche Belastung Berlins wie bisher auszugleichen;
j) daß sie die Vertretung Berlins und der Berliner Bevölkerung nach außen sicherstellen und die Einbeziehung Berlins in die von der Bundesrepublik abgeschlossenen internationalen Abkommen erleichtern wird, soweit dies nicht nach der Natur der betreffenden Abkommen ausgeschlossen ist.

VOLKSKAMMERWAHL OHNE BERLINER 1954

Johannes R. Becher (rechts), seit Januar 1954 Minister für Kultur, und Bertolt Brecht, Mitbegründer des Berliner Ensembles.

stätten erfährt die Ost-Berliner Theaterlandschaft 1954 eine wesentliche Bereicherung. Am 19. März bezieht das 1949 von Bertolt Brecht und Helene Weigel gegründete Berliner Ensemble sein neues Domizil im wiederhergestellten Theater am Schiffbauerdamm in der Nähe des Bahnhofs Friedrichstraße. Das BE hatte bislang im Deutschen Theater an der Schumannstraße gespielt. Zur Eröffnung des Hauses wird Molières Lustspiel »Don Juan« in einer Inszenierung des Brecht-Schülers Benno Besson gezeigt. Brecht ist mit dem Schiffbauerdamm-Theater besonders verbunden, doch an dieser Bühne 1928 seine »Dreigroschenoper« (Musik von Kurt Weill) mit sensationellem Erfolg uraufgeführt worden.

Die »Dreigroschenoper« hatte seinerzeit für Brecht den Durchbruch als einer der wichtigsten deutschsprachigen Dramatiker gebracht. Für viele Jahre bleibt das Theater am Schiffbauerdamm eines der führenden Bühnen im deutschen Sprachraum, das besonders dem Werk Bertolt Brechts verpflichtet ist und Gastspiele in ganz Europa gibt. Allerdings wächst in den siebziger Jahren die Kritik an dem Theater als einer weitgehend musealen Kultstätte für das Werk Bertolt Brechts.

Volksbühne wiedereröffnet: Mit einer Aufführung von Friedrich Schillers Schauspiel »Wilhelm Tell« nimmt nach Abschluß der Wiederaufbauarbeiten die Volksbühne am Rosa-Luxem-

In der Verordnung des Magistrats von Groß-Berlin über den Verkehr mit ausländischen Dienststellen vom 15. Dezember 1954 wird der Status Ost-Berlins als Hauptstadt der DDR dokumentiert:

§ 1

(1) Die Organe der Staatsmacht von Groß-Berlin sowie Institutionen und volkseigene Betriebe von Groß-Berlin und deren Vertreter verkehren mit den staatlichen Organen und Vertretern anderer Staaten sowie zwischenstaatlichen oder ähnlichen internationalen Organisationen und Institutionen im In- und Ausland nur über das Ministerium für Auswärtige Angelegenheiten der Deutschen Demokratischen Republik ...

§ 2

(...)
(3) In Außenhandelsfragen tritt an die Stelle des Ministeriums für Auswärtige Angelegenheiten der Deutschen Demokratischen Republik das Ministerium für Außenhandel und Innerdeutschen Handel der Deutschen Demokratischen Republik ...

Verordnung der Volksvertretung Groß-Berlins vom 15. März 1954 zum Volkswirtschaftsplan 1954:

Der Volkswirtschaftsplan 1954 dient der verstärkten Fortführung des friedlichen Aufbaues, der beschleunigten Verbesserung der Arbeits- und Lebensbedingungen der Werktätigen und der demokratischen Wiedervereinigung eines friedliebenden Deutschlands und seiner Hauptstadt Berlin.

Die Aufgaben, die der Volkswirtschaftsplan 1954 stellt, zeigen die großen Perspektiven, die sich dort für die ganze Bevölkerung eröffnen, wo die Arbeiterklasse im Bündnis mit den Bauern und allen anderen werktätigen Schichten des Volkes die Macht ausübt. Unter den Bedingungen einer solchen Gesellschaftsordnung bedeutet jede Verbesserung der Produktion und der Qualität, jede Erhöhung der Arbeitsproduktivität und des Ertrages der Volkswirtschaft die ständige Hebung der Lebenslage der Werktätigen und die Festigung der Macht des Staates der Arbeiter und Bauern.

In Westberlin sind wie in Westdeutschland die alten reaktionären Kräfte, die Monopolherren, die Militaristen und Faschisten, wieder am Werk. Die im Auftrage der amerikanischen Imperialisten in Westberlin betriebene Politik der »Frontstadt« soll zum festen Anschluß dieses Teiles der Hauptstadt Deutschlands an die westdeutsche Politik der Remilitarisierung führen, die auch eine Militarisierung der gesamten Wirtschaft Westberlins zur Folge hat. Das ständige Absinken des Lebensstandards der westberliner Bevölkerung durch steigende Massenarbeitslosigkeit und Preiserhöhungen auf allen Gebieten, eine unglaubliche Kulturbarbarei, die zur ständigen Steigerung insbesondere der Jugendkriminalität führt, die Entrechtung der Arbeiterklasse durch das Betriebsverfassungsgesetz und der Terror gegen alle Kämpfer für Deutschlands demokratische Einheit und einen Friedensvertrag, das sind nur einige Ergebnisse dieser volksfeindlichen und antinationalen Kriegspolitik.

Im demokratischen Sektor von Groß-Berlin wird die friedliche Entwicklung gekennzeichnet durch den steigenden materiellen Wohlstand der gesamten Bevölkerung und den Aufschwung des kulturellen Lebens, die ständig wachsende Kaufkraft aller Teile der Bevölkerung, die erste sozialistische Straße Berlins, die alten und neuen Kultur- und Sportstätten. Solche Maßnahmen, wie sie z. B. in der Verordnung über die Verbesserung der Lebens- und Arbeitsbedingungen der Arbeiter und der Rechte der Gewerkschaften festgelegt sind, legen Zeugnis ab für das Tempo und den Umfang, den der Aufbau eines Lebens in Glück und Wohlstand angenommen hat. Die erfolgreiche Durchführung des Volkswirtschaftsplans 1954 wird eine noch bessere Befriedigung der Bedürfnisse der werktätigen Bevölkerung herbeiführen.

(...) In den Wochen der Konferenz der vier Außenminister haben wie die Werktätigen der Deutschen Demokratischen Republik so auch die Werktätigen Berlins durch zusätzliche Produktionsverpflichtungen ihre Bereitschaft zum Ausdruck gebracht, den Plan gut und vorfristig zu verwirklichen, um damit zugleich die Sicherung der friedlichen Entwicklung zu erreichen. So werden auch während des ganzen Jahres alle Arbeiter und Bauern, Lehrer und Techniker, Handwerker und private Unternehmer, alle Geistesarbeiter und Kulturschaffenden ihre ganze Kraft für die Verwirklichung der großen wirtschaftlichen und nationalen Ziele dieses Planes einsetzen.

1954 SPD GEWINNT BERLINER WAHLEN

Erklärung der Alliierten Kommandantur Berlin vom 25. November 1954 über die Abänderung der Grundsatzerklärung vom 7. März 1951:

In Übereinstimmung mit den Weisungen, die sie von ihren Regierungen erhalten haben, nach einem Meinungsaustausch mit den Berliner Behörden, in dem Wunsche, die engen und herzlichen Beziehungen zwischen den Berlinern und den alliierten Behörden weiter zu entwickeln, eingedenk ihrer weiteren Verantwortlichkeit für die Sicherheit Berlins und ihres Interesses an Berlins Wohlfahrt, ...
haben der Amerikanische, Französische und Britische Kommandant beschlossen, in eingehender Konsultation mit den Berliner Behörden die notwendigen Maßnahmen zu ergreifen, um die Grundsatzerklärung von 1951 dahingehend zu verbessern, daß künftig das größtmögliche Maß einer vollziehenden, gesetzgebenden und rechtsprechenden Selbstregierung in Berlin sichergestellt wird, soweit dies mit der besonderen Situation Berlins vereinbar ist und sich in Übereinstimmung mit seiner Verfassung vom 1. September 1950 befindet.

feierlich eröffnet. Der ebenso wie die Amerika-Gedenkbibliothek mit amerikanischen Spendengeldern finanzierte Gebäudekomplex beherbergt mehrere Hörsäle und die Universitätsbibliothek.
Für Errichtung und Ausstattung des Baus hat die Ford-Stiftung 1,3 Millionen Dollar zur Verfügung gestellt. Die Erweiterung der Buchbestände soll zusätzlich mit einer Spende von 125 000 Dollar gefördert werden. In seiner Festansprache dankt der Rektor der FU, Ernst E. Hirsch, der Ford-Foundation für ihre großzügige Unterstützung seit Gründung der Freien Universität im Dezember 1948. Mittlerweile sind an der Freien Universität rund 6 700 Studenten eingeschrieben. Etwa ein Drittel von ihnen kommt aus der DDR und Ost-Berlin, wo die akademische Freiheit durch das SED-Regime stark eingeschränkt ist.

Sender Freies Berlin nimmt Sendebetrieb auf: Seit dem 1. Juni 1954 hat West-Berlin einen eigenen Radiosender. An Stelle des Nordwestdeutschen Rundfunks (NWDR), der seinen Berliner Betrieb eingestellt hat, tritt der Sender Freies Berlin und sendet aus dem Funkhaus am Heidelberger Platz in Wilmersdorf mit zwei Programmen. Zu den wichtigsten Aufgaben des SFB gehört, so umfassend wie möglich auch über die politischen, sozialen und kulturellen Verhältnissen in Ost-Berlin und der DDR zu berichten und umgekehrt die dortige Bevölkerung über die Verhältnisse im Westen zu informieren.

Die Amerika-Gedenkbibliothek am Blücherplatz in Kreuzberg, Bezug des Neubaues.

KALENDARIUM

1. Januar: Die letzten SAG-Betriebe werden von der UdSSR in den Besitz der DDR übergeben, darunter die Ost-Berliner Elektro-Apparate-Werke Treptow und die Siemens-Plania-Werke in Lichtenberg.

7. Januar: Der Lyriker und Schriftsteller Johannes R. Becher übernimmt die Leitung des neugeschaffenen Kulturministeriums der DDR.

10. Februar: Im West-Berliner Schiller-Theater findet die deutsche Erstaufführung von Arthur Millers Stück »Hexenjagd« statt. In dem Stück setzt sich der amerikanische Dramatiker mit der Kommunisten-Hatz in den Vereinigten Staaten unter dem Senator Joseph R. McCarthy auseinander.

18. Februar: Die Außenministerkonferenz der vier Siegermächte des Zweiten Weltkriegs endet ohne Ergebnisse für Deutschland. Die Delegationen hatten sich am 25. Januar erstmals getroffen und anschließend abwechselnd im Gebäude des Alliierten Konrollrats in Schöneberg und in der Ost-Berliner Botschaft der Sowjetunion Unter den Linden getagt.

12. März: Mit einer Lesung des Schriftstellers Frank Thiess nimmt die 1888 gegründete Deutsche Kulturgemeinschaft Urania Berlin im Studentenhaus am Charlottenburger Steinplatz ihre Arbeit wieder auf. Durch vielfältige Veranstaltungen versucht die Urania, Wissenschaft und Kultur breiten Bevölkerungsschichten zugänglich zu machen.

19. März: Das von Bertolt Brecht und Helene Weigel 1949 gegründete Berliner Ensemble erhält das Theater am Schiffbauerdamm in Ost-Berlin als eigene Spielstätte. Als Eröffnungsvorstellung wird Molières Lustspiel »Don Juan« in einer Inszenierung des Brecht-Schülers Benno Besson gezeigt.

31. März: In der weitgehend wiederaufgebauten katholischen St.-Hedwigs-Kathedrale in Ost-Berlin werden wieder Gottesdienste abgehalten.

21. April: Mit einer Aufführung von Friedrich Schillers Schauspiel »Wilhelm Tell« wird an der wiederaufgebauten Volksbühne am Ost-Berliner Rosa-Luxemburg-Platz der Spielbetrieb wiederaufgenommen.

8. Mai: Auf der Museumsinsel in Ost-Berlin öffnet das Münzkabinett der Staatlichen Museen seine Pforten.

1. Mai: In Ost-Berlin erscheint die erste Nummer der Satirischen Zeitschrift »Eulenspiegel«.

23. Mai: In mehreren West-Berliner Bezirken werden rund 140 Mitglieder der DDR-Jugendorganisation FDJ von der Polizei wegen Verteilens von kommunistischem Propagandamaterial festgenommen.

1. Juni: Der Sender Freies Berlin nimmt im Funkhaus am Heidelberger Platz den Sendebetrieb auf.

KALENDARIUM

VOLKSKAMMERWAHL OHNE BERLINER 1954

7. Juli: Die erstmals in West-Berlin tagende Zweite Bundesversammlung wählt Theodor Heuss für eine zweite Amtsperiode zum Bundespräsidenten.

19. Juli: Der mit amerikanischen Spendengeldern errichtete Henry-Ford-Bau der Freien Universität in Dahlem wird feierlich seiner Bestimmung übergeben. In dem Komplex sind Hörsäle und die zentrale Universitätsbibliothek untergebracht.

20. Juli: Otto John, der Präsident des Bundesamtes für Verfassungsschutz, setzt sich nach Ost-Berlin ab oder wird dorthin entführt.

20. Juli: In feierlichen Gedenkstunden für die Opfer des Widerstandes gegen das nationalsozialistische Regime versammeln sich am 10. Jahrestag des 20. Juli führende Persönlichkeiten im Ehrenhof an der Bendlerstraße (Tiergarten; heute Stauffenbergstraße) und in der ehemaligen Hinrichtungsstätte des Strafgefängnisses Plötzensee (Charlottenburg). Neben Walter Schreiber, dem Regierenden Bürgermeister und Otto Suhr, dem Präsidenten des Abgeordnetenhauses, sind auch Bundespräsident Theodor Heuss und Bundeskanzler Konrad Adenauer anwesend.

27. August: Der Ost-Berliner Magistrat beschließt die Umwandlung des Schloßparks Friedrichsfelde in einen Tierpark. Der neueingerichtete Tierpark wird im Juli 1955 eröffnet.

17. September: Die aus US-amerikanischen Spendengeldern finanzierte Amerika-Gedenkbibliothek öffnet im Bezirk Kreuzberg ihre Tore.

17. Oktober: Bei den ersten Wahlen zur Volksvertretung Groß-Berlin entfallen nach offiziellen Angaben auf die von der SED dominierte Einheitsliste 99,3 % der abgegebenen Stimmen.

2. Dezember: In West-Berlin konstituiert sich die Akademie der Künste. Damit bestehen in beiden Teilen der Stadt nunmehr je eine Akademie der Künste.

2. Dezember: Künstler aus beiden Teilen Berlins diskutieren in West-Berlin über die kulturelle Situation in der Stadt. Auf der Veranstaltung, an der aus Ost-Berlin unter anderen Johannes R. Becher, Minister für Kultur, und Bertolt Brecht, Chef des Berliner Ensembles teilnehmen, kommt es zu heftigen Auseinandersetzungen über die künstlerische Freiheit in der DDR und Ost-Berlin.

5. Dezember: Aus den Wahlen zum Berliner Abgeordnetenhaus geht die SPD mit 44,6 % als stärkste Partei hervor; auf die CDU entfallen 30,4 %. Die FDP erhält 12,8 % der abgegebenen Stimmen. Erstmals nimmt auch die SED an Abgeordnetenhauswahlen teil, scheitert jedoch mit 2,7 % an der Fünf-Prozent-Hürde.

burg-Platz den Spielbetrieb wieder auf. Die Leitung des 1914 fertiggestellten und im Zweiten Weltkrieg schwer beschädigten Hauses übernimmt Fritz Wisten. Die Volksbühne weist eine lange Tradition in der Sparte des politischen Theaters auf. So hatte dort 1924 bis 1927 Erwin Piscator, ein Pionier des linksgerichteten politischen Theaters in Deutschland, gearbeitet.

Kultur in ministerieller Verantwortung: Am 7. Januar 1954 beschließt der Ministerrat der DDR die Einrichtung eines Ministeriums für Kultur der DDR. Zum ersten Kulturminister wird der Schriftsteller Johannes R. Becher ernannt. Zu den Aufgaben des Ministeriums gehört es nach einer offiziellen Verlautbarung, »die fortschrittlichen, freiheitlichen und humanistischen Traditionen unserer Nationalkultur zu pflegen, ... die Unteilbarkeit der deutschen Kultur zu verteidigen«, des weiteren, »die deutsche Kultur gegen Dekadenz und kosmopolitische Entwurzelung in Schutz zu nehmen«.

Die Arbeit des neuen Ministeriums beinhaltet somit auch die Kontrolle des künstlerischen Schaffens in der DDR sowie in Ost-Berlin und gegebenenfalls Sanktionen gegen Künstler, die etwa »dekadenter« oder »kosmopolitischer« Tendenzen verdächtig sind.

Streitgespräch zwischen Künstlern aus Ost und West: Kulturminister Becher gehört auch zu einer Gruppe von Berliner Künstlern, darunter die Schriftsteller Bertolt Brecht, Willi Bredel, und der Regisseur Wolfgang Langhoff, die am 2. Dezember in einem Hotel im amerikanischen Sektor mit westlichen Kollegen über Aspekte eines »Gesamtberliner Kulturlebens« diskutieren. Zu erregten Debatten führt die von dem Publizisten und Herausgeber der Zeitschrift »Der

Die St.-Hedwigskathedrale während des Wiederaufbaus, Oktober 1953

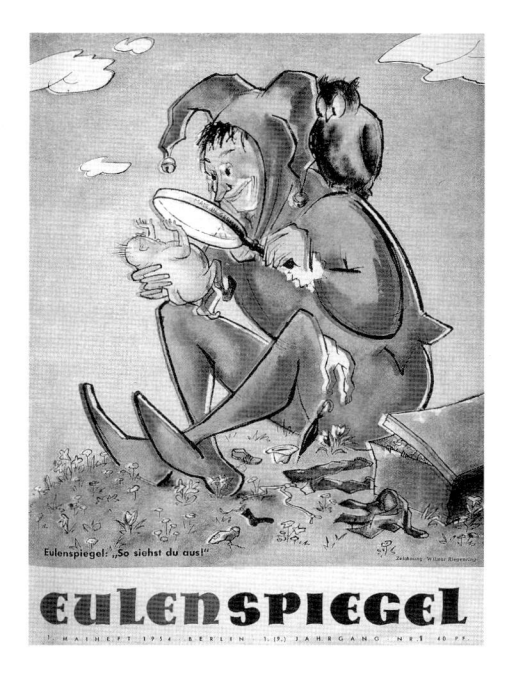

Titelseite der ersten Ausgabe der Zeitschrift »Eulenspiegel«, 1. Mai 1954.

Monat«, Melvin J. Lasky, gestellte Frage nach der künstlerischen Freiheit im Osten.

Ein ähnliches Gesamtberliner Gespräch hatte am 26. November am Kurfürstendamm stattgefunden.

ALLTAG UND GESELLSCHAFT

Freiheit unter Zensur: Gewisse Freiheiten genießt die erstmals am 1. Mai in Ost-Berlin erschienene Zeitschrift »Eulenspiegel«. In der Tradition ihres Vorgängers, des Blattes »Frischer Wind«, spießt die Widrigkeiten des Alltags ebenso wie Auswüchse der Bürokratie in den Behörden auf. Allzu offene Kritik aber – etwa auf politischer Ebene – kann die Redaktion sich nicht leisten, da die Texte der Zensur der Kulturverwaltung unterliegen.

Bischofskirche restauriert: Die im Krieg stark zerstörte katholische St. Hedwigskathedrale am Ost-Berliner August-Bebel-Platz (Opernplatz) ist Ende März 1954 in Teilen wiederhergestellt, so daß in der Krypta wieder Gottesdienste abgehalten werden können. Im Oktober 1953 hatte der katholische Bischof von Berlin, Wilhelm Weskamm, im behelfsmäßig wiederhergestellten Innenraum des Gotteshauses ein erstes Pontifikalamt feiern können.

Die St. Hedwigkirche ist das erste katholische nach der Reformation in Berlin errichtete Gotteshaus und Zentrum des katholischen Gemeindelebens. Die dem römischen Pantheon nachempfundene Kirche ist zwischen 1747 und 1773 nach Plänen Johann Boumanns erbaut worden. König Friedrich II. hatte der katholischen Minderheit in Berlin den Bau einer eigenen Kirche zugebilligt.

1955 SUHR REGIERENDER BÜRGERMEISTER

POLITIK

Otto Suhr Regierender Bürgermeister: Das Jahr 1955 beginnt mit einem Wechsel an der Berliner Regierungsspitze. Gemäß der Koalitionsabsprachen von SPD und CDU wird der Sozialdemokrat Otto Suhr am 11. Januar vom Abgeordnetenhaus mit 104 gegen 18 Stimmen zum Regierenden Bürgermeister gewählt. Sein Vorgänger Walter Schreiber (CDU), der das Amt seit 1953 bekleidete und dessen Partei bei den Wahlen vom 5. Dezember 1954 Verluste hinnehmen mußte, hatte auf eine erneute Kandidatur verzichtet.

Suhr gilt als eine der herausragenden Persönlichkeiten der Berliner Sozialdemokratie. Der Wirtschafts- und Politikwissenschaftler, der eng mit der Gewerkschaftsbewegung verbunden ist (1945 Mitbegründer des DGB), hatte nach Kriegsende als Generalsekretär maßgeblich an der Reorganisation der SPD mitgewirkt. Zwischen 1946 und 1950 war Suhr Vorsteher der Stadtverordnetenversammlung von Groß-Berlin, seit 1951 Präsident des Abgeordnetenhauses.

Auch bundespolitisch engagierte sich Suhr. 1948/49 gehörte er dem Parlamentarischen Rat zur Ausarbeitung eines Grundgesetzes für die Bundesrepublik Deutschland an; von 1949 bis 1951 vertrat er Berlin im Bundestag. Auf Initiative Suhrs war 1949 die Deutsche Hochschule für Politik neu gegründet worden, an der er schon vor 1933 gewirkt hatte.

Bundesrepublik wird souverän: In die Amtszeit Otto Suhrs fällt in eine für die deutsche Nachkriegsgeschichte entscheidende Phase. Mit

Wahl Otto Suhrs zum Regierenden Bürgermeister durch das Abgeordnetenhaus von Berlin im Schöneberger Rathaus, 11. Januar 1955.

der Hinterlegung der Ratifikationsurkunden zum Deutschlandvertrag und den Verträgen über den Aufenthalt ausländischer Streitkräfte in der Bundesrepublik am 5. Mai 1955 in Bonn endet das Besatzungsregime, und die Bundesrepublik ist nun souverän.

Die drei Westalliierten proklamieren die Aufhebung des Besatzungsstatuts. Doch behalten sie sich vor, bei äußerem und innerem Notstand die Regierungsgewalt zu übernehmen. Gleichzeitig tritt die Bundesrepublik dem westlichen Verteidigungsbündnis NATO bei. Der Westintegration der Bundesrepublik steht der Beitritt der DDR zum Warschauer Pakt (14. Mai) gegenüber.

Viermächte-Status für Berlin bleibt bestehen: Berlin scheint von dieser Entwicklung nicht direkt betroffen. Am Tag der Proklamation der Souveränität der Bundesrepublik veröffentlicht die Alliierte Kommandantur eine »Erklärung über Berlin«, durch die das Kleine Besatzungsstatut von 1949 aufgehoben wird und die die Prinzipien und Vorbehalte der Beziehungen zwischen der Alliierten Kommandantur und dem Berliner Senat regelt.

Spaltung wird vertieft: Die grundlegenden Weichenstellungen in der bundesdeutschen Nachkriegsgeschichte haben auch Folgen für Berlin. Der Westintegration der Bundesrepublik und der Verfestigung der Bindungen von West-Berlin an den Westen stehen die Integration der DDR in das östliche Bündnissystem und die Eingliederung Ost-Berlins in die DDR gegenüber. Die Aussicht auf eine Wiedervereinigung Berlins ist weiter gesunken.

Im September 1955 beim Besuch von Bundeskanzler Adenauer in Moskau erzielte Normalisierung der Beziehungen zwischen der Bundesrepublik und der Sowjetunion – unter anderem

---

Am 5. Mai 1955 gibt anläßlich der Erlangung der eingeschränkten Souveränität der Bundesrepublik Deutschland Willy Brand, der Präsident des Abgeordnetenhauses, vor dem Abgeordnetenhaus eine Erklärung ab:

Ein trauriger und leidvoller Abschnitt deutscher Geschichte ging in diesen Tagen vor zehn Jahren zu Ende. ... Es beginnt nun eine neuer Abschnitt für jenen Teil Deutschlands, der seit 1949 als staatliches Provisorium der Bundesrepublik konstituiert ist. Die Beziehungen zu den bisherigen Besatzungsmächten werden neu geregelt: der Besatzungszustand wird für diesen Teil Deutschlands als abgeschlossen erklärt. Die Selbstbestimmung der Bundesrepublik im Innern wird durch stärkere Bewegungsfreiheit in auswärtigen Angelegenheiten ergänzt.

Die Bedeutung dieser Vorgänge wissen wir zu würdigen. Zum Feiern besteht allerdings kein Grund. Den Tag der deutschen Freiheit werden wir erst begehen können, wenn durch die Vereinigung der Deutschen in Ost und West wieder zusammengefügt wird, was willkürlich auseinandergerissen wurde. Größere Selbständigkeit im größeren Teil Deutschlands verpflichtet alle berufenen Stellen zu größten Anstrengungen, dieses Ziel so bald wie möglich zu erreichen.

In Berlin bleibt aus Gründen, die wir begreifen, die oberste Gewalt der Kontrollmächte aufrechterhalten. Wir dürfen allerdings überzeugt sein, daß überholte Bestandteile des Besatzungsrechts auch hier außer Kraft gesetzt werden und daß unsere Selbstregierung – unter Beachtung übergeordneter Verantwortlichkeiten – ungehindert zum Zuge kommt. Unser dringendster Wunsch geht dahin, daß sich der Abstand zwischen der Bundesrepublik und Berlin durch die Unterschiedlichkeit der völkerrechtlichen Stellung nicht erweitert, sondern daß die Sonderstellung Berlins im innerdeutschen Bereich überwunden wird. Es bleibt dabei, daß Berlin nach der Bonner Verfassung ein Teil des Bundes ist. Gleichermaßen bleibt es dabei, daß die Hauptstadt Deutschlands Berlin heißt.

Wir grüßen unsere Landsleute in Ost und West. Wir appellieren an die Mächte, die vor zehn Jahren die Verantwortung für Deutschland übernehmen, daß sie uns nicht nur unseres unveräußerlichen Rechtes wegen, sondern auch ihrer Interessen und des Friedens wegen den Weg zur Wiedervereinigung erleichtern mögen. Unsere Verantwortung und unsere Verpflichtung gelten über sonstige Meinungsverschiedenheiten hinaus der Gesamtheit der Mitbürger im Westen und Osten dieser Stadt; sie gelten dem ganzen Deutschland.

ENDE DER SOWJETISCHEN BESATZUNG 1955

POLITIK

Ostintegration der DDR und Berlins gefestigt: Vor dem Hintergrund der Erlangung der Souveränität der Bundesrepublik und dem damit verbundenen Beitritt zur NATO schafft die Sowjetunion Fakten, die dokumentieren sollen, daß der Viermächte-Status nicht mehr besteht. Die DDR hatte bereits 1954 von der Sowjetunion die Souveränität erhalten, und im Januar beendet die Sowjetunion auch den Kriegszustand mit Deutschland. Nachdem sich die Sowjets bereits 1948 aus dem Alliierten Kontrollrat und der Alliierten Kommandantur zurückgezogen hatten, verlassen sie nun auch die für Groß-Berlin zuständigen Unterorganisationen, etwa das Abrechnungsbüro für das Post- und Fernmeldewesen. Lediglich die Teilnahme am Betrieb der Alliierten Luftsicherungszentrale (Kleistpark), an der Bewachung des Kriegsverbrechergefängnisses (Spandau) und der Kontrolle des Militärverkehrs der Westalliierten nach West-Berlin behält sich die UdSSR vor.

Ost-Berlin wird sowohl von der DDR-Führung, als auch von der Sowjetunion als Hauptstadt der DDR betrachtet. So bezeichnet der sowjetische Militärkommandant General Pawel A. Dibrowka am 29. November in einer offiziellen Erklärung den sowjetischen Sektor als Bestandteil der DDR. Da die UdSSR ihre Rechte abgetreten habe, ende die Verantwortung der Alliierten über Ost-Berlin.

Rotes Rathaus in altem Glanz: Zur Feier des siebenten Jahrestages der Einsetzung des Magistrates am 30. November übergeben die »Werktätigen« das bezugsfertige Rathaus der Stadtregierung. Das Haus war von 1861 bis 1869 nach Entwürfen von Friedrich Waesemann errichtet worden.

Feierliche Übergabe des wiederhergestellten Rote Rathauses an Oberbürgermeister Friedrich Ebert, im Hintergrund Staatspräsident Wilhelm Pieck und Ministerpräsident Otto Grotewohl, 30. November 1955.

1951 hatte man mit dem Wiederaufbau des im Zweiten Weltkrieg zerstörten Gebäudes begonnen. Die Fassade und andere architektonische Details sind mit den charakteristischen, nachgebrannten Klinkerformsteinen restauriert worden. Auch der Figurenfries erstrahlt in altem Glanz. Er – eine »Steinerne Chronik« – zeigt Bilder aus der Geschichte Berlins.

SED begrüßt Bundestag: Das SED-Zentralorgan »Neues Deutschland« beschäftigt sich am 19. und 20. Oktober in zwei Leitartikeln mit der Arbeitswoche des Deutschen Bundestages in West-Berlin. Unter der Überschrift »Umkehr am Brandenburger Tor?« begrüßt der Kommentator am 20. Oktober, daß »die Abgeordneten endlich den Weg aus der Provinzstadt Bonn in die Hauptstadt Deutschlands gefunden haben. Für sie mag dies ein großes Ereignis sein, für uns [die SED] aber ist es selbstverständlich, daß nur diejenige deutsche Regierung Anerkennung besitzt, die ihren Sitz in der Hauptstadt Berlin hat«.

Erhöhung der Transitgebühren: Zu einem Konflikt mit der Bundesrepublik kommt es am 30. März. Das DDR-Verkehrsministerium erläßt eine Verordnung über eine drastische Erhöhung der Straßenbenutzungsgebühren auf den Zufahrtswegen nach West-Berlin. Pkw müssen bei jeder Fahrt eine Abgabe in Höhe von 30 DM entrichten. Bislang galt eine Gebühr von 10 DM. Für LKW sind gewichtsabhängige Gebühren von bis zu 550 DM vorgesehen. Nach scharfen Protesten der Bundesregierung und intensiven Verhandlungen beider Seiten erklärt sich die DDR-Führung am 10. Juni zu einer Reduzierung der Gebühren bereit.

WIRTSCHAFT

Verstaatlichung macht Fortschritte: Im Rahmen einer Festsitzung zur Wiederherstellung des Roten Rathauses am 30. November legt Oberbürgermeister Friedrich Ebert eine Bilanz des ersten Fünfjahresplans vor. Danach hat sich die

---

Anläßlich der Unterzeichnung des Staatsvertrages, in dem die UdSSR der DDR volle Souveränität einräumt, verabschieden Stadtverordnetenversammlung und Magistrat Ost-Berlins am 28. September eine Erklärung:

Im Namen der friedliebenden Bevölkerung der Hauptstadt Deutschlands danken Volksvertretung und Magistrat von Groß-Berlin der Regierungsdelegation der Deutschen Demokratischen Republik für ihre erfolgreiche Vertretung der nationalen Interessen des deutschen Volkes und für das von ihr erzielte, wahrhaft historische Ergebnis der Moskauer Deutschlandbesprechungen. Die friedliebende Bevölkerung der Hauptstadt Deutschlands wird mit besonderer Kraft den Kampf gegen die Pariser Kriegsverträge und die Remilitarisierung Westdeutschlands und Westberlins und für die Schaffung eines Systems der kollektiven Sicherheit in Europa führen. Sie ist nicht gewillt, zu dulden, daß in Westberlin die Politik des kalten Krieges fortgeführt wird, daß Westberlin der vorgeschobene Brückenkopf des westdeutschen Militarismus bleibt. Sie fordert, daß Schluß gemacht wird mit dem verbrecherischen Treiben der Agenten- und Spionageorganisationen und der vom Westberliner Senat betriebenen Politik der Selbstblockade. Sie fordert, daß Schluß gemacht wird mit der Westberliner Frontstadt-Politik und den dauernden Provokationen.
...
Unsere Aufgabe ist es, den demokratischen Sektor Berlins zum Vorbild und zum Anziehungspunkt für ganz Berlin zu machen. Wir müssen uns bewußt sein, daß angesichts des Bestehens eines von den Militaristen und Monopolen beherrschten Westdeutschlands und Westberlins der Erfolg des Kampfes um die Sicherung des Friedens und um eine fortschrittliche Entwicklung ganz Deutschlands wesentlich von den Erfolgen des sozialistischen Aufbaus der Deutschen Demokratischen Republik und ihrer Hauptstadt Berlin und der weiteren Festigung unseres Staates abhängt. ...

1955 SUHR REGIERENDER BÜRGERMEISTER

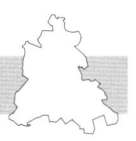

Am 5. Mai 1955 gibt die Alliierte Kommandantur die »Erklärung über Berlin« ab:

In Anbetracht der zwischen Frankreich, dem Vereinigten Königreich von Großbritannien und Nordirland, den Vereinigten Staaten von Amerika und der Bundesrepublik Deutschland hergestellten neuen Beziehungen und in dem Wunsch, den Berliner Behörden die größtmögliche Freiheit zu gewähren, die mit der besonderen Lage Berlins vereinbar ist, erklärt die Alliierte Kommandantura:

I. Berlin übt alle seine Rechte, Machtbefugnisse und Verantwortlichkeiten aus, wie sie in seiner im Jahre 1950 angenommenen Verfassung niedergelegt sind, lediglich unter Berücksichtigung der von der Alliierten Kommandantura am 29. August 1950 gemachten Vorbehalte und nach Maßgabe der nachstehenden Bestimmungen.

II. Die alliierten Behörden behalten das Recht, falls sie es für notwendig erachten, solche Maßnahmen zu ergreifen, die zur Erfüllung ihrer internationalen Verpflichtungen, zur Sicherung der öffentlichen Ordnung und zur Erhaltung des Status und der Sicherheit Berlins, seiner Wirtschaft, seines Handelns und seiner Verbindungslinien notwendig sind.

III. Die alliierten Behörden werden normalerweise nur auf den folgenden Gebieten Machtbefugnisse ausüben:
a) Sicherheit, Interessen und Immunität der alliierten Streitkräfte, ...
b) Abrüstung und Entmilitarisierung, einschließlich verwandter Gebiete der wissenschaftlichen Forschung, zivile Luftfahrt ...
c) Beziehungen Berlins zu ausländischen Behörden. ...
d) Deckung der Besatzungskosten. ...
e) Befehlsbefugnis über die Berliner Polizei, insoweit dieselbe zur Gewährleistung der Sicherheit Berlins notwendig ist.

IV. Die Alliierte Kommandantura wird, vorbehaltlich der Artikel I und II dieser Erklärung, keine Einwände dagegen erheben, daß Berlin nach einem angemessenen, von der Alliierten Kommandantura zugelassenen Verfahren die Gesetzgebung der Bundesrepublik übernimmt, ...

VI. Alle Rechtsvorschriften der alliierten Behörden bleiben so lange in Kraft, bis sie aufgehoben, abgeändert oder außer Wirkung gesetzt werden.
Die alliierten Behörden werden alle Rechtsvorschriften aufheben, abändern oder außer Wirkung setzen, die sie angesichts dieser Erklärung nicht mehr für angebracht erachten.
Rechtsvorschriften der alliierten Behörden können auch durch Berliner Gesetzgebung aufgehoben oder abgeändert werden; jedoch benötigt eine solche Aufhebung oder Abänderung vor ihrem Inkrafttreten die Genehmigung der alliierten Behörden.

VII. Die Berliner Gesetzgebung tritt gemäß den Bestimmungen der Berliner Verfassung in Kraft. Im Falle der Nichtübereinstimmung mit alliierter Gesetzgebung ... kann die Berliner Gesetzgebung durch die Alliierte Kommandantura aufgehoben oder für nichtig erklärt werden.

IX. Die Alliierte Kommandantura wird, soweit es die Lage in Berlin zuläßt, die Bestimmungen dieser Erklärung abändern.

wird die Aufnahme diplomatischer Beziehungen und die Freilassung der letzten deutschen Kriegsgefangenen vereinbart – können nicht darüber hinweg täuschen, daß das politische Klima zwischen den Machtblöcken rauher wird.
Vor diesem Hintergrund erhalten Gesten, die die Verbundenheit der Bundesrepublik mit der geteilten Stadt unterstreichen, besondere Bedeutung. So wird die erste Arbeitswoche des Deutschen Bundestages (18. bis 21. Oktober) in Berlin, in den Räumen der Technischen Universität, von den West-Berlinern mit viel Beifall aufgenommen. Es ist das erste Mal seit 1933 – so Bundestagspräsident Eugen Gerstenmaier –, daß in Berlin ein demokratisch legitimiertes deutsches Parlament tagt.

WIRTSCHAFT

Aufbauplan für West-Berlin: Die West-Berliner Wirtschaft kann von dem wirtschaftlichen Aufschwung in der Bundesrepublik noch nicht besonders profitieren. Die Insellage der Stadt und die politische Unsicherheit bewirken Standortnachteile, unter deren Folgen die Bevölkerung leidet (beispielsweise niedrige Einkommen und Arbeitslosigkeit).
Um die Wirtschaft zu stärken und um – so Bundeskanzler Konrad Adenauer – den Bewohnern der Sowjetzone die Vorzüge des freien Deutschlands vor Augen zu führen, vereinbaren Bundesregierung und Senat am 27. April einen langfristigen Aufbauplan. Bis 1959 sollen rund 1,6 Milliarden DM für Investitionen und Wohnungsbau bereitgestellt werden. Vorgesehen ist die Schaffung von 100 000 Arbeitsplätzen und der Bau von 75 000 Wohnungen. Darüber hinaus soll die Kultur erhebliche Förderung erfahren, um die Attraktivität West-Berlins zu erhöhen.

KULTUR

Beginn der Ära Karajan: Nach dem Tod seines Chefdirigenten Wilhelm Furtwängler am 30. November 1954 unternimmt das Berliner Philharmonische Orchester im Frühjahr 1956 unter Herbert von Karajan eine Gastspielreise durch die Vereinigten Staaten. Befürchtungen, die erste nach Kriegsende durchgeführte Tournee nach Amerika könne von antideutschen Demonstrationen überschattet werden, bestätigen sich nicht. Im Gegenteil, die 26 Konzerte werden für das Orchester zu einem triumphalen Erfolg. Im Mittelpunkt steht dabei der Dirigent Karajan.
Unter dem Eindruck des überwältigenden Erfolges – Kritiker schreiben vom »Wunder Karajan« – wählen die Philharmoniker am 3. März in Pittsburgh (Pennsylvania) den Österreicher zu ihrem neuen Künstlerischen Leiter. Damit beginnt die zwischen dem Berliner Philharmo-

Berliner Philharmoniker bei der Abreise zur Tournee durch Nordamerika, 24. Februar 1955.

ENDE DER SOWJETISCHEN BESATZUNG 1955

Leistungskraft der Ost-Berliner Wirtschaft in den letzten Jahren stetig erhöht. Besonders die Elektroindustrie und der Maschinenbau konnten kräftige Zuwachsraten erzielen. Nach Angaben Eberts verdoppelten oder verdreifachten sie ihre Produktion gegenüber 1936. Besonders betont wird die zunehmende Überführung der Betriebe in Volkseigentum, von rund 75 % 1950 sind es 1955 bereits knapp 90 %. Die volkseigenen Handelsbetriebe konnten in Ost-Berlin ihren Anteil am Gesamtumsatz auf 67,5 % steigern. Der Ost-Berliner Wohnungsbestand ist bereits zur Hälfte in staatlicher Verwaltung.

Auf Probleme der Ost-Berliner Wirtschaft geht Ebert in seiner Ansprache nicht ein. Noch immer sind die Folgen der nach Kriegsende erfolgten Demontage durch die Sowjets deutlich spürbar; es fehlt an Maschinen und Arbeitsgeräten. Zusätzlich leidet die Produktivität vieler Unternehmen an fehlerhafter Planung und einer mangelhaften Versorgung mit Werkstoffen.

KULTUR

UdSSR gibt Kunstschätze zurück: Ein herausragendes kulturpolitisches Ereignis ist die Rückgabe einer Reihe von nach Kriegsende in die UdSSR verbrachter Kunstschätze an die DDR. Betroffen sind zahlreiche Exponate Berliner und anderer Museen, die seit 1945 in der Sowjetunion aufbewahrt worden sind.

Ab 27. November werden in der Nationalgalerie 520 Gemälde gezeigt, unter anderen Raffaels »Sixtinische Madonna« und Werke von Tizian, Velázquez, Dürer, Cranach dem Älteren, Watteau und Degas. Auch der Pergamonaltar kehrt zurück.

Kleiber verläßt Staatsoper: Der mit der musikalischen Leitung der vor der Eröffnung stehenden Staatsoper Unter den Linden beauftragte Erich Kleiber kündigt am 16. März alle eingegangenen Bindungen, da er das Herabreißen der Inschrift »FRIDERICUS REX APPOLLINI MUSIS« als eine Schändung des historischen Monuments empfindet. Dem Intendant Max Burghardt gegenüber begründet Kleiber seinen Schritt auch mit der zunehmenden Einmischung von SED-Kulturfunktionären in die künstlerische Belange.

Kleiber, von 1922 bis 1934 Generalmusikdirektor an der Staatsoper, weist daraufhin, daß er nach den Jahren des Exils während des Nationalsozialismus nun ein weiteres Mal seine Wirkungsstätte verlassen muß.

Auch wenn der Weggang Kleibers für den Ost-Berliner Musikbetrieb einen großen Verlust bedeutet, wird die Eröffnung des restaurierten Opernhauses mit Richard Wagners »Die Meistersinger von Nürnberg« am 4. September ein glanzvolles Ereignis.

ALLTAG UND GESELLSCHAFT

Kirche gegen Jugendweihe: Die 1954 in der DDR eingeführte und im Frühjahr 1955 erstmals in Ost-Berlin durchgeführten Jugendweihen lehnt die Katholische Kirche kompromißlos ab. Am 6. März wird in sämtlichen zum Bistum Berlin gehörenden katholischen Kirchen ein Hirtenbrief von Bischof Wilhelm Weskamm verlesen, in dem die Teilnahme an einer Jugendweihe als Sünde bezeichnet wird, die mit einer Exkommunizierung geahndet werden könne.

Während die Warnung in Gebieten der DDR mit einem hohen Anteil an Katholiken durchaus Wirkung zeigt, bleibt sie im überwiegend protestantischen Berlin ohne Folgen. Innerhalb weniger Jahre wird die Jugendweihe zu einer von der Bevölkerung weitgehend akzeptierten Zeremonie.

Tierpark Friedrichsfelde eröffnet: Am 2. Juli erhält Ost-Berlin eine besondere Attraktion. Oberbürgermeister Friedrich Ebert eröffnet im Bezirk Lichtenberg den Tierpark Friedrichsfelde. Auf einer rund 100 ha großen Fläche ist in rund 100 000 »freiwilligen Aufbaustunden« von Jugendlichen und Werktätigen ein großzügiger Zoologischer Garten geschaffen worden.

Die Mittel in Höhe von rund fünf Millionen Mark sind über die Bärenlotterie aufgebracht worden. Hinzu kamen zahlreiche Spenden Ost-Berliner Unternehmen und Betriebe; so übernahm das »Neues Deutschland« den Ankauf eines Elefanten. Weitere Tiere haben andere Zoologische Gärten gespendetet, darunter auch einige in der Bundesrepublik.

Das Alfred-Brehm-Haus, eine Tropenhalle mit Freiflugraum für Vögel, im Tierpark Berlin in Friedrichsfelde.

> *Das SED-Zentralorgan »Neues Deutschland« beschäftigt sich am 19. Oktober 1955 in einem Leitartikel mit der ersten Sitzung des Deutschen Bundestages in West-Berlin. Im Vorfeld hatte die DDR-Presse eine gegen die Bundestagssitzung gerichtete Kampagne geführt, aber mit keinem Wort das Recht zu derartigen Veranstaltungen bestritten:*
>
> *Aus der Provinzstadt Bonn sind die Abgeordneten des dortigen Bundestages in die Hauptstadt Deutschlands gekommen, wo sie in dieser Woche die Luft mit zahlreichen Reden erfüllen. Die Westberliner Zeitungen führen bewegte Klage, daß den Bundestagsabgeordneten durch die Presse der Deutschen Demokratischen Republik nicht ein genügend herzlicher Empfang bereitet worden sei. Indessen haben die kalten Krieger, die Westberlin jeden Tag ganz im Kommißton als »Frontstadt« und »Brückenkopf« lobpreisen, am wenigsten Grund zur Beschwerde. Wer so wie sie den kalten Krieg fortsetzt und wie der Bonner Außenminister [Heinrich von] Brentano die internationale Entspannung als eine »Gefahr« bezeichnet, darf nicht darauf rechnen, mit Samthandschuhen angefaßt zu werden.*
>
> *... Es könnte schon den Beginn zu einer Entspannung bedeuten, wenn wenigstens ein Teil der Abgeordneten bemüht wäre, sich ein objektives Urteil über das große Aufbauwerk im demokratischen Sektor von Berlin ... Arbeiter- und Bauern-Macht zu verschaffen. ...*

1955 SUHR REGIERENDER BÜRGERMEISTER

Industriegruppe	1936	Oktober 1950	Ziel des Long-Term-Planes	Beschäftigtenzahl 1957 (Monatsdurchschnitt)
Maschinenbau	42 090	18 270	40 000	34 922
Elektrotechnik	112 770	56 537	90 000	96 283
Feinmechanik und Optik	12 180	3 668	10 000	7 275
Eisen-, Stahl- und Metallwaren	19 830	5 258	12 000	6 726
Chemische Industrie	11 280	7 623	13 000	10 134
Graphisches Gewerbe	26 950	7 364	14 000	11 588
Textilindustrie	2 850	1 331	5 000	5 472
Bekleidung	21 740	8 386	15 000	23 723
Nahrungsmittelindustrie	10 990	8 589	11 000	19 729
Industrie insges. (ohne Kleinbetriebe mit weniger als 10 Beschäftigten und Heimarbeiter		323 958	148 038	269 800	272 637

Beschäftigungsstand der West-Berliner Industrie mit den Planziffern des Long-Term-Planes.

nischen Orchester und Karajan enge und fruchtbare, auch spannungsteiche Beziehung, die bis 1989 halten sollte.

Broadway-Erfolg am Kurfürstendamm: Ein großer Publikumserfolg ist die deutsche Uraufführung des Musicals »Kiss me Kate« in der Komödie am Kurfürstendamm.
Regisseur Leonard Steckel ist es gelungen, das 1948 entstandene Stück ins Deutsche zu übertragen, ohne daß der Witz der auf der Shakespeare-Komödie »Der Widerspenstigen Zähmung« basierenden Handlung verloren geht. Die zündende Musik Cole Porters und die überzeugenden Darsteller – u.a. Hannelore Schroth und Wolfgang Preiss – sorgen für volle Theaterkassen.

Deutsche Erstaufführung in Berlin: Das Steglitzer Schloßpark-Theater, das gerade den Wechsel des Regisseurs und Schauspielers Karlheinz Stroux auf den Indentantensessel des Düsseldorfer Schauspielhauses hat hinnehmen müssen, bringt eine vielbeachtete deutsche Erstaufführung. Am 20. Dezember, nur sechs Wochen nach der Pariser Uraufführung, präsentiert der Regisseur Rolf Steinboeck das Schauspiel »Der Herr Ornifle oder Der erzürnte Himmel« des französischen Dramatikers Jean Anouilh, eine moderne Version des »Don Juan« von Molière.

Auf dem Weg zur Sitzung des Bundestages: Der Regierende Bürgermeister Otto Suhr, Frau Susanne Suhr und der Bundesbevollmächtigte Heinrich Vockel, 19. Oktober 1955.

KALENDARIUM

11. Januar: Das West-Berliner Abgeordnetenhaus wählt den Sozialdemokraten Otto Suhr zum Regierenden Bürgermeister. Suhr tritt die Nachfolge von Walther Schreiber (CDU) an.
11. Februar: Willy Brandt (SPD) wird vom West-Berliner Abgeordnetenhaus als Nachfolger von Otto Suhr (SPD) zu seinem Präsidenten gewählt.
3. März: Während seiner USA-Tournee wählt das Berliner Philharmonische Orchester Herbert von Karajan zu seinem ständigen Dirigenten. Karajan tritt die Nachfolge des am 30. November 1954 verstorbenen Wilhelm Furtwängler an.
16. März: Der Dirigent Erich Kleiber beendet sein Engagement an der Deutsche Staatsoper Unter den Linden in Ost-Berlin. Kleiber wirft der DDR-Führung Verquickung von Kunst und Politik zu Propagandazwecken vor.
27. März: Im Ost-Berliner Bezirk Köpenick findet die erste Jugendweihe statt. Die Zeremonie soll an die Stelle der Konfirmation und Kommunion der christlichen Kirchen treten.
30. März: Auf den Zufahrtswegen nach West-Berlin werden die Straßenbenutzungsgebühren für westliche Fahrzeuge drastisch erhöht. Pkw müssen 30 DM entrichten, LKW je nach Gewicht 100–550 DM. Das entspricht einer Steigerung um 300 %. Nach Verhandlungen mit der Bundesregierung nimmt das DDR-Verkehrsministerium die Erhöhung am 10. Juni teilweise zurück.
27. April: Bundesregierung und Senat einigen sich auf einen Aufbauplan für West-Berlin. Für Wohnungsbau, Industrieansiedlung und Förderung des kulturellen Lebens werden rund 1,6 Milliarden DM bereitgestellt.
30. April: Auf der Rixdorfer Höhe im West-Berliner Bezirk Neukölln wird ein von Katharina Singer gestaltetes Denkmal für die Berliner Trümmerfrauen enthüllt.
1. Mai: An den Feiern zum 1. Mai in Ost-Berlin nehmen erstmals bewaffnete Verbände der Betriebskampfgruppen teil.
5. Mai: Mit der Hinterlegung der Ratifizierungsurkunden zu den Pariser Verträge vom 23. Oktober 1954 endet das Besatzungsregime in der Bundesrepublik Deutschland. Aus diesem Anlaß überreicht die Alliierte Kommandantur dem Regierenden Bürgermeister Otto Suhr die »Berliner Erklärung« über den besonderen Status Berlins.
4. Juni: Im West-Berliner Bezirk Charlottenburg beginnt eine Festwoche anläßlich der Verleihung des Stadtrechtes durch Friedrich I. von Preußen vor 250 Jahren. Im Ost-Berliner Märkischen Museum wird das Ereignis mit einer Sonderausstellung über die Geschichte Charlottenburgs gewürdigt.
2. Juli: Im Bezirk Lichtenberg öffnet der Ost-Berliner Tierpark Friedrichsfelde seine Pforten.

KALENDARIUM   ENDE DER SOWJETISCHEN BESATZUNG 1955

4. Juli: Bei einem schweren Sommergewitter wird im Bezirk Prenzlauer Berg ein Berliner durch Blitzschlag getötet. Zahlreiche Straßen werden überschwemmt; der öffentliche Verkehr ist zeitweise unterbrochen.

24. Juli: Auf dem Ost-Berliner Flughafen Schönefeld treffen der sowjetische Regierungschef Nikolai A. Bulganin und der sowjetische Parteichef Nikita S. Chruschtschow zu einem offiziellen DDR-Besuch ein, der bis zum 27. Juli dauert.

4. September: Mit einer Festaufführung wird die restaurierte Staatsoper Unter den Linden wiedereröffnet.

19. September: Das »Berliner Ensemble« am Schiffbauerdamm bringt die Uraufführung des Stückes »Pauken und Trompeten« von George Farquhar mit der Musik von Rudolf Wagner-Régeny.

20. September: In Moskau wird ein Vertrag über die Beziehungen zwischen der DDR und der UdSSR unterzeichnet.

18. Oktober: Im großen Hörsaal der Technischen Universität (Charlottenburg) hält der Deutsche Bundestag seine erste Sitzung in Berlin ab.

22. November: Die Staatliche Porzellan-Manufaktur (KPM) bezieht ihr neues Gebäude in der Wegelystraße im Bezirk Tiergarten. Das alte Gebäude war während des Krieges zerstört worden. Die KPM hatte deshalb ihre Produktion zunächst in der fränkischen Stadt Selb aufnehmen müssen.

29. November: Der sowjetische Militärkommandant in Berlin, General Pawel A. Dibrowka, erklärt, der sowjetische Sektor Berlin, sei Bestandteil der DDR und unterliege nicht mehr der Kontrolle durch die Alliierten. Vertreter der Westmächte weisen die Erklärung mit dem Hinweis auf den völkerrechtlich verbindlichen Viermächte-Status der Stadt zurück.

1. Dezember: Das West-Berliner Abgeordnetenhaus spricht sich in einem von allen Fraktionen getragenen Entschluß gegen Versuche der DDR und der Sowjetunion aus, Ost-Berlin aus dem Viermächte-Status herauszulösen.

20. Dezember: Im Steglitzer Schloßpark-Theater hat das Stück »Der Herr Ornifle oder Der erzürnte Himmel« des französischen Dramatikers Jean Anouilh seine deutsche Erstaufführung.

23. Dezember: Die Komödie am Kurfürstendamm bringt die deutsche Erstaufführung des Musicals »Kiss me Kate« von Cole Porter. Regie führt Leonard Steckel, die Hauptrollen spielen Hannelore Schroth, Wolfgang Müller und Wolfgang Preiss.

31. Dezember: Nach Angaben des Bonner Bundesministeriums für gesamtdeutsche Fragen sind 1955 mehr als 250 000 Menschen aus der DDR und Ost-Berlin in die Bundesrepublik und West-Berlin geflüchtet.

Die Deutsche Staatsoper Unter den Linden am Tag der feierlichen Eröffnung, 4. September 1955.

Zur Wiedereröffnung der Deutschen Staatsoper am 4. September veröffentlicht die Ost-Berliner Presse ein Grußwort des Intendanten Max Burghardt:

... So wird die Eröffnung der Staatsoper zu einem Kulturereignis nicht nur für Berlin, nicht nur für die Deutsche Demokratische Republik, sondern für ganz Deutschland. Die Pflege unseres großen kulturellen Erbes kann und muß uns Deutsche über die Zonengrenzen hinweg verbinden. Deshalb ist es bedeutungsvoll, daß auch die Künstler, die an der Deutschen Staatsoper wirken, diese kulturelle Einheit schon verkörpern. Sie kommen aus dem Osten wie aus dem Westen unseres Vaterlandes.

... In der heutigen Wiedereröffnung zeigt sich, wie unsere Deutsche Demokratische Republik als erster Arbeiter- und Bauern-Staat in Deutschland seine nationale Aufgabe erfüllt. Unsere Republik ist heute das Bollwerk der nationalen Einheit. Das bewährt sich auch auf dem Gebiet der Kultur.

In Thomas Manns »Dr. Faustus« stellt sich der Komponist Adrian Leverkühn die teuflische Aufgabe, in einem dekadenten, antihumanistischen Werk Beethovens 9. Sinfonie »zurückzunehmen«. Wird nicht von einem System, das den Militarismus und den Faschismus üppig gedeihen läßt, das große humanistische Erbe immer wieder und immer mehr zurückgenommen? Wo sollte es dann aber eine sichere Stätte haben, wenn nicht in unserem demokratischen Staat, in der Deutschen Demokratischen Republik. Bei uns ist es, wie die Wiedereröffnung der Staatsoper aufs neue beweist, gut aufgehoben. Ihr Werk ist für das ganze Volk da, besonders für die arbeitenden Menschen: die klassische Musik in vollendeter Darbietung ebenso wie das klassische Bauwerk mit seiner hohen Pracht. ...

1956 FLÜCHTLINGE BLEIBEN EIN PROBLEM

POLITIK

Einführung der Wehrpflicht: Am 7. Juli beschließt der Deutsche Bundestag in Bonn das Gesetz zur Einführung der allgemeinen Wehrpflicht. West-Berlin ist nicht betroffen. Der entmilitarisierte Status der Stadt läßt eine Übernahme dieses Bundesgesetzes nicht zu. Dennoch ist das Wehrpflichtgesetz auch in West-Berlin über Monate hinweg das politisch beherrschende Thema.

Die Befürworter der Wehrpflicht bezeichnen eine starke bundesdeutsche Armee zur Abschreckung gegenüber der aggressiven Machtpolitik des Ostblocks als unbedingt notwendig, lehnen jedoch in Hinblick auf die Erfahrungen der Weimarer Republik – die Reichswehr hatte sich zu einem »Staat im Staate« entwickelt – die Schaffung einer reinen Berufsarmee ab. Die Gegner dagegen halten eine bundesdeutsche Wehrpflichtigenarmee mit einer Stärke von rund 500 000 Mann für eher friedensgefährdend. Durch die Aufrüstung werde der Kalte Krieg verschärft und die deutsche Spaltung vertieft. Um den Frieden in Europa zu sichern, seien vielmehr Abrüstungsmaßnahmen erforderlich.

Aufruf zur Kriegsdienstverweigerung: Unterstützung findet diese Haltung bei der evangelischen Kirche. Am 27. Juli verabschiedet die Synode der Evangelischen Kirche in Deutschland auf einer außerordentlichen Sitzung in West-Berlin eine Erklärung, in der die Einführung der Wehrpflicht abgelehnt wird. Martin Niemöller, Kirchenpräsident in Hessen und Nassau und aktiver Widerstandskämpfer gegen den Nationalsozialismus, fordert die jungen Deutschen auf, von ihrem Recht der Kriegsdienstverweigerung Gebrauch zu machen. Zahlreiche Persönlichkeiten des öffentlichen Lebens, darunter der Präses der Synode, Gustav Heinemann, schließen sich dem Aufruf an.

Einmillionster Flüchtling in West-Berlin: Willy Brandt (SPD), Präsident des Abgeordnetenhauses, gibt am 20. September das Eintreffen des einmillionsten DDR-Flüchtlings im West-Berliner Notaufnahmelager Marienfelde bekannt. In einer kurzen Ansprache weist Brandt auf die Umstände hin, die so viele Menschen zum Verlassen ihrer Heimat zwingen. Staatsmänner und Völker müßten den Deutschen endlich den Frieden geben, der zusammenfüge, was zusammengehöre.

Insgesamt sind seit Gründung der DDR 1949 rund 1,72 Millionen Menschen aus dem SED-Staat geflüchtet. Allein 1953, dem Jahr der Niederschlagung des Volksaufstandes, gingen 331 390 DDR-Bürger nach Westen.

Die anhaltend hohe Zahl an Flüchtlingen stellt West-Berlin vor große Probleme. Vor allem Wohnraum steht nicht in ausreichendem Maße zur Verfügung. Bis 1956 konnten für Flüchtlinge lediglich rund 7000 Wohnungen fertiggestellt werden, die etwa 32 000 Menschen Platz bieten. Der größte Teil der Flüchtlinge kann deshalb nicht in der Stadt bleiben und muß in die Bundesrepublik übersiedeln.

KULTUR

Tumulte in der Städtischen Oper: West-Berlin ist am 23. September 1956 Schauplatz eines Theaterskandals. Hans Werner Henzes in der Städtischen Oper an der Kantstraße uraufgeführte Oper »König Hirsch oder Die Irrfahrt der Wahrheit« (Il Re Cervo) führt zu heftigen Diskussionen bei Publikum und Kritik. Im Saal kommt es zu tumultartigen Szenen, so daß wiederholt ein Abbruch der Aufführung droht.

Neben der avantgardistischen Musik steht vor allem das Libretto von Heinz von Kramer im Kreuzfeuer der Kritik. Die an einen Märchenstoff angelehnte Handlung sei – so der Vorwurf – schwer verständlich und mit Symbolismus überfrachtet. Henze und Kramer nehmen die Kritik auf: Die von ihnen überarbeitete und gekürzte Version der Oper wird 1963 mit großem Erfolg uraufgeführt.

Schicksal der Anne Frank bewegt die Berliner: Uneingeschränkt positiv wird das Stück »Das Tagebuch der Anne Frank« von Frances

Notaufnahmelager Marienfelde (Tempelhof), September 1956.

> *Willy Brandt, Präsident des Abgeordnetenhauses von Berlin, gibt dem Parlament das Eintreffens des einmillionsten DDR-Flüchtlings in Berlin bekannt:*
>
> *… Heute in den frühen Morgenstunden des 20. September 1956 ist der millionste Flüchtling aus der uns umgebenden Zone in Berlin eingetroffen.*
>
> *Jeder in diesem Hause, jede Berlinerin und jeder Berliner weiß, welche Tragik sich in dieser Ziffer ausdrückt. Wir alle wissen, was es bedeutet, daß seit Kriegsende über 2 Millionen Menschen die Sowjetzone verlassen haben und eine Million davon den Weg über das freie Berlin genommen hat. Wir wissen es, aber wir fragen uns manchmal: Weiß man es auch überall in der Welt? Weiß man um die unendliche menschliche Not, die sich in solchen runden Zahlen ausdrückt? Und weiß man um die Not eines Volkes, das sich tagtäglich zur Flucht im eigenen Land gezwungen sieht? Der heutige Tag gibt uns Veranlassung, die Staatsmänner und die Völker erneut anzurufen, unserem Volk endlich den Frieden zu geben, der wieder zusammenfügt, was zusammengehört. Namens des, wie ich überzeugt bin, gesamten Abgeordnetenhauses möchte ich von dieser Stelle aus noch ein Wort des Dankes sagen. Dank denen, die als Beauftragte unserer Stadt oder des Bundes, und all denen, die im Dienst karitativer Organisationen des In- und Auslandes in diesen Jahren mitgeholfen haben und noch immer mithelfen, die Flüchtlingsnot zu lindern. Dank denen, die trotz all des Schweren, das ihnen das Schicksal auferlegt hat, treu geblieben sind und mit uns dem Tag entgegensehen, an dem die Stunde der Heimkehr schlagen wird. Dank vor allem aber auch allen Landsleuten in der Zone, die auszuharren vermögen in dem Bewußtsein, daß der schwerste Teil des gesamtdeutschen Werkes noch immer auf ihren Schultern ruht.*

HOFFNUNG AUF REFORM ERSTICKT 1956

POLITIK

NVA marschiert am Marx-Engels-Platz: Mit der Verabschiedung des Gesetzes über die Aufstellung einer Nationalen Volksarmee (NVA) durch die Volkskammer in Ost-Berlin am 18. Januar verfügt die DDR über eine eigene Armee. Die als Berufsarmee konzipierte Truppe ist auf 120 000 Mann ausgelegt. Hinzu kommen allerdings bereits bestehende paramilitärische Einheiten. So haben die 1952 gegründeten Betriebskampfgruppen eine Stärke von 150 000 Mann, die kasernierte Volkspolizei (KVP) verfügt über 120 000 Mann. Die Ausrüstung letzterer Einheiten ist der einer regulären Armee sehr ähnlich. Allein die KVP kann auf ein Arsenal von 1000 Panzern und Geschützen zurückgreifen.

Ihren ersten offiziellen Auftritt hat die NVA im Rahmen der Feierlichkeiten zum 1. Mai. Auf dem Ost-Berliner Marx-Engels-Platz marschieren bewaffnete Verbände der DDR-Streitkräfte an der Staats- und Parteiführung vorbei. Die Parade stößt bei den Westalliierten auf scharfen Protest, da sie nach ihrer Ansicht gegen den entmilitarisierten Status der Stadt verstößt.

Abrechnung mit Stalin: Wirkung über die Grenzen der UdSSR hinaus hat der XX. Parteitag der KPdSU, der vom 14. bis 25. Februar in Moskau abgehalten wird. In einer Geheimrede rechnet Parteichef Nikita S. Chruschtschow mit dem 1953 verstorbenen Josef W. Stalin ab. Verbrechen, Fehler und Irrtümer des langjährigen Diktators werden weitgehend offengelegt. Chruschtschow verurteilt den Machtmißbrauch und Personenkult Stalins und fordert zur Rückbesinnung auf die Prinzipien Wladimir I. Lenins auf. Auch wenn die Ausführungen zunächst nicht an die Öffentlichkeit dringen, sind die Auswirkungen des politischen Kurswechsels wenig später in allen Staaten des Ostblocks spürbar. Bereits am 4. März veröffentlicht das »Neue Deutschland« eine Erklärung von DDR-Parteichef Walter Ulbricht, Stalin sei »kein Klassiker des Marxismus«. Damit beginnt in der DDR und in Ost-Berlin die sogenannte Entstalinisierung, die sich in Straßenumbenennungen, im Entfernen von Standbildern und im Umschreiben von Lehr- und Handbüchern niederschlägt. Eine öffentliche und kritische Auseinandersetzungen mit dem Stalinismus hält die SED nicht für notwendig.

SED läßt Reformer verhaften: Hoffnungen, die Entstalinisierung könnte eine gewisse Liberalisierung im kommunistischen Machtsystem mit sich bringen, erfüllen sich nicht. Der Volksaufstand in Ungarn wird am 4. November 1956 von sowjetischen Panzern niedergeschlagen. Sympathisanten der ungarischen Freiheitskämpfer verfolgt die SED-Führung unnachgiebig. Teilnehmer an Protestkundgebungen und reformwillige Kommunisten werden verhaftet. Am 29. November nimmt in Ost-Berlin der Staatssicherheitsdienst den Philosophieprofessor und Verlagslektor Wolfgang Harich fest. Harich hatte mit Gleichgesinnten, unter ihnen der Leiter des Aufbau-Verlages Walter Janka und der Kulturredakteur Gustav Just, ein Konzept für einen demokratischen Sozialismus entwickelt.

Eine Betriebskampfgruppe in Friedrichsfelde mit der Forderung nach einer Volksarmee zur Sicherung des Friedens, 1956.

Die »Berliner Zeitung« kommentiert in ihrer Ausgabe vom 25. April 1956 die Entdeckung eines von der amerikanischen Besatzungsmacht nach Ost-Berlin zum Zwecke des Abhörens von Telefongesprächen sowjetischer Militärs getriebenen Tunnels:

... Nicht nur die UdSSR und andere Staaten, sondern auch die USA sind Teilnehmer einer internationalen Konvention über das Fernmeldewesen, deren Artikel 32 die Teilnehmer verpflichtet, die Geheimhaltung des Fernmeldewesens zu sichern. Aber es geht hier nicht allein um den unverfrorenen Bruch eines internationalen Abkommens. Es handelt sich auch um eine flagrante Verletzung der Souveränität der DDR, die nicht geduldet werden kann.

Die Bevölkerung g a n z Berlins ist empört über die Machenschaften gewisser USA-Offiziere, die offensichtlich der Vorbereitung des amerikanischen Krieges auf deutschem Boden dienen. Diese Herren sind zugleich die Auftraggeber solcher Agentenorganisationen..., die ihren Sitz in Westberlin haben. Um ihre Spionagetätigkeit fortsetzen zu können, halten diese Kreise weiterhin die Spaltung Berlins aufrecht.

Schließlich muß in Betracht gezogen werden, daß der Bau dieses großen Spionagetunnels vom Westberliner Gebiet aus den verantwortlichen Senatsbehörden nicht unbekannt geblieben sein kann. Die Öffentlichkeit ganz Berlins ist sehr interessiert daran, zu erfahren, was der Senat hierzu zu sagen hat.

Berlin wird erst dann zur Ruhe kommen, wenn mit solchen Provokationen wie dem Spionagetunnel, wenn mit jeder Agententätigkeit in Westberlin endgültig Schluß gemacht wird.

1956 FLÜCHTLINGE BLEIBEN EIN PROBLEM

Eingang der Vaganten-Bühne an der Kantstraße neben dem Theater des Westens (Charlottenburg)

Goodrich und Albert Hackett aufgenommen, das am 1. Oktober seine deutsche Erstaufführung im Steglitzer Schloßpark-Theater hat. Unter der Regie von Boleslaw Barlog verkörpert Johanna von Koczian eindrucksvoll die Rolle der Jüdin Anne Frank, die sich mit ihrer Familie 1942 in Amsterdam vor den Nationalsozialisten versteckt gehalten hatte, dann entdeckt, deportiert und 1945 im Konzentrationslager Bergen-Belsen ermordet worden war.

Vaganten-Bühne in der Kantstraße: Am 22. Januar erhält West-Berlin ein neues Theater. Die Vaganten, eine von Horst Behrend 1949 gegründete und geleitete, sich selbst als »christliche Bühne« verstehende Wanderschauspieltruppe, bezieht in der Kantstraße (Charlottenburg) in unmittelbarer Nähe des Theater des Westens eine eigene Spielstätte. In den letzten Jahren hatten sich die Vaganten durch zahlreiche Gastspiele in beiden Teilen Berlins einen Namen gemacht. Dabei traten sie auch in Flüchtlingslagern und Gefängnissen auf.

Große Berliner Kunstausstellung: Erstmals seit 1936 findet vom 25. Mai bis zum 1. Juli wieder die Große Berliner Kunstausstellung statt. In den Messehallen am Funkturm sind mehr als 1200 Exponate zu sehen, darunter zahlreiche Werke der sogenannten Neuen Berliner Gruppe. Ihren besonderen Reiz bezieht die Ausstellung aus dem Konzept, bereits bekannte und noch unbekannte Künstler unterschiedlicher Stilrichtungen gemeinsam unter einem Dach zu präsentieren.

> *Claudia Hoff schreibt im »Tagesspiegel« über die Große Berliner Kunstausstellung:*
>
> *Die große Berliner Kunstausstellung, die einst ... jährlich im legendären Glaspalast am Lehrter Bahnhof einzog, ist wieder da, in den Hallen am Funkturm ist wieder Kunstfrühling geworden. Im doppelten Sinne. Eine bunte, vielfältige nuancenreiche Welt, verschiedenartig in Standpunkt, Haltung, Lebensgefühl wie der Mensch, der die Gärten dieser Welt bewohnt, breitet sich aus am Anfang einer neuen kunstpolitischen Epoche unserer Stadt.*
>
> *... Neben der Exklusivität gibt es eine andere Seite der Kunst, ihre Hinwendung zum Publikum, zur Gesellschaft, in deren Wärme und fließender Bewegtheit nicht allein die Gefahr der Nivellierung liegt, sondern auch neues, formendes Leben gedeiht; sie kann der Kunst Impulse geben, den Künstler tragen. Als eine Begegnung von Kunst und möglichst weiten Kreisen des Publikums ist diese Ausstellung vor allem gedacht. Die Vielfalt, die zusammengekommen ist, ist Voraussetzung, daß wirklich viele Begegnungen stattfinden können.*
>
> *... Mit viel Geschick und Mühe hat die Ausstellungsleitung die gegen Bilder und Plastiken spröden Messehallen in ein blühendes Gebilde der Farben und Formen, des echten Grases, der springenden Brunnen verwandelt. Wie einst im Glaspalast, wo Musikkapellen zu Kaffee und Kuchen aufspielten, laden den Besucher Ruheplätze zur Erfrischung, sei es an anregendem Getränk oder Gedankenaustausch; und warum sollte man heute, da der Film Favorit unter den Künsten ist, die Philharmoniker in den Sportpalast ziehen, nicht einmal ein sommerabendliches Feuerwerk zugunsten der bildenden Kunst abbrennen?*

HOFFNUNG AUF REFORM ERSTICKT 1956

Unter dem Vorwurf der »Bildung einer konspirativen Gruppe« werden Harich 1957 zu einer zehnjährigen, Janka zu einer fünf- und Just zu einer vierjährigen Haftstrafe verurteilt.

WIRTSCHAFT
Kollektivierung wird fortgesetzt: Im Mittelpunkt der 3. Parteikonferenz der SED vom 24. bis 30. März in Ost-Berlin steht der 2. Fünf-Jahres-Plan (1956 bis 1960). Angestrebt wird eine Steigerung der Industrieproduktion um 55 %. Die Verstaatlichung der Wirtschaft soll entschieden vorangetrieben werden. Allein in Ost-Berlin gibt es Anfang 1956 noch rund 770 private Industriebetriebe, 14 000 Handwerker und 13 000 Einzelhändler, die sich bislang weigern, in Volkseigentum überführt zu werden und ihre Selbständigkeit aufzugeben. Ein neues Konzept soll nun auch diese Bereiche erfassen: Staatliche Beteiligungen an Betrieben, der Abschluß von Kommissionsverträgen und die verstärkte Bildung von Produktionsgenossenschaften des Handwerks (PGH) sollen den Einfluß der Partei und des Staates sicherstellen, den Betroffenen jedoch formale Selbständigkeit lassen.

KULTUR
Trauer um Bertolt Brecht: Einen schweren Verlust erleidet die Berliner Kultur am 14. August durch den Tod des Dichters und Dramatikers Bertolt Brecht (geboren am 10. Februar 1898). Der gebürtige Augsburger hatte mit Stücken wie »Dreigroschenoper« (1928), »Der gute Mensch von Sezuan« (1943) oder »Der kaukasische Kreidekreis« (1948) maßgeblichen Anteil an der Entwicklung des Theaters im 20. Jahrhundert.
1948, nach der Rückkehr aus dem Exil, siedelte sich der mit dem Marxismus sympathisierende Brecht in Ost-Berlin an. Gemeinsam mit seiner Frau Helene Weigel begründete er das Berliner Ensemble, das 1954 im Theater am Schiffbauerdamm eine feste Spielstätte bezog.
Antikriegs-Stück am Deutschen Theater: Die bedeutendste Uraufführung des Jahres auf Ost-Berliner Bühnen findet am 1. Dezember im Deutschen Theater mit der Komödie »Die Schlacht bei Lobositz« von Peter Hacks statt. Das von Wolfgang Langhoff inszenierte und von der Kritik gelobte Stück bezeichnet der Autor als »Teil der menschlichen Bemühungen um die Abschaffung des Krieges«.
Hacks gilt als stark von Bertolt Brecht beeinflußt und war 1955 aus politischen Gründen von Westdeutschland nach Ost-Berlin übergesiedelt.

ALLTAG UND GESELLSCHAFT
Ulbricht verspricht Ende der Rationierung: Am 31. Juli macht SED-Parteichef Walter Ul-

Bertolt Brecht bei der Arbeit im Berliner Ensemble mit Erich Engel, Paul Dessau und Helene Weigel, 1954.

Walter Ulbricht, Erster Sekretär des Zentralkomitees der SED und Vorsitzende des Staatsrates, kündigt am 31. Juli 1956 die Aufhebung der Lebensmittelrationierung an. Außerdem zieht er einen Vergleich über den Lebensstandard von DDR und Bundesrepublik:

... In der Direktive der 3. Parteikonferenz für den zweiten Fünfjahresplan ist die Aufhebung der Lebensmittelkarten für Fleisch, Fett und Zucker, d. h., ist die Aufhebung der Rationierung vorgesehen. Wir hatten erklärt, daß es notwendig ist, zunächst die ausreichenden Reserven und andere Vorbedingungen zu schaffen, um diese Reste des Kartensystems aufheben zu können. Es ist bekannt, daß breite Schichten der werktätigen Bevölkerung für die Beibehaltung des Kartensystems waren, da ihr das gewisse Sicherheiten gab. Jetzt ist aber die wirtschaftliche Entwicklung so weit fortgeschritten ..., daß es möglich ist, die Versorgung auch ohne Karten zu sichern. Das Politbüro hat entsprechend den Beschlüssen der 3. Parteikonferenz die notwendigen Vorarbeiten geleistet und ist der Meinung, daß die Reste des Kartensystems für Lebensmittel im Jahre 1957 beseitigt werden müssen ...
Die Beseitigung der Reste des Kartensystems und die damit verbundene Herstellung eines einheitlichen Preisniveaus müssen ein Schritt vorwärts sein im ständigen Aufstieg der sozialistischen Wirtschaft. Nur so wird diese Maßnahme dazu beitragen, die Anziehungskraft der DDR auf die werktätigen Massen in Westdeutschland zu verstärken und unsere Arbeiter- und Bauernmacht weiter zu festigen. Wenn wir die Lage in der DDR und in Westdeutschland vergleichen, so zeigt sich folgendes: In den Nominallöhnen bestehen gegenwärtig keine wesentlichen Unterschiede, dagegen ist die durchschnittliche Arbeitszeit in Westdeutschland höher als bei uns. Der Verbrauch pro Kopf der Bevölkerung an Konsumgütern ist in Westdeutschland teilweise höher als bei uns. Bei vielen Waren sind die westdeutschen Qualitäten besser als unsere. Unsere Preise für rationierte Waren liegen bei etwa 60 bis 80 % der westdeutschen Preise. Die Preise für Lebensmittel in der HO [staatliche Handelsorganisation] und für Industriewaren allgemein sind höher als in Westdeutschland. Dagegen sind unsere Preise für Strom, Gas, rationierte Brennstoffe und die Mieten um vieles niedriger. Während die westdeutsche Bevölkerung in bezug auf die Versorgung mit Konsumgütern Vorteile hat, sind unsere staatlichen Leistungen für Gesundheitsschutz, Schule, Bildung, kulturelle Zwecke und andere gesellschaftliche Leistungen höher als in Westdeutschland ...

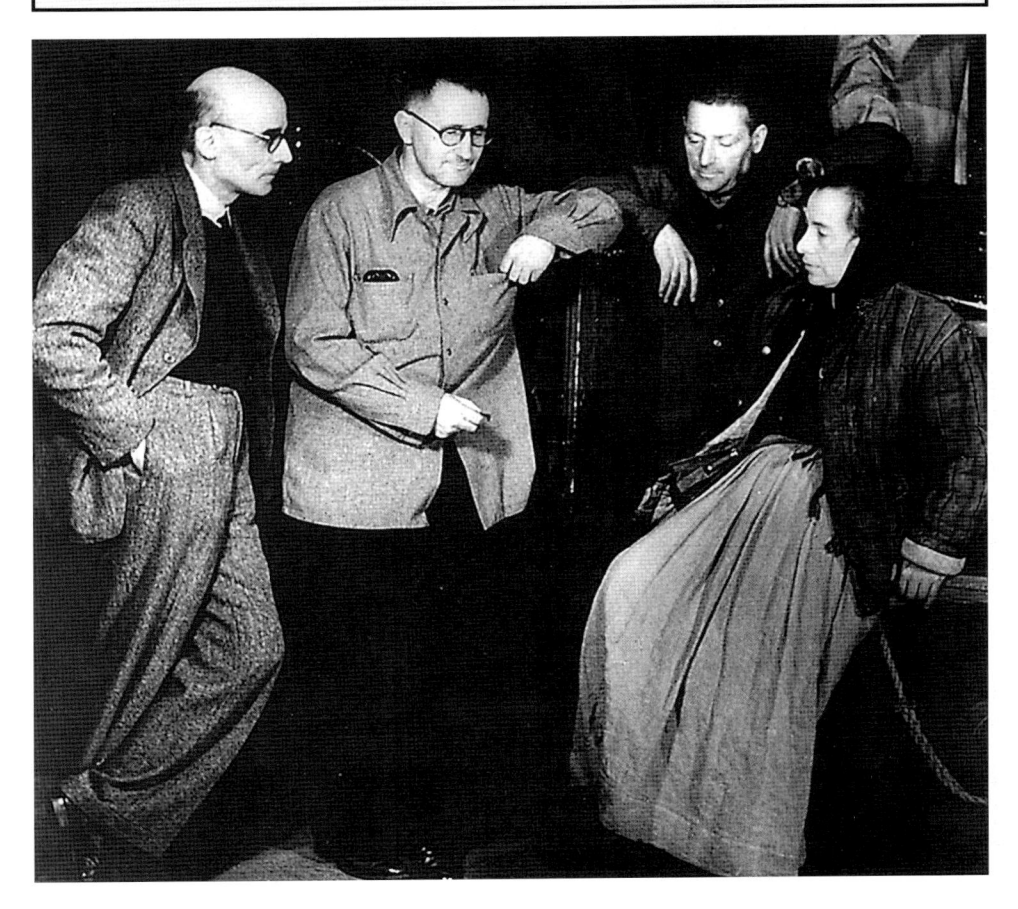

1956 FLÜCHTLINGE BLEIBEN EIN PROBLEM

Der Berliner Kritiker Walther Karsch berichtet von der Erstaufführung des Stücks »Das Tagebuch der Anne Frank« am 1. Oktober 1956 im Schloßpark-Theater:

Einwände gegen dieses von Frances Goodrich und Albert Hackett nach dem gleichnamigen Buch gestaltete Stück erheben, heißt sich der Gefahr aussetzen, man halte in Literaturhochmut Literatur und Dramaturgie für wichtiger als die Erschütterung der Menschen durch ein Bühnengeschehen. Wir halten diese Erschütterung für außerordentlich wichtig, besonders in diesem Fall; wir meinen aber, sie werde hier auf der Bühne fast ausschließlich dadurch erzielt, daß die dramatischen Elemente des Tagebuches zu theatralischen Effekten degradiert werden.
… Das Buch ist ein gültiges Dokument, ein erschütterndes, für uns alle beschämendes, dazu ein literarisches Dokument mit dichterischen Zügen. Das Bühnenstück mit seinen zehn Szenen ersetzt die ruhige und gerade deshalb so eindringlich wirkende Sachlichkeit der Tagebuchaufzeichnungen durch die Herausarbeitung der dramatischen Elemente. Daß sich (trotz aller »Treue« gegenüber dem Original) dabei die Akzente von den inneren auf die äußeren Aktionen verlagern müssen, liegt auf der Hand; eben weil die Mittel der Gestaltung innerer Aktionen im Buch und auf der Bühne so diametral verschieden sind …
Dennoch: die Zuschauer waren am Ende so erschüttert und ergriffen, daß ihr Schweigen die paar, die glauben, man müsse immer klatschen, zum Verstummen brachte. Was [Regisseur Boleslaw] Barlog auf der von Werner Kleinschmidt zweckmäßig nüchtern eingerichteten Bühne aus den Szenen gemacht hat, ist wieder ein Beweis dafür, wie er dünne Handlungen durch eine liebevolle Detailzeichnung aufzufüllen vermag …
Ein schwieriges, ein delikates Thema ist hier von Barlog ohne jede Theatralik auf der Bühne gestaltet worden. Daß wir dennoch kein gutes Gefühl angesichts der Theatralik des szenischen Vorwurfs hatten, geht zu Lasten der Autoren, denen Robert Schnoor ein einfühlsamer Übersetzer war.

ALLTAG UND GESELLSCHAFT

Stadtautobahn eröffnet: In West-Berlin werden die Weichen für eine von den Verkehrsplanern als zukunftsträchtig angesehene autogerechte Stadt gestellt. Um den für die kommenden Jahre erwarteten und auch von breiten Kreisen der Bevölkerung angestrebten Anstieg des Individualverkehrs gerecht zu werden, nimmt der Senat ein ehrgeiziges Straßenbauprojekt in Angriff. Ein innerstädtisches Autobahnnetz sollen in den kommenden Jahren die Bezirke der Millionenstadt verbinden.
Am 26. November wird zwischen Halensee und dem Hohenzollerndamm das erste Teilstück des innerstädtischen Autobahnringes dem Verkehr übergeben. Vorgesehen ist zunächst eine Weiterführung der an der S-Bahn gelegenen Trasse bis zum Kaiserdamm. Später soll sie dann in Richtung Wedding verlängert werden; in südlicher Richtung ist eine Verbindung bis nach Tempelhof vorgesehen. Die Autobahnen im Berliner Stadtgebiet unterstehen dem Bund und gehören zu den Bundesautobahnen. Um den Stadtring zu schließen, sind nach dem Wunsch des Senats noch eine Reihe weitere Strecken geplant.

Halbstarke verschrecken Bürger: 1956 sieht sich West-Berlin – wie auch andere deutsche Großstädte – einem neuen Phänomen gegenüber. Immer mehr Jugendliche schließen sich in Banden zusammen und verschrecken Bürger durch ihr provokantes und zum Teil aggressives Auftreten. Die sogenannten Halbstarken, nach amerikanischem Vorbild in Jeans und Lederjacke gekleidet, bevorzugen als Fortbewegungsmittel das Motorrad und hören die von Erwachsenen abgelehnte Rock'n'Roll-Musik.
In die Schlagzeilen gerät die neue Jugendkultur durch den deutschen Spielfilm »Die Halbstarken«, der 1956 uraufgeführt wird. Der Streifen, inszeniert von Georg Tressler (Hauptrollen Horst Buchholz und Karin Baal), schildert das kriminelle Treiben einer Jugendbande in Berlin. Der Film wird ein großer Erfolg. Allerdings haben die Kinobesitzer nicht nur Anlaß zur Freude. Wiederholt kommt es während der Aufführungen zu Ausschreitungen, bei denen auch Mobiliar zertrümmert wird.

Beim Rock'n'Roll, dem Tanz der fünfziger Jahre, 1956.

KALENDARIUM

18. Januar: In Ost-Berlin beschließt die Volkskammer der DDR ein Gesetz über die Aufstellung einer Nationalen Volksarmee (NVA).
22. Januar: Die Wanderbühne Die Vaganten eröffnet in der Kantstraße in Charlottenburg eine feste Spielstätte. Leiter der christlichen Theatergemeinschaft ist Horst Behrend.
Januar: Georg Tresslers Film »Die Halbstarken« mit Karin Baal und Horst Buchholz wird in West-Berlin uraufgeführt. Der Streifen, der das Treiben einer Berliner Jugendbande schildert, wird zu einem Kultfilm. Mehrfach kommt es bei den Vorführungen zu Ausschreitungen jugendlicher Zuschauer.
9. Februar: In der Nalepastraße (Köpenick) wird das neue Funkhaus für den Rundfunk der DDR seiner Bestimmung übergeben.
16. März: Im Schöneberger Rathaus tritt der Bundesrat zu seiner ersten Sitzung in West-Berlin zusammen.
22. April: Sowjetische Soldaten entdecken in Altglienicke (Treptow) einen rund 300 m langen, nach Rudow im West-Berliner Bezirk Neukölln führenden Tunnel.
30. April: Mit dem Aufbringen einer von dem Bildhauer Richard Scheibe geschaffenen Nachbildung der Fortuna wird die Wiederherstellung der Kuppel des während des Krieges stark beschädigten Charlottenburger Schlosses abgeschlossen.
1. Mai: An den Maifeiern in Ost-Berlin nehmen erstmals Einheiten der Nationalen Volksarmee teil.
24. Mai: West-Berlin erhält bei einer Sondersitzung des Abgeordnetenhauses den Europa-Preis.
25. Mai: In den Messehallen am Funkturm öffnet die Große Berliner Kunstausstellung ihre Pforten. Die traditionsreiche Veranstaltung war zuletzt 1936 abgehalten worden.
22. Juni: Anläßlich der Eröffnung der IV. Internationalen Filmfestspiele werden in West-Berlin die Bundesfilmpreise verliehen. Die Auszeichnung für den herausragenden Film des Jahres 1955 geht an den Streifen »Himmel ohne Sterne« vom Helmut Käutner.
7. Juli: Der Bundestag in Bonn beschließt die Einführung der allgemeinen Wehrpflicht. West-Berliner sind wegen des Viermächt-Status der Stadt ausgenommen.
27. Juli: Bei einer außerordentlichen Sitzung in West-Berlin wendet sich die Synode der Evangelischen Kirche gegen die Einführung der Wehrpflicht in der Bundesrepublik.
31. Juli: Der Staatsratsvorsitzende und SED-Parteichef Walter Ulbricht kündigt in Ost-Berlin die Aufhebung der letzten Lebensmittelrationierung (Fleisch, Zucker und Fett) an. Gleichzeitig soll die Wochenarbeitszeit von 48 auf 45 Stunden bei vollem Lohnausgleich gesenkt werden. Tatsächlich werden die Lebensmittelrationierung jedoch erst im Mai

KALENDARIUM

HOFFNUNG AUF REFORM ERSTICKT 1956

1958 aufgehoben; die Arbeitszeitverkürzung findet erst 1966 statt.

14. August: In Ost-Berlin stirbt der Autor und Regisseur Bertolt Brecht (geboren am 10. Februar 1898). Brecht, der 1948 das Berliner Ensemble mitbegründet hatte, wird am 17. August im Beisein zahlreicher Vertreter von Kultur und Politik auf dem Dorotheenstädtischen Friedhof (Mitte) beigesetzt.

15. August: In Pankow wird die Freilichtbühne Schönholzer Heide eröffnet.

17. August: Das Karlsruher Bundesverfassungsgericht erklärt die KPD für verfassungswidrig. Noch am gleichen Tag durchsucht die Polizei in zahlreichen deutschen Städten, darunter auch in West-Berlin, Einrichtungen der Partei. Führende KPD-Funktionäre hatten sich bereits in den vorangegangenen Tagen nach Ost-Berlin abgesetzt.

20. September: Nach offiziellen Angaben trifft im Notaufnahmelager Marienfelde der einmillionste Flüchtling aus Ost-Berlin und der DDR in West-Berlin ein. Insgesamt haben seit Staatsgründung 1949 rund 1,72 Millionen Menschen die DDR verlassen.

23. September: In der Städtischen Oper an der Kantstraße (Charlottenburg) wird die Oper »König Hirsch« (Il Re Cervo) von Hans Werner Henze uraufgeführt.

1. Oktober: Im Steglitzer Schloßpark-Theater kommt das Schauspiel »Das Tagebuch der Anne Frank« von Frances Goodrich und Albert Hackett zur deutschen Erstaufführung. Die Rolle des im KZ ermordeten jüdischen Mädchens spielt Johanna von Koczian, Regie führt Boleslaw Barlog.

24. Oktober: Vor dem Hintergrund des Volksaufstandes in Ungarn finden in beiden Teilen Berlins Protestaktionen gegen die Sowjetunion statt. Während in West-Berlin Zehntausende an Demonstrationen teilnehmen, bleiben Aktionen in Ost-Berlin auf Hochschulen, insbesondere die Humboldt-Universität, beschränkt.

26. November: Zwischen Halensee und dem Hohenzollerndamm wird das erste Teilstück der West-Berliner Stadtautobahn dem Verkehr übergeben. Die entlang der S-Bahn führende Trasse soll zunächst bis zum Kaiserdamm weitergeführt werden.

29. November: Nach der Niederschlagung des ungarischen Volksaufstandes werden der als Reformer geltende Philosoph und Professor an der Humboldt Universität, Wolfgang Harich (SED), der Leiter des Aufbau-Verlages, Walter Janka, und der Kulturredakteur Gustav Just verhaftet. Wegen »Bildung einer konspirativen Gruppe« erhalten sie Freiheitsstrafen.

1. Dezember: Im Deutschen Theater (Mitte) wird das Schauspiel »Die Schlacht bei Lobositz« von Peter Hacks uraufgeführt.

Nach der Entdeckung des amerikanischen Spionagetunnels in Altglienecke (Treptow): Einstieg zur Besichtigung, 24. April 1956.

bricht in Ost-Berlin eine die Lebensumstände der Bevölkerung unmittelbar betreffende Ankündigung. Elf Jahre nach Ende des Zweiten Weltkrieges soll die Lebensmittelrationierung aufgehoben werden. Gleichzeitig gibt Ulbricht bekannt, daß die Senkung der Wochenarbeitszeit von 48 auf 45 Stunden unmittelbar bevorsteht. Dabei soll es vollem Lohnausgleich geben.
Ulbricht kann seine Versprechungen jedoch nicht halten. Die Lebensmittelrationierung bleibt noch bis zum Mai 1958 bestehen, die zugesagte Arbeitszeitverkürzung wird erst 1966 durchgeführt.

Amerikanischer Spionagetunnel entdeckt: Für Schlagzeilen in den Berliner Zeitungen sorgt am 22. April die Entdeckung eines rund 300 m langen Tunnels, der von Alt-Glienecke (Treptow) in den West-Berliner Ortsteil Rudow (Neukölln) führt. Der in der Nähe des Flughafen Schönefeld gelegene Tunnel ist mit modernsten elektronischen Geräten ausgestattet, die das Abhören von Telefonaten der sowjetischen Streitkräfte ermöglichen.
Die gefundenen Unterlagen weisen daraufhin, daß der offensichtlich zu Spionagezwecken gebaute Tunnel von der amerikanischen Besatzungsmacht genutzt worden ist.
DDR und Sowjetunion tun ihre Empörung über das Spionageunternehmen öffentlich kund. Auf einer internationalen Pressekonferenz, bei der die Journalisten den Tunnel besichtigen dürfen, werden die Vereinigten Staaten beschuldigt, seit Jahren systematisch Spionage zu treiben. Die USA lehnen jede Stellungnahme zu den Vorwürfen ab.

Unter der Überschrift »Staatsfeindliche Gruppe unschädlich gemacht« meldet die Nachrichtenagentur ADN die Verhaftung des Lektors und Philosophen Wolfgang Harich in Ost-Berlin:

Wie von der Generalstaatsanwaltschaft der DDR mitgeteilt wird, wurde am 29. November … eine Personengruppe festgenommen, die in Zusammenarbeit mit westlichen Geheimdienststellen das Ziel verfolgte, die verfassungsmäßige Ordnung in der Deutschen Demokratischen Republik zu untergraben und zu beseitigen.
Anführer der staatsfeindlichen Gruppe war ein Dr. Wolfgang Harich, beschäftigt als Lektor beim Aufbau-Verlag im demokratischen Sektor Berlins.
Harich, der ehemals als Journalist u. a. für die Westberliner Hetzblätter »Tagesspiegel« und »Kurier« tätig war, unterhielt in diesem Zusammenhang auch enge Kontakte zu dem amerikanischen Nachrichtenoffizier Josselson.
Bei der Organisation seiner staatsfeindlichen Gruppe nahm Harich Verbindung zum Agenten- und Spionage-»Ostbüro der SPD« auf und vereinbarte mit der Agentenzentrale, daß seine verbrecherische Tätigkeit gegen die DDR durch sie unterstützt wird. Darüber hinaus wurden von der staatsfeindlichen Gruppe Beziehungen zu Angehörigen des reaktionären Petöfi-Kreises in Ungarn unterhalten …
Das politische Ziel der staatsfeindlichen Gruppe bestand in der Restaurierung der kapitalistischen Ordnung in der DDR.

1957 WILLY BRANDT – REGIERENDER BÜRGERMEISTER

POLITIK

Berlin rückt näher an die Bundesrepublik: Am 21. Mai fällt in Karlsruhe eine Entscheidung, die für die Bindung Berlins an die Bundesrepublik von großer Bedeutung ist. Das Bundesverfassungsgericht stellt fest, daß Berlin ein Land der Bundesrepublik ist. Das Grundgesetz gelte »in und um Berlin, soweit nicht aus der Besatzungszeit stammende und noch heute aufrechterhaltene Maßnahmen der Drei Mächte seine Anwendung beschränken«.

Damit schafft das Bundesverfassungsgericht weitgehende Rechtssicherheit, da bislang die Einbeziehung Berlins in die Bundesrepublik Deutschland nicht hinreichend geregelt war. Gleichzeitig zeugt die Entscheidung von einem gestiegenen Selbstbewußtsein der bundesdeutschen Verfassungsrichter; bislang hatten sie die Position der Siegermächte vertreten, nach der eine Integration Berlins in die Bundesrepublik bis zu einer abschließenden Regelung der deutschen Frage nicht möglich sei.

»Berliner Erklärung« zur Wiedervereinigung: In der Deutschlandpolitik demonstrieren Bundesregierung und die westlichen Siegermächte Einigkeit. Am 29. Juli unterzeichnen im Plenarsaal des Abgeordnetenhauses von Berlin Bundesaußenminister Heinrich von Brentano (CDU) und die Botschafter Frankreichs, Großbritanniens und der USA die Berliner Erklärung, in der die deutsche Wiedervereinigung als vorrangiges Ziel ihrer gemeinsamen Politik bezeichnet wird. Das Papier stößt bei den Bonner Oppositionsparteien SPD und FDP jedoch auf Kritik, weil es nach ihrer Ansicht wenig Konkretes enthält und für eine Wiedervereinigung bedeutsame Fragen wie etwa die Zugehörigkeit zu einem Militärbündnis nicht oder nur ungenügend behandelt.

Berliner erleiden großen Verlust: Nach schwerer Krankheit stirbt am 30. August im Alter von 65 Jahren der Regierende Bürgermeister Otto Suhr. Der Sozialdemokrat hatte seit Ende des Zweiten Weltkrieges in wichtigen Funktionen und Ämtern das politische Leben mitbestimmt.

Die von Bundesregierung und Westmächten am 29. Juli 1957 veröffentlichte Berliner Erklärung fordert die Wiedervereinigung Deutschlands und Berlins:

1. Eine europäische Friedensordnung muß auf Freiheit und Gerechtigkeit aufgebaut sein. Jede Nation hat das Recht, ihre eigene Lebensform frei zu bestimmen, ihr politisches, wirtschaftliches und soziales System selbst zu wählen und unter Berücksichtigung der berechtigten Interessen anderer Nationen für ihre Sicherheit zu sorgen. Die Gerechtigkeit fordert, daß dem deutschen Volk die Möglichkeit gegeben wird, seine nationale Einheit auf der Grundlage dieses Grundrechts wiederherzustellen.

2. Die Wiedervereinigung Deutschlands bleibt gemeinsame Verantwortlichkeit der Vier Mächte, die 1945 die oberste Gewalt in Deutschland übernahmen ...

3. Die unnatürliche Teilung Deutschlands und seiner Hauptstadt Berlin ist eine ständige Quelle internationaler Spannung. Solange Deutschland geteilt ist, kann es keinen Friedensvertrag mit Deutschland und keine Stabilität in Europa geben ...

4. Nur eine frei gewählte gesamtdeutsche Regierung kann im Namen eines wiedervereinigten Deutschlands Verpflichtungen übernehmen, die anderen Ländern Vertrauen einflößen und die vom deutschen Volk als gerecht und für die Zukunft bindend angesehen werden.

6. Ein wiedervereinigtes Deutschland darf nicht diskriminiert werden. Seine Freiheit und seine Sicherheit dürfen nicht durch eine auferlegte Neutralisierung oder Entmilitarisierung beeinträchtigt werden ...

8. Die Westmächte haben nie verlangt, daß ein wiedervereinigtes Deutschland der Organisation des Nordatlantikvertrages [NATO] beitreten muß ...

Nach der Wahl zum Regierenden Bürgermeister: Willy Brandt vor dem Abgeordnetenhaus Berlin im Schöneberger Rathaus, 3. Oktober 1957

Staatsakt im Rathaus Schöneberg für den am 30. August verstorbenen Otto Suhr: (von rechts) Theodor Heuss und Frau Susanne Suhr, Konrad Adenauer (ganz links), (dahinter) Erich Ollenhauer, Willy Brandt und Ernst Lemmer, 3. September 1957.

BLITZAKTION – UMTAUSCH ALLER BANKNOTEN 1957

POLITIK

Chruschtschow lehnt Berliner Erklärung ab: Im Gegensatz zu den westlichen Ländern erkennt das befreundete sozialistische Ausland die Souveränität der Deutschen Demokratischen Republik voll an und unterstreicht seine Solidarität mit der DDR durch offizielle Besuche. So empfängt Ost-Berlin 1957 eine Reihe hoher Staatsgäste. Dem Aufenthalt des Präsidenten der Demokratischen Republik Vietnam, Ho Chi Minh, am 5. August folgt am 7. August ein Besuch des sowjetischen Parteichefs Nikita Chruschtschow. Höhepunkt seines Aufenthalts in Ost-Berlin ist eine Rede vor der Volkskammer. Chruschtschow analysiert die sogenannte Berliner Erklärung, in der die Bundesrepublik und die Westmächte die Wiedervereinigung Deutschlands fordern. Chruschtschow wendet sich vor allem gegen die Forderung nach freien Wahlen in Gesamtdeutschland, nennt sie »Heuchelei« und spricht den Westmächten das Recht ab, sich in Fragen einer Wiedervereinigung zu engagieren. Dies sei einzig Sache der beiden souveränen deutschen Staaten.

Republikflucht als Straftatbestand: Die anhaltend hohe Zahl von Menschen, die ihrer Heimat den Rücken kehren (Berlin und die DDR verlassen 1957 knapp 262 000 Bürger) stellt die SED- und Staatsführung vor immer größere Probleme. Das Land leidet unter einem spürbaren Mangel an Facharbeitern, Ingenieuren und Ärzten. Um dem entgegen zu wirken, verabschiedet die Volkskammer am 11. Dezember eine Änderung des Paßgesetzes. Künftig kann mit Gefängnis bis zu drei Jahren oder einer Geldstrafe bestraft werden, »wer ohne erforderliche Genehmigung das Gebiet der DDR verläßt oder betritt oder wer ihm vorgeschriebene Reiseziele ... nicht einhält oder ... durch falsche Angaben eine Genehmigung zum Verlassen oder Betreten der DDR erschleicht«. Die Justizministerin Hilde Benjamin meint bei der Begründung des Gesetzes, es sei »Warnung und Schutz unserer Bürger vor der Gefahr, von den Rattenfängern der NATO eingefangen zu werden«.

WIRTSCHAFT

DDR vollzieht »Währungsschnitt«: Am 13. Oktober, einem Sonntag, werden die Ost-Berliner von einer ungewöhnlichen Maßnahme der Regierung überrascht. Die Behörden ordnen einen sofortigen Umtausch der gültigen Banknoten an. Betroffen ist sämtliches Bargeld: Bis zu 300 Mark können gegen neue Scheine getauscht werden, höhere Beträge werden einem Konto gutgeschrieben. Zeit für den Umtausch hat die Bevölkerung lediglich zehn Stunden.
Begründet wird die Aktion mit dem Treiben westlicher »Monopolisten und Militaristen«, die »gewisse Menge Banknoten« mit dem Ziel in ihren Besitz gebracht haben sollen, »Störungen in unserer Volkswirtschaft zu organisieren und Agenten- und Spionageorganisationen zu finanzieren«.

Nikita Chruschtschow zu Besuch bei Wilhelm Pieck, Schloß Niederschönhausen (Pankow), (von links) Otto Grotewohl, Anastas Mikojan, Pieck, Chruschtschow, Walter Ulbricht, Georgij Puschkin, Max Opitz, 7. August 1957.

In Wirklichkeit dient der Geldumtausch der Abschöpfung überschüssiger Kaufkraft und der Neuregelung des Geldumlaufs, der sich in den letzten Jahren stetig erhöht hatte. Viele Bürger horten hohe Bargeldbestände, um bei überraschenden Warenangeboten mehr Flexibilität zu besitzen oder Geld zum Umtausch in DM zu haben.

West-Berliner Wechselstuben haben Hochkonjunktur: Große Probleme bereiten den Währungshütern die Ost-Berliner Pendler. 1957 arbeiten rund 37 000 Menschen im Westteil der

---

Vor der Verabschiedung der westlichen Berliner Erklärung am 29. Juli 1957 hatte Ministerpräsident Otto Grotewohl Vorschläge zur Wiedervereinigung Deutschlands gemacht. Möglich sei die Bildung einer Föderation; Voraussetzung wäre jedoch das Ausscheiden beider deutscher Staaten aus den Militärbündnissen, die Aufhebung der Wehrpflicht in der Bundesrepublik, Rüstungskontrolle und der Truppenabzug der Siegermächte von deutschem Boden. Das SED-Zentralorgan »Neues Deutschland« kommentiert:

Zwei Tage später ... haben die Botschafter der Westmächte und Adenauers Außenminister von Brentano im Schöneberger Rathaus eine »Berliner Erklärung« unterzeichnet, die sich ebenfalls mit der Wiedervereinigung beschäftigt. Als Grund für die Abgabe der Erklärung waren ... propagandistische Bedürfnisse ausschlaggebend.
Man wollte dem angekündigten Chruschtschow-Bulganin-Besuch in der DDR zuvorkommen. Offenbar hat die Bundesregierung im Hinblick auf den Wahlkampf einen solchen Aufputz der Fassade bitter nötig. Wie es aber auch sei, es ergibt sich daraus die Möglichkeit, erneut zwei Programme in Deutschland gegeneinander abzuwägen.
Dabei stellt sich sofort heraus, daß es in der Tat nur ein reales Programm für die Wiedervereinigung gibt, nämlich das der DDR, und nur eine staatlich organisierte Hauptkraft, die für die Wiedervereinigung kämpft, nämlich die DDR. Denn die Schöneberger Erklärung hat sich schon unmittelbar nach ihrer Verkündung als ein Programm gegen den Frieden und gegen die friedliche Wiedervereinigung erwiesen.
... Das Problem der Zusammenführung der zwei völlig unterschiedlichen deutschen Staaten ist friedlich nur auf von der Regierung der DDR vorgeschlagene Weise zu lösen. Indem die Bonner Herren unter Lenkung und Leitung der Westmächte diese Vorschläge ablehnen, beweisen sie nur, daß sie weder eine friedliche Wiedervereinigung noch eine freie Entscheidung des Volkes wollen, sondern nur die Fortsetzung ihrer Kriegspolitik. Deshalb haben sie Deutschland gespalten und deshalb sabotieren sie jede konstruktive Tat zur Sicherung des Friedens und der Wiedervereinigung.

1957 WILLY BRANDT – REGIERENDER BÜRGERMEISTER

Vor einem Modell der Interbau, Hansaviertel: (von links) Direktor Klawonn, Le Corbusier, Walter Gropius, Bausenator Rolf Schwedler, Otto Bartning, 23. September 1957.

Seit 1955 stand er an der Spitze des Berliner Senats.

Am 3. September findet zu Ehren des Verstorbenen vor dem Schöneberger Rathaus ein Staatsakt statt, an dem Gäste aus dem In- und Ausland teilnehmen. Die Gedenkrede hält Bundespräsident Theodor Heuss. Die Berliner nutzen die anschließende Überführung des Sarges zum Zehlendorfer Waldfriedhof, um von Suhr Abschied zu nehmen: Rund 100 000 Menschen säumen die Straßen.

Willy Brandt wird Regierungschef: Der neue Regierende Bürgermeister heißt Willy Brandt. Der 43jährige Sozialdemokrat, seit 1955 Parlamentspräsident, wird am 3. Oktober vom Abgeordnetenhaus mit großer Mehrheit zum Nachfolger Suhrs gewählt. Die Wahl Brandts, der zugleich das Amt des stellvertretenden Vorsitzenden der Berliner SPD innehat, ist jedoch innerhalb der eigenen Partei umstritten. Vor allem sein pragmatischer und undogmatischer Führungsstil stößt bei vielen Genossen auf Kritik.
In der Regierungsarbeit setzt Brandt auf Kontinuität. Auf seinen Vorschlag hin wird der zwölfköpfige SPD/CDU-Senat vom Abgeordnetenhaus im Amt bestätigt.

WIRTSCHAFT

Berlin Teil der Europäischen Gemeinschaft: Einen Meilenstein bei der Westintegration der Bundesrepublik Deutschland und West-Berlins markiert der Tag der Gründung der Europäischen Wirtschaftsgemeinschaft (EWG). Am 25. März werden in der italienischen Hauptstadt die Römischen Verträge unterzeichnet, in denen Belgien, die Bundesrepublik, Frankreich, Italien, Luxemburg und die Niederlande die Bildung eines gemeinsamen Marktes und den Abbau von Zöllen und anderen Handelshemmnissen vereinbaren.
Die sechs Unterzeichnerstaaten verpflichten sich in einer »Gemeinsamen Erklärung über Berlin«, mit Hilfe der freien Welt die Entwicklung Berlins zu fördern und seine wirtschaftliche Stabilität zu sichern. Hiervon bleiben die Sonderrechte der Alliierten unberührt.

KULTUR

Stiftung Preußischer Kulturbesitz gegründet: Durch ein Bundesgesetz wird am 25. Juli die Stiftung Preußischer Kulturbesitz mit Sitz Berlin konstituiert. Ihre Aufgabe ist es, die Kulturgüter des 1947 aufgelösten Staates Preußen »für das deutsche Volk zu bewahren, zu pflegen und zu ergänzen, ...«. Unter anderem gehören 14 West-Berliner Museen zur Stiftung.

Bundesländer verweigern Anerkennung: Die Stiftung Preußischer Kulturbesitz hat allerdings bei der Aufnahme ihrer Arbeit mit Schwierigkeiten zu kämpfen. Ein großer Teil der Bestände der Berliner Museen und Sammlungen waren während des Krieges aus der Stadt verlagert worden. Mehrere westdeutsche Bundesländer sind jedoch nicht bereit, die Kunstschätze zurückzugeben. Sie verweisen auf die Kulturhoheit der Länder, die nach ihrer Ansicht durch die Einrichtung einer Bundesstiftung verletzt werde. Erst nach einer Entscheidung des Bundesverfassungsgerichts im September 1961, in der die »Bewahrung des Kulturbesitzes« als nationale Aufgabe bezeichnet wird, kann die Stiftung ihre Arbeit aufnehmen.

Erstes Berliner Kino mit zwei Zuschauersälen: Berlin erhält am 28. Mai eine neue Attraktion. Mit dem Zoo-Palast und dem im gleichen Bau untergebrachten Atelier am Zoo öffnet auf dem Gelände des früheren Ufa-Palastes an der Hardenbergstraße das modernste Kino Europas seine Pforten. Der Zoo-Palast bietet 1204, das Atelier 550 Zuschauern Platz.
Den ersten gesellschaftlichen Höhepunkt erlebt der Zoo-Palast am 21. Juni, als zur Eröffnung der Internationalen Filmfestspiele die Bundesfilmpreise verliehen werden. Der Spielfilm »Der Hauptmann von Köpenick« (Regie Helmut Käutner; Titelrolle Heinz Rühmann) erhält sechs Auszeichnungen.

Hansaviertel erstrahlt im neuen Glanz: 1957 ist West-Berlin das Mekka der Stadtplaner und Architekten. Rund 900 000 Menschen besuchen zwischen dem 6. Juli und 29. September die Internationale Bauausstellung (Interbau), in deren Mittelpunkt die Neuanlage des südlichen Hansaviertels zwischen S-Bahn und Straße des 17. Juni (Tiergarten) steht. Auf dem Gelände des alten im Krieg völlig zerstörten Hansaviertels haben rund 60 deutsche und internationale Architekten ihre Vision vom zeitgemäßen Bauen und modernem Wohnen verwirklicht.
Mit dieser Siedlung, einer lockeren Mischung aus Hoch- und Flachbauten, die unter Einbeziehung von Freiräumen bruchlos in den Tiergarten übergeht, soll ein neuartiges innerstädtisches

Interbau: Appartementhaus der Architekten Klaus H. Müller-Rehm und Gerhard Siegmann, September 1957.

BLITZAKTION – UMTAUSCH ALLER BANKNOTEN 1957

Stadt. Sie erhalten einen Teil ihres Lohns in DM ausgezahlt und können ihren Verdienst in einer der West-Berliner Wechselstuben zum »Schwindelkurs« von etwa 1:4 umtauschen. Gleichzeitig profitieren die Pendler jedoch von den in Ost-Berlin stark subventionierten Mieten und Grundnahrungsmitteln.

> *Zum Abschluß des Chruschtschow-Besuches in Ost-Berlin findet am 13. August 1957 auf dem Marx-Engels-Platz eine Großkundgebung statt, über die die »Berliner Zeitung« berichtet:*
>
> *Rund 250 000 Berliner waren ... dem Aufruf der Nationalen Front gefolgt, der sowjetischen Partei- und Regierungsdelegation in einer Kampfkundgebung einen herzlichen Abschied zu bereiten. Dicht an dicht füllten die Werktätigen der Hauptstadt den riesigen Marx-Engels-Platz und die Zugangsstraßen. Immer wieder bekundeten sie mit Beifall und Sprechchören ihre Freundschaft zur Sowjetunion, als deren Vertreter der Erste Sekretär des ZK der KPdSU, Nikita Sergejewitsch Chruschtschow, zu ihnen sprach. Mit großer Begeisterung wurde vor allem die ausdrückliche Feststellung Chruschtschows aufgenommen, daß zwischen den führenden Politikern beider Länder in allen Fragen völlige Übereinstimmung besteht ... Schon lange vor dem Beginn der Großkundgebung auf dem Marx-Engels-Platz strömten die Berliner von allen Seiten zusammen. Viele trugen Fähnchen und Blumensträuße, mit denen sie den sowjetischen Gästen zuwinkten, als diese pünktlich um 16.00 Uhr gemeinsam mit den Repräsentanten der DDR die Ehrentribüne betraten. Nach der Eröffnung durch ... [den] Vorsitzenden des Präsidiums des Nationalrates der Nationalen Front trat N. S. Chruschtschow an das Rednermikrofon. Er wurde von den Berlinern mit langanhaltendem Beifall, Sprechchören und Hochrufen begrüßt. Chruschtschow dankte für den herzlichen Empfang und wies in seiner Rede darauf hin, daß auch während der Reisen durch die Republik den Mitgliedern der Delegation überall Beweise herzlicher Freundschaft entgegengebracht worden ist ...*
>
> *Der Erste Sekretär des ZK der KPdSU schloß seine Rede mit der Versicherung, daß die Delegation dem Sowjetvolk die herzlichen Grüße unserer Werktätigen überbringen wird. Der Beifall wollte nicht enden, als Chruschtschow in deutscher Sprache ausrief: »Es lebe die Deutsche Demokratische Republik! Es lebe die Freundschaft zwischen dem sowjetischen und dem deutschen Volk! Es lebe der Frieden in der ganzen Welt!« ...*

Filmtheater Colosseum an der Schönhauser Allee (Prenzlauer Berg)

Arbeitseinsatz Berliner Studenten: Studenten der Wirtschaftswissenschaftlichen Fakultät der Humboldt-Universität unternehmen im März 1957 eine Aktion, die in anderen Städten der DDR über Jahre hinweg Nachahmung findet. Sie rufen zu einem freiwilligen Arbeitseinsatz im Braunkohlebergbau auf, um – wie es heißt – die sozialistische Wirtschaft zu stärken und Verbundenheit mit den Werktätigen unter Beweis zu stellen. Rund 4300 Ost-Berliner Studenten folgen dem Aufruf.
An der Freiwilligkeit der Aktion bestehen allerdings Zweifel: Den Meldungen zum Arbeitseinsatz sind deutliche Aufforderungen der Hochschulleitung und der Studentenorganisationen vorausgegangen.

KULTUR
Kunst für die arbeitenden Massen: Der Berliner Magistrat lädt im Oktober erstmals zu den Berliner Festtagen. Oberbürgermeister Friedrich Ebert erklärt: »Die Berliner Festtage sollen uns helfen, die Kunst an die arbeitenden Massen, die arbeitenden Massen an die Kunst heranzubringen.« Zahlreiche Werktätige aus Berlin und der ganzen DDR nehmen an den Veranstaltungen teil.
Im Rahmen der Veranstaltungsreihe sollen alljährlich hochklassige Kulturdarbietungen präsentiert werden. Großen Wert wird auf die Internationalität gelegt; eingeladen werden Ensembles aus dem In- und Ausland.
Mit den Festtagen tritt Ost-Berlin in Konkurrenz zu den Berliner Festwochen, die seit 1951 vom West-Berliner Senat durchgeführt und auch von vielen Ost-Berlinern besucht werden.
Halbstarke in Ost-Berlin: 1957 hat der DEFA-Spielfilm »Berlin – Ecke Schönhauser« von Gerhard Klein Uraufführung. Im Mittelpunkt der Handlung steht eine Gruppe Ost-Berliner Halbstarker, die von West-Berlinern zu Straftaten überredet werden. Zwei der Jugendlichen setzen sich in den Westen ab. Während der eine in einem Flüchtlingslager umkommt, kehrt der andere reumütig in die DDR zurück.
Es ist der erste DEFA-Film, der sich mit der wachsenden Jugendkriminalität in der DDR – eigentlich ausschließlich einem Problem des Kapitalismus – auseinandersetzt. Dennoch gelingt es dem Regisseur Klein, die angebliche Überlegenheit des sozialistischen Gesellschaftssystems zu vermitteln.
Colosseum im Prenzlauer Berg eröffnet: Ein Kinobesuch zählt zu den liebsten Freizeitbeschäftigungen der Berliner in Ost und West. Im Mai erhalten die Ost-Berliner Filmfreunde einen neuen Treffpunkt. In der Schönhauser Allee (Prenzlauer Berg) eröffnet das vollständig renovierte Kino Colosseum seine Pforten. Der Bau, in dem bis 1955 das Metropol-Theater seine vorläufige Spielstätte hatte, ist technisch auf den neuesten Stand gebracht worden.

ALLTAG UND GESELLSCHAFT
Berlin stöhnt unter der Hitze: Im Sommer 1957 erlebt Berlin eine ungewöhnlich lang andauernde Hitzewelle. Über mehrere Wochen hinweg überschreitet die Temperatur die 30°-Marke, teilweise werden sogar Spitzenwerte von 35° gemessen. Während sich vor allem die Jugend an der schönen Witterung erfreut und Abkühlung in den Freibädern – Grünau, Müggelsee, Oberspree oder auch im West-Berliner Strandbad Wannsee – findet, überwiegen für die Natur die Schattenseiten. So kommt es im Juni infolge der Trockenheit zu zahlreichen Waldbränden, die viel Schaden anrichten.

1957 WILLY BRANDT – REGIERENDER BÜRGERMEISTER

Am 3. Oktober 1957 wählt das Berliner Abgeordnetenhaus Willy Brandt (SPD) zum Regierenden Bürgermeister. Im Anschluß daran bedankt sich Brandt bei dem Hohen Haus:

Herr Präsident! Meine Damen und Herren!
Ich danke dem Herrn amtierenden Präsidenten für das, was er eben gesagt hat, und ich danke den Mitgliedern aus den verschiedenen Teilen dieses Hauses, die mir ihr Vertrauen geschenkt haben. Und ich bekunde meinen Respekt vor denjenigen Mitgliedern aus verschiedenen Teilen dieses Hauses, die geglaubt haben, mir ihre Stimme nicht geben zu sollen, aber die ich herzlich bitten möchte, ihre Mitarbeit nicht zu versagen, wenn es um die Lösung der uns gemeinsam gestellten Aufgaben geht.
Sie haben durch den Mehrheitsentscheid dieses Hauses eine schwere Bürde auf meine Schultern gelegt. Ich darf mich darüber nicht beklagen; denn ich hatte dazu ja gesagt und die Bereitschaft erklärt, daß ich dieses hohe Amt übernehmen wollte. Und wie der Herr amtierende Präsident schon sagte, wird die Leistung in diesem Amt gemessen werden an großen Vorbildern.
Ich kann heute und in diesem Augenblick nur eines sagen: Ich werde, solange ich das Vertrauen dieses Hohen Hauses habe, mit meinen Kollegen, die erst noch zu wählen sind, jeden Augenblick jede Stunde, jeden Tag nach besten Kräften bemüht sein, alles einzusetzen für die Freiheit und den Aufbau unseres Berlin. Ich werde mich immer betrachten als den Beauftragten dieses Hohen Hauses und als den Sprecher unserer fleißigen, arbeitsamen, tapferen Menschen im ganzen Berlin, in beiden Teilen dieser Stadt.
Und jetzt möchte ich noch danken für die kollegiale, häufig freundschaftliche Zusammenarbeit in meiner bisherigen Tätigkeit als Präsident des Abgeordnetenhauses von Berlin, und ich möchte auch als jetzt gewählter
Regierender Bürgermeister an dieser Stelle, und, wie ich hoffe, mit Ihrer Zustimmung ein Wort nicht nur der Anerkennung, sondern des Dankes sagen an den Mann, der während der Krankheit von Otto Suhr und jetzt während des Interregnums die Geschäfte des Senats an der Spitze geführt hat. Herzlichen Dank, Herr Bürgermeister [Franz] Amrehn! ...

Wohnen ermöglicht werden. Ergänzt werden die überwiegend im sozialen Wohnungsbau errichteten Gebäude durch öffentliche Einrichtungen (Schulen, Kirchen, Geschäfte). Die Fertigstellung des Viertels zieht sich noch über mehrere Jahre hin.

Kongreßhalle und Deutschlandhalle setzen architektonische Akzente: Im Rahmen der Interbau wird am 18. September im Tiergarten die Kongreßhalle eröffnet. Auf einer Plattform erhebt sich ein großer Saal (1250 Plätze), dessen kühne Hängedachkonstruktion weltberühmt wird. Im Sockelbau befinden sich Räume für Kongresse und kulturelle Veranstaltungen. Das Gebäude ist ein Geschenk der amerikanischen Benjamin-Franklin-Stiftung an die Stadt Berlin. Vorrangig für Sportereignisse, aber auch für kulturelle Großveranstaltungen ist die neue Deutschlandhalle im Eichkamp (Charlottenburg) vorgesehen. Das am 19. Oktober eröffnete Bauwerk, das die 1943 bei Luftangriffen zerstörte alte Deutschlandhalle ersetzt, faßt 14 000 Zuschauern und ist die größte Halle in Deutschland.

Die Deutschlandhalle im Bau, dahinter das Messegelände, 1957.

KALENDARIUM

1. Februar: Als erste deutsche Hochschule führt die Freie Universität Berlin den akademischen Grad des Magister Artium (M. A.) für geisteswissenschaftliche Fächer wieder ein. Der bis ins 19. Jahrhundert gebräuchliche Titel kann von Studenten erworben werden, die weder den Doktorgrad noch das Staatsexamen für das höhere Lehramt anstreben.

21. Februar: Der Deutsche Bundestag beschließt die Errichtung einer Stiftung Preußischer Kulturbesitz mit Sitz in West-Berlin. Aufgabe der Stiftung ist die Verwaltung von Einrichtungen des ehemaligen Landes Preußen, darunter 14 staatlichen West-Berliner Museen.

1. März: Gegen die im Rahmen des erstmals begangenen »Tag der Nationalen Volksarmee« in Ost-Berlin abgehaltenen Truppenparaden legen die Westalliierten Protest ein, weil Paraden von Soldaten gegen den entmilitarisierten Status Berlins verstoßen.

25. März: In Rom wird der Vertrag über die Bildung der Europäische Wirtschaftsgemeinschaft (EWG) unterzeichnet. Zusätzlich veröffentlichen die sechs Signatarstaaten eine Erklärung über Berlin, in der die Beziehungen der EWG zu West-Berlin definiert werden.

25. März: Das Kuratorium der Stiftung der Kaiser-Wilhelm-Gedächtniskirche beschließt, die Turmruine des im Krieg beschädigten Gebäudes zu erhalten. Pläne für einen Abriß mit anschließendem Neubau waren bei der West-Berliner Bevölkerung auf starken Protest gestoßen.

10. April: Das West-Berliner Landgericht verurteilt den Vorsitzenden des Sparvereins Südost zu einer Freiheitsstrafe von sieben Jahren. Der Sparverein hatte im großen Stil Schutzgelder von Gastwirten erpreßt.

24. April: Im West-Berliner Gloria-Palast wird der Spielfilm »Die Bekenntnisse des Hochstaplers Felix Krull« nach dem gleichnamigen Roman von Thomas Mann uraufgeführt. Regie führt Kurt Hoffmann, die Titelrolle spielt Horst Buchholz.

21. Mai: In einer Grundsatzentscheidung bezeichnet das Bundesverfassungsgericht in Karlsruhe Berlin als ein Land der Bundesrepublik Deutschland. Das Grundgesetz habe Gültigkeit, soweit es nicht Rechte der Alliierten beeinträchtige.

28. Mai: Mit dem Zoo-Palast und dem im gleichen Bau untergebrachten Atelier am Zoo wird das erste Berliner Kino mit zwei Zuschauersälen eröffnet.

19. Juni: Nach wochenlanger Trockenheit bricht im Grunewald ein Großfeuer aus. Rund 20 Hektar Wald werden vernichtet. Es ist der größte Waldbrand in Berlin seit Kriegsende.

21. Juni: Anläßlich des Beginns der Internationalen Filmfestspiele, die bis zum 2. Juli dauern, erhält der Spielfilm »Der Hauptmann von Köpenick« von Helmut Käutner (die

KALENDARIUM

BLITZAKTION – UMTAUSCH ALLER BANKNOTEN 1957

Hauptrolle spielt Heinz Rühmann) sechs Auszeichnungen.

23. Juni: Bei den Wahlen zu den Bezirksverordnetenversammlungen in Ost-Berlin erhält die Einheitsliste der nationalen Front nach offiziellen Angaben 99,52 % der abgegebenen Stimmen.

29. Juni: Im West-Berliner Sportpalast wird Lokalmatator Gustav »Bubi« Scholz Deutscher Mittelgewichtsmeister der Profiboxer durch einen K.o.-Sieg über Titelverteidiger Peter Müller (Köln).

6. Juli: Die Internationale Bauausstellung Berlin (Interbau) 1957 wird eröffnet. Im Mittelpunkt der bis zum 29. September dauernden, von rund 900 000 Menschen besuchten Ausstellung steht die Bebauung des im Krieg zerstörten Hansaviertels (Tiergarten).

29. Juli: Vertreter der Bundesregierung und der drei Westmächte veröffentlichen die Berliner Erklärung. Darin wird die Wiedervereinigung Deutschlands als gemeinsames Ziel bezeichnet.

7. August: Der sowjetische Parteichef Nikita S. Chruschtschow trifft in Ost-Berlin zu einem einwöchigen offiziellen Besuch ein.

15. September: Das West-Berliner Abgeordnetenhaus beruft 22 Vertreter für den 3. Deutschen Bundestag. Wegen des besonderen Status der Stadt dürfen die West-Berliner Bundestagsabgeordneten nicht direkt gewählt werden.

18. September: Im Bezirk Tiergarten wird die Kongreßhalle eröffnet. Der Beitrag zur Internationalen Bauausstellung 1957 ist ein Geschenk der amerikanischen Benjamin-Franklin-Stiftung an West-Berlin.

3. Oktober: Willy Brandt (SPD) wird vom West-Berliner Abgeordnetenhaus zum Regierenden Bürgermeister gewählt. Brandt tritt die Nachfolge des am 30. August verstorbenen Otto Suhr (SPD) an.

7. Oktober: Das Steglitzer Schloßpark-Theater bringt die deutsche Erstauführung von John Osbornes Schauspiel »Blick zurück im Zorn«. Regie führt Boleslaw Barlog.

13. Oktober: In Ost-Berlin und der DDR werden überraschend neue Geldscheine eingeführt. Die Maßnahme trifft auch die West-Berliner Wechselstuben und die Lohnausgleichskasse, deren Vorräte an Mark der DDR über Nacht entwertet sind.

17. Oktober: Sieger des 44. Sechstagerennens im West-Berliner Sportpalast werden Rik van Steenbergen und Emile Severeyns (Belgien).

19. Oktober: Mit einer Sportveranstaltung wird im Charlottenburger Ortsteil Eichkamp die während des Krieges zerstörte Deutschlandhalle wiedereröffnet.

10. November: Auf dem Gelände der ehemaligen Synagoge in der Charlottenburger Fasanenstraße wird der Grundstein für ein Kulturzentrum der Jüdischen Gemeinde gelegt.

Unter der Überschrift »Die Lehren eines Tages« schreibt der Kommentator des »Neuen Deutschlands« über den Umtausch der DDR-Währung:

Dieser 13. Oktober wird noch lange im Gedächtnis der Bevölkerung bleiben. Das wird so sein, weil der Schlag gegen die Währungsspekulanten, gegen das gewerbsmäßige Schiebergesindel und ihre hohen und höchsten Drahtzieher in Westberlin und Bonn tiefe Genugtuung hervorgerufen hat, denn die Massen haben ein sicheres Gefühl für Gerechtigkeit, für Ehrlichkeit und für Sauberkeit.
Diesen Tag werden aber auch die Frontstadtpolitiker, ihre Bonner und ihre ausländischen Vorgesetzten, werden die Bosse der zahlreichen Schieber-, Spionage- und Agentenorganisationen so leicht nicht vergessen. Es ist ein schwarzer Sonntag für sie, ein Tag ihrer Ohnmacht, ihrer Niederlage, eine verlorene Schlacht ihres kalten Krieges. Als in den Morgenstunden des Sonntags Ministerpräsident Grotewohl über den Rundfunk den in der Nacht gefaßten Beschluß des Ministerrates bekanntgab, war zweifellos die ganze Bevölkerung zunächst überrascht. Hellwach – denn es ging ja um ihr Geld – war ihr Interesse, Verständnis und Befriedigung über den Beschluß der Regierung gingen Hand in Hand. Die Bevölkerung empfand sofort, daß es der Regierung um die weitere Festigung unserer Währung geht, um den Schutz der Früchte jeder ehrlichen Arbeit. Sie wußte sofort, es geht gegen diejenigen, die dem Sumpf des Schiebekurses verfallen, durch dunkle Geschäfte scham- und bedenkenlos sich an den Früchten der anständigen Arbeit beim Aufbau des Sozialismus bereichern. Im Nu prägte der Volksmund für den Geldumtausch den treffenden Begriff »Aktion Schiebertod« …

Weiße Flotte hat Hochkonjunktur: Ein bei der warmen Witterung bevorzugtes Freizeitvergnügen der Berliner ist eine Fahrt mit dem Ausflugsdampfern der Weißen Flotte. Das 1948 gegründete Unternehmen geht 1957 im VEB Fahrgastschiffahrt Berlin auf. Die Flotte besteht aus rund 80 Schiffen, die mehr als 12 000 Passagieren Platz bieten. Befahren werden Wasserstraßen auf einer Länge von rund 160 km; die Zahl der Linien beträgt 42.

Vor der Sparkasse am Alexanderpatz: die Menschen stehen an, um ihre alten Banknoten in neue zu wechseln, 13. Oktober 1957.

SPORT

Sport für das werktätige Volk: Im Haus der Ministerien (Bezirk Mitte) konstituiert sich am 28. April der Deutsche Turn- und Sportbund (DTSB). Aufgabe der zentral gelenkten Organisation ist es, den Breiten- und den Leistungssport zu fördern und die Sportler zu »sozialistischem Denken und Handeln« zu erziehen. Sie tritt die Nachfolge des 1948 im Ostsektor Berlins gebildeten Deutschen Sportausschusses an. Die Gründung des DTSB dokumentiert die Eigenständigkeit des Sports der DDR. 1952 hatte der West-Berliner Sportverband die Beziehungen zu seinem Ost-Berliner Pendant abgebrochen.

1958 WEST-BERLIN SOLL »FREIE STADT« WERDEN

POLITIK

Brandt übernimmt Parteivorsitz: Der im Vorjahr als Nachfolger des verstorbenen Otto Suhr vom Abgeordnetenhaus zum Regierenden Bürgermeister gewählte Willy Brandt wird zur führenden Persönlichkeit der Berliner Sozialdemokratie. Am 12. Januar beruft ihn die SPD auf einem außerordentlichen Parteitag zu ihrem neuen Landesvorsitzenden. Der Wahl waren heftige innerparteiliche Diskussionen vorausgegangen, da nicht wenige Parteimitglieder gegen eine Personalunion von Regierungs- und Parteiführung waren. Darüber hinaus stießen Brandts wirtschaftspolitische Vorstellungen auf Kritik: Der bisherige Landesvorsitzende Franz Neumann hatte ihm vorgeworfen, von sozialistischen Grundforderungen der SPD wie etwa der Verstaatlichung der Grundlagenindustrie abgerückt zu sein. Die SPD – so der Vorwurf – wandele sich zunehmend von einer Arbeiterpartei in eine bürgerliche Partei. Dem entgegnet Brandt, die SPD müsse sich allen Volksschichten öffnen und dürfe nicht auf unzeitgemäßen Vorstellungen beharren.

Im Laufe des Jahres kann Willy Brandt seine Position weiter stärken. Dazu tragen maßgeblich die Versuche von DDR und Sowjetunion bei, den Status West-Berlins zu ändern und damit dessen Freiheit zu gefährden. Dieser Bedrohung kann nur durch die Solidarität aller demokratischen Kräfte begegnet werden.

Volkspolizisten in Steinstücken: Erste Anzeichen für eine weitere Verschärfung des politischen Klimas zwischen Ost und West sind am 8. August spürbar. Auf der Suche nach einem Flüchtling – vermutlich einem Offizier – um-

Behinderungen auf dem Weg nach Steinstücken: seit 1952 dürfen nur Bewohner mit Wohnsitz dort die Exklave betreten oder verlassen; alle anderen werden von der Volkspolizei abgewiesen.

stellen rund 800 Volkspolizisten die Enklave Steinstücken, dringen auf West-Berliner Gebiet vor und nehmen einen Mann fest. Der amerikanische Stadtkommandant erhebt beim sowjetischen Stadtkommandanten scharfen Protest gegen das Vorgehen der Volkspolizisten, das einen eklatanten Verstoß gegen den Viermächte-Status darstelle. Die Sowjets erklären daraufhin, sie sei nicht zuständig; die Aktion falle in die Verantwortlichkeit der DDR.

UdSSR kündigt Viermächte-Vereinbarungen: Die Versuche der Sowjetunion, den Status West-Berlins in Frage zu stellen und die Stadt unter Kontrolle der DDR zu bringen, gipfeln am 27. November in der Aufkündigung der Viermächte-Vereinbarungen. In einer Rede am 10. November in Moskau fordert der sowjetische Ministerpräsident Nikita Chruschtschow von den Westmächten, »auf die Reste des Besatzungsregimes in Berlin zu verzichten und damit die Möglichkeit zu geben, eine normale Lage in der Hauptstadt der DDR [das heißt ganz Berlins] zu schaffen«.

In einer Note vom 27. November an die Westmächte und an die beiden deutschen Staaten verlangt die UdSSR ultimativ den Abzug der westlichen Truppen und die »Umwandlung West-Berlins in eine entmilitarisierte Freistadt«. Den Status Freie Stadt will die Sowjetunion als Zugeständnis verstanden wissen. Ihr und dem Westen ist aber klar, daß dann die Eingemeindung in den Osten nur eine Frage der Zeit sein würde. Zur Umsetzung dieser Forderungen stellt die Sowjetunion eine Frist: Falls binnen sechs Monaten keine Lösung erzielt werde, sollen sämtliche Rechte der Westmächte an Berlin – darunter die Kontrolle der Verkehrswege von und nach der Stadt – auf die DDR übergehen.

Westmächte weisen Ultimatum entschieden zurück: Die Westmächte beugen sich nicht. In abgestimmten Noten weisen die USA, Frankreich und Großbritannien das Chruschtschow-Ultimatum am 31. Dezember zurück. Die einseitige Aufkündigung des Viermächte-Status sei völkerrechtswidrig. Die Alliierten betonen den festen Willen, ihre Rechte in Berlin weiterhin in vollem Umfang wahrzunehmen. Gleiches werde auch von der Sowjetunion erwartet. Die Umwandlung West-Berlins in eine »Freie Stadt« lehnen die Westmächte ab, da der »Schutz der

---

Nach dem sowjetischen Berlin-Ultimatum vom 27. November übermittelt die amerikanisch Regierung – wie auch die Frankreichs und Großbritanniens – am 31. Dezember 1958 der Moskauer Führung gleichlautende Antwortnoten:

Die Sowjetunion hat ihre Machtstellung über das große Gebiet konsolidiert, das die westlichen Alliierten ihr abgetreten hatten. Sie fordert nunmehr, daß die westlichen Alliierten ihre Positionen in Berlin aufgeben, die praktisch die Gegenleistung dafür waren. Die drei Westmächte sind als Besatzungsmächte in Berlin, und sie sind nicht zur Aufgabe der Rechte bereit, die sie durch den Sieg erworben haben. ...

Die Regierung der Vereinigten Staaten kann die sowjetische Regierung nicht daran hindern, das Aufgeben ihrer eigenen Machtbefugnisse im Rahmen der Viermächte-Regierung in dem Sektor zu verkünden, den sie in der Stadt Berlin besetzt. Auf der anderen Seite kann und wird die Regierung der Vereinigten Staaten in keiner Weise eine einseitige Aufkündigung der Abkommen der Jahre 1944 und 1945 akzeptieren. ...

Die Regierung der Vereinigten Staaten wird weiterhin die sowjetische Regierung direkt für die Erfüllung ihrer Verpflichtungen, die sie unter den bestehenden Abkommen hinsichtlich Berlins übernommen hat, verantwortlich machen. ...

Der weitere Schutz der Freiheit von über zwei Millionen Menschen in West-Berlin ist von den drei Westmächten feierlich als Recht und Pflicht übernommen worden. Die Vereinigten Staaten können daher keinen Vorschlag in Betracht ziehen, der auf eine Gefährdung der Freiheit und Sicherheit dieser Menschen hinauslaufen würde. Die Rechte der drei Mächte, in Berlin ohne eine Behinderung der Verbindungsstraßen und der Luftwege zwischen dieser Stadt und der Bundesrepublik Deutschland zu verbleiben, sind unter den gegebenen Bedingungen für die Ausübung dieses Rechtes und die Erfüllung dieser Pflicht von entscheidender Wichtigkeit. Daher ist der Vorschlag, aus West-Berlin eine sogenannte Freie Stadt zu machen, wie ihn die Sowjetunion unterbreitet hat, unannehmbar. ...

SED VERSPRICHT WOHLSTAND WIE IM WESTEN 1958

POLITIK

Hoher Besuch in der Hauptstadt: Nach einem mehrtägigen Besuch in der Bundesrepublik kommt Anastas Mikojan, der stellvertretende Vorsitzende des Ministerrates der Sowjetunion, für zwei Tage (28./29. April) nach Berlin und konferiert mit den führenden Vertretern der Regierung der DDR und der SED. Auf einem Empfang weist Ministerpräsident Otto Grotewohl darauf hin, daß Mikojan erstmals auf einer seiner Reisen nach Deutschland zwei Städte aufsucht, »die Sitz zweier deutscher Regierungen zweier deutscher Staaten sind«. Sein jetziger Besuch sei von besonderer Bedeutung, »weil er die Tatsache des Bestehens zweier deutscher Staaten vor aller Welt deutlich sichtbar macht«.

Gebühren sollen Kosten decken: Am 3. Mai beschließt der Ministerrat der DDR die Einführung einer Benutzungsgebühr auf Wasserstraßen für ausländische Schiffe. Betroffen ist vor allem der Güterverkehr zwischen der Bundesrepublik und West-Berlin, der zu einem beträchtlichen Teil über Wasserwege erfolgt. Die Maßnahme wird mit dem Bau zusätzlicher Staustufen in der Elbe begründet, an deren Finanzierung die Bundesrepublik beteiligt werden soll. Nach anfänglichen Bonner Protesten – die Maßname wird als Verstoß gegen die Viermächte-Vereinbarungen über freie Zufahrtswege nach West-Berlin gewertet – erklärt sich die Bundesregierung zur Übernahme der geforderten Gebühren in Höhe von jährlich rund 30 Millionen DM bereit.

Ost-West-Handelsabkommen: Ende November zeichnet sich eine gewisse Entspannung zwischen beiden Stadthälften ab. So übermittelt Oberbürgermeister Friedrich Ebert am 7. November seinem westlichen Amtskollegen Willy Brandt ein Schreiben, in dem er den Abschluß eines Handelsabkommens vorschlägt und Reiseerleichterungen für West-Berliner in Aussicht stellt. Am 20. November schließt die DDR mit der Bundesrepublik ein Zusatzabkommen zum Interzonenhandel, der die Lieferung von Braunkohle und Weizen im Tausch gegen Steinkohle vorsieht.

Chruschtschow fordert Beseitigung des »Krebsgeschwürs« West-Berlin: Doch zunächst verschlechtern sich die Ost-West-Beziehungen. Am 27. November kündigt die sowjetische Regierung den Viermächte-Status und betont, die »natürlichste Lösung« der Berlinfrage sei »den westlichen Teil Berlins ... mit dem östlichen wiederzuvereinigen und zu einer einheitlichen Stadt im Bestand des Staates werden zu lassen, auf dessen Boden sie sich befindet«. Begründet wird die Forderung damit, daß »Westberlin kein Sprungbrett mehr für eine Wühlarbeit gegen die sozialistischen Länder und keine Frontstadt« sein dürfe. Eine »Normalisierung der Lage in Berlin« sei im »Interesse der Friedenssicherung«. Die DDR-Führung begrüßt die sowjetische Forderung. Am Tag nach der Veröffentlichung der Noten erklärt auch Ministerpräsident Otto Grotewohl vor der Presse, ganz Berlin befände sich auf dem Territorium der DDR. Gleichzeitig werden die Westmächte unmißverständlich gewarnt, Maßnahmen zur Errichtung einer Luftbrücke, wie sie 1948/49 zur Versorgung West-Berlins durchgeführt worden war, zu ergreifen. Gegenüber der »New York Times« erklärt SED-Parteichef Walter Ulbricht am 29. November, dies würde als militärische Drohung aufgefaßt.

Anastas Mikojan (links) zu Besuch im Roten Rathaus: Eintragung in das Goldene Buch Berlins in Anwesenheit von Oberbürgermeister Friedrich Ebert (Mitte), 29. April 1958.

WIRTSCHAFT

Aktion »Blitz kontra Wattfraß«: In der DDR ist Energie knapp. Als Heizmaterial und zur Stromerzeugung wird weitgehend auf die heimische Braunkohle zurückgegriffen, da Erdöl trotz Sonderkonditionen des sozialistischen Auslands teuer ist. Da der stetig wachsende Energiebedarf kaum noch gedeckt werden kann, inszeniert die FDJ am 15. Januar in Ost-Berlin die mit großem propagandistischen Aufwand begleitete Aktion »Blitz kontra Wattfraß«. Unterstützt vom Vorsitzenden der staatlichen Plankommission, Bruno Leuschner, versuchen die

---

Die Sowjetunion kündigt in gleichlautendem Schreiben vom 27. November 1958 an die Westmächte, die Bundesrepublik und die DDR den Viermächte-Status Berlins auf:

Die Sowjetregierung hat beschlossen, ihrerseits Maßnahmen zur Aufhebung des Besatzungsregimes in Berlin zu ergreifen, ausgehend von dem Bestreben, eine Normalisierung der Lage in Berlin im Interesse des europäischen Friedens, im Interesse der friedlichen, unabhängigen Entwicklung Deutschlands herbeizuführen ...
Zugleich ist die Sowjetunion bereit, mit den Regierungen der Vereinigten Staaten von Amerika und anderer interessierter Staaten Verhandlungen darüber aufzunehmen, Westberlin den Status einer entmilitarisierten Freistadt zu gewähren ...
Die Sowjetregierung strebt an, daß die erforderliche Änderung der Lage Berlins in einer ruhigen Atmosphäre ohne Eile und unnötige Reibungen unter möglichst weitgehender Berücksichtigung der Belange der interessierten Seiten erfolge ...
In Anbetracht dessen gedenkt die Sowjetregierung im Laufe eines halben Jahres keine Änderungen an dem gegenwärtig geltenden Modus für Militärtransporte der USA, Großbritanniens und Frankreichs aus Westberlin in die Bundesrepublik vorzunehmen. Sie hält diese Frist für durchaus hinreichend, um eine gesunde Basis für die Lösung der Fragen zu finden, die mit der Änderung der Lage Berlins verbunden sind, und eventuelle Komplikationen zu vermeiden ...
Wird die erwähnte Frist jedoch nicht dazu ausgenutzt, zu einer entsprechenden Einigung zu gelangen, so wird die Sowjetunion durch Übereinkommen mit der DDR die geplanten Maßnahmen durchführen. Hierbei wird in Betracht gezogen, daß die DDR wie jeder andere selbständige Staat ganz für die Fragen zuständig sein muß, die ihren Raum betreffen, d.h. ihre Hoheitsrechte zu Lande, zu Wasser und in der Luft ausüben muß ...

1958 WEST-BERLIN SOLL »FREIE STADT« WERDEN

Ergebnis der Wahlen zum Abgeordnetenhaus, 7. Dezember 1958.

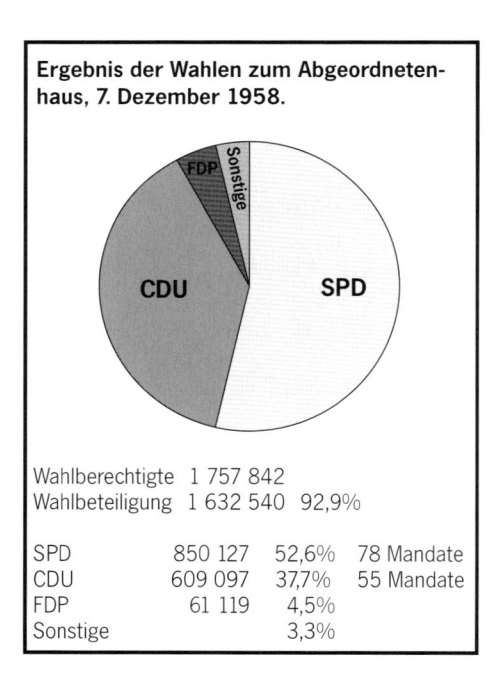

Wahlberechtigte	1 757 842		
Wahlbeteiligung	1 632 540	92,9%	
SPD	850 127	52,6%	78 Mandate
CDU	609 097	37,7%	55 Mandate
FDP	61 119	4,5%	
Sonstige		3,3%	

In der Rundfunksendung »Wo uns Schuh drückt« erklärt Willy Brandt am 30. November 1958 zum sowjetischen Berlin-Ultimatum:

… Selbstverständlich wurden und werden die Ereignisse und die Auseinandersetzungen, Noten und Äußerungen der Politiker hier aufmerksam verfolgt und erörtert, aber Bangemachen gilt nicht in Berlin, und für dumm verkaufen lassen wir uns schon lange nicht. Die letzten Tage haben eine erfreuliche Klärung gebracht. Sie haben Klarheit darüber geschaffen, daß die vielfach erwarteten dramatischen Ereignisse ausgeblieben sind, sie haben auch klar gemacht, daß es nicht um irgendwelche technischen Einzelheiten oder juristischen Finessen geht, sondern um Berlin selbst und eine ganze Menge mehr. Ulbricht hat seinem großen Bruder in Moskau gesagt: Straßengebühren kassieren, Kanalgebühren kassieren, warum so kleinlich? West-Berlin kassieren, das bringt mehr. Und wir haben durchschaut, was der uns unmittelbar betreffende Teil der Sowjetnote vom Donnerstag bedeutet. Freistadt Westberlin – KZ auf Termin, das bedeutet Freistadt Westberlin. Aber, ich wiederhole, die Berliner und Berlinerinnen sind ihrer Arbeit nachgegangen, wie jeden Tag, haben ihr Leben weitergelebt, den Aufbau unserer Stadt fortgesetzt, ohne Nervosität, ohne Furcht, geschweige denn Panik. Diese Haltung ist als bemerkenswert auch in den Berichten der in- und ausländischen Presse erwähnt worden. Und damit, meine lieben Berlinerinnen und Berliner, haben Sie die beste Antwort in dieser Phase des Nervenkrieges erteilt. Wir arbeiten weiter, um diese unsere Stadt zu einer schöneren Heimstätte für alle zu machen, um sie vorzubereiten für ihre Aufgabe als Hauptstadt Deutschlands. Ein schöneres, ein modernes Berlin ist schon sichtbar, nicht mehr nur in den Konturen, und wir lassen uns von unserem Werk nicht abbringen, wir lassen uns nicht durch Drohungen oder Lockungen in Verwirrung bringen.
…
Hier geht es wieder um die Existenz unserer Stadt und ihrer Bewohner, um ein paar Millionen Menschen, die ein Recht haben, ihr Dasein und ihre Zukunft nach ihren Wünschen zu bestimmen. Das verschleiert man mit dem Namen entmilitarisierte freie Stadt, wobei der Ostsektor unserer Stadt Teil der sogenannten DDR werden soll, und wir, losgelöst vom freien Teil Deutschlands, wie eine Zitrone ausgequetscht werden sollen. Wirtschaftlich, rechtlich und politisch ein Wahnsinn. …

Freiheit von über zwei Millionen Menschen« ihre oberste Pflicht sei.

Trotz der von den Westmächten demonstrierten Entschlossenheit wächst bei der Bevölkerung die Furcht, die Sowjetunion könnte sich mit ihren Forderungen durchsetzen. Andere wiederum halten es für möglich, daß nach Ablauf der sechsmonatigen Frist der Konflikt eskalieren und sich an der strittigen Berlinfrage ein bewaffneter Konflikt entzünden könne. Sowohl West-Berliner, als auch Bundesbürger – sie stellen am Heiligabend zum Zeichen der Verbundenheit mit Berlin brennende Kerzen in ihre Fenster – erwarten mit Sorge das Jahr 1959.

Absolute Mehrheit für die SPD: Unter dem Eindruck des Chruschtschow-Ultimatums erhalten die Wahlen zum Abgeordnetenhaus am 7. Dezember eine besondere Bedeutung. Bei einer Wahlbeteiligung von 92,9 % – der bislang höchsten in West-Berlin und der Bundesrepublik überhaupt – stimmen 52,6 % für die von Willy Brandt geführte SPD. Die CDU erhält 37,7 %. Andere Parteien schaffen den Sprung in das Abgeordnetenhaus nicht.

Willy Brandt wertet die Wahl als »Volksabstimmung, in der die Berliner zu verstehen gaben, daß sie sich nicht unter das Joch des Kommunismus zwingen lassen«. Angesichts der Bedrohung der Stadt kündigt er an, trotz der absoluten SPD-Mehrheit im Abgeordnetenhaus die Koalition mit der CDU fortzusetzen.

ALLTAG UND GESELLSCHAFT

Ausschreitungen im Sportpalast: Für Kopfschütteln und Unverständnis bei den Erwachsenen sorgen sogenannte Halbstarke bei einem Rock'n'Roll-Konzert im Sportpalast am 26. Oktober. Bei einem Auftritt des amerikanischen Sängers Bill Haley stürmen mehrere hundert Jugendliche die Bühne und beschädigen Tonanlage und Scheinwerfer. Anschließend kommt es zu einer regelrechten Saalschlacht, bei der große Teile der Bestuhlung zertrümmert werden. 34 Personen, darunter fünf Polizisten, erleiden Verletzungen. Bereits am 17. März ist es bei einem Auftritt des Sängers Johnny Ray zu ähnlichen Krawallen gekommen. Der Sportpalast soll deshalb bis auf weiteres für Rock'n'Roll-Konzerte nicht mehr zur Verfügung stehen.

SFB erstmals in Stereo: Eine technische Neuheit bietet der Sender Freies Berlin seinen Hörern. Am 26. Dezember strahlt er als erste deutsche Rundfunkanstalt Musiksendungen in Stereoton aus. Allerdings sind die für den Empfang notwendigen Geräte noch nicht im Handel erhältlich. Aus diesem Grund sendet der SFB die einzelnen Kanäle auf jeweils eigenen Frequenzen und empfiehlt den Gebrauch von zwei Radiogeräten.

SPORT

Rennsportrasse auf der AVUS: Vor dem Zweiten Weltkrieg zählte die AVUS zu den bedeutendsten Rennstrecken der Welt, mit der Namen so herausragender Fahrer wie Rudolf Carraciola, Karl Kling oder Bernd Rosemeyer verbunden gewesen sind. Die am 21. September vom Automobilclub von Deutschland (AvD) auf der AVUS ausgetragene Rennsportveranstaltung soll an diese Tradition anknüpfen. Den rund 50 000 Zuschauern werden sechs verschiedene Rennen geboten, darunter ein Lauf zur Formel II. Höhepunkt ist der Große Preis von Berlin. Den Sieg holt sich nach einem spannenden Rennverlauf mit ständigen Positionswechseln an der Spitze der Franzose Jean Behra (Porsche), der mit einer Durchschnittsgeschwindigkeit von 213,5 km/h auch die schnellste Runde fährt. Auf den Plätzen folgen der Schwede Joakim Bonnier (Borgward) und der Amerikaner Masten Gregory (Porsche).

Rennen auf der AVUS: Zusammenstoß der Engländer Allison (Nr. 4) und Wicken Nr. 10), beide bleiben unverletzt, 21. September 1958.

SED VERSPRICHT WOHLSTAND WIE IM WESTEN 1958

Rede des sowjetischen Partei- und Regierungschefs in Moskau, in der er den Abzug der Westalliierten aus Berlin fordert (Ankündigung des Berlin-Ultimatums), rechts neben ihm Außenminister Andrej Gromyko, 10. November 1958.

Jugendlichen, unnötigen Stromverbrauch zu vermeiden. Sie informieren ihre Familien über Maßnahmen zum Stromsparen und versuchen, in den Betrieben bei den Arbeitern das Problembewußtsein zu schärfen. Auf diese Weise können nach Angaben der FDJ während der dreitägigen Aktion in der DDR rund 185 000 kWh elektrische Energie eingespart werden.

Lebensmittelrationierung aufgehoben: Für die Bevölkerung der DDR hat der 28. Mai besondere Bedeutung. 13 Jahre nach Ende des Zweiten Weltkrieges beschließt in Ost-Berlin die Volkskammer das »Gesetz über die Abschaffung der Lebensmittelkarten«. Damit unterliegen Produkte wie Fleisch, Wurst, Milch, Fett und Zucker nicht mehr der Bewirtschaftung und können frei gehandelt werden – allerdings zu deutlich höheren Preisen. Aus diesem Grund war es nach Bekanntwerden der Freigabe am Vortag republikweit zu »Hamsterkäufen« gekommen, bei denen sich die DDR-Bürger mit großen Mengen Lebensmitteln zu alten Preisen bevorrateten.

DDR soll Bundesrepublik überholen: Die Abschaffung der Bewirtschaftung von Lebensmitteln ist nach Angaben der DDR-Führung ein weiterer Schritt auf dem »Weg zur Vollendung des Sozialismus«, der gemäß einem Beschluß des in Ost-Berlin tagenden 5. Parteitages der SED am 16. Juli offiziell eingeschlagen wird. Gleichzeitig verkündet Parteichef Walter Ulbricht ein ehrgeiziges Vorhaben: Damit die Überlegenheit des Sozialismus gegenüber dem Kapitalismus »eindeutig bewiesen« wird, soll bis 1961 die Volkswirtschaft so entwickelt werden, daß »der Prokopfverbrauch unserer werktätigen Bevölkerung mit allen wichtigen Lebensmitteln und Konsumgütern den Prokopfverbrauch der Gesamtbevölkerung in Westdeutschland erreicht und übertrifft«.

KULTUR

»Schätze der Weltkultur von der Sowjetunion gerettet«: Die Berliner Museumsinsel ist ab dem 2. November Schauplatz einer ungewöhnlichen Ausstellung. Im Nordflügel des Pergamonmuseums und in der Nationalgalerie werden Kunstschätze gezeigt, die 1945 auf Anordnung der sowjetischen Besatzungsmacht in die UdSSR »in Sicherheit« verbracht worden waren und nun wieder in den Besitz der Ost-Berliner Museen zurückkehren. Unter den Exponaten befinden sich auch Teile des Pergamonaltars, der allerdings seinen angestammten Platz erst nach dem vollständigen Wiederaufbau des Museums (1959) einnehmen kann.

In der Note der Sowjetunion vom 27. November an die DDR-Regierung heißt es:

Die Regierung der Union der Sozialistischen Sowjetrepubliken wendet sich an die Regierung der Deutschen Demokratischen Republik in Zusammenhang mit der Berliner Frage, durch die sowohl die Interessen der DDR als auch die der Sowjetunion zutiefst berührt sind. Die Sowjetregierung ist zu der Schlußfolgerung gelangt, daß die gegenwärtige Lage in Berlin, bei der ein Teil dieser Stadt, der faktisch von der DDR losgerissen ist, sich unter der Besetzung der USA, Großbritanniens und Frankreichs befindet und als Basis für Wühlarbeit gegen die DDR, gegen die Sowjetunion und die anderen sozialistischen Länder dient, das heißt für Handlungen benutzt wird, die, um mit den Worten der führenden Politiker der USA zu sprechen, mit vollem Recht als indirekte Aggression bezeichnet werden können, nicht geduldet werden kann und geändert werden muß.

Um richtig an die Berliner Frage heranzugehen, ist es natürlich notwendig, sich der historischen Entwicklung zu erinnern, die sich in den Nachkriegsjahren in Deutschland vollzogen hat. Als Ergebnis dieser Entwicklung sind zwei gesonderte, unabhängige Staaten entstanden, die international anerkannt sind und bereits seit vielen Jahren auf dem Schauplatz des internationalen Geschehens als selbständige, souveräne Staaten auftreten. Dies alles macht die Beibehaltung jedweder Form der Besetzung Deutschlands durch die Siegermächte des vergangenen Krieges zu einem Anachronismus, der in der gegenwärtigen Situation keinen Sinn und keine Berechtigung mehr hat. Die Beibehaltung eines solchen Besatzungsregimes in Berlin ist heute nicht nur absurd, vom Standpunkt der politischen Logik und des gesunden Menschenverstandes, sondern auch äußerst ungerecht dem deutschen Volk gegenüber und vor allem gegenüber der Deutschen Demokratischen Republik, deren Hauptstadt Berlin ist. Die Sowjetregierung, die die souveränen Rechte des deutschen Volkes zutiefst respektiert, hält es nicht für möglich, irgendeine Beziehung zur weiteren Beibehaltung des Besatzungsregimes in Berlin zu haben, und sie beabsichtigt ihrerseits, alle Maßnahmen zu dessen Liquidierung zu ergreifen ...

Dementsprechend, und geleitet von den Prinzipien der unbedingten Respektierung der Souveränität der DDR, beabsichtigt die Sowjetregierung, den Organen der DDR alle Funktionen zu übergeben, die auf der Grundlage der ... interalliierten Abkommen sowie entsprechend dem Abkommen zwischen der UdSSR und der DDR vom 20. September 1955 vorübergehend von den sowjetischen Organen ausgeübt wurden, damit die DDR künftig in allen Fragen verfügt, die ihren Raum betreffen, das heißt ihre Souveränität zu Lande, zu Wasser und in der Luft ausübt. Jegliche Kontakte von Vertretern der Streitkräfte und von anderen offiziellen Persönlichkeiten der Sowjetunion in Deutschland mit den entsprechenden Vertretern der Westmächte in Fragen, die mit der Besetzung Westberlins in Zusammenhang stehen, werden eingestellt. Es ist außerdem vorgesehen, die sowjetische Militärkommandantur in Berlin aufzulösen und die ihr beigegebenen Wachtruppen aus der Stadt abzuziehen.

Die Sowjetregierung geht dabei davon aus, daß die von ihr geplanten Maßnahmen zur Liquidierung des Besatzungsregimes in Berlin im Laufe eines halben Jahres verwirklicht werden, damit die Westmächte sich entsprechend auf die Veränderung der Lage in Berlin vorbereiten können ...

1958 WEST-BERLIN SOLL »FREIE STADT« WERDEN

KALENDARIUM

Der Kommentator des »Tagesspiegels«, Günter Matthes, versucht die Ursachen der Krawalle bei einem Rock'n' Roll-Konzert im Sportpalast am 26. Oktober 1958 zu ergründen:

Nun ist es wieder passiert. Auch im Sportpalast nicht zum ersten Male. Das mußten Hausherr und Veranstalter wissen. Sie waren versichert und hatten für ein entsprechendes Polizeiaufgebot gesorgt. Der materielle Schaden wird bald behoben. Leid tun einem die verletzten Polizisten, und zu beklagen ist in erster Linie der immaterielle Schaden, der sich im allgemeinen Kopfschütteln über diese Jugend ausdrückt. Bleiben wir zunächst bei den Erwachsenen. Wem schieben wir den schwarzen Peter zu? Jedenfalls nicht der Polizei. Sie hat die Suppe nicht eingebrockt, von der man wußte, wie heiß sie ist. Zum Rechtsstaat gehört, daß die Polizei sich dreimal überlegt, ehe sie zuschlägt. Manchmal gefällt das der Öffentlichkeit, manchmal nicht. Zum Rechtsstaat gehört es immer. Und den wollen wir doch. Wir wissen ja, warum der Sportpalast kaputt ging, in dem man eine Zeitlang gar so diszipliniert war. ...
Die Jugendlichen kommen nicht mit der Absicht, die Einrichtung zu demolieren. Sie kommen, um sich von einer Musik, die hervorragend dazu geeignet ist, weil sie sich ausschließlich an das Gefühl wendet, in eine Ekstase treiben zu lassen. Es ist eine Art Ausweg aus einer gefühlsarmen Erlebniswelt. Ekstase ist Hemmungslosigkeit, die dann auch nicht mehr vor Stühlen und Fensterscheiben haltmacht. Der Rock'n' Roll-Rowdy ist nicht der jugendliche Straßenräuber, der kalte Asoziale. Der potentielle Halbstarke erkennt als einzelner die Gesellschaftsordnung an, aber er spürt eine vage Unzufriedenheit mit seinem Leben in einer Zeit, die ein gezügeltes, rein vernunftgemäßes Verhalten auch vom Jugendlichen verlangt, so daß für spontane Gefühlsregungen und Antriebe kaum noch Platz ist. Dieser Gefühlsstau wird in der enthemmten Massensituation frei, wobei Musik nicht die Ursache, sondern die Initialzündung ist. ...
Was können wir also tun? Zwei Dutzend Strafanzeigen laufen gegen die, die man rein zufällig erwischt hat. Und die anderen? Gebt ihnen weniger Gelegenheit zum Massenwahn. Und wenn ihr es tut, wundert euch nicht. Jede Gesellschaft hat die Jugend, die den gesellschaftlichen Bedingungen entspricht. ...

Bubi Scholz wird Europameister: Für Stürme der Begeisterung im Berliner Olympiastadion sorgt am 4. Oktober Gustav »Bubi« Scholz. Vor rund 30 000 Zuschauern schlägt der Lokalmatador den Franzosen Charles Humez (Aufgabe in der 12. Runde) und gewinnt den Europameistertitel im Mittelgewicht der Berufsboxer. Damit ist die Revanche des achtundzwanzigjährigen Berliners geglückt: Am 20. März war Scholz in Paris dem Titelverteidiger nach Punkten unterlegen.
Länderspiel Deutschland – Österreich: Ebenfalls im Olympiastadion tritt am 19. November die deutsche Fußballnationalmannschaft an. Gegner ist die Vertretung Österreichs. Beide Mannschaften präsentieren sich in guter Verfassung und trennen sich leistungsrecht 2:2. Bester Spieler ist der Mittelstürmer Helmut Rahn (Rot-Weiß Essen), der zweimal für Deutschland trifft.

Fußballänderspiel im Olympiastadion: Österreich gegen Deutschland: (von links) Kollmann, Engelmaier und Schmidt, 19. November 1958.

2. Januar: In West-Berlin nimmt das Bundeskartellamt seine Tätigkeit auf. Seine Aufgabe ist es, das 1957 erlassene Gesetzes gegen Wettbewerbsbeschränkungen (Kartellgesetz) zu überwachen.
10. Januar: Mit Feiern und Ausstellungen wird in beiden Teilen der Stadt an Heinrich Zille erinnert. Der durch seine sozialkritischen Zeichnungen bekannt gewordene Künstler war vor 100 Jahren geboren worden.
12. Januar: Die West-Berliner SPD wählt auf einem außerordentlichen Parteitag den Regierenden Bürgermeister Willy Brandt zu ihrem Landesvorsitzenden. Er tritt die Nachfolge von Franz Neumann an.
15. Januar: In Ost-Berlin und Städten der DDR beginnt die FDJ die dreitägige Aktion »Blitz contra Wattfraß«. Ziel ist es, den in den letzten Jahren stark gewachsenen Stromverbrauch zu mindern.
28. Januar: Im West-Berliner Zoo-Palast erhält der Regisseur Kurt Hoffmann für seinen Film »Das Wirtshaus im Spessart« den erstmals verliehenen Ernst-Lubitsch-Preis. Mit dem vom Club der Filmjournalisten Berlin gestifteten Preis werden besonders gelungene Komödien ausgezeichnet.
25. April: In West-Berlin findet unter der Leitung von Bischof Otto Dibelius die Synode der Evangelischen Kirchen in Deutschland statt. Im Mittelpunkt der Beratungen steht die Haltung der Kirche in der Frage der atomaren Rüstung.
3. Mai: Die DDR-Regierung verfügt die Einführung einer Wasserstraßenbenutzungsgebühr für ausländische Schiffe. Betroffen ist vor allem die Interzonen-Schiffahrt zwischen der Bundesrepublik und West-Berlin.
28. Mai: In Ost-Berlin beschließt die DDR-Volkskammer die Abschaffung der Lebensmittelkarten. Eine Reihe von Nahrungsmitteln, darunter Zucker, Fleisch und Fett werden allerdings nur zu stark erhöhten Preisen abgegeben.
31. Mai: Die Verlängerung der West-Berliner U-Bahn-Linie 6 zwischen den Stationen Kurt-Schumacher-Platz und Alt-Tegel wird eröffnet.
16. Juni: Der West-Berliner Regierende Bürgermeister Willy Brandt (SPD) übermittelt dem Ost-Berliner Magistrat ein Schreiben, in der er um Freilassung von politischen Gefangenen und um die Aufnahme von Verhandlungen über eine Zusammenarbeit beider Stadtverwaltungen bittet. Brandts Schreiben wird vom Magistrat als in Form und Inhalt ungehörig zurückgewiesen.
16. Juli: In Ost-Berlin endet der 5. Parteitag der SED. Die Partei hat während der einwöchigen Beratungen die »Vollendung des Sozialismus« beschlossen und kündigt an, den Lebensstandard in der DDR bis 1961 mindestens auf das Niveau der Bundesrepublik zu heben.
8. August: Bei der Verfolgung eines Flücht-

KALENDARIUM SED VERSPRICHT WOHLSTAND WIE IM WESTEN 1958

lings umstellen rund 800 DDR-Volkspolizisten die Enklave Steinstücken und dringen auf West-Berliner Gebiet vor. Der Flüchtling wird gestellt und nach Ost-Berlin verbracht.

21. September: Auf der Berliner AVUS findet ein Automobilrennen um den Großen Preis von Berlin statt.

27. September: Nach Abschluß der Wiederherstellung der Quadriga nach alten Gipsformen wird sie auf dem Brandenburger Tor aufgestellt. Die Ost-Berliner Behörden entfernen dabei – verabredungswidrig – das Eiserne Kreuz und den Adler am Siegeszeichen der Viktoria.

4. Oktober: Im Berliner Olympiastadion gewinnt der Berliner Boxer Gustav »Bubi« Scholz durch einen Sieg über Charles Humez (Frankreich) den Europameistertitel im Mittelgewicht der Profisboxer.

22. Oktober: Die Bundesregierung lehnt einen Vorschlag der SPD ab, den Regierungssitz nach West-Berlin zu verlegen. Obwohl keine völkerrechtlichen Bedenken bestünden, würde nach Ansicht der Regierung die Insellage der Stadt und die unmittelbare Nähe der DDR die Regierungsgeschäfte beeinträchtigen.

26. Oktober: Bei einem Konzert des amerikanischen Rock'n'Roll-Sängers Bill Haley im West-Berliner Sportpalast kommt es zu Ausschreitungen. 34 Menschen werden verletzt, der Sachschaden beträgt rund 50 000 DM.

7. November: Der Ost-Berliner Oberbürgermeister Friedrich Ebert (SED) schlägt dem West-Berliner Senat Verhandlungen über einen Handelsvertrag zwischen beiden Teilen der Stadt vor. Gleichzeitig bietet Ebert Reiseerleichterungen für West-Berliner an.

27. November: Die Sowjetunion kündigt den Viermächte-Status Berlins. Nach Ansicht der UdSSR soll West-Berlin in eine »entmilitarisierte Freie Stadt« umgewandelt werden. Zur Aufnahme von entsprechenden Verhandlungen wird den Westmächten eine Frist von sechs Monaten gesetzt. Anderenfalls will die Sowjetunion ihre Rechte an Berlin auf die DDR übertragen.

2. Dezember: An der West-Berliner Budapester Straße wird mit dem »Hilton« das modernste Hotel Europas eröffnet. Eine Suite in der Luxusherberge kostet 235 DM pro Nacht.

7. Dezember: Bei den Wahlen zum West-Berliner Abgeordnetenhaus erhält die SPD mit 52,6 % der abgegebenen Stimmen die absolute Mehrheit. Die CDU erreicht 37,7 %. FDP und SED scheitern an der Fünf-Prozent-Hürde.

17. Dezember: Am Kurfürstendamm (Ecke Joachimsthaler Straße) bezieht das Café Kranzler ein neues Gebäude.

31. Dezember: In Noten an die Sowjetunion bezeichnen die drei Westmächte die einseitige Aufkündigung des Viermächte-Status durch die Sowjetunion als »unannehmbar«.

Ausstellung der bei Ende des Zweiten Weltkrieges von der Sowjetunion bewahrten Kunstschätze vor dem Rücktransport nach Berlin in der Leningrader Eremitage, August und September 1958.

SPORT

Dynamo-Sporthalle fertiggestellt: Ein besonderes Anliegen ist der DDR-Staatsführung die Förderung des Sports. Da viele Sportstätten während des Krieges zerstört worden waren oder im Westteil der Stadt liegen, war bereits 1954 in Hohenschönhausen mit dem Bau des Sportforum Berlin begonnen worden. Am 25. Januar 1958 wird die Dynamo-Sporthalle eingeweiht, die bis zu 3000 Menschen Platz bietet. Bis 1964 soll der gesamte Komplex fertiggestellt werden, der unter anderem ein Leichtathletikstadion, Trai-

Dynamo-Sporthalle Berlin in Hohenschönhausen

ningshallen und ein kleines Fußballstadion umfaßt. Das Sportforum ist auch Heimat des SC Dynamo Berlin, dessen Fußballabteilung 1958 die DDR-Meisterschaft erringt.

Handball ermöglicht »Ost-West-Brücke«: Am 27. Februar beginnt in Berlin mit der 3. Hallenhandballweltmeisterschaft ein internationales Sportereignis. Neben der Werner-Seelenbinder-Halle im Bezirk Prenzlauer Berg sind Magdeburg, Erfurt und Rostock Spielorte. Höhepunkt der Weltmeisterschaft ist das Finale am 8. März, bei dem Schweden die ČSSR vor 6400 Zuschauern mit 22:12 schlägt. Die gesamtdeutsche Mannschaft besiegt im Spiel um Platz drei Dänemark 16:13. Erfolgreichster Torschütze des Turniers ist Rudi Hirsch (Dynamo Berlin) mit insgesamt 22 Treffern.

Die Finalspiele der Handball-WM werden direkt vom Fernsehen übertragen. Zu diesem Zweck wird zwischen dem Deutschen Fernsehfunk und dem Sender Freies Berlin erstmals eine »Ost-West-Brücke« geschaltet.

1959 VERHANDLUNGEN IN GENF

POLITIK

Erleichterung in Berlin: »Der 27. Mai, ... ist nicht zu dem geworden, was manche vor Monaten von ihm erwartet hatten.« Mit diesen Worten kommentiert der Regierende Bürgermeister Willy Brandt im Rundfunk den Ablauf des sechsmonatigen Chrutschtschow-Ultimatums, in dem die sowjetische Regierung den Viermächte-Status gekündigt und die Umwandlung Berlins in eine entmilitarisierte Freie Stadt gefordert hatte. Eine Lösung der Berlin-Krise ist bislang allerdings nicht in Sicht.

UdSSR signalisiert Kompromißbereitschaft: Nachdem die Westmächte am 31. Dezember 1958 die sowjetischen Forderungen zurückgewiesen hatten und auch der Moskauer Vorschlag eines Friedensvertrages für Deutschland (10. Januar) auf Ablehnung gestoßen ist, signalisiert der stellvertretende sowjetische Außenminister Anastas Mikojan bereits am 24. Januar während einer Reise durch die USA, daß die UdSSR auf einer Entmilitarisierung West-Berlins nicht unbedingt beharren werde. Am 5. März führt der sowjetische Parteichef Nikita Chruschtschow bei seinem Besuch in Ost-Berlin heftige Angriffe gegen die Westmächte, bestreitet aber gleichzeitig den ultimativen Charakter der Forderungen.

Verhandlungen in Genf: Nach Verstreichen des Ultimatums treffen in Genf die Außenminister der vier Siegermächte zu einer Konferenz zusammen (11. Mai bis 5. August mit einer längeren Unterbrechung). Gegenstände der Beratungen, zu denen erstmals Vertreter der Bundesrepublik und der DDR als gleichberechtigte Partner zugelassen sind, sind die Lösung der Berlin-Krise, die Wiederherstellung der deutschen Einheit sowie Abrüstungsfragen.
Die UdSSR erneuert ihren Vorschlag über die Bildung einer deutsch-deutschen Konföderation auf Grundlage der Neutralität sowie die Umwandlung Berlins in eine entmilitarisierte Freie Stadt. Dies wird von westlicher Seite abgelehnt. Statt dessen legen die Westmächte einen Plan vor, der die Durchführung freier Wahlen in beiden Teilen Deutschlands vorsieht. Eine gesamtdeutsche Regierung soll dann einen Friedensvertrag mit den Siegermächten des Zweiten Weltkrieges schließen. Als erster Schritt wären Wahlen in ganz Berlin abzuhalten.

Eisenhower bekräftigt »Berlin-Garantie«: Am 5. August endet die Genfer Konferenz ergebnislos, da beide Seiten ihre grundsätzlichen Meinungsverschiedenheiten nicht überbrücken können. Für die West-Berliner bleibt damit die Unsicherheit über die politische Zukunft ihrer Stadt bestehen. Bei vielen wächst nun die Sorge, die Westmächte könnten im Interesse verbesserter Beziehungen zur Sowjetunion doch noch den Forderungen Chruschtschows nachgeben. Beruhigend wirkt am 26. und 27. August der Besuch des amerikanischen Präsidenten Dwight D. Eisenhower in Bonn. Bei dieser Gelegenheit bekräftigt der Präsident die Berlin-Garantie der USA. Zugeständnisse an die UdSSR – so Eisenhower – werde es nicht geben.

Chruschtschow lenkt ein: Im September zeichnet sich eine Entspannung ab. Im Rahmen eines Staatsbesuches in den Vereinigten Staaten erklärt sich der sowjetische Regierungschef Nikita Chruschtschow nach Verhandlungen mit Eisenhower zu einer Rücknahme des Berlin-Ultimatums bereit. Der amerikanische Präsident gibt sein Einverständnis zur Teilnahme an einer von der UdSSR geforderten Gipfelkonferenz der vier Siegermächte, auf der über einen Friedensvertrag für Deutschland und die Berlinfrage entschieden werden soll. Sie soll im Mai 1960 in Paris stattfinden.

Staatsbesuch in Bonn: Der amerikanische Präsident Dwight D. Eisenhower und Bundeskanzler Konrad Adenauer auf der Fahrt durch die Stadt, 26. August 1959.

Bundespräsident Theodor Heuss formuliert in seiner Neujahrsansprache 1959 seine Sorge um die Freiheit Berlins:

Wenn auch die Pariser Konferenz der Außenminister der Westmächte in der ganz einfach ablehnenden Bewertung des sowjetischen Vorschlags, das sogenannte West-Berlin zu einer jeglichen Schutzes entbehrenden »Freien Stadt« zu erklären, einig war und die NATO-Beschlüsse diese Haltung bestätigt haben, so bleibt doch die allen gemeinsame Aufgabe, mit Phantasie und elastischer Zähigkeit im Gespräch mit den Russen die Wege zu suchen, die deutschen Fragen in ihrer deutschen und damit zugleich in ihrer europäischen Bedingtheit politisch zu regeln. Niemand darf verkennen, daß es in den nächsten Monaten zu manchen Schwierigkeiten hin und her kommen wird. Das Wort von »Nervenkrieg« ist kein Spruch der Verlegenheit, es lebt aus seinem eigenen Arsenal. Die Russen erklären gern, sie seien »Realisten«. Dieser ihr »Realismus« in dem Berliner Vorschlag kann aber kaum anders gedeutet werden als die Zuversicht auf eine ihnen genehme Wirklichkeit von morgen. Die Vorstellung, ein West-Berlin mit eigener Währung, umgrenzt von einer Welt, die es praktisch immerzu abschnüren kann, als einen Faktor der Entspannung vorzuführen, kann von keinem Mann im Kreml geglaubt werden – sie ist eine propagandistische Zweckillusion. Jeder spürt, und er spürt es bis Bordeaux, bis Neapel und bis Liverpool, da Berlin ganz einfach nicht nur eine deutsche, sondern eine europäische Position ist ...

FEIERN ZUM 10. JAHRESTAG DER DDR 1959

POLITIK

Chruschtschow in Ost-Berlin: Das Chruschtschow-Ultimatum, in dem die Umwandlung West-Berlins in eine entmilitarisierte Freie Stadt gefordert wird, bereitet vielen Ost-Berlinern Sorgen. Während Anhänger der SED und der Blockparteien die Initiative der Sowjetunion begrüßen und von einem berechtigten Anspruch der DDR auf eine ungeteilte Hauptstadt sprechen, befürchtet die Mehrheit der Bürger, die Westmächte könnten angesichts des sowjetischen Drucks ihr Engagement beenden und damit ganz Berlin der kommunistischen Herrschaft ausliefern.

Am 4. März trifft der sowjetische Ministerpräsident Nikita Chruschtschow zu einem offiziellen Besuch der DDR in Ost-Berlin ein. Dabei wiederholt er seine Forderungen und droht den Westmächten erneut mit der Übertragung der Rechte der UdSSR an Berlin auf die DDR und mit dem Abschluß eines separaten Friedensvertrages mit der Ost-Berliner Regierung. Gleichzeitig ist jedoch eine gewisse Kompromißbereitschaft spürbar, als Chruschtschow erklärt, es handele sich nicht um ultimative, an eine bestimmte Frist gebundene Forderungen.

Sowjetunion macht Zugeständnisse: Damit räumt Chruschtschow eines der Haupthindernisse für die Aufnahme von Verhandlungen aus dem Weg, die am 11. Mai in Genf von den Außenministern der vier Siegermächte unter Anwesenheit von Delegationen der beiden deutschen Staaten aufgenommen werden. Auf der Konferenz wiederholt die Sowjetunion jedoch zunächst nur ihre bereits am 10. Januar veröffentlichten Vorschläge für den Abschluß eines

Staatsbesuch in Ost-Berlin: (von links) der Erste Sekretär des ZK der SED Walter Ulbricht, der sowjetische Ministerpräsident Nikita Chruschtschow und Ministerpräsident Otto Grotewohl auf der Fahrt durch die Stalinallee, 1959.

Friedensvertrages mit Deutschland, der die Bildung einer Konföderation zwischen DDR und Bundesrepublik sowie ein entmilitarisiertes Berlin vorsieht.

Als die Westmächte erneut ablehnen, macht die sowjetische Seite die Berlinfrage betreffende Zugeständnisse und stimmt einer weiteren Präsenz westalliierter Streitkräfte in West-Berlin zu. Allerdings knüpft sie ihr Einlenken an eine Reihe von Bedingungen; unter anderem wird die Verringerung des Militärs verlangt. Darüber hinaus soll die Anwesenheit der Westalliierten in West-Berlin nur für eine Übergangszeit erlaubt werden.

Verhandlungen gescheitert: Die Westmächte weisen das sowjetische Angebot zurück und legen ihrerseits einen Friedensplan vor, der u.a. die Unterstellung West-Berlins unter Kontrolle der Vereinten Nationen beinhaltet. Die UdSSR lehnt den westlichen Vorschlag ab. Damit ist

---

Am 4. März 1959 wird auf der Ost-Berliner Stalinallee eine offizielle Kundgebung anläßlich des Besuches des sowjetischen Ministerpräsidenten Nikita S. Chruschtschow abgehalten. Oberbürgermeister Friedrich Ebert begrüßt zunächst den Staatsgast und fährt dann fort:

... Meine lieben Berlinerinnen und Berliner, gestern ist der hochdotierte Generalvertreter des Herrn Dr. Adenauer in Sachen kalter Krieg nach Schöneberg zurückgekehrt, wo er nebenberuflich die Funktion eines Regierenden Bürgermeisters ausübt. Dort hatten sich dem Bericht großbürgerlicher Zeitungen zufolge 12 000 Menschen zu seiner Begrüßung eingefunden. In seiner schon sprichwörtlich gewordenen Bescheidenheit hat Herr Brandt diese Menschenansammlung als eine Volksabstimmung für sich und für seine Politik eingeschätzt, die das Interesse und das Leben von zwei Millionen Menschen Westberlins ganz der auf ihren Untergang abzielenden NATO-Politik des Herrn Adenauer unterordnet. Unsere heutige machtvolle Kundgebung für die Freundschaft zwischen den Völkern und für den Frieden der Welt wird die Herren im Rathaus Schöneberg zum Nachdenken über die Vergänglichkeit ihrer Welt und ihrer Macht anregen. Das könnte sie zu der Erkenntnis führen, daß sich das Kräfteverhältnis in der Welt unaufhaltsam zugunsten der siegreichen Ideen des Friedens verändert. Die Zeit der Adenauer und der Brandt geht ihrem unvermeidbaren Ende entgegen. Die Menschheit will den Frieden, nichts als den Frieden, und sie wird den Frieden allen Widerständen zum Trotz erringen. Die Bevölkerung der Hauptstadt der Deutschen Demokratischen Republik, die Volksvertretungen und ihre Organe werden ihre Anstrengungen vervielfachen, um dadurch der ihnen vom 5. Parteitag der Sozialistischen Einheitspartei Deutschlands gestellten ökonomischen Hauptaufgaben zu lösen und auch im demokratischen Berlin die Überlegenheit der sozialistischen Gesellschaftsordnung gegenüber der kapitalistischen umfassend unter Beweis zu stellen. Auch dadurch werden wir im Rahmen des weltweiten Kampfes um den Frieden dazu beitragen, die Frontstadt Westberlin, die Krebsgeschwulst im Herzen Europas, zu beseitigen und ganz Berlin zu einer Stadt des Friedens zu machen ...

1959 VERHANDLUNGEN IN GENF

Otto Hahn (rechts), Lise Meitner und Max von Laue währen der Einweihung des Hahn-Meitner-Instituts, 14 März 1959.

KULTUR

Atomforschungsinstitut für Berlin: Neue Impulse für den Wissenschaftsstandort Berlin erhoffen sich Bund und Senat von dem am 14. März an der Glienicker Straße im Bezirk Zehlendorf gegründeten Hahn-Meitner-Institut. Aufgabe des nach dem Chemiker Otto Hahn und der Physikerin Lise Meitner benannten Instituts – beide sind bei der feierlichen Einweihung anwesend – ist die Kernforschung. Es verfügt über modernste Forschungseinrichtungen, darunter einen bereits 1958 in Betrieb gegangenen Atomreaktor.

Kritik an Genets »Balkon«: Am 18. März findet in Berlin die vieldiskutierte deutsche Erstaufführung des Dramas »Der Balkon« von dem skandalumwitterten französischen Autor Jean Genet statt. Bei den Kritiker fällt das von Hans Lietzau im Steglitzer Schloßpark-Theater in Szene gesetzte Stück jedoch durch. Es wird als geschwätzig und kolportagehaft bezeichnet. Lob erhalten dagegen die Darsteller, unter ihnen Berta Drews, Bernhard Minetti, Rudolf Fernau, Walter Franck und Friedrich Mauer.

Beckett in der Schiller-Theater-Werkstatt: Mit der deutschen Erstaufführung von Samuel Becketts Monodrama »Das letzte Band« und der Uraufführung von »Die Zoo-Geschichte« des jungen Amerikaners Edward Albee wird am 28. September die Werkstatt des Schiller-Theaters in der Bismarckstraße (Charlottenburg) eröffnet. Das neue, knapp 100 Zuschauern Platz bietende Theater ist als Spielstätte für avantgardistische und experimentelle Stücke konzipiert.

»Moses und Aron« an der Städtischen Oper: Ungeteilte Zustimmung erfährt die im Rahmen der Festwochen am 4. Oktober von der Städtischen Oper präsentierte szenische Erstaufführ-

Schloß Bellevue im Tiergarten, der Berliner Amtssitz des Bundespräsidenten, 1959.

ung von Arnold Schönbergs »Moses und Aron« (Regie Gustav Rudolf Sellner). Das in Zwölftonmusik gestaltete religiöse Drama, das den Konflikt zwischen Gottglauben und Materialismus behandelt, gilt als eines der herausragenden Werke des Komponisten.

Film gegen den Krieg: Mit »Die Brücke« wird am 22. Oktober in West-Berlin einer der beeindruckendsten Anti-Kriegsfilme uraufgeführt. Der Regisseur Bernhard Wicki schildert den aussichtslosen Kampf einer Gruppe Jugendlicher, die in den letzten Kriegstagen eingezogen und zur Verteidigung einer Brücke abkommandiert wird. Der ungewöhnlich realistisch gestaltete Film ist national wie international ein großer Erfolg.

Schloß Bellevue im neuen Glanz: Die vom Krieg in das Berliner Stadtbild geschlagenen Wunden verheilen nur langsam. Einen »stolzen und schönen Tag« (Willy Brandt) erlebt die Stadt am 18. Juni 1959, als Theodor Heuss am Rande des Tiergarten das bei Luftangriffen schwer beschädigte, in fünfjähriger Arbeit wiederhergestellte Schloß Bellevue offiziell als Berliner Amtssitz des Bundespräsidenten übernimmt. Der Ende des 18. Jahrhunderts entstandene Bau ist nur zum Teil originalgetreu restauriert worden. Bis auf den von Carl Gotthard Langhans entworfenen Festsaal sind die Räume modern gestaltet worden.

Bundespräsident Theodor Heuss, der maßgeblich an den Planungen beteiligt war, wird nur wenige Tage in seinem neuen Amtssitz verbringen: Am 1. Juli hatte die Bundesversammlung in der Ostpreußenhalle am Funkturm Heinrich Lübke (CDU) zu seinem Nachfolger gewählt. An der Wahl nahmen mit Zustimmung der Westalliierten auch Berliner Vertreter teil.

FEIERN ZUM 10. JAHRESTAG DER DDR 1959

die Genfer Konferenz gescheitert, sie wird am 5. August ergebnislos beendet.

Sowjetunion bestreitet Ultimatum: Die Berlinfrage bleibt weiter offen. Eine grundsätzliche Lösung ist nicht in Sicht. Allerdings können sich Chruschtschow und Eisenhower bei einem Gipfeltreffen in Camp David (Maryland), dem Landsitz des Präsidenten, am 25. September auf die Aufnahme neuer Verhandlungen einigen. In der Öffentlichkeit schlägt der sowjetische Ministerpräsident nun moderatere Töne an: Die Vorschläge seiner Regierung seien im Westen mißverstanden worden, ein Berlin-Ultimatum habe es niemals gegeben.

Feiern zum 10. Jahrestag: Im Mittelpunkt des Ost-Berliner politischen und gesellschaftlichen Lebens des Jahres 1959 steht der 10. Jahrestag der Gründung der DDR am 7. Oktober. Bereits Anfang des Monats finden in zahlreichen Ost-Berliner Bezirken Kundgebungen, Kultur- und Sportveranstaltungen statt. Einen ersten Höhepunkt stellt ein Fackelzug von rund 60 000 Mitglieder der FDJ und der Jungen Pioniere zum Straußberger Platz am Abend des 4. Oktober dar. Die eigentlichen Feierlichkeiten beginnen am 7. Oktober mit Kranzniederlegungen am Sowjetischen Ehrenmal im Treptower Park und an

West-Berliner Polizeibeamte beim Entfernen einer neuen Flaggen mit dem Staatswappen der DDR vor einem Gebäude der Reichsbahn in den Westsektoren, 6. Oktober 1959.

Auf der Genfer Außenministerkonferez legt der sowjetische Außenminister Andrej A. Gromyko im Juni 1959 einen mit der DDR-Regierung abgestimmten Plan zur Lösung der Berlinfrage vor:

... Die UdSSR nimmt Rücksicht auf den Standpunkt der Westmächte und ist bereit, nicht mehr auf der sofortigen und vollständigen Beseitigung des Besatzungsregimes in West-Berlin zu bestehen. Die Sowjetunion wäre unter Umständen mit der provisorischen Aufrechterhaltung gewisser Besatzungsrechte der Westmächte in West-Berlin einverstanden, aber nur unter der Bedingung, daß dieser Zustand lediglich für einen genau bestimmten Zeitraum, nämlich für ein Jahr, bestehen bleibt.

Während dieser Zeit werden die beiden deutschen Staaten die erforderlichen Maßnahmen durchführen, damit auf paritätischer Grundlage (1 zu 1) ein gesamtdeutscher Ausschuß gebildet werden kann.

Der Ausschuß soll dazu beitragen, die Beziehungen zwischen der DDR und der Bundesrepublik auszubauen und auf eine breitere Grundlage zu stellen; er soll konkrete Maßnahmen für die Wiedervereinigung Deutschlands erörtern und ausarbeiten und außerdem die mit der Vorbereitung und dem Abschluß eines Friedensvertrages mit Deutschland zusammenhängenden Fragen prüfen ....

Die vorübergehende Anerkennung gewisser Besatzungsrechte der Westmächte in West-Berlin ist dann möglich, wenn Einigung über die provisorische Regelung der West-Berlin-Frage auf folgender Grundlage erzielt werden kann:

a) Die Westmächte verringern ihre Streitkräfte und ihre Bewaffnung in West-Berlin soweit, daß ihnen nur noch symbolische Bedeutung zukommt;
b) jede feindliche Propaganda gegen die DDR und andere sozialistische Länder von West-Berlin aus wird eingestellt;
c) alle Organisationen, die in West-Berlin Spionage und Wühltätigkeit gegen die DDR, die UdSSR und andere sozialistische Länder betreiben, werden aufgelöst;
d) die Westmächte verpflichten sich, in West-Berlin keinerlei Atom- und Raketenstützpunkte anzulegen.

Sollte es zu einer solchen Vereinbarung kommen, ist die Sowjetunion bereit zuzustimmen, daß die Verbindungen West-Berlins zur Außenwelt in ihrer heutigen Form erhalten bleiben ...

---

der Gedenkstätte der Sozialisten in Friedrichsfelde. Danach findet eine Großkundgebung auf dem Marx-Engels-Platz statt, an der neben der DDR-Staatsführung und Delegationen aus den sozialistischen Ländern rund 300 000 Menschen teilnehmen. Den Abschluß der Feierlichkeiten bildet ein Volksfest Unter den Linden und im Lustgarten mit anschließendem Großfeuerwerk.

Flaggenstreit: Zum 10. Jahrestag der Gründung der DDR ist auch erstmals die neue DDR-Flagge (Hammer und Zirkel mit Ährenkranz) zu sehen, deren Einführung die DDR-Volkskammer am 1. Oktober beschlossen hatte und die der Unterstreichung der Eigenstaatlichkeit dienen soll. Als die neue Flagge auch auf in West-Berlin gelegenen Bahnhöfen der von der DDR betriebenen Reichsbahn gehißt wird, kommt es zu scharfen Auseinandersetzungen: In einem Großeinsatz reißen West-Berliner Polizisten am 6. Oktober die DDR-Flaggen herunter. Angehörige der Reichsbahn setzten sich daraufhin mit Steinwürfen und Feuerlöschern zur Wehr. Dabei werden sechs Polizisten verletzt.

WIRTSCHAFT
Sozialistischer Wettbewerb: Für die Ost-Berliner Werktätigen bringt der 10. Jahrestag eine höhere Arbeitsbelastung mit sich. Unter dem Motto »Für des Volkes Frieden, Wohlstand und

1959 VERHANDLUNGEN IN GENF

> *Zu dem auf der Genfer Konferenz vorgelegten sowjetischen Vorschlag zur Lösung der Berlinfrage erklärt der amerikanische Außenminister Christian A. Herter am 10. Juni 1959:*
>
> ... Schon jetzt möchte ich kategorisch erklären, daß Herrn Gromykos Vorschlag für meine Regierung völlig unannehmbar ist und nicht als Grundlage einer Erörterung dienen kann. Er ist aus zwei Gründen unannehmbar. Erstens wegen seines materiellen Inhalts. Herr Gromyko schlägt vier Bedingungen vor, welche die Westmächte annehmen müssen, um überhaupt Truppen in Berlin behalten zu dürfen, und auch dies nur für eine beschränkte Zeit. Zum ersten sollen diese Garnisonen auf Kontingente verringert werden, die Herr Gromyko »symbolisch« nennt. Ihre Bewaffnung soll ebenfalls eingeschränkt werden. Ich darf hier erwähnen, daß ... 11 000 alliierte Soldaten in einer Stadt von über 2 Millionen Einwohnern, die von feindseligem Gebiet umgeben und von nahezu 30 ostdeutschen und sowjetischen Divisionen eingekreist ist, nur als symbolisch bezeichnet werden können. Herr Gromyko hat wiederholt erklärt, daß diese Truppen keine militärische Bedeutung haben ...
> Zum zweiten fordert der sowjetische Außenminister die Einstellung aller in West-Berlin betriebenen Propaganda. Dabei wird kein Unterschied gemacht zwischen rechtmäßigen Nachrichten und Kommentaren einerseits und feindseliger Propaganda andererseits. Wir haben nicht die Absicht, die wesentliche Redefreiheit einzuschränken, auf welche die West-Berliner stolz sind ...
>
> Der zweite und noch wichtigere Grund dafür, daß dieser Vorschlag gänzlich unannehmbar ist, bestehen in seinem drohenden Charakter. Er sucht eine Frist von zwölf Monaten für die weitere Berechtigung der ... [Westmächte] zur Anwesenheit in West-Berlin festzusetzen. Während dieser Zeit von zwölf Monaten würden Bemühungen unternommen werden, eine deutsche Konföderation nach den sowjetischen Bedingungen zu erzwingen. Sollten diese Bemühungen scheitern, so würde dies die Unterzeichnung eines Sonderfriedensvertrages zwischen der Sowjetunion und der sogenannten Deutschen Demokratischen Republik zur Folge haben, eines Vertrags, der – wie die Sowjetunion vorgibt – unsere Rechte auslöschen würde. Es ist ganz offensichtlich, daß wir ein Erlöschen der Rechte, die wir und unsere Alliierten infolge der Kapitulation Hitler-Deutschlands erworben haben, nach Ablauf einer Frist von zwölf Monaten nicht hinnehmen können. Es handelt sich nicht um Rechte, welche die Sowjets widerrufen, übertragen oder abwandeln können. Es handelt sich um Rechte, die wir behalten und nach Gutdünken ausüben werden, solange Deutschland geteilt ist und die freien Einwohner West-Berlins sich für ihren Schutz auf uns verlassen ...

Jüdisches Gemeindehaus eröffnet: Auf dem Gelände der während der Pogromnacht am 9. November 1938 von den Nationalsozialisten niedergebrannten Synagoge in der Charlottenburger Fasanenstraße wird am 27. September das neue Gemeindehaus der jüdischen Gemeinde zu Berlin feierlich eingeweiht. Der mit Gebets- und Versammlungsräumen, einer Bibliothek und einem Restaurant ausgestattete Bau soll – so der Vorsitzende der Jüdischen Gemeinde, Heinz Galinski – religiöser und kultureller Treffpunkt der in Berlin lebenden Juden werden.

Das Jüdische Gemeindehaus in der Fasanenstraße mit dem Portal der alten Synagoge (1912), 1959.

SPORT

Leichtathletikmeisterschaften: Austragungsort der 6. (West-) Deutschen-Leichtathletikmeisterschaften ist am 14. und 15. Februar die Deutschlandhalle. Die Wettkämpfe stoßen auf großes Interesse; während der gesamten Veranstaltung ist die Halle ausverkauft. Besonders umjubelt wird der Leverkusener Europameister Armin Harry, der die 70-m-Strecke in 7,5 sec läuft.

Frankfurt wird deutscher Meister: Obwohl kein Berliner Verein beteiligt ist, besuchen rund 75 000 Zuschauer am 28. Juni das Olympiastadion, um das Endspiel um die deutsche Fußballmeisterschaft zu sehen. Die beiden Finalisten Eintracht Frankfurt und Kickers Offenbach zeigen ein spannendes und über weite Strecken ausgeglichenes Spiel. Nach 90 Minuten steht es 2:2. In der Verlängerung setzen sich jedoch die konditionsstarken Frankfurter durch und gewinnen mit 5:3 Toren.

KALENDARIUM

5. Januar: In einer offiziellen Erklärung lehnt die Bundesregierung die von der Sowjetunion geforderte Errichtung einer Freien Stadt Berlin ab.

10. Januar: Die UdSSR veröffentlicht den Entwurf für einen Friedensvertrag mit den beiden deutschen Staaten. Für die Zeit bis zum Abschluß eines solchen Vertrages soll – so die Sowjetunion – West-Berlin eine entmilitarisierte Freie Stadt werden.

12. Januar: Das West-Berliner Abgeordnetenhaus bestätigt den Regierenden Bürgermeister Willy Brandt (SPD) in seinem Amt. Dem am 19. Januar gewählten neuen Senat gehören trotz der absoluten Mehrheit der Sozialdemokraten im Abgeordnetenhaus wieder Politiker der CDU an. Bürgermeider wird Franz Amrehm (CDU).

29. Januar: Im West-Berliner Bezirk Tiergarten wird das Nordportal des Lehrter Fernbahnhofs gesprengt. Der während des Krieges stark beschädigte Bahnhof, über den der Fernverkehr in Richtung Norden abgewickelt worden war, soll vollständig abgerissen und nicht wiederaufgebaut werden.

14. und 15. Februar: In der Charlottenburger Deutschlandhalle werden erstmals die deutschen Leichtathletik-Hallenmeisterschaften ausgetragen.

4. März: In Ost-Berlin trifft der sowjetische Partei- und Regierungschef Nikita S. Chruschtschow zu einem offiziellen DDR-Besuch ein. Im Rahmen seines Besuches erneuert er seine Forderung nach einer Entmilitarisierung West-Berlins.

14. März: Im Ortsteil Wannsee (Zehlendorf) wird das Hahn-Meitner-Institut eingeweiht. Aufgabe des mit einem Nuklearreaktor ausgestatteten Instituts ist die Kernforschung.

17. März: Die Mitgliederversammlung des West-Berliner Fußballverein Hertha BSC lehnt eine Fusion mit dem Vereins Tennis Borussia ab. Die Vereinigung war wegen der angespannten Finanzlage von Hertha BSC von Teilen des Vorstandes empfohlen worden.

18. März: Das Schloßpark-Theater in Steglitz zeigt das Drama »Der Balkon« von Jean Genet als deutsche Erstaufführung.

26. April: Die SED bildet für West-Berlin eine eigene Parteileitung. Damit zieht die Partei die Konsequenz aus der Wahlschlappe vom 7. Dezember 1958: Trotz einer Wahlbeteiligung von 92,9 % hatte die SED nur 1,9 % der Stimmen erhalten.

11. Mai: In Genf findet eine Außenministerkonferenz der vier Siegermächte des Zweiten Weltkrieges über Deutschland statt. Vertreter der Bundesrepublik und der DDR nehmen ebenfalls an dem Treffen teil. Die erste bis zum 20. Juni dauernde Verhandlungsrunde endet ebenso wie die zweite (13. Juli bis 5. August 1959) ergebnislos. Der in West-Berlin mit Sorge erwartete Stichtag des Ultimatums

KALENDARIUM

FEIERN ZUM 10. JAHRESTAG DER DDR 1959

verstreicht am 27. Mai ohne besondere Vorkommnisse.

18. Juni: Mit einer symbolischen Schlüsselübergabe übernimmt Bundespräsident Theodor Heuss Schloß Bellevue (Tiergarten) als Amtssitz in West-Berlin. Das 1785 bis 1786 erbaute, während des Krieges stark beschädigte Schloß wurde mit einem Kostenaufwand von 6,5 Millionen DM restauriert, allerdings nur zu einem geringen Teil originalgetreu.

1. Juli: Die Dritte Bundesversammlung wählt in der Charlottenburger Ostpreußenhalle Heinrich Lübke (CDU) zum Bundespräsidenten. An der Wahl nehmen auch die Berliner Mitglieder teil und üben ihr volles Stimmrecht aus; statusrechtliche Beschränkungen wie bei den Wahlen zum Bundestag gibt es für Berliner in der Bundesversammlung nicht.

16. August: Während eines Gewitters wird in Berlin eine Niederschlagsmenge von 210 l pro m² gemessen. Es ist der stärkste Regenguß in Berlin seit 100 Jahren.

26. August: Bei seinem Staatsbesuch in der Bundesrepublik bekräftigt der amerikanische Präsident Dwight D. Eisenhower seine Entschlossenheit, die Freiheit West-Berlins zu schützen.

27. September: Die Jüdische Gemeinde zu Berlin weiht in der Charlottenburger Fasanenstraße ihr neues Gemeindehaus ein. Das Gebäude ist auf dem Gelände der 1938 von Nationalsozialisten niedergebrannten Synagoge erbaut worden.

28. September: Mit der deutschen Erstaufführung von Samuel Becketts Stück »Das letzte Band« nimmt die Werkstatt des West-Berliner Schiller-Theaters den Spielbetrieb auf.

30. September: Das SED-Zentralorgan »Neues Deutschland« schreibt, die Sowjetunion habe niemals ein Berlin-Ultimatum gestellt. Im Interesse der West-Berliner und der Friedenssicherung in Europa seien lediglich Vorschläge gemacht worden.

3. Oktober: In der Charlottenburger Kantstraße wird am früheren Verlagshaus der Zeitschrift »Weltbühne« eine Tafel zum Gedenken an den 1938 an den Folgen der KZ-Haft verstorbenen Herausgeber, Pazifisten und Friedensnobelpreisträger Carl von Ossietzky feierlich enthüllt.

6. Oktober: Der Ost-Berliner Oberbürgermeister Friedrich Ebert legt im Bezirk Mitte den Grundstein für eine Neubausiedlung. Zwischen Alexander- und Strausberger Platz sollen 4674 Wohnungen, ein Hotel und ein Kino entstehen.

31. Dezember: Nach Angaben des Bundesministeriums für innerdeutsche Beziehungen haben 1959 143 917 Menschen Ost-Berlin und die DDR in Richtung Bundesrepublik und West-Berlin verlassen. Damit hat sich die Zahl der Flüchtlinge gegenüber dem Vorjahr um rund 60 000 verringert.

Rückkehr der Quadriga an ihren angestammten Platz, provisorische Aufstellung auf dem Pariser Platz, August 1958.

Glück decken wir den Tisch der Republik« nehmen die Betriebe an einem sozialistischen Wettbewerb teil, dessen Ziel das Erreichen von 80 % des Jahresplan bis zum 7. Oktober ist. Dies entspricht auf das Jahr gerechnet einer Sonderschicht von zehn Tagen.
Nach offiziellen Angaben wird dieses Ziel weitgehend erreicht; die Arbeiter hätten ihre freiwilligen Verpflichtungen erfüllt und das in sie gesetzte Vertrauen gerechtfertigt.

KULTUR

Brandenburger Tor wiederhergestellt: Am 6. Oktober – am Tag vor Beginn der Feierlichkeiten zum 10. Jahrestag der Gründung der DDR – wird die Restaurierung des Brandenburger Tores abgeschlossen. Das von Carl Gotthard Langhans 1788 bis 1791 erbaute Stadttor war bereits 1957 weitgehend wiederhergestellt worden. Allerdings fehlte die Quadriga. Sie hatte durch Bomben schwere Schäden erlitten. Zusätzlich hatten Plünderer, die es auf das Kupfer abgesehen hatten, für weitere Zerstörungen gesorgt.
Der Berliner Magistrat bittet daraufhin den West-Berliner Senat, ihm den im Westen befindlichen Gipsabdruck der Quadriga zu leihen, um eine Nachbildung fertigen zu können. Der Senat lehnt ab, erklärt sich jedoch bereit, die Kopie von einer West-Berliner Werkstatt fertigen zu lassen und die Quadriga dann zu übergeben. Am 1. August 1958 trifft das originalgetreu in Kupfer getriebene Kunstwerk im Bezirk Mitte ein. Die Berliner Behörden beginnen kurz darauf mit der Montage, entfernen allerdings Adler und Eisernes Kreuz (die 1814 eingefügt worden waren). Sie gelten als Symbole des preußischen Militarismus.

ALLTAG UND GESELLSCHAFT

Aufbau der Stadt schreitet voran: Den 10. Jahrestag der DDR nehmen der Magistrat und die Staatsführung zum Anlaß, das Neubauprogramm für Berlin weiter voranzutreiben. Im vollen Gange sind die Arbeiten am neuen Heinrich-Heine-Viertel im Bezirk Mitte, wo im November 1958 der Grundstein für in Blockbauweise errichtete Wohnbauten gelegt worden war. Am 6. Oktober 1959 nimmt Oberbürgermeister Friedrich Ebert den ersten Spatenstich für die Weiterführung der Karl-Marx-Allee vor. Zwischen Straußberger Platz und Alexanderplatz sollen in den kommenden Jahren acht- und zehngeschossige Wohnhäuser entstehen.
Eine Besonderheit ist die neuartige Bauweise; erstmals werden zum Bau der Hochhäuser industriell vorgefertigte Platten und sogenannte Raumzellen verwendet. Von der Methode versprechen sich die Stadtplaner ein schnelleres und vor allem preisgünstigeres Bauen. Architektonisch wirken die Plattenbauten monoton und unwohnlich. An diesem Eindruck können auch die zur Straßenseite hin gekachelten Fassaden wenig ändern.

1960 HOCHKONJUNKTUR UND VOLLBESCHÄFTIGUNG

POLITIK

Erschwerter Reiseverkehr mit Berlin: Im Herbst 1960 kommt es zwischen Bundesrepublik und DDR zu Differenzen über den Ost-West-Reiseverkehr. Das SED-Regime erläßt am 8. September 1960 eine Regelung, nach der Bundesbürger ab sofort Aufenthaltsgenehmigungen für Ost-Berlin-Besuche benötigen. Eine weitere Änderung betrifft West-Berliner: Der bundesdeutsche Reisepaß wird nicht mehr anerkannt, gültig ist nur noch der West-Berliner behelfsmäßige Personalausweis.

Die Bonner Bundesregierung wertet diese Maßnahmen als neuerlichen Versuch der DDR, den Viermächte-Status Berlins zu untergraben, und reagiert mit der Aufkündigung des seit 1951 gültigen Interzonenhandelsabkommens. Diese Maßnahme nimmt die Regierung Adenauer Ende des Jahres wieder zurück, da man in Bonn negative Auswirkungen für die westdeutsche Wirtschaft befürchtet. Der Interzonenhandel wird mit geringfügigen Änderungen der Modalitäten auch 1961 wie bisher weitergeführt.

WIRTSCHAFT

Arbeitsamt meldet Vollbeschäftigung: Die West-Berliner Wirtschaft bietet 1960 nach mehreren Jahren eines kontinuierlichen Aufschwungs ein positives Bild. Besonders erfreulich ist, daß die Zahl der Arbeitslosen Ende September auf 19 200 gesunken ist. Zugleich verzeichnet das Landesarbeitsamt 14 700 offene Stellen, so daß

Ab sofort keine Fahrt nach Ost-Berlin ohne Aufenthaltsgenehmigung: Eine Reisegruppe aus Osnabrück ist von der Verordnung überrascht worden und muß am Brandenburger Tor umkehren, 9. September 1960.

nahezu von Vollbeschäftigung gesprochen werden kann.

Die vielfältigen Förderungsprogramme – wie Marshallplan-Hilfe (ERP), Berlinförderung, Steuervergünstigungen – haben ihre Wirkung auf die Wirtschaft der Westsektoren nicht verfehlt. So ist der Produktionsindex der West-Berliner Industrie zwischen 1950 und 1960 von 32 auf 153 gestiegen. Die Zahl der Beschäftigten hat sich innerhalb von zehn Jahren von 148 000 (1950) auf 315 000 (1960) mehr als verdoppelt. Auch die Exportleistung der West-Berliner Wirtschaft weist eine starke Wachstumstendenz auf. Im Vergleich zum Vorjahr kann 1960 der Gesamtwert der Exporte von rund 1,14 Milliarden DM auf 1,22 Milliarden DM gesteigert werden. Noch 1955 betrug der Wert aller aus West-Berlin exportierten Waren lediglich 574,6 Millionen DM. Der Handel verzeichnet gegenüber 1958 eine Umsatzsteigerung von 4,1 auf 4,6 Milliarden DM.

KULTUR

Neues Domizil für die Akademie der Künste: Im Hansaviertel wird am 18. Juni 1960 mit einem Festakt der Neubau für die West-Berliner Akademie der Künste eröffnet. Der Feier wohnen auch Vertreter der Ost-Berliner Deutschen Akademie der Künste bei. Die im Dezember 1954 gegründete Akademie verfügt nunmehr über ein eigenes Domizil, nachdem sie jahrelang in einer Dahlemer Villa untergebracht war. Die Entwürfe für die Anlage stammen von dem Berliner Architekten Werner Düttmann, dem damit nach einhelliger Meinung ein großartiger Bau gelungen ist. Das streng-funktional gestaltete Gebäude am Rande des Englischen Gartens umfaßt Büro- und Archivräume, großzügige

---

Vor dem Abgeordnetenhaus gibt der Regierende Bürgermeisters von Berlin, Willy Brandt, am 11. Januar 1960 eine Erklärung zu den Verbindungen West-Berlins zur Bundesrepublik ab:

… Hier befinden wir uns auch in Übereinstimmung mit dem Bunde und der Bundesregierung, wenn es sich darum handelt, daß die Verbindungen zwischen dem freien Berlin und dem freien Teil Deutschlands nicht angetastet werden dürfen. Jedes Kind weiß – und man sollte meinen, es hätte sich bis in den entferntesten Winkel der Welt herumgesprochen –, daß Berlin zu Deutschland gehört und seine Hauptstadt ist, die Hauptstadt des völkerrechtlich nicht untergegangenen deutschen Staates …

Solange jedoch die Spaltung Deutschlands andauert, so lange muß Berlin, muß das freiheitliche Berlin ein integraler, ein integrierender Bestandteil des freien Deutschland bleiben bei voller Respektierung und Wahrung der Verantwortlichkeiten, die die Alliierten hier übernommen haben. So ergibt es sich aus dem Grundgesetz und aus der Verfassung von Berlin, aus den Beschlüssen des Bundestags und dieses Hohen Hauses, und so entspricht es dem Willen der Berliner und des deutschen Volkes.

Darum ist es die natürlichste Sache der Welt, daß Behörden und Gerichte des Bundes in Berlin vertreten sind. Darum ist es auch die natürlichste Sache der Welt, daß der gewählte Kanzler der Bundesrepublik Deutschland nach Berlin kommt und hier herzlich begrüßt wird, viel natürlicher jedenfalls, als daß im anderen Teil dieser Stadt eine sogenannte Regierung sitzen darf, die sich auf nichts anderes stützt als auf fremde Gewalt.

Unsere Zugehörigkeit zur rechtlichen und politischen Ordnung, zum Währungs-, Finanz-, und Wirtschaftssystem des Bundes, unsere völkerrechtliche Mitvertretung durch den Bund, unsere Stellung, wenn man es so nennen will, als Bundesland besonderer Art: das alles hat sich entwickelt unter dem Dach der alliierten Oberverantwortlichkeit für Berlin. Das alles hat sich aber auch entwickelt mit Wissen der Regierung der Sowjetunion. Die innerdeutsche Abgrenzung der Zuständigkeiten zwischen Bund und Land gilt auch für Berlin. Aus internationalen Vereinbarungen ergeben sich darüber hinaus Bereiche, in denen der Bund in Berlin nicht tätig wird und nicht tätig werden kann. Daraus haben sich andererseits für die Vertretung dieser Stadt Aufgaben und Pflichten ergeben, die über das hinausreichen, womit sich ein Land normalerweise zu befassen hat …

SPRUNGHAFTER ANSTIEG DER FLÜCHTLINGSZAHLEN 1960

POLITIK

Die Verlockungen des Westens verunsichern die Menschen: Der rege Reise- und Besuchsverkehr zwischen Ost und West bereitet der DDR-Führung zunehmend Sorge; bringen doch die Besucher aus dem Westen Informationen mit nach Ost-Berlin, die dem Bild vom kapitalistischen Klassenfeind widersprechen. Darum sind Regierung und Magistrat darauf bedacht, die Bewegungsfreiheit zunächst für Bundesbürger in Ost-Berlin »zum Schutz« der eigenen Bevölkerung einzuschränken.

Nach einem Erlaß des DDR-Innenministeriums vom 8. September 1960 benötigen Bundesbürger fortan Aufenthaltsgenehmigungen für einen Besuch in Ost-Berlin. An der Sektorengrenze werden Kontrollstellen für die Ausgabe derartige Genehmigungen eingerichtet. In dem Erlaß

letzte Ruhestätte findet Wilhelm Pieck in der Gedenkstätte der Sozialisten in Berlin-Friedrichsfelde, wo auch Rosa Luxemburg und Karl Liebknecht, die 1919 ermordeten Begründer der KPD, begraben sind.

Staatsrat wird oberstes Machtorgan: Das Amt des Staatspräsidenten der DDR wird nach dem Tode Piecks nicht wieder besetzt. Am 12. September 1960 beschließt die Volkskammer die Bildung eines 16 Mitglieder zählenden Staatsrats der DDR als oberstes politisches Gremium, dem auch der Ost-Berliner Oberbürgermeister Friedrich Ebert angehört. Zum Vorsitzenden des Staatsrats, und damit zum Staatsoberhaupt, wird der Erste Sekretär des Zentralkomitees der SED, Walter Ulbricht, gewählt.

Neue Wache wird Mahnmal für Opfer des Faschismus: Zum 15. Jahrestag des Endes des Zweiten Weltkriegs am 8. Mai 1960 wird die von Karl Friedrich Schinkel 1817/18 errichtete Neue Wache Unter den Linden als »Mahnmal für die Opfer des Faschismus und Militarismus« feierlich eingeweiht. Der Bau ist von 1951 bis 1957 wiederhergestellt worden. Der Innenraum mit dem zwei m hohen schwarzen Granitfindling ist jetzt weitgehend der Fassung von 1931 angepaßt worden. Nur der silberne Eichenlaubkranz auf dem Stein fehlt. Damals hatte der Architekt Heinrich Tessenow dort ein Ehrenmal für die Gefallenen des Ersten Weltkriegs gestaltet.

Flüchtlingsstrom nimmt wieder zu: Die Zahl der Flüchtlinge aus Ost-Berlin und der DDR in den Westen steigt im Jahr 1960 sprunghaft an. Kehrten im Vorjahr rund 144 000 Menschen Ost-Berlin und der DDR den Rücken, so beträgt 1960 die Zahl der Republikflüchtinge rund 200 000. Die meisten wählen den Weg über Ost-Berlin nach dem Westen, weil die innerdeutsche Grenze aus Furcht vor Infiltrationen aus der Bundesrepublik streng bewacht ist.

An dieser Entwicklung läßt sich ablesen, daß immer mehr Menschen die Hoffnung auf politische und wirtschaftliche Verbesserungen in der DDR aufgegeben haben und dem westlichen Schaubild vom Wohlstand nicht widerstehen können.

Zu den unmittelbaren Ursachen für das starke Ansteigen der Flüchtlingszahlen seit Anfang 1960 gehören staatliche Maßnahmen wie die Kollektivierung der Landwirtschaft und die weitere

Der Innenraum der als Mahnmal gestalteten Neuen Wache, Unter den Linden, mit dem im Krieg beschädigten schwarzen Granitblock, 1960.

Anordnung des Innenministeriums der DDR vom 8. September 1960 über Reisebeschränkungen für Bundesbürger nach Ost-Berlin:

Zur Ergänzung des § 2 der Anordnung vom 21. November 1953 über die Regelung des Reiseverkehrs zwischen den beiden deutschen Staaten wird angeordnet:

§ 1

(1) Bürger der deutschen Bundesrepublik haben beim Betreten der Hauptstadt der deutschen Demokratischen Republik Berlin (das demokratische Berlin) an den vorgeschriebenen Kontrollstellen eine Genehmigung vorzulegen.

(2) Die Genehmigung zum Betreten der Hauptstadt der Deutschen Demokratischen Republik Berlin (das demokratische Berlin) kann von Bürgern oder Einrichtungen der Deutschen Demokratischen Republik, die ihren Sitz im demokratischen Berlin haben, oder von den Bürgern der Deutschen Bundesrepublik selbst beantragt werden..

(3) Die Anträge sind bei den zuständigen Dienststellen der Deutschen Volkspolizei zu stellen.

(4) Es ist statthaft, eine Genehmigung für mehrmaliges Betreten der Hauptstadt der Deutschen Demokratischen Republik (das demokratische Berlin) innerhalb eines bestimmten Zeitraumes, der drei Monate nicht übersteigen darf, zu erteilen.

---

heißt es weiter, daß für Bundesbürger die Einreise nach Ost-Berlin nur aus familiären und wirtschaftlichen Gründen sowie zum Besuch von Kultur- oder Sportveranstaltungen erlaubt sei.

Für West-Berliner gilt die neue Regelung, daß sie auf den Interzonenstrecken fortan den behelfsmäßigen West-Berliner Personalausweis vorweisen müssen, weil der von Bundesbehörden ausgestellte Reisepaß nicht mehr anerkannt wird.

Staatstrauer um Wilhelm Pieck: Nach langer Krankheit stirbt am 7. September 1960 der Präsident der DDR, Wilhelm Pieck, in seinem Wohnhaus in Niederschönhausen im Alter von 84 Jahren.

Pieck war im Oktober 1949 zum ersten Präsidenten der Deutschen Demokratischen Republik gewählt worden. Hunderttausende Ost-Berliner säumen am 10. September die Straßen, durch die der Leichnam des Verstorbenen zum Krematorium Baumschulenweg überführt wird. Vielen Menschen steht echte Trauer im Gesicht, war Wilhelm Pieck doch bei der Bevölkerung einer der beliebtesten SED-Politiker; seine Gradlinigkeit hatte ihm Vertrauen eingebracht. Seine

1960 HOCHKONJUNKTUR UND VOLLBESCHÄFTIGUNG

Ausstellungsräume und einen großen Saal für Lesungen, Theater und Filmvorführungen. Der Präsident der Akademie, Hans Scharoun, dankt dem Spender der Mittel, dem gebürtigen Berliner Henry H. Reichhold, für den aufwendigen Neubau. Die Akademie ist nunmehr auch räumlich in der Lage, ihren Aufgaben, vor allem Förderung und öffentliche Entfaltung der verschiedenen Künste und Pflege des kulturellen Erbes, nachzukommen.

Späte Rückkehr eines Weltstars: Am 3. Mai 1960 findet im Steglitzer Titania-Palast ein denkwürdiges Konzert statt. Dort wird Marlene Dietrich von Helmut Käutner als »Spätheimkehrerin im Widerstreit der Meinungen« begrüßt. Nach 30 Jahren steht die weltberühmte Schauspielerin und Sängerin wieder auf einer Berliner Bühne. Mit ihrem Chansonsprogramm, in dem so berühmte Nummern wie »Ich bin von Kopf bis Fuß auf Liebe eingestellt« oder das Lied von der »kessen Lola« nicht fehlen, entfacht sie beim dankbaren Publikum Begeisterungsstürme.

Marlene Dietrich war 1930 in der Rolle der Varietésängerin Lola-Lola in dem Film »Der blaue Engel« mit einem Schlag berühmt geworden. Im selben Jahr war sie mit ihrem Regisseur und Mentor Josef von Sternberg nach Hollywood gegangen, wo sie eine Weltkarriere gemacht hat. Sie bekennt sich stets als strikte Gegnerin des nationalsozialistischen Deutschlands und ist seit 1939 amerikanische Staatsbürgerin. Die Erfahrung der nationalsozialistischen Herrschaft führte bei Marlene Dietrich zu einem gebrochenen Verhältnis zu Deutschland und ihrer Heimatstadt Berlin auch in der Nachkriegszeit.

Marlene Dietrich während des Auftritts im Titania-Palast, 3. Mai 1960.

> »Der Tagesspiegel« berichtet am 4. Mai über den Auftritt von Marlene Dietrich im Titania-Palast und über die zuvor veranstaltete Pressekonferenz:
>
> *... Sie spricht leise, mit einer Stimme, die dunkel nachklingt vom Ungesagten. Gefällig macht sie sich nicht, so etwa als »Heimkehrerin« endlich wieder in Berlin und »welcher Aufbau« und so. »Ich bin keine Touristin«, sagt sie kühl, »ich arbeite gern und intensiv – und warum sollte ich nicht auch einmal wieder in Deutschland, in Berlin auftreten, wenn man mich dazu aufforderte?« Wie brüsk das klingt; welche Abwehr. »Landgraf, bleibe hart«, fügt sie hinzu und lächelt das erste Mal. Na aber, ob sie denn so gar nichts Besonderes »empfinde« wieder hier, nach dreißig Jahren zu sein?*
>
> *Empfinden? Sie erlaube sich das nicht. Aber ihr Gesicht erlaubt es sich jetzt doch. Wann sah man je bei einer Diva, auf einer Pressekonferenz, Trauer, plötzlich diese jähe Trauer, einen Wind von Schmerzen hinter den Gittern des zusammengepreßten Mundes? Gewiß, elegant mag auch das noch in der Haltung sein. Sie ist nun einmal mondän. Eine mondäne Humane ...*
>
> *Ob sie denn wirklich je gesagt habe, daß sie nie wieder nach Deutschland kommen und deutsch sprechen wolle? druckst dann endlich eine Dame mutig heraus. Marlene bleibt mild und fühlt sich nicht peinlich berührt: »Ich habe das nie gesagt – wie würde ich sonst hier sitzen?« Aber im Kriege sei eben alles anders gewesen. Im Kriege habe man nicht zwischen Nazis und anderen Deutschen unterscheiden können, ja dürfen – denn wie hätte man dann gegen Deutschland Krieg führen sollen? »Die Unterscheidung fing erst wieder nach dem Krieg an – es fehlt mir an Dummheit, um einsichtslos zu generalisieren.«*
>
> *... als sie dann wie von ungefähr, so halb verspielt, mit »Von Kopf bis Fuß« anfängt, da ist schon bei den ersten Takten Jubel im Haus: Wiedersehen mit einer Frau, die das Aroma Berlins mitbestimmte. Wiederhören mit einem Klang, der mehr war als der gelungene Wurf eines Chansons, vielmehr der Klang einer Epoche war.*
>
> *Sie singt eine gute Stunde; zwischendurch erzählt sie in ein paar Worten das Chronologische, wie sie bei Charell mutig forderte »Wer wird denn weinen, wenn man auseinander geht«, wie sie in Amerika zuerst etwas Gefühlvolles von einem »blonden Baby« auf deutsch sang und dann den ersten englischen, auch noch etwas phlegmatischen Song; sie plaudert und singt sich durch die Zeiten und wechselnden Empfindungen, und das Plaudern ist eigentlich nur ein schmales Gefälle von Worten, die zögernd, ganz undramatisch, scheinbar ohne Kalkulation nach unten sinken wie Selbstgespräche ...*
>
> *Dann wird sie keß und locker und himmlisch unverschämt: die freche Story von der »kessen Lola«, die den Herren »ins Pedal tritt«, auch aus dem »Blauen Engel« ... Und Marlene schmettert es rasch und rostig, fast gröhlend heraus, eine Berliner Göre, die Haare auf den Zähnen hat – da sage noch einer, sie habe das Deutsche verlernt! ...*
>
> *Später, als Herr im schwarzen Frack und Zylinder, ist sie schneidig, respektlos und unverfroren sündig, halb Bildnis des Dorian Gray, halb Amerikaner in Paris, die Leute trampeln fast vor Begeisterung, wenn sie im Kreise der dümmlich dreinblickenden jungen Mädchen die Frackbeine fast höher schwingt als diese ... Die Mädchen um sie herum sind nur dünnes Lächeln in dem großen Blick der Dietrich, Flitter um ihren strahlenden Ernst, niedliches Getier, das sie dressiert – eine kavalleristische Erscheinung unterm Fußvolk, Reiterin mit weißem Gesicht, auf fremdem Boden und mit einem Ziel: Mythos. Wenigstens noch für eine ganze Weile.*

ALLTAG UND GESELLSCHAFT

Ost-Berliner staunen über Warenfülle: Berlin ist um 1960 das »Schaufenster des Westens«. Ein reichhaltiges Warenangebot ebenso wie eine weltoffene, dem Neuen aufgeschlossene Kulturszene vermitteln den Besuchern aus Ost-Berlin und der DDR das Bild einer leistungsfähigen modernen Gesellschaft. Alljährlich drängen sich auf der Grünen Woche und der Deutschen Industrieausstellung auch zehntausende Ost-Berliner, die sich mit eigenen Augen von der Leistungskraft einer im Aufbruch befindlichen Wohlstandsgesellschaft überzeugen können. Die DDR-Presse mit ihrer einseitig negativen Berichterstattung über West-Berlin verliert bei diesen Menschen weiter an Glaubwürdigkeit. Insbesondere der Besuch kultureller Veranstaltungen von Ost-Berlinern wird im Westen staatlich gefördert. Besucher von »drüben« können Eintrittskarten für West-Berliner Theater-, Opern-, Filmaufführungen und Konzerte zum Kurs 1:1 mit Ostmark bezahlen. 1960 werden annähernd 10 Millionen subventionierte Kinokarten an Ost-Berliner und DDR-Bürger verkauft. Schätzungsweise 20 % der Museumsbesucher in West-Berlin kommen aus dem Ostsektor und der DDR. Die West-Berliner Freie Volksbühne hat rund 25 000 Ost-Berliner als Mitglieder. An der Freien Universität Berlin und anderen Hoch- und Fachschulen kommt rund ein Viertel der Studierenden aus Ost-Berlin oder der DDR.

Weit geringer ist die Bewegung von West nach

SPRUNGHAFTER ANSTIEG DER FLÜCHTLINGSZAHLEN 1960

Beschluß der Regierung der DDR vom 13. September 1960 über die Nichtanerkennung der von der Bundesrepublik für Einwohner West-Berlins ausgestellten Reisepässe:

»Die Erteilung von Visa an Einwohner West-Berlins für Reisen durch die Deutsche Demokratische Republik in andere Länder erfolgt auf einem Einlageblatt zum West-Berliner Personalausweis. Für Reisen von und nach Westdeutschland genügt entsprechend der bisherigen Regelung für Einwohner West-Berlins die Vorlage des Personalausweises ohne besonderes Durchreisevisum. Bei Reisen von Einwohnern West-Berlins in die Deutsche Demokratische Republik wird der Personalausweis nur in Verbindung mit einer von den zuständigen Organen der DDR ausgestellten Aufenthaltsgenehmigung als Personaldokument anerkannt.
Die Organe der Deutschen Demokratischen Republik werden angewiesen, die rechtswidrig für Einwohner West-Berlins ausgestellten Pässe der Bundesrepublik als Personaldokument nicht mehr anzuerkennen ...«

Sozialisierung privater Industrie-, Handels- und Handwerksbetriebe. Für die Wirtschaft der DDR und Ost-Berlins stellt der Flüchtlingsstrom eine wachsende Belastung dar, da vor allem jüngere, leistungskräftige Menschen in den Westen gehen.
Nach Angaben westlicher Behörden sind etwa 50% der Flüchtlinge jünger als 25 Jahre; mehr als 60% waren in der DDR erwerbstätig. Der Übertritt in den Westen fällt seit Dezember 1957 unter den Straftatbestand der Republikflucht, der mit bis zu drei Jahren Gefängnis belegt werden kann. Auch die Vorbereitung der Republikflucht ist strafbar.

WIRTSCHAFT

Ost-Berliner Landwirte gründen Genossenschaften: 1960 wird die Kollektivierung der Landwirtschaft auch in Ost-Berlin abgeschlossen. Es bilden sich in Malchow die Landwirtschaftliche Produktionsgenossenschaft (LPG) »Florian Geyer«, in Eiche die LPG »Edwin Hoernle«. Die letzten selbständigen Ost-Berliner Einzelbauern schließen sich am 20. April einer LPG an. Im Bezirk Marzahn gründen 25 Bauern eine Gärtnerische Produktionsgenossenschaft (GPG).
Zwischen den LPGs und einigen volkseigenen Betrieben bilden sich Patenschaften, in deren Rahmen Betriebsangehörige den Genossenschaftsbauern beispielsweise bei der Ernte helfen. Die mehr als 9 600 ha landwirtschaftlicher Nutzfläche in Ost-Berlin werden 1960 zu mehr als 90 % von 16 volkseigenen Gütern, 16 LPG und 11 GPG bewirtschaftet.

KULTUR

Strittmatters »Holländerbraut« uraufgeführt: Im Deutschen Schauspielhaus in der Schumannstraße wird am 9. Oktober 1960 Erwin Strittmatters Schauspiel »Die Holländerbraut« in der Inszenierung Benno Bessons uraufgeführt. Bei Publikum und Kritik findet das Stück um eine junge Tagelöhnerin, die während der nationalsozialistischen Herrschaft von einem Gutsbesitzerssohn geschwängert und durch dessen Denunziation in ein Konzentrationslager gebracht wird, ein geteiltes Echo. So wird nach Meinung einiger Kritiker die eher nüchterne Inszenierung der menschlich-dramatischen und auch politisch brisanten Handlung nicht ganz gerecht.
Nach dem Krieg trifft die Tagelöhnerin, nunmehr Bürgermeisterin ihres Dorfes, auf jenen Gutsbesitzerssohn, der sie ins KZ brachte. Zunächst will sie die Zusammenhänge nicht wahrhaben, übergibt ihn aber schließlich doch der Justiz. »Sein Schädlingswerk ist zu Ende, ihr wahres Leben in der Gemeinschaft kann jetzt erst beginnen.« wie der Kritiker der »Berliner Zeitung« resümiert.
Der Schriftsteller Erwin Strittmatter, seit 1959 Erster Sekretär des DDR-Schriftstellerverbandes, ist mit dem 1954 uraufgeführten Stück »Katzgraben« bekannt geworden. Zeitweise arbeitete er eng mit Bertolt Brecht zusammen.

Oberbürgermeister Friedrich Ebert (rechts) beim Besuch einer Landwirtschaftlichen Produktionsgenossenschaft. (LPG).

1960 HOCHKONJUNKTUR UND VOLLBESCHÄFTIGUNG

Einweihung des Feriendorfes auf dem Nadenberg im Allgäu, Mai 1960.

Ost, zumal für Einkäufe in Ostgeschäften ein DDR-Personalausweis vorgelegt werden muß. Hohe Attraktivität auch für West-Berliner haben einige kulturelle Einrichtungen, wie das Berliner Ensemble im Theater am Schiffbauerdamm und die von Walter Felsenstein geleitete Komische Oper. Über die Ost-Berliner Kulturarbeit wird regelmäßig in der West-Berliner Presse berichtet.

Feriendorf für Berliner Familien: Wenn auch die wirtschaftliche Lage West-Berlins in den vergangenen Jahren sich stark verbessert hat und der Abstand zur prosperierenden Wirtschaft Westdeutschlands deutlich verringert wurde, gibt es in der Stadt weiterhin zahlreiche Familien, die soziale Unterstützung benötigen. Insbesondere kinderreiche Familien können oft an den erweiterten Konsum- und Freizeitmöglichkeiten nur eingeschränkt teilhaben. Ihnen wird durch öffentliche Hilfsprogramme unter die Arme gegriffen. So eröffnet am 15. Mai 1960 das Hilfswerk Berlin auf dem Nadenberg im Allgäu sein erstes Familienferiendorf, in dem Berliner Familien mit geringen Einkommen erholsame Wochen verbringen können. Die Anlage umfaßt 80 Häuser, die Platz für rund 400 kinderreiche Familien bieten. Ein Baukostenbeitrag von drei Millionen DM stammt aus den Erlösen der Fernsehlotterie »Ein Platz an der Sonne«, deren Reingewinne seit Jahren zum großen Teil für die Ferien-Verschickung von Berliner Kindern verwendet wird. Das Hilfswerk Berlin ist 1948 durch das auf Beschluß des Deutschen Städtetages gebildete Hilfskomitee für Berlin in Frankfurt am Mai errichtet worden, um die akute Not der Bevölkerung zu lindern.

KALENDARIUM

2. Januar: Der Flughafen Tegel wird eröffnet. West-Berlin verfügt damit neben Tempelhof über einen zweiten Flughafen für internationale Verbindungen.

8. Januar: Nachdem es in West-Berlin zu Jahresbeginn mehrere antisemitische Vorfälle gegeben hatte, protestieren über zehntausend Jugendliche mit einem Schweigemarsch vom Wittenbergplatz zum Charlottenburger Steinplatz gegen Antisemitismus und Neonazismus.

9. Januar: In einem Artikel kritisiert die im Ostteil der Stadt erscheinende »Berliner Zeitung«, daß das »Produktionsniveau« der Ost-Berliner Betriebe in Bezug auf Qualität und Kosten unter dem Durchschnitt der gesamten DDR liege. Es werden Konsequenzen für den »sozialistischen Wettbewerb«, d.h. größere Anstrengungen der Betriebsleiter und Arbeiter, gefordert.

19. Januar: Wegen mehrfacher Überschreitung des Etats scheidet der künstlerische Leiter des Theater am Kurfürstendamm, Rudolf Noelte, aus dem Amt. Der Vorfall erregt in Berlin und der Bundesrepublik Aufsehen.

28. Januar: Der Mediziner Gottfried Matthes wird von einem West-Berliner Gericht zu lebenslanger Haft verurteilt. Der ehemalige Kreisarzt soll unter dem nationalsozialistischen Regime im Rahmen des Euthanasieprogramms an der Ermordung von 26 Geisteskranken beteiligt gewesen sein.

25. Februar: Nach einer in West-Berlin veröffentlichten Untersuchung sind in der DDR in den letzten 15 Jahren 46 000 Personen wegen politischer Straftaten verurteilt worden. Gegen 146 Menschen ist das Todesurteil verhängt worden.

25. März: Auf dem Messegelände unter dem Funkturm findet in West-Berlin erstmals seit Kriegsende eine Verkaufsmesse für Gebrauchtwagen statt. Innerhalb von drei Tagen wechseln rund 380 Fahrzeuge den Besitzer.

20. April: Die letzten noch selbständigen Bauern in Ost-Berlin schließen sich einer Landwirtschaftlichen Produktionsgenossenschaft (LPG) an.

3. Mai: Die Schauspielerin und Sängerin Marlene Dietrich tritt im Steglitzer Titania-Palast mit einem Chansonprogramm erstmals seit 1931 wieder in ihrer Heimatstadt auf, die sie 1933 in Richtung Hollywood verlassen hatte.

8. Mai: In der nach Entwürfen von Karl Friedrich Schinkel 1816 bis 1818 errichteten Neuen Wache Unter den Linden (Mitte) wird das »Mahnmal für die Opfer von Faschismus und Militarismus« feierlich eingeweiht.

8. Mai: In West-Berlin wird das Berlin-Kolleg gegründet, eine Abendschule, an der Berufstätige in mehrjährigen Lehrgängen die Hochschulreife erwerben können.

16. Juni: In der Kongreßhalle im Tiergarten

KALENDARIUM

SPRUNGHAFTER ANSTIEG DER FLÜCHTLINGSZAHLEN 1960

beginnt ein mehrtägiger Kongreß für kulturelle Freiheit, an dem rund 250 Intellektuelle aus 55 Staaten teilnehmen. In zahlreichen Beiträgen wird die Einschränkung der wissenschaftlichen und künstlerischen Freiheit in der DDR und den anderen Staaten des Ostblocks angeprangert.

18. Juni: Der nach Entwürfen des Berliner Architekten Werner Düttmann errichtete Neubau für die West-Berliner Akademie der Künste im Hansaviertel wird vollendet. Das strengfunktionale Gebäude am Rande des Tiergartens gilt als eines der herausragendsten Werke Düttmanns.

Juni: In der Villa Borsig in Tegel nimmt die Deutsche Stiftung für Entwicklungsländer ihre Arbeit auf.

29. August: Die DDR-Behörden verhängen für westdeutsche Berlin-Besucher ein viertägiges Einreise-Verbot für Ost-Berlin. Die Einreisesperre steht in Zusammenhang mit dem in West-Berlin Anfang September abgehaltenen »Tag der Heimat« der westdeutschen Vertriebenenverbände.

8. September: Personen aus Westdeutschland dürfen von sofort an den Ostteil Berlins nur noch mit Passierscheinen besuchen. Die Formulare hierfür werden nur an einigen wenigen Sektorenübergängen ausgegeben.

28. September: Die Ost-Berliner Botschaft der UdSSR Unter den Linden teilt mit, daß West-Berliner zur Erteilung eines Visums für die Sowjetunion von sofort an einen Personalausweis vorlegen müssen, bundesdeutsche Reisepässe würden nicht mehr anerkannt. Moskau dokumentiert durch diese Bestimmung, daß es die Bindungen West-Berlins an die Bundesrepublik nicht anerkennt.

September: Nach Angaben des Landesarbeitsamtes ist die Zahl der Arbeitslosen in West-Berlin auf 19 200 gesunken und hat damit einen neuen Tiefstand seit Kriegsende erreicht.

2. Oktober: Der amerikanische Evangelist Billy Graham predigt auf dem Platz der Republik vor dem Reichstag vor rund 70 000 Berlinern.

6. Oktober: Auf dem Ost-Berliner Flughafen Berlin-Schönefeld wird eine 3,6 km lange Start- und Landebahn, die auch für Düsenflugzeuge geeignet ist, in Betrieb genommen.

9. Oktober: Im Deutschen Theater in der Ost-Berliner Schumannstraße wird Erwin Strittmatters Stück »Die Holländerbraut« mit großem Erfolg uraufgeführt.

29. Oktober: Im West-Berliner Bezirk Reinickendorf wird das Paracelsus-Bad eröffnet.

1960: Theaterinteressierte Betriebsangehörige gründen im Ost-Berliner Kabelwerk Oberspree ein Arbeitertheater. Bei ihrem Bemühen, Probleme des Arbeitsalltags auf die Bühne zu bringen, werden sie von professionellen Theatermachern aus Ost-Berlin unterstützt.

ALLTAG UND GESELLSCHAFT

Schönefeld mit jet-tauglicher Landebahn: Auf dem Flughafen Berlin-Schönefeld wird am 6. Oktober 1960 eine 3,6 km lange Start- und Landebahn (60 m breit und 30 cm dick) fertiggestellt und dem Hauptdirektor der Deutschen Lufthansa, Arthur Pieck, übergeben. Die Betonpiste ist vom VEB Tiefbau und der Berliner FDJ-Bezirksleitung in achtzehnmonatiger Bauzeit fertiggestellt worden. Sie soll nach Installierung aller erforderlicher Navigations-, Radar- und Beleuchtungsanlagen ab Juli oder August 1961 Start und Landung aller Typen von Düsenflugzeugen ermöglichen und gilt als erster Abschnitt des weiteren Ausbaues von Schönefeld zum Zentralflughafen der DDR, der 1965/66 abgeschlossen sein wird. Damit will die Deutsche Lufthansa der DDR (1963 umbenannt in Interflug) Anschluß an die technische Entwicklung im internationalen Zivilflugverkehr gewinnen. Bereits vor einem Jahr am 3. Oktober 1959 ist erstmals eine Düsenmaschine und zwar eine Caravelle der skandinavischen Fluggesellschaft SAS auf ihrem planmäßigen Flug von Kairo nach Kopenhagen auf dem Flughafen gelandet.

1960 erfolgt auch eine teilweise Modernisierung des Flugzeugparks der Deutschen Lufthansa durch den Einsatz moderner Turboprop-Maschinen vom Typ Iljuschin-18 auf der Route Berlin Moskau Die Flugzeit verkürzt sich dadurch um rund vier Stunden auf nur noch 155 min. Die ersten Düsenmaschinen im Linienverkehr landen in Schönefeld erst einige Jahre später im Zusammenhang mit der Erweiterung der internationalen Flugverbindungen der DDR.

Die »Berliner Zeitung«, veröffentlicht in der Ausgabe vom 9. Januar 1960 einen Artikel, in dem eine Arbeiterin aus dem VEB Mantelmode über Initiativen zur Verbesserung der Produktqualität berichtet:

Im VEB Mantelmode arbeitet bis jetzt ein Band, und zwar das Jugendband 1a, nach der Losung »Meine Hand für mein Produkt«. Das ist eine sehr wichtige Verpflichtung für ein Kollektiv, das sich im sozialistischen Wettbewerb um den Titel »Brigade der sozialistischen Arbeit« bewirbt. Seit hier jeder mit seinem Namen für die Qualität der Erzeugnisse einsteht, ist die Zahl der Retouren, d.h. fehlerhaft bearbeiteten Stücke, ganz beträchtlich zurückgegangen. Dieser Erfolg hat seine Wirkung auf die anderen Bänder nicht verfehlt. Auch andere Brigaden achten jetzt mehr als bisher auf einwandfreie Arbeit. Am Jugendband und in weiteren Brigaden werden nun Strichlisten geführt, in denen jede Kollegin vermerkt wird, der ein Fehler unterlaufen ist.
Das beanstandete Stück kommt zu ihr zurück und sie bessert den Fehler aus, ohne dafür Lohn zu schreiben. Das ist nur recht und billig; denn der Lohn wird ja für einwandfreie Arbeit gezahlt.

Haupteingang des Flughafens Berlin-Schönefeld unmittelbar jenseits der Stadtgrenze im Süden Berlins, 1960.

1961 WEST-BERLIN VOM UMLAND ABGERIEGELT

POLITIK

Reaktionen auf den Mauerbau: Mit Empörung und ohnmächtiger Wut reagieren die Menschen im Westen auf die Abriegelung West-Berlins seit dem 13. August. Vor Gegenmaßnahmen schrecken Politiker und Militärs in der gespannten Lage zurück, um einen militärischen Zusammenstoß mit der Sowjetunion mit unabsehbaren Folgen zu vermeiden. Im Namen ihrer Regierungen protestieren die drei westlichen Stadtkommandanten zwar in scharfer Form bei ihrem sowjetischen Kollegen Anreij I. Solowjew gegen die Abriegelung West-Berlins, die sie als »flagranteste Verletzung« des Viermächte-Status der Stadt seit der Blockade von 1948/49 bezeichnen. Doch bleiben ihre Schreiben ohne Wirkung. In seiner Antwort weist Solowjew vielmehr das »Ansinnen« zurück, »sich in die inneren Angelegenheiten der DDR einzumischen«.

Tausende West-Berliner protestieren an mehreren Stellen der Sektorengrenze lautstark gegen die Absperrungen, doch stehen überall West-Berliner Polizei und alliiertes Militär bereit, um die wütende Menge an Aktionen zu hindern. Am 16. August findet vor dem Schöneberger Rathaus eine Protestkundgebung mit über 250 000 Teilnehmern statt, auf welcher der Regierende Bürgermeister Willy Brandt die Sperrung der Sektorengrenze in überaus scharfen Worten verurteilt. Zugleich mahnt er die Westmächte und auch die Bundesregierung, in ihrem Engagement für die Freiheit West-Berlins nicht nachzulassen. »Es kann keine Stadt in der Welt geben, die den Frieden und die Ruhe und die Sicherheit mehr wünscht als Berlin. Aber noch niemals ist der Friede durch Schwäche gerettet worden.«

An die Angehörigen der DDR-Volkspolizei, der Nationalen Volksarmee und der Betriebskampfgruppen richtet er einen eindringlichen Appell: »Laßt Euch nicht zu Lumpen machen! Zeigt menschliches Verhalten, wo immer es Euch möglich ist! Schießt vor allem nicht auf Eure eigenen Landsleute!«

Boykott der Berliner S-Bahn: Ganz tatenlos wollen viele West-Berliner allerdings nicht bleiben. So ruft der Berliner Landesverband des DGB am 16. August zum Boykott der von Ost-Berlin betriebenen S-Bahn auf. »Jeder West-Berliner S-Bahnfahrer bezahlt den Stacheldraht am Brandenburger Tor.« Von dieser Parole lassen sich Hunderttausende West-Berliner zum Verzicht auf die S-Bahn bewegen, so daß deren tägliche Fahrgastzahlen innerhalb weniger Tage von rund 500 000 auf etwa 100 000 sinken. Die westliche BVG richtet parallel zu den S-Bahnstrecken zusätzliche Buslinien ein, für deren Betrieb zahlreiche Busse westdeutscher Verkehrsbetriebe nach Berlin kommen.

In den folgenden Wochen und Monaten helfen mehrere Gruppen zumeist junger Berliner Ost-Berlinern und Bürgern der DDR bei der Flucht in den Westen. Dabei gehen sie mehr oder weniger professionell vor, zum Beispiel mit gefälschten oder leihweise überlassenen Pässen oder präparierten Fahrzeugen. Es gelingen auch einige spektakuläre Fluchtaktionen durch Tunnels.

Vizepräsident spricht den Berlinern Mut zu: In den spannungsgeladenen Tagen des Mauerbaus, erfahren die West-Berliner auch Zeichen der Ermutigung. Am 19. August trifft der amerikanische Vizepräsident Lyndon B. Johnson in Begleitung von General Lucius D. Clay zu einem Besuch West-Berlins auf dem Flughafen Tempelhof ein. Auf seiner Fahrt zum Schöneberger Rathaus wird er von rund 500 000 Berlinern begeistert empfangen. Im Namen von Präsident John F. Kennedy versichert Johnson, daß die USA weiterhin die Freiheit West-Berlins und den Zugang zur Stadt gewährleisten, und er bekräftigt die Sicherheitsgarantie der USA. Am

Extrablatt der »Berliner Morgenpost«, erschienen am 13. August 1961.

Am 16. August 1961 spricht der Regierende Bürgermeister Willy Brandt auf einer Protestkundgebung vor dem Schöneberger Rathaus:

Berlinerinnen, Berliner! Wieder einmal haben wir die Menschen dieser Stadt zusammengerufen. Das geschieht heute in einer Lage, die ungleich schwerer ist als jemals in den Jahren seit der Blockade. Die Berliner haben ein Recht darauf, zu wissen, wie die Lage tatsächlich ist. Und die Menschen in dieser Stadt sind stark genug für die Wahrheit.

Die Sowjetunion hat ihrem Kettenhund Ulbricht ein Stück Leine gelassen. Sie hat ihm gestattet, seine Truppen einmarschieren zu lassen in den Ostsektor dieser Stadt. Sie, die Sowjetunion, hat ihrem Kettenhund die Vollmacht gegeben, internationales Recht zu brechen. Die Panzer, die in Stellung gebracht wurden, um die Massenflucht aus der Zone zu stoppen, diese Panzer haben unter ihren Ketten den gültigen Viermächte-Status Gesamtberlins zermalmen. Ein Regime des Unrechts hat ein neues Unrecht begangen, das größer ist als alles zuvor! ...

Der Protest der drei westlichen Kommandanten war gut, aber dabei allein darf es nicht bleiben! Wir haben am Sonntag zur Besonnenheit aufgerufen, weil alles andere unverantwortlich gewesen wäre und zusätzliches Unglück verursacht hätte. Wenn unsere Polizei an der Sektorengrenze für Ordnung sorgt, so tut sie das nicht, weil ihr diese schreckliche Grenzziehung Spaß macht, sondern, weil sie dazu da ist, Blutvergießen zu verhindern. Das gilt auch heute. Aber eines möchte ich doch völlig klarmachen: Unsere Mahnung war und ist kein Vorwand für Gleichgültigkeit! Keiner von uns und keiner in der Welt kann gleichgültig sein! ...

Wir können den Mitbürgern im Sektor und den Landsleuten in der Zone in diesen Tagen nicht ihre Last abnehmen, und das ist heute das Bitterste für uns! Wir können sie ihnen nur mittragen helfen, indem wir ihnen zeigen daß wir uns der Stunde gewachsen zeigen! Sie fragen, ob wir sie jetzt abschreiben. Darauf gibt es nur die Antwort: Nein, niemals! Sie fragen uns, ob wir sie jetzt verraten werden, und auch darauf gibt es nur die Antwort: Nein, niemals!

Unser Volk tritt in eine Bewährungsprobe ein, in die eigentliche Bewährungsprobe, vor der alles, was bisher in den vergangenen Jahren geschehen ist, zu einem Nichts wird! Unser Volk wird jetzt von der Geschichte gewogen, und wehe uns, wenn wir durch Gleichgültigkeit, durch Bequemlichkeit, durch Trägheit oder durch moralische Schwäche diese Probe nicht bestehen! Dann nämlich werden die Kommunisten nicht am Brandenburger Tor haltmachen. Dann werden sie auch nicht an der Zonengrenze stehenbleiben und auch nicht am Rhein! ...

Wir rufen die Völker der Welt, wir rufen ihre Repräsentanten auf, hierher nach Berlin zu sehen, wo die blutende Wunde eines Volkes verkrustet werden soll durch Stacheldraht und genagelte Stiefel. Hier ist die Wirklichkeit und die akute Brutalität eines Systems zu sehen, das den Menschen das Paradies auf Erden versprochen hat und das die Flucht der Menschen aus jenem Paradies erstickt in einem Massenaufgebot von Truppen. Die Moral der Welt wird so viel wert sein, wie die Moral in Berlin wert ist ...

MAUER GEGEN FLÜCHTLINGE 1961

POLITIK

Berlin wird durch eine Mauer geteilt: Die Sowjetunion schreckt davor zurück, direkt gegen West-Berlin vorzugehen, und beachtet genau das abgesteckte Interessengebiet. Sie beschränkt ihre Eingriffe auf ihr ehemaliges Besatzungsgebiet, auf Ost-Berlin und die DDR, um das Problem der Flüchtlinge zu lösen.

Es ist der 13. August 1961, ein Sonntag. In den frühen Morgenstunden beziehen Einheiten der Volkspolizei und der Kampfgruppen der Arbeiterklasse an den Sektorengrenzen Stellung und beginnen mit Absperrmaßnahmen nach dem Westen. Stacheldrahtverhaue werden ausgelegt, Straßen aufgerissen und Betonpfähle errichtet. Das Regierungsviertel wird von der Polizei extra gesichert.

Die DDR-Führung hat sich zu diesem Schritt entschlossen, um den bedrohlich angewachsenen Flüchtlingsstrom zu unterbrechen. Besuche in den Westsektoren sind den Bewohnern Ost-Berlins und der DDR nur noch in dringenden Ausnahmefällen erlaubt. Den rund 55 000 Grenzgängern wird die Weiterarbeit in West-Berlin untersagt. Sie haben bereits seit dem 1. August Mieten und Abgaben in DM-West zahlen müssen.

Von den bislang 80 Grenzübergangsstellen werden 67 sofort geschlossen; die U- und S-Bahn-verbindungen zwischen Ost- und West-Berlin werden eingestellt, ebenso die Strecken aus dem Umland in die Westsektoren. Geleitet werden die Sperrmaßnahmen vom Sekretär des Nationalen Verteidigungsrates der DDR, Erich Honecker.

Mauer ersetzt provisorische Absperrungen: Am 15. August beginnen Bautrupps unter Bewachung an mehreren Stellen mit der Errichtung einer rund 1,25 m hohen Mauer aus Betonplatten. West-Berliner dürfen in den ersten Tagen der Absperrung noch nach Ost-Berlin

Der Vorsitzende des Staatsrats der DDR, Walter Ulbricht, gibt am 15. Juni 1961 im Haus der Ministerien eine Pressekonferenz, auf der er sich über die Umwandlung West-Berlins in eine »Freie Stadt« spricht. Auf die Frage einer westdeutschen Journalistin, ob die DDR ihre Staatsgrenze am Brandenburger Tor errichten werde, antwortet er:

Ich verstehe Ihre Frage so, daß es in Westdeutschland Menschen gibt, die wünschen, daß wir die Bauarbeiter der Hauptstadt der DDR dazu mobilisieren, eine Mauer aufzurichten. Mir ist nicht bekannt, daß eine solche Absicht besteht. Die Bauarbeiter unserer Hauptstadt beschäftigen sich hauptsächlich mit Wohnungsbau, und ihre Arbeitskraft wird dafür voll eingesetzt. Niemand hat die Absicht, eine Mauer zu errichten.

Auffahrt amerikanischer Panzer an der Sektorengrenze in der Friedrichstraße, im Vordergrund zwei Offiziere der Grenztruppe der DDR, Oktober 1961.

kommen, ab dem 23. August jedoch nur unter Vorlage eines Passierscheines.

Drohgebärden am Checkpoint Charlie: Am 25. Oktober kommt es in dieser gespannten Situation zu einer gefährlichen Konfrontation zwischen Amerikanern und Sowjets. Nachdem Volkspolizisten zum wiederholten Mal am Sektorenübergang Friedrichstraße (Checkpoint Charlie) amerikanischen Zivilbeamten, die eine Kontrolle ihrer Papiere abgelehnt hatten, die Einfahrt nach Ost-Berlin verweigert hatten, läßt der amerikanische Stadtkommandant am Checkpoint Charlie mehrere Panzer auffahren.

Am Abend des 27. Oktober gehen ihnen gegenüber an der Grenze sieben sowjetische Panzer in Stellung, so daß sich an dieser Stelle amerikanische und sowjetische Panzer auf einer Entfernung von 200 m direkt gegenüberstehen. Die gesamte US-Garnison wird in Alarmbereitschaft versetzt. Mehrere Stunden lang herrscht eine äußerst gespannte Lage; eine bewaffnete Auseinandersetzung zwischen den beiden Supermächten scheint nicht mehr ausgeschlossen – mit unabsehbaren Folgen.

Am Vormittag des 28. Oktober ziehen sich die sowjetischen Panzer zurück und errichten auf dem Hof des zerstörten Kronprinzenpalais Unter den Linden ein Biwak. Daraufhin kehren auch die amerikanischen Tanks in ihre Zehlendorfer Kasernen zurück.

»Die Mauer sichert den Frieden«: Die SED-Führung erläutert den Mauerbau als eine Maßnahme zur »Friedenssicherung«. So erklärt der Vorsitzende des Staatsrats der DDR, Walter Ulbricht, am 18. August in einer Fernsehansprache: »Für jeden, der Augen hat zu sehen und Ohren zu hören, wurde es offenkundig, daß Westberlin in der Tat ein äußerst gefährlicher Kriegsbrandherd ist ... Es mußte ... dafür gesorgt werden, daß der Brand, der in Westberlin angeblasen worden war ... rechtzeitig unter Kontrolle kam.« Die Mauer diene als »antifaschistischen Schutzwall«.

Die Entscheidung zur Schließung der Grenze ist Anfang August 1961 auf einer Sitzung der Partei- und Staatschefs des Warschauer Paktes in Moskau gefallen. Am 11. August erteilt die Volkskammer den förmlichen Auftrag, die Moskauer Beschlüsse umzusetzen und die Grenze zu West-Berlin abzuriegeln.

Maßnahmen zu Schutz des Sozialismus: Im Zuge der Absperrung verbarrikadieren Volkspolizisten ab dem 19. August Fenster und Türen von Häusern, die unmittelbar an der Sektorengrenze liegen. Wenige Tage darauf müssen die Bewohner grenznaher Häuser ihre Wohnungen räumen. Türen und Fenster werden zugemauert, so an der Bernauer Straße an der Grenze zum Wedding. Am 24. August wird erstmals ein flüchtender Mensch von Soldaten an der Grenze erschossen. Fünf Tage später wird ein anderer beim Versuch, den Teltowkanal zu durchschwimmen, von Kugeln tödlich getroffen.

Eine Parade von Betriebskampfgruppen am 23. August auf der Stalinallee beendet die erste Etappe zur »Sicherung der gegen den Westberliner Frontstadtsumpf errichteten Friedensgrenze« (Walter Ulbricht).

Flüchtlingsströme gefährdeten Bestand der DDR: Der Mauerbau ist eine Reaktion der DDR auf den anhaltenden Flüchtlingsstrom, durch den

1961 WEST-BERLIN VOM UMLAND ABGERIEGELT

Erste Sperrmaßnahmen Ost-Berlins am Brandenburger Tor, 14. August 1961.

20. August begrüßt Johnson eine rund 1500 Soldaten starke Kampfgruppe, die über die Autobahn in Berlin eintrifft. Ihre Fahrt durch die Stadt gleicht einem Triumphzug.

Enttäuschung über Adenauer: Bundeskanzler Konrad Adenauer besucht am 22. August, über eine Woche nach Beginn der Absperrungen, das geteilte Berlin. Er nimmt während seines mehrstündigen Aufenthalts an einigen Stellen die Sperrmaßnahmen in Augenschein, informiert sich über die Lage im Notaufnahmelager Marienfelde und nimmt an einer Sitzung des Senats teil. Die Bevölkerung läßt den Kanzler ihre Enttäuschung spüren, daß er erst jetzt nach Berlin gekommen ist. Viele West-Berliner nehmen Adenauer auch die Zurückhaltung übel, mit der er auf den Mauerbau reagiert hatte. Auf den Straßen West-Berlins schlägt dem Bundeskanzler eine eher kühle Atmosphäre entgegen, und wiederholt werden massive Unmutsäußerungen laut.

KULTUR

Neues Haus für die Deutsche Oper: Das Charlottenburger Stadtbild wird 1961 um zwei markante Bauten bereichert, den Neubau der Kaiser-Wilhelm-Gedächtnis-Kirche und die Deutsche Oper an der Bismarckstraße, die beide in ihrer strengen Formensprache der modernen Architektur verpflichtet sind.

Die Deutsche Oper Berlin wird am 24. September mit einer Festaufführung von Wolfgang Amadeus Mozarts Oper »Don Giovanni« in Anwesenheit von Bundespräsident Heinrich Lübke eröffnet. Das neue Haus mit seinen 1903 Plätzen wurde nach Plänen von Fritz Bornemann an der Stelle des im Zweiten Weltkrieg zerstörten Deutschen Opernhauses mit einem Kostenaufwand von rund 27,5 Millionen DM errichtet. Auffällig ist die bewußt nüchterne Fassadengestaltung des neuen Opernhauses.

Neubau für Kaiser-Wilhelm-Gedächtniskirche: Mit einem von Bischof Otto Dibelius gehaltenen Festgottesdienst wird am 17. Dezember 1961 der Neubau der Kaiser-Wilhelm-Gedächtniskirche an der Tauenzienstraße im Beisein von rund 1000 Ehrengästen eingeweiht. Der Entwurf für den modernen Sakralbau, einen achteckigen Kubus mit einem abgesetzten, ebenso streng gestaltetem Glockenturm, stammt von dem Karlsruher Architekten Egon Eiermann. Auch der Innenraum der Kirche ist betont schlicht gehalten. Zusammen mit der Ruine der alten Gedächtniskirche bildet der Neubau ein Ensemble, in dem die mahnende Erinnerung an die Kriegszerstörungen und der Erneuerungswille der Kirche auf eindrucksvolle Weise zum Ausdruck kommen.

An den Einweihungsfeierlichkeiten nehmen ne-

Der Boykottaufruf des DGB gegen die Berliner S-Bahn stößt bei den West-Berlinern auf starken Widerhall. Es gibt aber auch Stimmen, die am Sinn der Boykottmaßnahme zweifeln. Zu ihnen gehört der 1960 aus der DDR nach West-Berlin geflüchtete Schriftsteller Uwe Johnson. Anfang 1964 schreibt er:

An jedem einzigen Tag vor dem August 1961 wurde die Grenze zwischen den Städten Berlin in beiden Richtungen fünfhunderttausendmal überschritten, vielmals in den gelbroten Zügen der Stadtbahn. Da kamen in den Westen Besuch, Verwandtschaft, Kunden, Käufer, Gäste, Arbeiter, Angestellte, Friedhofsgänger, Leute ins Kino, Flüchtlinge und Flüchtlinge. Da fuhren in den Osten die Besuche, Kunden, Putzfrauen zurück, dahin gingen Beschäftigte der Stadtbahn, Opernhausmitglieder und Publikum, Freunde, Verwandtschaft, Leute zum Friseur. Über den Anteil der Geheimagenten werden uns die Archive in fünfzig Jahren Zuverlässiges nicht sagen. Fünfhunderttausendmal täglich, von neun Bewohnern beider Berlin immer war einer unterwegs, oft stellvertretend, hinüber und herüber. Die Städte blieben einander wenigstens bekannt, flüchtig verwandt, locker verwachsen ...
Am 17. August rief der westdeutsche Gewerkschaftsbund in Berlin (DGB) auf zum Boykott der Stadtbahn und nahm dabei Bezug auf den Stacheldraht ...
Es wurden am Bahnhof Zoo auch Leute tätlich angegriffen und als Kommunistenschweine beschimpft, wenn sie an die Fahrkartenschalter traten ...
Der DGB erklärte am 20. August, er wollte nicht zu Gewalt gegen Einzelgänger geraten haben. Am 21. standen Plakatträger vor 46 Stadtbahnhöfen. Am 24. August betraten nur noch hunderttausend Fahrgäste die Stadtbahn ...
Nicht nur behindert der Boykott die Auffassung der Lage; er beschädigt auch die Gesundheit der Weststadt; ihren öffentlichen Verkehr ...
Es erweist sich, daß die Stadtbahn, 1882 angefangen als die erste Viaduktbahn Europas und seitdem zusammengewachsen mit der Stadt in achtzig Jahren, nicht zu ersetzen ist. Der Vergleich des Boykotts mit einer Amputation zieht den mit schweren Kreislaufstörungen nach sich ...
Die Folgen des Krieges, den die vorigen Deutschen uns nach Hause geholt haben, schieben wir auf die Stadtbahn. Wir anerkennen sie nicht. Wir radieren sie von der Karte ... Wir hacken uns ein Bein ab, wenn es uns paßt! – und sollte es die Stadtbahn sein. Wer weiß, wozu wir nächstens fähig sind. Für diese unsere Haltung lassen wir uns loben von der westlichen Welt, auch diese unsere besondere Lebensweise lassen wir die Westdeutschen mit ihrem Geld unterstützen. Wir lassen uns tapfer nennen, instinktsicher, unbeirrbar. So blicken wir in die Zukunft, mit solcher Klarsicht denken wir sie zu überstehen. Tatsache.

MAUER GEGEN FLÜCHTLINGE 1961

das Land »auszubluten« droht. Von 1949 bis Ende 1960 waren rund 2,46 Millionen Menschen in den Westen geflohen, ein Großteil von ihnen über Ost-Berlin. In den vergangenen Monaten war die Zahl der Flüchtigen noch einmal sprunghaft angestiegen, im Juni 1961 auf über 19 100, im Juli auf rund 30 400.

WIRTSCHAFT

Anstrengungen zur Steigerung der Arbeitsproduktivität: Das Ende der Flüchtlingsbewegung in den Westen gibt der ökonomischen Entwicklung Ost-Berlins und der DDR neue Anstöße, deren positive Wirkungen von der SED herausgestellt werden. Nach offiziellen Angaben wächst die industrielle Bruttoproduktion der Ost-Berliner Betriebe im Monatsdurchschnitt von 391,5 Millionen Mark in der ersten Jahreshälfte auf rund 468,3 Millionen Mark im Zeitraum September bis Dezember 1961.
Bereits Anfang September 1961 – der Ausbau der Grenzsperren mit Mauer und Stacheldraht ist voll im Gange – eröffnet die Partei eine Kampagne zur Steigerung der Arbeitsproduktivität, eines der Probleme der Wirtschaft. Als erste beschließen Arbeiter des VEB Elektrokohle Lichtenberg ein Produktionsaufgebot unter der Lo-

Die Zeitung »Der Grenzsoldat« mit dem Bericht über die Unterstellung der Grenzpolizei der Innenministeriums unter die Befehlsgewalt des Ministeriums für Nationale Verteidigung; Armeegeneral Heinz Hoffmann (links) bei der Begrüßung von Offizieren des Kommandos Grenze, 21. September 1961.

Am 18. August 1961 rechtfertigt Walter Ulbricht in einer Fernsehansprache den Mauerbau:

Für jeden, der Augen hat zu sehen und Ohren zu hören, wurde offenkundig, daß Westberlin in der Tat ein äußerst gefährlicher Kriegsbrandherd ist, der zu einem zweiten Sarajewo werden kann. Immer mehr Menschen in Deutschland wie auch in anderen Ländern kamen zu der Einsicht, daß es nicht mehr genügt, allgemein über den Frieden zu reden. Es mußte vielmehr dafür gesorgt werden, daß der Brand, der in Westberlin angeblasen worden war und der auf die Häuser der Nachbarn überspringen sollte, rechtzeitig unter Kontrolle kam.
Es war unsere Aufgabe, das zu tun. Denn schließlich befindet sich dieses Westberlin inmitten unseres Territoriums und innerhalb der Grenzen unseres Staates. Unser Haus sollte angezündet werden. Wir hatten also auch die Verantwortung dafür, daß dieser Brandherd unter Kontrolle kam. Es kommt hinzu, daß wir als Teil des sozialistischen Lagers, als sozialistischer Staat, die hohe Verpflichtung haben, die Politik der friedlichen Koexistenz, die die ganze Welt braucht, nicht durch wahnwitzig gewordene westdeutsche Militaristen und ihre Westberliner Ableger stören zu lassen ...
In Westdeutschland und in Westberlin strapazieren manche Politiker jetzt den Begriff der Menschlichkeit. Die Menschenhändler, die unmenschlichen Organisatoren des Menschenhandels und des Kindesraubs, die Erpresser und Lügner und die Verleumder, denen das Handwerk gelegt wird, werfen deshalb der Deutschen Demokratischen Republik Unmenschlichkeit vor. Ausgerechnet die! Diese Heuchler trauern ja nur darüber, daß sie ihre Verbrechen nicht fortsetzen können.
Ich möchte meinen: Erstes Gebot der Menschlichkeit ist es doch, den Frieden zu sichern, einen Krieg zu verhindern und alle Maßnahmen durchzuführen, die diesem Ziel dienen ...
Niemand kann uns nachsagen, daß wir etwa Stacheldraht besonders gern hätten. Aber Stacheldraht ist zweifellos gut und nötig als Schutz gegen diejenigen, die die Deutsche Demokratische Republik überfallen wollen. Und allen Bürgern Westdeutschlands und Westberlins, denen unsere Schutzmaßnahmen nicht gefallen, möchte ich sagen: Bändigen Sie die Ultras und die Militaristen! Dann wird es auch an der Grenze der Deutschen Demokratischen Republik keinen Stacheldraht geben ...
Manches wird jetzt in Berlin leichter sein ... Manches wird jetzt schneller gehen, nachdem der Einfluß des Westberliner Frontstadtsumpfes radikal eingeschränkt wurde. Wir können uns unseren eigentlichen Aufgaben, deren Erfüllung der ganzen Bevölkerung der Deutschen Demokratischen Republik zugute kommt, ungestört widmen. Und viele von uns werden auch ein ihrer Arbeit sehr förderliches neues Kraftbewußtsein erhalten haben.

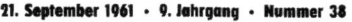

---

sung »In der gleichen Zeit für das gleiche Geld – mehr produzieren!«. Bis Ende Dezember 1961 sollen sich nach SED-Angaben in 227 Ost-Berliner Betrieben etwa 20 % der Industriearbeiter der Kampagne angeschlossen haben. Doch auch offiziell wird eingeräumt, daß bei der Masse der Werktätigen die Begeisterung für gesteigerte Arbeitsanstrengungen sich zunächst in Grenzen hält.

ALLTAG UND GESELLSCHAFT

Ehrgeizige Pläne für Stadtzentrum: Mit dem Beschluß über den »Aufbau des Zentrums der Hauptstadt der DDR«, den die Ost-Berliner Stadtverordnetenversammlung am 20. April 1961 faßt, liegt erstmals ein umfassender Plan für die städtebauliche Gestaltung des Innenstadtgebiets vor. Der Bereich Unter den Linden soll seinen historischen Charakter weitgehend behalten. Vorgesehen ist unter anderem der Wiederaufbau der alten Bibliothek (»Kommode«) am August-Bebel-Platz mit ihrer Barock geschwungenen Fassade. Der Bau war ursprünglich zwischen 1775 und 1780 nach einem für die Wiener Hofburg bestimmten Entwurf von Josef Emanuel Fischer von Erlach errichtet worden. Eine Gedenktafel weist darauf hin, daß im August 1895 Wladimir

1961 WEST-BERLIN VOM UMLAND ABGERIEGELT

»My Fair Lady«, Musical von Frederick Loewe im Theater des Westens, Oktober 1961.

ben dem Regierenden Bürgermeister Willy Brandt Bundestagspräsident Eugen Gerstenmaier und Prinz Louis Ferdinand von Preußen teil, der für das Glockenspiel der Kirche eine kurze Melodie komponiert hat.

Großer Erfolg für »My fair Lady«: Eine neuere Form der leichten Muse, das Musical, hält auch in Berlin Einzug und wird vom Publikum überwiegend mit Begeisterung aufgenommen. Am 25. Oktober 1961 geht im aufwendig renovierten Theater des Westens an der Charlottenburger Kantstraße die deutsche Erstaufführung des Musicals »My fair Lady« von Frederick Loewe und Alan J. Lerner mit großem Erfolg über die Bühne. Das Musical nach dem Stück »Pygmalion« von George Bernhard Shaw war 1956 am New Yorker Broadway uraufgeführt worden und ist auf seinem Siegeszug durch die westliche Welt nun auch nach Deutschland, nach West-Berlin, gelangt. Das Theater des Westens, bis zur Eröffnung des neuen Opernhauses an der Bismarckstraße Spielstätte der Städtischen Oper, wird fortan als privates Operettentheater geführt.

Berufstätige können Abitur machen: Mit Beschluß des Abgeordnetenhauses vom 8. Juni wird erstmals in der Bundesrepublik der zweite Bildungsweg gesetzlich festgeschrieben. Damit ist ein wichtiger Schritt zur Öffnung des westdeutschen Bildungssystems getan, eine vor allem von der SPD seit langem erhobene Forderung. Berufstätigen mit abgeschlossener Ausbildung wird die Möglichkeit zur Erlangung der Hochschulreife geboten. Am neu gegründeten Berlin-Kolleg in der Badenschen Straße (Schöneberg) können Personen, die mindestens die 9. Klasse einer Oberschule besucht oder eine Berufsausbildung abgeschlossen haben, in Abendkursen sich innerhalb von drei Jahren auf die Reifeprüfung vorbereiten. Der Unterricht wird überwiegend von Studienräten erteilt.

ALLTAG UND GESELLSCHAFT

Erweiterung des U-Bahn-Netzes: Eine erhebliche Verbesserung für den durch den S-Bahn-Boykott zusätzlich belasteten Personennahverkehr bringt die U-Bahnlinie zwischen Wedding (U-Bahnhof Leopoldplatz) und Wilmersdorf (U-Bahnhof Spichernstraße), die am 2. September 1961 von Bundesverkehrsminister Hans-Christoph Seebohm eröffnet wird. Es handelt sich um den ersten Neubau einer U-Bahnstrecke in Berlin seit 1930. Die Linie wird später nach Steglitz weitergeführt.

SPORT

Eiskunstlauf-EM im Sportpalast: Zu den sportlichen Höhepunkten des Jahres zählen die Europameisterschaften im Eiskunstlaufen, die erstmals seit Ende des Zweiten Weltkriegs vom 26. bis 29. Januar wieder im Berliner Sportpalast in Schöneberg stattfinden. Europameister im Paarlaufen werden unter dem Jubel der Zuschauer Marika Kilius und Hans-Jürgen Bäumler vor Margret Göbl und Franz Nimgel aus Frankfurt am Main und dem Ost-Berliner Paar Margit Senf und Peter Göbel.

KALENDARIUM

26. bis 29. Januar: Im West-Berliner Sportpalast (Bezirk Schöneberg) finden erstmals seit Kriegsende wieder Europameisterschaften im Eiskunstlauf statt.

16. Februar: Die DDR-Behörden lockern die Bestimmungen für Besuche in Ost-Berlin. Es werden nur noch die Nummern der Personalausweise auf den Aufenthaltsgenehmigungen notiert; ein Grund für den Besuch muß nicht mehr angegeben werden.

17. Februar: Der sowjetische Botschafter in Bonn, Andrej Smirnow, übergibt Bundeskanzler Konrad Adenauer ein Memorandum, in dem die UdSSR die völkerrechtliche Umwandlung West-Berlins in eine »Freie Stadt« ohne engere Bindungen an die Bundesrepublik Deutschland fordert. Bonn weist dieses Ansinnen mit Entschiedenheit zurück.

31. Mai: Die Post in Ost-Berlin benutzt erstmals Stempel mit dem Aufdruck »Berlin-Hauptstadt der DDR«. Diese Bezeichnung wird von den Westmächten als unvereinbar mit dem Viermächte Status von Berlin gewertet.

1. August: Die DDR-Führung erläßt eine Verfügung, nach der die in West-Berlin arbeitenden Ost-Berliner ihre Mieten und Abgaben in DM zu bezahlen haben.

5. August: In Moskau billigen die Chefs der kommunistischen Parteien des Ostblocks einen wenige Tage zuvor vom Politbüro der SED gefaßten Beschluß, die Sektorengrenzen zu West-Berlin durch Sperranlagen abzuriegeln.

11. August: In einer Rede vor der Volkskammer fordert DDR-Ministerpräsident Willi Stoph für Ost-Berlin »Schutzmaßnahmen« gegen westliche »Menschenhändler, Abwerber und Saboteure«.

13. August: In den frühen Morgenstunden läßt die DDR-Führung entlang der Sektorengrenze Sperranlagen errichten. West-Berlin ist damit vollständig von Ost-Berlin und dem Umland abgeriegelt. In den folgenden Tagen und Wochen werden die Drahtsperren durch eine Mauer ersetzt. Bewohner Ost-Berlins und der DDR können nicht mehr in den Westteil der Stadt gelangen.

16. August: Vor dem Schöneberger Rathaus versammeln sich rund 500 000 West-Berliner, um gegen die Abriegelung der Westsektoren durch die DDR zu protestieren.

16. August: Unter dem Slogan »Jeder West-Berliner S-Bahnfahrer bezahlt den Stacheldraht am Brandenburger Tor« ruft der Berliner Landesverband des DGB zum Boykott der von der DDR-Reichsbahn betriebenen S-Bahn auf.

19. August: Im Rahmen eines kurzen Besuchs in West-Berlin versichert der amerikanische Vizepräsident Lyndon B. Johnson, daß die USA die Freiheit West-Berlins weiterhin schützen werden.

KALENDARIUM

MAUER GEGEN FLÜCHTLINGE 1961

22. August: Bundeskanzler Konrad Adenauer besucht das abgeriegelte West-Berlin. Bei seinen öffentlichen Auftritten werden auch Proteste gegen die defensive Haltung Bonns und der Westmächte angesichts des Mauerbaus laut.

23. August: Das SED-Regime verfügt die Schließung von fünf der noch bestehenden Sektorenübergänge. Zugleich wird der Passierscheinzwang für West-Berliner für Besuche im Ostteil der Stadt verfügt. Da jedoch keine Regelung für die Ausgabe von Passierscheinen gefunden wird, bleiben Ost-Berlin und die DDR für die West-Berliner faktisch gesperrt.

25. August: Auf dem Messegelände am Funkturm öffnet erstmals seit 1939 die Internationale Funkausstellung ihre Pforten.

17. September: In Ost-Berlin finden Kommunalwahlen statt, bei denen offiziellen Angaben zufolge 99,87 % der abgegebenen Stimmen auf die von der SED beherrschte Einheitsliste der Nationalen Front entfallen.

21. September: General Lucius D. Clay, der Sonderbeauftragte des amerikanischen Präsidenten, besucht die zu Zehlendorf gehörende Exklave Steinstücken, um sich über die Lage dort zu orientieren. Ab dem 22. September werden drei amerikanische Militärpolizisten ständig in Steinstücken stationiert.

24. September: Mit einer Aufführung von Wolfgang Amadeus Mozarts »Don Giovanni« wird der Neubau der Deutschen Oper an der Charlottenburger Bismarckstraße feierlich eröffnet. Die Entwürfe für den Bau, dessen Zuschauerraum rund 1 900 Plätze bietet, stammen von Fritz Bornemann.

25. Oktober: Am Sektorenübergang Checkpoint Charlie (Friedrichstraße) gehen amerikanische Panzer in Stellung, nachdem die UdSSR die Bewegungsfreiheit der Westalliierten in ganz Berlin eingeschränkt hat. Dabei kommt es zu einer Konfrontation mit sowjetischen Panzern. Diese ziehen sich jedoch am 28. Oktober wieder zurück.

19. November: Im Norden von Ost-Berlin nimmt die Deutsche Reichsbahn nach dreimonatiger Bauzeit eine rund fünf km lange S-Bahn-Strecke in Betrieb, die unter Umgehung von West-Berliner Gebiet Oranienburg und Berlin-Blankenburg verbindet.

13. November: Die Ost-Berliner Stalinallee (Friedrichshain) wird in Karl-Marx-Allee umbenannt.

12. Dezember: Der Ost-Berliner Oberbürgermeister Friedrich Ebert legt den Grundstein für das Haus des Lehrers am Alexanderplatz. Damit beginnt die Neugestaltung des im Zweiten Weltkrieg stark zerstörten Areals um den Alexanderplatz.

17. Dezember: Der von Egon Eiermann entworfene Neubau der Kaiser-Wilhelm-Gedächtniskirche wird feierlich eingeweiht.

Über die Ankunft amerikanischer Panzern am Checkpoint Charlie (Sektorenübergang Friedrichstraße) Ende Oktober 1961 gibt ein DDR-Grenzsoldat einen dramatischen Bericht:

Plötzlich dröhnten wieder Panzermotoren. Zwei (amerikanische) M 48 rollten mit bedrohlich hoher Geschwindigkeit auf unsere Staatsgrenze zu. Ich weiß heute noch nicht, was ich in jenen Augenblicken gedacht habe. Ich wußte nur eines: Stehenbleiben, keinen Zentimeter zurück! Zehn Meter, fünf Meter bis zur weißen Linie der Staatsgrenze – und die Panzer drosselten immer noch nicht ihre Fahrt. Es hatte den Anschein, als wollten sie alles überrollen. Wie angenagelt blieb ich stehen, ebenso meine Genossen links und rechts hinter mir. Selbst zum Beiseitespringen wäre es jetzt zu spät gewesen. Da kreischten die Gleisketten, durch die Panzer ging ein Ruck. Die M 48 standen. Dicht vor meinen Augen schwankte die Mündung der einen Panzerkanone. Jetzt erst atmete ich auf. Mein erster Gedanke war: Gesiegt!
Da bemerkte ich, daß der Panzer, der so dicht vor mir stand, die Staatsgrenze um etwa einen Meter überrollt hatte. Ich winkte dem Panzerfahrer – und tatsächlich, an dem M 48 ging eine Luke auf und ein Kopf erschien: »What's the matter?« Wir schienen ihnen doch Respekt beigebracht zu haben. Ich machte ihm durch Handzeichen klar, er solle zurückfahren. Der Kopf verschwand wieder. Bald darauf stieg der Soldat aus, überzeugte sich davon, daß er tatsächlich die Staatsgrenze der DDR verletzt hatte, und kletterte wieder in seinen Panzer zurück. Der schwere Motor heulte auf, der M 48 rollt ein Stück zurück ...
Die beiden M 48 blieben die Nacht über stehen. Uns konnte das nicht beeindrucken und schon gar nicht aus der Ruhe bringen.

I. Lenin hier gearbeitet hat. Auch das Palais des Prinzen Wilhelm (nachmalig Kaiser Wilhelm I.) mit seiner zu den Linden gewandten Hauptfassade, ein Bau von Karl Ferdinand Langhans, soll im Äußeren restauriert werden und im Inneren für die Humboldt-Universität hergerichtet werden. Am Alexanderplatz sollen vor allem Hochhäuser mit Wohnungen, Büroräumen, Geschäften und Gaststädten in Blockbauweise entstehen. Für den Marx-Engels-Platz, den früheren Standort des 1950 abgerissenen Schlosses, ist die Errichtung je eines repräsentativen Gebäudes für die Volkskammer, den Staatsrat und das Außenministerium vorgesehen.

In den folgenden Jahren werden die Pläne schrittweise in die Tat umgesetzt. Die Neugestaltung des im Zweiten Weltkrieg völlig zerstörten Bereichs um den Alexanderplatz beginnt am 12. Dezember 1961 mit der Grundsteinlegung für das Haus des Lehrers durch den Ost-Berliner Oberbürgermeister Friedrich Ebert.

Bauarbeiten am Marx-Engels-Platz für das neu Gebäude des Staatsrates unter Beteiligung einer Jugendbrigade der FDJ; im Hintergrund zwei der ältesten Gebäude Berlins: (links) ein Teil des ehemaligen alten Marstalls (2. Hälfte 17. Jahrhundert) und das Ribbeckhaus mit den Zwerggiebeln (1. Hälfte 17. Jahrhundert), 1961/62.

1962 LEBEN MIT DER MAUER

POLITIK

Entspannung und Statusfragen: Das erste Jahr nach dem Mauerbau bringt für West-Berlin eine gewisse Entspannung. Die nach den Ereignissen vom 13. August 1961 befürchtete Eskalation des Kalten Krieges in eine bewaffnete Auseinandersetzung zwischen den Militärblöcken bleibt aus. Amerikanische Panzer, die seit Monaten am Sektorenübergang Friedrichstraße (Checkpoint Charlie) stationiert sind, ziehen am 17. Januar ab. Daraufhin verlegen auch die sowjetischen Streitkräfte ihre auf dem Gelände des ehemaligen Kronprinzenpalais Unter den Linden stehenden Einheiten. Sowohl die Westmächte als auch die West-Berliner und die Bundesrepublik stellen sich auf die neuen Gegebenheiten ein.

Entsetzen über den Tod Peter Fechters: Die Mauer selbst behält jedoch ihren Schrecken. Seit der Befestigung der innerstädtischen Grenze hat es bereits Tote gegeben. Allein im April 1962 kommen vier Ost-Berliner beim Versuch, in den Westteil der Stadt zu gelangen, ums Leben. Schockierend wirken die tragischen Umstände, unter denen der Flüchtling Peter Fechter den Tod findet. Der achtzehnjährige Bauarbeiter wird am 17. August 1962 beim Versuch, die Demarkationslinie an der Zimmermannstraße (Mitte und Kreuzberg) in unmittelbarer Nähe des »Checkpoint Charlie« zu überwinden, von Ost-Berliner Grenzposten niedergeschossen und

Bergung der Leiche des bei einem Fluchtversuch erschossenen Peter Fechter, 17. August 1962.

verblutet zwischen den Fronten. Kein Ost-Berliner Soldat kommt ihm zu Hilfe, und West-Berliner Polizisten und Passanten dürfen Ost-Berliner Gebiet nicht betreten. Soldaten der Westalliierten können nicht einzugreifen.

Empörung über Unmenschlichkeit: Während Senat, Bundesregierung und Schutzmächte nur formellen Protest einlegen, machen viele West-Berliner ihrer Empörung in spontanen Demonstrationen und Aktionen Luft. Obwohl der Regierende Bürgermeister Willy Brandt (SPD) unmittelbar nach Fechters Tod vor »Kurzschlußreaktionen« warnt, kommt es zu Übergriffen. So bewerfen am 19. August rund 1000 meist jugendliche West-Berliner den Omnibus, der sowjetische Soldaten zum Ehrenmal im Tiergarten bringt, mit Steinen. Wiederholt werden Sprengstoffanschläge auf die von der Ost-Berliner Reichsbahn verwalteten, von den West-Berlinern weitgehend boykottierten S-Bahn (so am 20. Juli, Bahnhof Botanischer Garten) und auf die Mauer selbst (so am 2. Dezember, Lohmühlenplatz Neukölln) verübt.

Viermächte-Status soll erhalten bleiben: Die Haltung der Westalliierten gegenüber solchen Vorfällen ist eindeutig. Zwar wird die Vorgehensweise der DDR-Grenzsoldaten verurteilt, die Reaktion aufgebrachter West-Berliner jedoch mißbilligt. Die Beziehungen zur UdSSR – ohnehin auf einem Tiefpunkt – sollen durch Übergriffe nicht weiter belastet werden. Gleichzeitig lassen die Westmächte aber keinen Zweifel daran, daß sie die Versuche Moskaus zu einer Aufhebung des Viermächte-Status ablehnen. Nach ihrer Ansicht verstoßen die Übertra

---

Nach dem Tod des Ost-Berliner Flüchtlings an der Sektorengrenze Peter Fechter am 17. August 1962 ruft der Regierende Bürgermeister Willy Brandt (SPD) die West-Berliner Bevölkerung in einer Rundfunkansprache zu Ruhe und Besonnenheit auf:

Die blutbesudelten Schergen des Ulbricht-Regimes und ihre zynischen Schreiberlinge müssen wissen, was sie auf sich laden. Der Tag wird kommen, an dem Rechenschaft gefordert wird. Dann wird sich herausstellen, wer die innere Kraft und den moralischen Mut aufbrachte, sich nicht zum Lumpen machen zu lassen. Kurzschlußreaktionen helfen uns freilich nicht weiter. Uns ist auch nicht damit geholfen, daß wir einander unbegründete Vorwürfe machen. Ich habe beispielsweise volles Verständnis für diejenigen, die am vergangenen Montag gerne noch etwas nachdrücklicher protestieren wollten. Aber ich habe kein Verständnis für einzelne, die das Augenmaß verlieren oder sich gar dazu hinreißen lassen, unsere Polizisten anzugreifen. Lassen Sie mich sehr deutlich sagen, daß man der anderen Seite einen Gefallen tut, wenn man unserer Polizei ihren verantwortungsvollen Dienst unnötig erschwert. Ich verfolge mit großem Interesse, mit welcher Leidenschaft gerade die Berliner Jugend an den uns alle betreffenden und empörenden und aufrüttelnden Geschehnissen Anteil nimmt. Mir ist berichtet worden, daß in Aufrufen aus Kreisen der Berliner Jugend auch dazu aufgefordert wird, als Zeichen der Empörung an den Senat zu schreiben, denn seine Aufgabe sei es, mit Hilfe der Alliierten die unerträgliche Situation zu beenden.

Nun ich bin dankbar für jede Unterstützung, um den Schutzmächten, der Sowjetunion und allen anderen Beteiligten zu zeigen, was das Volk von Berlin denkt und wie schwer die Last ist, die man uns aufgebürdet hat. Aber über eines müssen wir uns doch im klaren sein.

Wir dürfen niemals den Eindruck aufkommen lassen, als hätten wir in unserer berechtigten Empörung vergessen, wo die Schuldigen jenes menschlichen Leides sitzen, das uns alle quält. Ich wäre froh, wenn diejenigen, die als Zeitungsleute und in anderer Eigenschaft eine besondere Verantwortung für die öffentliche Meinung in dieser Stadt tragen, diesen Punkt nie aus dem Auge verlieren würden. Wir gehen in die Irre, wenn wir in solchen Augenblicken das Gefühl mit uns durchgehen lassen und nicht den Überblick über die Gesamtheit der Faktoren bewahren würden, um die es sich handelt ...

AUSBAU OST-BERLINS ZUR HAUPTSTADT DER DDR 1962

Ehrenwache am Sarg eines Soldaten der Grenztruppe, erschossen von West-Berliner Polizisten in Ausübung seines Dienstes an der Grenze im Mai 1962.

POLITIK

»Zum Schutz des Sozialismus«: Die DDR-Führung begründet sowohl gegenüber dem Ausland, als auch gegenüber der eigenen Bevölkerung die Notwendigkeit des Mauerbaus und argumentiert, zum Schutz des Sozialismus habe es zur Schließung der Grenzen nach West-Berlin keine Alternative gegeben. Die andauernden Provokationen imperialistischer Kräfte, ständige Sabotage- und Spionageaktionen westlicher Geheimdienste sowie gezielte wirtschaftliche Aushöhlungen und Abwerbung von Fachkräften hätten die Existenz bedroht. Nunmehr sichere der Bau des antifaschistischen Schutzwall den Frieden in Europa und schaffe die Voraussetzung für eine von westlichen Einflüssen ungestörte Entwicklung der DDR. Viele, darunter auch dem SED-Regime kritisch gegenüberstehende, DDR-Bürger können dieser Argumentation in Teilen durchaus folgen. Ohne eine Schließung der Grenze hätte der sozialistische Staat auf deutschem Boden als Gegenmodell zur kapitalistischen Bundesrepublik keinen Bestand gehabt.

Gleichzeitig verbindet sich mit dem Bau der Mauer die Hoffnung auf eine Liberalisierung. Durch die Abschottung – so eine häufig in intellektuellen Kreisen geäußerte Ansicht – sei von der SED Druck genommen. Nun gäbe es Raum für mehr Meinungsfreiheit und eine liberalere Kulturpolitik. Zudem sei die gewaltsame Teilung der Stadt nur eine vorübergehende, keinesfalls unbefristete Maßnahme.

Grenzzwischenfälle: Ungeachtet der bei illegalem Grenzübertritt drohenden Gefahren und Strafen versuchen immer wieder Menschen in den Westen zu gelangen. Da die Sperranlagen an der Staatsgrenze nur noch mit großem Risiko zu überwinden sind, werden andere Wege gesucht. Am 24. Januar flüchten 28 Männer, Frauen und Kindern durch einen Tunnel unterhalb der Mauer in den Bezirk Tiergarten. Aufsehen erregt am 8. Juni die Flucht von 14 Ost-Berlinern, die auf einem Ausflugsdampfer der Weißen Flotte den Kapitän betrunken machen, fesseln und das Schiff von Treptow zum Landwehrkanal in den Westen lenken. Darüber hinaus gelingen eine Reihe weiterer Fluchtversuche auf den Berliner Gewässern, etwa am Spandauer Schiffahrtskanal vom Bezirk Mitte nach Tiergarten (27. Juni).

Empört reagieren die Ost-Berliner Behörden auf einen Grenzzwischenfall am 23. Mai. Als ein fünfzehnjähriger Ost-Berliner Junge versucht, die Spree (nahe der Sandkrugbrücke) in Richtung Tiergarten zu durchschwimmen geben West-Berliner Polizisten dem Schwimmer Feuerschutz. Dabei wird Peter Göring, Unteroffizier der Grenztruppe, getötet. Ein weiterer Offizier und der Flüchtling werden bei dem Gefecht verletzt. Die DDR bezeichnet die Tötung Görings als Mord.

Ulbricht für entmilitarisiertes West-Berlin: Eines der Hauptziele der DDR-Regierung ist es, Ost-Berlin vom Viermächte-Status zu befreien und so die Teilung Berlins in zwei eigenständige Städte festzuschreiben. Mit Rückhalt der sowjetischen Führungsmacht fordert sie vom Westen eine Änderung des Status quo. Walter Ulbricht, Erster Sekretär des Zentralkommitees (ZK) der SED, regt am 5. Januar 1962 in einem Interview mit dem amerikanischen Sender CBS

Am 14. Juli 1962 übermittelt die sowjetische Führung den Westmächten eine Note, in der in scharfer Form gegen »Grenzverletzer«, »Saboteure« und »Provokateure« protestiert wird. Damit reagiert sie auf Sprengstoffanschläge auf die Mauer sowie auf Vorkommnisse, bei denen es anläßlich von Fluchtversuchen Ost-Berliner Bürger zu Schußwechseln zwischen Angehörigen der Grenztruppen der DDR und West-Berliner Polizisten gekommen war:

Die Sowjetregierung hat wiederholt ... die Regierung der Vereinigten Staaten auf die gefährlichen Provokationen der West-Berliner Polizei und halbfaschistischer Elemente aus West-Berlin gegen die Deutsche Demokratische Republik aufmerksam gemacht, die eine ernste Verschärfung der Lage in diesem Gebiet verursachen.
Bedauerlicherweise trifft die Regierung der Vereinigten Staaten keine Maßnahmen zur Unterbindung dieser provokatorischen Handlungen. Noch mehr: Sowohl die amerikanischen Besatzungsbehörden in West-Berlin als auch die Regierung der Vereinigten Staaten ... begünstigen und unterstützen unmittelbar die Organisatoren feindseliger Vorstöße aus West-Berlin. Dies führt dazu, daß sich der herausfordernde und gefährliche Charakter der verbrecherischen und provokatorischen, von West-Berlin aus gegen die DDR gerichteten Tätigkeit immer mehr verstärkt ...
Man könnte ... viele Tatsachen anführen, die bezeugen, daß die bewaffneten Überfälle, Morde und Sprengstoffanschläge auf Grenzanlagen sowie andere verbrecherische Handlungen keine vereinzelten Zwischenfälle, sondern im voraus geplante Agressionsakte gegen die DDR und die mit ihr verbündeten sozialistischen Staaten sind.
Diese abenteuerlichen und den Frieden gefährdenden Provokationen werden von offiziellen Vertretern West-Berlins und der Bundesrepublik Deutschland offen begünstigt. Mit betontem Zynismus hat Bürgermeister Brandt in einer amtlichen Erklärung vor dem West-Berliner Senat den Polizisten, die auf das Territorium des demokratischen Berlins schossen, Dank ausgesprochen und sie aufgefordert, auch weiterhin an der Grenze der DDR die Waffe anzuwenden. Brandt glaubt offenbar, er werde einen um so stärkeren Eindruck machen, eine desto schreierische Pose er einnimmt ...

1962 LEBEN MIT DER MAUER

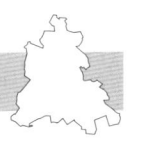

Verleihung der Berliner Ehrenbürgerwürde im Rathaus Schöneberg an General Lucius D. Clay, den persönlichen Beauftragten Präsident John F. Kennedys, am 5. Mai 1962

gung von Rechten der Sowjetunion auf die DDR (Auflösung der Kommandantur am 22. August) ebenso gegen völkerrechtlich verbindliche Vereinbarungen wie die Versuche, die Zufahrtswege nach Berlin zu behindern (Störungen des Flugverkehrs am 9. März).
Clay wird Ehrenbürger: eine besondere Ehrung erfährt am 5. Mai General Lucius D. Clay. Wegen seiner herausragenden Verdienste um Berlin wird der ehemalige Militärgouverneur und jetzige Sonderbeauftragte des amerikanischen Präsidenten für Berlin von dem Senat und dem Abgeordnetenhaus die Ehrenbürgerwürde verliehen. Clay hatte 1948/49 während der Blockade die Luftbrücke organisiert und wesentlichen Anteil daran gehabt, daß West-Berlin sein Freiheit hat behaupten können.

WIRTSCHAFT

Berlinförderung soll Wirtschaft ankurbeln: Die Wirtschaft West-Berlins erleidet durch die Teilung der Stadt und die Abschnürung vom Hinterland schwere Einbußen. Auf sie – ohnehin geschwächt durch Auftragsrückgänge und Unternehmensabwanderungen der letzten Jahre – bewirkt die Abriegelung der Stadt dramatische Engpässe auf dem Arbeitsmarkt. Die rund 60 000 Ost-Berliner Pendler, die bislang im Westen gearbeitet hatten, können nicht ersetzt werden. Um Wachstum und Wettbewerbsfähigkeit des vom Umland abgeschnittenen Standortes Berlin zu sichern, beschließt der Deutsche Bundestag am 29. Juni 1962 die Erweiterung des »Gesetzes zur Förderung der Wirtschaft in Berlin (West)« von 1950. Sie sieht eine Reihe von Vergünstigungen für Berliner Unternehmen und Arbeitnehmer vor. Kernpunkte sind u.a. Investitionshilfen durch Steuererleichterungen, höhere Freigrenzen für die Umsatzsteuer sowie eine Zulage von 5 % auf die Bruttolöhne von Arbeitnehmern.

KULTUR

Berlinale auf West-Berlin beschränkt: Ablenkung von den politischen und wirtschaftlichen Problemen bieten die Internationalen Filmfestspiele. Bereits zum zwölften Mal empfängt im Juni West-Berlin Filmschaffende aus

---

Die drei Westmächte veröffentlichen am 23. August 1962 eine gemeinsame, acht Punkte umfassende Erklärung zur am Vortag von der Moskauer Führung bekanntgegebenen Auflösung der sowjetischen Kommandantur in Berlin:

... Die Regierungen der Vereinigten Staaten, Großbritanniens und Frankreichs nehmen mit Besorgnis zur Kenntnis, daß die sowjetische Regierung zu einem Zeitpunkt, da die Spannungen in Berlin infolge der unverantwortlichen Tat eines Ost-Berliner Polizisten an der Mauer aufgelebt sind, durch einseitige Schritte versucht, die seit langem bestehenden Vier-Mächte-Verantwortungen und -verfahren in der Stadt Berlin auszuhöhlen.
... Es ist vollkommen klar, daß diese einseitigen Schritte weder auf die alliierten Rechte noch auf die sowjetischen Verantwortlichkeiten in Berlin irgendwelche Auswirkungen haben können. Die Regierungen der Vereinigten Staaten, Großbritanniens und Frankreichs werden auch weiterhin in Berlin ihre vollen Rechte ausüben und ihrer Verantwortung nachkommen. Sie werden auch künftig die sowjetische Regierung für die Erfüllung ihrer Pflichten verantwortlich machen. Die sowjetische Regierung hat gewiß das Recht, ihr militärisches Kommando in Deutschland so zu organisieren oder zu reorganisieren, wie sie dies für angebracht hält. Sie hat aber nicht das Recht, die Kommandantura [die Viermächte-Behörde in Berlin] abzuschaffen oder zu ändern...

---

aller Welt. Stars aus dem In- und Ausland strömen zur Berlinale, um für sich und ihre Filme zu werben und auch um ihre Verbundenheit mit der geteilten Stadt zu demonstrieren. Die West-Berliner bereiten ihren Gästen – darunter Vera Tschechowa und James Stewart – einen begeisterten Empfang. Trotz Glamour und Starrummel wirft die Mauer jedoch ihre Schatten auf die Festspiele. Filmfreunde aus dem Ostteil der Stadt, die stets zum Stammpublikum der Berlinale gezählt hatten, können die Vorführungen nicht mehr besuchen.

SPORT

Sechstagerennen: Mitte Januar ist der Schöneberger Sportpalast der Austragungsort des 50. Berliner Sechstagerennens. Die traditionsreiche Hallenradsportveranstaltung hat Volksfestcharakter. Neben dem sportlichen Niveau durch hochrangige internationale Beteiligung genießt

»Krücke« (Reinhold Habisch) pfeift den Sportpalastwalzer, 12. Januar 1962.

AUSBAU OST-BERLINS ZUR HAUPTSTADT DER DDR 1962

Verhandlungen zwischen den Siegermächten des Zweiten Weltkrieges über einen Friedensvertrag für die beiden deutschen Staaten an. Voraussetzung sei jedoch die Anerkennung der Zweistaatlichkeit Deutschlands und die Umwandlung West-Berlins in eine Freie Stadt. Dies bedeutet den Abzug der westalliierten Truppen aus Berlin, die Beseitigung der »Agentenzentralen« und die Schließung des Senders Rundfunk im amerikanischen Sektor (RIAS).

Maßnahmen zur Eingliederung Berlins in die DDR: Da Bundesrepublik und Westmächte den Angeboten Ulbrichts ablehnend gegenüberstehen, trifft die SED-Führung in Abstimmung mit Moskau Maßnahmen zur schrittweisen Beendigung des Viermächte-Status. Nach der am 24. Januar von der Volkskammer verabschiedeten, zwei Tage später vom Magistrat übernommenen Einführung der allgemeinen Wehrpflicht verfügt das Verteidigungsministerium am 1. Februar eine Verordnung über die »Erfassung für den aktiven Wehrdienst«. Betroffen sind alle männlichen Bürger der Hauptstadt der DDR der Jahrgänge 1940 bis 1943. Damit mißachtet die SED-Führung den Status Groß-Berlins als entmilitarisiertes Gebiet. Ein weiterer Verstoß folgt am 1. Mai, als vor dem »Mahnmal für die Opfer des Faschismus und Militarismus« – der Schinkelschen Neuen Wache Unter den Linden – erstmals eine Ehrenwache der Nationalen Volksarmee aufzieht. Wenige Wochen später, am 22. August, verfügt die sowjetische Führung die Auflösung der sowjetischen Stadtkommandantur. An ihre Stelle tritt die deutsche Stadtkommandantur von Berlin. Aufgaben wie die Kontrolle des Verkehrs der Westalliierten durch die DDR, die gemeinsam mit den Westmächten durchgeführte Überwachung des Berliner Luftraumes und die Bewachung des Kriegsverbrechergefängnisses in Spandau übernimmt die Gruppe der sowjetischen Streitkräfte in Deutschland (GSSD).

ALLTAG UND GESELLSCHAFT

Berlin als Schaufenster des Sozialismus: Für die Bevölkerung der Hauptstadt ist 1962 eine Verbesserung der Versorgung mit Lebensmitteln und Konsumgütern spürbar. Die ausbleibenden West-Berliner, die vor dem Mauerbau einen Teil der stark subventionierten DDR-Waren »weggekauft« hatten, sowie auf Besänftigung der Bürger abzielende Sonderlieferungen bewirken ein deutlich verbessertes Angebot. Dennoch lassen Quantität und Qualität vieler Waren zu wünschen übrig; noch sind bestimmte Produkte rationiert und nur über Lebensmittelkarten erhältlich. Gleichzeitig läuft die weitere Umgestaltung Berlins zur Hauptstadt der DDR auf Hochtouren. Neben dem Ausbau der Infrastruktur – am 13. Juli wird die neue Abfertigungshalle des Flughafen Schönefeld eröffnet – stehen dabei der Wohnungsbau und die Erhöhung der Attraktivität der Stadt im Mittelpunkt. Eine verbesserte Gastronomie, vielfältigere Möglichkeiten zur Freizeitgestaltung sowie ein größeres kulturelles Angebot sollen die Teilung der Stadt vergessen machen.

Gefahr durch Seuche: Sorge bereitet 1962 den Ost-Berliner Gesundheitsbehörden eine Ruhrepidemie. Am 3. April gibt DDR-Gesundheitsminister Max Sefrin bekannt, in der Hauptstadt seien infolge Lieferung »kleiner Mengen infizierter Butter« Fälle der gefährlichen Darmer-

Am Mahnmal für die Opfer des Faschismus und Militarismus (Neue Wache, Unter den Linden): erstmals Aufzug der Wache der Nationalen Volksarmee am 1. Mai 1962.

Das Organ der KPdSU »Prawda« veröffentlicht die »Erklärung des sowjetischen Verteidigungsministeriums über die Auflösung der sowjetischen Kommandantur in Berlin« vom 22. August 1962:

Das Ministerium für Verteidigung der UdSSR hat entsprechend einem Beschluß der Sowjetregierung Befehl erteilt, die Kommandantur der Garnison der sowjetischen Streitkräfte in Berlin aufzulösen. Wie bekannt, ist nach dem Abschluß des Vertrags über die Beziehungen zwischen der UdSSR und der DDR im Jahre 1955 die sowjetische Kommandantur in Berlin reorganisiert worden, und ihre Funktionen wurden auf Fragen des Standortdienstes beschränkt. Die ihrer Befugnis unterstehenden sowjetischen Truppen übten die Kontrolle über den Personen- und Güterverkehr der in West-Berlin stationierten Garnisonen der USA, Großbritanniens und Frankreichs an den Grenzen West-Berlins, am Außenring sowie über die Durchreise der Mitglieder der Militärmissionen der drei Mächte beim Hauptquartier der Gruppe der sowjetischen Streitkräfte in Deutschland von und nach West-Berlin aus, bewachten das Zuchthaus mit den deutschen Hauptkriegsverbrechern in Spandau (zusammen mit den Truppen der drei Mächte) und stellten den Schutz für das Ehrenmal der sowjetischen Soldaten im Tiergarten.

Die Militärkommandanten der Vereinigten Staaten, Großbritanniens und Frankreichs in West-Berlin, das praktisch in einen Militärstützpunkt der NATO verwandelt worden ist, versuchen nun, die Existenz der sowjetischen Kommandantur für unbegründete Ansprüche auf Einmischung der Westmächte in die inneren Angelegenheiten der souveränen und unabhängigen Deutschen Demokratischen Republik und ihrer Hauptstadt auszunutzen. Sie versuchen auch den Anschein zu erwecken, als ob immer noch eine Vier-Mächte-Kommandantur in Berlin existiere, obwohl allen bekannt ist, daß diese bereits 1948 als Ergebnis der separaten Handlungen der Westmächte zu existieren aufgehört hat. Es ist unschwer zu ersehen, daß die Kommandanten der Westmächte zu solchen Methoden greifen, um das Besatzungsregime in West-Berlin als Deckmantel für ihren NATO-Militärstützpunkt zu erhalten ...

Die Auflösung der Garnison der sowjetischen Truppen in Berlin entspricht voll und ganz der ... Politik zur Beseitigung der Überreste des Zweiten Weltkrieges in Europa, zum Abschluß eines deutschen Friedensvertrages und zur Normalisierung der Lage in West-Berlin.

1962 LEBEN MIT DER MAUER

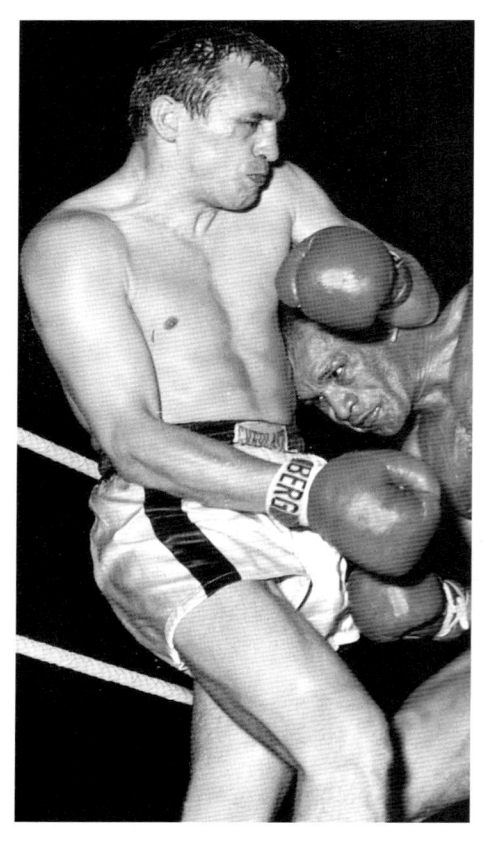

Boxkampf um die Weltmeisterschaft im Halbschwergewicht: Bubi Scholz gegen Harold Johnson (Sieger nach Punkten) im Olympiastadion am 23. Juni 1962.

Letztmalig Fußballendspiel in Berlin: Am 12. Mai 1962 ist das Olympiastadion Schauplatz eines sportlichen Großereignisses. Im 51. Endspiel um die Deutsche Fußballmeisterschaft schlägt der 1. FC Köln den 1. FC Nürnberg 4:0. Der deutsche Rekordmeister Nürnberg, der Köln unerwartet deutlich unterliegt, hatte in den Ausscheidungsspielen um die Finalteilnahme zuvor den Berliner Meister Tasmania 1900 ausgeschaltet. Aber auch ohne Berliner Beteiligung lassen sich die Fans das Endspiel nicht entgehen: Mit mehr als 90000 Zuschauern ist das Olympiastadion bis zum letzten Platz gefüllt. Das Finale um die Deutsche Fußballmeisterschaft ist das letzte, das in Berlin ausgetragen wird. Ab 1963 wird die Meisterschaft in der neugegründeten Bundesliga ermittelt, ein Endspiel entfällt.

»Bubi« Scholz boxt um die Weltmeisterschaft: Für Gesprächsstoff sorgt der Weltmeisterschaftskampf im Halbschwergewicht zwischen Lokalmatador Gustav »Bubi« Scholz und dem amerikanischen Titelträger Harold Johnson am 23. Juni 1962. Rund 40000 Zuschauer sehen im Olympiastadion den ersten WM-Kampf, der auf deutschem Boden ausgetragen wird. Die Hoffnung, Scholz könnte nach Max Schmeling der zweite deutsche Boxweltmeister werden, erfüllt sich jedoch nicht: Johnson kontrolliert über weite Strecken den Herausforderer und entscheidet den Kampf nach Punkten.
Es ist für Scholz die zweite Niederlage in bislang 92 Profikämpfen.

das Sechstagerennen wegen des vielfältigen musikalischen und gastronomischen Angebots große Popularität. Hierzu tragen nicht zuletzt Originale wie das Pfeiftalent »Krücke« (Reinhold Habisch) und die Kapelle Otto Kermbach mit dem Sportpalastwalzer bei.

Die Hamburger Wochenzeitung »Die Zeit« berichtet über den am 23. Juni 1962 im Berliner Olympiastadion ausgetragenen Weltmeisterschaftskampf zwischen Harold Johnson und Gustav »Bubi« Scholz:

Wer in Berlin etwas ist oder glaubt, etwas zu sein, war am vergangenen Samstagabend im Olympiastadion, um den Halbschwergewichtsweltmeister Harald Johnson (USA) und seinem deutschen Herausforderer zu huldigen. Das war wie im Berlin alter Jahre: diese merkwürdig gemischte Atmosphäre aus Knickerbocker und Abendkleid, in der die Filmstars sich sogern auf Fotografengeheiß warmer Bockswürstchen bemächtigen, Pappbecher schwenken und ganz volkstümlich tun.
... Hat es das auch schon mal gegeben: ein Weltmeister verteidigt seinen Titel freiwillig in Deutschland? Noch nie! Oder: 50 000 Dollar Börse für einen amerikanischen Halbschwergewichtler in einem deutschen Ring? Nie zuvor! Schließlich: ein deutscher Manager riskiert eine halbe Million Mark für ein Geschäft, von dem er bis zum letzten Tag nicht weiß, ob es nicht doch platzen wird? Niemals! Also: eine Sensation war es schon.
... Um so größer war dann aber die Enttäuschung der meisten Besucher, die für ihre Eintrittskarten 8 100 Mark bezahlt hatten: Johnson und Scholz tauschten 15 Runden lang mehr oder minder freundliche Backenstreiche aus; einige Runden davon hätten sie im Lehnstuhl einander gegenübersitzend verbringen können.
... Nun ist er ja ein kluger Junge, jeder weiß es. Und deshalb ist es ganz und gar undenkbar, daß Scholz nicht spätestens in der 5. Runde gemerkt hat, daß er so mit Johnson nicht zu Rande kommen würde. Und es sei ihm unterstellt, daß er seine Punktniederlage infolge hervorragenden Boxer-Intellektes früher geahnt hat, als jeder andere im Olympiastadion. Und wenn das also so gewesen ist, dann hat Scholz im Grunde doch hervorragend geboxt weniger um Johnson K.o. zu schlagen, sondern um nicht selbst knockout zu gehen ...

KALENDARIUM

1. Februar: Das DDR-Verteidigungsministerium ordnet die Erfassung der männlichen Bevölkerung der Hauptstadt an. Ziel ist die Einführung der Wehrpflicht in Ost-Berlin.

1. Februar: Am S-Bahnhof Wollankstraße präsentiert die DDR-Regierung der internationalen Presse einen von West-Berlin aus getriebenen Tunnel. Er soll der Einschleusung von Agenten gedient haben.

10. Februar: Auf der Glienicker Brücke wird der 1960 über der UdSSR abgeschossene Pilot des amerikanischen Aufklärungsflugzeugs »U2«, Francis G. Power, gegen den sowjetischen Top-Spion Rudolf J. Abel ausgetauscht.

22. Februar: Bei einer Kundgebung vor dem Schöneberger Rathaus sichert der amerikanische Justizminister Robert F. Kennedy rund 180 000 West-Berlinern die Solidarität seiner Regierung zu.

26. Februar: Zwischen Adlershof und Schönefeld wird eine neugebaute S-Bahn-Teilstrecke dem Verkehr übergeben. Damit ist der Flughafen mit dem Zentrum verbunden.

9. März: Sowjetische Militärflugzeuge werfen in den Luftkorridoren von und nach Berlin Stanniolstreifen ab. Ziel ist die Störung des Funk- und Radarverkehrs westalliierter Maschinen.

10. März: Das Deutsche Theater im Ost-Berliner Bezirk Mitte wird nach mehrjährigen Renovierungsarbeiten wiedereröffnet.

3. April: In Ost-Berlin kommt es zu einer Ruhrepidemie. Betroffen sind ca. 27 000 Menschen.

1. Mai: Rund 700 000 Menschen nehmen an der West-Berliner Maifeier auf dem Platz der Republik teil. Die Veranstaltung unter dem Motto »Freiheit kennt keine Mauer« wird von Ost-Berlin aus durch Abspielen von Arbeiterliedern über an der Grenze aufgestellte Großlautsprecher gestört.

5. Mai: Lucius D. Clay, der Organisator der Luftbrücke (1948/49) und jetziger Sonderbeauftragter des amerikanischen Präsidenten, erhält vom Berliner Senat und Abgeordnetenhaus die Ehrenbürgerwürde Berlins verliehen.

7. Mai: Das neugegründete Otto-Suhr-Institut der Freien Universität nimmt in Dahlem den Lehrbetrieb auf. Es tritt die Nachfolge der früheren Deutschen Hochschule für Politik an.

12. Mai: Im Olympiastadion wird letztmalig das Endspiel um die Deutsche Fußballmeisterschaft ausgetragen.

23. Mai: In der Nähe der Sandkrugbrücke (Tiergarten) versucht ein fünfzehnjähriger Schüler, schwimmend das westliche Ufer zu erreichen. Als die Ost-Berliner Soldaten das Feuer eröffnen, schießen West-Berliner Polizisten zurück. Ein Unteroffizier der DDR-Grenztruppen wird getötet.

23. Juni: Der Boxer Gustav »Bubi« Scholz unterliegt im Olympiastadion Halbschwergewichts-Weltmeister Harold Johnson.

KALENDARIUM — AUSBAU OST-BERLINS ZUR HAUPTSTADT DER DDR 1962

29. Juni: In Bonn beschließt der Deutsche Bundestag das Berlin-Hilfe-Gesetz.

29. Juni: Auf den XII. Internationalen Filmfestspielen erhält der amerikanische Streifen »Nur ein Tag Glückseligkeit« von John Schlesinger den »Goldenen Bären«.

13. Juli: Die neue Abfertigungshalle des Ost-Berliner Flughafens Schönefeld wird feierlich eröffnet. Das für eine Kapazität von täglich bis zu 25 000 Passagiere ausgelegte Gebäude war in dreijähriger Bauzeit als FDJ-Jugendobjekt errichtet worden.

17. August: Der Ost-Berliner Bauarbeiter Peter Fechter wird bei seinem Fluchtversuch niedergeschossen und verblutet. Sein Tod löst in West-Berlin Demonstrationen und Krawalle aus.

22. August: Die Moskauer Führung verfügt die Auflösung der sowjetischen Kommandantur in Ost-Berlin. Am selben Tag nimmt ein General der Nationalen Volksarmee (NVA) als Stadtkommandant von Berlin seinen Dienst auf.

23. August: Im Rahmen der 12. Berliner Festwochen gastieren im Westteil der Stadt Bühnen und Orchester aus Großbritannien und der Bundesrepublik.

29. August: In Ost-Berlin beginnen die 6. Festtage. Geboten werden rund 180 Theater-, Musik- und Ballettveranstaltungen.

22. Oktober: Der amerikanische Präsident John F. Kennedy informiert den Regierenden Bürgermeister Willy Brandt über die sogenannte Kuba-Krise. Von vielen West-Berlinern befürchtete Zugeständnisse in der Berlin-Frage als Gegenleistung für ein Einlenken der UdSSR werden von Kennedy als unbegründet bezeichnet.

7. November: In Britz-Buckow-Rudow (Neukölln) beginnen die Arbeiten für die Siedlung Gropiusstadt.

10. November: Vertreter der evangelischen Kirche aus beiden Teilen der Stadt setzen sich bei den Ost-Berliner Behörden für die Ausgabe von Passierscheinen für West-Berliner während der Weihnachtstage ein, um Besuche bei Verwandten zu ermöglichen. Das SED-Zentralorgan »Neues Deutschland« bezeichnet das Engagement der Kirche in dieser Angelegenheit als Propagandamanöver.

10. November: Die »Deutsche Kulturgemeinschaft Urania« erhält in der Schöneberger Kleiststraße (West-Berlin) ein neues Gebäude. Das Stammhaus der Urania befindet sich seit 1904 in der Taubenstraße im Ostteil der Stadt.

19. Dezember: Der Regierende Bürgermeister Willy Brandt und Verkehrsminister Hans-Christoph Seebohm übergeben an der Nordwestbogenbrücke (Spannweite 925 m) das 3. Teilstück der Stadtautobahn zwischen dem AVUS-Verteiler am Funkturm und Jakob-Kaiser-Platz (Charlottenburg) dem Verkehr.

krankung aufgetreten. Die Seuche breitet sich schnell aus, die Zahl der Erkrankten beträgt nach offiziellen Angaben wenige Tage später bereits knapp 27 000. Drei Menschen kommen ums Leben. Nur durch eine großangelegte Impfaktion und die Durchführung von Hygienemaßnahmen in Betrieben, Schulen und öffentlichen Verkehrsmitteln kann eine Katastrophe verhindert werden.

KULTUR

Ausbau des Deutschen Theaters abgeschlossen: Ein herausragendes kulturelles Ereignis ist die Wiedereröffnung des Deutschen Theaters in der Schumannstraße (Mitte) am 10. März. Das traditionsreiche Haus war über einen Zeitraum von zweieinhalb Jahren mit großem technischen und finanziellen Aufwand renoviert worden. Aufgeführt wird Friedrich Schillers »Wilhelm Tell« in der Inszenierung von Intendant Wolfgang Langhoff. Rein propagandistischen Zwecken dient dagegen der von Karl Gass inszenierte DEFA-Dokumentarfilm »Schaut auf diese Stadt«, der am 13. August – dem Jahrestag des Mauerbaus – im Kino Babylon (Mitte) Premiere hat. Den Text zu dem von großem Medienrummel begleiteten Streifen mit »unantastbaren Dokumenten zur Störenfriedrolle des NATO-Stützpunktes West-Berlins« (SED-Zentralorgan »Neues Deutschland«) hat Karl Eduard von Schnitzler geschrieben.

»Wilhelm Tell« von Friedrich von Schiller im Deutschen Theater: Friedo Solter als Tell und Horst Drinda als Vogt Geßler, März 1962.

1963 KENNEDY: »ICH BIN EIN BERLINER!«

POLITIK

Wahlerfolg für Brandt und die SPD: Bei den Wahlen zum Berliner Abgeordnetenhaus am 17. Februar erzielt die SPD einen triumphalen Erfolg. Die Sozialdemokraten erreichen mit dem Spitzenkandidaten Willy Brandt 61,9 % der abgegebenen Stimmen, ein Zuwachs von 9,3 % gegenüber den Wahlen von 1958. Die SPD gewinnt alle 80 Direktmandate; in fünf Bezirken erreicht sie eine Zweidrittel-, in sechs anderen die absolute und lediglich in Zehlendorf die einfache Mehrheit. Die CDU muß schwere Verluste hinnehmen und verschlechtert sich von 37,7 % auf 28,8 %. Mit einem Stimmenanteil von 7,9 % gelingt der FDP der Wiedereinzug ins Abgeordnetenhaus.

Beobachter werten das Wahlergebnis als Anerkennung der West-Berliner Bevölkerung für die entschiedene Haltung der SPD nach dem Mauerbau, während die Berliner CDU auch dafür habe büßen müssen, daß viele West-Berliner von der Politik der Bonner Bundesregierung in der Berlinfrage enttäuscht seien.

Willy Brandt wird am 8. März vom Parlament zum dritten Mal zum Regierenden Bürgermeister gewählt. Trotz absoluter SPD-Mehrheit bildet er mit der FDP einen Koalitionssenat.

Präsident Kennedy von Berlinern umjubelt: Der Besuch des amerikanischen Präsidenten John F. Kennedy in West-Berlin ist vor allem aufgrund seiner emotionalen Wirkung und der lang nachwirkenden symbolischen Kraft ein herausragendes Ereignis in der Berliner Nachkriegsgeschichte. Kennedy trifft am Morgen des 26. Juni 1963 auf dem Flughafen Tegel ein, wo er von Bundeskanzler Konrad Adenauer, dem Regierenden Bürgermeister Willy Brandt und den drei westlichen Stadtkommandanten begrüßt wird. Im offenen Wagen fährt der Präsident etwa 50 km durch die Straßen der Stadt und wird von rund 1,4 Millionen Berlinern begeistert gefeiert. Die Menschen sehen in dem charismatischen Kennedy den Garanten für ihre Freiheit. Nach amerikanischem Vorbild lassen die Anwohner auf mehreren Etappen der Fahrt einen Konfettiregen auf die Wagenkolonne des Präsidenten niedergehen.

Kennedy bewältigt während seines rund achtstündigen Aufenthalts ein dicht gedrängtes Programm. Er besichtigt am Checkpoint Charlie die Mauer, hält im Henry-Ford-Bau der Freien Universität eine Rede und spricht zu Landsleuten im amerikanischen Hauptquartier in Dahlem. Höhepunkt des Besuchs ist eine Rede des Präsidenten vor dem Schöneberger Rathaus. Dabei bezeichnet er die Mauer als Beweis für das Versagen des kommunistischen Systems. Abschließend ruft Kennedy den rund 400 000 Versammelten zu: »Alle freien Menschen, wo immer sie leben mögen, sind Bürger dieser Stadt West-Berlin, und deshalb bin ich als freier Mann stolz darauf, sagen zu können: Ich bin ein Berliner!«. Mit minutenlangem stürmischen Applaus danken die Menschen Kennedy für dieses – auf Deutsch gesprochene – Bekenntnis.

KULTUR

Der Papst und der Nationalsozialismus: Die Uraufführung von Rolf Hochhuths Drama »Der Stellvertreter« am 20. Februar 1963 im Theater

Rede des amerikanischen Präsidenten, John F. Kennedy, an die Berliner vom Balkon des Schöneberger Rathauses, 26. Juni 1963.

Am 26. Juni 1963 hält Präsident John F. Kennedy eine Rede vor dem Schöneberger Rathaus:

Ich bin stolz, heute in Ihre Stadt zu kommen ... Wenn es in der Welt Menschen geben sollte, die nicht verstehen oder die nicht zu verstehen vorgeben, worum es heute in der Auseinandersetzung zwischen der freien Welt und dem Kommunismus geht, dann können wir ihnen nur sagen, sie sollen nach Berlin kommen. Es gibt Leute, die sagen, dem Kommunismus gehöre die Zukunft. Sie sollen nach Berlin kommen! Und es gibt wieder andere ..., die behaupten, man könne mit den Kommunisten zusammenarbeiten. Auch sie sollen nach Berlin kommen ... Ein Leben in der Freiheit ist nicht leicht, und die Demokratie ist nicht vollkommen. Aber wir hatten es nie nötig, eine Mauer aufzubauen, um unsere Leute bei uns zu halten und sie daran zu hindern, woanders hinzugehen. ...
Aber wenn der Tag gekommen sein wird, an dem alle die Freiheit haben, und Ihre Stadt und Ihr Land wieder vereint sind, wenn Europa geeint ist und Bestandteil eines friedvollen und zu höchsten Hoffnungen berechtigenden Erdteils, dann können Sie mit Befriedigung von sich sagen, daß die Berliner und diese Stadt Berlin zwanzig Jahre lang die Front gehalten haben. Alle freien Menschen, wo immer sie leben mögen, sind Bürger dieser Stadt West-Berlin, und deshalb bin ich als freier Mann stolz darauf, sagen zu dürfen: Ich bin ein Berliner!

Ergebnis der Wahlen zum Abgeordnetenhaus, 17. Februar 1963.

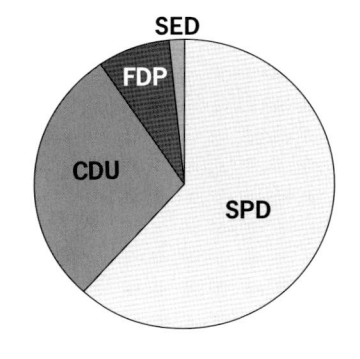

Wahlberechtigte	1 718 588		
Wahlbeteiligung	1 572 027	89,9%	
SPD	962 197	61,9%	89 Mandate
CDU	448 459	28,8%	41 Mandate
FDP	123 382	7,9%	10 Mandate
SED	20 929	1,4%	

PASSIERSCHEINE FÜR WEST-BERLINER 1963

POLITIK

West-Berliner dürfen Verwandte im Osten besuchen: Die Berliner Mauer trennt eine Stadt und sie trennt die Menschen. Seit August 1961 haben die Einwohner Ost-Berlins ihre Freunde und Verwandten aus dem Westteil der Stadt nicht mehr sehen können. Bislang sind mehrere Versuche des westlichen Senats gescheitert, den Menschen zumindest kurzfristig eine Begegnung mit Verwandten zu ermöglichen. Ende des Jahres 1963 verhandeln beide Seiten erfolgreich. Am 17. Dezember unterzeichnen der West-Berliner Senatsrat Horst Korber und der Staatssekretär der DDR Erich Wendt im Haus der West-Berliner Verkehrsverwaltung in der Fasanenstraße (Charlottenburg) ein Protokoll über die Ausgabe von Passierscheinen für West-Berliner zum Besuch im anderen Teil der Stadt, das sogenannte Passierscheinabkommen.

Erstmals seit über zwei Jahren dürfen West-Berliner in der Zeit vom 19. Dezember 1963 bis zum 5. Januar 1964 zu Verwandtenbesuchen nach Ost-Berlin einreisen. Die Initiative zu dieser Regelung war Anfang Dezember 1963 vom stellvertretenden Ministerpräsidenten Alexander Abusch ausgegangen.

Mehrere Hunderttausend West-Berliner nutzen die Gelegenheit, unterbrochene Verbindungen wiederaufzunehmen. Vor den zwölf in West-Berliner Schulen und Turnhallen eingerichteten Ausgabestellen für Passierscheine bilden sich lange Schlangen. Gegen das Verfahren, die Anträge von Ost-Berliner Postangestellten in West-Berlin entgegennehmen zu lassen, spricht sich vor allem die westliche CDU aus. Obwohl die DDR dabei keinen Hoheitsakt in West-Berlin ausführt, betrachtet Alexander Abusch, stellvertretender Vorsitzender des Ministerrates der DDR, die erfolgreichen Verhandlungen als einen ersten Schritt auf dem Wege zur Herstellung normaler Beziehungen zwischen der DDR und West-Berlin.

Die Menschen interessieren derartige Statusfragen allerdings kaum. Sie sind froh, die Feiertage endlich wieder mit Verwandten aus dem anderen Teil der Stadt verbringen zu können.

Der anhaltende Parteienstreit im Westen um politische und rechtliche Standpunkte verzögert allerdings eine dauerhafte Besuchsregelung. Nach langwierigen Verhandlungen unterzeichnen die beiden Unterhändler im September 1964 ein weiteres Passierscheinabkommen, das Besuche in Ost-Berlin innerhalb eines begrenzten Zeitraums im November 1964, über Weihnachten und an den Oster- und Pfingsttagen 1965 ermöglicht.

Kremlchef Chruschtschow in Ost-Berlin: Wenige Tage, nachdem Präsident John F. Kennedy von den West-Berlinern so enthusiastisch gefeiert worden war, erhält auch Ost-Berlin hohen Besuch. Aus Anlaß des 70. Geburtstags von DDR-Partei- und Staatschef Walter Ulbricht reist der sowjetische Partei- und Regierungschef Nikita S. Chruschtschow nach Ost-Berlin. Auch er wird bei seiner Fahrt durch die Straßen Ost-Berlins von mehreren Hunderttausend jubelnden Menschen begrüßt.

Während seines Aufenthalts besucht Chruschtschow, der sich im Unterschied zu den meisten Ostblockführern volkstümlich zu geben weiß, die Berliner Werkzeugmaschinenfabrik in Marzahn, das Hauptquartier der Gruppe der Sowjetischen Streitkräfte in Deutschland in Wünsdorf und spricht auf einer Freundschaftskundgebung in der Werner-Seelenbinder-Halle. In der sowjetischen Botschaft Unter den Linden empfängt

Erstes Passierscheinabkommen: West-Berliner in einer Antragstelle, 19 Dezember 1963.

Auf dem VI. Parteitag der SED am 16. Januar 1963 ergreift der sowjetische Partei- und Regierungschef Nikita S. Chruschtschow das Wort:

Der 13. August 1961 ist ein historischer Tag in der Entwicklung der Deutschen Demokratischen Republik.
Sie haben die Grenze mit West-Berlin Ihrer Kontrolle unterstellt. Und das war der wichtigste Schritt zur Festigung der Souveränität der Deutschen Demokratischen Republik ...
Die Bedeutung der seither eingetretenen Veränderungen könnte man an folgendem Beispiel zeigen. Ein amerikanischer Journalist fragte einen sowjetischen: Nun, ihr habt wohl am 13. August bekommen, was ihr durch den Abschluß eines deutschen Friedensvertrages bekommen wolltet?
Der sowjetische Journalist entgegnete darauf: Nein, der Friedensvertrag ist nicht unterschrieben, und folglich liegen die Dinge etwas anders.
Daraufhin der Amerikaner: Es stimmt, der Friedensvertrag ist noch nicht unterschrieben, aber das Ziel, das ihr mit der Forderung nach seinem Abschluß verfolgt, habt ihr fast völlig erreicht. Ihr habt die Grenze geschlossen, ihr habt dem Westen den Zutritt in die Deutsche Demokratische Republik verwehrt. Somit habt ihr, noch ehe der Friedensvertrag unterzeichnet ist, alles bekommen, was ihr wolltet und was ihr durch den Abschluß dieses Vertrages zu erlangen gedachtet.
Und nachdem ihr alles, was ihr wolltet erreicht habt, fuhr der amerikanische Journalist fort, ist es euch außerdem möglich geworden, dem Westen auf das schmerzende Hühnerauge zu treten. Dieses Hühnerauge sind die Verbindungswege nach West-Berlin, die auf dem Territorium der Deutschen Demokratischen Republik liegen. Solange es keine auch nur einigermaßen verbindlichen internationalen Verpflichtungen gibt, die den Verkehr auf diesen Wegen regeln, hängt er im großen und ganzen von der Regierung der DDR ab, und so kann sie immer, wenn sie es nur will, den Druck verstärken oder abschwächen.
Hier stimmt nicht alles genau, doch nähert sich der amerikanische Journalist in gewissem Maße der Wahrheit. Die Deutsche Demokratische Republik, unser Verbündeter und Freund, hat das bekommen, was für jeden souveränen Staat unentbehrlich ist, nämlich das Recht, ihre Grenzen zu kontrollieren und Maßnahmen gegen diejenigen zu ergreifen, die es versuchen sollten, die sozialistische Gesellschaftsordnung der Deutschen Demokratischen Republik zu schwächen ...

1963 KENNEDY: »ICH BIN EIN BERLINER!«

Staatsbesuch in Berlin. Abschied auf dem Flughafen Tegel: John F. Kennedy, Konrad Adenauer und Willy Brandt, 26. Juni 1963.

der Freien Volksbühne am Kurfürstendamm ist künstlerisch wie politisch ein herausragendes Ereignis. Gestützt auf dokumentarisches Material prangert der Autor in seinem Stück das Schweigen von Papst Pius XII. zur Verfolgung und Ermordung der europäischen Juden durch die Nationalsozialisten an. Der »Stellvertreter Gottes auf Erden« habe, so der Tenor des Stücks, durch seine passive Haltung ein gehöriges Maß Mitschuld an diesem ungeheuren Verbrechen

»Der Stellvertreter« von Rolf Hochhuth: (von links) Günter Tabor, Dieter Borsche als Papst Pius XII., Hans Nielsen, Februar 1963.

auf sich und die Führung der katholischen Kirche geladen. Das Ausmaß der Judenverfolgung sei dem Vatikan bekannt gewesen. Die Uraufführungsinszenierung von Erwin Piscator wird vom Berliner Publikum mit starkem Beifall bedacht; vereinzelt gibt es aber auch Pfiffe.

Mit seinem »christlichen Trauerspiel«, so der Untertitel des »Stellvertreters«, hat Rolf Hochhuth eines der wichtigsten Stücke des dokumentarischen Theaters verfaßt. Andere Vertreter dieser stark politisch engagierten Theaterrichtung sind Heinar Kipphardt und Peter Weiss, deren Texte, »In der Sache J. Robert Oppenheimer« von Kipphardt und »Die Ermittlung« von Peter Weiss, in den folgenden Jahren für künstlerisches Aufsehen und heftige Kontroversen sorgen. In den sechziger Jahren gelingt es Erwin Piscator mit mehreren Uraufführungen, die

Über die Uraufführung von Rolf Hochhuths Stück »Der Stellvertreter« in der Freien Volksbühne am 20. Februar 1963 schreibt der Kritiker Friedrich Luft:

Wer zu Sensation und Handgemenge im Parkett erschienen war, blieb enttäuscht. Bis zur Pause sah man in Erwin Piscators erfreulich klarer und unaufdringlicher Regie ein szenisches Protokoll jüngster Vergangenheit: wie zwei emphatische Männer des Glaubens, der eine in SS-Uniform, der andere im Jesuitenkleid, aufstehen gegen die unfaßbare Barbarei des Millionenmordes. Zwei Gewissen werden aktiv. Rolf Hochhuths »Christliches Trauerspiel« registriert vorerst. Ein Tatbestand wird szenisch in Erinnerung gerufen. Das geschieht, in der geschickten Verkürzung Piscators, effektvoll und mit einer ruhigen, dramatischen Heftigkeit. Eine Mischung aus Dokument, aus Bühnenlogik, Überhöhung und Engagement kommt zustande, wie wir sie in dieser Spielbarkeit und Kraft lange nicht auf unserer Szene hatten.

Mit den nächsten drei Bildern, die Piscator aus der Maßlosigkeit des Textes sublimiert hat, kommt Anklage, kommt Konflikt im überkommenen Sinne des alten Dramas. Die beiden Aktivisten des Gewissens, der Jesuit und der Protestant im SS-Kleid, drängen den Klerus zur Aktion. Rom soll aufschreien in Protest und Anklage. Der Stellvertreter Gottes auf Erden soll unüberhörbar seine Stimme erheben …

Aber der Bannfluch bleibt aus. Die große, die schneidende Absage wird unterlassen. Der Papst reagiert diplomatisch. Er sieht die Welt von zwei Teufeln bestürmt. Wenn er Hitler stürzen hilft, hilft er dann nicht Stalin Europa gewinnen? … Es [das Stück] wird auf undramatische Weise parteilich. Es stellt Argumente nicht gleichwertig, … gegeneinander. Der Autor entscheidet vorgefaßt und deutlich gegen den Papst. … Die Szene wird zum Tribunal. Und nur der Ankläger hat in diesem Gerichtstag das Wort. Dann setzen Proteste des Publikums ein. Dieter Borsche, in der fast phototreuen Maske Pacellis, muß sich Zwischenrufe gefallen lassen … Was hatte man am Ende gesehen? Ein Stück, dessen vorgefaßte und sympathische Einseitigkeit es von der wahren Tragik, die es erreichen könnte, fernhielt. Dies Stück anwendbaren Theaters handelt von der Glorie und dem Versagen des Christen in der Barbarei. Es wird förderlich schmerzen, es wird Diskussion und Richtigstellung herausfordern. Aber wie viele Stücke dieser Art, das Versagen und den Kleinmut in so vielen Sphären betreffend, müßten nicht noch geschrieben werden?

PASSIERSCHEINE FÜR WEST-BERLINER 1963

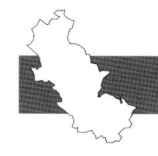

Chruschtschow auch den West-Berliner Generalsuperintendenten Hans-Martin Helbich, um mit ihm über humanitäre Fragen zu sprechen.
West-Berliner CDU verhindert Treffen Brandts mit Chruschtschow: Es ist bereits der zweite Ost-Berlin Besuch des Kremlchefs innerhalb weniger Monate. Mitte Januar 1963 nimmt er am VI. Parteitag der SED teil und erklärt in einer Rede die Bereitschaft der UdSSR zu friedlicher Koexistenz mit den Staaten des Westens. Dieses Signal findet in den westlichen Hauptstädten ein positives Echo.
Chruschtschow hat auch den Regierenden Bürgermeisters Willy Brandt zu einem Gespräch nach Ost-Berlin eingeladen. Obwohl das Treffen mit Billigung der Alliierten und der Bundesregierung vereinbart worden war, kommt es deswegen im West-Berliner Senat zu massiven Spannungen zwischen CDU und SPD. Kurz vor dem angesetzten Termin verweigert die CDU ihre Zustimmung zu dem Gespräch und droht mit dem Bruch der Koalition, sollte Brandt trotzdem mit Chruschtschow zusammentreffen. Daraufhin sagt Brandt am 17. Januar »schweren Herzens«, wie er bekennt, die Zusammenkunft ab, obwohl er sie nach wie vor für notwendig und den Interessen der Berliner dienlich ansehe. Vor die Alternative gestellt, Gespräche mit Chruschtschow oder Bestand der Koalition, habe er sich für die Fortsetzung der Zusammenarbeit mit der CDU entschieden.
Die Verweigerungshaltung der CDU ist in den folgenden Wochen ein zentrales Wahlkampfthema in West-Berlin. Zudem wird bekannt, daß die UdSSR dem Regierenden Bürgermeister weitgehende Zugeständnisse gemacht hatte. Brandt hätte im eigenen Wagen ohne Kontrolle durch DDR-Grenzposten direkt zum Ost-Berliner Domizil Chruschtschows fahren können.
SED für beschleunigten Aufbau des Sozialismus: Vom 15. bis 21. Januar 1963 findet in Ost-Berlin der VI. Parteitag der SED statt, auf dem wichtige Grundsatzentscheidungen über den politischen Kurs der DDR getroffen werden. Traditioneller Tagungsort ist die Werner-Seelenbinder-Halle im Bezirk Friedrichshain. Nach Feststellung der Parteitagsdelegierten haben sich die sozialistischen Produktionsverhältnisse in der DDR durchgesetzt und sind die Aufgaben der Übergangsperiode vom Kapitalismus zum Sozialismus weitgehend bewältigt. Es gelte nunmehr, den umfassenden Aufbau des Sozialismus zu beschleunigen.
Dazu heißt es im neuen Parteiprogramm: »Die Interessen des Volkes, die Bedürfnisse der Werktätigen sind eine starke Triebkraft. Sie dulden kein Verweilen auf dem erreichten Stand. Sie verlangen den Sozialismus in seiner Gesamtheit und seiner Vollständigkeit.« Als Zielvorstellung wird die Einführung des Kommunismus in der DDR genannt.
Der Parteitag verabschiedet auch das erste Parteiprogramm der SED, das die »Grundsätze und Ziele« von 1946 ablöst. Die führende Rolle der SED wird darin festgeschrieben. Die SED ist demnach »die Partei der Arbeiterklasse und des ganzen werktätigen Volkes ... Sie ist eine marxistisch-leninistische Kampfpartei.« Der Führungsanspruch der Partei, die 1963 rund 1,5 Millionen Mitglieder zählt, erstreckt sich auf sämtliche Bereiche in Politik, Gesellschaft und Wirtschaft. Im Hinblick auf die deutsche Frage betont die SED in ihrem ersten Programm, daß sie am Ziel der »Wiederherstellung der nationalen Einheit Deutschlands« festhalten und »dem unerträglichen feindseligen Gegenüberstehen von zwei deutschen Staaten ein Ende bereiten« wolle.

WIRTSCHAFT
Mehr Eigenverantwortung für die Betriebe: Zu den zentralen Themen des SED-Parteitags im Januar 1963 zählen wirtschaftliche Probleme der DDR. Angesichts einer Verlangsamung des ökonomischen Wachstums (zwischen 1959 und 1961 sank die Zuwachsrate in der Industrie von 12 % auf 6 %) liegt die Notwendigkeit wirtschaftlicher Reformversuche auf der Hand. Par-

Protokoll über die Ausgabe von Passierscheinen für West-Berliner, 17. Dezember 1963.

Umtauschbescheinigung über DM (1:1) der Deutschen Notenbank der DDR, 1963.

1963 KENNEDY: »ICH BIN EIN BERLINER!«

Die Philharmonie an der Matthäikirchstraße (Tiergarten), ein Bau von Hans Scharoun, 1963.

Freie Volksbühne zu einem Zentrum des dokumentarischen Theaters zu machen und damit an die Traditionen seiner politischen Theaterarbeit in den zwanziger Jahren anzuknüpfen.
Autor und Regisseur des »Stellvertreters« sehen sich zahlreichen Anfeindungen ausgesetzt. So weist etwa die Berliner Bistumszeitschrift »Petrusblatt« die Vorwürfe gegen den Vatikan zurück. Bereits vor der Uraufführung versendet der Katholikenausschuß Berlin dokumentarisches Material an Kritiker, das die Thesen des Stücks widerlegen soll. Da angesichts der Stimmung ein Skandal befürchtet wird, trifft die Volksbühnenintendanz Sicherheitsvorkehrungen und fordert sogar Polizeischutz an, was sich aber als überflüssig erweist.

Neues Haus für die Freie Volksbühne: Ende April 1963 bezieht die Freie Volksbühne in der Wilmersdorfer Schaperstraße ein neues Domizil. Der von Fritz Bornemann entworfene Bau zeichnet sich durch eine klare Linienführung und im Eingangsbereich durch großflächig verglaste Fassadenteile aus.

Scharouns Philharmonie feierlich eröffnet: Als erstes Gebäude des geplanten Kulturforums am Kemperplatz im Bezirk Tiergarten wird am 15. Oktober 1963 die Philharmonie nach dreijähriger Bauzeit feierlich eröffnet. Das von Hans Scharoun entworfene Konzerthaus zählt zu den herausragenden Zeugnissen der deutschen Nachkriegsarchitektur.

Der asymmetrisch gehaltene Bau mit einer Vielfalt kantiger Formen steht in der Tradition des »organischen Bauens«, das in der Formgebung auf einen inneren Entstehungsprozeß setzt. Die Stärken des Scharounschen Entwurfs kommen im reich gegliederten Innenraum besonders zur Geltung. Es entstand eine Art »Musikmanege«, in der die Zuhörerplätze in versetzten Gruppen um das Orchesterpodium herum angeordnet sind, wobei sich der Eindruck von »Weinbergen« einstellen kann.
Mit der Philharmonie erhält das Berliner Philharmonische Orchester ein eigenes repräsentatives Haus mit einer hervorragenden Akustik. Wegen seiner zeltförmigen Silhouette wird die Philharmonie vom Berliner Volksmund »Zirkus Karajani« genannt.

SPORT
Deutsches Team gewinnt Sechstagerennen: Zu den sportliche Höhepunkten in Berlin gehören seit Jahrzehnten die Sechstagerennen, die sowohl sportliche als auch gesellschaftliche Ereignisse sind. Am 9. Oktober 1963 feiern rund 10 000 Zuschauer in der Deutschlandhalle am Eichkamp das deutsche Siegerpaar Klaus Bugdahl und Siegfried Renz. Nach rund 3 000 km auf dem Holzoval haben sie einen knappen Vorsprung vor dem belgischen Gespann Rik van Steenbergen und Rik van Looy. Welcher Beliebtheit sich das Sechstagerennen für Rad-Profis nach wie vor erfreut, zeigen die Zuschauerzahlen. Insgesamt kamen 80 000 Zuschauer zum 52. Sechstagerennen in die Deutschlandhalle, ein neuer Besucherrekord für Berlin.

KALENDARIUM

8. Januar: Die West-Berliner Technische Universität verleiht dem Raketenpionier Wernher von Braun die Ehrendoktorwürde. Braun war seit 1937 der Leiter der Raketenprojekte (A4 und V-Waffen) der nationalsozialistischen Wehrmacht in Peenemünde auf Usedom gewesen und ist gegenwärtig leitender Mitarbeiter des amerikanischen Raumfahrtprogramms NASA.

29. Januar: Auf dem Insulaner, eine Parkanlage auf dem Trümmerberg im West-Berliner Bezirk Schöneberg, wird die Wilhelm-Foerster-Sternwarte der Öffentlichkeit übergeben.

1. Februar: In den Räumen der West-Berliner Akademie der Künste nimmt die Deutsche Kinemathek ihre Arbeit auf.

17. Februar: Bei den Wahlen zum West-Berliner Abgeordnetenhaus erzielt die SPD mit ihrem Spitzenkandidaten Willy Brandt mit 61, 9 % einen deutlichen Sieg.

20. Februar: Rolf Hochhuths Schauspiel »Der Stellvertreter« wird in der West-Berliner Freien Volksbühne uraufgeführt. In dem kontrovers aufgenommenen Stück prangert Hochhuth das Schweigen von Papst Pius XII. zur Verfolgung und Vernichtung der europäischen Juden durch das nationalsozialistische Deutsche Reich an.

8. März: Das Abgeordnetenhaus wählt Willy Brandt zum dritten Mal in das Amt des Regierenden Bürgermeisters. Trotz absoluter Mehrheit der SPD bildet Brandt mit der FDP einen Koalitionssenat.

3. April: Die amerikanische Hilfsorganisation CARE beendet nach 17 Jahren ihre Tätigkeit in West-Berlin.

16. April: An der Ost-Berliner Staatsoper wird die Berliner Singakademie gegründet. Der Laienchor soll an die Traditionen der 1790 gegründeten Singakademie anknüpfen, die in West-Berlin als Singakademie zu Berlin weiterexistiert.

22. April: In der Badenschen Straße im West-Berliner Bezirk Schöneberg wird in den Räumen der ehemaligen Deutschen Hochschule für Politik die Staatliche Höhere Wirtschaftsfachschule Berlin gegründet (später Fachhochschule für Wirtschaft).

30. April: In der Wilmersdorfer Schaperstraße wird der Theaterbau der Freien Volksbühne eröffnet. Die Baupläne stammen von Fritz Bornemann.

2. Mai: Nach mehrjährigen Wiederaufbauarbeiten öffnet das im Zweiten Weltkrieg zerstörte Botanische Museum in Berlin-Dahlem seine Pforten.

5. Mai: Alfred Bengsch, Erzbischof von Berlin, und Julius Kardinal Döpfner, Erzbischof von München und Freising, weihen die neuerbaute Kirche Maria Regina Martyrum im West-Berliner Bezirk Charlottenburg als Gedächtniskirche der Opfer des nationalsozialistischen Regimes ein.

KALENDARIUM

5. Juni: Das Internationale Olympische Komitee lehnt die Bewerbung West-Berlins um Ausrichtung der Sommerspiele 1968 ab. Als Begründung wird die Nichteinbeziehung des Ostteils der Stadt genannt.

7. Juni: Im West-Berliner Hotel Tusculum am Kurfürstendamm hält die Theatergemeinde Berlin ihre Gründungsversammlung ab.

26. Juni: Der amerikanische Präsident John F. Kennedy spricht vom Balkon des Schöneberger Rathauses zu rund 400 000 West-Berlinern. Dabei versichert er sie der Solidarität der Vereinigten Staaten und der »gesamten freien Welt« und bekennt zum Abschluß seiner Rede: »Ich bin ein Berliner«.

15. Juli: In West-Berlin wird das Literarische Colloquium Berlin (LCB) gegründet. Unter der Leitung von Walter Höllerer soll das LCB das literarische Leben in Berlin anregen und Verbindungen zu ausländischen Schriftstellern knüpfen.

31. Juli: Die Alliierte Kommandantur ermächtigt den West-Berliner Senat zur Ausgabe neuer Personalausweise. Sie haben das gleiche Format wie bundesdeutsche Ausweise, tragen aber weiterhin die Bezeichnung »Behelfsmäßiger Personalausweis«.

28. September: Im Rahmen der 7. Ost-Berliner Festtage finden bis zum 13. Oktober rund 200 Theater- und Konzertveranstaltungen statt.

15. Oktober: Nach rund dreijähriger Bauzeit wird die von Hans Scharoun entworfene Philharmonie am Kemperplatz feierlich eröffnet.

17. Oktober: Anläßlich eines Besuches der sowjetischen Kosmonauten Jurii Gargarin und Valentina Tereschkowa finden in Ost-Berlin zahlreiche Veranstaltungen und Ehrungen statt.

15. November: In der Ost-Berliner Karl-Marx-Allee wird das Kulturzentrum Kino International feierlich eröffnet.

13. Dezember: Der während des Krieges ausgelagerte und seit 1948 in Braunschweig ausgestellt sogenannte Welfenschatz kehrt nach Berlin zurück und erhält im Knobeldorff-Flügel des Charlottenburger Schlosses seinen neuen Standort.

17. Dezember: Nach zähen Verhandlungen einigen sich Vertreter Ost-Berlins und des West-Berliner Senats auf ein Passierscheinabkommen. Zwischen dem 19. Dezember 1963 und dem 5. Januar 1964 haben West-Berliner erstmals seit August 1961 die Möglichkeit zu Besuchen in Ost-Berlin.

23. Dezember: Nach umfangreichen Wiederherstellungsarbeiten wird in Ost-Berlin das Kronprinzessinnenpalais Unter den Linden mit dem dort untergebrachten Operncafe der Öffentlichkeit übergeben.

1963: Innerhalb des Neubaukomplexes an der Ost-Berliner Karl-Marx-Allee (früher Stalin-Allee) wird das neuerbaute Interhotel »Berolina« eröffnet.

PASSIERSCHEINE FÜR WEST-BERLINER 1963

Der Erste Sekretär des ZK der SED, Walter Ulbricht, äußert sich am 15. Januar 1963 vor dem VI. Parteitag der SED in Ost-Berlin auch zur Frage einer Besuchsregelung für West-Berliner.

Die Bonner Regierung hat nunmehr durch ihren offiziellen Vertreter den Vorschlag gemacht, den Swing im Handelsverkehr zwischen beiden deutschen Staaten um 400 Millionen Verrechnungseinheiten zu erhöhen. Dafür fordert die Bonner Regierung die Zustimmung der DDR zur Eingliederung Westberlins in die Bundesrepublik. Das soll damit beginnen, daß zwischen der Regierung der DDR und der Bonner Regierung Vereinbarungen über den Grenzverkehr der Westberliner über die Grenze der DDR getroffen werden. Selbstverständlich kann die Regierung der DDR auf ein solches unsittliches Geschäft nicht eingehen. Es ist bekannt – und das ist auch den drei Westmächten bekannt –, daß die Bonner Regierung für Westberlin in keiner Weise zuständig ist. Wir sind natürlich bereit, Verhandlungen über die Herstellung normaler Beziehungen zwischen der Regierung der DDR und dem Westberliner Senat zu führen.
Zu diesem Zweck hat sich das Außenministerium der DDR an den Regierenden Bürgermeister von Westberlin vor kurzem mit dem Vorschlag gewandt, Besprechungen über Fragen, die beide Seiten interessieren, zu beginnen. Infolge des Druckes bestimmter Kreise in Bonn war es – nachdem die Kontakte aufgenommen wurden – noch nicht möglich, zu Verhandlungen zu kommen. Damit ist die ganze Propaganda der Westpresse um die Besuche von Westberlinern in der Hauptstadt der DDR widerlegt. Ohne Verhandlungen zwischen den zuständigen Organen kann es doch keine Regelung geben. Wer nicht verhandeln will, will offenbar keine Regelung. Wir sind für eine Regelung, deshalb sind wir für Verhandlungen …
Die Beziehungen Westberlins mit der DDR können nur zwischen Vertretern der DDR und des Westberliner Senats geregelt werden. Wenn der Westberliner Senat die Lage nutzen würde, dann wäre das nicht nur im Interesse der Westberliner Bevölkerung, die sich selbstverständlich in der Westberliner Enge nicht wohlfühlt, sondern auch im Interesse der deutschen Friedensregelung. In dem Maße, wie West-Berlin eine neutrale Freie Stadt wird, kann es eine gewisse Rolle spielen, um eine Minderung der Spannungen zwischen den beiden deutschen Staaten zu erreichen.

Der neue Grenzübergang Oberbaumbrücke, nur für Fußgänger, Weihnachten 1963.

tei- und Staatschef Walter Ulbricht fordert darum eine gewisse Umorientierung der Wirtschaftspolitik. »In der Diskussion wurde vielfach gefordert, dem Gewinn im System der sozialistischen Wirtschaftsführung und bei der materiellen Interessiertheit eine größere Bedeutung beizumessen, als dies bisher der Fall war. Das ist richtig.«
Ergebnis dieser Überlegungen ist das im Juli 1963 beschlossene »Neue Ökonomische System der Planung und Leitung« (NÖSPL), das die Eigenverantwortung der Betriebe stärken soll. Kernpunkt des NÖSPL ist die »materielle Interessiertheit« der einzelnen Arbeiter wie der gesamten Betriebe. Der Gewinn soll im ökonomischen Prozeß größere Bedeutung erhalten. Mit dem neuen System soll eine gewisse Selbstregulierung der Wirtschaft innerhalb der Planvorgaben erreicht werden, bei der ökonomische Größen wie Kosten, Preis, Umsatz und Rentabilität stärker zu berücksichtigen sind.

1964 ALLIIERTE BEKRÄFTIGEN VIERMÄCHTE-STATUS

POLITIK

Spektakuläre Flucht durch Tunnel: Seit dem Bau der Mauer im August 1961 versuchen immer wieder Menschen, die Grenzsicherungsanlagen nach Westen zu überwinden. Bei gescheiterten Fluchtversuchen sind bereits mehrere Flüchtlinge durch Schüsse von DDR-Grenzposten zu Tode gekommen. Viele Menschen sinnen auf indirekte, weniger risikobehaftete Wege, um von Ost-Berlin aus in die Freiheit zu gelangen. Dabei werden sie oft von West-Berliner Helfern, die meist aus Freundschaft oder Idealismus, aber auch gegen Bezahlung handeln, unterstützt. Anfang Oktober können bei der bislang größten bekannt gewordenen Aktion insgesamt 57 Ost-Berliner durch einen Tunnel in den Westteil fliehen. Am 5. Oktober werden DDR-Grenzsoldaten auf mehrere Fluchthelfer aufmerksam. Bei dem anschließenden Schußwechsel wird ein DDR-Grenzsoldat getötet. Die DDR-Behörden sprechen von einem Mord »durch gezielte Schüsse«, während es sich nach westlicher Auffassung bei den Schüssen der entdeckten Fluchthelfer um Notwehr gehandelt habe.
Die Flüchtlinge im Alter von drei bis 70 Jahren (23 Männer, 31 Frauen, drei Kinder) waren seit dem Abend des 3. Oktober in mehreren Gruppen durch den Tunnel in den West-Berliner Bezirk Wedding gekrochen. Etwa ein Dutzend West-Berliner Studenten und Angehörige der Fluchtwilligen hatten über fünf Monate an dem rund 150 m langen Tunnel gegraben, der von einem Haus an der Bernauer Straße zu einem Schuppen an der Strelitzer Straße in Ost-Berlin reicht.

Truppenparade der alliierten Streitkräfte: Die drei westlichen Alliierten veranstalten am 25. April in West-Berlin erstmals einen »Tag der alliierten Streitkräfte«, der die Bindung zwischen den westlichen Militärangehörigen und der West-Berliner Bevölkerung festigen soll. Rund 5 000 Soldaten und 100 Panzer paradieren unter dem Motto »Frieden durch Einheit und Solidarität« auf der Straße des 17. Juni, die zwischen Großem Stern und dem Ernst-Reuter-Platz von rund 130 000 Schaulustigen gesäumt wird. Auf der Ehrentribüne hat neben den westlichen Stadtkommandanten, den Generälen James Polk (USA), David P. Yates (Großbritannien) und Edouard K. Toulouse (Frankreich), auch der Regierende Bürgermeister Willy Brandt Platz genommen.
Der Tag der alliierten Streitkräfte trägt in den folgenden Jahren dazu bei, das Vertrauen der West-Berliner Bevölkerung in das Engagement der drei Schutzmächte für die Verteidigung der Freiheit West-Berlins gegen mögliche Angriffe aus dem Osten, seien sie politischer oder militärischer Natur, zu stärken. In den siebziger und achtziger Jahren häufen sich die Proteste zumeist junger Leute gegen die Zurschaustellung militärischer Kampfverbände.

Viermächte-Status Berlins bekräftigt: Als Reaktion auf den am 12. Juni 1964 zwischen der UdSSR und der DDR geschlossenen Freundschaftsvertrag veröffentlichen die drei Westmächte am 26. Juni 1964 eine Deutschlanderklärung, in der sie ausdrücklich feststellen, daß West-Berlin keine »selbständige politische Einheit« sei, wie vom Osten behauptet werde. Nach wie vor bestehe eine gemeinsame Verantwortung der Siegermächte für ganz Berlin. Darüber hinaus betonen die Westalliierten erneut, daß die engen Verbindungen West-Berlins zur Bundesrepublik nicht im Widerspruch zum Viermächte-Status von ganz Berlin stehen.

WIRTSCHAFT

250 000. öffentlich geförderte Wohnung übergeben: Der Mangel an Wohnraum ist eines der gravierendsten sozialen Probleme West-Berlins. Bei Kriegsende waren in Berlin 37 % der Wohnungen zerstört; seither hat die Stadt große Anstrengungen unternommen, um die Wohnraum-Verluste durch Instandsetzung und Neubau allmählich wieder auszugleichen.
Im Rahmen einer Feierstunde wird am 12. Juni 1964 in der Paul-Hertz-Siedlung (Charlottenburg) die 250 000. Neubauwohnung übergeben, die seit dem Ende der Blockade im Mai 1949 aus öffentlichen Fördermitteln errichtet worden ist. Die Siedlung ist nach dem SPD-Politiker und Senator, Paul Hertz, benannt.

KULTUR

Sensationeller Erfolg für Peter Weiss: Am 29. April 1964 findet im Schiller-Theater an der Charlottenburger Bismarckstraße eine Uraufführung statt, die dem Autor des Stücks, Peter Weiss, den Durchbruch zu internationalem Ruhm bringt. Das Drama »Die Verfolgung und Ermordung des Jean Paul Marat, dargestellt durch die Schauspielgruppe des Hospizes zu Charenton unter Anleitung des Herrn des Sade« wird von Publikum und Kritik mit enthusiastischem Beifall aufgenommen.
Der 1933 aus Deutschland emigrierte und in Stockholm lebende Autor thematisiert in dem kunstvoll gebauten Stück am Beispiel der Französischen Revolution die Entwicklung des zunächst Freiheit bringenden Umsturzes zur Diktatur. Die Ideale von Freiheit, Gleichheit, Brüderlichkeit gehen an den blutigen Machtkämpfen der Revolutionäre zuschanden. Peter Weiss bietet eine pessimistische, auf viele Zuschauer fast zynisch wirkende Sicht auf die Geschichte mit ihren revolutionären Befreiungsversuchen. Als entschieden politisch denkender Autor beharrt Weiss jedoch auf dem Versuch, die schlechten Verhältnisse zu verändern. Daß dies alles auf künstlerisch höchstem Niveau gestaltet ist, teilt sich den meisten Zuschauern mit.

Dokumentarisches Theater an der Freien Volksbühne: Daß Berlin sich Mitte der sechziger Jahre zu den Zentren des deutschsprachigen Theaters zählen darf, wird auch an einer zweiten vielbeachteten Uraufführung deutlich. Am 11. Oktober 1964 gelangt an der Freien Volksbühne in der Schaperstraße und an den Münchner Kammerspielen Heinar Kipphardts Stück »In der Sache J. Robert Oppenheimer. Ein szenischer Bericht« in erweiterter Bühnenfassung zur Uraufführung. Regie führt Erwin Piscator, der das sogenannte dokumentarische Theater, zu dem auch Kipphardts Stück zählt, zu einem Schwerpunkt seiner Volksbühnenarbeit macht.

Parade der drei Schutzmächte nahe dem Charlottenburger Tor am Tag der Alliierten Streitkräfte, 25. April 1964.

MIT MINDESTUMTAUSCH GEGEN SPEKULANTEN 1964

POLITIK

Gegen »Wechselstubenschieber und Spekulanten«: Aufgrund einer Verordnung des DDR-Finanzministeriums müssen ab dem 1. Dezember 1964 Bundesbürger und Bürger anderer »nichtsozialistischer Staaten« bei Besuchen in Ost-Berlin und der DDR einen Mindestumtausch in Höhe von fünf DM leisten. Der Betrag wird im Verhältnis 1:1 in Mark der Deutschen Notenbank gewechselt. Für West-Berliner beträgt der Umtauschsatz drei DM. Das Geld kann weder zurückgetauscht noch darf es ausgeführt werden. Von der Maßnahme sind Rentner und Kinder ausgenommen.

Die Ost-Berliner Regierung begründet die Einführung des Mindestumtauschs mit der Notwendigkeit, die Ostmark vor »Wechselstubenschiebern und Spekulanten« zu schützen. Tatsächlich tauschen viele West-Berliner und Bundesbürger vor einem Ost-Berlin-Besuch in westlichen Wechselstuben DDR-Mark zu einem für sie günstigen Kurs, um später im Ostteil billig einkaufen oder kulturelle Veranstaltungen besuchen zu können. Diese Praxis widerspreche zudem der zweiten Passierscheinregelung vom 24. September 1964.

Dank neuer Passierscheinregelung: Ost-Berliner bei der Begrüßung ihrer West-Berliner Verwandten am Bahnhof Friedrichstraße, Oktober 1964.

Der Ost-Berliner Chemie-Professor Robert Havemann führt in einer seiner vielbeachteten Vorlesungen über »Naturwissenschaftliche Aspekte philosophischer Probleme« zu den Schwierigkeiten beim Aufbau des Sozialismus aus:

Die Führer eines sozialistischen Staates befinden sich in einer komplizierten Lage. Je schneller sie dem Ziel zustreben, um so weniger können sie dem Volk geben. Je weniger sie dem Volk geben, um so mehr wird Widerstand gegen ihre Politik entstehen und um so mehr werden Schwierigkeiten sein ...
Um diese Unzufriedenheit zu überwinden und einen schnelleren Aufbau zu ermöglichen, muß man alles tun, um die Massen mit Begeisterung zu erfüllen. Man muß es mit den Mitteln der Überzeugung versuchen. Es ist kein leichter Kampf, die Menschen zum Glauben an den Sozialismus zu bringen, ohne ihre materiellen Interessen sofort befriedigen zu können. Die materiellen Interessen des Einzelnen befinden sich im Widerspruch zu den Interessen der Gesamtentwicklung. Das ist eine der Hauptschwierigkeiten des sozialistischen Aufbaus ... Die Tatsache, daß jede Akkumulation nur mit den persönlichen Opfern von Millionen erkauft werden kann, führt leicht dazu, daß jeder, der hierzu aus Mangel an Überzeugtheit nicht bereit ist, als Feind der Entwicklung angesehen wird. So entsteht eine Feindseligkeit gegenüber jedem, der zweifelt und Einwendungen macht, der nicht ohne weiteres bereit ist, die politischen Grundsätze des sozialistischen Aufbaus anzunehmen. Wer nicht leidenschaftlich an diesem Aufbau teilnimmt, wird schließlich sogar verdächtigt, ein Knecht der feindlichen Ideologie oder gar ein Agent des westlichen Kapitalismus zu sein. Alles das sind natürlich Erscheinungen, die dem wahren Wesen des Sozialismus fremd und zuwider sind. Aber es ist sehr schwer, dieser Gefahr zu entgehen. (...) wenn sich eine vielstufige Hierarchie ausbildet, eine große politische Bürokratie, die eine lückenlose Kontrolle über jeden einzelnen ausübt, dann ist es fast unvermeidlich, daß Streber und Heuchler sich Vorteile verschaffen, indem sie, ohne selbst überzeugt zu sein, ständig große Worte im Mund führen, um sich oben beliebt zu machen. Es formt sich auf eine neue ungeheuer wirksame Weise ein hierarchisches System von außerordentlicher Zähigkeit und Lebenstüchtigkeit. Es ist schwer, es zu überwinden, selbst wenn die notwendige Einsicht gewonnen ist, selbst wenn dies System im Grunde schon ins Wanken geraten ist und immer mehr Menschen begriffen haben, daß man es überwinden muß ... Sozialismus ist ohne Demokratie nicht zu realisieren. Was ich hier sage, hat Lenin immer und immer wieder mit aller Schärfe und Deutlichkeit gesagt. Er hat davor gewarnt, daß die Demokratie gestört wird und darauf hingewiesen, welche furchtbaren Folgen die Zerstörung der Demokratie beim Aufbau des Sozialismus haben muß. Nur durch Demokratie können wir die Massen von der Notwendigkeit des Kampfes für den Sozialismus überzeugen und für diesen Kampf gewinnen.

Die DDR trifft die Maßnahme auch, um die Einnahme dringend benötigter Devisen zu erhöhen. Für zahlreiche West-Berliner, die im November und Dezember 1964 im Rahmen des Passierscheinabkommens Verwandte in Ost-Berlin besuchen, stellt der Umtausch eine finanzielle Belastung dar.

Ost-Berlin hatte zuvor mehrfach vom Senat die Unterbindung des Handels mit DDR-Mark gefordert, der einer »Verleitung zu strafbaren Handlungen« gleichkomme. Der Senat von West-Berlin hat dieses Ansinnen als »Versuch der Einmischung in die inneren Angelegenheiten West-Berlins« zurückgewiesen.

Sowjetunion hilft Hauptstadtstatus sichern: Mit Unterstützung der Sowjetunion stellt die DDR Mitte des Jahres die Verbindungen West-Berlins zur Bundesrepublik Deutschland und den Viermächte-Status von Berlin erneut in Frage. Dies geschieht im »Vertrag über Freundschaft, gegenseitigen Beistand und Zusammenarbeit zwischen der UdSSR und der DDR«, den der sowjetische Partei- und Regierungschef, Nikita S. Chruschtschow, und der Staatsratsvorsitzende, Walter Ulbricht, am 12. Juni 1964 in Moskau unterzeichnen.

In Artikel 6 des zunächst auf 20 Jahre befristeten Vertrages wird West-Berlin als »selbständige politische Einheit« bezeichnet, womit die Drei-Staaten-Theorie festgeschrieben werden soll. Die drei Westmächte weisen in gleichlau-

1964 ALLIIERTE BEKRÄFTIGEN VIERMÄCHTE-STATUS

KALENDARIUM

> *In der Tageszeitung »Die Welt« berichtet der Kritiker Friedrich Luft über die Uraufführung von Peter Weiss' Stück »Die Verfolgung und Ermordung des Jean Paul Marat ...«:*
>
> Mit dieser außerordentlichen Präsentation hat das deutsche Theater einen bedeutenden Stückeschreiber gewonnen. Peter Weiss beendet mit seinem hochintelligenten Talentstreich tatsächlich das Interregnum der Mittelmäßigkeit. Die Szene wird in unserer Sprache endlich wieder bedient. Jetzt müssen die Klagerufe über die Dürrnis unserer dramatischen Produktion verstummen. Unser Theater kann wieder mitsprechen ...
> Was geschieht? Erster, hauptsächlicher Schauplatz: der Badesaal im Irrenhaus von Charenton, 1806. Wo sonst die Fallsüchtigen, paranoischen, erotomanischen Kopfdefekten ihre Kaltwasserkuren erhalten, läßt der Marquis de Sade, selbst ein Insasse des Instituts, ein Schauspiel von den Irren, den unmittelbaren Nachbarn seiner Pein, aufführen: die Ermordung des Revolutionshelden Marat durch Charlotte Corday.
> Ein Krätzekranker spielt den Marat. Eine schöne Schlafsüchtige gibt die Corday ...
> Verrückte spielen Weltgeschichte nach. Der Comte de Sade macht sich den schmerzlichen und sadistischen Spaß, einen Fehlschlag des Umsturzes und der Weltverbesserung szenisch zu rekapitulieren. Auf beiden Ebenen wird immer zugleich manipuliert: Die Szene bleibt das kalte, hohe Badehaus mit seiner Irrenwelt; und sie ist ständig Tribunal der Geschichte. Die Revolution wird, Schritt für Schritt, nachgespielt. Charlotte Corday meuchelt einen Vorstreiter der Freiheit, die nie kam.
> Wir wissen immer (und werden durch den Mund des Anstaltsleiters dauernd daran erinnert): Der Revolution folgt die Diktatur. Der Griff nach der Freiheit, so sehnsüchtig, fortschrittsgläubig er auch erfolgt – er geht ins Leere. Die Gewalt restauriert sich. Das Stück endet tragisch, ohne darum zynisch zu werden ...

An Hand dokumentarischen Materials zeigt der Autor das inquisitorische Untersuchungsverfahren gegen den Physiker und »Vater der Atombombe« J. Robert Oppenheimer im Jahr 1954 wegen angeblicher kommunistischer Einstellungen. Es gelingt Kipphardt dabei, die Gefährdung von Freiheit und Demokratie durch ihre allzu eifrigen Verteidiger, wie sie etwa zur Zeit des »Kommunisten-Jägers« Joseph R. McCarthy Anfang der fünfziger Jahre in den Vereinigten Staaten bestand, eindringlich zu verdeutlichen. Wenngleich die Volksbühnen-Inszenierung nicht ungeteiltes Lob findet, sorgt doch das Stück selbst für Aufsehen und Diskussion.

»Die Verfolgung und Ermordung des Jean Paul Marat ...« von Peter Weiss, im Vordergrund rechts Lieselotte Rau als Charlotte Corday und Ernst Schröder als Marquis de Sade, 29. April 1964.

8. Januar: An der Bernauer Straße entdecken DDR-Grenzposten einen von West-Berlin aus gegrabenen Tunnel, durch den in den vergangenen Tagen mehrere Menschen in den West-Berliner Bezirk Wedding fliehen konnten.

19. Januar: In der Nähe des Brandenburger Tores helfen West-Berliner Polizisten einem von DDR-Grenzsoldaten angeschossenen Ost-Berliner Schüler bei der Überwindung der letzten Grenzsperren. Die DDR bezeichnet das Vorgehen der West-Polizisten als »schwere Provokation«.

26. Februar: Das Oberste Gericht der DDR verurteilt in Ost-Berlin einen zweiundzwanzigjährigen Mann aus der Bundesrepublik wegen angeblicher Sprengstoffanschläge auf Sperranlagen und DDR-Dienststellen in Ost-Berlin zu einer lebenslänglichen Zuchthausstrafe.

13. März: Wegen regimekritischer Äußerungen wird der an der Ost-Berliner Humboldt-Universität lehrende Chemie-Professor Robert Havemann amtsenthoben. Havemann, überzeugter Kommunist und Widerstandskämpfer gegen die Nationalsozialisten, hatte in einer Vorlesungsreihe die dogmatische Verhärtung von Ideologie und Politik in der DDR kritisiert.

18. April: Das im Neubaukomplex an der Ost-Berliner Karl-Marx-Allee (früher Stalinallee) errichtete Hotel Berolina wird eröffnet.

25. April: Unter dem Motto »Frieden durch Einheit und Solidarität« veranstalten die westlichen Alliierten in West-Berlin erstmals den Tag der Alliierten Streitkräfte. Rund 5000 Soldaten verschiedener Regimenter und 100 Panzer paradieren vor rund 130 000 Zuschauern auf der Straße des 17. Juni.

29. April: Im Schillertheater (Charlottenburg) wird das Schauspiel »Die Verfolgung und Ermordung Jean Paul Marats, dargestellt durch die Schauspielgruppe des Hospizes zu Charenton unter Anleitung des Herrn de Sade« von Peter Weiss uraufgeführt.

12. Juni: Die Sowjetunion und die DDR schließen einen Freundschafts- und Beistandspakt, in dessen Artikel 6 West-Berlin als »selbständige politische Einheit« bezeichnet wird. In einer »Deutschlanderklärung« wenden sich wenige Tage später die drei Westmächte gegen diese Formulierung und unterstreichen die engen Bindungen, die zwischen West-Berlin und der Bundesrepublik Deutschland bestehen.

12. Juni: In Charlottenburg übergibt Bausenator Rolf Schwedler die 250 000. Wohnung, die seit Ende der Blockade 1949 in West-Berlin mit öffentlichen Fördermitteln errichtet worden ist.

18. Juli: Auf dem Zehlendorfer Schäferberg nimmt der 212 m hohe Fernmeldeturm den Betrieb auf. Das West-Berliner Telefonnetz

KALENDARIUM

kann nunmehr vollständig in den Fernsprechverkehr der Bundesrepublik integriert werden.

23. August: Im Olympia-Stadion treffen Leichtathleten aus der Bundesrepublik und der DDR zu Ausscheidungskämpfen für die gesamtdeutsche Mannschaft bei den Olympischen Sommerspielen in Tokio aufeinander. Nach dem zweiten Teil der Qualifizierungskämpfe in Jena werden 58 DDR-Sportler und 47 Sportler aus dem Westen für die gemeinsame Leichtathletik-Mannschaft aufgestellt.

12. September: Der amerikanische schwarze Bürgerrechtler Martin Luther King trifft zu einem zweitägigen Besuch in West-Berlin ein. Im Rahmen seines Berlinaufenthalts spricht er u.a. in der West-Berliner Waldbühne und hält eine Predigt in der Marienkirche in Ost-Berlin.

5. Oktober: In einer spektakulären Aktion können über 50 Ost-Berliner durch einen rund 200 m langen Tunnel nach West-Berlin fliehen.

11. Oktober: An der Freien Volksbühne in West-Berlin findet die Uraufführung von Heinar Kipphardts Dokumentarstück »In der Sache J. Robert Oppenheimer« statt. In seinem Drama setzt sich der Autor am Beispiel des Physikers mit der Drangsalierung von Wissenschaftlern wegen angeblicher kommunistischer Neigungen in den Vereinigten Staaten Anfang der fünfziger Jahre auseinander.

2. November: Nach Inkrafttreten einer Passierscheinregelung reisen die ersten Rentner aus Ost-Berlin und der DDR zu Verwandtenbesuchen nach West-Berlin und in die Bundesrepublik Deutschland.

30. November: Nach einer Mitteilung des DDR-Verkehrsministeriums erhalten ab Dezember 1964 alle in West-Berlin wohnenden Reichsbahn-Bediensteten ihren gesamten Lohn in DM. Seit 1949 war den West-Reichsbahnern 40 % ihres Lohnes in Ost-Mark ausgezahlt worden. Die West-Berliner Lohnausgleichskasse hatte diesen Betrag seit Jahren im Verhältnis 1:1 umgetauscht.

2. Dezember: Die DDR führt den Mindestumtausch für Besucher Ost-Berlins und der DDR ein. Mit Ausnahme von Rentnern und Kindern müssen alle Besucher aus dem Westen bei Einreise in die DDR oder nach Ost-Berlin 5 DM oder 3 DM zu einem Kurs von 1:1 in Mark der DDR wechseln.

Dezember: Auf der Spreeinsel im Ost-Berliner Bezirk Mitte wird das Staatsratsgebäude der DDR fertiggestellt. In die Vorderfront des von den Architekten Roland Korn und Hans-Erich Bogatzky entworfenen Baus ist das Portal IV des Stadtschlosses integriert worden. Von dessen Balkon hatte am 9. November 1918 Karl Liebknecht die »Freie sozialistische Republik Deutschland« ausgerufen.

Das Haus des Lehrers und die Kongreßhalle am Alexanderplatz.

tenden Noten diesen Vorstoß zurück und verweisen darauf, daß für die Sowjetunion nach wie vor Verpflichtungen und Verantwortlichkeiten im Rahmen der Viermächte-Vereinbarungen über Deutschland und ganz Berlin bestehen.

KULTUR
Robert Havemann schlägt kritische Töne an: Unabhängige, kritische Geister bereiten dem SED-Regime Schwierigkeiten, könnten sie doch den ideologischen und politischen Führungsanspruch der Partei bedrohen. Im März 1964 bekommt dies der an der Ost-Berliner Humboldt-Universität lehrende Chemie-Professor Robert Havemann, einer der angesehensten Wissenschaftler der DDR, zu spüren.
Am 13. März wird Havemann, ein auch philosophisch denkender Forscher, fristlos aus seinem Lehramt entlassen, nachdem er in einer Vorlesungsreihe mit dem Titel »Naturwissenschaftliche Aspekte philosophischer Probleme« grundlegende Kritik am ideologischen Dogmatismus des Sozialismus der DDR geübt hat. Demgegenüber tritt Havemann in der Theorie-Diskussion wie in allen gesellschaftlichen Bereichen für das Recht auf Kritik, Zweifel und Widerspruch ein.
Bei den Studenten stößt die Vorlesung des undogmatischen Havemann auf so starke Resonanz, daß der große Hörsaal des Chemischen Instituts meist völlig überfüllt ist. Auf die jungen Zuhörer übt Havemanns Bemühen, die ideologische Verhärtung marxistischer Positionen auf naturwissenschaftlichem wie geisteswissenschaftlichem Feld aufzubrechen, eine starke Anziehungskraft aus.
Dem will das Politbüro der SED nicht mehr tatenlos zusehen. Nach seiner Entlassung als Professor darf Havemann, der unter der nationalsozialistischen Herrschaft als Widerstandskämpfer zum Tode verurteilt und 1945 von der Roten Armee aus dem Zuchthaus Brandenburg befreit worden war, noch einige Monate in einer Forschungsabteilung der Akademie der Wissenschaften arbeiten. Nach einem Interview mit einer Hamburger Zeitung wird er aus der SED ausgeschlossen. Wenig später wird gegen Havemann ein Berufsverbot ausgesprochen. Begleitet werden diese Maßnahmen von einer umfassenden Presse-Kampagne gegen Havemanns Positionen.

Baufortschritte am Alexanderplatz: Mit der Eröffnung des von dem Berliner Chefarchitekten, Hermann Henselmann, und Kollegen entworfenen Haus des Lehrers Anfang September 1964 schreitet die rund drei Jahre zuvor begonnene Neugestaltung des im Zweiten Weltkriegs völlig zerstörten Areals um den Alexanderplatz weiter fort. Die ebenfalls neuerrichtete Kongreßhalle dient unter anderem der Volkskammer der DDR als Tagungsstätte.
Im Oktober sind die Wiederherstellungs- und Umbauarbeiten am S-Bahnhof Alexanderplatz abgeschlossen. Im Vorjahr sind an der Karl-Marx-Allee zwischen Straußberger Platz und Alexanderplatz mehrere Wohnhochhäuser in Plattenbauweise fertiggestellt worden.

ALLTAG UND GESELLSCHAFT
Sender »Deutschlandtreffen 64« berichtet: Nach einer Unterbrechung von mehreren Jahren findet vom 16. bis 18. Mai 1964 in Ost-Berlin zum dritten Mal das Deutschlandtreffen der FDJ statt. An den zahlreichen Kultur- und Sportveranstaltungen und Diskussionsrunden nehmen über eine Million Mitglieder der FDJ und der Pionierorganisation Ernst Thälmann sowie rund 25 000 Jugendliche aus der Bundesrepublik und West-Berlin teil.
Für die Berichterstattung über das Pfingsttreffen richtet der Berliner Rundfunk ein eigenes Studio ein, aus dem das Jugendprogramm Deutschlandtreffen 64 (»DT 64«) hervorgeht.

1965 SOWJETISCHE DÜSENJÄGER ÜBER WEST-BERLIN

POLITIK

Östliche Schikanen treffen West-Berlin: In unregelmäßigen Abständen haben in West-Berlin bisher drei Plenarsitzungen des Deutschen Bundestages stattgefunden (1955, 1956 und 1957), um die Zugehörigkeit Berlins zur Bundesrepublik zu unterstreichen. Allerdings haben die Tagungen des Parlaments 1956 und 1957 unter scharfen Protesten der Sowjetunion und der DDR stattgefunden, weil sie als Verstoß gegen den Viermächte-Status gewertet worden sind.
So begleitet auch die Plenarsitzung, die der Deutsche Bundestag am 7. April in der Kongreßhalle (Tiergarten) abhält, Proteste und Schikanen. DDR und Sowjetunion ergreifen Maßnahmen, die ein für alle Mal Plenarsitzungen verhindern sollen. An den DDR-Grenzkontrollpunkten und den Sektorenübergängen wird ab dem 3. April nur noch schleppend abgefertigt, die Folge sind Staus und stundenlange Wartezeiten. Dem Regierenden Bürgermeister Willy Brandt verweigern DDR-Grenzsoldaten in Horst die Weiterfahrt nach Berlin; Bundestagsabgeordneten dürfen nicht die Transitwege benutzen und nach Ost-Berlin einreisen. Wegen angeblicher Manöver sind die Schiffahrtswege nach Berlin unterbrochen. Über mehrere Tage hinweg überqueren sowjetische Düsenjäger West-Berlin im Tiefflug und durchbrechen dabei die Schallmauer. Die Folge ist eine extreme Lärmbelästigung. Zahlreiche Fensterscheiben gehen zu Bruch, mehrere Personen müssen in Kliniken wegen Schockzuständen behandelt werden.
Trotz allem findet die Bundestagssitzung wie geplant statt. Allerdings zeigen die östlichen Schikanen Wirkung: Es sollte bis 1990 die letzte Sitzung des Bundestages in West-Berlin sein.

Königlicher Besuch: Mehr Anlaß zur Freude gibt der Aufenthalt der britischen Königin Elisabeth II. in West-Berlin. Im Rahmen ihres Deutschland-Besuchs trifft die Monarchin am 27. Mai auf dem Flugplatz Gatow ein. Die Berliner bereiten ihr einen begeisterten Empfang; Hunderttausende säumen die Straßen, als die »Queen« in Begleitung von Prinz Philip durch die Stadt fährt. Stationen ihres Besuchs sind die Abnahme einer britischen Truppenparade auf dem Maifeld, ein Empfang in der Orangerie des Schlosses Charlottenburg, die Eintragung in das Goldene Buch der Stadt und eine Besichtigung der Mauer.

Erneut Verwandtenbesuche in Ost-Berlin möglich: Trotz der Ost-West-Spannungen im Zusammenhang mit der Bundestagssitzung in West-Berlin kann am 25. November eine Einigung über ein neues Passierscheinabkommen erzielt werden. Es ist das dritte seit Bau der Mauer 1961 (zuletzt Ostern 1965). Das in der Senatsverwaltung für Verkehr und Betriebe in der Charlottenburger Fasanenstraße unterzeichnete Abkommen gestattet West-Berlinern vom 18. Dezember bis zum 2. Januar den Besuch ihrer Verwandten im Ostteil der Stadt. Knapp 825 000 Menschen machen von der Möglichkeit Gebrauch.

KULTUR

»Der junge Lord« in der Deutschen Oper: Hans Werner Henze zählt zu den erfolgreichsten, aber auch umstrittensten Vertretern der modernen Musik. Die Deutsche Oper bringt am 7. April die Oper »Der junge Lord« zur Uraufführung, die nach Ansicht der Kritik zu den gelungensten Werken des Komponisten zählt. Das Libretto hat Ingeborg Bachmann nach einer Parabel von Wilhelm Hauff geschrieben. Die komische Oper, die satirische Züge trägt, wurde von Gustav Rudolf Sellner in Szene gesetzt. Dirigent ist Christoph von Dohnányi.

Kulturelle Höhepunkte Festwochen und Theatertreffen: Seit 1951 werden in Berlin die Festwochen veranstaltet. Sie bieten nationale und internationale Produktionen in den Bereichen Musik, Tanz und Theater. Dabei stehen die Veranstaltungen jeweils unter einem zentralen Thema; so sind zu den am 25. September eröffneten 15. Berliner Festwochen kulturelle Darbietungen aus Japan nach Berlin eingeladen worden.
Nach einer zweijährigen Erprobungsphase im Rahmen der Festwochen veranstaltet Berlin erstmals 1965 (ab 12. Mai) das Theatertreffen als Forum deutschsprachiger Bühnen. Ein un-

Sowjetische Düsenjäger über der Kongreßhalle (Tiergarten) während der Tagung des Deutschen Bundestages, 7. April 1965.

Berliner demonstrieren für die Sitzung des Bundestages in Berlin, 7. April 1965.

Neue Gespräche über Passierscheine: Senatsrat Horst Korber und Horst Schulze (»Fliegen-Schulze«), die Verhandlungsführer West-Berlins, 12. November 1965.

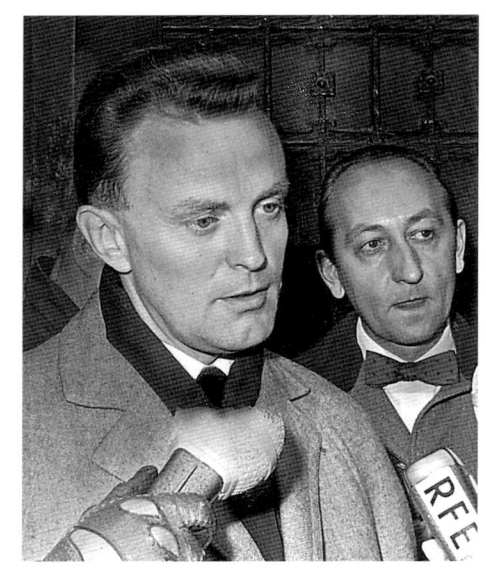

GEDENKEN AN DAS KRIEGSENDE 1965

POLITIK

Sowjetsoldaten werden Ehrenbürger: Am 8. Mai 1965 jährt sich zum 20. Male der Tag der Kapitulation der deutschen Wehrmacht und damit das Ende des Zweiten Weltkrieges in Europa. Aus diesem Anlaß finden in beiden Teilen Berlins zahlreiche Gedenkveranstaltungen und Kranzniederlegungen statt.

Die zentrale Gedenkfeier der DDR-Staatsführung findet in der Dynamo-Sporthalle in Berlin-Hohenschönhausen statt. Redner sind neben Regierungschef Willi Stoph der sowjetische Ministerpräsident Alexei N. Kossygin, dessen polnischer Amtskollege Józef Cyrankiewicz sowie Vertreter westlicher kommunistischer Parteien. Der Ost-Berliner Magistrat nimmt aus Anlaß dieses Jahrestages eine besondere Ehrung vor und verleiht elf sowjetischen Militärs die Ehrenbürgerwürde. Unter ihnen befinden sich die an der Eroberung Berlins beteiligten Marschälle Iwan S. Konjew und Wassili D. Sokolowski sowie der frühere Stadtkommandant Alexander G. Kotikow.

Deutsch-sowjetische Parade: Für Mißstimmung zwischen Ost und West sorgt eine Truppenparade auf dem Marx-Engels-Platz (Mitte), die von sowjetischen Verbänden und Einheiten der Nationalen Volksarmee der DDR gemeinsam abgehalten wird. Die Westmächte erheben beim Botschafter der UdSSR in Ost-Berlin scharfen Protest gegen die Parade, die sie als Verstoß gegen den Viermächte-Status der Stadt betrachten.

Breschnew absolviert Blitzbesuch: 1965 erlebt Ost-Berlin zwei bemerkenswerte Staatsbesuche. Am 8. Juni trifft auf dem Flughafen Schönefeld der jugoslawische Staatspräsident Josip Tito ein. Der Besuch des Politikers, der 1948 vom sozialistischen Kurs der Sowjetunion abgewichen war und einen eigenen Weg zum Sozialismus verfolgt, soll der Normalisierung der Beziehungen zwischen der DDR und Jugoslawien dienen.

Eine Überraschung ist der nicht angekündigte Besuch von Leonid I. Breschnew am 27. November. Breschnew, seit dem Rücktritt Nikita S. Chruschtschows im Oktober 1964 Erster Sekretär der KPdSU, hält sich auf Einladung von DDR-Staats- und Parteichef Walter Ulbricht drei Tage lang in Ost-Berlin auf. Gegenstand der Gespräche sind nach offiziellen Angaben »aktuelle Probleme der gegenwärtigen Situation in Europa und anderen Teilen der Welt sowie Fragen der internationalen kommunistischen und Arbeiterbewegung«.

Militärparade der Roten Armee und der Nationalen Volksarmee vor dem Berliner Dom (Marx-Engels-Platz), 8. Mai 1965.

KULTUR

»Satchmo« im Friedrichstadtpalast: Aus der Sicht der Jazz-Freunde Berlins ist ein Gastspiel des amerikanischen Trompeters und Sängers Louis »Satchmo« Armstrong der kulturelle Höhepunkt des Jahres. Gemeinsam mit einer Sängerin und einer sechsköpfigen All-Star-Band präsentiert er am 20. März im Friedrichstadtpalast

Gespräche über Passierscheine: Staatssekretär Erich Wendt, der Verhandlungsführer des stellvertretenden Vorsitzenden des Ministerrates der DDR, 12. November 1965.

Anläßlich der Sitzung des Deutschen Bundestages am 7. April 1965 in West-Berlin übermittelt die sowjetische Regierung den Westmächten eine Note:

In diesen Tagen wurde in Bonn offiziell bekanntgegeben, daß die Behörden der Bundesrepublik Deutschland beabsichtigen, im April dieses Jahres in West-Berlin eine Plenarsitzung des Bundestags sowie Sitzungen von Ausschüssen und Fraktionen des Bundestags und andere Maßnahmen durchzuführen, die nach den Absichten ihrer Organisatoren die revanchistischen Ansprüche der Bundesrepublik Deutschland auf diese Stadt festigen sollen.

Über den vorsätzlichen provokatorischen Charakter des erwähnten Planes gibt es keinen Zweifel, da West-Berlin bekanntlich niemals zur Bundesrepublik Deutschland gehörte und nicht gehört und jegliche Tätigkeit von Parlaments- und Verwaltungsorganen der Bundesrepublik Deutschland in dieser Stadt, die außerhalb des Territoriums der Bundesrepublik Deutschland liegt, ungesetzlich ist.

Unter Berücksichtigung dessen, daß die von den Behörden der Bundesrepublik Deutschland beabsichtigte provokatorische Aktion auf eine Verschärfung der Lage im Zentrum Europas gerichtet ist, ferner unter Berücksichtigung des Umstands, daß diese Aktion nicht ohne Kenntnis der Behörden der Besatzungsmächte Vereinigte Staaten, Großbritannien und Frankreich verwirklicht werden kann, die die Kontrollfunktionen in West-Berlin ausüben, betrachtet es die Sowjetregierung als erforderlich, die Regierung der Vereinigten Staaten warnend darauf hinzuweisen, daß die Verantwortung für die Folgen der erwähnten widerrechtlichen Aktionen der Bonner Behörden zu Lasten der Regierung der Vereinigten Staaten gehen wird.

Die Sowjetregierung behält sich das Recht vor, notfalls Maßnahmen zu ergreifen, die den von der Sowjetregierung übernommenen Verpflichtungen hinsichtlich der Gewährleistung der Unantastbarkeit der Grenzen der Deutschen Demokratischen Republik entsprechen würden.

1965 SOWJETISCHE DÜSENJÄGER ÜBER WEST-BERLIN

In einer Note an die sowjetische Regierung vom 7. April 1965 protestieren die Vereinigten Staaten gegen die Störungen im Berlinverkehr vor und während der Bundestagssitzung:

Die Regierung der Vereinigten Staaten kann die Ansichten der sowjetischen Regierung bezüglich der Plenarsitzung des Deutschen Bundestages sowie der Ausschuß- und Fraktionssitzungen, die in dieser Woche in Berlin stattfinden werden, nicht akzeptieren. Diese Sitzungen berühren weder den besonderen Status von Berlin, wie er in den Viermächte-Abkommen niedergelegt ist, noch stellen sie die Verantwortlichkeit der vier Mächte für Berlin und Deutschland als Ganzes in Frage. Darüber hinaus haben derartige Sitzungen in der Vergangenheit wiederholt stattgefunden, ohne daß dadurch irgendein Zwischenfall hervorgerufen wurde.

Andererseits unternehmen die sowjetischen und ostdeutschen Stellen seit mehreren Tagen eine Reihe von Maßnahmen gegen den Zugang nach Berlin, deren illegaler Charakter offenkundig ist. Seit dem 1. April haben die ostdeutschen Stellen den Verkehr zu Lande nach Berlin wiederholt behindert. Der zivile Güter- und Personenverkehr zwischen Berlin und Westdeutschland ist durch unsinnige Durchsuchungen und Vernehmungen absichtlich verzögert oder angehalten worden. Seit dem 5. April ist die Autobahn Helmstedt – Berlin mehrfach für jeweils mehrere Stunden für den Verkehr gesperrt worden. In ähnlicher Weise waren die Wasserwege nach Berlin für Stunden oder Tage gesperrt. Dies Maßnahmen laufen auf eine ernsthafte Verletzung der Freiheit des Zugangs nach Berlin hinaus. Ferner haben die ostdeutschen Stellen erneut die Störung des freien Personenverkehrs zwischen den westlichen Sektoren und dem Ostsektor von Berlin intensiviert.

Gleichzeitig wurde unter dem Vorwand, daß sowjetische und ostdeutsche Manöver im Raume Berlin stattfänden, alliiertes Personal, das sich auf der Reise zwischen Berlin und Westdeutschland befand, bei der Auffahrt auf die Autobahn von den sowjetischen Stellen zurückgewiesen. Der sowjetische Kontrollbeamte in der Berliner Luftsicherheitszentrale hat sich ebenfalls geweigert, für die Dauer dieser Manöver die Flugsicherheit für alliierte Flugzeuge zu garantieren, die bestimmte Flughöhen in den Luftkorridoren benutzen.

Diese von den sowjetischen und ostdeutschen Stellen ergriffenen Maßnahmen stehen in Gegensatz zu den Viermächte-Abkommen, die den besonderen Status Berlins definieren und die Bestimmungen für den Zugang zur Stadt festlegen. Sie können nur Spannungen in Europa hervorrufen.

Die Regierung der Vereinigten Staaten erwartet von der sowjetischen Regierung, daß sie den Störungen der Landverbindungen mit Berlin sofort ein Ende setzt und alle notwendigen Maßnahmen ergreift, um eine Wiederholung zu verhindern. Sie wird die sowjetische Regierung auch für die Sicherheit alliierter Flüge in den Luftkorridoren verantwortlich halten. Diese Flüge werden in Einklang mit den Viermächte-Bestimmungen auf diesem Gebiet fortgesetzt werden.

abhängiges Gremium hat wichtige Inszenierungen ausgewählt und sie nach Berlin eingeladen: Sieben westdeutsche und West-Berliner Bühnen sowie das Wiener Theater an der Josefstadt können Inszenierungen nach Berlin schicken.

Der gestirnte Himmel am Insulaner: Am 16. Juni wird am Insulaner (Steglitz) als Ergänzung zur Wilhelm-Foerster-Sternwarte ein Zeiss-Planetarium eröffnet. Der Bau hat 2,7 Millionen DM gekostet und bietet 300 Zuschauern Platz. Auf einer Kuppel von 20 m Durchmesser werden die Bewegungen der Himmelskörper simuliert: 8 900 Gestirne gewähren Einblick in die faszinierende Welt der Sterne.

ALLTAG UND GESELLSCHAFT:

Europa-Center begeistert Berliner: Ein neues Wahrzeichen erhält im Frühjahr 1965 die West-Berliner City. Am 2. April wird am Breitscheidplatz (Charlottenburg) feierlich das Europa-Center eingeweiht. Auf einem Areal von 19 000 m² ist innerhalb von 21 Monaten ein Gebäudekomplex errichtet worden, der aus einem zweiundzwanziggeschossigen Hochhaus und angegliederten Flachbauten besteht, in denen Geschäfte, Restaurants, ein Kaufhaus und Büros Platz finden. Als markanter Blickfang dreht sich auf dem Dach des Hochhauses ein Mercedes-Stern.

Randale in der Waldbühne: Ein Konzert der britischen Rock-Band »The Rolling Stones« in der Charlottenburger Waldbühne sorgt am 15. September für Schlagzeilen – allerdings nicht wegen der Musik, sondern wegen in ihrer Heftigkeit bislang in Berlin unbekannter Krawalle. Bereits vor dem Auftritt kommt es zu ersten Auseinandersetzungen zwischen den jugendlichen Besuchern und den Ordnungskräften.

Als einige Fans die Bühne besetzen, müssen die Rolling Stones ihr Konzert unterbrechen. Nach weiteren Tumulten verlassen sie schließlich die Bühne. Daraufhin zertrümmern rund 2000 der insgesamt 21 000 Zuschauer das Inventar der Waldbühne. Nach Ende der Veranstaltung setzen sich die Krawalle in den S-Bahn-Zügen und BVG-Bussen fort.

Der Abend endet mit einer traurigen Bilanz: über 80 Verletzte – darunter 26 Polizisten –, 85 Festnahmen und fast 400 000 DM Sachschaden. Die Waldbühne bleibt bis auf weiteres für Konzertveranstaltungen gesperrt.

SPORT

Scholz hängt Handschuhe an den Nagel: Der West-Berliner Sport muß 1965 Verluste hinnehmen. Box-Idol Gustav »Bubi« Scholz erklärt am 9. Februar seinen Rücktritt vom Boxsport und legt den Europameistertitel im Halbschwergewicht der Profis nieder. Der vierunddreißigjährige hatte im Laufe seiner Karriere mehrere nationale Meistertitel in verschiedenen

Projektion der Tierkreiszeichen im Planetariums am Insulaner, 1965.

GEDENKEN AN DAS KRIEGSENDE 1965

Zusammenkunft von Mitgliedern des Magistrats 1945: der Ehemalige Oberbürgermeister Arthur Werner (sitzend) im Gespräch mit Karl Maron und dem gegenwärtigen Oberbürgermeister Friedrich Ebert, 3. Mai 1965.

Louis Armstrong (»Satchmo«) und seine Gemahlin bei der Ankunft in Berlin Schönefeld, 19. März 1965.

Höhepunkt der Ost-Berliner Feierlichkeiten am 8. Mai 1965 - dem Tag der Kapitulation der deutschen Wehrmacht im Jahr 1945 - ist eine Militärparade auf dem Marx-Engels-Platz. Die "Berliner Zeitung" berichtet:

Dieser 8. Mai 1965 wird unvergeßlich bleiben. Zwanzig Jahre nach dem historischen Tag, an dem die sowjetischen Truppen dem deutschen Faschismus im Zentrum Berlins den Todesstoß versetzten, demonstrierten die brüderlich verbundenen Soldaten der Nationalen Volksarmee und der Sowjetarmee im Herzen unserer Hauptstadt den sicheren Schutz der Grenzen der DDR vor jeder Aggression. Eine Woge des Jubels der Bevölkerung Berlins begleitete die durch die Straßen der Hauptstadt ziehenden Truppenverbände, die für die gerechteste Sache auf Wacht stehen. Sie wissen: Hier in der DDR wurden die Lehren aus der unheilvollen Vergangenheit gezogen. Und die Gäste, die zur Feier des 8. Mai aus aller Welt zu uns gekommen sind, bestätigen es - hier in unserer Republik liegt die Zukunft ganz Deutschlands. Daß die herrschenden Kreise in Bonn das direkte Erbe Hitlers angetreten haben, erwies sich auch an diesem Tag. Sie bejammern den 8. Mai als Tag ihrer Niederlage. Für uns in der DDR ist er ein Tag der Freude, an dem wir voller Stolz auf die Erfolge unseres sozialistischen Aufbauwerkes blicken. Es ist ein Feiertag der Zuversicht für den noch vor uns liegenden Weg und der unverbrüchlichen deutsch-sowjetischen Freundschaft.

(Mitte) eine Auswahl seiner größten Erfolge. Das Ost-Berliner Gastspiel ist der Auftakt einer Reihe von Konzerten in der DDR, die im Rahmen von Armstrongs großer Europatournee stattfinden.

160 000 Zuschauer besuchen Festtage: Die 9. Berliner Festtage, die vom 3. bis 17. Oktober stattfinden, bieten den kulturell Interessierten eine Fülle von Veranstaltungen. Sie haben die Wahl zwischen rund 170 Theateraufführungen, Konzerten, Opernabenden, Ballettdarbietungen oder Lesungen. Allein aus dem Ausland beteiligen sich 40 Ensembles und Solisten. Zu den Höhepunkten der Festtage zählen Gastspiele des Maxim-Gorki-Theaters Leningrad, des Workshop Theatre London, des Deutschen Nationaltheaters Weimar und des Leipziger Gewandhausorchesters.

ALLTAG UND GESELLSCHAFT:

Berlin ehrt Magistrat: Zum 20. Jahrestag der Befreiung vom nationalsozialistischen Regime gedenkt die Ost-Berliner Stadtregierung des Amtsantritts des ersten Magistrats nach der Kapitulation und lädt dessen ehemalig Mitglieder zu einer Feierstunde in das Roten Rathaus. Der erste Nachkriegs-Magistrat war Mitte Mai 1945 vom sowjetischen Stadtkommandanten Nikolai Bersarin eingesetzt worden. Im Mittelpunkt der Ehrung stehen Arthur Werner, der ehemalige Oberbürgermeister, und Karl Maron, der ehemaliger Erster Stellvertreter und Bürgermeister. Probst Heinrich Grüber, der ebenfalls Mitglied des ersten Magistrats gewesen war, erinnert sich an die schwere Zeit 1945/46: »Ungeachtet aller Gegensätze bemühten wir uns, die Not der Bevölkerung zu lindern. Die Zusammenarbeit war deshalb so erfolgreich, weil alle Männer im Magistrat, ganz gleich, wo sie politisch und weltanschaulich beheimatet waren, Achtung vor der Arbeit und den Anregungen der anderen hatten.«

Reform des sozialistischen Bildungssystems: Berlin und die DDR leiden weiterhin unter wirtschaftlichen Problemen. Eine der Ursachen ist nach Ansicht der SED-Führung die Schwäche im Bildungswesen. Eine 1963 eingesetzte Kommission hatte berichtet, daß die naturwissenschaftlichen Kenntnisse vieler Schüler unzureichend sind und für die betriebliche Praxis nicht ausreichen. Auch die ideologische Erziehung zeige nicht die erwünschte Wirkung.
Um diese Mängel zu beheben, verabschiedet die Volkskammer am 25. Februar in Ost-Berlin

1965 SOWJETISCHE DÜSENJÄGER ÜBER WEST-BERLIN

KALENDARIUM

Über die Krawalle beim Konzert der Rockband The Rolling Stones am 15. September 1965 in der Waldbühne berichtet »Der Tagesspiegel«:

Die Sensationsmacher haben gesiegt. Es war eine rauschende Beatnacht. Die 20 000 Jugendlichen in der ausverkauften Waldbühne haben sich schon nach einer Viertelstunde in Ekstase gejohlt. Bis die Rolling Stones aufkreuzten, wurde schon soviel Krawallstimmung erzeugt, daß eine Steigerung unmöglich schien. Raketen zischten durch die Luft. Im vollgepferchten Innenraum inmitten der wogenden Masse wurden Tänze um Freudenfeuer aufgeführt, die wildesten Radauer wurden von helmbewehrten Ordnern ergriffen und unter dem Wutgeheul des kochenden Halbrunds abgeschleppt. Polizisten, die nicht mit der Abwehrschlacht an den hundertfach bedrängten Zufahrtswegen beschäftigt waren, kamen den hoffnungslos unterlegenen Ordnern zu Hilfe. Polizeihunde bissen sich in Textilien und Fleisch durchbrechender Beatjünger fest. Von den Rängen flog alles Werfbare in den Hexenkessel, Sanitäter bahnten sich eine schmale Gasse, um die Verletzten in die Freiheit zu retten ...

mehrere nationale Meistertitel in verschiedenen Gewichtsklassen errungen.
Auch international feierte Scholz Erfolge; 1958 wurde er Europameister im Mittelgewicht, 1964 im Halbschwergewicht. Die Weltmeisterschaft hatte Scholz 1962 nur knapp verpaßt. Die Erfolgsbilanz seiner Profikarriere ist beeindruckend; 88 Siegen stehen nur sechs Unentschieden und zwei Punktniederlagen gegenüber.

Erzwungener Abstieg für Hertha: Neben dem Rücktritt von Scholz beschäftigt die Affäre um Hertha BSC die Berliner Sportfans. Am 18. Mai verurteilt das Sportgericht des Deutschen Fußballbunds Hertha BSC zum Ausschluß aus der Bundesliga. Dem Verein wird vorgeworfen, bei der Lizenzerteilung für die höchste deutsche Spielklasse falsche Angaben gemacht zu haben. So sollen Schulden in Höhe von 192 000 DM verschwiegen worden sein. Außerdem – so der DFB – habe der Vorstand unerlaubte Ablösesummen gezahlt und seinen Spieler überhöhte Prämien zugestanden.
Der unrühmliche Abgang des Traditionsvereins eröffnet einem anderen Berliner Klub unerwartet die Chance auf die Teilnahme an der Bundesliga: Den Platz von Hertha BSC nimmt auf Beschluß des DFB der SC Tasmania 1900 ein.

Das Europa-Center am Tag der Eröffnung, 2. April 165.

14. Januar: Die DDR-Volkskammer verabschiedet den Staatshaushalt für das Jahr 1965. Für Ost-Berlin ist ein Etat von rund zwei Milliarden Mark vorgesehen, das ist der mit Abstand größte der 15 DDR-Bezirke.

21. Januar: Einen Besuch von Bundespräsident Heinrich Lübke in West-Berlin wertet das DDR-Außenministerium als »neuerliche Demonstration annexionistischer Ansprüche« der Bundesrepublik.

28. Januar: An der Lindenstraße im West-Berliner Bezirk Kreuzberg wird die neue Blumengroßmarkthalle eröffnet. Der Bau mit einer Fläche von rund 29 000 m² ist auf dem Gelände der 1943 zerstörten Großmarkthalle errichtet worden.

1. Februar: Im West-Berliner Ortsteil Bukkow nimmt die neuerrichtete Klinik der Arbeiterwohlfahrt den Betrieb auf.

9. Februar: Der Berliner Gustav »Bubi« Scholz erklärt seinen Rücktritt vom Boxsport und legt seinen 1964 gewonnenen Europameistertitel im Halbschwergewicht der Profis nieder.

6. März: In West-Berlin trifft der britische Premierminister Harold Wilson zu einem offiziellen Besuch ein.

20. März: Im Ost-Berliner Friedrichstadtpalast gibt der amerikanische Jazzmusiker Louis »Satchmo« Armstrong ein Konzert.

27. März: In der Beusselstraße (Moabit) öffnet eine neue Großmarkthalle ihre Pforten. In der rund 30 000 m² großen, für 40 Millionen DM errichteten Halle werden Obst und Gemüse gehandelt.

2. April: Am Breitscheidplatz (Charlottenburg) wird das Büro- und Geschäftshaus Europa-Center feierlich eingeweiht.

4. April: Ohne Angabe von Gründen verweigern DDR-Grenzsoldaten am Kontrollpunkt Horst dem mit dem Auto reisenden West-Berliner Regierenden Bürgermeister Willy Brandt die Fahrt nach Berlin.

7. April: Während einer Sitzung des Deutschen Bundestages in West-Berlin überqueren sowjetische und DDR-Düsenjäger im Tiefflug die Stadt. Dabei wird mehrfach die Schallmauer durchbrochen, so daß es zu großen Lärmbelästigungen kommt. Gleichzeitig sperren die DDR-Grenzsoldaten für mehrere Stunden die Autobahn nach Helmstedt. Die Westmächte legen offiziellen Protest gegen die Schikanen ein.

7. April: In der West-Berliner Deutschen Oper kommt Hans Werner Henzes »Der junge Lord« zur Uraufführung.

14. April: Im »Haus am Tiergarten« in der Stauffenbergstraße wird das Berlin Museum eröffnet.

25. April: Im Rahmen der für die Ostertage vereinbarten Passierscheinregelung besuchen rund 580 000 West-Berliner ihre Verwandten im Ostteil der Stadt.

KALENDARIUM

8. Mai: Anläßlich des 20. Jahrestages der deutschen Kapitulation finden in beiden Teilen Berlins zahlreiche Gedenkveranstaltungen statt.

9. Mai: Im Ost-Berliner Friedrich-Ludwig-Jahn-Sportpark gewinnt der SC Aufbau Magdeburg das 14. Endspiel um den FDGB-Pokal gegen SC Motor Jena. Unmittelbar vor dem Finale wird die XVIII. Friedensfahrt gestartet. Sieger der Mannschaftswertung des Radrennens Berlin-Prag-Moskau wird am 23. Mai die Sowjetunion.

12. Mai: In West-Berlin wird das Theatertreffen eröffnet. Teilnehmer sind sieben westdeutsche und West-Berliner Bühnen sowie das Wiener Theater an der Josefstadt.

18. Mai: Wegen finanzieller Unregelmäßigkeiten schließt der Deutsche Fußballbund Hertha BSC aus der Bundesliga aus.

22. Mai: In der Ost-Berliner Werner-Seelenbinder-Halle finden die 16. Europameisterschaften der Amateurboxer statt.

27. Mai: Die britische Königin Elisabeth II. und Prinzgemahl Philip statten West-Berlin einen Besuch ab.

16. Juni: Am Insulaner im West-Berliner Bezirk Steglitz öffnet das Zeiss-Planetarium seine Pforten.

30. Juni: Zwischen Bahnhof Zoo und Hansaplatz verunglückt ein U-Bahn-Zug. 89 Menschen werden verletzt.

6. Juli: Den »Goldenen Bären« der 15. Internationalen Filmfestspiele erhält der französische Streifen »Alphaville« von Jean-Luc Godard.

5. September: Im Ost-Berliner Friedrich-Ludwig-Jahn-Sportpark gewinnt die DDR einen Leichtathletik-Länderkampf gegen Großbritannien.

15. September: Bei Ausschreitungen bei einem Konzert der Rockgruppe The Rolling Stones werden bei Ausschreitungen 87 Menschen verletzt. Der Sachschaden beträgt rund 400 000 DM.

19. September: Das West-Berliner Abgeordnetenhaus wählt 22 Vertreter für den 5. Deutschen Bundestag, davon 15 der SPD, 6 der CDU und einen der FDP.

25. September: Schwerpunkt der 15. Berliner Festwochen im Westteil der Stadt sind japanische Kulturdarbietungen.

3. Oktober: Im Rahmen der 9. Ost-Berliner Festtage werden rund 170 Veranstaltungen geboten.

4. November: Im Berliner Senat erfolgt eine Umbildung; Bürgermeister Heinrich Albertz übernimmt das Innenressort von Otto Theuner, Karl König das Wirtschaftsressort vom nach Bonn wechselnden Karl Schiller.

27. November: Leonid Breschnew, seit Oktober 1964 Erster Sekretär der KPdSU, trifft zu einem überraschenden Arbeitsbesuch in Ost-Berlin ein.

GEDENKEN AN DAS KRIEGSENDE 1965

Kundgebung für die Kosmonauten Alexei Leonow und Pawel Beljajew auf dem Marx-Engels-Platz, 2. Oktober 1965.

das »Gesetz über das einheitliche sozialistische Bildungssystem«. Es umfaßt sämtliche Bereiche des Bildungswesens, von der Vorschulerziehung bis hin zur Erwachsenenbildung. Ziel ist es, allen DDR-Bürgern die gleichen Bildungschancen einzuräumen. Um die Qualität des Angebots zu erhöhen, werden neue Lehrpläne entwickelt, die die naturwissenschaftlichen Fächer stärker berücksichtigen und vermehrt Unterricht in der Produktion vorsehen. Gleichzeitig schreibt das Gesetz die »Einheit von Bildung und Erziehung« vor; es sollen »Liebe zur DDR« und »Stolz auf die Errungenschaften des Sozialismus« vermittelt werden.

Kosmonauten besuchen Berlin: Eines der Themen, die in Ost wie West in den sechziger Jahren immer wieder für Schlagzeilen sorgen, ist die Weltraumfahrt. Die Sowjetunion, die 1959 mit dem Start des »Sputnik« das Raumfahrtzeitalter eröffnet hatte, besitzt gegenüber den Vereinigten Staaten noch immer einen deutlichen technologischen Vorsprung. Besonders spektakulär ist am 18. März 1965 der Start des Raumschiffs »Woschod II«, bei dessen Erdumkreisung der Kosmonaut Alexei Leonow das Raumschiff verläßt und als erster Mensch einen zehnminütigen Ausflug in den Weltraum unternimmt.

Am 2. Oktober stattet Leonow gemeinsam mit dem Kosmonauten Pawel Beljajew Ost-Berlin einen Besuch ab. Sie erfahren eine Fülle von Ehrungen, darunter die Eintragung in das Goldene Buch der Stadt. Höhepunkt ihres Berlinaufenthalts ist eine Kundgebung auf dem Marx-Engels-Platz, an dem mehr als 270 000 Menschen teilnehmen.

SPORT

Sport bringt internationales Prestige: Im Sport genießt die DDR internationale Anerkennung, die ihr in anderen Bereichen im westlichen Ausland noch weitgehend versagt bleibt. 1965 finden in Ost-Berlin eine Reihe internationaler Sportereignisse statt.

Am 8. Mai, dem Jahrestag der deutschen Kapitulation, wird im Friedrich-Ludwig-Jahn-Sportpark die XVIII. Internationale Radfernfahrt Berlin-Prag-Moskau (»Friedensfahrt«) gestartet (den Sieg in der Mannschafts- und Einzelwertung holen am 23. Mai die Athleten der Sowjetunion).

Am 22. Mai ist die Werner-Seelenbinder-Halle (Prenzlauer Berg) Austragungsort der 16. Europameisterschaften der Amateurboxer, bei der die DDR allerdings keinen Titelträger stellen kann. Schließlich findet am 5. September im Friedrich-Ludwig-Jahn-Sportpark ein Leichtathletik-Länderkampf gegen Großbritannien statt, den die Sportler der DDR für sich entscheiden können.

DDR stellt eigene olympische Mannschaft: Große Bedeutung für den DDR-Sport und damit auch für die Sportstadt Ost-Berlin hat ein Beschluß des am 8. Oktober in Madrid tagenden Internationalen Olympischen Komitees (IOC), der die Zulassung zweier deutscher Mannschaften zu den Spielen 1968 in Grenoble und Mexico City vorsieht. Die gesamtdeutsche Mannschaft wird abgeschafft.

Damit erkennt das IOC die Existenz zweier deutscher Staaten an. Allerdings sollen die beiden deutschen Mannschaften auch weiterhin unter einer Flagge und nur einer Hymne antreten.

1966 AUSSERPARLAMENTARISCHE OPPOSITION

POLITIK

Alternative zu Establishment: In West-Berlin und anderen bundesdeutschen Städten wird der Generationenkonflikt zunehmend auf der Straße ausgetragen. Große Teile der Jugend lehnen sich gegen die Ideale und Wertvorstellungen ihrer Eltern auf, formulieren ihren Protest und tun ihn auf Demonstration kund. Sie sind nicht mehr bereit, die vom Streben nach materiellen Wohlstand geprägte bundesrepublikanische Nachkriegsgesellschaft in der gegenwärtigen Form mitzutragen.

Bei vielen Bürgern stößt dieser Ruf nach Veränderung auf Unverständnis. Alternative Lebensformen und sozialistische Ideale, wie sie etwa Rainer Langhans und Fritz Teufel in der West-Berlin »Kommune 1« praktizieren, sind ihnen suspekt; nicht zuletzt wegen des unkonventionellen Auftretens – lange Haare und betont legere Kleidung – gelten ihre Verfechter als arbeitsscheue »Gammler« und kommunistische »Revoluzzer«.

Eierwürfe auf das Amerikahaus: Am 5. Februar unternehmen rund 1000 linksgerichtete Demonstranten einen Protestmarsch gegen das Engagement der Vereinigten Staaten in Vietnam. Sie ziehen zum Amerikahaus in der Charlottenburger Hardenbergstraße, blockieren es durch einen Sitzstreik und bewerfen das Gebäude mit Eiern. Dabei kommt es zu Auseinandersetzungen mit der Polizei.

In der bürgerlich-konservativen Presse löst dieser »Anschlag« gegen Amerika eine Welle der Empörung aus. Die West-Berliner CDU organisiert am 8. Februar eine Gegendemonstration, auf der die Redner – unter anderen Jürgen Wohlrabe, Vorsitzender der Jungen Union – die Aktion scharf verurteilen und ihre Sympathie mit der Schutzmacht bekunden. Dabei werden auch scharfe Angriffe gegen den Regierenden Bürgermeister Willy Brandt geführt. Dem Sozialdemokraten wird vorgeworfen, er habe die »Infiltration linksradikaler Kreise verniedlicht«. Brandt erklärt daraufhin, die Krawalle seien zu verurteilen, man dürfe aber nicht den »Sinn für Proportionen« verlieren.

Studenten fordern Mitbestimmung: In den folgenden Monaten kommt es zu weiteren Demonstrationen. Am 22. Juni unternehmen rund 3000 Studenten während einer Sitzung des akademischen Senats der Freien Universität ein sogenanntes Sit-In zur Durchsetzung einer Hochschulreform. Unter dem Motto »Unter den Talaren der Muff von tausend Jahren« fordern sie seit längerem eine Umgestaltung des Universitätsbetriebes. Verlangt wird eine umfangreichere studentische Mitbestimmung – eine Beteiligung an der Gestaltung von Lehrinhalten und Änderungen der Lehrmethodik – sowie die Bereitstellung von Universitätsräumen für politische Veranstaltungen. Zu letzterem war der Senat nach den ersten Studentenkrawallen nicht mehr willens.

Zu weiteren Zusammenstößen mit der Polizei kommt es am 11. Dezember bei einer neuerlichen Demonstration gegen den Vietnamkrieg vor dem Bundeshaus in der Bundesallee sowie auf dem Wittenbergplatz. Am Tag zuvor hatte der ideologische Führer des Sozialistischen Deutschen Studentenbundes SDS, Rudi Dutschke, bei einer Kundgebung erstmals zur Bildung einer Außerparlamentarischen Opposition (APO) aufgerufen.

Vereidigung des Regierenden Bürgermeisters Heinrich Albertz durch den Präsidenten Berliner Abgeordnetenhauses Otto Bach, 14. Dezember 1966.

Nach Abschluß des Passierscheinabkommens am 7. März 1966 erklärt der Leiter des Presse- und Informationsamtes des Landes Berlin, Egon Bahr:

Die vierte Passierscheinübereinkunft stellt eine Verlängerung der letzten Regelung dar. Sie bringt keine Verschlechterungen, sie bringt leider auch keine Verbesserungen. Die Genugtuung darüber, daß es nach Schwierigkeiten doch noch möglich war, eine Übereinkunft zu erreichen, gründet sich auf die Erwartung, daß zwei große Besuchsvorgänge zu Ostern und zu Pfingsten den Menschen in der geteilten Stadt ein Wiedersehen ihrer Angehörigen in Ost-Berlin ermöglichen wird, und zwar in einer nun schon gewohnten und damit eingespielten Technik.

Diese Genugtuung wird eingeschränkt, wenn man sie mißt an den Wünschen nach Erweiterungen und Verbesserungen, die diesmal nicht erreicht werden konnten. Die gefundene Regelung zu verbessern bleibt deshalb die Aufgabe, wenn im Mai die Besprechungen über eine weitere Regelung aufgenommen werden. Ich darf darauf aufmerksam machen, daß sich die diesmal erforderlichen Verhandlungen auf insgesamt vier Besprechungen, an denen Experten teil genommen haben und auf drei in kurzen Zeitabständen aufeinanderfolgende persönliche Gespräche zwischen den Herren Korber und Kohl beschränkt haben. Das kann sicher als ein Zeichen dafür genommen werden, daß die Materie, um die es geht, so bekannt ist, daß es keines großen Zeitaufwandes bedarf, um zu einem Ergebnis zu kommen.

Es ist zu hoffen, daß die West-Berliner, denen der Besuch ihrer Angehörigen in Ost-Berlin ermöglicht wird, wiederum Stunden des ungestörten Zusammenseins verleben und damit auf eine sehr menschliche und selbstverständliche Art unser unverändertes Gefühl der Zusammengehörigkeit vorleben werden.

Albertz löst Brandt ab: In der bundesdeutschen Politik zeichnet sich ein Wandel ab. Am 27. Oktober zerbricht die Regierungskoalition von CDU/CSU und FDP nach Differenzen über die Wirtschafts- und Finanzpolitik von Bundeskanzler Ludwig Erhard (CDU). Nach dessen Rücktritt bilden die Christdemokraten unter Georg Kiesinger am 1. Dezember gemeinsam mit der SPD eine große Koalition. Es ist das erste Mal in der deutschen Nachkriegsgeschichte, daß Sozialdemokraten an der Bundesregierung mitwirken.

Für West-Berlin hat der Wechsel in Bonn direkte Auswirkungen. Willy Brandt, seit 1957 Regierender Bürgermeister, wird als Vizekanzler

DDR FORDERT ANERKENNUNG 1966

POLITIK

Jahrestag der Grenzsicherung: Am 13. August 1966 jährt sich der Bau der Berliner Mauer zum fünften Mal. Während in West-Berlin Gedenkveranstaltungen und Kranzniederlegungen zum Gedenken an die Toten der Mauer stattfinden, feiert die DDR-Führung diesen Tag mit einer Parade von Angehörigen der Grenztruppen und Mitgliedern der Betriebskampfgruppen Unter den Linden.

In einer Rede erklärt Staats- und Parteichef Walter Ulbricht, die Befestigung der innerstädtischen Grenze habe den Frieden in Europa gerettet. Ohne diese entschlossene und mutige Maßnahme wäre die DDR ein Opfer der Bundesrepublik geworden, die – so Ulbricht – die DDR »im militärischen Handstreich« hatte nehmen wollen.

Passierscheinabkommen: Zumindest in West-Ost-Richtung ist die Mauer seit 1963 einige Male durchlässig geworden. Durch den Abschluß von Passierscheinabkommen ist es West-Berlinern ermöglicht worden, zu bestimmten Feiertagen ihre Verwandten in der Hauptstadt zu besuchen. Am 7. März 1966 unterzeichnen Vertreter des Magistrats und des West-Berliner Senats im Haus der Ministerien (Leipziger Straße, Mitte) ein weiteres, für die Pfingstfeiertage geltendes Passierscheinabkommen.

Bei den Verhandlungen zum Passierscheinabkommen bekräftigt die West-Berliner Seite den Wunsch nach einer Dauerregelung. Staatssekretär Michael Kohl weist das Ansinnen zurück, da in den letzten Monaten »vielfältige Provokationen« gegen die DDR erfolgt seien. Es sei bereits ein großes Entgegenkommen seiner Regierung, einem neuerlichen, auf die Pfingsttage begrenzten Abkommen zuzustimmen.

DDR fordert Anerkennung: Nach Auslaufen des Passierscheinabkommens – rund 468 000 West-Berliner nutzen zu Pfingsten die Gelegenheit nach Ost-Berlin zu kommen – signalisiert der Senat in Hinblick auf die Weihnachtstage 1966 sein Interesse an einem weiteren Abkommen. Zu konkreten Verhandlungen kommt es jedoch nicht: Die DDR-Führung läßt entsprechende Schreiben des Senats unbeantwortet. Statt dessen erscheinen in den Ost-Berliner Zeitungen Artikel, nach denen »maßgebliche politische Kreise« die Anerkennung der DDR als souveränen Staat durch das Besatzungsgebiet »Westberlin« fordern. »Normale staatliche Beziehungen« seien »die Voraussetzung für normale menschliche Beziehungen«.

Passierscheine nur in dringenden Fällen: Bis zum Abschluß des Vierseitigen Abkommens über Berlin (West) und dem Staatsvertrag zwischen der DDR und der BRD 1971 und 1972 kommen keine Passierscheinabkommen mehr zustande. Allerdings einigen sich die DDR-Regierung und West-Berlin am 6. Oktober 1966 auf eine zunächst befristete und in den folgenden Jahren verlängerte Regelung, die eine Ausgabe von Passierscheinen »für Verwandtenbesuche in dringenden Familienangelegenheiten« ermöglicht. Darunter fallen Eheschließungen, Geburten, Sterbefälle und ernsthafte Erkrankungen von Angehörigen. Ausgegeben werden die Passierscheine in der am 7. Oktober wiedereröffneten sogenannten Härtestelle am Hohenzollerndamm im West-Berliner Bezirk Wilmersdorf.

Brandt in Ost-Berlin: Wenig später, am 12. Oktober, empfängt in seiner Residenz Unter den Linden der sowjetische Botschafter bei der DDR, Pjotr Abrassimow, den Regierenden Bürgermeister Willy Brandt. Es ist der erste Besuch eines West-Berliner Stadtoberhauptes seit dem Bau der Mauer. Über den Inhalt der Gespräche wird nichts bekannt; es habe jedoch, so Brandt gegenüber der Presse, eine »aufgeschlossene Atmosphäre« geherrscht.

Feierlichkeiten in Ost-Berlin anläßlich des fünften Jahrestages der Errichtung der Mauer: (erste Reihe von links) Willi Stoph, Vorsitzender des Ministerrates, Walter Ulbricht, Vorsitzender des Staatsrates und Erster Sekretär des ZK der SED, Erich Honecker, stellvertretender Vorsitzender des Staatsrates, 13. August 1966.

In der Anlage zum Protokoll über die Ausgabe von Passierscheinen vom 7. März 1966 heißt es:

1. a) Einwohner von Berlin (West) können mit Passierscheinen ihre Verwandten in Berlin (Ost)/ in der Hauptstadt der Deutschen Demokratischen Republik in der Zeit vom 7. April bis 20. April 1966 und vom 23. Mai bis 5. Juni 1966 besuchen.
b) In jedem Besuchszeitraum kann der Besuch an einem der dafür vorgesehenen Tage erfolgen.
c) Antragsberechtigt sind Einwohner von Berlin (West), deren Eltern, Kinder, Geschwister, Großeltern, Enkel, Tanten, Onkel, Nichten, Neffen oder getrennt lebende Ehegatten ihren Wohnsitz in Berlin (Ost) / in der Hauptstadt der DDR haben. Die Antragsberechtigung erstreckt sich auch auf die Ehepartner der nach dem vorstehenden Absatz antragsberechtigten Einwohner von Berlin (West).
2. a) Während der Gültigkeitsdauer dieser Übereinkunft können ab 1. April 1966 Einwohner von Berlin (West) in dringenden Familienangelegenheiten mit Passierscheinen ihre nächsten Verwandten in Berlin (Ost) / in der Hauptstadt der DDR besuchen.
Als dringende Familienangelegenheiten gelten
   Geburten,
   Eheschließungen,
   lebensgefährliche Erkrankungen und Todesfälle.
Antragsberechtigt sind Einwohner von Berlin (West), deren Eltern, Kinder, Geschwister, Großeltern oder Enkel ihren Wohnsitz in Berlin (Ost) / in der Hauptstadt der DDR haben. Die Antragsberechtigung erstreckt sich auch auf die Ehepartner der nach dem vorstehenden Absatz antragsberechtigten Einwohner von Berlin (West).
b) Für getrennt lebende Ehepaare, deren einer Teil in Berlin (West) und deren anderer Teil in Berlin (Ost)/ in der Hauptstadt der DDR ihren Wohnsitz haben, besteht nach entsprechender Prüfung die Möglichkeit der Familienzusammenführung. Einwohner von Berlin (West), deren Ehepartner in Berlin (Ost) / in der Hauptstadt der DDR ihren Wohnsitz haben, können diese während der Gültigkeitsdauer dieser Übereinkunft ab 1. April 1966 mit Passierscheinen zur gemeinsamen Beantragung der Familienzusammenführung besuchen.
c) Besuche gemäß Absatz a) und b) sind unabhängig von den Verwandtenbesuchen gemäß Nr. 1 möglich.
3. Die Einreise mit Kraftfahrzeugen ist genehmigungspflichtig. Sie kann zur Vermeidung von Spitzenbelastungen versagt werden.
4. Staatssekretär Dr. Kohl erklärt, Voraussetzung für die Genehmigung von Anträgen auf Passierscheine ist, daß der Antragsteller nicht gegen die Gesetze der Deutschen Demokratischen Republik verstoßen hat.

1966 AUSSERPARLAMENTARISCHE OPPOSITION

Empfang im Schöneberger Rathaus für Asher Ben-Natan, den Botschafter Israels in Deutschland: (von links) Frau Ben-Natan, Ruth Brandt, Asher Ben-Natan, Willy Brandt, 12. Januar 1966.

und Außenminister in die Bundesregierung berufen und legt sein Amt nieder. Zu seinem Nachfolger wählt das Abgeordnetenhaus am 14. Dezember mit den Stimmen von SPD und FDP den bisherigen Innensenator Heinrich Albertz.

KULTUR

Kritik an Linksintellektuellen: Der Schriftsteller Günter Grass, ein engagierter Anhänger der Sozialdemokratie, sorgt am 15. Januar für heftigen Streit in der Kulturszene, der sich auch politisch auswirkt. In seinem am Schiller-Theater uraufgeführten, während des Volksaufstand am 17. Juni 1953 in Ost-Berlin spielenden Schauspiel »Die Plebejer proben den Aufstand« wird am Beispiel eines Theaterleiters die wirklichkeitsfremde Postion zahlreicher Linksintellektueller aufgezeigt. Dabei hat Grass dem Protagonisten Züge des verstorbenen Ost-Berliner Dramatikers Bertolt Brecht verliehen.

Die Ansichten über die Qualität des Stückes gehen weit auseinander. Während konservative Kreise von einem gelungenen und wichtigen Werk sprechen, hagelt es von links Kritik. Sogar die Ost-Berliner Presse schaltet sich in den Streit ein; nach Ansicht des »Neuen Deutschland« hat sich Grass mit seinem Schauspiel auf die Seite der »Reaktion und Konterrevolution« geschlagen.

Junger deutscher Film: Der deutsche Film, der in den letzten Jahren vor allem durch anspuchslose Unterhaltungsfilme (darunter zahllose von den Berlin CCC-Studios produzierte Edgar-Wallace-Streifen) auffiel, befindet sich im Umbruch. Unter dem Motto »Opas Kino ist tot« bemüht sich eine Reihe junger Regisseure um eine Neuorientierung; dem am Kommerz orientierten Kino soll der künstlerisch anspruchsvolle, nach neuen Formen suchende und sich kritisch mit der Gegenwart auseinandersetzende Film entgegengestellt werden.

In Berlin findet der junge deutsche Film – einige seiner führenden Vertreter sind Alexander Kluge, Ulrich und Peter Schamoni, Marie Straub und Volker Schlöndorf – rasch Anerkennung. Bei den Internationalen Filmfestspielen (4. Juni bis 5. Juli) erhält Peter Schamoni für den Streifen »Schonzeit für Füchse« den Silbernen Bären. Volker Schlöndorf wird am 26. Juni in der Deutschen Oper für »Der junge Törless« mit dem Bundesfilmpreis ausgezeichnet.

ALLTAG UND GESELLSCHAFT

Deutsch-Israelische Kontakte: Das Land Berlin ist um Versöhnung mit den Juden, die einst einen wesentlichen Teil ihrer Bevölkerung bildete, bemüht. Die Schatten der Vergangenheit sind jedoch lang; bei vielen Juden sind die Erinnerungen an Berlin als Zentrum des nationalsozialistischen Terrors noch unverwischt. Daher ist der Besuch des israelischen Botschafters Asher Ben-Natan in West-Berlin am 12. Januar besonders bemerkenswert. Es ist der erste Besuch eines israelischen Diplomaten in Berlin seit der Aufnahme diplomatischer Beziehungen zwischen der Bundesrepublik und Israel 1965. Um die Beziehungen zwischen der Bundesrepublik und dem jüdischen Staat zu vertiefen, konstituiert sich am 21. März in Bonn die Deutsch-Israelische Gesellschaft. Sie nimmt ihren Sitz im West-Berliner Bezirk Zehlendorf.

Erschwert werden die Bemühungen um eine Aussöhnung durch einige Unbelehrbare: Am 9. Juli verüben Neonazis in der Charlottenburger Fasanenstraße einen Brandanschlag auf Büroräume der Jüdischen Gemeinde zu Berlin.

Im Kommuniqué der drei westlichen Stadtkommandanten von Berlin zum Passierscheinabkommen vom 7. März 1966 heißt es:

Die alliierten Kommandanten haben von den Maßnahmen Kenntnis genommen, die es bestimmten Kategorien von Bewohnern der drei Westsektoren von Berlin ermöglichen, sich zu gewissen Gelegenheiten in den Sowjetsektor zu begeben.

Diese Maßnahmen berühren in keiner Weise den Status Berlins.

Die alliierten Kommandanten drücken erneut ihr Bedauern über die willkürliche und einseitige Einschränkung der Bewegungsfreiheit innerhalb Berlins aus. Sie nehmen daher mit Genugtuung von den Maßnahmen Kenntnis, die es ermöglichen, die harten Auswirkungen dieser Einschränkungen auf die Berliner Bevölkerung teilweise zu mildern.

Kurt Scharf übernimmt Kirchenleitung: An der Spitze der Evangelischen Kirche von Berlin-Brandenburg findet am 11. April ein Führungswechsel statt. Im Rahmen eines Festgottesdienstes in der Kaiser-Wilhelm-Gedächtniskirche führt Bischof Otto Dibelius Kurt Scharf als seinen Nachfolger ein. Dibelius, der aus Altersgründen ausscheidet, hatte am 6. Mai 1945 in der Zehlendorfer Paulus-Kirche gemeinsam mit Mitgliedern der Bekennenden Kirche die Neubildung der Evangelische Kirche von Berlin-Brandenburg betrieben.

Springer-Hochhaus eröffnet: Ein Zeichen seiner Verbundenheit mit der geteilten Stadt Berlin setzt der Großverleger Axel Cäsar Springer. Am 6. Oktober wird an der Kochstraße (Bezirk Kreuzberg) in unmittelbarer Nähe der Mauer das neue Druck- und Verwaltungsgebäude seines Verlages eröffnet. Der in siebenjähriger Bauzeit für

---

Nach der Ablehnung der DDR über die Aufnahme eines neuerlichen Passierscheinabkommens veröffentlichen West-Berliner Senat und Bundesregierung am 29. Juli eine gemeinsame Erklärung:

Die Bundesregierung und der Senat bedauern, daß eine Übereinkunft über die Fortführung der Passierscheinstelle für besondere Familienangelegenheiten nicht unterzeichnet werden konnte. Bei der bisherigen Passierscheinübereinkunft war mit der salvatorischen Klausel eine praktikable Möglichkeit für Verwandtenbesuche im geteilten Berlin geschaffen worden. Diese bewährte Regelung wird nunmehr durch das Verhalten der anderen Seite in Frage gestellt, die mehr und mehr erkennen läßt, daß es ihr nur noch um eine Aufwertung, nicht aber um menschliche Erleichterungen geht.

Bundesregierung und Senat sind nach wie vor bereit, auf der bisherigen Grundlage Absprachen zu treffen, die allgemeine Verwandtenbesuche und solche in besonderen Familienangelegenheiten ermöglichen; sie sind jedoch nicht bereit, an einer Aufwertung der SBZ [Sowjetische Besatzungszone] mitzuwirken. Die Fortführung der Passierscheinstellen für besondere Familienangelegenheiten sollte nach Auffassung von Bundesregierung und Senat auch ohne formelle Absprachen möglich sein.

DDR FORDERT ANERKENNUNG 1966

Zu Besuch in der Hauptstadt: hilfreicher Grenzsoldat geleitet eine West-Berlinerin.

> Der stellvertretende Vorsitzende des DDR-Ministerrates, Alexander Abusch, übermittelt am 12. Januar 1967 dem West-Berliner Regierenden Bürgermeister Heinrich Albertz ein Schreiben, in dem die Aufnahme neuer Verhandlungen über ein Passierscheinabkommen abgelehnt werden. Passierscheine für dringende Fälle werden aber vorläufig weiter erteilt:
>
> *Die Regierung der Deutschen Demokratischen Republik hat die Frage der Ausgabe von Passierscheinen für dringende Familienangelegenheiten im Zusammenhang mit der Tatsache geprüft, daß ab 1. Februar 1967 ein abkommensloser Zustand eintritt. Der Senat von Westberlin zeigte bisher keine Bereitschaft, ordnungsgemäße vertragliche Regelungen mit der Regierung der DDR abzuschließen.*
> *Bei der Beurteilung der gegenwärtigen Situation läßt sich die Regierung der Deutschen Demokratischen Republik von den Interessen der Westberliner Bürger und ihrer Verwandten in der Hauptstadt der DDR leiten ...*
> *Die Regierung der Deutschen Demokratischen Republik hat entschieden, die Tätigkeit der Passierscheinstelle für dringende Familienangelegenheiten und die Genehmigung und Ausgabe von Passierscheinen in dringenden Familienangelegenheiten zwischenzeitlich für zwei Monate, bis zum 31. März 1967, fortzusetzen. Die Regierung der DDR wird das Notwendige veranlassen und erwartet, daß, Sie Herr Regierender Bürgermeister, mir in einem Antwortschreiben zusichern, daß der Senat von Westberlin seinerseits das Erforderlich tun wird.*

KULTUR

SED kritisiert Kulturschaffende: Nach 1961 hatte in der Kulturpolitik eine gewisse Offenheit geherrscht. Ende 1965 verdichteten sich jedoch die Anzeichen, daß die SED »Mißbräuchen« der Liberalität entgegentreten will. So waren auf der 11. Tagung des ZK der SED im Dezember 1965 »schädliche Tendenzen« in allen Bereichen der Kultur beklagt worden.
Das »Neue Deutschland« hatte den Berliner Liedermacher Wolf Biermann angegriffen. Kurz darauf übt die »Berliner Zeitung« scharfe Kritik an dem Schriftsteller Stefan Heym. Am 12. Januar folgt wegen »ernster Fehler« die Abberufung des Ministers für Kultur, Hans Bentzien; Nachfolger wird Klaus Gysi.

Nach öffentlicher Kritik an den Zuständen in der DDR wird der Naturwissenschaftler und Philosoph Robert Havemann am 31. März aus der Akademie der Wissenschaften ausgeschlossen, weil er durch seine die Akademie und die DDR schädigenden Publikationen gegen die Pflichten des Bürgers eines sozialistischen Staates verstoßen habe.
Als Widerstandskämpfer gegen den Nationalsozialismus war er dem Tode nur knapp entronnen. 1964 hatte Havemann die Humboldt-Universität, 1965 das von ihm geleitete Forschungsinstitut für Photochemie verlassen müssen.
Komische Oper in neuem Glanz: 1966 wird die Rekonstruktion der Komischen Oper in der Behrenstraße (Mitte) abgeschlossen. Neben der Erneuerung der Fassade sind eine Reihe von Erweiterungen und Modernisierungen vorgenommen worden. Intendant Walter Felsenstein, dem das Gebäudes am 30. August offiziell übergeben wird, kann sich bei seiner Arbeit künftig auf eine deutlich verbesserte Ausstattung stützen. Während der Zuschauersaal in seiner Größe nicht verändert wurde, ist die Bühne erweitert und mit moderner Technik ausgestattet worden. Hinzu kommen neue Probenräume, Studios und Büros, die in Anbauten untergebracht sind.
Schinkel-Bau restauriert: Am 5. Oktober öffnet das Alte Museum am Marx-Engels-Platz (Mitte) mit der Ausstellung »Deutsche Kunst des 20. Jahrhunderts« seine Pforten. Damit ist eines der aufwendigsten Ost-Berliner Wiederaufbauprojekte erfolgreich beendet worden. Die Restaurierungsarbeiten an dem von Karl Friedrich Schinkel 1823 bis 1829 errichteten, während des Zweiten Weltkrieges schwer beschädigten Gebäudes, hatten 15 Jahre in Anspruch genommen.

1966 AUSSERPARLAMENTARISCHE OPPOSITION

Das Nachrichtenmagazin »Der Spiegel« berichtet über die Uraufführung des Dramas »Die Plebejer proben den Aufstand« von Günter Grass im Schiller-Theater am 15. Januar 1966:

»Ich könnte mir vorstellen«, sagte Günter Grass, »daß Brecht das Stück sehr gern inszeniert hätte.« Das Stück – über Bertolt Brecht und den Arbeiteraufstand des 17. Juni 1953 – wurde am Samstag vorletzter Woche im Berliner Schiller-Theater uraufgeführt. Titel: »Die Plebejer proben den Aufstand«. Autor: Günter Grass, 38.
Ob Brecht das Stück über Brecht gern inszeniert hätte, ist danach fraglich – es bekam Tadel von links und Beifall von rechts: Das SED-Blatt »Neues Deutschland« nannte es ein »idiotisches Stück«; »Bild« posaunte: »Grass gelang der große Wurf.«
Aber der Wurf, von Grass gegen die Verfälschung des 17. Juni links und rechts der Zonengrenze gerichtet, verfehlte das Ziel – er streckte Brecht zu Boden. Denn Brecht wird im Grass-Stück klein gemacht. Während er mit seinem Ost»Berliner Ensemble« am 17. Juni den Plebejer-Aufstand in Shakespeares »Coriolan« probt, erheben sich die Ost-Berliner Arbeiter. Sie schicken eine Abordnung ins Theater zu Brecht: Er soll ihre Forderung nach niedrigeren Normen in Worte fassen.
Statt für die Arbeiter zu formulieren, läßt Brecht sie für sich agieren: Die Ein- und Ausdrücke der Revoluzzer sollen ihm Material für die Plebejer-Revolte liefern. Die Arbeiter, von Brecht mit Brot und Bieren bestärkt, spielen mit.
Nach grellen Theatercoups – Arbeiter bringen Brecht die rote Fahne vom Brandenburger Tor, andere wollen ihn hängen – bricht der Ost-Berliner Aufstand zusammen. SED-Barde Kojanke sammelt Ergebenheits-Unterschriften.
Brecht schreibt einen eigenen Brief an das Zentralkomitee der SED: zwei kritische Sätze und einen verbindlichen. Dann geht er aufs Land. ...

rund 100 Millionen DM errichtete Komplex soll unter anderem die Redaktionen von »Berliner Morgenpost« und »BZ« sowie »Bild«, »Die Welt« und »Welt am Sonntag« (Berliner Ausgaben) beherbergen.
Der Springer-Verlag beherrscht rund 50% des Berliner Zeitungsmarktes; Spitzenreiter ist die BZ mit einer Auflage von knapp 322 000, gefolgt von der »Berliner Morgenpost« mit 225 000 Exemplaren.

Das Druckerei- und Verwaltungsgebäude des Axel-Springer-Verlags an der Kreuzberger Kochstraße, Herbst 1966.

SPORT
Erfolg für Eishockeyverein: Der West-Berliner Sport hat am 2. März 1966 positives zu vermelden. Dem Berliner Schlittschuh-Club gelingt im Sportpalast durch einen 8:6-Erfolg über den EV Landshut erstmals der Aufstieg in die Eishockeybundesliga.
Weniger erfolgreich sind die Bemühungen der Berliner Fußballer um Erstklassigkeit. Tasmania 1900, im Vorjahr für Hertha BSC in die Bundesliga aufgenommen worden, schließt am 28. Mai die Saison mit dem Negativrekord von 8:60 Punkten und einem Torverhältnis von 15:108 ab. Damit ist der Abstieg besiegelt.

KALENDARIUM

12. Januar: Erstmals nach der Aufnahme diplomatischer Beziehungen zwischen der Bundesrepublik und Israel 1965 trifft mit Asher Ben-Natan ein israelischer Botschafter zu einem Besuch in West-Berlin ein.
15. Januar: Im West-Berliner Schiller-Theater findet die Uraufführung des Schauspiels »Die Plebejer proben den Aufstand« von Günter Grass statt.
15. Januar: Im Ost-Berliner Bezirk Hohenschönhausen wird der Fußballverein BFC Dynamo gegründet.
20. Januar: In Schöneweide konstituiert sich der 1. FC Union Berlin, der an die Tradition des ehemals populären, Anfang der fünfziger Jahre nach West-Berlin abgewanderten Klubs Union Oberschöneweide anknüpft.
28. Januar: In den Messehallen am Funkturm öffnet die 30. Internationale Grüne Woche ihre Pforten. Mit 976 Ausstellern aus 28 Nationen verzeichnet die bis zum 6. Februar dauernde Leistungsschau eine Rekordbeteiligung.
5. Februar: In der West-Berliner Innenstadt demonstrieren linksgerichtete Studenten gegen das Engagement der Vereinigten Staaten im Vietnamkrieg. Dabei kommt es zu Zusammenstößen mit der Polizei.
28. Februar: Die von Tempelhof nach Mariendorf führende Verlängerung der West-Berliner U-Bahnlinie 6 wird dem Verkehr übergeben.
1. März: Die Ost-Berliner BVG führt in ihren Straßenbahnen Fahrscheinautomaten ein. Auf den Einsatz von Schaffnern soll künftig verzichtet werden.
2. März: Im Sportpalast schlägt der Berliner Schlittschuh-Club (BSC) den EV Landshut mit 8:6. Damit steigt der BSC in die Bundesliga auf.
7. März: Vertreter des Senats und des Ministerrats der DDR unterzeichnen das vierte Passierscheinabkommen zur Regelung innerstädtischer Verwandtenbesuche zu Ostern und Pfingsten. Es ist das letzte Abkommen dieser Art.
21. März: In Bonn konstituiert sich die Deutsch-Israelische Gesellschaft. Die Organisation, die die Pflege der kulturellen Beziehungen zwischen der Bundesrepublik und dem jüdischen Staat zum Ziel hat, nimmt ihren Sitz in Nikolassee (Zehlendorf).
6. April: Nahe der West-Berliner Heerstraße stürzt ein sowjetischer Düsenjäger in den Spandauer Stößensee. Dabei kommen beide Piloten ums Leben.
11. April: In der West-Berliner Kaiser-Wilhelm-Gedächtniskirche wird Kurt Scharf in das Amt des Bischofs von Berlin-Brandenburg eingeführt. Scharf tritt die Nachfolge des zurückgetretenen Otto Dibelius an der das Amt seit 1945 inne hatte.

KALENDARIUM

DDR FORDERT ANERKENNUNG 1966

5. Mai: Im Ost-Berliner Bezirk Mitte wird an der Ecke Friedrichstraße/Unter den Linden der Gastronomiekomplex »Lindencorso« eröffnet. In dem auf dem Gelände des früheren »Café Bauer« errichteten Gebäude sind ein Restaurant, ein Café und eine Espressobar untergebracht.

27. Mai: Zwischen Messedamm und Masurenallee (Charlottenburg) nimmt der neuerrichtete West-Berliner Busbahnhof seinen Betrieb auf.

28. Mai: Der West-Berliner Fußballverein Tasmania 1900 steigt mit dem Negativrekord von 8:60 Punkten (Torverhältnis 15:108) aus der Bundesliga ab. Damit ist West-Berlin in der kommenden Saison nicht mehr in der höchsten Spielklasse vertreten.

10. Juni: An der Ecke Friedrichstraße und Unter den Linden in Ost-Berlin (Mitte) wird das Interhotel Unter den Linden eröffnet.

9. Juli: Im West-Berliner Büro der Jüdischen Gemeinde in der Fasanenstraße (Charlottenburg) verüben Neonazis einen Brandanschlag, der nur geringen Schaden anrichtet.

24. Juli: Die 1. Deutsche Kinder- und Jugendspartakiade findet in Ost-Berlin statt (bis 31. Juli). An den Sportveranstaltungen nehmen rund 13 000 Jugendliche teil.

30. August: In der Behrenstraße (Mitte) wird das wiederhergestellte und erweiterte Gebäude der Komischen Oper der Öffentlichkeit übergeben.

5. Oktober: Mit der Ausstellung »Deutsche Kunst des 20. Jahrhunderts« wird am Marx-Engels-Platz (Mitte) das Alte Museum nach mehrjährigen Rekonstruktionsarbeiten wiedereröffnet.

6. Oktober: Im alten Berliner Zeitungsviertel eröffnet der Springer-Verlag an der Kochstraße (Kreuzberg) sein neues Druck- und Verwaltungsgebäude.

12. Oktober: In Ost-Berlin trifft der sowjetische Botschafter Pjotr Abrassimow mit dem Regierenden Bürgermeister Willy Brandt zusammen. Es ist der erste Besuch eines West-Berliner Stadtoberhauptes im Ostteil der Stadt seit dem Mauerbau 1961.

26. Oktober: Der äthiopische Kaiser Haile Selassie stattet West-Berlin einen offiziellen Besuch ab.

10. Dezember: Im Plenarsaal der Volkskammer in der Luisenstraße konstituiert sich der Verband der Theaterschaffenden der DDR. Den Vorsitz übernimmt der Intendant des Deutschen Theaters, Wolfgang Heinz.

14. Dezember: Nach dem Rücktritt des in die Bundesregierung wechselnden Willy Brandt (SPD) wählt der Berliner Senat den Sozialdemokraten Heinrich Albertz zum Regierenden Bürgermeister.

31. Dezember: Die West-Berliner Mittagszeitung »Der Kurier« stellt ihr Erscheinen ein.

Im Kreuzfeuer der Kritik: Wolf Biermann (mit Wolfgang Neuss während eines Gastspiels in Frankfurt am Main, November 1965).

Ebenfalls von der SED kritisiert: Stefan Heym.

ALLTAG UND GESELLSCHAFT

Internationaler Standard für die Hauptstadt: Die Ost-Berliner Gastronomie soll nach dem Willen der DDR-Staatsführung auf Hauptstadtniveau angehoben werden. Ecke Friedrichstraße/Unter den Linden wird am 5. Mai auf dem Gelände des früheren Café Bauer das Lindencorso eröffnet. Die in dem Gebäude untergebrachten Betriebe – ein Restaurant, ein Café und eine Espressobar – sollen hohen Ansprüchen genügen und den Berlinern das Gefühl behaglicher Gastlichkeit vermitteln.

Vorwiegend an das internationale Publikum richtet sich das Angebot des am 10. Juni in unmittelbarer Nähe eröffneten Interhotel Unter den Linden. Es verfügt über 320 luxuriös ausgestattete Zimmer mit 440 Betten. Das angeschlossene Restaurant bietet 200 Gästen Platz.

SPORT

BFC Dynamo gegründet: Am 15. Januar konstituiert sich im Sportforum Berlin (Hohenschönhausen) der Fußballverein BFC Dynamo. Der Klub geht aus der Fußballabteilung des SV Dynamo hervor, einem der erfolgreichsten Vereine der DDR. In den folgenden Jahren kann der BFC Dynamo an diese Tradition anschließen, er erringt die mit Abstand meisten Meisterschaften und Pokalerfolge. Dies verdankt der Verein nicht zuletzt dem Umstand, daß Mitglieder und Vorstand überwiegend den einflußreichen Sicherheitsorganen angehören und Finanzmittel reichlich fließen.

FC Vorwärts und 1. FC Union: Bereits wenige Tage später erfolgen weitere Neugründungen Ost-Berliner Fußballklubs. In Lichtenberg organisiert sich am 18. Januar als Sportvereinigung der Nationalen Volksarmee der FC Vorwärts. An die Tradition des einst populären, nach dem Krieg nach Westen abgewanderten Vereins Union Oberschöneweide knüpft der am 20. Januar gegründete 1. FC Union an. Die Berliner Fußballfans zeigen sich begeistert und übernehmen sogar den alten Anfeuerungsruf »Eisern Union!«.

Jugendspartakiade: Vom 24. bis 31. Juli ist Ost-Berlin Schauplatz einer sportlichen Großveranstaltung. Im Rahmen der 1. Deutschen Kinder- und Jugendspartakiade kämpfen rund 13 000 Teilnehmer verschiedener Altersklassen in 18 Disziplinen um Medaillen. Austragungsorte sind Wettkampfstätten in allen Ost-Berliner Bezirken.

Mit der Veranstaltung nimmt der DTSB Bezug auf die Spartakiaden, die als sozialistische Sportfeste bereits seit 1921 ausgetragen worden waren.

Die »Berliner Zeitung« berichtet über die Versammlung zur Gründung des BFC Dynamo am 15. Januar 1966 im Sportforum Berlin:

Nur wenige hundert Meter von dem Spielfeld entfernt, auf dem in den vergangenen Monaten die Dynamo-Fußballer mit großen Erfolgen die Gunst der Berliner erobert hatten, wurden am Sonnabendabend weitere Pluspunkte gesammelt...
Schon mit dem Motto – in großen Buchstaben an die Stirnseite der schönen Dynamo-Sporthalle angebracht – traf der BFC Dynamo Wünsche und Hoffnungen aller Berliner: »Unser Ziel: Höchste Leistungen – würdige Repräsentation der Hauptstadt der Republik«. Um diesen Kern der Sache ging es auch in der Gründungsansprache des Ministers ... Erich Mielke. Er zog eine positive Bilanz der bisherigen Arbeit in der Sektion Fußball des SC Dynamo. ... Minister Erich Mielke, der sich selbst bei Wind und Wetter als treuer Anhänger seiner Dynamo-Elf gezeigt hat, äußerte die Gewißheit, daß mit der Gründung dieses Berliner Fußball-Clubs höheres Leistungsniveau, bessere Nachwuchsförderung sowie engere Verbindung zwischen Spielern und Zuschauern erreicht wird. ...

1967 ALBERTZ TRITT ZURÜCK

POLITIK

Schwierige Zeiten für Albertz: Der im Dezember vorigen Jahres zum Regierenden Bürgermeister gewählte Heinrich Albertz (SPD) hat es schwer, aus dem Schatten seines populären Vorgängers Willy Brandt herauszutreten. Brandt hat bei den West-Berlinern große Sympathien genossen, die sich Albertz erst erwerben muß. Vor allem besitzt Brandt innerhalb der SPD große Autorität und Integrationskraft. Albertz dagegen wird zunehmend ein Opfer innerparteilicher Positionskämpfe, die das Regieren angesichts der durch die Studentenproteste zu Tage getretenen Probleme erschweren.

Trotz Verlust absolute Mehrheit: Bei den Wahlen zum Berliner Abgeordnetenhaus am 12. März kann die SPD die absolute Mehrheit verteidigen. Sie erhält einen Stimmenanteil von 56,9 %. Allerdings muß sie gegenüber den Wahlen von 1963 einen Verlust von 5% hinnehmen. Die CDU als stärkste Oppositionskraft erzielt mit 32,9% deutliche Zugewinne. Die FDP, die mit der SPD eine Koalition bildet, erleidet leichte Verluste und erhält 7,1% der Stimmen. Erneut nicht den Sprung ins Abgeordnetenhaus schafft die West-Berliner SED (2%). Bemerkenswert ist die gegenüber 1963 (89,9%) geringere Wahlbeteiligung von 86,2% – ein Ausdruck für die gemessen an den großen Krisen der letzten Jahre stabile Lage in West-Berlin.

Studentenproteste verursachen Regierungskrise: Am 6. April bestätigt das Berliner Abgeordnetenhaus den Regierenden Bürgermeister Heinrich Albertz und den SPD/FDP-Senat im Amt. Wenige Wochen später gerät die Stadtregierung in eine schwere Krise. Auslöser sind die in ihrer Schärfe zunehmenden Studentenproteste. Während eine anläßlich eines Aufenthalts des amerikanischen Vizepräsidenten Hubert Humphrey in Berlin durchgeführte große Demonstration gegen den Vietnamkrieg noch ruhig verläuft, gerät die Lage am 2. Juni außer Kontrolle.

Bei einem Besuch des Schah von Iran, Resa Pahlawi, und seiner Gemahlin Soraya kommt es zu gewalttätigen Auseinandersetzungen bislang nicht gekannten Ausmaßes.

Tod des Studenten Benno Ohnesorg: Die Krawalle beginnen mit dem Empfang des persischen Herrscherpaars im Schöneberger Rathaus. Mehrere hundert Demonstranten protestieren auf dem John-F.-Kennedy-Platz gegen die Menschenrechtsverletzungen im Iran. Daraufhin greifen offensichtlich vom Teheraner Regime bestellte Schah-Anhänger die Studenten und Zuschauer mit Holzknüppeln an. Die Polizei läßt die »Jubelperser« eine ganze Weile gewähren, bevor sie eingreift.

Am Abend trifft das Herrscherpaar vor der Deutschen Oper in der Charlottenburger Bismarck-

Sit-in von Demonstranten vor dem Rathaus Schöneberg während des Staatsbesuchs des persischen Kaiserpaares, 2. Juni 1967.

Das Nachrichtenmagazin »Der Spiegel« übt scharfe Kritik am Einsatz der Polizei gegen die Anti-Schah-Demonstrationen am 2. Juni 1967. Unter der Überschrift »Knüppel frei« schreibt das Blatt:

…West-Berlin geriet über Nacht »an den Rand des Chaos«, wie die »Zeit« in Hamburg schrieb. Die blutige Aktion vor der Oper – brachte die Polizei von West-Berlin in Verruf, deren Chef Erich Duensing, 61, sich die Auflösung von Demonstrationen so vorstellt: »Leberwurstprinzip – in der Mitte hineinstechen und nach beiden Seiten ausdrücken«;

– lädierte das Ansehen der politischen Führung von West-Berlin unter dem Regierenden Bürgermeister Heinrich Albertz (SPD), dessen erste Erklärungen nach der Polizei-Aktion der »Frankfurter Rundschau« letzte Woche »so zynisch« schienen, daß »man ernstlich daran zweifeln mußte, ob dieser Mann wirklich evangelischer Geistlicher gewesen ist«;

– trug den Studenten von Berlin aus nahezu allen westdeutschen Universitätsstädten Sympathie- und Solidaritätsbekundungen von Kommilitonen und Professoren ein, die – nicht immer angetan von den wilden Demonstrationsbräuchen mancher FU-Studenten – gegen die »Terrormaßnahmen der West-Berliner Polizei« (so bayerische Studentenverbände) und vielerorts auch gegen die Springer-Presse (Studenten-Spruchband in Mainz: »»Bild« hat mitgeschossen«) protestierten.…

Ergebnis der Wahlen zum Abgeordnetenhaus, 12. März 1967.

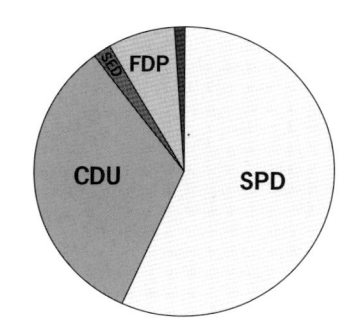

Wahlberechtigte	1 718 435		
Wahlbeteiligung	1 481 674	86,2%	
SPD	829 694	56,9%	81 Mandate
CDU	479 945	32,9%	47 Mandate
FDP	103 973	7,1%	9 Mandate
SED	29 925	2,0%	
Sonstige	15 507	1,1%	

FECHNER LÖST EBERT AB 1967

POLITIK

Anspruch auf Souveränität: Am 20. Februar verabschiedet die Volkskammer in Ost-Berlin das von der Regierung vorgelegte Gesetz über die Staatsbürgerschaft der Deutschen Demokratischen Republik. Es tritt an die Stelle des Reichs- und Staatsangehörigkeitsgesetzes von 1913, in dem lediglich von einer deutschen Staatsangehörigkeit die Rede ist. Das neue Gesetz soll der Realität der Existenz zweier souveräner deutscher Staaten Genüge tun und führt die Bezeichnung »Staatsbürger« des Staatsvolkes der souveränen sozialistischen DDR ein. Ab dem 17. März gilt es auch für die Hauptstadt Berlin. Mit dem Staatsbürgergesetz grenzt sich die DDR noch präziser von der Bundesrepublik ab. Während bis zum Mauerbau 1961 die Wiedervereinigung Deutschlands und damit auch Berlins Ziel der DDR und der Sowjetunion gewesen war, steht nun die Verankerung der DDR als eigenständiger deutscher Staat im Vordergrund.

SED fordert Beseitigung des Problems West-Berlin: Die restaurierte Werner-Seelenbinder-Halle (Prenzlauer Berg) wird am 17. April mit dem VII. Parteitag der SED eröffnet, an dem auch eine Delegation der KPdSU unter Leitung des Parteichefs Leonid I. Breschnew teilnimmt. In seiner Begrüßungsansprache verlangt der SED-Parteichef und Vorsitzende des Staatsrates, Walter Ulbricht, eine baldige Lösung der West-Berlin-Frage und bekräftigt die Bereitschaft der DDR, den »unabhängigen Status« der Stadt als »besondere politische Einheit« zu respektieren. West-Berlin als »Brückenkopf« der Bundesrepublik könne jedoch nicht länger hingenommen werden.

Neues Wahlverfahren: Am 2. Juli finden die Wahlen zur Stadtverordnetenversammlung von Groß-Berlin statt. Sie werden erstmals nach einem neuen Wahlverfahren durchgeführt, das zu einer Stärkung der Bindungen zwischen Bürgern und ihren Repräsentanten beitragen soll. Kernpunkte des neuen Wahlverfahrens sind eine Verkleinerung der Wahlkreise und eine Erhöhung der Zahl an Kandidaten, die in den einzelnen Wahlkreisen zur Wahl stehen. Über die Reihenfolge der auf den Listen stehenden Kandidaten sollen Wählervertretungen frei entscheiden können.

Überraschungen birgt die erste nach diesem Verfahren durchgeführte Wahl zur Stadtverordnetenversammlung nicht. Nach offiziellen Angaben entfallen auf die Kandidaten der Nationalen Front 99,8 % der Stimmen.

Ebert tritt zurück – Fechner kommt: Die Stadtverordnetenversammlung von Groß-Berlin tritt am 5. Juli im Roten Rathaus zu ihrer konstituierenden Sitzung zusammen. Bei dieser Gelegenheit erklärt Oberbürgermeister Friedrich Ebert seinen Rücktritt. Als Begründung nennt der 74jährige SED-Politiker gesundheitliche Probleme. Das Parlament nimmt den Rücktritt Eberts, der seit 1948 an der Spitze des Berliner Magistrats gestanden hat, an und verleiht ihm in Anerkennung der geleisteten Arbeit die Ehrenbürgerwürde der Stadt.

Noch in der selben Sitzung bestimmt die Stadtverordnetenversammlung Herbert Fechner (SED) zum neuen Stadtoberhaupt. Erster Stellvertreter Fechners, der als Stadtrat und als Bezirksbürgermeister von Köpenick (seit 1961) kommunalpolitische Erfahrungen sammeln konnte, wird Horst Hilbert (SED), Bezirksbürgermeister von Lichtenberg. Anschließend werden die 66 Berliner Vertreter für die Volkskammer benannt.

Volkskammer tagt am Alexanderplatz: Die am 2. Juli gewählte DDR-Volkskammer tritt am 13. Juli in der Kongreßhalle am Alexanderplatz erstmals zusammen. Auf der Tagesordnung stehen die Wiederwahl von Walter Ulbricht zum Vorsitzenden des Staatsrates und von Willi Stoph zum Vorsitzenden des Ministerrates. Aufgaben und Zielsetzungen der Regierung für die kommende Legislaturperiode skizziert Stoph in einem Elf-Punkte-Programm. Erwähnung findet die »Herstellung normaler Beziehungen mit dem Senat der besonderen politischen Einheit Westberlin«.

Schreiben aus dem Westen: Am 24. Oktober übermittelt der neugewählte West-Berliner Regierende Bürgermeister Klaus Schütz seinem Ost-Berliner Amtskollegen ein Schreiben, in dem er um ein Gespräch über die »dringlichen Probleme« der geteilten Stadt bittet. Der Magistrat schickt das Schreiben zurück und erklärt, für Verhandlungen mit dem Senat sei allein die Regierung zuständig. Außerdem sei – so ADN – Schütz ein Beauftragter der »Bonner Regierung«, der an einer Normalisierung der Beziehungen zwischen DDR und West-Berlin nicht interessiert sei.

Das Gebäude des Ministeriums für Auswärtige Angelegenheiten am Marx-Engels Platz (links), 1970.

Am 17. März 1967 erläßt der Ost-Berliner Magistrat eine Verordnung zur Übernahme des neuen Staatsbürgergesetzes:

§ 1

Das von der Volkskammer der Deutschen Demokratischen Republik beschlossene und vom Vorsitzenden des Staatsrates der Deutschen Demokratischen Republik verkündete Gesetz über die Staatsbürgerschaft der Deutschen Demokratischen Republik (Staatsbürgerschaftsgesetz) vom 20. Februar 1967 (GBl. I S. 3) gilt für Groß-Berlin.

§ 2

Entsprechend § 19 Abs. 2 der Anlage treten für Berlin außer Kraft:
- *Verordnung über das Verfahren in Staatsangehörigkeitsfragen vom 7. Februar 1958 (VOBl. I. S. 89) mit Erster Durchführungsbestimmung vom 10. Februar 1958 (VOBl. I. S. 90);*
- *Verordnung zur Übernahme der Verordnung zur Änderung der Verordnung über das Verfahren in Staatsangehörigkeitsfragen vom 5. März 1965 (VOBl. I. S. 145).*
- *Anordnung über die Festsetzung des Gleichberechtigungsprinzips im Staatsangehörigkeitsrecht vom 23. Oktober 1954 (VOBl. II. S. 279).*

1967 ALBERTZ TRITT ZURÜCK

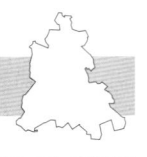

Erster Besuch des Außenministers Willy Brandt beim Regierenden Bürgermeister Klaus Schütz, Rathaus Schöneberg, 2. Dezember 1967.

straße ein, wo sie einer Festveranstaltung zu ihren Ehren beiwohnen wollen. Sie werden von einer größeren Gruppe von Demonstranten erwartet, die sich unter die Schaulustigen gemischt haben und mit Farbbeuteln, Eiern, Tomaten und Feuerwerkskörpern werfen. Daraufhin greift die Polizei – so die Aussagen von Augenzeugen – mit äußerster Härte ein. Mit Hilfe von Schlagstöcken drängt sie die Demonstranten in die Krumme Straße ab. Ein Kriminalbeamter in Zivilkleidung zieht dabei seine Dienstpistole, schießt und trifft den Studenten Benno Ohnesorg tödlich.

Albertz erklärt Rücktritt: Um die Umstände des Todes von Benno Ohnesorg zu klären – nach Angaben der Polizei handelte der Kriminalbeamte in Notwehr –, setzt das Abgeordnetenhaus einen Untersuchungsausschuß ein. Als dieser Kritik am Polizeieinsatz beim Schah-Besuch übt, erklärt Innensenator Wolfgang Büsch (SPD) am 19. September seinen Rücktritt. Dem Regierenden Bürgermeister Albertz gelingt es in den folgenden Tagen nicht, die notwendige Regierungsumbildung vorzunehmen. Der Grund hierfür sind Flügelkämpfe und Ränkespiele innerhalb der Berliner SPD. Albertz zieht daraus die Konsequenzen und tritt am 26. September mit dem gesamten Senat zurück.

Klaus Schütz an der Senatsspitze: Zu seinem Nachfolger als Regierenden Bürgermeister wählt das Abgeordnetenhaus am 19. Oktober mit 81 gegen 38 Stimmen (drei Enthaltungen) Klaus Schütz (SPD). Bürgermeister und Innensenator wird der stellvertretende SPD-Landesvorsitzende, Kurt Neubauer. Schütz, enger Vertrauter Willy Brandts und ehemaliger Senator für Bundesangelegenheiten, setzt die Koalition mit der FDP fort.

KULTUR

Brücke-Museum präsentiert Expressionisten: Die Berliner Museenlandschaft ist um eine Attraktion reicher. Am 15. September öffnet am Dahlemer Bussardsteig das Brücke-Museum seine Pforten. Es widmet sich den Arbeiten der 1905 in Dresden gegründeten Künstlergemeinschaft »Die Brücke«. Möglich wurde die Einrichtung des neuen Museums durch Schenkungen der Maler Erich Heckel und Karl Schmidt-Rottluff.
Einen Schwerpunkt in der Arbeit des Brücke-Museum soll die kunsthistorische Forschung auf dem Gebiet des deutschen Expressionismus bilden.

ALLTAG UND GESELLSCHAFT

Gedenken an Konrad Adenauer: Am 19. April 1967 stirbt im Alter von 91 Jahren in Rhöndorf bei Bonn Konrad Adenauer (CDU), der 1949 bis 1963 als Bundeskanzler maßgeblich am Aufbau der Bundesrepublik Deutschland beteiligt war. In Berlin ehren Senat und Abgeordnetenhaus den Toten mit einer Gedenkfeier im Rathaus Schöneberg (26. April).

Kaiserdamm wird Adenauerdamm: Um an den Ehrenbürger der Stadt zu erinnern, benennt das Bezirksamt Charlottenburg am selben Tag den Kaiserdamm in Adenauerdamm um. Allerdings stößt die Aktion bei der Bevölkerung auf Mißfallen. Bereits die feierliche Enthüllung der neuen Straßenschilder geschieht unter Protest der Anwohner; laut ertönen Pfiffe und Buhrufe. In den folgenden Tagen organisiert sich eine Aktionsgemeinschaft Kaiserdamm, die eine

Protest der Bevölkerung gegen die Umbenennung des Kaiserdamms (Charlottenburg) in Adenauerdamm, 26. April 1967.

Klaus Schütz, der am 19. Oktober 1967 zum Regierenden Bürgermeister gewählt wird, erläutert dem »Spiegel« seine Haltung zu den Studentenunruhen:

Spiegel: Nehmen Sie ... die politische Meinung der Studenten ernst?
Schütz: Ich möchte alle Meinungen hören, auch wenn ich ihnen nicht folgen kann, auch wenn sie sehr radikal sind. Aber das kann ich nur, wenn die Studenten selber mir helfen, die unappetitlichen Randerscheinungen unter Kontrolle zu halten. Das meiste ist doch grober Unfug, was sich hier revolutionär nennt.
Spiegel: Sind auch Demonstrationen grober Unfug?
Schütz: Natürlich nicht. Über Demonstrationen, so oder so, kann man reden. Aber auf den Schah sind in Berlin Tomaten und Eier geworfen worden, und auf das deutsche Staatsoberhaupt auch. Das darf es nicht mehr geben.
Spiegel: Wollen Sie Demonstrationen verbieten?
Schütz: Das ist Unsinn. Das hängt von der jeweiligen Situation ab. ... Ich muß sicherstellen, daß so etwas wie beim Schah-Besuch nicht mehr passiert. Das muß sichergestellt werden. Das werde ich sicherstellen.

Rückbenennung fordert. Es gelingt der Bürgerinitiative, mehr als 100 000 Unterschriften gegen »Adenauerdamm« zu sammeln. Das Bezirksamt Charlottenburg, überrascht von den massiven Protesten der Berliner, nimmt daraufhin am 4. Juli die Umbenennung zurück.

FECHNER LÖST EBERT AB 1967

Modell für die Gestaltung des Alexanderplatzes: Kongreßhalle und Haus des Lehrers (rechts), Hochhaus des Interhotels Stadt Berlin und Warenhaus Centrum (im Hintergrund).

> **Auf das Schreiben vom 24. Oktober 1967 des West-Berliner Regierenden Bürgermeisters Klaus Schütz mit der Bitte um ein Treffen antwortet das Sekretariat des Ost-Berliner Oberbürgermeisters Herbert Fechner knapp:**
>
> *Beiliegend sende ich Ihnen den an den Oberbürgermeister der Hauptstadt der DDR, Herrn Herbert Fechner, gerichteten Brief des Regierenden Bürgermeisters von Westberlin vom 24. Oktober 1967 zurück, da für Verhandlungen mit dem Senat von Westberlin allein die Regierung der Deutschen Demokratischen Republik zuständig ist.*

WIRTSCHAFT

SED verlangt Produktionssteigerungen: Einen Schwerpunkt des VII. Parteitag der SED vom 17. bis zum 21. April in Ost-Berlin bilden wirtschaftspolitische Themen. Die Delegierten beschließen eine Steigerung der Industrieproduktion bis 1970 um jährlich 6 %. Um dieses Ziel zu erreichen, sollen die Ausnutzung bereits vorhandener Kapazitäten erhöht und die Förderung von Wissenschaft und Technik zur Entwicklung neuer rationeller Fertigungsmethoden verstärkt werden.

Wachsender Wohlstand: Die DDR-Wirtschaft hat seit 1961 bemerkenswerte Erfolge erzielt. Die Produktion von Industrie- und Konsumgütern konnte stetig gesteigert werden. Auch wenn das Niveau der Bundesrepublik nicht erreicht werden konnte, verfügt die DDR nach der Sowjetunion bereits über die leistungsfähigste Volkswirtschaft aller Ostblockländer.

Für die Bürger macht sich dies in einem wachsenden Lebensstandard bemerkbar. Anfang 1967 besitzen neun von 100 Haushalten in der DDR einen Pkw, 31 einen Kühlschrank, 32 eine Waschmaschine und 54 einen Fernseher. Im Vergleich zur Bundesrepublik allerdings bestehen weiterhin Unterschiede. So sind im Westen die Löhne höher und die Lebenshaltungskosten niedriger. Eine vierköpfige Ost-Berliner Familie muß für Lebensmittel monatlich rund 320 Mark aufwenden; in West-Berlin genügen 285 DM. Besonders groß ist der Unterschied bei Bekleidung und hochwertigen Konsumgütern, hier sind die DDR-Preise doppelt so hoch.

ALLTAG UND GESELLSCHAFT

Neubau des Außenministeriums: Im Ost-Berlin laufen die Arbeiten zur umfassenden Neugestaltung des Stadtzentrums auf Hochtouren. Zu diesem Zweck ist in den vergangenen Jahren eine Vielzahl von als nicht sanierungswürdig

> **Im Zusammenhang mit der Diskussion um die Notstandsgesetzgebung in der Bundesrepublik übermittelt die Sowjetunion der Bundesregierung am 26. Juli 1967 eine Protestnote, in der von Kriegsvorbereitungen die Rede ist und auch auf die Studentenunruhen in West-Berlin eingegangen wird:**
>
> *Wie bekannt wurde, haben die Westberliner Stadtbehörden in enger Zusammenwirkung mit der Regierung der BRD Gesetzentwürfe über die sogenannte »zivile Verteidigung« ausgearbeitet, die genaugenommen mit den entsprechenden Notstandsgesetzen in der BRD identisch sind. Es wird auch mitgeteilt, daß die Regierung der BRD die Absicht habe, mit der geplanten Verabschiedung der Notstandsgesetzesvorlagen zusammenhängende Maßnahmen zu finanzieren. Der Westberliner Senat enthält aus verständlichen Gründen den Inhalt der von ihm vorbereiteten verfassungswidrigen Akten der Öffentlichkeit vor. Nach vorliegenden Angaben geht es jedoch um einen Versuch, die antidemokratische Notstandsgesetzgebung der BRD auf Westberlin auszudehnen, die Stadt in die Kriegsvorbereitungen, die in Westdeutschland getroffen werden, einzubeziehen, juristische Hebel für die Einschränkung der Rechte und Freiheiten der Westberliner Parteien, der gesellschaftlichen, gewerkschaftlichen und Jugendorganisationen sowie einzelner Bürger zu schaffen und sie einer Polizeikontrolle zu unterwerfen. Es ist nicht zufällig, daß die Westberliner Behörden bereits jetzt zu offenen Terror- und Unterdrückungsmethoden gegenüber demokratisch gesinnten Einwohnern der Stadt greifen. Die Tatsache, daß am 2. Juni dieses Jahres eine friedliche Demonstration durch die Polizei mit Gummiknüppeln und Feuerwaffen blutig niedergeschlagen wurde, ist ein beredter Beweis dafür ...*

1967 ALBERTZ TRITT ZURÜCK

Einstellung der letzten Straßenbahnlinie: Wagen der Linie 55 auf der Fahrt ins Depot, 2. Oktober 1967.

> *Vor der Presse gibt der am 26. September 1967 zurückgetretene Regierende Bürgermeisters Heinrich Albertz eine kurze Erklärung ab:*
>
> *Meine Versuche, einen arbeitsfähigen Senat zu erhalten, sind gescheitert. Im Interesse der Stadt und ihrer Bürger habe ich mein Amt als Regierender Bürgermeister zur Verfügung gestellt. Damit ist auch der Senat von Berlin zurückgetreten. Er wird seine Geschäfte führen, bis die Neuwahl eines Regierenden Bürgermeisters erfolgt ist. Ich hoffe, daß die Mehrheitspartei unverzüglich auf einem Landesparteitag dafür die Voraussetzungen schafft. Ich danke allen, die mir in den letzten Monaten ihr Vertrauen bewiesen und mitgearbeitet haben.*

Straßenbahn rollt in die Depots: Abschiednehmen müssen die West-Berliner 1967 von der Straßenbahn. Die letzte noch betriebene Linie, die 55, absolviert am 2. Oktober ihre letzte Fahrt von der Spandauer Niederneuendorfer Allee bis zum Charlottenburger Richard-Wagner-Platz.

Das Verkehrsmittel paßt nicht mehr in das Konzept der Planer; nach ihrer Ansicht ist es unwirtschaftlich und behindert den zunehmenden Individualverkehr mit dem Auto. Statt dessen soll der Straßenbau und die Erweiterung des U-Bahn- und Busnetzes vorangetrieben werden. Argumente für die Beibehaltung der Straßenbahn wie weitgehende Umweltverträglichkeit bleiben ungehört.

Viele West-Berliner bedauern den Verlust der vertrauten Straßenbahn. Während der letzten Fahrt der Linie 55 säumen rund 60 000 Menschen die Straßen. Es soll jedoch kein Abschied für immer sein. Nach der Vereinigung Berlins entstehen Pläne, einige Ost-Berliner Straßenbahnlinien nach Westen zu verlängern.

> *Am 24. Oktober 1967 übersendet der Regierende Bürgermeister Klaus Schütz dem Ost-Berliner Oberbürgermeister Herbert Fechner folgendes Schreiben:*
>
> *Am 19. Oktober 1967 hat mich das Berliner Abgeordnetenhaus zum Regierenden Bürgermeister gewählt. Im anderen Teil der Stadt tragen Sie die Verantwortung.*
> *Berlin ist geteilt und hat seine politischen Besonderheiten. Sie wissen so gut wie ich: die Menschen in der ganzen Stadt leiden unter der Spaltung.*
> *Es ist an der Zeit, daß man so schnell wie möglich über die dringlichsten Probleme spricht, die den Menschen hier wie dort das Leben schwer machen.*
> *Daher bin ich bereit, zu jeder Zeit mit Ihnen zusammenzutreffen. Es spielt dabei keine Rolle, ob unser Gespräch an Ihrem oder an meinem Amtssitz stattfindet.*
> *Falls Sie Vorgespräche für notwendig halten, steht der Chef der Senatskanzlei zu einem Gespräch mit Ihrem Beauftragten zur Verfügung.*
>
> *PS: Ich habe dieses Schreiben an den stellvertretenden Vorsitzenden des Ministerrats, Herrn Alexander Abusch, gesandt.*

KALENDARIUM

6. Januar: In der West-Berliner Beusselstraße (Moabit) wird die Halle für den neuen Fleischgroßmarkt eröffnet.

28. Januar: Der Schauspieler Martin Held erhält im West-Berliner Gloria-Palast am Kurfürstendamm den vom Club der Filmjournalisten Berlins verliehenen Ernst-Lubitsch-Preis.

20. Februar: Die DDR-Volkskammer verabschiedet das Gesetz über die Staatsbürgerschaft der DDR. Diese tritt an die Stelle der bisher in der DDR gültigen deutschen Staatsbürgerschaft. Ost-Berlin wird in die Neuregelung einbezogen.

7. März: In der West-Berliner Akademie der Künste konstituiert sich die Berliner Festspiele GmbH. Sie soll als Veranstalter des Theatertreffens, der Festwochen, der Filmfestspiele und des Jazz-Festivals auftreten.

10. März: Im Beisein des Regierenden Bürgermeisters Heinrich Albertz wird in der Neuenburger Straße (Kreuzberg) die 300 000. seit 1949 in West-Berlin aus öffentlichen Mitteln errichtete Wohnung übergeben.

12. März: Bei den Wahlen zum West-Berliner Abgeordnetenhaus verteidigt die SPD ihre absolute Mehrheit (56,9 %). Die CDU erhält 32,9 %, die FDP 7,1 % der Stimmen. Die West-Berliner SED kommt auf 2 %.

5. April: Bei einem Besuch des amerikanischen Vizepräsidenten Hubert Humphrey in West-Berlin kommt es zu Demonstrationen von Gegnern des amerikanischen Engagements in Vietnam.

6. April: Das Berliner Abgeordnetenhaus bestätigt den Regierenden Bürgermeister Heinrich Albertz (SPD) im Amt. Albertz bildet eine Senatskoalition aus SPD und FDP.

19. April: Anläßlich des Todes Konrad Adenauers, des ersten Kanzlers der Bundesrepublik, wird in Charlottenburg der Kaiserdamm in Adenauerdamm umbenannt. Nach massiven Protesten der Bevölkerung und der Sammlung von 100 000 Unterschriften nimmt das Bezirksamt die Umbenennung am 4. Juli wieder zurück.

11. Mai: Der türkische Ministerpräsident Süleyman Demirel trifft in West-Berlin zu einem offiziellen Besuch ein.

29. Mai: Papst Paul VI. beruft den Berliner Erzbischof Alfred Bengsch zum Kardinal.

2. Juni: Beim Besuch des Schah des Iran, Resa Pahlawi, in West-Berlin kommt es zu schweren Ausschreitungen. Dabei wird der Student Benno Ohnesorg getötet.

8. Juni: Nach einer Trauerfeier im Henry-Ford-Bau der Freien Universität begleiten rund 15 000 Studenten den Sarg des getöteten Benno Ohnesorg zum Kontrollpunkt Dreilinden. Von dort wird in Begleitung einer Motorrad-Eskorte der DDR-Volkspolizei der Leichnam nach Westdeutschland überführt.

2. Juli: Bei den Wahlen zur Ost-Berliner

KALENDARIUM

FECHNER LÖST EBERT AB 1967

Stadtverordnetenversammlung erhält nach offiziellen Angaben die Einheitsliste 99,8 % der Stimmen.

5. Juli: Die Ost-Berliner Stadtverordnetenversammlung von Groß-Berlin wählt Herbert Fechner (SED) zum Oberbürgermeister. Sein Vorgänger Friedrich Ebert hatte das Amt aus gesundheitlichen Gründen niedergelegt.

26. Juli: Die Sowjetunion protestiert gegen angebliche West-Berliner Gesetzesentwürfe über den Zivilschutz. Damit wolle der Senat die Notstandsgesetze der Bundesrepublik übernehmen.

25. August bis 3. September: Anläßlich der 25. Großen Deutschen Funkausstellung in West-Berlin beginnen ARD und ZDF mit der Ausstrahlung des Farbfernsehens. Im Rahmen der Funkausstellung wird unter dem Funkturm das Deutsche Rundfunkmuseum eröffnet.

26. August: In West-Berlin findet erstmals ein »langer Sonnabend« mit Öffnungszeiten bis 21 Uhr statt. Nach Störaktionen einiger Gruppen gegen die verlängerte Arbeitszeit des Personals müssen mehrere Kaufhäuser vorzeitig schließen.

10. September: Auf der West-Berliner AVUS veranstaltet der ADAC ein Automobilrennen der Formel III. Dabei führt der Kurs letztmalig über die als Steilkurve ausgeführte, sicherheitstechnisch umstrittene Nordkurve.

15. September: Am Bussardsteig in Dahlem wird das Brücke-Museum eröffnet. Im Mittelpunkt des Museums stehen Arbeiten der Künstlergemeinschaft »Die Brücke«.

24. September: Nach längeren Diskussionen billigt die Führung der West-Berliner SPD ein Positionspapier, in dem eine Intensivierung der politischen, wirtschaftlichen und kulturellen Kontakte zu Ost-Berlin vorgesehen ist.

24. September: Rund 100 000 Zuschauer verfolgen im Pionierpark Ernst Thälmann (Wuhlheide) die 1. Spartakiade der Ost-Berliner Betriebskampfgruppen.

26. September: Nach Differenzen mit dem SPD-Landesvorstand über eine Senatsumbildung erklärt Heinrich Albertz seinen Rücktritt als Regierender Bürgermeister.

2. Oktober: Zwischen Spandau und Charlottenburg verfolgen Zehntausende von Menschen die letzte Fahrt der Straßenbahn der Linie 55. In West-Berlin verkehren damit keine Straßenbahnen mehr.

19. Oktober: Das Berliner Abgeordnetenhaus wählt Klaus Schütz (SPD) zum Regierenden Bürgermeister.

7. November: Anläßlich des 50. Jahrestages der Oktoberrevolution werden in Ost-Berlin zahlreiche Kundgebungen und Paraden abgehalten.

2. Dezember: Der österreichische Autor Peter Handke erhält den Gerhart-Hauptmann-Preis der Berliner Freien Volksbühne.

Gerolf Schönfelder von der »Berliner Zeitung« kommentiert die konstituierende Sitzung der Stadtverordnetenversammlung am 5. Juli 1967, auf der Herbert Fechner zum Oberbürgermeister als Nachfolger von Friedrich Ebert gewählt wird:

... Mit überaus herzlichen, ja bewegenden Worten wurde Genosse Friedrich Ebert aus seinem bisherigen Amt als Oberbürgermeister verabschiedet, das er fast 20 Jahre mit nimmermüder Tatkraft zum Wohle unserer Hauptstadt verwaltete und von dem er jetzt auf eigenen Wunsch entbunden wurde. Friedrich Ebert und Berlins Aufstieg als Metropole der sozialistischen DDR werden immerfort in einem Atemzug genannt werden.

Gestern also tat die neue Stadtverordnetenversammlung von Berlin ihren ersten Schritt hin zum Jahre 1971. Vier Jahre werden diese Männer und Frauen die Geschicke unserer Stadt leiten, vier Jahre, in denen das Zentrum seine endgültige Gestalt annimmt und andere wichtige Aufgaben bei der Vollendung des Sozialismus angepackt werden müssen. Wir wissen dabei den Fortschritt Berlins in guter Hand.

Woher diese Gewißheit rührt, ist für keinen von uns ein Geheimnis. Denn wir selber waren es ja, die diese Abgeordneten für die Liste der Nationalen Front vorschlugen und in vielen Wahlveranstaltungen auf Herz und Nieren prüften. Diese Menschen sind uns kein Buch mit sieben Siegeln. Wir kennen ihr Leben, ihre Arbeit, ihre Pläne. Sie sind Menschen unseres Vertrauens. ...

---

eingestuften Altbauten gesprengt worden. Die Chance, den Stadtkern behutsam zu erneuern, ist damit vertan worden. Am Marx-Engels-Platz bezieht im Februar 1967 das DDR-Außenministerium sein neues Gebäude. Kurz vor der Fertigstellung stehen das Ministerium für Bauwesen und ein zusätzliches Gebäude für den Staatsrat in der Breiten Straße.

Tiefbauarbeiten am Alexanderplatz: Im Frühjahr 1967 beginnen die Tiefbauarbeiten für die Umgestaltung des Alexanderplatzes, an der rund 3000 Bauarbeiter beteiligt sind. Der Verkehrsknotenpunkt erhält ein völlig neues Gesicht. Für einen flüssigen Verkehr werden neue Umgehungsstraßen angelegt und Änderungen bisheriger Straßenverläufe – etwa der Karl-Liebknecht-Straße – vorgenommen. Der dafür notwendige Aufwand ist groß. So müssen S- und Eisenbahnbrücken ersetzt werden. Hinzu kommt der Bau eines 640 m langen Straßentunnels, der die Verlegungen der U-Bahn-Trasse und der Kanalisation erfordert.

Großbaustelle in Lichtenberg: Eines der größten Projekte im Wohnungsbau wird im Bezirk Lichtenberg verwirklicht. Seit Anfang der sechziger Jahre entstehen hier rund 40 000 Wohnungen. Sie werden vorwiegend in Plattenbauweise errichtet.

Die Methode erlaubt ein zügiges und kostengünstiges Bauen. Allerdings bietet das normierte Verfahren nur wenig architektonischen Spielraum. Die Häuser wirken durch die gleichförmige Gestaltung reizlos. Angesichts der noch immer drängenden Wohnungsnot und dem gegenüber Altbauten hohen Komfort sind die Neubauwohnungen bei den Berlinern sehr begehrt. Das trifft gerade auch für Lichtenberg zu, weil hier die Verkehrsverbindungen günstig sind und die Wege zu den Arbeitsplätzen kurz sind. Anfang des Jahres 1967 können im Ortsteil Friedrichsfelde die letzten Wohnungen des neuerrichteten Hans-Loch-Viertels an die Mieter übergeben werden. Das Neubaugebiet ist nach Hans Loch, dem früheren Finanzminister der DDR und langjährigem Vorsitzenden der zur Nationalen Front gehörenden LDP benannt.

Das Hans-Loch-Viertels in Friedrichsfelde.

1968 ATTENTAT AUF RUDI DUTSCHKE

POLITIK

Ruf nach Reformen: Die Protestwelle, die seit 1966 West-Berlin in Atem hält, setzt sich fort. Mit Kundgebungen und Sit-in's oder Go-in's genannten Aktionen versuchen die überwiegend links gerichteten Studenten ihre Forderungen durchzusetzen. Im Mittelpunkt stehen dabei gesellschaftliche und hochschulpolitische Reformen, der Kampf gegen die Notstandsgesetze (verabschiedet vom Bundestag am 30. Mai) und eine Beendigung des Engagements der Vereinigten Staaten im Vietnamkrieg.

Demonstration gegen USA: Am 17. Februar veranstaltet der Sozialistische Deutsche Studentenbund (SDS) in der Technischen Universität eine Internationale Vietnamkonferenz. Die rund 3000 Teilnehmer verurteilen scharf die Politik der Vereinigten Staaten, fordern die Zerschlagung der NATO und sprechen sich dafür aus, ihre Aktionen zu verstärken. Dabei müsse man – so der SDS-Bundesvorsitzende Karl-Dietrich Wolff – vom »bloßen Protest« zum »Widerstand« übergehen. Die am folgenden Tag in Charlottenburg organisierte Demonstration, an der 12 000 Menschen teilnehmen, verläuft friedlich.

Demonstration für USA: Bei großen Teilen der West-Berliner Öffentlichkeit stoßen die Proteste der Studenten auf Ablehnung. Der Senat, die im Abgeordnetenhaus vertretenen Parteien und die Gewerkschaften veranstalten am 21. Februar unter dem Motto »Berlin steht für Freiheit

Demonstration gegen den Krieg in Vietnam auf dem Kurfürstendamm mit Rudi Dutschke (mit Lederjacke) anläßlich der internationalen Vietnam-Konferenz in der Technischen Universität, 18. Februar 1968.

und Frieden« auf dem John-F.-Kennedy-Platz eine Kundgebung, auf der die gewalttätigen Demonstrationen und die Angriffe der Studenten gegen die amerikanische Schutzmacht verurteilt werden. Redner auf der Veranstaltung, an der rund 100 000 Menschen teilnehmen, sind der Regierende Bürgermeister Klaus Schütz (SPD) und der Präsident des Abgeordnetenhauses Walter Sickert (SPD).
Am Rande der Kundgebung kommt es zu Zusammenstößen mit Gegendemonstranten; dabei werden mehrere Personen verletzt.

»Appell an die Vernunft«: Die Humanistische Union, der Arbeitskreis Kirche und Gesellschaft der Evangelischen Kirche sowie die Liga für Menschenrechte versuchen am 6. März auf einer Veranstaltung in der Technischen Universität den Konflikt zwischen Studenten und Staat zu entschärfen und eine weitere Eskalation zu verhindern.
Die Teilnehmer – unter ihnen der Verleger Gerd Bucerius, der Schriftsteller Günter Grass und der Theologe Martin Fischer – beklagen das von Gewalttätigkeit beherrschte Klima in der Stadt und rufen in einem »Appell an die Vernunft« zu Besonnenheit und Toleranz auf.

Schüsse auf Rudi Dutschke: Bereits wenige Wochen später gerät die Spirale der Gewalt erneut in Bewegung. Auf dem Kurfürstendamm, in unmittelbarer Nähe des SDS-Büros, verübt am 11. April ein dreiundzwanzigjähriger Rechtsextremist einen Mordanschlag auf den Studentenführer Rudi Dutschke. Dutschke erleidet durch mehrere Schüsse lebensgefährliche Verletzungen und kann erst nach einer mehrstündigen Operation gerettet werden.

Proteste gegen Verlagshaus: Das Attentat zieht eine weitere Demonstrationswelle nach sich.

Den Anschlag auf Studentenführer Rudi Dutschke vom 11. April 1968 und die folgenden Ausschreitungen gegen den Springer-Konzern kommentiert »Der Tagesspiegel«:

Die Stunde scheint gekommen, da das Wirtschaftswunderland, dieser trotz Wiedervereinigungsparolen saturierte Wohlfahrtsstaat, in dem es sich so prächtig leben und demonstrieren läßt, diese gutbürgerliche Gesellschaft mit dem neuralgischen Außenposten Berlin die große innenpolitische Bewährungsprobe zu bestehen hat. Aus dem Wetterleuchten am 2. Juni und dem Gewölk politischer Unzufriedenheit vieler zuckte der Blitz eines Mordanschlages. Unwetter der Gewalt gehen über deutschen Städten nieder. Und es erhebt sich die bange Frage, ob wir diese Probe bestehen oder ob erneut deutsche Bereitschaft zum kompromißlosen politischen Hassen die junge demokratische Gewöhnung an Toleranz und Freiheit des Andersdenkenden durchbricht.

Ein zugereister primitiver Fanatiker, der Hitler-Bilder malt, hat den an sich und seiner Zeit leidenden Verkünder einer unpräzis formulierten, perfektionistisch gemeinten Volksherrschaft niedergeschossen. Eine Einzeltat, gewiß. Aber sind nicht in Berlin Gewalttaten gegen anders Aussehende vor dem Rathaus im Februar als bedauerliche, aber verständliche Randerscheinungen bagatellisiert worden? Hat unser Regierender Bürgermeister nicht seinen Parteifreunden zugerufen: »Seht euch diese Typen an« und damit ein Schmähbild an die Wand gemalt, das der Wirklichkeit junger Rebellion nicht gerecht wird, an frühere Diffamierungsklischees erinnert und die äußerste Linke in ihrer Solidarisierung bestätigt? Haben nicht Zeitungen des Springer-Konzerns solch undemokratische Typisierungen plakatiert? ... Daß die politisch eingesetzte Konzentrierung publizistischer Macht ein demokratisches Übel ist, wird nicht nur von Extremisten behauptet. An solchen Tatsachen entzündet sich die geistige Revolte gegen das Establishment, die nach einer Gewalttat in Gewalt umschlägt. Erklärt dies manches, so rechtfertigt es natürlich keine kriminellen Handlungen. Die extreme Linke steht auch am Scheideweg.

Mit dem Sengen und Demolieren der vergangenen Tage, ... hat die außerparlamentarische Opposition bereits, gewollt oder ungewollt, eine große Gelegenheit vertan, die Bestürzung über den Mordanschlag in eine größere Verständigungsbereitschaft »umzufunktionieren«, wie die Studenten sich ausdrücken. Hier wurde eine Gasse für die radikale Vernunft durch den Wall der Konventionen sogleich verschüttet ...

DDR »SOZIALISTISCHER STAAT DEUTSCHER NATION« 1968

POLITIK

Politik der Selbständigkeit gesetzlich gefestigt: Die Regierung der DDR setzt ihre Politik der Abgrenzung von der Bundesrepublik, der Isolierung West-Berlins als »selbständige politische Einheit« und die Integration Ost-Berlins als Hauptstadt der Deutschen Demokratischen Republik fort. Nach der im Vorjahr erfolgten Neufassung des Staatsbürgerschaftsgesetzes folgen nun weitere Gesetze, darunter ein neues, dem Sozialismus verpflichtetes Strafrecht und eine neue Verfassung, in der die Führungsrolle der SED festgeschrieben wird.

Neues Strafrecht: Am 12. Januar verabschiedet die Volkskammer in Ost-Berlin ein neues Strafrechtsgesetz. Es tritt an die Stelle des Reichsstrafgesetzbuches von 1871 und beinhaltet eine Reihe von Änderungen gegenüber dem bisherigen, auch in der Bundesrepublik angewendeten Strafrechts.

Während für einige Straftatbestände, etwa Eigentums- und Sexualdelikte, Milderungen vorgesehen sind, werden politische Vergehen mit deutlich höheren Strafen bedroht. Dazu zählen staatsfeindliche Hetze (ein bis fünf Jahre Haft), Hoch- und Landesverrat, Sabotage, Terror, Aggression gegen die DDR und landesverräterischer Treuebruch (bis zu lebenslange Haft oder Todesstrafe).

Kundgebung am Vorabend des Volksentscheids für eine neue Verfassung der DDR, Unter den Linden, 5. April 1968.

Sozialistische Verfassung: Am 6. April findet in der DDR ein Volksentscheid über die Annahme einer neuen Verfassung statt. Nach offiziellen Angaben sprechen sich 94,49 % der Stimmberechtigten für den am 26. März von der Volkskammer in Berlin vorlegten Entwurf aus. In der Hauptstadt liegt die Zustimmung nur bei 90,96 %.

Während die seit Gründung der DDR am 7. Oktober 1949 gültige Verfassung parlamentarisch-demokratischen Charakter hatte, orientiert sich die neue an der sozialistischen Gesellschaftsordnung. So wird die DDR als »sozialistischer Staat deutscher Nation« beschrieben, in dem der SED die führende Rolle zufällt und sozialistische Produktions- und Eigenstumsverhältnisse herrschen.

Laut Artikel 1, Absatz 2 der am 8. April in Kraft tretenden neuen Verfassung ist Berlin die Hauptstadt der Deutschen Demokratischen Republik. Der Ostteil Berlins gehört jetzt vorbehaltlos zur DDR.

Paß- und Visumpflicht: Die Regierung der DDR erläßt am 11. Juni ein neues Gesetz, das die Einführung einer Paß- und Visumpflicht für Benutzer der Transitwege zwischen West-Berlin und dem Bundesgebiet vorsieht. Für DDR-Bürger, die nach Westdeutschland reisen wollen, gelten ebenfalls neue Bestimmungen. Sie erhalten anstelle des bisherigen Vorläufigen Reisepasses einen regulären Reisepaß. Für Reisen nach West-Berlin wird ein Sichtvermerk eingetragen. Eine größere Freizügigkeit im Ost-West-Reiseverkehr ist nicht vorgesehen, es müssen auch weiterhin Ausreiseanträge gestellt werden, die nur in besonders dringenden Fällen genehmigt werden.

DDR-Innenminister Friedrich Dickel gibt gegenüber der Volkskammer am 11. Juni 1968 eine Erklärung über die Einführung der Paß- und Visumpflicht im Verkehr von und nach West-Berlin ab:

... Die Eindämmung des Herdes des Neonazismus und Revanchismus ist ... zu einer noch zwingenderen Notwendigkeit geworden. Die Bonner Machthaber versuchen, verstärkt ihre Alleinvertretungsanmaßung durchzusetzen und Westberlin widerrechtlich in die westdeutsche Bundesrepublik einzubeziehen ... Zum Schutze des friedlichen Aufbauwerkes der DDR und zur Wahrung ihrer souveränen Rechte auf ihrem Territorium sind Maßnahmen zur besseren Regelung und Ordnung der Ein- und Ausreise sowie der Durchreise durch die DDR vorgesehen. Es ist die selbstverständliche Pflicht unseres sozialistischen Staates, seine Bürger vor den von Westdeutschland und Westberlin ausgehenden Gefahren zu schützen. Der Staat muß insbesondere gewährleisten, daß das Territorium unserer Republik nicht für aggressive Zwecke mißbraucht wird. Deshalb ist es notwendig, die bisher gültigen vorläufigen Teilregelungen auf dem Gebiet des Verkehrs in eine geordnete Gesamtregelung umzuwandeln.

Die DDR beabsichtigt, im Reise- und Transitverkehr von und nach der Bundesrepublik und der selbständigen politischen Einheit Westberlin Paß- und Visa-Pflicht einzuführen.

... Um in die DDR ein- bzw. auszureisen sowie zur Durchreise benötigen die Bürger der westdeutschen Bundesrepublik künftig einen gültigen Paß und entsprechende Visa. Für den Tagesaufenthalt in unserer Hauptstadt ist für sie nunmehr ein Reisepaß sowie eine Tagesaufenthaltsgenehmigung erforderlich. Im Transitverkehr von Westdeutschland nach Westberlin und umgekehrt ist ein Reisepaß und ein Transitvisum vorgeschrieben.

Für Westberliner Bürger werden folgende Regelungen gelten: Sie erhalten im Transitverkehr von Westberlin nach Westdeutschland und umgekehrt auf einer Anlage zum Vorläufigen Westberliner Personalausweis ein Transitvisum. Für die Einreise in die DDR wird ihnen ebenfalls auf einer Anlage zum Westberliner Personalausweis ein Einreisevisum erteilt.

Das Verfahren zur Einreise Westberliner Bürger in die Hauptstadt der DDR bleibt unverändert. Welche Festlegungen sind für die Bürger unserer Republik vorgesehen? Die Bestimmungen für die Antragstellung und für die Reisegenehmigung blieben unverändert. Sie bekommen nach Genehmigung der Reisen nach der westdeutschen Bundesrepublik künftig anstelle des bisherigen vorläufigen Personalausweises einen Reisepaß mit einem Ausreisevisum ausgehändigt. Bei Reisen nach Westberlin ist ein Sichtvermerk im Reisepaß erforderlich.

... Entsprechend internationaler Gepflogenheiten werden für die Erteilung der Visa Gebühren erhoben ...

1968 ATTENTAT AUF RUDI DUTSCHKE

Noch am 11. April 1968, wenige Stunden vor dem Anschlag, hatte Rudi Dutschke »Stern tv« ein Interview gegeben, in dem der Studentenführer zu Fragen seiner persönlichen Sicherheit Stellung genommen hatte:

Frage: *... Es haben verschiedene Zeitungen in der Bundesrepublik geschrieben, es wäre schon etwas wie Pogromstimmung hier in West-Berlin entstanden?*
Dutschke: *No. Ich glaube, das ist eine Übertreibung. Es gibt pogromartige Ansätze, aber die sind ganz normal. Die Menschen, die tagtäglich einer wahnsinnig langweiligen und langen Arbeit nachgehen müssen, wenn die 'n paar Stunden früher mal zusammenkommen und trainiert sind, gegen Minoritäten und Andersdenkende anzutreten, daß die mal sauer sind und daß die sich austoben, das ist klar. Aber das ist nicht sehr gefährlich, das ist ein ohnmächtiger Protest.*
Es zeigt bloß, wie sehr ein Teil der Berliner Bevölkerung manipulierbar und mobilisierbar ist. Aber nicht mobilisierbar in einem kämpferischen Sinne, nicht in einem ideologischen Sinne, sondern eigentlich nur noch als Appendix, als Anhängsel der Interessen des Staatsapparates.
Frage: *Ja, und haben Sie nicht manchmal Angst, daß Ihnen einer über den Kopf schlägt?*
Dutschke: *Nicht Angst. Das kann passieren, aber Freunde passen mit auf. Normalerweise fahre ich nicht allein 'rum. Es kann natürlich irgend'n Neurotiker oder Wahnsinniger mal 'ne Kurzschlußhandlung durchführen ...*

Ziel der Proteste ist der Springer-Verlag mit seinen Filialen, der vom SDS als geistiger Urheber des Mordanschlags bezeichnet wird. Dessen beispiellose Hetzkampagne habe »alle Oppositionellen zu Freiwild gemacht«. Noch am selben Abend kommt es zu ersten Auseinandersetzungen vor dem Springer-Haus in der Kreuzberger Kochstraße, als Demonstranten versuchen, die Auslieferung von Zeitungen zu verhindern.
In den folgenden Tagen setzten sich die Proteste fort. Dabei spielen sich in West-Berlin bürgerkriegsähnliche Szenen ab; bei Straßenschlachten zwischen Sympathisanten der Außerparlamentarischen Opposition (APO) und der Polizei werden mehrere Menschen verletzt.
Visa für Transitreisende: Als weitere Demonstration ihrer Souveränität führt die DDR am 11. Juni den Paß- und Visumzwang für Fahrten von und nach West-Berlin ein. Hatte bislang der Personalausweis genügt, müssen die Reisenden künftig Anträge auf Durchreise stellen und fünf DM für ein Visum entrichten. Abgefertigt wird nur schleppend: Vor den Kontrollstellen an den Transitstrecken kommt es zu kilometerlangen Staus; mehrstündige Wartezeiten sind die Folge. Der Senat, die Bundesregierung und die Westmächte protestieren gegen die Maßnahme der Regierung der DDR und bezeichnen sie als Bruch internationaler Abmachungen. Um die Belastung der West-Berliner möglichst gering zu halten, beschließt am 17. Juni die Bundesregierung die Erstattung der Visagebühren. Sie werden an den Postämtern ausbezahlt.
Ende des »Prager Frühlings«: Am 21. August marschieren Truppen des Warschauer Paktes in die Tschechoslowakei (ČSSR) ein und beenden gewaltsam den Versuch der Prager Regierung, einen Sozialismus mit liberalen Zügen zu praktizieren. In der Bundesrepublik und insbesondere im sich vom Ostblock bedroht fühlenden West-Berlin löst die Militäraktion Bestürzung und Betroffenheit aus. Wenige Stunden nach dem Einmarsch der Einheiten des Warschauer Paktes finden sich in West-Berlin Tausende von Menschen zu spontanen Protestkundgebungen zusammen.
Ohrfeige für den Bundeskanzler: Für einen Eklat sorgt am 7. November auf dem Bundesparteitag der CDU in der Kongreßhalle (Tiergarten) die neunundzwanzigjährige Beate Klarsfeld. Sie versetzt Bundeskanzler Kurt Georg Kiesinger, dem sie eine Verstrickung in den Nationalsozialismus vorwirft, vor den Augen der Delegierten eine Ohrfeige. Frau Klarsfeld wird wegen der Tat noch am selben Tag von einem West-Berliner Gericht zu einem Jahr Gefängnis ohne Bewährung verurteilt. In der Öffentlichkeit ist diese Vorgehensweise stark umstritten: Sowohl die ungewöhnlich schnelle Aburteilung als auch die nach Ansicht vieler Juristen unangemessen hohe Strafe werden als rechtsstaatlich bedenklich gewertet.

Unmittelbar nach Bekanntwerden des Anschlags auf Rudi Dutschke läßt der SDS Flugblätter verteilen:

Heute nachmittag [11. April] wurde der Genosse Rudi Dutschke durch den Anschlag eines aufgehetzten Jugendlichen mit drei Pistolenschüssen lebensgefährlich verletzt. Die Schüsse trafen Gehirn, Brust und Hals. Ungeachtet der Frage, ob Rudi das Opfer einer politischen Verschwörung wurde: Man kann jetzt schon sagen, daß dieses Verbrechen die Konsequenz der systematischen Hetze ist, welche Springer-Konzern und Senat in zunehmenden Maße gegen die demokratischen Kräfte in dieser Stadt betrieben haben. Wir rufen die Außerparlamentarische Opposition auf, heute abend um 20.00 Uhr in das Auditorium maximum der TU zu kommen. Morgen um 15.00 Uhr Demonstration am Lehniner Platz.

Hans Scharoun, um 1960.

KULTUR

Blacher löst Scharoun ab: Einen Wechsel an der Führungsspitze vollzieht am 29. April die West-Berliner Akademie der Künste. Der Architekt Hans Scharoun, seit 1955 Präsident der Kulturinstitution, legt sein Amt nieder. Zu seinem Nachfolger auf Lebenszeit wählt die Mitgliederversammlung den Komponisten Boris Blacher. Scharoun, der sich künftig ausschließlich auf seine Bau- und Planungstätigkeiten beschränken will, bleibt jedoch auch weiterhin der Akademie verbunden: Er wird zum Ehrenpräsidenten auf Lebenszeit berufen.
Gedenken an deutschen Widerstand: Am 20. Juli – dem 24. Jahrestag des Attentats auf Adolf Hitler – wird im Bendlerblock (Tiergarten) die von der Landeszentrale für politische Bildungsarbeit eingerichtete Gedenk- und Bildungsstätte Stauffenbergstraße mit einer Dokumentation zum Umsturzversuch vom 20. Juli 1944 eröffnet. Im Hof des Gebäudes an der Stauf-

Boris Blacher.

DDR »SOZIALISTISCHER STAAT DEUTSCHER NATION« 1968

Westliche Notstandsgesetze – die DDR sieht sich bedroht: Eine der Begründungen, die die DDR für die Verschärfung der Bestimmungen im Reise- und Transitverkehr anführt, sind Gefahren, die vom westdeutschen Imperialismus ausgingen und vor denen der sozialistische deutsche Staat durch verstärkte Kontrollen geschützt werden müßte. Ausdrücklich Erwähnung finden dabei die am 30. Mai in der Bundesrepublik nach heftigen Diskussionen verabschiedeten Notstandsgesetze. Sie sehen im Falle eines inneren oder äußeren Notstandes die Beschneidung gewisser Grundrechte vor. Die DDR-Regierung sieht darin eine gezielte Kriegsvorbereitung.

DDR bietet Wiedervereinigung an: Der Kampf gegen die Notstandsgesetze ist eines der zentralen Anliegen der in West-Berlin demonstrierenden Studenten. Aus diesem Grund versi-

> *Am Abend vor dem Volksentscheid über die neue DDR-Verfassung (6. April 1968) findet vor der Universität Unter den Linden eine Großkundgebung statt, an der rund 140 000 Menschen teilnehmen. Die »Berliner Zeitung« schreibt:*
>
> *...Von der Tribüne der altehrwürdigen Humboldt-Universität zu Berlin bot sich ein grandioses Bild: So weit das Auge reichte, bis hinunter zur Friedrichstraße und bis weit auf den Marx-Engels-Platz standen die Berliner dicht an dicht. Schon eine halbe Stunde vor Beginn der Willenskundgebung waren große Teile der Linden gedrängt voll. Von allen Seiten strömten die Menschen beschwingten Schrittes zu den Klängen von Arbeiterkapellen und FDJ-Fanfarenzügen. Tausende trugen Schilder mit sich, von denen das Wort Ja leuchtete. Unter den Linden ein Wald von Ja. Auf Transparenten hatten die Berliner einfallsreich die Gründe für ihre Zustimmung zur Verfassung formuliert. Immer wieder ertönten Sprechchöre, wie sie sich jedem Bürger der Hauptstadt in diesen historischen Tagen eingeprägt haben ...*

Sitzung der Volkskammer in der Kongreßhalle am Alexanderplatz: Abstimmung über die neue Reise- und Visumregelung für Reisende von und nach West-Berlin, Juni 1968.

chert die DDR-Regierung den Anhängern des Sozialistischen Deutschen Studentenbundes (SDS) mehrfach ihre Solidarität. Am 29. Februar veröffentlicht das Zentralkomitee der SED einen offenen Brief, in dem die Proteste ausdrücklich begrüßt werden. Gleichzeitig bietet es den Bürgern der Bundesrepublik die Wiedervereinigung an zu einem Deutschland mit sozialistischer Gesellschaftsordnung.

Schutz für sozialistische Ordnung: Am 20. August rücken Truppen des Warschauer Paktes in die Tschechoslowakei (ČSSR) ein, um die sozialistische Entwicklung sowjetischer Prägung zu sichern. Die Aktion erfolgt auf ein angebliches Hilfsersuchen führender Prager Politiker. Viele Ost-Berliner Bürgerrechtler und politische Kritiker hatten die sogenannte Demokratisierung in der Tschechoslowakei mit besonderem Interesse verfolgt. Sie haben darauf gehofft, daß der »Prager Frühling« ausstrahlen und eine »Liberalisierung« auch in der DDR bewirken könnte. Mit dem Truppeneinmarsch müssen die Hoffnungen auf eine Reformfähigkeit des real existierenden Sozialismus begraben werden.

KULTUR

Festtage mit kulturellen Glanzlichtern: Die 12. Berliner Festtage, die vom 29. September bis 13. Oktober stattfinden, bieten eine Fülle von Konzerten, Theateraufführungen und Ballettabenden. Die rund 200 Veranstaltungen werden von mehr als 100 000 Menschen besucht.
Zu den Höhepunkten der Festtage zählen Gastspiele der Nationaloper Sofia, des Nationaltheaters Warschau sowie eine Aufführung des Landestheaters Halle an der Saale, das eine Bühnenfassung des Romans »Die Aula« von Hermann Kant in der Inszenierung von Horst Schönemann präsentiert.

ALLTAG UND GESELLSCHAFT

Freiwilliger Arbeitseinsatz: Um die Attraktivität Berlins zu erhöhen, wird im Ost-Berliner Bezirk Köpenick am 29. Februar die Aktion »Schöner unsere sozialistische Hauptstadt Berlin – Mach mit!« initiiert. Im Rahmen freiwilliger Arbeitseinsätze sollen Grünanlagen verschönert, Spiel- und Sportplätze angelegt und Wohnraum renoviert werden. An der Aktion be-

> *In der Ost-Berliner Presse wird im Rahmen des Volksentscheides über die »sozialistische Verfassung« ein Aufruf veröffentlicht:*
>
> *Willenserklärung*
> *An die Bürgerinnen und Bürger der Hauptstadt der Deutschen Demokratischen Republik, Berlin.*
>
> *Wir Bürger der Hauptstadt der Deutschen Demokratischen Republik, Berlin, bekunden am Vorabend des Volksentscheides über die neue Verfassung unseres Staates:*
> *Diese Verfassung ist unser gemeinsames Werk. Wir alle haben sie durch unsere Arbeit und die gesellschaftliche Entwicklung mitgestaltet. Die neue Verfassung bestätigt die Errungenschaften unseres Volkes und die Politik unseres Staates für Frieden, Demokratie und Sozialismus.*
> *Sie neue Verfassung weist uns den guten Weg in die Zukunft der Gestaltung des entwickelten gesellschaftlichen Systems des Sozialismus. Dafür wollen wir gemeinsam alles tun, um unsere Deutsche Demokratische Republik weiter zu stärken.*
> *Unserer Verantwortung bewußt und unserer glücklichen Zukunft gewiß, werden wir morgen, am 6. April 1968, der neuen Verfassung unser Ja geben.*
> *Es ist das Ja für das Glück unseres Volkes!*

1968 ATTENTAT AUF RUDI DUTSCHKE

Die Neue Nationalgalerie an der Potsdamer Straße (Tiergarten), im Vordergrund die Plastik »Bogenschütze« von Henry Moore (1964), 1968.

fenbergstraße war 1952 zum Gedenken an die Opfer des 20. Juli 1944 ein Denkmal (eine männliche Bronzegestalt von Richard Scheibe) enthüllt worden.

Architektonisches Meisterwerk: Mit einer Ausstellung des niederländischen Malers Piet Mondrian öffnet nach dreijähriger Bauzeit am 15. September an der Potsdamer Straße in Tiergarten die Neue Nationalgalerie ihre Pforten. Der Entwurf für das in streng kubischer Form aus Stahl und Glas errichtete Gebäude stammt von Ludwig Mies van der Rohe. Über einem Sockelgeschoß erhebt sich ein Glaspavillon.
Die Neue Nationalgalerie, ein Museum der Stiftung Preußischer Kulturbesitz, beherbergt die im Zweiten Weltkrieg in den Westen verlagerten Bestände der Nationalgalerie auf der Museumsinsel (Mitte).

Modernstes Krankenhaus Europas: Mit dem am 9. Oktober am Hindenburgdamm in Lichterfelde eröffneten Universitätsklinikum Steglitz erhält West-Berlin einen Krankenhausbau der Superlative. Der Komplex, dessen Fertigstellung 302 Millionen DM kostete, verfügt über 1426 Betten. Zur Behandlung der Patienten stehen 16 Operationssäle zur Verfügung. Hinzu kommen Einrichtungen für Forschung und Lehre: Rund 2700 Medizinstudenten sollen am Klinikum Steglitz ihre Ausbildung erhalten.

SPORT

Turner aus aller Welt besuchen Berlin: Höhepunkt des Berliner Sportjahres 1968 ist das vom 28. Mai bis 2. Juni stattfindende Deutsche Turnfest. Rund 68 000 Sportler nehmen an dem Ereignis teil. Um die große Zahl an Gästen aufnehmen zu können, sind in Schulen Schlafsäle eingerichtet worden. Austragungsorte der in 60 Disziplinen ausgetragenen Wettkämpfe sind neben vielen anderen das Olympiastadion und die Deutschlandhalle.

Die Bundesregierung übermittelt der sowjetischen Regierung am 1. März 1968 eine Note, in der Verstöße gegen den Viermächte-Status von Berlin beklagt werden. Dazu zählt unter anderem die Einbeziehung Ost-Berlins in die neue Verfassung der DDR vom 8. April:

... Die Bundesrepublik Deutschland wirkt mit den Regierungen Frankreichs, des Vereinigten Königreichs und der Vereinigten Staaten zusammen, um es ihnen zu erleichtern, ihren Verantwortlichkeiten in bezug auf Berlin nachzukommen. Im Einvernehmen mit ihnen bemüht sie sich, die wirtschaftliche Entwicklung zu fördern und die Lebensbedingungen der Bevölkerung in den westlichen Sektoren von Berlin zu verbessern. Die Regierung der Bundesrepublik Deutschland bedauert, daß im östlichen Sektor von Berlin der Viermächte-Status in wesentlichen Bereichen fortlaufend mißachtet wird. Es ist vor allem eine schwer erträgliche Belastung für die Bevölkerung ganz Berlins, daß die Stadt durch einseitige Maßnahmen auf Ostberliner Boden in zwei hermetisch getrennte Teile gespalten wurde und daß nicht einmal ein Mindestmaß von menschlichen Beziehungen mehr zugestanden wird. Eine Entspannung der Lage in Berlin ist ohne Erleichterungen in dieser Hinsicht kaum möglich. Die Regierung der Bundesrepublik ... ist jederzeit bereit, mit allen Vier Mächten zusammenzuarbeiten, wenn dies ... Berlin förderlich ist.

KALENDARIUM

15. Januar: Der Generalsekretär der KPdSU Leonid I. Breschnew, Staatspräsident Nikolai W. Podgorny und Ministerpräsident Alexei N. Kossygin treffen in Ost-Berlin zu einem zweitägigen Arbeitsbesuch ein.

21. Februar: Vor dem Schöneberger Rathaus nehmen 150 000 West-Berliner an einer von Senat, Abgeordnetenhaus und Gewerkschaften initiierten Kundgebung unter dem Motto »Berlin steht für Freiheit und Frieden« teil. Damit soll die Verbundenheit mit den Westalliierten, speziell den wegen ihrer Südostasien-Politik von der Studentenschaft scharf kritisierten Vereinigten Staaten, demonstriert werden.

6. März: Bei einer Veranstaltung in der Technischen Universität unter dem Motto »Appell an die Vernunft« beklagen die Teilnehmer das gespannte, von Gewalttätigkeit geprägte politische Klima in West-Berlin.

14. März: Wegen ihrer Teilnahme an einer Demonstration gegen den Vietnamkrieg schließt der Landesverband der West-Berliner SPD die Bezirksstadträte Erwin Beck und Harry Ristock aus der Partei aus. Am 20. März nimmt der SPD-Parteitag in Nürnberg den Beschluß zurück und ordnet statt dessen ein Parteiordnungsverfahren an.

6. April: In der DDR wird ein Volksentscheid über die neue sozialistische Verfassung durchgeführt. Nach offiziellen Angaben stimmen 94,49 % der DDR-Bürger für die Verfassung. Der Anteil der Ja-Stimmen beträgt in Ost-Berlin 90,96 %.

11. April: Auf dem Kurfürstendamm wird der West-Berliner Studentenführer Rudi Dutschke bei einem Attentat lebensgefährlich verletzt.

12.–15. April: Bei Protestmärschen wegen des Attentats auf Rudi Dutschke kommt es Krawallen. Die Aktionen der Demonstranten sind vor allem gegen das Verlagshaus Axel Springer gerichtet.

13. April: Das DDR-Innenministerium untersagt Angehörigen der Bundesregierung die Benutzung der Transitwege von und nach West-Berlin.

29. April: Die West-Berliner Akademie der Künste wählt den Komponisten Boris Blacher zu ihrem Präsidenten auf Lebenszeit. Blacher tritt die Nachfolge des Architekten Hans Scharoun an, der zum Ehrenpräsidenten berufen wird.

1. Mai: Anläßlich der zweiten Lesung der Notstandsgesetze im Deutschen Bundestag wird an den West-Berliner Hochschulen ein Vorlesungsstreik durchgeführt.

22. Mai: Im Botanischen Garten in Dahlem wird das während des Krieges zerstörte, in fünfjähriger Bauarbeit rekonstruierte Große Tropenhaus eingeweiht. Es ist das größte Gewächshaus Europas.

28. Mai: Im Olympiastadion findet die Ver-

KALENDARIUM — DDR »SOZIALISTISCHER STAAT DEUTSCHER NATION« 1968

anstaltung zur Eröffnung des Deutschen Turnfestes statt. An den bis zum 2. Juni dauernden Wettkämpfen nehmen knapp 70 000 Menschen teil.

11. Juni: Das DDR-Innenmisterium verfügt die Einführung einer Paß- und Visumpflicht für Benutzer der Transitwege zwischen West-Berlin und dem Bundesgebiet.

23. Juni: Hertha BSC schafft den Wiederaufstieg in die Fußballbundesliga.

10. Juli: Aus Protest gegen die Ablehnung einer neuen Satzung für die Freie Universität Berlin durch den Akademischen Senat besetzen und verwüsten rund 1500 Studenten das Rektoratsgebäude.

20. Juli: Im Bendlerblock (Tiergarten) wird am 24. Jahrestag des Attentats auf Adolf Hitler vom 20. Juli 1944 die Gedenk- und Bildungsstätte Stauffenbergstraße eröffnet.

15. August: In Grünau (Ost-Berlin) werden auf der Olympia-Regattastrecke die Europameisterschaften im Rudern der Frauen ausgetragen. Die erfolgreichste Mannschaft stellt die DDR.

16. August: Im Berliner Olympiastadion finden die 68. Deutschen Leichtathletikmeisterschaften statt.

21. August: Wenige Stunden nach dem Einmarsch der Truppen des Warschauer Paktes in die Tschechoslowakei kommt es in West-Berlin zu Protestdemonstrationen.

15. September: An der Potsdamer Straße (Tiergarten) öffnet die von Ludwig Mies van der Rohe entworfene Neue Nationalgalerie ihre Pforten.

20. September: Zwischen Birkbuschstraße und Wolfensteindamm (Steglitz) und dem Sachsendamm (Schöneberg) wird die Westtangente der West-Berliner Stadtautobahn dem Verkehr übergeben.

22. September: Mit einem Konzert der New Yorker Philharmoniker unter Leonard Bernstein in der Berliner Philharmonie (Tiergarten) werden die 18. Festwochen eröffnet (bis 10. Oktober).

29. September bis 13. Oktober: Im Rahmen der 12. Ost-Berliner Festtage finden rund 200 Konzerte, Theateraufführungen und weitere Kulturveranstaltungen statt.

9. Oktober: In West-Berlin wird das Klinikum Steglitz eröffnet.

7. November: Während des Bundesparteitags der CDU in der Kongreßhalle ohrfeigt Beate Klarsfeld Bundeskanzler Kurt Gorg Kiesinger wegen dessen nationalsozialistischer Vergangenheit.

9. Dezember: Der Schriftsteller Günter Grass und der Publizist Kai Herrmann erhalten im Jüdischen Gemeindehaus in der Charlottenburger Fasanenstraße die Carl-von-Ossietzky-Medaille der West-Berliner Sektion der Internationalen Liga für Menschenrechte.

teiligen sich Tausende von Ost-Berlinern, die nach offiziellen Angaben allein 1968 Leistungen im Wert von fast 150 Millionen Mark erbringen. In der DDR-Presse wird dieses Ergebnis als Ausdruck der Liebe der Bevölkerung zu ihrer sozialistischen Heimat gewertet.

Sozialistische Hochschulreform: Gemäß den Beschlüssen der SED-Hochschulkonferenz verabschiedet der Akademische Senat der Humboldt-Universität zu Berlin am 28. Februar eine umfassende Reform. Ziel ist es, den Universitätsbetrieb stärker auf die »Erfordernisse des entwickelten Sozialismus« einzustellen. Im Rahmen einer Neugliederung werden die bisherigen neun Fakultäten in Sektionen überführt. Neue Lehrplänen sollen dafür sorgen, daß Praxisverbundenheit und ideologische Schulung größere Berücksichtigung finden. Der Einfluß des Konzils, dem Lehrkörper, Studenten und an der Universität beschäftigte Arbeiter und Angestellte angehören, wird verstärkt. Als Schnittstelle der Humboldt-Universität zu Politik und Wirtschaft dient ein Gesellschaftlicher Rat aus Vertretern des Magistrats und der Berliner Betrieben. Eine zentrale Rolle kommt der FDJ zu, sie dient der Studentenschaft als Interessenvertretung.

Abschied von Arnold Zweig: Am 10. November stirbt in Ost-Berlin im Alter von 81 Jahren der Schriftsteller Arnold Zweig. Der überzeugte Pazifist, Sozialist und Zionist zählte zu den herausragenden Persönlichkeiten der deutschsprachigen Literatur. Zweig war ein bitterer Zeitkritiker und Humanist, der in seinen Romanen bittere Zeitanalysen um den Konflikt zwischen Individuum und Staat gegeben hat. Als sein Hauptwerk gilt der mehrbändige Romanzyklus »Der große Krieg der weißen Männer« (1927 bis 1958), zu dem der Roman »Der Streit um den Sergeanten Grischa« gehört.

Nach seiner Flucht vor den Nationalsozialisten 1933 nach der Schweiz und Frankreich lebte Zweig in Palästina und kehrte 1948 nach Deutschland (Ost-Berlin) zurück. 1950 wurde er erster Präsident der Deutschen Akademie der Künste und übernahm 1957 den Vorsitz des deutschen PEN-Zentrums Ost und West.

Die DDR ehrt den Verstorbenen am 2. Dezember mit einem Staatsakt im Deutschen Theater, an dem führende Repräsentanten aus Politik und Kultur teilnehmen. Redner ist unter anderem der stellvertretende Ministerpräsident Alexander Abusch (SED).

Seine letzte Ruhestätte findet Arnold Zweig auf dem Dorotheenstädtischen Friedhof im Stadtbezirk Mitte. Das Haus von Zweig in der Homeyerstraße (Pankow) wird von der Akademie übernommen, die dort das Arnold-Zweig-Archiv einrichtet.

Das Hauptgebäude der Humboldt-Universität, Unter den Linden.

1969 BEWEGUNG IN DER BERLINFRAGE

POLITIK

Entspannung bahnt sich an: Die Krisen der sechziger Jahre hatten gezeigt, daß im Zeitalter der Atomraketen und des Gleichgewichtes der Kräfte der Status quo der Machtblöcke unveränderbar war. Statt Machtproben – wie um die sowjetischen Raketen auf Kuba – zu veranstalten, geht man dazu über, nach Begrenzung von Gefahren zu suchen. Ausgehend vom gegenwärtigen Zustand der getrennten Machtblöcke zielen westliche Überlegungen – neben militärischer Sicherheit – auf Entspannung ab. Berlin, die deutsche Frage und der Friede in Europa erweisen sich auch hier als die Angelpunkte der Politik.

Regierender Bürgermeister Schütz in Polen: Im Sommer 1969 sind erste Zeichen von Gesprächsbereitschaft zwischen Ost und West spürbar. Vom 14. bis 16. Juni unternimmt Klaus Schütz eine aufsehenerregende Reise nach Polen. In Gesprächen mit Regierungsmitgliedern findet Schütz seine Position, echte Verbesserungen für Berlin verlangten Bewegung im Westen und Anerkennung der »Realität West-Berlin« im Osten, bestätigt: »Meine [polnischen] Gesprächspartner gingen gleich uns von den derzeitigen Gegebenheiten aus. Das heißt also, die staatliche Existenz der DDR ist so selbstverständlich wie die Zuordnung West-Berlins zur Bundesrepublik.«

In einem folgenden Artikel für »Die Zeit« spricht sich Schütz als erster führender Politiker der Bundesrepublik für die Anerkennung der Oder-Neiße-Grenze als Bedingung für einen Gewaltverzichtsvertrag aus.

Streit über Präsidentenwahl: Im Frühjahr 1969 ist von alledem noch wenig zu bemerken. Auf den Vorschlag des neuen amerikanischen Präsidenten Richard M. Nixon – er regte am 27. Februar bei einem Besuch in West-Berlin einen Meinungsaustausch über den Status quo der Stadt an – reagieren Sowjetunion und DDR nicht.

Als die am 5. März in der Ostpreußenhalle am Funkturm (Charlottenburg) tagende Fünfte Bundesversammlung Gustav Heinemann (SPD) zum Bundespräsidenten wählt, kommt es erneut zu Schikanen und Behinderungen im Berlinverkehr durch den Osten. Die DDR bezeichnet die Wahl des Bundespräsidenten in Berlin als Verstoß gegen den Status West-Berlins und protestiert dagegen mit einer Reihe von Schikanen, von denen vor allem die Bevölkerung betroffen ist. So werden seit dem 28. Februar verschärfte Kontrollen an den Kontrollpunkten durchgeführt und am Tag der Wahl die Transitstrecken für sieben Stunden vollständig gesperrt. Die Folge sind kilometerlange Staus.

Die vom Senat angestrebte Aufnahme von Verhandlungen über eine neue Passierscheinregelung, die West-Berlinern den Besuch ihrer Verwandten im Ostteil der Stadt ermöglichen sollen, werden von der DDR-Regierung unter Hinweis auf die Bundespräsidentenwahl abgelehnt.

Sowjetunion signalisiert Verhandlungsbereitschaft: Auch die Sowjetunion kommt zu der Einsicht, daß die Realität mittels Konfrontation nicht veränderbar ist. Der sowjetische Außenminister Andrej A. Gromyko erklärt am 10. Juli

Richard Nixon, Präsident der Vereinigten Staaten, auf der Fahrt durch die Straßen Berlins, 27. Februar 1969.

Der Regierende Bürgermeister Klaus Schütz legt am 28. Februar 1969 eine Presseerklärung vor, in der er auf die Bundespräsidentenwahl in West-Berlin und die ablehnende Haltung der DDR zu Verhandlungen über menschliche Erleichterungen eingeht und an die Ost-Berliner Führung appeliert, ihre starre Position aufzugeben:

Einige Wochen lang hat man in Ostberlin und anderswo den Eindruck zu erwecken versucht, die Wahl des Bundespräsidenten diesmal in Berlin werde eine schwierige Belastung der internationalen Beziehungen und eine Erhöhung der Spannungen in und um Berlin zur Folge haben. Das war Anlaß zu vielfältigen Gerüchten, Kombinationen und Spekulationen. Wir in Berlin haben uns besonders in den letzten Tagen bemüht, herauszufinden, was wirklich ist. Es ist von mir auf – wie ich meine – eindringliche Weise versucht worden festzustellen, ob die DDR-Behörden zum Gespräch und zu vernünftigen Regelungen bereit sind. Dabei lag von Anfang an kein ernsthaftes Verhandlungsangebot, zu Erleichterungen in und um Berlin zu kommen, vor. Und heute ist deutlich, daß Ostberlin sich nach wie vor weigert, mit uns ohne Vorbedingungen zu sprechen und das Erforderliche zu vereinbaren. Ich bedaure dies – nicht weil ich Illusionen hatte und habe –, sondern weil hier nur eine Politik der Vernunft wirklich weiterhilft. Uns ging es in diesen Tagen und uns wird es auch in Zukunft darum gehen, umfassende Regelungen zu erreichen, die das Leben der Berliner in der geteilten Stadt erleichtern. Dabei darf es nicht um nur kurzfristig wirkende Ergebnisse gehen. Wir brauchen größere Freizügigkeit für die Berliner und langfristige Stabilisierung; dann können wir einen praktischen Beitrag zum Abbau von Spannungen wirklich leisten. Die Behörden in Ostberlin sind bisher weder zum Gespräch noch zu Vereinbarungen bereit. Sie diktieren kategorisch ihre Vorbedingungen; und nur wer sie bedingungslos erfüllt, kann mit Menschlichkeit in kleiner Dosierung rechnen. Dieses Verhalten wird niemanden überzeugen. Ich gehe deshalb davon aus, daß die Bundesversammlung am 5. März, wie vorgesehen, in Berlin stattfindet.

---

vor dem Obersten Sowjet in Moskau ein Meinungsaustausch über Gewaltverzicht, auch Fortschritte in der Berlin-Frage seien möglich. Wenige Wochen später, am 6. und 7. August, ergreifen die Westmächte die Initiative und schlagen der Sowjetunion in einem mit der Bundesregierung abgestimmten Memorandum Gespräche über die Verbesserungen der Beziehungen vor.

DDR VERHANDLUNGSBEREIT 1969

POLITIK

West-Berlin – ein selbständiges Gebiet: In der Berlin-Frage bleibt die DDR-Regierung kompromißlos. Sie erhebt zwar keinen direkten Anspruch mehr auf West-Berlin, besteht jedoch auf dem Status der Teilstadt als einer eigenständigen politischen Einheit, die keinen rechtlichen Anspruch auf Bindungen an die Bundesrepublik habe.
Die Abhaltung der Bundesversammlung zur Wahl des Bundespräsidenten in West-Berlin am 5. März wird daher als Provokation betrachtet. Die Bereitschaft der DDR zu neuen Passierscheinverhandlungen bei einem Verzicht der BRD auf die Wahl wird von der Bundesregierung nicht akzeptiert.

DDR verhandlungsbereit: Mit der am 10. Juli vom sowjetischen Außenminister Andrej A. Gromyko in Moskau signalisierten Gesprächsbereitschaft deutet sich eine grundlegende Änderung der Lage an. Nach dem Machtwechsel in der Bundesrepublik beauftragt die DDR-Volkskammer am 17. Dezember Ministerrat und Staatsrat offiziell mit der Ergreifung von Maßnahmen, »um mit der Bundesrepublik Deutschland Beziehungen auf der Grundlage der friedlichen Koexistenz zu unterhalten, die durch völkerrechtlich gültige Vereinbarungen geregelt und gesichert werden«.
Bereits am folgenden Tag übermittelt der Staatsratsvorsitzende Walter Ulbricht Bundespräsident Gustav Heinemann einen ersten Entwurf für einen »Vertrag über die Aufnahme gleichberechtigter Beziehungen zwischen der DDR und der Bundesrepublik«. Auch wenn die Ost-Berliner Führung weiterhin auf ihren Grundforderungen – Anerkennung der DDR als souveräner Staat und Anerkennung West-Berlins als »besonderer politischer Einheit« – besteht, kommt nach den Jahren der Stagnation nun Bewegung in die innerdeutschen Beziehungen.

Kundgebungen und Paraden: 1969 werden in der Hauptstadt zwei besondere Jahrestage begangen. Am 15. Januar jährt sich die Ermordung von Rosa Luxemburg und Karl Liebknecht zum 50. Mal. An der zum Gedenken an die Revolutionäre traditionell durchgeführten Kampfdemonstration am 19. Januar an der Gedenkstätte der Sozialisten in Friedrichsfelde (Lichtenberg) beteiligen sich rund 180 000 Menschen.
Mit großem Aufwand wird der 20. Jahrestag der Gründung der DDR am 7. Oktober begangen, zu dem Vertreter aus 84 Staaten, darunter der sowjetische Parteichef Leonid I. Breschnew, anreisen. Höhepunkt ist eine Truppenparade der Nationalen Volksarmee auf dem Marx-Engels-Platz (Mitte), die von rund 400 000 Menschen verfolgt wird.

KULTUR

»Kommode« und Kronprinzenpalais: Der Wiederaufbau während des Zweiten Weltkrieges zerstörter Bauten im Zentrum Ost-Berlins macht

Parolen zum 20. Jahrestag der Gründung der DDR an der Fassade der Zentralen Sporthalle, Karl-Marx-Allee, 1969.

Fortschritte. Am 20. Januar übergibt Oberbürgermeister Herbert Fechner am Bebelplatz (Mitte) die Alte Bibliothek (wegen ihrer barock geschwungenen Form »Kommode« genannt) an die Humboldt-Universität. Bei den mehrjährigen Restaurierungsarbeiten konnte die Außenfassade des Gebäudes originalgetreu wiederhergestellt werden.
Gleiches gilt für das Kronprinzenpalais gegenüber dem Zeughaus, das am 11. Oktober fertiggestellt wird. Es soll künftig unter dem Namen Palais Unter den Linden als Gästehaus der DDR-Regierung dienen.

Oper von Dessau uraufgeführt: In der Deutschen Staatsoper Unter den Linden findet am 19. Dezember eine bemerkenswerte Uraufführung statt. Gegeben wird die Oper »Lanzelot« von Paul Dessau. Musikalisch ist das Werk geprägt von rhythmischer Motorik, die das Bühnengeschehen wirksam unterstützt. Das Libretto entstand in Zusammenarbeit von Heiner Müller und Ginka Tscholakowa nach Motiven von Mär-

---

Die Regierung der DDR weist in einer Erklärung vom 4. März 1969 dem West-Berliner Senat die Schuld für Nichtzustandekommen von Verhandlungen über eine Passierscheinregelung zu:

Wie bereits gemeldet, waren der Regierung der DDR Informationen zugegangen, daß maßgebliche Vertreter der westdeutschen Regierung in Erwägung gezogen haben, die westdeutsche Bundesversammlung und die Wahl des bundesdeutschen Bundespräsidenten doch noch von Westberlin nach Westdeutschland zu verlegen. In einem solchen Falle wären die Spannungen, die durch die in Westberlin angesetzte Bundespräsidentenwahl verursacht wurden, gemindert worden. Ausgehend davon hat der Beauftragte der Regierung der DDR, Staatssekretär Dr. [Michael] Kohl, in einer Unterredung mit dem Beauftragten des Senats von Westberlin, Senatsdirektor [Horst] Grabert, am 4. März 1969 die Bereitschaft der Regierung der DDR präzisiert, Westberliner Bürgern Verwandtenbesuche zu Ostern 1969 in der Hauptstadt der DDR zu ermöglichen und Besprechungen über weitere Verwandtenbesuche in der Hauptstadt der DDR nach Ostern zu führen.
In den Abendstunden des 4. März 1969 sandte Senatsdirektor Grabert im Auftrag des Senats von Westberlin an Staatssekretär Dr. Kohl ein Fernschreiben, in dem das weitgehende Angebot der Regierung der Deutschen Demokratischen Republik abgelehnt wird. Offensichtlich nach Vereinbarung mit der westdeutschen Bundesregierung macht sich der Senat von Westberlin damit zum Willensvollstrecker derjenigen, die unter allen Umständen durch die mit der Wahl des westdeutschen Bundespräsidenten in Westberlin beabsichtigte Provokation die Spannungen im Herzen Europas verschärfen wollen.
Die Regierung der westdeutschen Bundesrepublik und der Senat von Westberlin laden damit gegenüber den an Ruhe und Sicherheit interessierten Völkern und Staaten sowie nicht zuletzt gegenüber der Westberliner Bevölkerung eine schwere Verantwortung auf sich.

1969 BEWEGUNG IN DER BERLINFRAGE

Am 28. Oktober 1969 gibt der neugewählte Bundeskanzler Willy Brandt (SPD) vor dem Bundestag eine Regierungserklärung ab, in der er auf das deutsch-deutsche Verhältnis und die Notwendigkeit einer Erleichterung der Lebensverhältnisse für die Berliner Bevölkerung eingeht:

... Aufgabe der praktischen Politik in den jetzt vor uns liegenden Jahren ist es, die Einheit der Nation dadurch zu wahren, daß das Verhältnis zwischen den Teilen Deutschlands aus der gegenwärtigen Verkrampfung gelöst wird. Die Deutschen sind nicht nur durch ihre Sprache und ihre Geschichte – mit ihrem Glanz und Elend – verbunden; wir sind alle in Deutschland zu Haus. Wir haben auch noch gemeinsame Aufgaben und gemeinsame Verantwortung: 20 Jahre nach Gründung der Bundesrepublik Deutschland und der DDR müssen wir ein weiteres Auseinanderleben der deutschen Nation verhindern, also versuchen, über ein geregeltes Nebeneinander zu einem Miteinander zu kommen. Dies ist nicht nur ein deutsches Interesse, denn es hat seine Bedeutung auch für den Frieden in Europa und für das Ost-West-Verhältnis. Unsere und unserer Freunde Einstellung zu den internationalen Beziehungen der DDR hängt nicht zuletzt von der Haltung Ost-Berlins selbst ab ...
Die Bundesregierung wird den USA, Großbritannien und Frankreich raten, die eingeleiteten Besprechungen mit der Sowjetunion über die Erleichterung und Verbesserung der Lage Berlins mit Nachdruck fortzusetzen. Der Status der unter der besonderen Verantwortung der Vier Mächte stehenden Stadt Berlin muß unangetastet bleiben. Dies darf nicht daran hindern, Erleichterungen für den Verkehr in und nach Berlin zu suchen. Die Lebensfähigkeit Berlins werden wir weiterhin sichern. West-Berlin muß die Möglichkeit bekommen, zur Verbesserung der politischen, wirtschaftlichen und kulturellen Beziehungen der beiden Teile Deutschlands beizutragen ...

Willy Brandt wird Bundeskanzler: Eine Schlüsselrolle bei den Bemühungen, die Berlin-Frage erneut zum Gegenstand internationaler Verhandlungen zu machen, spielt der bundesdeutsche Außenminister Willy Brandt. Der Sozialdemokrat und langjährige Regierende Bürgermeister von Berlin ist seit längerem Verfechter einer neuen, pragmatischen Politik gegenüber dem Ostblock.
Vor diesem Hintergrund erhält die Wahl Willy Brandts zum Bundeskanzler am 21. Oktober 1969 – er steht an der Spitze einer sozialliberalen Koalition aus SPD und FDP – besondere Bedeutung. In seiner Regierungserklärung am 28. Oktober vor dem Deutschen Bundestag tritt er für die Aufnahme von Viermächte-Verhandlungen über Berlin ein. Allerdings müsse der Status der Stadt, der die Freiheit und Sicherheit West-Berlins garantiere, unangetastet bleiben.

KULTUR
Protest gegen den Vietnamkrieg: Der Krieg in Vietnam ist Thema zweier Theateraufführungen, die in Berlin für Diskussionen sorgen. Die Schaubühne am Halleschen Ufer zeigt am 14. Januar in der Regie von Peter Stein und Wolfgang Schwiedrzik den »Viet-Nam-Diskurs« von Peter Weiss. Das Stück setzt sich kritisch mit der Rolle der Vereinigten Staaten in Südostasien auseinander.
Am 14. Februar bringt das Schiller-Theater die Uraufführung des Stückes »Davor« von Günter Grass (Regie Hans Lietzau), das sich mit Möglichkeiten des Protestes gegen das Sterben in Vietnam beschäftigt.
Berlin-Museum im eigenen Haus: Am 21. Juni wird das Berlin-Museum, das bislang in der Tiergartener Stauffenbergstraße untergebracht gewesen ist, im Gebäude des ehemaligen Kammergerichts in der Kreuzberger Lindenstraße eröffnet. Die Wiederherstellung des während des Krieges schwer beschädigten Barockbaus hatte zwei Jahre in Anspruch genommen.
Das 1962 als westliches Gegenstück zum nicht mehr erreichbaren Märkischen Museum in Ost-Berlin gegründete Berlin-Museum widmet sich der Berliner Stadt- und Kulturgeschichte. Für die zahlreichen Exponate steht in den neuen Räumen eine Ausstellungsfläche von rund 2000 m² zur Verfügung.
Universitätsreform: Eines der zentralen Anliegen der Studentenbewegung der letzten Jahre ist die Reform des Hochschulwesens. Eine stärkere Autonomie der Universitäten und demokratische Mitbestimmung sollen den Wissenschaftsbetrieb zeitgemäßer gestalten.
Am 9. Juli entspricht das Abgeordnetenhaus von Berlin weitgehend den Forderungen und verabschiedet – gegen die Stimmen der CDU-Fraktion – ein neues Universitätsgesetz.
Die bisherigen Fakultäten sollen in Fachbereiche, das Amt des Rektors in das eines Präsidenten mit verminderten Kompetenzen umgewandelt werden. Als oberstes Organ wird ein Universitätskonzil eingesetzt, wodurch die verschiedenen Gruppen (Vertreter des Lehrkörpers, die Studentenschaft und die anderen Angehörigen der Universität) mehr Mitbestimmung ausüben können.

ALLTAG UND GESELLSCHAFT
Astronauten besuchen Berlin: Rund 150 000 West-Berliner bereiten am 13. Oktober den amerikanischen Astronauten der Apollo-11-Mission einen begeisterten Empfang. Neil A. Armstrong, Edwin E. Aldrin – sie hatten am 16. Juli 1969 als erste Menschen den Mond betreten – sowie der Pilot Michael Collins absolvieren während ihres vierundzwanzigstündigen Besuches ein dichtgedrängtes Programm. Neben einer Stadtrundfahrt und der Eintragung in das Goldene Buch der Stadt nehmen sie an einer Podiumsdiskussion in der Tiergartener Kongreßhalle teil.
Neuer Kontrollpunkt Dreilinden: Der Verbesserung des Transitverkehrs von und nach der Bundesrepublik dient der neuerbaute Kontrollpunkt Dreilinden im Bezirk Zehlendorf, der am 15. Oktober eröffnet wird. In Verbindung mit den neuen Abfertigungsanlagen der DDR in Drehwitz – hier stehen künftig 32 Fahrspuren zur Verfügung – soll die Abfertigung schneller und damit die Wartezeit der Reisenden verkürzt werden. In Betrieb genommen wird auch der

Das Berlin-Museum an der Kreuzberger Lindenstraße, um 1970.

chen von Hans Christian Andersen und Jewgeni L. Schwarz. Im Mittelpunkt steht der Kampf von Lanzelot gegen den Tyrannei und Despotismus verkörpernden Drachen.

ALLTAG UND GESELLSCHAFT

Gründung des DDR-Kirchenbundes: Am 10. Juni wird im Stephanusstift im Bezirk Weißensee die Ordnung des Bundes der Evangelischen Kirchen in der DDR unterzeichnet. Damit werden die evangelischen Landeskirchen in der DDR aus dem Verband der Evangelischen Kirche in Deutschland (EKD) herausgelöst und bilden nun den DDR-Kirchenbund. Den Vorsitz übernimmt am 15. September Generalsuperintendent Albrecht Schönherr, der auch das Bischofsamt in Ost-Berlin und Brandenburg verwaltet.

Fernsehturm am Alexanderplatz: Im Herbst erhält Ost-Berlin zwei neue Wahrzeichen. Am 2. Oktober wird auf dem Alexanderplatz die nach einem Entwurf von Erich John geschaffene Urania-Weltzeituhr enthüllt. Am folgenden Tag übergibt der Staats- und Parteichef Walter Ulbricht am Alexanderplatz den neuerrichteten Fernsehturm seiner Bestimmung. Mit 365 m ist er das höchste Bauwerk Berlins und nach dem Moskauer Fernsehturm (537 m) das zweithöchste Europas.

Der Entwurf für den Fernsehturm stammt von Fritz Dieter und Günter Franke (unter Mitwirkung von Hermann Henselmann). Seine charakteristische Form erhält das Bauwerk durch eine siebengeschossige, in rund 200 m Höhe angebrachte Kopfkugel (Gewicht 4800 t). Darin sind neben Sendeanlagen der Deutschen Post ein Aussichtsgeschoß sowie das Tele-Café untergebracht. Es bietet 200 Gästen eine spektakuläre Rundumsicht über Berlin, da es auf einem sich drehenden, scheibenförmigen Ring erbaut wurde.

Bis 1972 entstehen am Fuß des Turms mehrere Pavillons, Cafés, und Restaurants. Komplettiert wird das Ensemble durch Grünanlagen und den wiederaufgestellten Neptunbrunnen von Reinhold Begas (1891), der ursprünglich auf dem Schloßplatz gestanden hatte.

DFF sendet in Farbe: Im Rahmen der Eröffnung des Fernsehturms beginnt der Deutsche Fernsehfunk in Berlin-Adlershof mit der Ausstrahlung eines zweiten Fernsehprogramms. Gleichzeitig werden die ersten regelmäßigen Farbsendungen aufgenommen. Sie finden zunächst nur an Wochenenden (vier Stunden lang) statt und verwenden das französische Secam-System. Die Übernahme des westdeutschen Pal-Systems hatte die DDR-Führung abgelehnt.

Kulturpark: Vergnügungen besonderer Art bietet der am 4. Oktober im Plänterwald im Stadtbezirk Treptow eröffnete Kulturpark. Dabei handelt es sich um einen großflächigen Rummelplatz mit Fahrgeschäften aller Art. Hauptattraktion des Vergnügungsparks ist ein 43 m hohes Riesenrad. Der Plänterwald ist ein 110 ha großes Waldgebiet zwischen der Spree und der Neuen Krugallee. Er ist in den Jahren nach 1876 landschaftlich gestaltet und noch bis 1896 als Jagdgebiet genutzt worden.

Die Weltzeituhr auf dem Alexanderplatz, 1969.

SPORT

DDR gewinnt Friedensfahrt: Ost-Berlin ist 1969 Schauplatz zahlreicher Erfolge von DDR-Sportlern. Am 25. Mai gewinnt die DDR die Mannschaftswertung der 22. Internationalen Friedensfahrt der Radamateure. Sieger in der Einzelwertung des am 12. Mai in Warschau ge-

---

Der sowjetische Außenminister Andrej A. Gromyko gibt am 10. Juli vor dem Obersten Sowjet eine Erklärung ab, in der er die Bereitschaft der UdSSR zu Gesprächen über die Berlin-Frage bekundet:

... Direkt im Zentrum Europas gibt es einen Punkt, der die konzentrierte Aufmerksamkeit der sowjetischen Außenpolitik verlangt. Das ist West-Berlin. Um diese Stadt hat es in den Nachkriegsjahren wiederholt Komplikationen gegeben. West-Berlin besitzt einen einzigartigen völkerrechtlichen Status. Es liegt im Herzen eines souveränen Staates – der Deutschen Demokratischen Republik – und besitzt nur unter Inanspruchnahme ihrer Kommunikationsmittel die Möglichkeit, Verbindungen mit der Außenwelt zu unterhalten. Die soziale und die staatliche Ordnung West-Berlins, sein Wirtschafts- und Währungssystem sowie andere Bedingungen, unter denen seine Bevölkerung lebt, unterscheiden sich von der Ordnung und von den Bedingungen, die in der DDR bestehen. Die Quelle der Reibungen liegt jedoch keineswegs darin. Sie werden durch die ungesetzlichen Übergriffe der BRD auf West-Berlin ausgelöst, durch ihre Versuche, das Territorium der Stadt für Zwecke zu mißbrauchen, die sich gegen die DDR, die Sowjetunion und die anderen sozialistischen Staaten richten. Die Linie der Politik der Sowjetunion wie auch der DDR hinsichtlich West-Berlins ist klar. Wir treten dafür ein, daß die Bevölkerung dieser Stadt und ihre Behörden alle Voraussetzungen für eine Tätigkeit besitzen, die die normale Existenz West-Berlins als einer selbständigen politischen Einheit sichert. Es kann jedoch nicht geduldet werden, daß unsere Interessen, die legitimen Interessen unseres Verbündeten, der DDR, geschmälert und der besondere Status West-Berlins verletzt werden.

Wenn die anderen Mächte, unsere Verbündeten aus dem Kriege, die ihren Teil der Verantwortung für die Lage in West-Berlin tragen, an diese Frage unter Berücksichtigung der Interessen der europäischen Sicherheit herangehen, dann werden sie bei der Sowjetunion die Bereitschaft zum Meinungsaustausch darüber finden, wie Komplikationen um West-Berlin jetzt und in Zukunft vermieden werden können. Wir werden uns natürlich auf keinerlei Schritte einlassen, die den legitimen Interessen der Deutschen Demokratischen Republik und dem besonderen Status von West-Berlin schaden ...

1969 BEWEGUNG IN DER BERLINFRAGE

KALENDARIUM

Das neue Autobahnteilstück westlich des Kontrollpunktes Dreilinden (Zehlendorf) in Richtung DDR kurz vor der Eröffnung, Oktober 1969.

neue Autobahnabschnitt, der das Zehlendorfer Kleeblatt mit Drewitz verbindet.
Weiterhin Mietpreisbindung für Altbauten: Eine für viele West-Berliner bedeutsame Entscheidung fällt der Deutsche Bundestag am 3. Dezember. In dem »Zweiten Gesetz zur Änderung des Schlußtermins für den Abbau der Wohnungszwangswirtschaft und über weitere Maßnahmen auf dem Gebiete des Mietpreisrechts im Land Berlin« wird festgelegt, daß in West-Berlin Mieterschutz und Mietpreisbindung vorläufig bestehen bleiben.
1965 war ein Gesetz beschlossen worden, das den Abbau der Mietpreisbindung für Altbauwohnungen vorsah. In West-Berlin hätte dies für rund 700 000 Menschen erhebliche Mietsteigerungen bedeutet. Wegen der besonderen Lage der Stadt soll der sogenannte Weiße Kreis erst ab dem 1. Januar 1973 eingeführt werden.

Zur Uraufführung des Stückes »Davor« von Günter Grass im Berliner Schiller-Theater am 14. Februar 1969 schreibt Fritz Rumler im »Spiegel«:

… Grass hat seine alten Widersacher mithin nicht enttäuscht, seine alten Liebhaber schon. Denn »Davor« ist wirklich kein starkes Stück.
Einfall und Einfälle des Werkes vermitteln wenig erregende Einsichten in eine vorrevolutionäre Phase, und im Vergleich zu den hochgemuten Versen der »Plebejer« [1966] oder den kaschubischen Kraftmeiereien seiner Romane hört sich die »Davor«-Argumentation ziemlich hausbacken an.
Für ein so öffentliches Thema hält Grass zuwenig analytische Schärfe parat, und Politik, an Pennälern abgehandelt, muß notwendigerweise Pubertäres haben; Grass hat »mit Absicht« nicht das Studentenmilieu gewählt, »weil das vom Jargon her schon so eingedeckt und die Frustration zu weit fortgeschritten ist«.
So folgt der geneigte, wenn nicht geknickte Betrachter einem Schauspiel, in dem viel geredet, aber wenig gesagt wird und das ihn an ein besseres Schülerdrama erinnert – an »Frühlings Erwachen« von Frank Wedekind.
Auf bunter, offener Bühne die suggestiv an eine Camping-Ausstellung gemahnte, inszenierte Hans Lietzau das Grass-Werk mit dem leichten Fluß der Rede und der Gesten, wie sie so leicht fertigen Stücken ansteht; selbst Komik brach sich Bahn.
Martin Held als jener Zahnarzt, der Karies wie Revolution mit Vorbeugung begegnet, schöpfte Bekanntes aus dem Fundus seines Altherren-Sarkasmus, der Lehrkörper, Rolf Henninger und Eva-Katharina Schultz, rang theatralisch mit sich selbst; frischflapsige Präsenz brachten die Junglinken (Reinhold Solf, Gerd Böckmann) ins Spiel.
Günter Grass … bekam ein paar Buhs zum Schluß, doch die meisten … rührten freundlich für Grass die Hand. Keiner störte, was keinen stören konnte.

---

18. Januar: In der West-Berliner Innenstadt kommt es nach einer Kundgebung anläßlich des 50. Jahrestages der Ermordung von Rosa Luxemburg und Karl Liebknecht und einer Demonstration gegen die griechische Militärjunta zu Ausschreitungen.

19. Januar: An der Demonstration zum 50. Jahrestag der Ermordung von Rosa Luxemburg und Karl Liebknecht (15. Januar 1919) an der Gedenkstätte der Sozialisten in Friedrichsfelde (Lichtenberg) nehmen rund 180 000 Menschen teil.

20. Januar: Nach mehrjährigen Restaurierungsarbeiten wird am Bebelplatz (Mitte) das Gebäude der Alten Bibliothek (»Kommode«) an die Humboldt-Universität übergeben.

27. Januar: In der West-Berliner Kongreßhalle feiert der DGB das 100jährige Bestehen der deutschen Gewerkschaften.

15. Februar: Die West-Berliner SED benennt sich auf einem Sonderparteitag in der Hasenheide (Neukölln) in »Sozialistische Einheitspartei Westberlin« (SEW) um.

27. Februar: Der amerikanische Präsident Richard M. Nixon trifft zu einem Besuch in West-Berlin ein. Dabei bekräftigt er die Garantie der Vereinigten Staaten für die Freiheit der Stadt.

5. März: Die in der Ostpreußenhalle am Funkturm (Charlottenburg) tagende Fünfte Bundesversammlung wählt Gustav Heinemann (SPD) zum dritten Bundespräsidenten. Gegen die Tagung der Bundesversammlung in West-Berlin hatte die DDR in den vergangenen Wochen scharf protestiert.

25. April: Im Deutschen Bundestag in Bonn lehnen SPD und CDU/CSU Verhandlungen mit der DDR über ein Deutschland-Abkommen ab. Herbert Wehner (SPD), Bundesminister für gesamtdeutsche Fragen, plädiert nachdrücklich für den Erhalt des Viermächte-Status von Berlin zur Sicherung der Freiheit West-Berlins.

25. Mai: Sieger der am 12. Mai in Warschau gestarteten und in der Ost-Berliner Radrennbahn Weißensee beendeten 22. Internationalen Friedensfahrt der Radamateure wird der Franzose Jean-Pierre Danguillaume. Die Mannschaftswertung gewinnt die DDR.

10. Juni: Die Landeskirchen der DDR, bislang zur Evangelischen Kirche in Deutschland (EKD) gehörend, begründen den eigenständigen Bund der Evangelischen Kirchen in der DDR.

21. Juni: Im wiederhergestellten Gebäude des ehemaligen Kammergerichts in der Kreuzberger Lindenstraße öffnet das Berlin-Museum seine Pforten.

9. Juli: Das Abgeordnetenhaus von Berlin verabschiedet ein neues Universitätsgesetz. Es erfüllt weitgehend die Forderungen der Studentenschaft nach Mitbestimmung.

KALENDARIUM
DDR VERHANDLUNGSBEREIT 1969

6. August: In Moskau überreichen Vertreter der Westmächte in Abstimmung mit der Bundesrepublik der sowjetischen Regierung ein Memorandum, in dem sie Verhandlungen über Berlin anregen.

29. August: Bei den 20. Deutschen Schwimmmeisterschaften der DDR im Karl-Friedrich-Friesen-Schwimmstadion stellt Roland Matthes (Erfurt) einen Weltrekord über 200 m Rücken auf.

5. September: Im Sportpark Cantianstraße (Prenzlauer Berg) verbessert die DDR-Athletin Karin Balzer bei einem Sportfest ihren Weltrekord über 100-m-Hürden auf 12,9 sec.

7. September: Bei einem Treffen der Heimatvertriebenen in der West-Berliner Waldbühne erklärt der Regierende Bürgermeister Klaus Schütz (SPD), der Osten müsse die Existenz West-Berlins ebenso anerkennen wie der Westen die Existenz der Oder-Neiße-Linie als polnische Westgrenze. Während seiner Ansprache wird Schütz von den Zuhörern ausgepfiffen.

28. September: Das Abgeordnetenhaus von Berlin bestimmt die 22 Berliner Abgeordneten für den Bundestages. 13 gehören der SPD, acht der CDU und einer der FDP an.

28. September: In der Berliner Philharmonie werden die Preisträger des ersten internationalen Dirigentenwettbewerbes der Herbert-von-Karajan-Stiftung ausgezeichnet.

3. Oktober: Am Ost-Berliner Alexanderplatz wird der Fernsehturm eingeweiht. Er ist mit 365 m das höchste Bauwerk in Berlin. Bereits am Vortag war auf dem Alexanderplatz die von Erich John geschaffene Urania-Weltzeituhr enthüllt worden.

4. Oktober: Im Plänterwald im Stadtbezirk Treptow (Ost-Berlin) öffnet der Kulturpark seine Pforten. Hauptattraktion des Vergnügungsparks ist ein 40 m hohes Riesenrad.

7. Oktober: Anläßlich des 20. Jahrestages der Gründung der DDR finden in Ost-Berlin zahlreiche Festveranstaltungen, Kundgebungen und Demonstrationen statt. Zu den Feierlichkeiten sind Vertreter aus 84 Staaten angereist, darunter der sowjetische Parteichef Leonid Breschnew.

13. Oktober: In West-Berlin treffen die Astronauten der amerikanischen Apollo 11-Mondlande-Mission zu einem Besuch ein. Rund 150 000 Menschen säumen die Straßen.

15. Oktober: Der zwischen Zehlendorf und dem DDR-Kontrollpunkt Drewitz gebaute Autobahnabschnitt sowie die Gebäude des West-Berliner Kontrollpunktes Dreilinden werden dem Verkehr übergeben.

28. Oktober: In einer Regierungserklärung vor dem Deutschen Bundestag fordert der am **21. Oktober** zum Bundeskanzler gewählte Sozialdemokrat Willy Brandt die Aufnahme von Viermächte-Verhandlungen über Berlin.

Der Fernsehturm östlich der Marienkirche (Mitte), fertiggestellt 1969.

starteten und in der Ost-Berliner Radrennbahn Weißensee beendeten Rennens wird der Franzose Jean-Pierre Danguillaume. Am 29. August und am 5. September ist Ost-Berlin Schauplatz zweier Weltrekorde: Bei den 20. Deutschen Schwimmeisterschaften der DDR im Karl-Friedrich-Friesen-Schwimmstadion (Friedrichshain) stellt Roland Matthes mit 2:06,4 min eine neue Bestmarke über 200 m Rücken auf, und im Sportpark Cantianstraße (Prenzlauer Berg) verbessert Karin Balzer ihren eigenen Weltrekord über 100-m-Hürden auf 12,9 sec.

Die Friedensfahrt als größtes Etappenrennen der Amateure der Welt zählt alljährlich zu den sportlichen Höhepunkten der Hauptstadt. Die Einzelwertung des 1948 erstmals zwischen Warschau und Prag (ab 1952 unter Einbeziehung Berlins) gestarteten, der Völkerfreundschaft verpflichteten Rennens haben bisher fünf Mal Fahrer der DDR gewonnen. Besonders erfolgreich ist Gustav Adolf »Täve« Schur gewesen, der 1955 und 1959 das Siegerpodest bestiegen hat.

Die »Berliner Zeitung« berichtet über die Eröffnung des Fernsehturms auf dem Alexanderplatz am 3. Oktober 1969:

… Lange haben die Berliner auf diesen Augenblick gewartet, da der Fernsehturm, dessen Wachsen und Vollendung wir alle in den letzten Jahren liebevoll beobachtet haben, eröffnet wird. Gestern war es soweit. Pünktlich zum Staatsplantermin wurde der Turm mit seinen komplizierten technischen Einrichtungen in Anwesenheit tausender Berliner übergeben.
Als Walter Ulbricht in Begleitung von Erich Honecker, Willi Stoph und weiteren Mitgliedern des Politbüros ankam, wurden sie mit Hochrufen auf die Partei der Arbeiterklasse und die Republik begrüßt.
Hier, am Fuße des Turms, war der Startschuß für die Bauarbeiten im März 1965, also vor reichlich vier Jahren, mit Sprengarbeiten und dem darauffolgenden Ausheben der Baugrube erfolgt. Im September des selben Jahres war das Ringfundament des zweithöchsten Bauwerks Europas bereits fertiggestellt. 1966 wurden 180 Meter erreicht, ein Jahr später war der imponierende Betonschaft auf seine volle Höhe von 250 Metern emporgewachsen. Wir alle haben … auch die weiteren Arbeiten miterlebt: Vormontage und Montage der Kugel, die zum 19. Jahrestag der DDR silbern glänzend vollendet war. Dann erfolgte der ebenso komplizierte funktechnische und sonstige Innenausbau.
In einer kurzen Ansprache dankte Walter Ulbricht den Erbauern des Turms, der sich so gut in das große Ensemble des neuen Stadtzentrums einfügt. In einem gewissen Sinn sei er ein Symbol für die großen Leistungen der Werktätigen. Humorig fügte er hinzu, das Rote Rathaus mache sich von der Höhe des Turms nun ein wenig kleiner aus, aber nicht darauf komme es an, sondern auf den Inhalt der dort geleisteten Arbeit. Der Magistrat habe es durch seine klugen Beschlüsse ermöglicht, daß sich das Stadtzentrum der sozialistischen Metropole am Vorabend des 20. Jahrestages in einer so imponierenden Gestalt präsentiere … Sehr lobend äußerten sich die Ehrengäste über das Telecafé. Es ist wirklich ein nicht alltägliches Erlebnis, in dem luxuriösen Rahmen dieser Gaststätte das herrliche Panorama zu genießen. Für die Berliner und die Gäste der Stadt ist das eine einmalige Attraktion.
… An 40 Tischen mit je fünf Plätzen finden 200 Gäste Platz. Die Aufenthaltsdauer ist mit Rücksicht auf die große Zahl der Interessenten auf eine Stunde begrenzt. So werden im Jahr mehr als eine Million Besucher dieses Schauspiel erleben können.

1970 HOFFNUNG AUF BERLINREGELUNG

POLITIK

Viermächte-Verhandlungen über Berlin: Mit dem Regierungsantritt der sozialliberalen Koalition in Bonn beginnt eine neue Phase der Ostpolitik. »… nicht mehr Wandel durch Annäherung [Egon Bahr 1963], sondern Sicherheit durch Normalisierung wurde so die wirkliche Losung für eine Politik, die im Effekt mit einer zwanzigjährigen Tradition der ostpolitischen Fiktionen brach.« (Richard Löwenthal)

Im Gebäude des ehemaligen Alliierten Kontrollrats im Bezirk Schöneberg kommen am 26. März 1970 die Botschafter der vier Siegermächte des Zweiten Weltkriegs, Roger Jackling (Großbritannien), François Seydoux Fornier de Clausonne (Frankreich), Kenneth Rush (USA) und Pjotr A. Abrassimow (UdSSR) zum ersten Gespräch über Berlin zusammen. Mit dem Treffen verbindet sich die Hoffnung, daß die vier Mächte zentrale Streitpunkte, etwa um den Status Berlins und die Bindungen des Westteils an die Bundesrepublik Deutschland, werden ausräumen können. Die Verhandlungen münden in das Viermächte-Abkommen vom 3. September 1971. Parallel hierzu verhandelt die Bundesregierung mit der Sowjetunion seit Januar über einen Gewaltverzichtsvertrag, der am 12. August in Moskau unterzeichnet wird. In Absprache mit den verbündeten Westmächten stellt die Bundesregierung einen Zusammenhang (»Junktim«) zwischen dem Inkrafttreten dieses Moskauer Vertrages und einer befriedigenden Berlinregelung her.

Andreas Baader befreit: Der wegen Brandstiftung verurteilte und im Gefängnis Tegel inhaftierte Andreas Baader wird am 14. Mai 1970 in einer generalstabsmäßig geplanten Aktion aus der Haft befreit. Baader hatte die Erlaubnis erhalten, in Begleitung zweier Justizvollzugsbeamten im deutschen Zentralinstitut für soziale Fragen in Berlin-Dahlem wissenschaftlich zu arbeiten. Dort wird Baader von einer Gruppe bewaffneter Komplizen, unter ihnen Ulrike Meinhof, befreit. Dabei wird ein Institutsangestellter durch Schüsse lebensgefährlich verletzt.

Eine sofort eingeleitete Großfahndung bleibt ergebnislos. Baader kann sich nach späteren Feststellungen der Polizei mit einigen Gesinnungs-

Viermächte-Konferenz über Berlin: die vier Wagen der Botschafter Frankreichs, Großbritanniens, der Sowjetunion und der Vereinigten Staaten vor dem Gebäude des Alliierten Kontrollrates, 26. März 1970.

Gespräche über Berlin der drei westlichen Botschafter mit dem regierenden Bürgermeister: (von links) Roger Jackling, Jean Sauvagnargues (seit 14. Mai Verhandlungsführer), Klaus Schütz und Kenneth Rush, 8. März 1970.

In einer Rede vor dem Bundestag bekräftigt Außenminister Walter Scheel am 27. Mai 1970 die Position der Bundesregierung in bezug auf den Viermächte-Status Berlins und auf die Verantwortlichkeit der Drei Westalliierten gegenüber der Stadt:

In zunehmendem Maße gewinnt die Frage der Stellung Berlins an Bedeutung im Rahmen unserer Politik. Während unsere eigene Bereitschaft, den territorialen Status quo zum Ausgangspunkt unserer Politik zu machen, erkennbar ist, erhebt jetzt wie schon zu früheren Zeiten die andere Seite neue und immer wiederholte Ansprüche, die keine Rechtsgrundlage haben. Wenn Herr Stoph davon spricht, daß West-Berlin nicht nur inmitten der DDR liege, sondern auch auf dem Territorium der DDR liege, dann ist das schlicht Annexionismus, also der Versuch, wider alles Recht, Land für sich in Anspruch zu nehmen.

Ich kann nicht deutlich genug betonen, daß wir uns jedem solchen Versuch widersetzen werden. Mehr noch, es ist immer wieder nötig, daran zu erinnern, daß schon die Einbeziehung Ost-Berlins in das Staatsgebiet der DDR im Widerspruch zu den Abmachungen steht, die das Kriegsende mit sich gebracht hat. Wir haben dies nicht zum erstenmal gesagt, sondern diese Bundesregierung hat darauf zum wiederholten Mal hingewiesen.

Unsere Alliierten nehmen ihre Verantwortung für die Fragen, die Deutschland als Ganzes und damit auch die Stellung Berlins betreffen, sehr ernst, wie ich in meinen Konsultationen der letzten Wochen und Monate immer wieder festgestellt habe. Wir sollten froh sein, daß unsere Verbündeten die Frage so ernst nehmen. Sie haben die Gespräche mit der Sowjetunion in der Absicht eröffnet, im Hinblick auf Berlin, wo die Verantwortung der Alliierten unverändert besteht, verläßlichere Lösungen zu finden, als sie gegenwärtig bestehen. Wir haben Grund zu der Annahme, daß der hier unternommene Versuch im Laufe der Zeit Erfolge bringen wird. Aber gerade hier ist Geduld und Beharrlichkeit nötig.

Ich will allerdings nicht verhehlen, daß es unsere Verhandlungen an anderen Orten erleichtern würde, wenn die Sowjetunion ihrerseits gerade im Hinblick auf die Berliner Gespräche ein Signal geben würde, das ihre Bereitschaft deutlich macht, für Berlin eine dem Willen der betroffenen Menschen entsprechende Lösung zu finden. Wir haben unsere Verhandlungs- und Friedensbereitschaft deutlich genug signalisiert, und es ist nur billig, wenn wir von der anderen Seite heute ein ähnliches Zeichen erwarten …

OST-BERLIN INTENSIVIERT DEN WOHNUNGSBAU 1970

POLITIK

Behinderungen und Schikanen im Transitverkehr: Im Januar 1970 benutzt die DDR die Verkehrsverbindungen von und nach West-Berlin einmal mehr als politisches Druckmittel. Unmittelbarer Anlaß sind mehrere Sitzungen von Bundestagsgremien, die vom 22. Januar an in West-Berlin abgehalten werden. Diese Arbeitssitzungen im Berliner Reichstagsgebäude sind für die Bundestagsparteien ein Ausdruck für die Verbindungen zwischen West-Berlin und der Bundesrepublik. Für Ost-Berlin bedeuten sie eine politische »Provokation«, weil derartige Ausschußsitzungen der östlichen Position, West-Berlin sei eine »selbständige politische Einheit«, zuwiderlaufen.

Die DDR-Behörden reagieren auf den Beginn der Ausschußsitzungen des Bundestags mit massiven Störungen. Besonders stark ist der Güterverkehr von den DDR-Schikanen betroffen. Aufgrund schleppender bzw. zeitweilig eingestellter Abfertigung stauen sich am DDR-Kontrollpunkt Drewitz bald mehrere hundert Lastkraftwagen. Auch Reisende in PKWs und Bussen müssen lange Wartezeiten auf sich nehmen, bis sie die DDR-Grenzkontrollen passieren können.

Wirkungsloser Protest der Westmächte: Die drei Westmächte protestieren in einer gemeinsamen Erklärung gegen die »willkürliche Störung« des Berlinverkehrs. Derartige Maßnahmen seien besonders unangebracht in einer Zeit, in der sich die vier Siegermächte des Zweiten Weltkriegs auf Verhandlungen über die Berlin-Frage vorbereiteten. Die Sowjetunion weist in einer von der Nachrichtenagentur TASS verbreiteten Erklärung die Vorwürfe zurück und bezeichnet die Sitzungen von Bundestagsausschüssen im Reichstag als »Verletzung des Status Westberlins als selbständiger politischer Einheit«. Die Ausschußsitzungen werden am 27. Januar beendet; unmittelbar darauf hebt Ost-Berlin die Schikanen wieder auf. Am 28. Januar läuft der Transitverkehr zwischen West-Berlin und dem Bundesgebiet wieder reibungslos.

Ende November 1970 reagiert die DDR jedoch auf eine Tagung der CDU/CSU-Bundestagsfraktion in West-Berlin erneut mit Behinderungen des Transitverkehrs. Reisende müssen an den DDR-Kontrollstellen stundenlange Wartezeiten in Kauf nehmen.

Denkmal für Lenin: Anläßlich des 100. Geburtstags von Wladimir I. Lenin wird am 19. April 1970 auf dem neuangelegten Leninplatz südlich des Friedrichshains in Anwesenheit des Staatsratsvorsitzenden Walter Ulbricht und des sowjetischen Botschafters Pjotr A. Abrassimow ein monumentales Denkmal des Gründers der Sowjetunion enthüllt. An der Kundgebung nehmen rund 200 000 Menschen teil. Das 19 m hohe Kolossalstandbild aus rotem ukrainischem Granit wurde von dem sowjetischen Bildhauer Nikolai W. Tomski geschaffen.

In seiner Ansprache bei der Enthüllung des Denkmals weist Staats- und Parteichef Ulbricht auf die enge Verbundenheit der DDR mit der Sowjetunion hin, hebt zugleich aber Besonder-

Nach Sperrung der Transitstrecke durch die Grenzorgane der DDR: Stau von Lastwagen in Richtung des Grenzkontrollpunktes Drewitz, 21. Januar 1970.

Nach dem Treffen zwischen Bundeskanzler Willy Brandt dem Vorsitzenden des Ministerrates Willi Stoph, in Erfurt am 19. März 1970 bekräftigt Stoph vor der Volkskammer der DDR am 21. März 1970 den Standpunkt zum Status von West-Berlin:

Ich muß Sie, verehrte Abgeordnete, davon informieren, daß Bundeskanzler Brandt in den Gesprächen mehrfach das Westberlinproblem aufgeworfen hat. Probleme, die Westberlin betreffen, sind nicht Gegenstand von Besprechungen zwischen den Regierungschefs der DDR und der BRD. Wir haben in aller Deutlichkeit darauf hingewiesen, daß Westberlin nicht zur Bundesrepublik gehörte und niemals zu ihr gehören wird, sondern eine selbständige politische Einheit inmitten und auf dem Territorium der DDR ist.

Diese eindeutige Rechtslage wurde von der Sowjetunion und den anderen sozialistischen Staaten wiederholt bekräftigt und in internationalen Verträgen verbindlich bestätigt. Ich habe daran erinnert, daß auch die Regierungen der drei Westmächte dieser Rechtslage Westberlins Rechnung tragen. Auch bei diesem Thema haben wir im Konferenzsaal die Dinge beim Namen genannt.

Wir dürfen nicht vergessen: Westberlin wurde immerhin bezeichnenderweise als »Pfahl im Fleische der DDR« charakterisiert. Westberlin wurde zur »Frontstadt« erklärt. Westberlin wurde sogar einmal die »billigste Atombombe« genannt. Das waren keine Floskeln, sondern eine Politik. Sie war und ist darauf gerichtet, einen Stützpunkt im Herzen der DDR zu besitzen, um der Arbeiter- und Bauern-Macht Schaden zuzufügen und sie eines Tages doch noch aufrollen zu können. Wenn es um Westberlin Spannungen gegeben hat und gibt, dann doch nur infolge des Mißbrauchs dieser Stadt durch die Regierungen der Bundesrepublik gegen die DDR. Das ging in erster Linie auf Kosten der Westberliner. Angesichts dieser Tatsachen ist es völlig widerspruchsvoll, wenn man Auswirkungen für die Westberliner Bevölkerung beklagt, aber sich auch hier weigert, die Ursachen dafür auszuräumen.

Ich habe an Bundeskanzler Brandt im Namen der Regierung der DDR die dringliche Aufforderung gerichtet, künftig alle Aktivitäten zu unterlassen, die die Situation in und um Westberlin belasten. Das wäre sowohl im Hinblick auf die vorgesehenen Viermächte-Verhandlungen über Westberlin als auch für die Entwicklung der Beziehungen zwischen der DDR und der BRD von großem Nutzen ...

1970 HOFFNUNG AUF BERLINREGELUNG

Das Krankenhaus am Urban in Kreuzberg, um 1970.

genossen nach Jordanien absetzen. Anfang September kehrt die sogenannte Baader-Meinhof-Gruppe in die Bundesrepublik zurück, wo sie mehrere Terroranschläge verübt.

Brandanschläge beunruhigen Berliner: Politisch motivierte Täter verüben am 28. April 1970 auf das Gebäude des Berliner Kammergerichts in Charlottenburg einen Brandanschlag. Dabei wird das Arbeitszimmer des Kammergerichtspräsidenten Günter von Drenkmann völlig zerstört. Nach Polizeiangaben beträgt der Sachschaden rund 100 000 DM.

Am 5. Mai wird am Amerika-Haus in der Charlottenburger Hardenbergstraße Feuer gelegt. Auch in diesem Fall vermutet die Polizei einen politischen Hintergrund. Bei einer sofort eingeleiteten Großfahndung kann die Polizei drei Tatverdächtige festnehmen.

In einer Aktuellen Stunde des Abgeordnetenhauses fordern am folgenden Tag Redner der CDU ein energischeres Vorgehen gegen politisch motivierte Gewalttäter. In diesem Zusammenhang wirft die CDU den Sozialdemokraten eine teilweise »zu große Zurückhaltung gegenüber den Gewaltpredigern von links« vor. Innensenator Kurt Neubauer (SPD) bekräftigt vor dem Parlament die Entschlossenheit des Senats, politische Gewalt mit allen rechtsstaatlichen Mitteln zu bekämpfen.

KULTUR

Streit um Antikriegsfilm: Am 26. Juni 1970 beginnen in West-Berlin die 20. Internationalen Filmfestspiele. Im Wettbewerb um die Goldenen und Silbernen Bären sind 21 Spiel- und 16 Kurzfilme vertreten. Im Verlauf der Filmfestspiele kommt es jedoch zu einem Eklat, der zum Rücktritt der Jury führt, so daß eine reguläre Preisverleihung nicht stattfinden kann. Der Streit entzündet sich an dem bundesdeutschen Wettbewerbsbeitrag »o.k.« von Michael Verhoeven. Der Film befaßt sich mit Kriegsverbrechen amerikanischer Truppen in Vietnam. Der amerikanische Juryvorsitzende Geroge Stevens reagiert auf die anprangernde Darstellung der amerikanischer Kriegführung mit Empörung und will den Streifen vom Wettbewerb ausschließen. Daraufhin stellt die Jury unter Protest ihre Arbeit ein. Es können nur die Rahmenpreise der Filmfestspiele vergeben werden.

ALLTAG UND GESELLSCHAFT

Vom Krankenhaus zum Kulturzentrum: In Kreuzberg wird am 24. März 1970 das am Mariannenplatz gelegene Krankenhaus Bethanien geschlossen, das 1843 als Diakonissenkrankenhaus gestiftet und 1845 bis 1847 errichtet worden war. Ein wesentlicher Grund für die Schließung sind finanzielle Schwierigkeiten. Trotz Unterstützung durch den Senat hatte die Klinik ihren Zahlungsverpflichtungen nicht mehr nachkommen können.

Über die künftige Verwendung oder den Abriß des weitläufigen, architekturgeschichtlich bedeutenden Gebäudes entbrennt in den folgenden Monaten eine heftige Diskussion. Schließlich einigt man sich darauf, dort ein Haus für kulturelle Zwecke einzurichten. Nach einigen Umbauarbeiten wird der Bau als »Künstlerhaus Bethanien« 1973 seiner Bestimmung übergeben. Die stationäre medizinische Versorgung des Bezirks hat unter dieser Umwidmung nicht zu leiden. Vielmehr nimmt die Bettenkapazität zu, denn im Krankenhaus Am Urban wird am 28. August ein neues Hauptgebäude (Architekt Peter Poelzig) feierlich eröffnet. Es handelt sich um den ersten Neubau einer städtischen Klinik in Berlin seit dem Ersten Weltkrieg.

Als Reaktion auf die Behinderungen des Transitverkehrs von und nach West-Berlin durch die DDR Ende November 1970 gibt die Bundesregierung am 21. Dezember 1970 eine Erklärung zu den Vorfällen ab:

Die Bundesregierung bedauert, daß die DDR erneut den Berlin-Verkehr behindert und damit die Verhandlungen der vier Mächte über Verbesserung der Verhältnisse in und um Berlin stört. Schon bisher mußten willkürlich gewählte Anlässe dazu herhalten, die Scheinargumente für die entspannungsfeindlichen Maßnahmen der DDR zu liefern. In diesem Fall ist es besonders bemerkenswert, daß gleichartige Tagungen auf Einladung der SPD-Fraktion des Berliner Abgeordnetenhauses in der Vergangenheit stattgefunden haben, ohne daß Ost-Berlin diese Tatsache auch nur eines Kommentars gewürdigt hätte. Wenn die DDR ihre Auffassung durchsetzen könnte, so würde dies bedeuten, daß die zuständigen Berliner Stellen zwar Parlamentarier aus allen Staaten der Welt, aber nicht aus der Bundesrepublik Deutschland zu Besprechungen nach Berlin einladen könnten.

Was die Verhandlungen über den Berlin-Verkehr angeht, so vertritt die Bundesregierung unverändert die Auffassung, daß Verhandlungen zwischen den Regierungen der beiden deutschen Staaten eine Einigung der vier Mächte über Grundsatzfragen des Berlin-Verkehrs voraussetzen. Dementsprechend haben sich auch die Instruktionen für Staatssekretär Bahr nicht geändert. Im übrigen ist festzustellen, daß ein Meinungsaustausch über Berlin-Fragen von der Ost-Berliner Seite bisher nicht vorgeschlagen wurde, da nach Auffassung der DDR die Bundesregierung keine Zuständigkeit zur Behandlung von Berlin-Fragen besitzt.

Die Bundesregierung hält sich an die zwischen beiden Regierungen am 29. Oktober vereinbarte Presseerklärung, wonach der Meinungsaustausch über Fragen geführt werden sollte, deren Regelung der Entspannung im Zentrum Europas dient und die für beide Staaten von Interesse sind. Die Themenkreise sind in den 20 Punkten von Kassel umschrieben.

OST-BERLIN INTENSIVIERT DEN WOHNUNGSBAU 1970

heiten der politischen Entwicklung in der DDR hervor: »Indem wir Lenins Lehren prinzipienfest auf die deutschen Verhältnisse anwandten und sie im Kampf für den Sieg des Sozialismus in einer einstigen Bastion des Imperialismus weiterentwickelten, konnten wir erfolgreich einen starken und modernen sozialistischen Staat errichten.«

Der Leninplatz bildet das Zentrum einer zwischen 1968 und 1970 erstellten Wohnanlage mit mehreren Hochhäusern. Den Platz dominiert ein dreifach abgestuftes bis vierundzwanziggeschossiges Wohnhochhaus.

Wahlen zu den Stadtbezirksversammlungen: Am 22. März 1970 werden Wahlen zu den Stadtbezirksversammlungen von Groß-Berlin abgehalten. Nach offiziellen Angaben beträgt die Wahlbeteiligung 96,96 %. Für die von der SED angeführte Einheitsliste der Nationalen Front werden 99,53 % der gültigen Stimmen gezählt. In allen Stadtbezirken stellt die SED wiederum den Bezirksbürgermeister. Die Politiker und die Presse der DDR werten das Wahlergebnis als großen Vertrauensbeweis der Bevölkerung der Hauptstadt für die SED und die mit ihr verbundenen Blockparteien.

Enthüllung des Denkmals für Wladimir I. Lenin auf dem Leninplatz, 19. April 1970.

KULTUR

Forschen für ein »sozialistisches Erziehungswesen«: Am 15. September 1970 wird in Ost-Berlin die Akademie der Pädagogischen Wissenschaften der DDR gegründet. Diese Institution soll vor allem Konzepte für den Ausbau und die inhaltliche Weiterentwicklung eines »sozialistischen Bildungs- und Erziehungswesens« in der DDR erarbeiten.

An den Ost-Berliner Hochschulen gibt es 1970 rund 36 000 Studenten im Direkt-, Fern- oder Abendstudium. Davon sind an der Humboldt-Universität 17 600 Studenten immatrikuliert, darunter 11 500 im Direktstudium. Insgesamt 3 800 Personen studieren 1970 an der Hochschule für Ökonomie, der Ingenieurhochschule Berlin-Wartenberg, der Kunsthochschule Berlin-Weißensee und der Hochschule für Musik Hanns Eisler. Die 12 Ingenieur- und Fachschulen, über die Ost-Berlin darüber hinaus verfügt, haben 1970 zusammen rund 14 600 Studierende.

Zentrum für Kulturarbeit der FDJ: In der Klosterstraße (Mitte) wird das Haus der Jungen Talente im ehemaligen Podewilschen Palais, das im Februar 1966 ausgebrannt war, am 2. Oktober im Rahmen einer Feierstunde wiedereröffnet. Damit verfügt Ost-Berlin wieder über einen zentralen Ort für kulturelle, gesellschaftliche und sportliche Veranstaltungen, die unter

---

Rede des Staatsratsvorsitzenden Walter Ulbricht bei der Enthüllung des Lenin-Denkmals am 19. April 1970:

Wir haben uns heute hier zusammengefunden, um in der Hauptstadt des sozialistischen deutschen Staates, Berlin, das Denkmal Wladimir Iljitsch Lenins und den neuen Leninplatz einzuweihen. Wir ehren damit den genialen Theoretiker und kühnen Organisator der sozialistischen Revolution, den Befreier des werktätigen Volkes von imperialistischer Unterdrückung und kapitalistischer Ausbeutung, den Begründer des ersten sozialistischen Staates der Welt.
Wir ehren den großen Revolutionär, dessen ... Ideen auch das Volk der Deutschen Demokratischen Republik verwirklicht.
Bauarbeiter, Architekten und Künstler haben hier unter gewaltigen Anstrengungen in gemeinsamer Arbeit einen Platz geschaffen, der Wladimir Iljitsch Lenins würdig ist.
In seiner architektonischen Gestaltung gibt dieser neue Leninplatz in der Hauptstadt der Deutschen Demokratischen Republik dem Verhältnis der Bürger zum größten Wissenschaftler und Revolutionär unserer Epoche künstlerischen Ausdruck.

1970 HOFFNUNG AUF BERLINREGELUNG

Das Forum Steglitz an der Schloßstraße, um 1970.

Bereits 10 000 Wohnungen im Märkischen Viertel: Auch im Wohnungsbau unternimmt man in West-Berlin weiterhin große Anstrengungen. So wird am 17. April 1970 im Märkischen Viertel (Reinickendorf) die 10 000. Wohnung an die Mieter übergeben. Auf dem ausgedehnten Gelände (280 ha) einer ehemaligen Laubenkolonie hatten 1964 die Bauarbeiten zu einer Trabantenstadt begonnen, die einmal 17 000 Wohnungen umfassen soll.
Die Pläne für das Projekt mit hoher Bebauungsdichte stammen von den Architekten Hans C. Müller, Georg Heinrichs und Werner Düttmann. Gruppen von Häusern von drei bis zu 18 Geschossen umstehen weite Höfe mit Baumbestand. Der Infrastruktur dienen ein Einkaufszentrum, Kirchen und Gemeindezentren, mehrere Sportanlagen und ein kommunales Kulturzentrum.
Mit der Trabantensiedlung Märkisches Viertel wollen Planer und Architekten das Beispiel einer neuen Stadtlandschaft mit verbesserter Wohnqualität verwirklichen. Die übliche Blockrandbebauung mit Zeilen- und Scheibenbau soll durch gestaffelte Wohnhäuser abgelöst werden, die um ein Dienstleistungszentrum gruppiert sind. An den hohen und langgestreckten Wohnblöcken wird jedoch bald nach Fertigstellung massive Kritik geübt, da sie eine Anonymysierung und Isolierung der Bewohner zur Folge hätten.
Zeitlich parallel zum Märkischen Viertel entsteht mit der sogenannte Gropiusstadt in Neukölln eine weitere Großsiedlung. Auf einer Fläche von rund 265 ha werden dort fast 17 000 Wohnungen für 50 000 bis 60 000 Menschen errichtet. Das mehrfach veränderte Konzept für dieses Projekt stammt von dem Bauhausarchitekten Walter Gropius.
Insgesamt gibt es 1970 in West-Berlin vier, teilweise noch im Bau befindliche, Großsiedlungen, die zur Lösung der Wohnungsnot beitragen sollen. Neben dem Märkischen Viertel und der Gropiusstadt sind dies die Anlage Falkenhagener Feld in Spandau (Baubeginn 1960) und die 1970 fertiggestellte sogenannte Thermometersiedlung in Lichterfelde, die rund 2700 Wohneinheiten umfaßt.
330 000 Neubauwohnungen in West-Berlin seit 1949: In beiden Teilen Berlins sind Anfang der siebziger Jahre die Arbeiten zur Trümmerbeseitigung und zum Wiederaufbau kriegszerstörter Gebäude weitgehend abgeschlossen. Das gibt Gelegenheit für den Wohnungsbestand eine Bilanz zu ziehen.
West-Berlin verfügt 1970 über fast eine Million Wohnungen, wovon seit dem Ende der Blockade im Mai 1949 rund 330 000 neu gebaut worden sind. Die Ausstattung vieler West-Berliner Altbauwohnungen entspricht jedoch nicht mehr den gewachsenen Ansprüchen der Menschen. So haben rund 336 000 Wohnungen kein eigenes Bad; bei rund 165 000 Altbauwohnungen befinden sich die Toiletten auf dem Hof oder im Treppenhaus.
Einkaufszentrum Forum Steglitz eröffnet: In West-Berlin geht die Errichtung von Geschäftsräumen zügig voran. Am 23. April 1970 wird an der Steglitzer Schloßstraße das Einkaufszentrum Forum Steglitz eröffnet. In dem Komplex sind auf mehreren Etagen zahlreiche Einzelgeschäfte untergebracht.
Wenige Tage zuvor erfolgte in Charlottenburg die Grundsteinlegung für das Kurfürstendamm-Karree zwischen Kurfürstendamm und Lietzenburger Straße, das nach Fertigstellung rund 50 000 m² Nutzfläche für Läden, Kneipen und Restaurants bieten soll.

KALENDARIUM

2. Januar: In West-Berlin wird die Verlängerung der U-Bahnlinie 7 zwischen Britz-Süd und Zwickauer Damm eröffnet.
13. Januar: Der Ost-Berliner Oberbürgermeister Herbert Fechner legt in der Jerusalemer Straße in Berlin Mitte den Grundstein für das Neubauprojekt rund um die Leipziger Straße.
6. Februar: Im Friedrichstadtpalast im Ost-Berliner Bezirk Mitte findet ein Festakt zum 20. Jahrestag der Gründung des Ministeriums für Staatssicherheit statt.
21. Februar: In der West-Berliner Deutschlandhalle werden die 17. Deutschen Leichtathletikhallenmeisterschaften ausgetragen.
22. Februar: Aus Protest gegen die Arbeitstreffen mehrerer Bundestagsausschüsse in West-Berlin unterbricht die DDR zeitweise die Verkehrsverbindungen zwischen West-Berlin und dem Bundesgebiet.
10. März: Zwei DDR-Bürger, die auf dem Ost-Berliner Flughafen Schönefeld versuchen, eine Verkehrsmaschine nach Westen zu entführen, begehen Selbstmord.
18. März: Der Rechtsanwalt Horst Mahler wird in West-Berlin wegen seiner Beteiligung an Ausschreitungen vor dem Springer-Hochhaus am 11. April 1968 zu einer Haftstrafe von zehn Monaten Gefängnis auf Bewährung verurteilt. Nach der Urteilsverkündung kommt es in der Innenstadt zu Krawallen linksgerichteter Studenten.
19. März: Der Sender Freies Berlin bezieht an der Masurenallee (Charlottenburg) ein neuerbautes Fernsehzentrum.
22. März: Bei Kommunalwahlen in Ost-Berlin erhält die Einheitsliste der Nationalen Front nach offiziellen Angaben 99,53 %.
26. März: Die Botschafter der vier Siegermächte des Zweiten Weltkriegs, der Vereinigten Staaten, Großbritanniens, Frankreichs und der Sowjetunion, nehmen im Gebäude des Alliierten Kontrollrats in Schöneberg ihre Viermächte-Verhandlungen über Berlin auf.
17. April: Im Märkischen Viertel, einem ausgedehnten Neubaugebiet im Norden West-Berlins, wird die 10 000. Wohnung an die Mieter übergeben.
23. April: In der Steglitzer Schloßstraße wird das Einkaufszentrum Forum Steglitz eröffnet.
19. April: Auf dem Leninplatz im Ost-Berliner Bezirk Friedrichshain wird anläßlich des 100. Geburtstages von Wladimir I. Lenin das von dem russischen Bildhauer Nikolai Tomski geschaffene Lenin-Denkmal (19 m hoch) feierlich enthüllt.
14. Mai: Der wegen Brandstiftung verurteilte Terrorist Andreas Baader wird bei einem Freigang unter Bewachung in ein Institut in Dahlem von Gesinnungsgenossen mit Waffengewalt befreit. Bei der Aktion wird ein Institutsangestellter durch einen Schuß schwer verletzt.
24. Mai: In der Ost-Berliner Werner-Seelen-

KALENDARIUM

OST-BERLIN INTENSIVIERT DEN WOHNUNGSBAU 1970

binder-Halle (Prenzlauer Berg) wird der bundesdeutsche Judo-Kämpfer Klaus Glahn Europameister im Schwergewicht.

1. Juni: Nach einer Explosion im Kraftwerk Reuter fällt in neun West-Berliner Bezirken für mehrere Stunden der Strom aus.

4. Juni: Im West-Berliner Abgeordnetenhaus scheitert ein Mißtrauensantrag der CDU gegen den Regierenden Bürgermeister Klaus Schütz (SPD). Hintergrund sind die anhaltenden studentischen Unruhen in der Stadt.

24. Juni: Ost-Berlin und die polnische Hauptstadt Warschau schließen eine Städtepartnerschaft.

26. Juni: Bei den West-Berliner Filmfestspielen (bis 7. Juli) kommt es zu heftigen Diskussionen über den bundesdeutschen Beitrag »o. k.« von Michael Verhoeven. Der Streifen thematisiert Kriegsverbrechen in Vietnam.

2. August: Im Sportpark Cantianstraße (Prenzlauer Berg) läuft Renate Meißner (DDR) mit 11,0 sec Weltrekord über 100 m.

12. August: Regierungsvertreter der Bundesrepublik und der Sowjetunion unterzeichnen in Moskau den Vertrag über Gewaltverzicht und Zusammenarbeit (Moskauer Vertrag). Darin werden die Unverletzlichkeit der bestehenden polnischen Westgrenze und der deutschen Grenzen garantiert.

25. August: In den West-Berliner Ausstellungshallen am Funkturm wird die 8. Überseemesse Partner des Fortschritts erstmals als eigenständige Messe eröffnet. Bislang hatte sie im Rahmen der Deutschen Industrieausstellung stattgefunden.

28. August: Das neuerbaute Hauptgebäude des Krankenhauses Am Urban (Kreuzberg) nimmt seinen Betrieb auf.

15. September: In Ost-Berlin wird die Akademie der Pädagogischen Wissenschaften der DDR gegründet.

27. September bis 11. Oktober: Einer der Höhepunkte bei den Ost-Berliner Festtagen ist ein Gastspiel des französischen Pantomimen Marcel Marceau.

1. Oktober: Anläßlich des 50. Jahrestages der Gründung der Einheitsgemeinde Berlin findet in der Kongreßhalle im Tiergarten ein Treffen von 35 Oberbürgermeistern aus dem In- und Ausland statt.

9. Oktober: Nach rund dreijähriger Bauzeit wird am Ost-Berliner Alexanderplatz das Interhotel »Stadt Berlin« fertiggestellt.

10. Oktober: In der Deutschen Staatsoper Unter den Linden (Ost-Berlin) findet ein Festakt zum 400jährigen Bestehen der Staatskapelle Berlin statt.

25. November: Am Ost-Berliner Alexanderplatz öffnet das mehrstöckige Centrum-Warenhaus seine Tore. Es ist mit einer Verkaufsfläche von rund 15 000 m² das das größte Kaufhaus der DDR.

Federführung der Freien Deutschen Jugend (FDJ) speziell für Jugendliche angeboten werden. Das Haus der Jungen Talente dient auch dazu, Nachwuchskünstlern erste Auftrittsmöglichkeiten zu bieten.

Das 1701 bis 1704 errichtete Barockpalais war im zweiten Weltkrieg stark zerstört worden. Nach dem Wiederaufbau zwischen 1952 und 1954 wurde es der FDJ als Zentrum ihrer den Leitlinien der SED folgenden Kulturarbeit übergeben.

ALLTAG UND GESELLSCHAFT

Bilanz im Wohnungsbau: Für Ost-Berlin weist die Statistik dieses Jahres einen Bestand von rund 464 000 Wohnungen aus. Von ihnen sind seit Kriegsende etwa 106 700 neu errichtet worden. Daß die Zahl der Neubauten im Vergleich zum Westen niedriger ausfällt und dem Bedarf bei weitem nicht entspricht, liegt vor allem daran, daß die Regierung und der Berliner Magistrat andere Schwerpunkte der Bautätigkeit gesetzt hatten: Die Errichtung von Produktionsanlagen, öffentlichen Gebäuden und repräsentativen Verwaltungs- und Regierungsbauten hatte Vorrang.

Markante Bauten am Alexanderplatz: Die Neugestaltung der Umgebung des Alexanderplatzes macht Fortschritte. Nach rund dreijähriger Bauzeit werden dort zwei Großprojekte, das neununddreißiggeschossige Interhotel Stadt Berlin und das Centrum-Warenhaus fertiggestellt. Das Hotel Stadt Berlin verfügt über rund 1000 komfortabel eingerichtete Zimmer.

Mit einer Verkaufsfläche von 15 000 m² ist das Centrum-Warenhaus das größte Kaufhaus der DDR. In einer offiziellen Bilanz des Ost-Berliner Magistrats wird festgestellt, daß von 1966 bis 1970 in dem Areal um den Alexanderplatz rund 10 800 Wohnungen gebaut worden sind. Auch an der Leipziger Straße im Bezirk Mitte sollen in den folgenden Jahren mehrere Wohnhauskomplexe mit zahlreichen Geschäften und Restaurants entstehen. Mitte Januar 1970 legt der Ost-Berliner Oberbürgermeister Herbert Fechner den Grundstein für das aufwendige Bauvorhaben.

Bessere Versorgung mit hochwertigen Gebrauchsgütern: Im Rückblick auf den Fünfjahresplan 1966 bis 1970 veröffentlicht der Magistrat Ende 1970 einige Zahlen zur sozialen Lage der Bevölkerung Ost-Berlins. Die Zahl der Kindergarten- und Krippenplätze ist seit 1966 erheblich gestiegen, so daß jetzt für jedes dritte Kind unter drei Jahren ein Krippenplatz und für jedes zweite Kind ein Kindergartenplatz zur Verfügung stehen.

Mehr als 38 000 Schulkinder der ersten bis vierten Klasse können einen Hort besuchen, wo sie betreut werden und unter Aufsicht ihre Hausaufgaben erledigen können, was für berufstätige Mütter eine Erleichterung bedeutet.

Die Versorgung mit hochwertigen Gebrauchsgütern hat sich während der Zeit des Fünfjahresplans verbessert. Besaßen 1966 von 100 Ost-Berliner Haushalten erst 28 eine Waschmaschine und 37 einen Kühlschrank, so stehen in diesem Jahr 68 Waschmaschinen und 44 Kühlschränke für je 100 Haushalte zur Verfügung.

Verbessertes Warenangebot im Centrum Warenhaus am Alexanderplatz, um 1970.

1971 BERLINS LAGE GESICHERT

POLITIK

Viermächte-Verhandlungen über Berlin: Am 3. September beginnt ein neues Kapitel in der Nachkriegsgeschichte Berlins. An diesem Tag unterzeichnen im Kontrollratsgebäude (Schöneberg) die Botschafter der vier Siegermächte des Zweiten Weltkriegs, Roger Jackling (Großbritannien), Kenneth Rush (USA), Jean Sauvagnargues (Frankreich) und Pjotr A. Abrassimow (UdSSR), das Viermächte-Abkommen über Berlin. Es sollte aber noch fast ein Jahr verstreichen, ehe es in Kraft treten kann und die Abmachungen wirksam werden.

Mit dem Abkommen, über das rund anderthalb Jahre lang verhandelt worden ist, verbindet sich die Hoffnung auf Entspannung der politischen Lage um Berlin und auf Verbesserungen für die Menschen in der geteilten Stadt. Während der Verhandlungen klammern die Viermächte unvereinbare Grundsatzfragen, etwa den Status, aus. Außerdem verpflichtet sich die Sowjetunion, die unverändert bestehenden Rechte und Verantwortlichkeiten der Vereinigten Staaten, Großbritanniens und Frankreichs zu achten. Das Abkommen regelt praktische Angelegenheiten, die das Leben schwer und spannungsreich gemacht hatten.

Erstmals erkennt die Sowjetunion ausdrücklich die Bindungen der Stadt an den Bund an und gesteht zu, daß diese – in begrenztem Umfang – »entwickelt« werden könnten. Als Bestätigung ihrer bisherigen Position sieht die östliche Seite die Formulierung, daß die Westsektoren »so wie bisher kein Bestandteil (konstitutiver Teil) der Bundesrepublik Deutschland sind und weiterhin nicht von ihr regiert werden«. Entsprechende Passagen in der Berliner Verfassung und im Grundgesetz hatten die Westalliierten bereits 1949 suspendiert.

Wesentliche Verbesserungen bringt das Viermächte-Abkommen für den Transitverkehr von und nach West-Berlin. Moskau erklärt verbindlich, den Zugang auf den Straßen-, Schienen- und Wasserwegen behinderungsfrei zu halten und zu erleichtern. Die Einzelheiten des Transitverkehrs regelt das zwischen den Staatssekretären Egon Bahr und Michael Kohl (DDR) ausgehandelten Transitabkommen vom 17. Dezember.

Das Viermächte-Abkommen führt zu grundlegenden Verbesserungen auch im Hinblick auf die Reisemöglichkeiten der West-Berliner. Sie erhalten seit 1966 erstmals wieder Zugang nach Ost-Berlin und dürfen auch in die DDR fahren, was ihnen seit 1952 nicht mehr möglich gewesen war. Auch die Telefonverbindung zwischen den beiden Stadthälften wird nach neunzehnjähriger Unterbrechung wiederhergestellt. Die ersten fünf Leitungen werden bereits im Januar geschaltet; bis Ende des Jahres steigt die Zahl der Verbindungen auf 150.

Das Viermächte-Abkommen beendet eine Etappe der Nachkriegsgeschichte, in der Berlin immer wieder im Brennpunkt internationaler Konflikte gestanden hatte. Der Osten hatte die geteilte Stadt wiederholt zu einem Kriseninstrument gemacht, um weiterreichende politische Ziele zu verfolgen. Die Hauptleidtragenden waren stets die Menschen diesseits und jenseits der Sektorengrenze gewesen.

Im Gefolge des Viermächte-Abkommens müssen die beiden deutschen Staaten genaue Einzelheiten zu seiner Ausfüllung vereinbaren. Sie

Wahlabend in der Brandenburghalle des Schöneberger Rathauses, 14. März 1971.

Im Viermächte-Abkommen über Berlin vom 3. September 1971 heißt es:

Die Regierungen der Französischen Republik, der Union der Sozialistischen Sowjetrepubliken, des Vereinigten Königreichs Großbritannien und Nordirland, der Vereinigten Staaten von Amerika, ... unter Berücksichtigung der bestehenden Lage in dem betreffenden Gebiet, von dem Wunsch geleitet, zu praktischen Verbesserungen der Lage beizutragen, unbeschadet ihrer Rechtspositionen, haben folgendes vereinbart:

I
Allgemeine Bestimmungen
1. Die Vier Regierungen werden bestrebt sein, die Beseitigung von Spannungen und die Verhütung von Komplikationen in dem betreffenden Gebiet zu fördern.
...
4. Die Vier Regierungen stimmen darin überein, daß ungeachtet der Unterschiede in den Rechtsauffassungen die Lage ... nicht einseitig verändert wird.

II
Bestimmungen, die die Westsektoren Berlins betreffen
A. Die Regierung der Union der Sozialistischen Sowjetrepubliken erklärt, daß der Transitverkehr von zivilen Personen und Gütern zwischen den Westsektoren Berlins und der Bundesrepublik Deutschland auf Straßen-, Schienen- und Wasserwegen durch das Territorium der Deutschen Demokratischen Republik ohne Behinderungen sein wird, daß dieser Verkehr erleichtert werden wird, damit er in der einfachsten und schnellsten Weise vor sich geht, und daß er Begünstigung erfahren wird.
Die diesen zivilen Verkehr betreffenden konkreten Regelungen ... werden von den zuständigen deutschen Behörden vereinbart.
B. Die Regierung der Französischen Republik, des Vereinigten Königreichs und der Vereinigten Staaten von Amerika erklären, daß die Bindungen zwischen den Westsektoren Berlins und der Bundesrepublik Deutschland aufrechterhalten und entwickelt werden, wobei sie berücksichtigen, daß diese Sektoren so wie bisher kein Bestandteil (konstitutiver Teil) der Bundesrepublik Deutschland sind und auch weiterhin nicht von ihr regiert werden ...
C. Die Regierung der Union der Sozialistischen Sowjetrepubliken erklärt, daß die Kommunikation zwischen den Westsektoren Berlins und Gebieten, die an diese Sektoren grenzen, sowie denjenigen Gebieten der Deutschen Demokratischen Republik, die nicht an diese Sektoren grenzen, verbessert werden. ...

FÜHRENDE ROLLE DER SED 1971

POLITIK

Honecker an der Spitze der SED: Auf der 16. Tagung des Zentralkomitees der SED am 3. Mai erklärt Walter Ulbricht in Ost-Berlin seinen Rücktritt als Erster Sekretär des ZK der SED. Zu seinem Nachfolger und damit starkem Mann der DDR wählt das ZK den achtundfünfzigjährigen Erich Honecker.

Politische Beobachter vermuten, daß Ulbricht sein Amt nicht freiwillig aufgegeben hat und seine Ablösung in Zusammenhang mit den Entspannungsbemühungen zwischen Ost und West zu sehen ist. Ulbricht soll sich vor allem gegen eine umfassende Berlinregelung, wie sie von den vier Siegermächten angestrebt wird, gesträubt haben. Er fürchtete den Verlust der DDR-Kontrolle über die Transitwege und den zu erwartenden Besucherstrom aus West-Berlin. Die DDR würde West-Berlin nicht mehr als politisches Faustpfand benutzen können.

Erich Honecker sieht die veränderte Großwetterlage realistischer und bemüht sich in den folgenden Jahren, im Zuge der Ost-West-Entspannung das internationale Ansehen der DDR zu stärken.

Der VIII. Parteitag setzt sozialpolitische Akzente: Vom 15. bis 19. Juni findet in der Werner-Seelenbinder-Halle (Prenzlauer Berg) der VIII. Parteitag der SED statt, der in mehreren Bereichen eine politische Umorientierung bringt. Der in seinem Amt bestätigte Erste Sekretär des ZK der SED, Erich Honecker, nutzt das Forum der rund 2 000 Delegierten, die insgesamt rund 1,9 Millionen SED-Mitglieder vertreten, eigene Akzente zu setzen. Als neue »Hauptaufgabe« der Partei nennt er »die weitere Erhöhung des materiellen und kulturellen Lebensniveaus des Volkes auf der Grundlage eines hohen Entwicklungstempos der sozialistischen Produktion«.

Dabei fordert Honecker jedoch eine realistischere Einschätzung der wirtschaftlichen Leistungskraft der DDR und die Abkehr von überzogenen Planvorgaben. Besonderes Augenmerk sei auf die Verbesserung der materiellen Lage der unteren sozialen Gruppen zu legen. Tatsächlich zeigen sich in den folgenden Monaten konkrete Verbesserungen in der Versorgungslage in Ost-Berlin und der DDR.

Keinen Zweifel läßt Honecker jedoch daran, daß auch nach dem VIII. Parteitag die SED die allein bestimmende Macht in der DDR ist. Ihre führende Rolle in Staat und Gesellschaft wird sogar weiter ausgebaut, verbunden mit einer Straffung der innerparteilichen Befehlshierarchien. Das »Wohl der Menschen« wird ausdrücklich in den Mittelpunkt der SED-Politik gestellt, das heißt aber keineswegs, daß der DDR-Bevölkerung mehr Mitbestimmungsrechte eingeräumt würden.

Konrad Naumann neuer Bezirkschef der SED: Am 15. und 16. Mai tagt in der Dynamo-Sporthalle (Hohenschönhausen) die X. Bezirksdelegiertenkonferenz der Berliner SED. Sie

---

Im Abkommen zwischen der Regierung der Bundesrepublik Deutschland und der Regierung der Deutschen Demokratischen Republik über den Transitverkehr von zivilen Personen und Gütern zwischen der Bundesrepublik Deutschland und Berlin (West) vom 17. Dezember 1971 heißt es:

...

Artikel 1
Gegenstand dieses Abkommens ist der Transitverkehr von zivilen Personen und Gütern auf Straßen, Schienen- und Wasserwegen zwischen der Bundesrepublik Deutschland und den Westsektoren Berlins – Berlin (West) – durch das Hoheitsgebiet der Deutschen Demokratischen Republik – im folgenden Transitverkehr genannt.

Artikel 2
1. Der Transitverkehr wird erleichtert werden und ohne Behinderung sein. Er wird in der einfachsten, schnellsten und günstigsten Weise erfolgen, wie es in der internationalen Praxis vorzufinden ist.
2. Im Transitverkehr finden die allgemein üblichen Vorschriften der Deutschen Demokratischen Republik bezüglich der öffentlichen Ordnung Anwendung, soweit dieses Abkommen nichts anderes bestimmt.

Artikel 3
Der Transitverkehr erfolgt über die vorgesehenen Grenzübergangsstellen und Transitstrecken.

Artikel 4
Für Transitreisende werden Visa an den Grenzübergangsstellen der Deutschen Demokratischen Republik erteilt.
Dies geschieht im Interesse der schnellstmöglichen Durchführung des Transitverkehrs, von Ausnahmen abgesehen, die sich aus der Anwendung der Bestimmungen dieses Abkommens ergeben, am Fahrzeug beziehungsweise bei durchgehenden Autobussen und durchgehenden Zügen im Transportmittel ...

Artikel 6
1. Für die Beförderung von zivilen Gütern im Transitverkehr können Transportmittel ... benutzt werden, die vor der Abfahrt mit Zollverschlüssen, Bahn- oder Postplomben oder mit zur Verfügung gestellten amtlichen Verschlüssen ... versehen worden sind. ...
5. Die Kontrollverfahren der zuständigen Organe der Deutschen Demokratischen Republik beschränken sich auf die Prüfung der Verschlüsse und der Begleitdokumente. ...

Artikel 9
1. Im Transitverkehr können individuelle Transportmittel benutzt werden. ...
2. Individuelle Transportmittel im Sinne dieses Abkommens sind ordnungsgemäß zugelassene Kraftfahrzeuge, die nicht zum Transport von Gütern bestimmt oder durchgehende Autobusse sind. Individuellen Transportmitteln gleichgestellt sind die nicht zur Aufnahme von Gütern bestimmte Teile von Gütertransportmitteln auf Straßen-, Schienen- und Wasserwege sowie die nicht zur Beförderung von Personen bestimmten Teile von durchgehenden Autobussen.
3. Die Verfahren für Reisende in individuellen Transportmitteln werden keine Verzögerungen mit sich bringen und erfolgen, von Ausnahmen abgesehen, ..., am Fahrzeug.
4. Die Reisenden, ihre Transportmittel und ihr persönliches Gepäck werden nicht der Durchsuchung und der Festnahme unterliegen oder von der Benutzung der vorgesehenen Wege ausgeschlossen werden, außer in besonderen Fällen, ..., in denen hinreichende Verdachtsgründe bestehen, daß ein Mißbrauch der Transitwege für Zwecke beabsichtigt ist, begangen wird oder begangen worden ist, die nicht mit der direkten Durchreise nach und von Berlin (West) im Zusammenhang stehen und die den allgemein üblichen Vorschriften bezüglich der öffentlichen Ordnung zuwiderlaufen. Dieser Grundsatz wird im Einzelfall und individuell angewandt.

Artikel 16
1. Ein Mißbrauch im Sinne dieses Abkommens liegt vor, wenn ein Transitreisender nach Inkrafttreten dieses Abkommens während der jeweiligen Benutzung der Transitwege rechtswidrig und schuldhaft gegen die allgemein üblichen Vorschriften der Deutschen Demokratischen Republik bezüglich der öffentlichen Ordnung verstößt, indem er
a) Materialien verbreitet oder aufnimmt;
b) Personen aufnimmt;
c) die vorgesehenen Transitwege verläßt, ohne durch besondere Umstände ... dazu veranlaßt zu sein;
d) andere Straftaten begeht oder
e) durch Verletzung von Straßenverkehrsvorschriften Ordnungswidrigkeiten begeht. ...

1971 BERLINS LAGE GESICHERT

Ergebnis der Wahlen zum Abgeordnetenhaus, 14. März 1971.

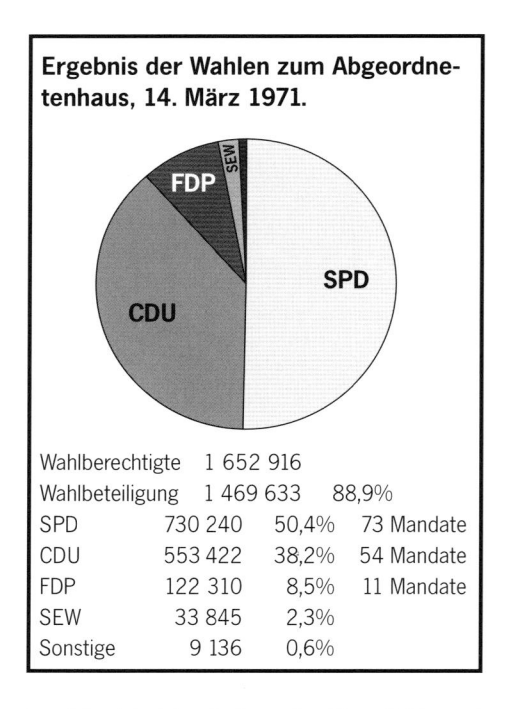

Wahlberechtigte	1 652 916		
Wahlbeteiligung	1 469 633	88,9%	
SPD	730 240	50,4%	73 Mandate
CDU	553 422	38,2%	54 Mandate
FDP	122 310	8,5%	11 Mandate
SEW	33 845	2,3%	
Sonstige	9 136	0,6%	

Im Museumsdorf Düppel: vor dem rekonstruierten mittelalterlichen Dorfhaus.

handeln dabei im Auftrag der Viermächte und richten sich nach deren Vorgaben.

SPD verteidigt die absolute Mehrheit: Bei den Abgeordnetenhauswahlen am 14. März kann die regierende SPD trotz erheblicher Stimmenverluste ihre absolute Mehrheit mit 50,4 % der abgegebenen Stimmen knapp behaupten. Einen großen Gewinn erreicht die CDU, die sich um 5,3 % auf 38,2 % verbessert und damit das bislang beste Resultat ihrer Geschichte erzielt. Auch die FDP kann leichte Zugewinne verbuchen.
Der Regierende Bürgermeister Klaus Schütz wird am 20. April vom Abgeordnetenhaus in seinem Amt bestätigt.

KULTUR

Die Schaubühne triumphiert mit Ibsens »Peer Gynt«: Mit einer aufsehenerregenden Inszenierung von Henrik Ibsens Drama »Peer Gynt« spielt sich die Schaubühne am Halleschen Ufer in die erste Reihe der deutschsprachigen Theater. Die siebenstündige Aufführung, von Regisseur Peter Stein auf zwei Abende verteilt, hat am 13. und 14. Mai Premiere. In einem opulenten Bühnenbild mit überwältigenden optischen Effekten (Bühnenbild: Karl Ernst Herrmann) bietet das Schaubühnen-Ensemble einen weiten Blick in das 19. Jahrhundert.
Dargestellt wird die Geschichte Peer Gynts, eines Abenteurers, der in fernen Ländern sein Glück sucht, doch letztlich an seiner Starrheit scheitert und immer wieder auf sein Selbst zurückfällt. Enttäuscht und ausgelaugt kehrt der alte Peer Gynt nach Norwegen zu seiner treuen Solveig »wie in den Mutterschoß« zurück.
Für seine Inszenierung hat Peter Stein zusammen mit Botho Strauß die Übersetzung des Stücks von Christian Morgenstern und Georg Schulte-Frohlinde bearbeitet. Die Aufführung, in der auch die Schauspieler, etwa Bruno Ganz, Heinrich Giskes, Michael König, zu glänzen wissen, wird vom Publikum mit Jubel aufgenommen. Zahlreiche Kritiker bescheinigen der Schaubühne, daß zur Zeit wohl kein anderes deutschsprachiges Theater zu einer derartigen Leistung imstande wäre.

Mittelalterliches Dorf in Düppel: In Düppel (Zehlendorf) wird in diesem Jahr mit dem Bau eines Museumsdorfes begonnen, das den Besuchern einen Einblick in die Lebens- und Arbeitsverhältnisse der Menschen um 1200 geben soll. Seit 1967 legen hier Archäologen die Reste eines Dorfes vom Ende 12. Jahrhundert frei und versuchen, die Anlage zu rekonstruieren.

ALLTAG UND GESELLSCHAFT

»Politessen« verteilen Strafzettel: In West-Berlin nehmen die ersten Hilfspolizistinnen ihren Dienst auf. Die wichtigste Aufgabe der »Politessen« ist die Überwachung des ruhenden Verkehrs, vor allem das Ausstellen von Strafzetteln wegen Falschparkens. Daneben sollen sie Auskünfte geben sowie Kindern und alten Menschen im Straßenverkehr zur Seite stehen. Die

---

Über die gefeierte Schaubühnen-Inszenierung von Henrik Ibsens Drama »Peer Gynt« schreibt der Kritiker Friedrich Luft:

Man ist in der Schaubühne am Halleschen Ufer zur Entgegennahme einer rund siebenstündigen Volksbelustigung und Volksbelehrung in zwei Teilen an Hand von Ibsens mulmigem Persönlichkeitsdrama, das unsere Bühnen sonst nur noch ungern spielen, auch wenn die bulligen Protagonisten danach lechzen. Stein spielt das Stück nicht, um ihm zu huldigen. Er spielt es, um mehr zu spielen als nur Ibsen. Das 19. Jahrhundert soll präsentiert werden, dann angeklagt und wohl auch gerichtet. Indem man eine so herrlich monströse Schau veranstaltet, will man zugleich die Unersättlichkeit, will man Fragwürdigkeit und Scheußlichkeit einer aufgeblasenen Seelenexpansion diskriminieren. Stein hat den Zeigefinger erhoben. Man merkt, was er will. Aber das Schöne an diesen zwei Abenden wahrhaft entfesselten Theaters: Die kühn erweiterte Szene trocknet darüber nicht aus. Man sieht kompaktes Spiel, wie mit Schaufel in die gewaltige Arena geschüttet. Man sieht röhrendes Abenteuerdrama. »Peer Gynt« soll ablaufen wie bewußt trivialer Abenteuerkintopp. Die Peitsche knallt. Aus dem Lautsprecher dröhnt die kalte Stimme des Ansagers, als gelte es, mit der Verwandlung jeweils eine neue Sensationsnummer zu annoncieren. Und Sensationsnummern werden es jedesmal wirklich …
Und weil's so intelligent, weil es in dieser, sozusagen genießerisch herabsetzenden Version, so erfinderisch, überraschungsfreudig und wirklich schön geschieht, ist diese Produktion an zwei langen Abenden mit anderen Theatererlebnissen heute unvergleichlich. Peter Stein hat seine Truppe schon in der ersten Schaubühnen-Spielzeit in Dimensionen geführt, in die andere Bühnen kaum mehr folgen können. …

FÜHRENDE ROLLE DER SED 1971

Rede des Ersten Sekretärs des ZK der SED, Erich Honecker, auf dem VIII. Parteitag der SED im Juni 1971:

... Die Deutsche Demokratische Republik ist unverändert bereit zur Normalisierung des Verhältnisses gegenüber Westberlin, um damit zur Entspannung im Zentrum Europas beizutragen. In diesem Sinne wünscht die Deutsche Demokratische Republik einen Erfolg der Viermächte-Verhandlungen über Westberlin. Eine Verständigung in dieser Frage würde den Interessen aller entsprechen und den Boden für Streitigkeiten und Konflikte im Zusammenhang mit Westberlin beseitigen. Diese Haltung haben wir, wie jeder weiß, auch durch Taten unterstrichen. Unsere Vorschläge in den Gesprächen mit dem Senat von Westberlin gehen selbstverständlich davon aus, daß von beiden Seiten guter Wille gezeigt wird. Dazu gehört die Anerkennung der Realität, daß Westberlin eine Stadt mit einem besonderen politischen Status ist, niemals zur Bundesrepublik gehörte und nie zu ihr gehören wird. Auf dieser Grundlage ist es möglich, alle anstehenden Fragen im Interesse der Festigung des europäischen Friedens und nicht zuletzt im Interesse der Bevölkerung Westberlins einer Regelung zuzuführen.

wählt Konrad Naumann als Nachfolger von Paul Verner zum neuen Bezirkschef der Partei. Die SED zählt 1971 in Ost-Berlin rund 118 000 Mitglieder und Kandidaten; in Ost-Berlin ist jeder fünfte Mann und jede elfte Frau über 18 Jahre Mitglied der Einheitspartei.

Die Delegierten ziehen eine positive Bilanz des abgelaufenen Fünfjahresplanes (1966 bis 1970). So ist nach offiziellen Angaben in Ost-Berlin die Warenproduktion in diesem Zeitraum auf einen Indexwert von 126,8 % gestiegen, wobei in der Elektroindustrie ein besonders starkes Wachstum zu verzeichnen war.

Kohl und Bahr paraphieren das Transitabkommen: Das Viermächte-Abkommen über Berlin vom 3. September legte fest, daß bestimmte Probleme, etwa Änderungen im Berlin-Verkehr, zwischen den beiden deutschen Staaten ausgehandelt werden sollen. Ein wichtiges Ergebnis dieser Vorgabe ist das Transitabkommen, das am 11. Dezember vom Staatssekretär beim Ministerrat der DDR, Michael Kohl, und vom Staatssekretär im Bundeskanzleramt, Egon Bahr, im Ost-Berliner Haus der Ministerien paraphiert

Senatsdirektor Ulrich Müller (heller Mantel) und Staatssekretär Peter Florin (dahinter) nach Unterzeichnung des Abkommens über den Besuchsverkehr und Gebietsaustausch zwischen dem Senat und der DDR im Haus des Ministerrates, Ost-Berlin, 20. Dezember 1971.

wird. Die Unterzeichnung des Abkommens erfolgt am 17. Dezember in Bonn.

Nach Jahrzehnten, in denen die DDR die Transitwege zwischen West-Berlin und der Bundesrepublik immer wieder als politisches Druckmittel benutzt und die Reisenden vielfältigen Schikanen unterworfen hatte, werden erstmals klare Regelungen für den Transitverkehr festgelegt. Für den Personen- und Güterverkehr von und nach West-Berlin ergeben sich zahlreiche Erleichterungen. So wird das Gepäck der Reisenden im PKW- und Eisenbahnverkehr nicht mehr durchsucht, es sei denn in begründeten »Verdachtsfällen« von Mißbrauch der Transitwege. Die Abfertigung soll »in der einfachsten und schnellsten Form« erfolgen. An Stelle der bis-

Abfahrt der Staatssekretäre Michael Kohl (DDR) und Egon Bahr (Bundesrepublik) nach Paraphierung des Transitabkommens im Haus des Ministerrates, Ost-Berlin, 11. Dezember 1971.

her individuell zu zahlenden Gebühren für Visum und Straßenbenutzung zahlt die Bundesrepublik künftig eine Transitpauschale in Höhe von 234,9 Millionen DM pro Jahr (dieser Betrag gilt bis 1975).

Auch die Transportwirtschaft profitiert von dieser deutsch-deutschen Vereinbarung. Warenlieferungen können fortan in verplombten Fahrzeugen unkontrolliert über die Transitstrecken transportiert werden, was die Transportzeiten und -kosten erheblich verringert.

Dauerhafte Besucherregelung für West-Berliner: Am 20. Dezember unterzeichnen im Haus der Ministerien DDR-Staatssekretär Günter Kohrt und der Chef der West-Berliner Senatskanzlei, Ulrich Müller, eine Vereinbarung über Erleichterungen und Verbesserungen des Reise- und Besucherverkehrs. Die Folgevereinbarung des Viermächte-Abkommens regelt Besuche in der Hauptstadt Berlin und der DDR von Personen mit ständigem Wohnsitz in Berlin (West). Die Vereinbarung tritt am 3. Juni 1972 in Kraft.

1971 BERLINS LAGE GESICHERT

»Peer Gynt« von Henrik Ibsen: Werner Rehm als Peer Nr. 7 und Hans-Joachim Diehle als Dr. Begriffenfeld, Mai 1971.

ersten 26 Politessen sind in einem sechswöchigen Kursus auf den Dienst vorbereitet worden.

SPORT
Lizenzentzug wegen Spielmanipulation: In den sog. Bundesligaskandal ist auch der Fußballklub Hertha BSC verwickelt. Ende Juli wird zwei Spielern des Berliner Traditionsklubs wegen Annahme von Bestechungsgeldern und Manipulation eines Spiels vom Sportgericht des DFB die Lizenz entzogen. Aufgrund von Tonbandaufzeichnungen sah es das DFB-Gericht als erwiesen an, daß die beiden Spieler die 0:1-Niederlage von Hertha BSC gegen die abstiegsbedrohte Arminia aus Bielefeld gegen Zahlung von mehreren zehntausend DM provoziert haben. Dem Ansehen des deutschen Fußballs ist durch diese Machenschaften, in die noch einige andere Vereine und Spieler verwickelt sind, großer Schaden zugefügt worden.

KALENDARIUM

7. Januar: Der Senator für Wissenschaft und Kunst, Werner Stein, weist den Präsidenten der Freien Universität an, drei von den Roten Zellen Germanistik organisierte Lehrveranstaltungen zu unterbinden.

31. Januar: Mit zunächst 5 Leitungen wird die 1952 von der DDR unterbrochene Telefonverbindung zwischen Ost- und West-Berlin wiederhergestellt. Die Zahl der Leitungen wird in den folgenden Monaten erhöht.

8. März: Ein Gericht der britischen Militärregierung verurteilt den zweiundzwanzigjährigen West-Berliner Ekkehard W. wegen versuchten Mordes zu sechs Jahren Gefängnis. W. hatte am 7. November 1970 am sowjetischen Ehrenmal im Bezirk Tiergarten auf einen Wachsoldaten geschossen und diesen verletzt.

14. März: Bei den Wahlen zum Abgeordnetenhaus erreicht die SPD mit 50, 4 % der abgegebenen Stimmen wiederum die absolute Mehrheit. Auf die CDU entfallen 38,2 % der Stimmen. Der bisherige Regierende Bürgermeister Klaus Schütz wird am 20. April wiedergewählt und bildet einen Senat, dem nur SPD-Mitglieder angehören. Erstmals regiert in West-Berlin ein nur von einer Partei gestellter Senat.

21. März: Im Reichstagsgebäude wird die Ausstellung »1871 – Fragen an die deutsche Geschichte« eröffnet.

3. Mai: Als Nachfolger von Walter Ulbricht übernimmt Erich Honecker das Amt des Ersten Sekretärs des ZK der SED. Politische Beobachter erwarten von ihm neue Impulse und Liberalisierungen auf politischem, wirtschaftlichem und kulturellem Gebiet.

13. Mai: An der West-Berliner Schaubühne am Halleschen Ufer inszeniert Peter Stein Henrik Ibsens Stück »Peer Gynt«. Die Aufführung läuft in zwei Teilen an zwei Abenden.

16. Mai: Als Nachfolger von Paul Verner wählt die SED-Bezirksdelegiertenkonferenz in Ost-Berlin Konrad Naumann zum neuen Chef der SED-Bezirksleitung.

19. Mai: In West-Berlin nehmen die ersten Hilfspolizistinnen ihren Dienst auf. Sie werden zunächst zur Überwachung des »ruhenden Verkehrs« eingesetzt.

11. Juni: Beim bislang größten Banküberfall der Berliner Nachkriegsgeschichte erbeuten drei bewaffnete und maskierte Männer in einer Filiale der Berliner Bank im Bezirk Wedding über 300 000 DM.

15. Juni: In der Ost-Berliner Werner-Seelenbinder-Halle beginnt der VIII. Parteitag der SED, auf dem vorsichtige Reformen in der DDR-Wirtschaft und Liberalisierungen auf kulturellem Gebiet beschlossen werden. Der neue Parteichef Erich Honecker setzt zudem eine Intensivierung der Sozialpolitik zugunsten breiter Bevölkerungsgruppen durch.

KALENDARIUM

27. August: Auf dem Messegelände am Funkturm (Charlottenburg) wird die erste Internationale Funkausstellung mit internationaler Beteiligung eröffnet. Über 260 Aussteller aus 23 Ländern zeigen auf rund 88 000 m² ihre Produkte. Zu den umlagerten Neuheiten zählen Videorecorder zur Aufzeichnung von Fernsehsendungen und Bildplatten mit vorgefertigten Bild-Ton-Programmen.

3. September: Nach anderthalbjährigen Verhandlungen unterzeichnen die Bonner Botschafter der Westmächte und der sowjetische Botschafter in Ost-Berlin im Gebäude des Alliierten Kontrollrats (Schöneberg) das Viermächte-Abkommen über Berlin.

10. September: Mit mehreren Veranstaltungen wird in West-Berlin des 300. Jahrestags der Gründung der Jüdischen Gemeinde in Berlin gedacht. 1933 hatte die Berliner Jüdische Gemeinde über 160 000 Mitglieder; 1971 zählt sie rund 5 000 Mitglieder.

26. September: In den Ausstellungshallen am Funkturm öffnet die erste Freie Berliner Kunstausstellung ihre Tore. Jede Berliner Künstlerin, jeder Künstler hat die Möglichkeit, ein Bild zu präsentieren, ohne es zuvor von einer Jury begutachten zu lassen.

1. Oktober: Mit einem Konzert der Staatskapelle Berlin werden in der Deutschen Staatsoper Unter den Linden die 15. Berliner Festtage eröffnet. Die über 200 Kulturveranstaltungen zählen bis zum 17. Oktober etwa 160 000 Besucher.

Oktober: Im Rahmen der von der SED eingeleiteten Intensivierung der Sozialpolitik vergibt der »Freie Deutsche Gewerkschaftsbund« (FDGB) erstmals an Ost-Berliner Arbeiter und Angestellte Ferienplätze in mehrere Interhotels der DDR.

14. November: Bei den Wahlen zur Ost-Berliner Stadtverordnetenversammlung stimmen nach offiziellen Angaben über 98 % der Wähler für die von der SED beherrschte Einheitsliste der Nationalen Front.

11. Dezember: Staatssekretär Egon Bahr als Vertreter der Bundesrepublik Deutschland und DDR-Staatssekretär Michael Kohl paraphieren in Ost-Berlin das Transitabkommen, das den Verkehr zwischen West-Berlin und dem Bundesgebiet wesentlich erleichtert.

20. Dezember: Vertreter des West-Berliner Senats und der DDR-Regierung unterzeichnen eine Vereinbarung über Erleichterungen und Verbesserungen des Reise- und Besucherverkehrs von West-Berlinern in den Ostteil der Stadt und in die DDR sowie einen Gebietsaustausch zur Bereinigung der Exklavenprobleme.

1971: In der DDR und in Ost-Berlin werden die Mindestlöhne auf 350 Mark erhöht. Von dieser Maßnahme profitieren rund 1,7 Millionen Beschäftigte.

WIRTSCHAFT

Kampagnen für höhere Produktivität: Die Steigerung der Arbeitsproduktivität ist ein Dauerthema der DDR-Wirtschaft. Im Zusammenhang mit dem VIII. Parteitag der SED gibt es in Ost-Berlin zahlreiche Initiativen zur Erhöhung der Arbeitseffektivität, die oft von einem großen Propagandaaufwand begleitet sind. Im Februar startet im VEB Elektro-Apparate-Werke Treptow eine Kampagne zum rationelleren Einsatz von Arbeitskraft und Material mit der Parole »Unser aller Eigentum – nutzen wir es schon richtig?«

Im Zuge der allgemeinen Rationalisierungkampagne werden die Werktätigen verstärkt dazu angehalten, sog. Neuerervorschläge zu machen. Nach offiziellen Verlautbarungen kann dadurch erreicht werden, daß etwa im Bezirk Treptow der Anteil der Arbeiter, die Neuerervorschläge einreichen, von 22 % (1970) auf über 35 % (1971/72) steigt.

Für rund 1,7 Millionen Werktätige in der DDR haben die sozialpolitischen Leitsätze des VIII. Parteitags der SED schon bald positive Folgen. Für die unteren Einkommensgruppen werden noch 1971 die Mindestlöhne auf monatlich 350 Mark erhöht; bestimmte Gruppen von Arbeitern erhalten darüber hinaus abgestufte Lohnzuschläge.

KULTUR

Theaterprinzipalin Helene Weigel gestorben: Am 6. Mai stirbt in Ost-Berlin die Schauspielerin Helene Weigel im Alter von 71 Jahren. Als Intendantin des 1949 von ihr und ihrem Mann Bertolt Brecht gegründeten Berliner Ensembles hatte sie jahrelang die Ost-Berliner Theaterlandschaft geprägt.

Nach Brechts Tod im August 1956 übernahm sie die alleinige Leitung des Theaters, das sich vor allem der Pflege des Werkes von Bertolt Brecht widmete. Dabei entstand die Tendenz zu eher museal anmutenden Inszenierungen und damit die Gefahr einer künstlerischen Verknöcherung des BE.

Zur neuen Intendantin wird die Regisseurin Ruth Berghaus berufen, die bereits mehrfach am BE inszeniert hat. Sie will sich um eine Erneuerung der Theaterarbeit am BE bemühen.

Helene Weigel auf der Maikundgebung 1966, Unter den Linden.

1972 DIE MAUER WIRD DURCHLÄSSIGER

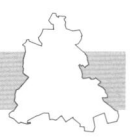

POLITIK

Viermächte-Abkommen kann in Kraft treten: Im Gebäude des Alliierten Kontrollrats (Schöneberg) unterzeichnen am 3. Juni die Außenminister William Rogers (USA), Alec Douglas-Home (Großbritannien), Robert Schuman (Frankreich) und Andrej Gromyko (UdSSR) das Schlußprotokoll des Viermächte-Abkommens über Berlin. Damit tritt das am 3. September des Vorjahrs unterzeichnete Abkommen, das für West-Berlin wesentliche Verbesserungen bringt, in Kraft. Nunmehr können auch das Transitabkommen zwischen der DDR und der Bundesrepublik und die Vereinbarung über den Reise- und Besucherverkehr zwischen dem Berliner Senat und der Regierung der DDR wirksam werden.

Die Sowjetunion hatte ihre Unterschrift unter das Schlußprotokoll von der Annahme der Ost-Verträge (Moskauer Vertrag; Warschauer Vertrag) durch den Bundestag abhängig gemacht. Nachdem im Mai Bundestag und Bundesrat den Ostverträgen zugestimmt hatten, steht der Inkraftsetzung des Viermächte-Abkommens nichts mehr im Wege.

West-Berliner dürfen wieder den Ostteil besuchen: Noch vor Inkrafttreten der Abkommen über Berlin spüren die Berliner zu beiden Seiten der Mauer positive Wirkungen der Ost-West-Annäherung. So können erstmals seit sechs Jahren West-Berliner aufgrund einer Vereinbarung vom 29. März über Ostern und Pfingsten zu Besuchen nach Ost-Berlin und darüber hinaus in die DDR fahren. Insgesamt werden in den festgelegten Zeiträumen rund eine Million Besuche registriert.

Im Herbst ist für die Berliner die Zeit des Wartens auf die nächste Passierscheinregelung vorbei. Den Abkommen über den Transit- sowie den Reise- und Besucherverkehr gemäß, die im Dezember 1971 zwischen der DDR und der Bundesrepublik sowie der DDR und dem Berliner Senat geschlossen worden waren, führt die DDR-Regierung ein dauerhaftes Verfahren für die Besuche von West-Berlinern ein.

Vom 3. Oktober an können West-Berliner aus familiären, religiösen, kulturellen und touristischen Gründen an 30 Tagen pro Jahr Ost-Berlin und die DDR besuchen. Die Eintagesbesuche sind in den fünf Büros für Besuchs- und Reiseangelegenheiten in West-Berlin zu beantragen.

Telefonverbindungen hergestellt: Im Telefonverkehr zwischen West und Ost gibt es Verbesserungen, die die Menschen diesseits und jenseits von Mauer und Stacheldraht etwas näher zueinander bringen. Am 24. Juni wird der Selbstwähltelefonverkehr zwischen West-Berlin und 32 Ortsnetzen in der DDR aufgenommen. Die DDR-Behörden hatten im Mai 1952 die Fernsprechverbindungen zwischen den beiden Teilen der Stadt sowie zwischen West-Berlin und der DDR unterbrochen.

Direkte Straßenanbindung für Steinstücken: Auch in kleineren Konfliktfällen ergeben sich im Zuge der umfassenden Entspannungsbemühungen zwischen Ost und West Verbesserungen. So wird Ende August eine Verbindungsstraße zwischen der bisherigen Exklave Steinstücken

Unterzeichnung des Schlußprotokolls des Viermächte-Abkommens über Berlin im Gebäude des Aliierten Kontrollrates: die vier Außenminister (von links) William Rogers Andrej Gromyko, Alec Douglas-Home und Robert Schuman, 3. Juni 1972.

Im Vertrag über die Grundlagen der Beziehungen zwischen der Bundesrepublik Deutschland und der Deutschen Demokratischen Republik vom 21. Dezember 1972 heißt es:

Die Hohen Vertragschließenden Seiten eingedenk ihrer Verantwortung für die Erhaltung des Friedens, in dem Bestreben, einen Beitrag zur Entspannung und Sicherheit in Europa zu leisten,

in dem Bewußtsein, daß die Unverletzlichkeit der Grenzen und die Achtung der territorialen Integrität und der Souveränität aller Staaten in Europa in ihren gegenwärtigen Grenzen eine grundlegende Bedingung für den Frieden sind,

in der Erkenntnis, daß sich daher die beiden deutschen Staaten in ihren Beziehungen der Androhung oder Anwendung von Gewalt zu enthalten haben, ausgehend von den historischen Gegebenheiten und unbeschadet der unterschiedlichen Auffassungen der Bundesrepublik Deutschland und der Deutschen Demokratischen Republik zu grundsätzlichen Fragen, darunter zur nationalen Frage, geleitet von dem Wunsch, zum Wohle der Menschen in den beiden deutschen Staaten die Voraussetzungen für die Zusammenarbeit zwischen der Bundesrepublik Deutschland und der Deutschen Demokratischen Republik zu schaffen,

sind wie folgt übereingekommen:

Artikel 1
Die Bundesrepublik Deutschland und die Deutsche Demokratische Republik entwickeln normale gutnachbarliche Beziehungen zueinander auf der Grundlage der Gleichberechtigung.

Artikel 2
Die Bundesrepublik Deutschland und die Deutsche Demokratische Republik werden sich von den Zielen und Prinzipien leiten lassen, die in der Charta der Vreinten Nationen niedergelegt sind, insbesondere der souveränen Gleichheit aller Staaten, der Achtung der Unabhängigkeit, Selbständigkeit und territorialen Integrität, dem Selbstbestimmungsrecht, der Wahrung der Menschenrechte und der Nichtdiskriminierung. ...

Artikel 4
Die Bundesrepublik Deutschland und die Deutsche Demokratische Republik gehen davon aus, daß keiner der beiden Staaten den anderen international vertreten oder in seinem Namen handeln kann. ...

Artikel 7
Die Bundesrepublik Deutschland und die Deutsche Demokratische Republik erklären ihre Bereitschaft, im Zuge der Normalisierung ihrer Beziehungen praktische und humanitäre Fragen zu regeln. ...

INNERDEUTSCHER ENTSPANNUNGSPROZESS 1972

Anläßlich der Unterzeichnung des Grundlagenvertrages: Begrüßung des Ministers Egon Bahr (links) durch den Staatssekretär Michael Kohl auf dem Flughafen Schönefeld, 21. Dezember 1972.

POLITIK

Grundlagenvertrag in Berlin geschlossen: Am 21. Dezember unterzeichnen Bundesminister Egon Bahr und DDR-Staatssekretär Michael Kohl in Ost-Berlin den Vertrag über die Grundlagen der Beziehungen zwischen der Bundesrepublik Deutschland und der Deutschen Demokratischen Republik, der am 21. Juni 1973 in Kraft tritt. In Verbindung mit den verschiedenen Abkommen über Berlin schafft der Grundlagenvertrag die Voraussetzungen für eine neue Phase in den deutsch-deutschen Beziehungen, die auch den Bewohnern des geteilten Berlins zahlreiche Verbesserungen bringt.
In dem 10 Artikel umfassenden Vertrag verpflichten sich beide Seiten, »normale gutnachbarliche Beziehungen zueinander auf der Grundlage der Gleichberechtigung« zu entwickeln. Gemäß der Charta der Vereinten Nationen werden sie »Streitfragen ausschließlich mit friedlichen Mitteln lösen«. Die Unverletzlichkeit der Grenzen und die Achtung der territorialen Integrität werden ausdrücklich anerkannt. In Artikel 6 heißt es, daß die vertragschließenden Parteien »die Unabhängigkeit und Selbständigkeit jedes der beiden Staaten in seinen inneren und äußeren Angelegenheiten« anerkennen.
Für Bonn bedeutet dies die Aufgabe des sogenannten Alleinvertretungsanspruchs aus den fünfziger Jahren. Vereinbart wird auch die Einrichtung »Ständiger Vertretungen« in Bonn und Ost-Berlin. Um den Anschein einer völkerrechtlichen Anerkennung der DDR zu vermeiden, besteht die Bundesregierung darauf, daß es sich bei diesen Einrichtungen nicht um reguläre Botschaften handelt. Konkrete Abmachungen für die Bereiche Wirtschaft, Verkehr, Wissenschaft und Technik, Post- und Fernmeldewesen, Sport sollen in Einzelverträgen getroffen werden.
Dem Vertrag beigefügt ist eine »Erklärung beider Seiten in bezug auf Berlin (West)«, in der festgestellt wird, daß weitere Abmachungen zwischen der Bundesrepublik Deutschland und der DDR auch auf West-Berlin ausgedehnt werden können. Die DDR-Regierung erklärt sich zudem damit einverstanden, daß die einzurichtende Ständige Vertretung der Bundesrepublik Deutschland bei der DDR in Ost-Berlin auch die Interessen West-Berlins vertritt.

WIRTSCHAFT

Neue Verstaatlichungswelle: In Ost-Berlin und in der DDR wird die Umwandlung der Eigentumsformen an Produktionsmitteln von der SED weiter vorangetrieben. Mit der Begründung, daß sie sich hemmend auf die volkswirtschaftliche Entwicklung auswirkten, werden im Frühjahr die meisten noch verbliebenen privaten und halbstaatlichen Betriebe in Staatseigentum überführt. Die Besitzer der betroffenen Unternehmen, darunter zahlreiche Handwerksbetriebe, erhalten eine finanzielle Entschädigung. Der Anteil volkseigener Betriebe an der industriellen Bruttoproduktion Ost-Berlins steigt mit dieser Maßnahme von 89,3% (1971) auf 99,2% im Jahr 1972. Nur noch 0,2% der industriellen Bruttoproduktion werden in Ost-Berlin von rein privat geführten Firmen erwirtschaftet.
Von der Verstaatlichung betroffen sind in Ost-Berlin rund 200 private und etwa 300 halbstaatliche Betriebe sowie rund 100 industrielle Handwerksgenossenschaften mit insgesamt rund 30000 Arbeitern und Angestellten.
Die offizielle Berichterstattung über die Aktion stellt die reibungslose Kooperation der Block-Parteien CDU, LDPD und NDPD heraus, zu deren Mitgliederstamm zahlreiche Handwerker und Kleinunternehmer gehören.
Die Verstaatlichungswelle wird damit begründet, daß in den privat geführten Betrieben wissenschaftlich-technische Neuerungen nur unzureichend zur Anwendung gelangten. Daneben hätten in dieser Sparte oft sehr schlechte Arbeitsbedingungen geherrscht.
Auch sei die »politisch-ideologische Entwicklung« der Belegschaften in der Regel hinter der von Werktätigen in volkseigenen Betrieben zurückgeblieben.

»Schulen der sozialistischen Arbeit«: Zur weiteren ideologischen Festigung der Werktätigen gründet der Freie Deutsche Gewerkschaftsbund (FDGB) 1972 in mehreren Ost-Berliner Betrieben Schulen der sozialistischen Arbeit. Auf de-

---

> *Erklärung des Politbüros des ZK der SED und des Ministerrats der DDR zum Inkrafttreten des Berlinabkommens am 3. Juni 1972:*
>
> *Das Politbüro des ZK und der Ministerrat der DDR begrüßen die Unterzeichnung des Schlußprotokolls des Vierseitigen Abkommens über Westberlin durch die Außenminister der UdSSR, der USA, Großbritanniens und Frankreichs als einen Akt von historischer Tragweite. Die damit erfolgte Inkraftsetzung des Vierseitigen Abkommens über Westberlin ist von großer Wichtigkeit für Entspannung und Sicherheit in Europa.*
> *Sie ist ein bedeutender Erfolg der Politik der friedlichen Koexistenz, die initiativreich und beharrlich von der UdSSR und den anderen sozialistischen Staaten vertreten wird.*
> *Sie ist ein Gewinn für alle, die an der Gewährleistung der europäischen Sicherheit interessiert sind, die für die Verwandlung Europas in einen Kontinent dauerhaften Friedens, für die Lösung wichtiger internationaler Probleme auf einer realistischen Grundlage eintreten.*
> *... sind im Vierseitigen Abkommen und seinen Anlagen die legitimen Interessen und souveränen Rechte der DDR völkerrechtlich verbindlich bekräftigt. Die USA, Großbritannien und Frankreich haben im Vierseitigen Abkommen zum erstenmal die Deutsche Demokratische Republik als souveränen Staat sowie seine Hoheitsrechte in den bestehenden Grenzen anerkannt.*

1972 DIE MAUER WIRD DURCHLÄSSIGER

Bau einer Straße zu der ehemaligen Exklave Steinstücken, August 1972.

und dem Zehlendorfer Ortsteil Kohlhasenbrück für den Verkehr freigegeben. Der Bau der von Grenzsicherungsanlagen eingefaßten Straße war durch einen Gebietsaustausch zwischen West-Berlin und der DDR möglich geworden.

Die Bewohner Steinstückens können nunmehr direkt und unkontrolliert nach West-Berlin gelangen. Um die Exklave Steinstücken hatte es in den vergangenen Jahren wiederholt politische Auseinandersetzungen zwischen West-Berlin und der DDR gegeben. Dabei waren die Bewohner der Exklave wiederholt Übergriffen und Schikanen von Seiten der DDR ausgesetzt. Dank der amerikanischen Schutzmacht blieb die Zugehörigkeit Steinstückens zu West-Berlin unangetastet.

Bombenanschlag auf britischen Yacht-Club: Der politische Terror greift in diesem Jahr nach West-Berlin. Am 2. Februar wird bei einem Sprengstoffanschlag auf den britischen Yacht-Club in Gatow ein Mensch getötet. Verantwortlich für den Anschlag ist die linksgerichtete Terrorgruppe »Bewegung 2. Juni«, benannt nach dem Tag, an dem im Jahr 1967 der Student Benno Ohnesorg bei einer Demonstration gegen den in Berlin weilenden Schah von Persien von einem Polizisten erschossen worden war.

KULTUR

Der »Telegraf« stellt Erscheinen ein: Auf dem West-Berliner Zeitungsmarkt ergeben sich 1972 Veränderungen, die sowohl für geänderte Lesegewohnheiten als auch für Verschiebungen in der Bevölkerungsstruktur bezeichnend sind. Ein jüngeres Publikum wendet sich von traditionellen Blättern ab und schöpft Informationen verstärkt aus neuen Presseerzeugnissen.
Am 30. Juni stellen der »Telegraf« und die im selben Verlag produzierte »nachtdepesche« ihr Erscheinen ein. Rund 230 Mitarbeiter verlieren ihren Arbeitsplatz. Der 1946 von Arno Scholz gegründete »Telegraf« hatte der SPD nahegestanden, so daß die Berliner Sozialdemokraten nun einen wichtigen Teil publizistischer Unterstützung missen müssen. Der unabhängige »Tagesspiegel« und die Blätter des Axel-Springer-Verlags erhalten durch das Verschwinden von »Telegraf« und »nachtdepesche« zusätzliches Gewicht.
In den vergangenen Jahren war die Auflage des »Telegraf« von einst 550 000 Exemplaren auf rund 110 000 und damit unter die Rentabilitätsgrenze gesunken. Angesichts dieser Entwicklung kann auch ein Millionenkredit aus Bundesmitteln das Blatt nicht mehr retten. Zu den Ursachen für den Niedergang des einst populären »Telegraf« zählen neben der wachsenden Bedeutung von Rundfunk und Fernsehen für die Informationsverbreitung auch die enge Verbindung zur SPD, deren Einflußnahme auf Dauer zu einer Veröfdung der Berichterstattung geführt hatte.
Am 5. Januar erscheint in einer Auflage von 4 000 Exemplaren die erste Ausgabe des Stadtmagazins »tip«. Die flott aufgemachte, vierzehntägig erscheinende Zeitschrift wendet sich an ein jüngeres Publikum, das sich umfassend über die vielfältigen Kultur- und Freizeitangebote West-Berlins informieren will. Daneben bietet sie viel Raum für kostenlose Kleinanzeigen. Das Projekt erweist sich rasch als großer Erfolg. 1977 kommt mit der »Zitty« ein Konkurenzblatt auf den Markt, das in seinen Artikeln und Rezensionen stärker politisch orientiert ist.
Schwieriger Einstand für Intendant Hans Lietzau: Als Nachfolger von Boleslaw Barlog, der das Schiller-Theater, die Schiller-Theater-Werk-

---

Erklärung der Bundesregierung zum Viermächte-Abkommen über Berlin vom 7. Juni 1972:

Dem Deutschen Bundestag ist bekannt, daß die Verträge mit der Sowjetunion und mit der Volksrepublik Polen am vergangenen Sonnabend in Kraft getreten sind. Ebenfalls am 3. Juni ist das Berlin-Abkommen der Vier Mächte mit den dazu auf deutscher Ebene getroffenen Vereinbarungen in Kraft getreten.
Die Erklärungen, die die Vier Außenminister bei dieser Gelegenheit in Berlin abgegeben haben, zeigen den Willen und die Zuversicht der beteiligten Regierungen, sich weiter um die Entspannung der Lage in Europa zu bemühen. ...

Das Viermächte-Abkommen hat die Einbeziehung West-Berlins in die Gesellschaftsordnung der Bundesrepublik Deutschland und seine Verflechtungen mit dem Rechts-, Wirtschafts- und Finanzsystem des Bundes auf eine gesicherte Grundlage gestellt. Die Vertretung West-Berlins nach außen durch die Bundesrepublik Deutschland ist nunmehr von allen Seiten anerkannt. Die Bindungen zwischen West-Berlin und der Bundesrepublik Deutschland werden unter Beachtung des Vorbehalts der Rechte und Verantwortlichkeiten der Drei Mächte aufrechterhalten und weiterentwickelt.
Nach dem Abkommen der Vier Mächte bleibt es dabei, daß die Sicherheit West-Berlins durch unsere Verbündeten garantiert wird. Die Außenminister der Drei Mächte haben am 3. Juni in Berlin die von ihren Regierungen gegebenen Garantien bekräftigt...
Meine Damen und Herren, die Bundesregierung wird im Rahmen ihrer Möglichkeiten die in der Erklärung des Senats vom 29. April 1971 angekündigten Bemühungen unterstützen, Berlin zum Modell einer modernen Großstadt zu entwickeln. nach der Einigung der Vier Mächte braucht Berlin glücklicherweise nicht mehr ein Spannungszentrum in der Mitte Europas zu sein. Statt dessen wird es in Zukunft ein wichtiger Faktor beim Abbau von Spannungen sein können, wenn Ost und West dazu beitragen, daß es die Aufgaben erhält und erfüllen kann, die seinem Charakter als Weltstadt, seiner geographischen Lage und seinem geschichtlichen Rang entsprechen.

INNERDEUTSCHER ENTSPANNUNGSPROZESS 1972

> *Mitteilung des Innenministeriums der DDR vom 4. Juni 1972 zur Einreise von Personen mit ständigem Wohnsitz in Westberlin:*
>
> *Am 3. Juni 1972 tritt die »Vereinbarung zwischen der DDR und dem Senat über Erleichterungen und Verbesserungen des Reise- und Besuchsverkehrs« in Kraft. Anträge auf Einreisen für Personen mit ständigem Wohnsitz in Westberlin können ab 5. Juni 1972 von den in der Deutschen Demokratischen Republik wohnhaften Bürgern – soweit sie den Besuch wünschen – bei den für ihre Haupt- oder Nebenwohnung zuständigen Räten der Städte und Gemeinden unter Vorlage des Personalausweises gestellt werden. Bürger, die in einer Kreisstadt wohnhaft sind, reichen die Anträge bei der für ihre Haupt- oder Nebenwohnung zuständigen Dienststelle des Paß- und Meldewesens ein ...*
>
> *Die eingereisten Personen haben sich bei der für den Aufenthalt zuständigen Meldestelle der DVP oder dem Volkspolizei-Kreisamt anzumelden und vor der Abreise abzumelden sowie bei Aufenthalten in Wohngebäuden ihre Personalien im Hausbuch eintragen zu lassen.*

ren Lehrplan stehen theoretische Grundlagen des Marxismus-Leninismus und die vom VIII. Parteitag der SED im Vorjahr neu festgelegte Linie in der Wirtschaftspolitik. Von 1972 bis 1975 steigt in Ost-Berlin die Zahl der Schulen der sozialistischen Arbeit von 740 mit rund 13 200 Teilnehmern auf über 9200 mit rund 149 000 Teilnehmern.

Großes Wohnungsbauprojekt in Lichtenberg: Als eine der sozialpolitischen Hauptaufgaben hatten die Redner des VIII. Parteitags der SED vom Juni 1971 den Wohnungsbau bezeichnet, den es zu intensivieren gelte. Am Roederplatz im Bezirk Lichtenberg legt der Ost-Berliner Oberbürgermeister Herbert Fechner am 1. Dezember den Grundstein für einen ausgedehnten Neubaukomplex. Auf einem 180 ha großen Gelände zwischen Leninallee und Ho-Chi-Minh-Straße sollen rund 15 000 Wohneinheiten hochgezogen werden.

ALLTAG UND GESELLSCHAFT

Verbesserungen im Arbeitsleben: Gemäß den Beschlüssen des VIII. Parteitags der SED vom Juni 1971 verfügt die DDR-Regierung 1972 eine Reihe sozialpolitischer Maßnahmen. Den finanziellen Spielraum dazu gewährt eine gesteigerte Wirtschaftsleistung. So wird für berufstätige Frauen mit mehr als zwei Kindern unter 17 Jahren die wöchentliche Arbeitszeit auf 40 Stunden gesenkt, gleichzeitig der Urlaub auf 21 Werktage erhöht. In Ost-Berlin profitieren rund 14 000 Frauen von dieser Maßnahme. Frauen mit zwei Kindern bis zu 16 Jahren erhalten 18 Werktage Jahresurlaub.

Die finanziellen Beihilfen bei Geburten werden im Frühjahr auf 1000 Mark erhöht, der Schwangerschaftsurlaub auf 18 Wochen verlängert.

Die Mindestrente wird mit Wirkung vom 1. September an von 160 auf 200 Mark im Monat angehoben; auch das Verpflegungs- und Taschengeld für die rund 6 000 Bewohner von Ost-Berliner Pflege- und Feierabend- (Alten-)heimen wird erhöht.

Visumfreier Reiseverkehr nach Polen und in die ČSSR: Mit der Aufhebung des Paß- und Visumzwangs bei Reisen nach Polen und in die ČSSR Anfang 1972 gewinnen die Ost-Berliner ein Stück Bewegungsfreiheit. In den folgenden Jahren nutzen viele die Möglichkeit zu spontanen Ferien- und Einkaufsreisen in die Nachbarländer, wobei sich vor allem die Tschechoslowakei wegen ihrer oft besseren Versorgungslage großer Beliebtheit erfreut.

Eigener Bischof für Ost-Berlin: Die Regionalsynode der Evangelischen Kirche in Berlin-Brandenburg (Ost-Region) beschließt am 26. März in Ost-Berlin ein neues Bischofswahlgesetz, mit dem sie die Konsequenz aus der Teilung Berlins zieht und ein Bischofsamt für die Ost-Region schafft.

Die Synode gelangt zu der Einschätzung, daß die Staatsgrenze der DDR auch die Grenze der kirchlichen Organisationen darstelle. Im November wird der bisherige Verwalter des Ost-Berliner Bischofamtes, Albrecht Schönherr, zum Bischof gewählt.

Dies bedeutet allerdings nicht die offizielle Teilung der Evangelischen Kirche Berlins, so daß der Beschluß auch der Billigung durch die Regionalsynode von West-Berlin bedarf. Bischof

Bischof Albrecht Schönherr, März 1972.

Kurt Scharf verzichtet mit Zustimmung der Synodalen auf die Ausübung seines Amtes im Ostteil der Stadt. Er hält die getroffene Regelung für sinnvoll, da sie eine intensivere Betreuung der evangelischen Christen in Ost-Berlin und Brandenburg ermögliche.

> *In einer Rede vor dem in Ost-Berlin tagenden Zentralkomitee der SED spricht der Erste Sekretär des ZK der SED, Erich Honecker, über die Verbesserungen sozialer Leistungen in der DDR:*
>
> *Unser Staat nimmt durch vielfältige Maßnahmen Einfluß darauf, daß die mit der Geburt, Erziehung und Betreuung der Kinder in der Familie verbundenen Leistungen anerkannt und gewürdigt werden. Die Sorge für die Entwicklung und die Erziehung der Kinder betrachten wir als eine gemeinsame Verantwortung von Gesellschaft und Familie. Dem entsprechen auch die vorgesehenen Maßnahmen. Gleichzeitig ist vorgesehen, junge Ehen in materieller Hinsicht zu fördern. Zur Unterstützung von Mutter und Kind und zur Bildung eines eigenen Haushalts junger Eheleute sind bis 1975 Mittel in Höhe von 600 Millionen Mark vorgesehen.*
>
> *Der VIII. Parteitag hat der Verbesserung der Wohnbedingungen der Werktätigen große Aufmerksamkeit geschenkt. Davon zeugen schon die steigenden Ziffern unseres Wohnungsbauprogramms. Jetzt sehen wir Schritte vor, die gewährleisten, daß in die neuen Wohnungen in den Städten und Dörfern in wesentlich stärkerem Maße Familien der Arbeiter, Angestellten und Genossenschaftsbauern einziehen. Deshalb treffen wir neue Regelungen für Mietpreise, die von dem Grundsatz ausgehen, daß diese Familien – vor allem auch die Arbeiterfamilien – in die Lage versetzt werden, die Miete auch für die Neubauwohnungen zu bezahlen. Die Mieten werden so festgelegt, daß sie sich in einem günstigeren Verhältnis zum Einkommen der Werktätigen befinden. Das betrifft auch Familien, wo entweder nur die Frau oder nur der Mann Arbeiter, Angestellter oder Genossenschaftsbauer ist. Was die Verteilung von Wohnraum angeht, so werden den Gewerkschaften und den volkseigenen Betrieben künftig wesentlich größere Rechte eingeräumt.*

1972 DIE MAUER WIRD DURCHLÄSSIGER

Abschiedsfeier für Boleslaw Barlog, 1972.

Hans Lietzau vor dem Bühnenbild zu »Prinz Friedrich von Homburg«, September 1972.

statt und das Schloßpark-Theater, und damit den größten Theaterbetrieb Deutschlands, über 20 Jahre hinweg mit Erfolg geleitet hatte, wird Hans Lietzau neuer Intendant. Er beginnt seine Amtszeit im September mit einer Aufführung von Heinrich von Kleists »Prinz Friedrich von Homburg«. Die Inszenierung, von Lietzau als Signal für einen künstlerischen Neuanfang geplant, stößt bei Publikum und Kritik jedoch auf ein überwiegend negatives Echo.
Hervorragende Kritiken erhält im November 1972 Peter Steins Inszenierung desselben Schauspiels in der Schaubühne am Halleschen Ufer. Auch dieser direkte Vergleich bestätigt den Ruf der Schaubühne als des wichtigsten, künstlerisch fruchtbarsten Berliner Theaters.

KALENDARIUM

2. Januar: Nach Inkrafttreten des deutsch-deutschen Transitabkommens entfallen für Benutzer der Verkehrswege von und nach West-Berlin die Visa und Staßenbenutzungsgebühren. Sie werden künftig von der Bundesrepublik pauschal entrichtet.

5. Januar: In West-Berlin erscheint die erste Nummer der Programmzeitschrift »tip«, in der sich Einheimische und Besucher über das Kulturangebot West-Berlins informieren können.

2. Februar: Bei einem Sprengstoffanschlag auf den britischen Yachtclub im Spandauer Ortsteil Gatow wird ein Mensch getötet. Für das Attentat übernimmt die Terrorgruppe »Bewegung 2. Juni« die Verantwortung.

8. Februar: Das Politbüro des Zentralkomitees der SED beschließt in Ost-Berlin die Verstaatlichung der letzten privaten Industrie- und Baubetriebe.

26. März: Die in Ost-Berlin versammelte Regionalsynode der Evangelischen Kirche Berlin-Brandenburg (Ost-Region) beschließt die Einsetzung eines eigenen Bischofs. Damit wird die Teilung der evangelischen Kirchenorganisation Berlin-Brandenburg vollzogen.

29. März: Noch vor Inkrafttreten des Viermächte-Abkommens erhalten die Bewohner West-Berlins von der DDR-Regierung die Erlaubnis, zu Ostern und Pfingsten nach Ost-Berlin zu reisen.

30. März: Das von Darmstadt nach West-Berlin übergesiedelte Bauhaus-Archiv nimmt in der Steglitzer Schloßstraße mit einer Ausstellung über Lázló Moholy-Nagy seine Ausstellungstätigkeit auf.

7. April: In Moskau wird ein Handelsabkommen zwischen der Bundesrepublik und der Sowjetunion geschlossen. Es ist der erste Vertrag, der gemäß dem Berlinabkommen vom 3. September 1971 West-Berlin miteinschließt.

16. April: An der Ost-Berliner Komischen Oper wird die Oper »Noch ein Löffel Gift, Liebling?« von Peter Hacks uraufgeführt.

13. Mai: Im West-Berliner Olympiastadion trennen sich die Fußballnationalmannschaften der Bundesrepublik und Englands 0:0.

26. Mai: In Ost-Berlin wird das deutsch-deutsche Verkehrsabkommen geschlossen.

3. Juni: Die Außenminister der drei Westmächte und der Sowjetunion unterzeichnen im Alliierten Kontrollratsgebäude in Schöneberg ein Schlußprotokoll zum Viermächte-Abkommen über Berlin.

24. Juni: Zwischen West-Berlin und mehreren Orten der DDR wird der Selbstwähldienst im Telefonverkehr eingeführt.

30. Juni: Aufgrund starker Auflagenverluste wird die 1946 gegründete West-Berliner Tageszeitung »Telegraf« eingestellt.

2. Juli: Bei den Internationalen Filmfestspielen von West-Berlin erhält der Spielfilm »Can-

KALENDARIUM — INNERDEUTSCHER ENTSPANNUNGSPROZESS 1972

terbury Tales« des italienischen Regisseurs Pier Paolo Pasolini den »Goldenen Bären«.

21. Juli: Der West-Berliner Senat erwirbt für 31 Millionen DM ein zu Ost-Berlin gehörendes Grundstück am Potsdamer Platz. Auf dem 8,5 ha großen Gelände soll eine Verbindungsstraße zwischen den nördlichen und südöstlichen Bezirken entstehen.

30. August: Die zu West-Berlin gehörende Exklave Steinstücken wird durch einen Korridor an den Bezirk Zehlendorf angeschlossen.

1. September: In der DDR und in Ost-Berlin wird die Mindestrente von 160 auf 200 Mark erhöht.

6. September: Für Eintagesreisen von West- nach Ost-Berlin werden Berechtigungsscheine zur sofortigen Ausgabe einer Einreiseerlaubnis eingeführt. Die drei Monate gültigen Papiere erlauben maximal acht Besuche. Die Ost-Berliner Behörden richten zur Ausgabe der Berechtigungsscheine im Westteil der Stadt mehrere Büros für Besuchs- und Reiseangelegenheiten ein.

9. September: Am West-Berliner Schillertheater inszeniert Hans Lietzau Kleists »Prinz Friedrich von Homburg«. Lietzau ist neuer Intendant der Staatlichen Schauspielbühnen Berlin.

6. Oktober: Anläßlich des 23. Jahrestages der Staatsgründung erläßt die DDR eine Amnestie für politische und kriminelle Straftäter. Betroffen sind nach offiziellen Angaben mehr als 30 000 Personen. Ein Teil von ihnen wird in die Bundesrepublik bzw. nach West-Berlin abgeschoben.

16. Oktober: Die DDR-Regierung erkennt Bürgern, die das Land vor dem 1. Januar 1972 verlassen haben, die Staatsbürgerschaft ab. Damit können die Betroffenen nicht länger von DDR-Behörden strafrechtlich verfolgt werden.

19. November: Die Regionalsynode West der Evangelischen Kirche von Berlin-Brandenburg verabschiedet ein neues Kirchengesetz, das den Amtsbereich von Bischof Kurt Scharf auf West-Berlin beschränkt. Für die Ost-Region der Evangelischen Kirche ist der neugewählte Bischof Albrecht Schönherr zuständig.

1. Dezember: Der Ost-Berliner Oberbürgermeister Herbert Fechner legt im Bezirk Lichtenberg den Grundstein für ein Neubaugebiet, in dem mehr als 15 000 Wohnungen errichtet werden sollen.

21. Dezember: Egon Bahr als Vertreter der Bundesregierung und DDR-Staatssekretär Michael Kohl unterzeichnen in Ost-Berlin den »Vertrag über die Grundlagen der Beziehungen der Bundesrepublik Deutschland und der DDR«. Der Grundlagenvertrag stellt die Beziehungen zwischen der Bundesrepublik und der DDR auf eine neue Basis und ermöglicht zahlreiche Verbesserungen zum Beispiel im Reiseverkehr.

Reporter der »Berliner Zeitung« berichten im Januar 1972 über ihre Besuche bei Mietern von frischbezogenen Neubauwohnungen. In dem Artikel werden auch bauliche Mängel angesprochen:

Wir waren bei keinem angemeldet. Ohne bestimmtes Ziel spazierten wir durch das Neubauviertel am Tierpark. »Ende Januar wird das letzte Objekt den Mietern übergeben«, erläuterte Bau-Ing. Wolfgang Pollex (35), Produktionsleiter der QP-Serie im WBK Berlin. »Dann haben wir hier unser Programm mit 36 Blöcken und 3 900 Wohnungen abgeschlossen. Das Gros der Bauleute ist längst auf dem Amtsfeld in Köpenick.«

Abrückenden Baufahrzeugen begegneten nicht selten Möbelwagen künftiger Mieter. Aber die Bauleute erfuhren kaum, wer in die neuen Häuser einzog. Und die Neubaumieter ahnten kaum etwas vom Kampf der Bauarbeiter um plangetreue Produktion.

Dabei interessierte es die Bauleute schon, was die einziehenden Bürger von ihrer Arbeit dachten. Und ohne Zweifel wäre mancher Neubaumieter ganz froh, mal mit Kollegen zu reden, die »sein« Haus gebaut haben. Um Anerkennung und Dank zu sagen. Oder um Mängel zur Sprache zu bringen.

Diesem beiderseitigen Bedürfnis wollten wir entsprechen. Als einigermaßen zumutbaren Zeitpunkt für überraschende Besuche wählten wir einen Samstagvormittag.

Auf gut Glück klingelten wir bei Lehmann, Mellenseestr. 58, 5. Etage. Frau Bärbel (30) reagierte freundlich auf den Überfall. Sie klopfte an die Badezimmertür: »Spring' noch nicht in die Wanne, Dicker, wir haben Besuch!« Die 3-Raum-Wohnung machte einen gemütlichen Eindruck. »Am 20. 11. zogen wir ein, jetzt sind wir gerade einigermaßen rund«, sagte die Hausfrau. »Wir hatten ein Häuschen in Mahlsdorf und haben hergetauscht.« Herr Lehmann (31) kam hinzu, Kraftfahrer im Fuhrpark der Humboldt-Universität.

»Insgesamt sind wir zufrieden«, betonten die Eheleute. »Alles ist recht ordentlich.« Aber: »Bei ungünstigem Wind zieht's durch die Fenster wie Hechtsuppe, dann ist der große Raum hier vorn zu kalt, das Schlafzimmer dagegen zu warm.«

Auf solche Fälle waren wir vorbereitet. Außer dem Produktionsleiter hatten wir auch Helmut Sattelberg (40), Leiter der Abteilung Rest- und Garantiearbeiten der QP-Serie gebeten, an der Runde teilzunehmen. Der Fachmann bat die Mieter, mal exakt zu messen. Bei geschlossenen Fenstern und Türen sollen in der Mitte des Wohnzimmers, einen Meter über dem Fußboden, annähernd konstant 20 Grad erreicht werden. Die durchschnittliche Schlafzimmertemperatur an gleicher Stelle müßte 18 Grad betragen. »Die Ergebnisse teilen Sie mir bitte mit. Und wegen der Fenster könnten Sie eine Mängelanzeige machen.«

Der Kraftfahrer winkte lächelnd ab. »Das bringe ich mir schon allein in Ordnung. Wenn es weiter nichts ist.«

»Ach du meine Güte, wir sitzen doch fast noch auf den Koffern!« gab Christel Gärtner (36) in der Mellenseestraße 55 zu bedenken. In Hemdsärmeln näherte sich Werkzeugmacher Klaus Gärtner (30): »Nur immer rein in die gute Stube!«

Bisher war die vierköpfige Familie in der Rigaer Straße 59 zu Hause, Quergebäude, drei Treppen. »Die 1 1/2 Zimmer waren uns seinerzeit für zwei bis drei Jahre als Notwohnung zugewiesen worden«, berichtete Frau Christel, von Beruf Montiererin. »Diese ›Zwichenlösung‹ hat schließlich elf Jahre gedauert« … Wir fragten nach Mängeln. Die Sprechanlage funktioniert nicht, weil ein Schalterrelais kaputt ist, läßt sich in der Küche kein Licht anknipsen; öfter ist der Fahrstuhl defekt. »Das sind aber doch kleine Fische«, meinte Frau Gärtner. Der Werkzeugmacher widersprach: »Ich bin nicht dieser Meinung. Wie ist es denn bei dir oder bei mir im Betrieb? Da wird nicht nur nach der Menge gefragt, sondern zugleich nach der Qualität der Produktion!«

Die Bauexperten stimmten dem zu. Helmut Sattelberg als »Mängelspezialist« machte sich Notizen. »Trotzdem freuen wir uns über die Wohnung. Was die Bauarbeiter geschafft haben, finden wir großartig«, bekräftigte Frau Gärtner …

… lernte wir Jürgen Pfeiffer (27), Problem-Analytiker bei der Interflug, und Frau Sabine (26), Teilkonstrukteurin, kennen. Im August siedelten sie aus dem winzigen Untermieterzimmer im Köpenicker Kiez in ihre AWG-Wohnung um. »Über das Haus haben wir keine Klagen, uns gefällt eher die Umgebung nicht. So die Rußbelästigung durch das Gaswerk und das Kraftwerk Klingenberg. Der Hof des Karrees ist zu eng, jeder Lärm dringt verstärkt in die Wohnungen. Gerade in einem Neubauviertel müßte da großzügiger produziert werden. Sicher ließen sich die Blöcke günstiger plaziert. Und ringsherum ist alles noch der reinste Sturzacker. …«

Die Männer vom Bau räumten ein, daß die Fertigstellung der Straßen hinterherhinkt. Die Tiefbaukapazität sei äußerst knapp … »Diese neue Art von ›Hinterhof‹ gefällt uns auch nicht«, sagte Produktionsleiter Pollex. »Aber auch die Projektanten lernen dazu. Auf dem Amtsfeld z. B. wurden die Blöcke schon aufgelockerter angeordnet. Aber immer muß dabei ja auch nach höchstem ökonomischen Nutzen gestrebt werden.«

1973 ERNEUT STREIT UM STATUS BERLINS

POLITIK

Grundlagenvertrag verfassungskonform: Auch nach Abschluß des Grundlagenvertrags zwischen der Bundesrepublik Deutschland und der DDR im Dezember 1972 bleibt der völkerrechtliche Status West-Berlins ein politisches Streitthema. Die DDR beharrt weiterhin auf dem Standpunkt, daß West-Berlin eine »selbständige politische Einheit« bilde und besondere Verbindungen zwischen West-Berlin und der Bundesrepublik völkerrechtlich unzulässig seien. Demgegenüber besteht Bonn auf engen politischen, wirtschaftlichen und kulturellen Bindungen zu West-Berlin. Diese werden ausdrücklich auch von den Westalliierten gestützt, wenngleich es im Viermächte-Abkommen über Berlin vom 3. September 1971 heißt, daß West-Berlin »kein Bestandteil (konstitutiver Teil) der Bundesrepublik Deutschland« ist.

In einem Grundsatzurteil vom 21. Juli bestätigt das Bundesverfassungsgericht die Rechtsauffassung der Bundesregierung zum Status von West-Berlin. Die Richter stellen fest, daß der Grundlagenvertrag mit der DDR mit dem Grundgesetz, insbesondere mit dem darin enthaltenen Wiedervereinigungsauftrag, vereinbar sei. Darüber hinaus betont das Gericht die Verpflichtung der Bundesregierung, West-Berlin in internationale Verträge und Abkommen einzubeziehen.

Ölkrise führt zu Fahrverboten: Die internationale Ölkrise sorgt im Herbst auch in West-Berlin an mehreren Sonntagen für freie Straßen. Nachdem die arabischen Ölstaaten im Zusammenhang mit dem Jom-Kippur-Krieg zwischen Israel und Ägypten einen Ölboykott gegen den Westen verhängt haben, verfügt die Bundesregierung ein Sonntagsfahrverbot für die Bundesrepublik und West-Berlin. Straßen und Autobahnen gehören an diesen Tagen weitgehend Fußgängern und Radfahrern. Eine Fahrradtour über die AVUS ist ein ganz neues Ausflugsvergnügen für die Berliner.

Die BVG verzeichnet einen Rekordandrang auf Busse und U-Bahnen. Rund 1,5 Millionen Personen werden an den autofreien Tagen befördert, etwa eine halbe Million mehr als an normalen Sonntagen.

KULTUR

Internationale Stars bei den Berliner Jazztagen: Die Berliner Jazztage 1973 sind künstlerisch wie auch finanziell ein außerordentlicher Erfolg. Nach Jahren einer gewissen Stagnation, die auch in einem verminderten Publikumsinteresse zum Ausdruck kam, zieht Festivalleiter George Gruntz eine rundum positive Bilanz. Vom 1. bis 3. November begeistern internationale Jazzgrößen, unter ihnen der Trompeter Miles Davis, der Bluesgitarrist B. B. King, der Pianist und Bandleader Duke Ellington, das Publikum. Auch neue Talente wie der Pianist Keith Jarret und der Gitarrist Ralph Towner können auf sich aufmerksam machen. Die 1964 erstmals veranstalteten Berliner Jazztage, deren Hauptkonzerte in der Philharmonie stattfinden, sind nunmehr ein fester Bestandteil der West-

Fahrverbot für Autos aufgrund des Gesetzes zur Energiesicherung: für fußmüde Menschen stehen Reitpferde am Kurfürstendamm bereit, Sonntag, 25. November 1973.

> *Im Jahr 1973 scheitern mehrere Fluchtversuche im Kugelhagel von DDR-Grenzsoldaten. Die Westalliierten und der Senat reagieren auf diese Zwischenfälle mit scharf formulierten Protestnoten.*
> *Zu einem Zwischenfall im Juli 1973 veröffentlicht die französische Militärregierung folgende Erklärung:*
>
> *In der Nacht vom 7. und 8. Juli haben bewaffnete Organe einen erneuten Versuch, die Mauer in Höhe des Dannewalder Weges in Wittenau – an der Grenze des französischen Sektors – zu überwinden, durch mehrere Salven aus Schnellfeuergewehren zu verhindern versucht. Der systematische Schußwaffengebrauch hat die Empörung der Berliner hervorgerufen, die in der gleichen Nacht spontan zum Ausdruck brachten, wie sehr sie diese unmenschliche Haltung verurteilen. Der Kommandant des französischen Sektors sowie die beiden anderen Sektorenkommandanten bedauern, daß die Anweisungen, nach denen sich die bewaffneten Organe richten, wenn sie nach wie vor mit aller Strenge an der Mauer vorgehen, noch nicht aufgehoben worden sind, dies zu einem Augenblick, wo so viele Menschen ihre Hoffnungen auf eine Minderung der Spannungen in Europa setzen.*

Berliner Kulturszene. Sie gelten als eines der wichtigsten Jazzfestivals der Welt.

Schriftsteller sollen gefördert werden: Berlin zählt auch Anfang der siebziger Jahre zu den Zentren der deutschsprachigen Literatur. Prägten in den sechziger Jahren Autoren wie Günter Grass, Uwe Johnson, Hans Magnus Enzensberger, zeitweilig auch Ingeborg Bachmann und Max Frisch, die mittlerweile internationalen Ruhm erworben haben, die literarische Szene, so ist nunmehr eine Autorengeneration nachgewachsen, die entscheidende Impulse von der Studentenbewegung erhalten hat. Schriftsteller und Dichter wie Peter Schneider, Hans Christoph Buch, Anna Jonas, Friedrich Christian Delius, Nicolas Born und Yaak Karsunke bemühen sich um eine politisch stark engagierte Literatur.

Bessere Arbeitsbedingungen für junge Autoren will die Neue Gesellschaft für Literatur schaffen, die am 29. Oktober aus der Taufe gehoben wird. Durch Lesungen und andere Veranstaltungen möchte die Gesellschaft die Literatur fördern und insbesondere jungen Autoren ein Forum zur Vorstellung neuer Texte sowie zum Austausch mit Kollegen bieten. Sie tritt an die Seite des 1963 von Walter Höllerer gegründeten Literarischen Colloquiums Berlin (LCB), das sich bereits mit zahlreichen Veranstaltungen um die Förderung und Vermittlung der zeitgenössischen Literatur große Verdienste erworben hat.

DIPLOMATISCHE AUFWERTUNG OST-BERLINS 1973

Eröffnung der X. Weltfestspiele der Jugend und Studenten im Stadion der Weltjugend an der Chausseestraße, 28. Juli 1973.

POLITIK

Wachsende Zahl von Diplomaten in Ost-Berlin: Ausländische Diplomaten und Botschaftsangestellte tragen seit 1973 zunehmend dazu bei, daß Ost-Berlin ein gewisses internationales Flair erhält. Immer mehr westliche Staaten nehmen zur DDR diplomatische Beziehungen auf. Im Bezirk Pankow, in dem wegen seiner gutbürgerlichen Tradition zahlreiche Villen zur Verfügung stehen, entsteht ein regelrechtes Diplomatenviertel.

Diese Entwicklung ist ein persönlicher Erfolg Erich Honeckers, des Parteichefs und Mitglieds des Staatsrates, der die internationale Anerkennung zu einem Schwerpunkt seiner Politik gemacht hat. Sie steht in unmittelbarem Zusammenhang mit der Entspannungspolitik zwischen Ost und West, die zum Abschluß des Viermächte-Abkommens über Berlin (September 1971) und zur Unterzeichnung des Grundlagenvertrages zwischen der Bundesrepublik Deutschland und der DDR geführt hat.

Als erster NATO-Staat eröffnet Großbritannien im Februar in Ost-Berlin eine diplomatische Vertretung.

Korrespondenten der ARD und des ZDF in Ost-Berlin: Auch gegenüber der westlichen Presse gibt sich Ost-Berlin seit Anfang der siebziger Jahre weltoffener. Auf dem Gebiet der Presseberichterstattung bringt der im Dezember 1972 unterzeichnete Grundlagenvertrag über die Beziehungen zwischen der Bundesrepublik und der DDR konkrete Ergebnisse. So erlaubt die DDR-Regierung den beiden westdeutschen Fernsehanstalten ARD und ZDF die Einrichtung von Korrespondentenstellen in Ost-Berlin. Am 7. März werden die ersten Korrespondenten von ARD und ZDF akkreditiert. Damit wird eine umfassendere Berichterstattung über die DDR als bisher möglich.

Bei ihrer Arbeit unterliegen die westlichen Korrespondenten jedoch zahlreichen Beschränkungen und einer recht strengen Aufsicht durch die Behörden der DDR. Reisen in die einzelnen Bezirke der DDR müssen zumeist angemeldet, Filmprojekte und Interviews genehmigt werden. Trotz dieser Beschränkungen begrüßen ARD und ZDF die erweiterten Arbeitsmöglichkeiten; westliche Politiker und Journalisten hoffen, daß durch eine kontinuierliche Berichterstattung die allgemein recht geringen Kenntnisse der westdeutschen Bevölkerung über die politischen, wirtschaftlichen, sozialen und kulturellen Verhältnisse in Ost-Berlin und der DDR erweitert werden können.

Ost-Berlin verdoppelt den Mindestumtausch: Am 5. November verfügt die DDR-Regierung die Verdoppelung des Mindestumtauschs, eine Maßnahme, die dem Entspannungsklima zwischen Ost und West widerspricht. Vom 15. November an müssen West-Berliner bei Besuchen in Ost-Berlin oder der DDR 10 DM statt bisher 5 DM pro Tag zum Kurs 1:1 in Mark der DDR umtauschen. Für Bundesbürger erhöht sich der Umtauschsatz von 10 auf 20 DM. Erstmals müssen auch Rentner den Mindestumtausch leisten.

Bundesregierung und West-Berliner Senat protestieren erfolglos gegen diese Maßnahme. Ost-Berlin begründet die Erhöhung der Umtauschsätze offiziell damit, daß westliche Besucher in Restaurants und Geschäften von den staatlich subventionierten Preisen profitieren würden. Zum Ausgleich müsse die DDR ihre Deviseneinnahmen erhöhen. Offenkundig versucht die DDR mit dieser Maßnahme aber auch, den stark angewachsenen Besucherstrom aus dem Westen einzudämmen. Und dieses gelingt ihr auch vorübergehend. Die Zahl der Reisen nach Ost-Berlin und in die DDR sinkt von 6,097 Millionen im Jahr 1973 auf 4,474 Millionen im darauffolgenden Jahr. 1975 steigt die Zahl der Reisen (nicht der Reisenden) wieder auf über sechs Millionen.

X. Weltfestspiele der Jugend und Studenten: Im Stadion der Weltjugend (Mitte) werden am

1973 ERNEUT STREIT UM STATUS BERLINS

Der »Tagesspiegel« schreibt zum Auftritt des Trompeters Miles Davis bei den Berliner Jazztagen:

Man mag Miles Davis mögen oder nicht, man mag seine raffinierte Attitüde, seine elegante Kälte zum Teufel wünschen oder nicht. Daß er und sein Ensemble in der Tat einen der interessantesten Beiträge zum zeitgenössischen Jazz liefern, daran ist kein Zweifel. Was dieser schwarz gekleidete Elegant mit dem dandyhaft geschlungenen langen weißen Schal an Inszenierungskünsten im Verlauf dieses 45minütigen Jazz-Prozesses verwirklichte, das übertraf nicht nur immer wieder alle Erwartungen, sondern es arbeitete auch an einer Jazz-Intensität, die bei aller Kühle des Gestus von raffinierter siedender Pulsation ist. Hinreißend Tyrone Foster und Mtume, die Perkussionisten, die die Atmosphäre am Rollen und Vibrieren hielten, verblüffend, wie die Soli der Gitarristen auf den Schlag präzis aufblühten, betörend der eiskalte Charme, mit dem Davis seine Kürzel mit wenigen Trompetengesten zustandebrachte, wie er Fixpunkte schuf und den swingenden, wummernden Sound wieder freiließ. 45 Minuten Jazz. Wieviel Sinn für musikalische Balance wurde hier spürbar! Wieviel fruchtbare konstruktive musikalische Phantasie wurde hier hörbar, wieviel geniale Intensität ging in diesen Improvisationsprozeß ein.
Miles Davis, dieser Mann gehört nicht umsonst zu den big names des zeitgenössischen Jazz.

ALLTAG UND GESELLSCHAFT

Abriß des Sportpalasts: Einer der traditionsreichsten Veranstaltungsorte Berlins, der Sportpalast in Schöneberg, wird im November abgerissen. Auf dem Gelände an der Potsdamer Straße wird später ein ausgedehnter Wohnungskomplex errichtet.

Der Sportpalast war im November 1910 eröffnet worden. Die 53 m breite und 99 m lange Halle hatte insgesamt rund 6000, bei Bestuhlung der rund 2 500 m² großen Innenfläche bis zu 12 000 Zuschauern Platz geboten. Damit war der Sportpalast eine der größten Veranstaltungshallen der Welt. In ihm hatten Eisrevuen, Boxkämpfe, aber auch Konzerte stattgefunden. Der Berliner Schlittschuhclub war vor dem Zweiten Weltkrieg im Sportpalast mehrmals deutscher Eishockeymeister geworden. 1926 hatte hier Max Schmeling erstmals den deutschen Meistertitel im Halbschwergewicht erboxt. Die Sechstagerennen mit ihren spektakulären Rahmenprogrammen hatten jahrzehntelang einen Höhepunkt im gesellschaftlichen Leben der Stadt gebildet.

Seit Ende der zwanziger Jahre war der Sportpalast zunehmend auch für politische Kundgebungen genutzt worden. Nach der Machtergreifung 1933 hatten die Nationalsozialisten dort massenwirksame Propagandaveranstaltungen abgehalten. Schaurige Berühmtheit hat die Sportpalastrede des nationalsozialistischen Reichspropagandaministers Joseph Goebbels vom 18. Februar 1943 erlangt, in der er vor einer jubelnden Menge den »totalen Krieg« ausgerufen hatte.

Im Jahr 1944 war der Sportpalast durch Bomben stark zerstört worden. Die erste Sportveranstaltung nach Kriegsende hatte dort im Herbst 1951 stattgefunden. Zwei Jahre später war der Sportpalast in einer verkleinerten Form wiederaufgebaut worden.

Abriß des Sportpalastes in Schöneberg, Dezember 1973.

KALENDARIUM

21. Februar: In Ost-Berlin erläßt das DDR-Innenministerium eine Verordnung, die Korrespondenten die Einfuhr ausländischer Pressematerialien für den privaten und dienstlichen Gebrauch gestattet.

7. März: Das DDR-Innenministerium erteilt den ersten Korrespondenten von ARD und ZDF eine Akkreditierung, so daß beide Fernsehanstalten in Ost-Berlin ein Studio einrichten können.

27. März: Das SED-Politbüro beschließt für Ost-Berlin ein Wohnungsbauprogramm, das für den Zeitraum 1976 bis 1980 den Neubau von rund 55 000 Wohnungen im Ostteil Berlins vorsieht.

2. April: In der Nähe des Alexanderplatzes wird das erste Parkhaus Ost-Berlins eröffnet.

6. April: Die Schriftsteller Ulrich Plenzdorf und Helga Schütz werden von der Akademie der Künste der DDR mit dem Heinrich-Mann-Preis ausgezeichnet.

8. April: In den Messehallen am Funkturm öffnet die 3. Freie Berliner Kunstausstellung ihre Pforten (sie dauert bis 30. April). Neben Berufskünstlern dürfen erstmals Hobbymaler ihre Werke ausstellen.

15. April: Die Schwimmerin Kornelia Ender (DDR) stellt bei einem Sportfest in Ost-Berlin Weltrekorde über 200 m Lagen und 100 m Delphin auf.

25. April: Die DDR-Regierung wirft den bundesdeutschen Grenzbehörden vor, Transitreisende von und nach West-Berlin nur schleppend abzufertigen. Die Bundesregierung weist die Vorwürfe zurück.

12. Mai: In Ost-Berlin trifft der sowjetische Parteichef Leonid I. Breschnew zu einem zweitägigen Staatsbesuch ein. Anschließend reist Breschnew nach Bonn weiter.

31. Mai: Erich Honecker, SED-Parteichef und Mitglied des Staatsrates der DDR, empfängt in Ost-Berlin die Fraktionsvorsitzenden im Bundestag Herbert Wehner (SPD) und Wolfgang Mischnick (FDP) zu einem Meinungsaustausch.

4. Juni: Die Bundesregierung billigt den Bau einer Pipeline für Erdöl von der DDR aus nach West-Berlin.

16. Juni: Im Olympiastadion unterliegt die deutsche Fußball-Nationalmannschaft Brasilien 0:1.

30. Juni: Nach mehrjährigen Restaurierungsarbeiten wird in West-Berlin das Reichstagsgebäude dem Deutschen Bundestag übergeben.

2. Juli: In Magdeburg scheitern Verhandlungen zwischen den Sportverbänden der DDR und der Bundesrepublik über die Intensivierung ihrer Beziehungen an der von der DDR abgelehnten Einbeziehung West-Berlins.

21. Juli: In einem Grundsatzurteil stellt das Bundesverfassungsgericht fest, daß der Grund-

KALENDARIUM — DIPLOMATISCHE AUFWERTUNG OST-BERLINS 1973

lagenvertrag mit der DDR mit dem Grundgesetz vereinbar ist. Darüber hinaus betont das Verfassungsgericht die Verpflichtung der Bundesregierung, West-Berlin in internationale Verträge und Abkommen einzubeziehen.

28. Juli: Im Ost-Berliner Stadion der Weltjugend werden die X. Weltfestspiele der Jugend und Studenten eröffnet. An dem neuntägigen Festival mit zahlreichen Veranstaltungen nehmen rund 500 000 junge Leute teil, darunter etwa 26 000 Delegierte aus 140 Ländern.

31. August: In den Messehallen am Funkturm öffnet die Internationale Funkausstellung ihre Pforten. Auf der bis zum 9. September dauernden Schau wird eine neue Technik, die Kunstkopf-Stereophonie, vorgeführt.

18. September: Die Bundesrepublik Deutschland und die DDR werden als Vollmitglieder in die Vereinten Nationen aufgenommen. Die DDR-Führung wertet dies als großen Erfolg im jahrelangen Kampf um internationale Anerkennung. Ende 1973 sind rund 100 Staaten mit Botschaften in Ost-Berlin vertreten. Zahlreiche Botschaften befinden sich in Karlshorst (Lichtenberg) und in Pankow. Als erster NATO-Staat hatte Großbritannien im Februar in Ost-Berlin eine Botschaft eröffnet.

29. Oktober: In West-Berlin wird die Neue Gesellschaft für Literatur gegründet, die sich u. a. durch Lesungen der Förderung der Literatur widmen soll.

31. Oktober: Als Alternative zu den Berliner Jazztagen findet in West-Berlin erstmals ein Free-Jazz-Festival statt. Höhepunkt der Jazzbuch ist ein Konzert des amerikanischen Trompeters Miles Davis.

4. November: In der West-Berliner Innenstadt demonstrieren rund 15 000 Menschen gegen das Militärregime in Chile.

12. November: Zarah Leander, legendäre UFA-Filmschauspielerin und Sängerin, absolviert im West-Berliner Theater des Westens den letzten Auftritt ihrer Karriere.

13. November: Der Sportpalast im West-Berliner Bezirk Schöneberg wird abgerissen. In den vergangenen Jahrzehnten war der Sportpalast Schauplatz zahlreicher sportlicher und kultureller Veranstaltungen wie auch politischer Kundgebungen.

15. November: Die Ost-Berliner Behörden verdoppeln den Mindestumtausch für Besuche in Ost-Berlin auf zehn DM. Bei Reisen in die DDR müssen fortan 20 DM zum Kurs 1:1 in Ostmark umgetauscht werden.

19. November: Wegen der Ölkrise wird für die Bundesrepublik und West-Berlin ein Sonntagsfahrverbot erlassen.

27. November: Der Staatssekretär im Bundeskanzleramt, Günter Gaus, nimmt in Ost-Berlin offizielle Verhandlungen über ein Kulturabkommen zwischen beiden deutschen Staaten auf.

28. Juli die X. Weltfestspiele der Jugend und Studenten eröffnet. Es ist nach 1951 das zweite Mal, daß Ost-Berlin Gastgeber für dieses vom Weltbund der Demokratischen Jugend, einem Verband kommunistischer Jugendorganisationen, getragene Festival ist. Unter der Losung »Für antiimperialistische Solidarität, Frieden und Freundschaft« nehmen bis zum 5. August mehr als 500 000 junge Leute, darunter rund 26 000 ausländische Delegierte, an den vielfältigen Veranstaltungen teil. Zum Festivalprogramm gehören neben politischen Diskussionsrunden und Kundgebungen der FDJ auch zahlreiche Konzerte und Sportveranstaltungen. Vertreter des nordvietnamesischen Vietcong und afrikanischer Befreiungsorganisationen werden von den FDJ-Mitgliedern in ihren Blauhemden mit besonderer Herzlichkeit begrüßt. Zu den Stars des Festivals zählt auch die schwarze amerikanische Bürgerrechtlerin Angela Davis.

WIRTSCHAFT
Verstärkte Anstrengungen beim Wohnungsbau: Die Wohnraumversorgung ist nach wie vor eines der größten wirtschafts- und sozialpolitischen Probleme der DDR. Auf der 10. Tagung des Zentralkomitees der SED Anfang Oktober in Ost-Berlin stellt Wohnungsbauminister Wolfgang Junker ein Wohnungsbauprogramm für die Jahre 1976 bis 1990 vor, demzufolge innerhalb dieses Zeitraums die »Wohnungsfrage« in der DDR gelöst werden solle. Nach diesen Planungen sollen 2,8 bis 3 Millionen Neubauwohnungen mit einem Kostenaufwand von rund 300 Milliarden Mark errichtet werden. Im Rahmen des nächsten Fünfjahresplans (1976 bis 1980) sollen 560 000 Wohnungen neu gebaut und 180 000 modernisiert werden. Nachdem der Bestand an Altwohnungen jahrelang dem Verfall preisgegeben war, bemüht sich die DDR seit einigen Jahren verstärkt um den Erhalt und die Modernisierung von Altbauwohnungen. In Ost-Berlin steht seit 1971 der Bezirk Prenzlauer Berg im Mittelpunkt derartiger Sanierungsbemühungen.

KULTUR
»Zement« von Heiner Müllers uraufgeführt: Am 12. Oktober wird am Berliner Ensemble Heiner Müllers Drama »Zement« uraufgeführt. Die Regie führt Ruth Berghaus, seit 1971 Intendantin des 1949 von Bertolt Brecht und Helene Weigel gegründeten Theaters. Die Musik hat Paul Dessau komponiert, der bereits zu mehreren Brecht-Stücken, so zu »Mutter Courage und ihre Kinder«, die Musik geschrieben hat. Dem Text von Heiner Müller liegt der 1924 erschienene Revolutionsroman »Zement« des sowjetischen Schriftstellers Fjodor Gladkow zu Grunde. In dem Stück geht es am Beispiel einer verfallenen Zementfabrik um die tiefgreifenden materiellen wie menschlichen Schwierigkeiten beim Aufbau einer sozialistischen Gesellschaft in Rußland nach der Oktoberrevolution. Bei einigen Kritikern in der DDR stößt Müllers Text auf Ablehnung, da er die Probleme gesellschaftlicher Veränderungen zu stark betone und eine pessimistische Grundstimmung verbreite.

Zum Abschluß der X. Weltfestspiele der Jugend und Studenten wird in Ost-Berlin ein »Appell aus Berlin an die Jugend der Welt« formuliert. In dem von der amerikanischen Bürgerrechtlerin Angela Davis verlesenen Appell heißt es:

Wir treten in eine neue Etappe der Geschichte ein, die uns im Ergebnis der Kämpfe der Völker und der Jugend neue Perspektiven eröffnet. Heute bietet die Entwicklung der sozialistischen Länder, der fortschrittlichen Kräfte der kapitalistischen Länder und der nationalen Befreiungsbewegung der Aggressionspolitik des Imperialismus Schach und grenzt sein Aktionsfeld ein. ...
Aber wir kennen den Imperialismus. Deshalb werden wir unsere Aktionen und unseren Kampf verstärken, wir werden unsere Anstrengungen vereinen und unsere Zusammenarbeit festigen, um das Streben nach Frieden und sozialem Fortschritt unaufhaltsam zu machen.
Wir, die Jugend der Welt, werden unseren Kampf in fester Zusammenarbeit weiterführen.
Für den Frieden: damit die imperialistische Aggression, der Krieg und das Wettrüsten eingestellt werden, um Frieden und Sicherheit in Europa und in anderen Regionen in der Welt zu festigen, damit die Welt auf dem Wege der friedlichen Koexistenz voranschreitet, damit das Recht der Völker, über ihr Schicksal selbst zu entscheiden, anerkannt wird und auf daß internationale Konflikte eine friedliche und gerechte Lösung finden.
Für nationale Unabhängigkeit: damit dem Kolonialismus, dem Neokolonialismus und der Herrschaft der Monopole ein Ende gesetzt wird, um wirtschaftliche und politische Unabhängigkeit zu erlangen und zu verstärken, damit die Reichtümer eines jeden Landes in den Dienst der nationalen und sozialen Entwicklung, in den Dienst des Volkes und der Jugend gestellt werden. ...
Von Berlin aus geht unser Appell an die junge Generation der ganzen Welt:
– Üben wir jetzt erst recht antiimperialistische Solidarität mit Vietnam, Laos und Kambodscha; mit dem palästinensischen Volk und den anderen arabischen Völkern, mit den Befreiungsbewegungen der portugiesischen Kolonien und im Süden Afrikas, mit allen Völkern Asiens, Afrikas und Lateinamerikas, mit den Völkern der kapitalistischen Länder, mit den sozialistischen Ländern, mit allen Völkern, die den Weg des Fortschritts und des Friedens beschreiten ...

1974 BINDUNGEN AN DIE BUNDESREPUBLIK

POLITIK

Ost-West-Kontroverse um das Umweltbundesamt: Im Juli wird durch Bundesgesetz das Umweltbundesamt in West-Berlin eingerichtet. Dabei handelt es sich um eine Bundesoberbehörde, deren Zuständigkeiten sich auf das gesamte Bundesgebiet und West-Berlin erstrecken. Mit der Ansiedlung des Umweltbundesamtes stärkt Bonn die politischen Bindungen West-Berlins an die Bundesrepublik. Unter diesem Aspekt entbrennt um das Amt sogleich ein heftiger Streit zwischen der DDR und der Sowjetunion einerseits und der Bundesrepublik unterstützt von den drei Westalliierten auf der anderen Seite. Die östliche Seite protestiert energisch gegen die Einrichtung der Behörde, in der sie einen Verstoß gegen das Viermächte-Abkommen über Berlin sieht. Die westliche Seite vertritt hingegen die Auffassung, daß die Bestimmung des Abkommens, wonach die Verbindungen zwischen West-Berlin und der Bundesrepublik »entwickelt« werden könnten, die Ansiedlung weiterer Bundesbehörden zuläßt. Insofern ist die Ansiedlung des Umweltbundesamt für den Westen auch ein Test für die Tragfähigkeit des Viermächte-Abkommens.

DDR und Sowjetunion belassen es jedoch nicht bei schriftlichen Protesten. DDR-Grenzposten hindern Mitarbeiter des Umweltbundesamtes an der Benutzung der Transitwege durch die DDR und unterbinden auch den Transport von Material für die Behörde nach Berlin. Die Störmaßnahmen werden jedoch nach scharfen Protesten der Westalliierten innerhalb kurzer Zeit aufgehoben.

Das Umweltbundesamt am Bismarckplatz (Wilmersdorf).

Zu den Aufgaben des Umweltbundesamtes gehören die Entwicklung mittel- und langfristiger Umweltschutzprojekte, die Einbeziehung wissenschaftlicher Erkenntnisse in die Umweltgesetzgebung, die Prüfung der Umweltverträglichkeit von Produkten und Herstellungsverfahren, die Sammlung von Umweltdaten sowie eine umfassende Information der Öffentlichkeit.

Günter von Drenkmann von Terroristen erschossen: In diesem Jahr eskaliert der politische Terror in West-Berlin. Am 10. November wird der Präsident des Berliner Kammergerichts, Günter von Drenkmann, in seiner Wohnung von Mitgliedern der Terrorgruppe »Rote Armee Fraktion« erschossen. Die Polizei vermutet, daß Drenkmann nicht Opfer eines gezielten Mordanschlags geworden sei, sondern daß die Täter den Kammergerichtspräsidenten zunächst nur entführen wollten.
Als Drenkmann Widerstand leistete, so die Version der Polizei, seinen die tödlichen Schüsse abgegeben worden. Eine sofort ausgelöste Großfahndung nach den Tätern bleibt zunächst erfolglos.

Fememord an einem Informanten des Staatsschutzes: Am 5. Juni fällt der Terrorist Ulrich Schmücker im Grunewald einem Fememord zum Opfer. Nach Ermittlungen der Polizei ist Schmücker, Mitglied der Terror-Gruppe »Bewegung 2. Juni«, von Gesinnungsgenossen kaltblütig erschossen worden.
Die Täter hatten erfahren, daß Schmücker seit einiger Zeit Informationen aus dem terroristischen Untergrund an den Berliner Staatsschutz weitergegeben hatte, und haben ihn deshalb als »Verräter« liquidiert.
Der Polizei gelingt es nach einigen Monaten, vier Angehörige der »Bewegung 2. Juni« als mut-

---

Gegen die Errichtung des Umweltbundesamtes in West-Berlin erhebt die Sowjetunion in einer Erklärung vom 20. Juli 1974 Protest:

Der Bundestag der BRD hat am 19. Juni eine Gesetzesvorlage über die Schaffung eines Bundesamtes für Umweltschutz in Westberlin gebilligt. Der Bundesrat hat dieser Gesetzesvorlage am 12. Juli zugestimmt. Dabei handelt es sich um die Absicht, in Westberlin eine zentrale Regierungsbehörde der BRD einzurichten, die dem westdeutschen Innenministerium direkt unterstellt ist.
Es ist völlig offensichtlich, daß die Schaffung des Bundesamtes für Umweltschutz in Westberlin der Hauptbestimmung des Vierseitigen Abkommens vom 3. September 1971 widersprechen würde, wonach die Westsektoren Berlins kein Bestandteil der BRD sind und auch künftig nicht von ihr regiert werden. Ein solcher Schritt liefe dem Grundgedanken der Festlegung des Abkommens über die Einschränkung und den Abbau der Tätigkeit staatlicher Organe der BRD in Westberlin zuwider ebenso wie der Verpflichtung der Seiten, die in diesem Gebiet bestehende Lage nicht einseitig zu verändern.
Die dargelegten Erwägungen wurden von der sowjetischen Seite sowohl den drei Westmächten als auch der BRD rechtzeitig zur Kenntnis gebracht. Als die sowjetische Seite diese Vorhaltungen machte, ließ sie sich von den Interessen der Einhaltung und Gewährleistung des normalen Funktionierens des Vierseitigen Abkommens in allen seinen Teilen leiten, von der Vermeidung jeglicher unerwünschter Entwicklung der Ereignisse im Geltungsbereich des Abkommens.
Der Beschluß des Bundestages der BRD, der unter dem Druck der CDU/ CSU wie auch bei aktiver Mitwirkung des Senats von Westberlin angenommen wurde, zeugt davon, daß die gesetzgebenden Organe der BRD entgegen dem Vierseitigen Abkommen und den erwähnten Démarchen bestrebt sind, die Frage der Einrichtung des Bundesamtes für Umweltschutz in Westberlin auf die praktische Ebene zu verlagern.
Die sowjetische Seite geht davon aus, daß sich, falls in Westberlin das Bundesamt für Umweltschutz eingerichtet wird, die Notwendigkeit ergibt, entsprechende Maßnahmen zu ergreifen, um den Versuchen einer Verletzung des Vierseitigen Abkommens entgegenzuwirken und die legitimen Interessen der Sowjetunion und der mit ihr befreundeten Deutschen Demokratischen Republik zu schützen. Die Verantwortung für die Folgen einer Verletzung des Vierseitigen Abkommens trifft die Initiatoren der Einrichtung des Bundesamtes für Umweltschutz in Westberlin ...

NEUER OBERÜRGERMEISTER 1974

POLITIK

Wechsel im Amt des Oberbürgermeisters: Anfang 1974 gibt es einen Wechsel an der Spitze der Ost-Berliner Stadtregierung. Die Stadtverordnetenversammlung von Groß-Berlin wählt am 11. Februar 1974 den dreiundvierzigjährigen Erhard Krack zum neuen Oberbürgermeister. Er tritt die Nachfolge von Herbert Fechner an, der das Amt im Juli 1967 übernommen hatte. Krack hatte nach einer Lehre als Installateur Wirtschaftswissenschaften studiert und bis 1965 als Volkswirtschaftsrat im Bezirk Rostock gewirkt. Anschließend hatte er bis zu seiner Wahl zum Oberbürgermeister das Ministerium für Bezirksgeleitete Industrie und Lebensmittelindustrie geleitet.

Vertretung der Bundesrepublik in Ost-Berlin: Am 2. Mai nimmt die Ständige Vertretung der Bundesrepublik Deutschland »am Sitz der Regierung« der DDR in einem Gebäude in der Ost-Berliner Hannoverschen Straße (Mitte) ihre Arbeit auf. Parallel hierzu eröffnet die DDR eine Vertretung in Bonn. Erster Leiter der Ständigen Vertretung der Bundesrepublik ist Staatssekretär Günter Gaus. Er ist beim Vorsitzenden des Staatsrates der DDR akkreditiert (der Vertreter der DDR beim Bundeskanzler).

Die Einrichtung ständiger Vertretungen ist im Grundlagenvertrag zwischen der Bundesrepublik und der DDR vom 21. Dezember 1972 vereinbart worden. In dem Vertrag ist ausdrücklich festgelegt, daß die Ständige Vertretung der Bundesrepublik auch die Interessen West-Berlins wahrnimmt. Damit ist ein weiterer Schritt zur Entspannung des Verhältnisses zwischen beiden deutschen Staaten getan.

Die deutsch-deutschen Beziehungen sind allerdings nicht diplomatischer Art und die Vertretungen keine Botschaften. Aus diesem Grund untersteht die Bonner Ständige Vertretung in Ost-Berlin dem Bundeskanzleramt. Durch die Regelung macht die Bundesrepublik deutlich, daß sie die DDR nicht als Ausland betrachten. Der Leiter der ständigen Vertretung und seine Mitarbeiter genießen ungeachtet aller Anerkennungsfragen die international üblichen Privilegien für Anghörige des diplomatischen Corps.

Anerkennung der Realität: 1973 ist der DDR in ihrem jahrzehntelangen Bemühen um internationale Anerkennung der Durchbruch gelungen. Im September 1973 erfolgte die Aufnahme der DDR in die Vereinten Nationen. Anfang des Jahres sind bereits mehr als 100 Staaten mit Botschaften in Ost-Berlin vertreten, darunter auch Mitglieder der NATO.

Von den drei westlichen Alliierten haben im Februar 1973 Großbritannien und Frankreich diplomatische Beziehungen zur DDR aufgenommen. Nach einer gewissen Wartezeit folgen nun auch die Vereinigten Staaten: Die amerikanische Botschaft nimmt am 1. November in einem repräsentativen Gebäude in der Neustädtische Kirchstraße nahe Unter den Linden ihre Ar-

Oberbürgermeister Erhard Krack vor der Stadtverordnetenversammlung im Roten Rathaus, September 1976.

beit auf. Ost-Berlin wird durch diese Entwicklung als Stadt mit internationalem Flair aufgewertet. So tagt als erstes offizielles Gremium der UNO am 27. und 28. Mai der UN-Sonderausschuß gegen Apartheid in der Kongreßhalle am Alexanderplatz.

Gastfreundschaft für Verfolgte: Anfang Januar treffen in Ost-Berlin die ersten Exil-Chilenen ein, die nach dem Militärputsch gegen den sozialistischen Präsidenten Salvador Allende vom 11. September 1973 aus ihrer Heimat fliehen müssen. Sie werden von Vertretern von SED und FDJ mit betonter Herzlichkeit empfangen. In den folgenden Monaten finden mehrere tausend Chilenen in der DDR Zuflucht. Die DDR stellt die Aufnahme der linksgerichteten Junta-Gegner als Akt der internationalen Solidarität heraus.

Erste Tagung eine Gremiums der UN in Ost-Berlin: Seit der Aufnahme der DDR in die Vereinten Nationen bemüht sich die Regierung um die Aufwertung Berlins zu einer internationalen Kongreßstadt. Von sozialistischen Gruppen do-

Vor der ständigen Vertretung der Bundesrepublik an der Hannoverschen Straße (Mitte).

1974 BINDUNGEN AN DIE BUNDESREPUBLIK

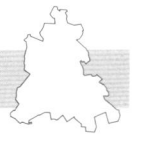

Nachdem die DDR mehreren Mitarbeitern des Umweltbundesamtes die Benutzung der Transitwege verweigert hat, veröffentlicht die Bundesregierung am 31. Juli 1974 eine Erklärung:

Das Kabinett hat die Lage auf den Zugangswegen nach Berlin erörtert. Ausgangspunkt war die Feststellung, daß die Regierung der DDR offenbar ihre Organe angewiesen hat, gegen klare und eindeutige Bestimmungen des Transitabkommens, ..., zu verstoßen.
Die Argumente, mit denen die Regierung der DDR ihre Maßnahmen zu rechtfertigen versucht, entbehren jeder Rechtsgrundlage.
1. Die klaren Regelungen über den Zugang von und nach Berlin (West) geben der DDR nicht das Recht, Personen von dem unbehinderten Zugang auszuschließen, weil sie Angehörige eines Bundesamtes in Berlin (West) sind.
2. Das Umweltbundesamt wurde mit Zustimmung der drei Signatare des Viermächteabkommens errichtet, die die oberste Gewalt in Berlin (West) ausüben.
3. Zur Wahrung dieser obersten Kompetenz der drei Mächte in ihren Sektoren wurde mit deren Einverständnis sichergestellt, daß das Umweltbundesamt – wie von den drei Mächten im Viermächte-Akommen vorgesehen – keine unmittelbare Staatsgewalt über Berlin (West) ausübt.
Eine Fortsetzung der Maßnahmen der DDR würde die Glaubwürdigkeit der Entspannungspolitik und der aus ihr hervorgegangenen Verträge gefährden. Dies würde Fortschritte auf dem Wege der Entspannung in Europa erschweren.

maßliche Täter zu verhaften. Der anschließende Prozeß gegen die vier Angeklagten verläuft jedoch alles andere als reibungslos und geht als einer der längsten Strafprozesse in die Justizgeschichte der Bundesrepublik ein. Mehrere Urteile werden kassiert, das Verfahren insgesamt vier Mal wieder aufgerollt. Im Verlauf der einzelnen Prozesse tritt immer deutlicher zu Tage, daß der Staatsschutz bei der Vorbereitung und Ausführung der Mordtat eine undurchsichtige Rolle gespielt hat.

Durch Aussageverweigerung und das Zurückhalten von Beweisstücken behindert die Behörde zudem die Wahrheitsfindung. Nachdem der Bundesgerichtshof mehrere Urteile aufgehoben hat, kommt das Gericht 1991 zu dem Schluß, daß eine für ein Urteil hinreichende Klärung der Tat und ihrer Hintergründe nicht mehr möglich sei, und stellt das Verfahren nach rund zehnjähriger Dauer ein. Die Hauptangeklagte war bereits zuvor nach mehrjähriger Haft auf freien Fuß gesetzt worden.

KULTUR

Jubel um »Sommergäste«: Im Dezember hat an der Schaubühne am Halleschen Ufer Peter Steins Inszenierung von Maxim Gorkis Stück »Sommergäste« Premiere und versetzt Publikum wie Kritik in fast einhellige Begeisterung. Die Schaubühne festigt durch diese Aufführung ihren Ruf als eines der führenden, wenn nicht das führende Theater im deutschsprachigen Raum. Zum Erfolg des Stückes trägt das suggestiv-realistische Bühnenbild von Karl Ernst Herrmann erheblich bei.

In einer sommerlichen russischen Dorflandschaft ist eine Gruppe bürgerlicher Müßiggänger versammelt, die im Gespräch einander ihre Frustrationen, Ängste, Hoffnungen, Pläne offenbaren. Den meisten scheint der politisch-gesellschaftliche Horizont Rußlands verbaut, Initiativen zur Veränderung aufgrund menschlicher Trägheit und gesellschaftlicher Erstarrung zum Scheitern verurteilt.

Mit großer künstlerischer Kraft gelingt es Peter Stein und seinem Ensemble – in tragenden Rollen Edith Clever, Jutta Lampe, Bruno Ganz, Otto Sander, Michael König – die lastende Atmosphäre im vorrevolutionären Rußland des Jahres 1904 zum Ausdruck zu bringen. Was das Schaubühnen-Ensemble mit den »Sommergästen« zeigt, ist politisches Theater, jedoch ohne belehrend-agitatorischen Gestus. Aufgrund des überragenden Erfolgs entschließt sich das Ensemble, die Inszenierung als Film zu dokumentieren.

»Sommergäste« von Maxim Gorki in der Schaubühne am Halleschen Ufer, 1974.

ALLTAG UND GESELLSCHAFT

Erweiterter Flughafen Tegel in Betrieb: Nach rund fünfjähriger Bauzeit wird am 23. Oktober der neue Zivilflughafen Berlin-Tegel eröffnet. Der mit einem Kostenaufwand von rund 400 Millionen DM ausgebaute Flughafen Tegel hat in den vergangenen Jahren Tempelhof als zentralen Flughafen West-Berlins weitgehend abgelöst. Der Flughafen Tempelhof wird nach der Inbetriebnahme von Tegel fast ausschließlich von der amerikanischen Air Force benutzt.

Kurz nach Beginn der Blockade West-Berlins (Juni 1948 bis Mai 1949) war auf dem ehemaligen Tegeler Schießplatz innerhalb von rund drei Monaten ein provisorischer Flugplatz angelegt worden, um die Start- und Landekapazität für die Luftbrücke zu erweitern. Das erste Versorgungsflugzeug hatte am 5. November 1948 in Tegel landen können. Seit Aufhebung der Blockade dient der Flugplatz Tegel der französischen Besatzungsmacht als Militärflugplatz. Die französische Fluggesellschaft Air France hat im Januar 1960 ihren gesamten Passagierverkehr nach Tegel verlegt, weil die Tempelhofer Start- und Landebahnen für die Düsenflugzeuge vom Typ Caravelle nicht lang genug gewesen waren. Ab 1968 war auch der gesamte Berliner Charterflugverkehr über Tegel abgewickelt worden.

Wegen seiner Übersichtlichkeit und kurzen Wege für die Passagiere gilt der neue Flughafen Tegel als beispielhaft. Er umfaßt den Tower und das konzentrisch angeordnete Schaltergebäude, von dem aus die Passagiere über bewegliche Flugsteige direkt in die Maschinen gelangen können.

Die Gesamtanlage des Flughafen Tegel umfaßt rund 460 ha. Es stehen zwei Start- und Landebahnen zur Verfügung, von denen die 3 023 m

NEUER OBERBÜRGERMEISTER 1974

miniierte Organisationen wie der Weltbund der Demokratischen Jugend oder die Weltfriedensbewegung hatten bereits mehrfach in der Stadt Kongresse abgehalten.

Am 27. und 28. Mai tagt mit dem Sonderausschuß gegen Apartheid erstmals ein offizielles Gremium der Vereinten Nationen in Berlin. Tagungsstätte ist die Kongreßhalle am Alexanderplatz (Mitte). Von der Presse wird dem Ereignis große Aufmerksamkeit gewidmet, da die Anwesenheit von Vertretern der UN in der Hauptstadt der Öffentlichkeit als Beweis für die internationale Anerkennung der DDR präsentiert werden soll.

An dem Kongreß nehmen auch Vertreter der Befreiungsbewegungen Südafrikas (ANC), Mosambiques (FRELIMO), Angolas (MPLA) und Namibias (SWAPO) teil. Der amtierenden Außenminister Oskar Fischer gibt am ersten Kongreßtag für die Teilnehmer einen offiziellen Empfang. In der Begrüßungsansprache betont Fischer, die Regierung der DDR empfinde es als hohe Ehre und Ausdruck großer Wertschätzung, daß der Anti-Apartheid-Ausschuß der UNO erstmals in der DDR tage.

Zugleich versichert Fischer die Vertreter der UN der Unterstützung ihres Kampfes gegen die Apartheid durch die DDR. Die DDR habe stets alle Boykottaufrufe der Vereinten Nationen gegen das Apartheidregime in Südafrika und gegen Rhodesien strikt eingehalten. Weiter erklärt der Minister: »Auch wir in der DDR sehen die Bedrohung der friedlichen Entwicklung in der Welt, die von der Rassenpolitik ausgeht. Wir leiten daraus die Notwendigkeit ab, die Spannungen zu mindern.« Diesem Zweck diene auch die von der DDR betriebene Politik der friedlichen Koexistenz zwischen Staaten mit unterschiedlichen Gesellschaftsordnungen.

Zum Abschluß der Tagung danken zahlreiche Delegierte ausdrücklich der Bevölkerung Berlins für die ihnen erwiesene Gastfreundschaft. Der Vorsitzende des Anti-Apartheid-Ausschusses, Botschafter Edwin Ogbe Ogbu, würdigte die guten Arbeitsmöglichkeiten, die den Konferenzteilnehmern geboten worden sind.

Willi Stoph, der Vorsitzende des Staatsrates nutzt die Gelegenheit der Anwesenheit zahlreicher Mitarbeiter der UN, um den solidarischen Beitrag der DDR im Kampf gegen »imperialistische Unterdrückung und Ausbeutung« sowie um nationale Unabhängigkeit herauszustellen. Die DDR sei ein Staat, »der unter Führung der Arbeiterklasse und ihrer Partei allen Bürgern ohne Unterschied von Geschlecht, Rasse oder Religion die volle Gleichberechtigung« garantiere.

Parallel zum Anti-Apartheid-Kongreß findet in Berlin eine Tagung der Internationalen Vereinigung der Transportarbeitergewerkschaften statt, auf der die »arbeiterfeindlichen« Maßnahmen multinationaler Transportfirmen angeprangert werden. Auch die Delegierten dieser Konferenz werden mit großer Zuvorkommenheit behandelt. Der gute Ruf als Kongreßstadt ist dem SED geführten Magistrat auch in diesem Fall einige Mühen und Kosten wert.

Maßnahme gegen illegalen Eintausch von Mark der DDR: Im November 1973 hatte die DDR-Regierung den Mindestumtauschsatz für westliche Besucher verdoppelt (auf 20 DM für Besuche in der DDR und auf 10 DM für solche in Ost-Berlin). Damit verfolgt sie zwei Absichten: Zum einem sollen die Besucher mit so viel Geld ausgestattet sein, daß der Anreiz zum Eintausch von Mark zu Schwarzmarktkursen entfällt; zum anderen will die DDR auf diese Weise ihre Deviseneinahmen erhöhen und gleichzeitig den seit Abschluß des Viermächte-Abkommens und des Grundlagenvertrags ständig angestiegenen Besucherstrom aus dem Westen regulieren.

Monatelanges Drängen des West-Berliner Senats, den Umtauschsatz zu verringern, führt überraschend zum Erfolg: Mitte November senkt die DDR den Umtauschsatz für Besuche in Ost-Berlin auf 6,50 DM und in der DDR auf 10 DM.

ALLTAG UND GESELLSCHAFT

Die Skyline der Hauptstadt: Das im Zweiten Weltkrieg weitgehend zerstörte Zentrum Berlins bietet im Wechsel von restaurierten, historisch und moderne Bauten das Bild einer lebendigen Großstadt. Der noch nicht abgeschlossene Wiederaufbau, verbunden mit großzügigen Verkehrslösungen für die Innenstadt, folgt im wesentlichen den Hauptstraßenzügen. Die moderne

Das Zentrum von Berlin mit dem Fernsehturm, dem Roten Rathaus, davor die Ruine der Nikolaikirche, dem breiten Straßenzug Mühlendamm - Grunerstraße und im Hintergrund mit den Hochbauten am Alexanderplatz, um 1974.

Bebauung ist proportional den verbreiterten Straßen angepaßt. Die Planer haben jedoch auf eine Wiederbebauung der einst von engen Straßen durchzogenen Altstadt verzichtet. Infolgedessen erhalten die wenigen erhaltenen Baudenkmale oftmals neue Sichtbezügen, die nicht ohne Reiz sind.

Für die »Gesundheit des Volkes«: In einem Neubaukomplex an der Leipziger Straße (Mitte) wird am 1. Oktober eine Poliklinik eröffnet. Es handelt sich um die 500. derartige Institution in der DDR. Die ersten Polikliniken waren bereits 1947 im Zuge der Verstaatlichung des Gesundheitswesen entstanden.

Eine Poliklinik, eine für das sozialistische Gesundheitswesen typische Einrichtung, besteht aus einer mehrgliedrigen Krankenstation zur ambulanten Versorgung der Bevölkerung und umfaßt in der Regel mindestens fünf fachärztliche Abteilungen, eine zahnärztliche Abteilung, eine Apotheke sowie physio-therapeutische Einrichtungen. Als ein Nachteil des Systems wird die Einschränkung der freien Arztwahl empfunden. Dieses Problem ist jedoch weitgehend gelöst, seitdem Ende 1973 in Ost-Berlin und der DDR die freie Arztwahl in der Grundversorgung eingeführt worden ist.

1974 BINDUNGEN AN DIE BUNDESREPUBLIK

Der Flughafen Tegel, Tower und Abfertigungsgebäude

Eröffnungsfeier für den Flughafen Tegel: Meinhard von Gerkan, der Architekt des Baus, mit dem Schlüssel zum Gebäude, 23. Oktober 1974.

lange Nordpiste für Blindlandungen bei schlechtem Wetter ausgestattet ist. Betrieben wird der Flughafen von der 1924 gegründeten Berliner Flughafengesellschaft mit Sitz in Tegel, an der das Land Berlin mit 52% und die Bundesrepublik Deutschland mit 48% beteiligt sind.

SPORT

Zwei Berliner Fußballklubs in der Bundesliga: Durch einen 3:1-Sieg über den FC St. Pauli im Charlottenburger Poststadion schafft die Mannschaft von Tennis Borussia im Juni den Aufstieg in die Fußballbundesliga. 15 000 begeisterte Zuschauer feiern die Spieler von Tennis Borussia, die nach einer schwachen Leistung in der ersten Halbzeit das Spiel doch noch für sich entscheiden konnten. Damit sind nunmehr zwei Berliner Vereine in der höchsten Spielklasse vertreten. Hertha BSC hatte 1968 den Wiederaufstieg geschafft und konnte sich seither meist im Mittelfeld der Liga behaupten. Viele Fußballkenner warnen jedoch vor allzu hochgesteckten Erwartungen an die Berliner Borussen. Ihre eher mäßigen Leistungen in der Aufstiegsrunde wecken Zweifel, ob die Spielstärke der Mannschaft für die Bundesliga ausreicht. Tatsächlich muß Tennis Borussia bereits nach einem Jahr wieder absteigen.

KALENDARIUM

Januar 1974: In Ost-Berlin treffen die ersten Chilenen ein, die nach dem Militärputsch gegen den sozialistischen Präsidenten Salvador Allende im September 1973 ins Exil gehen mußten und in der DDR Aufnahme finden.

11. Februar: Die Ost-Berliner Stadtverordnetenversammlung wählt den SED-Politiker und Wirtschaftsfachmann Erhard Krack als Nachfolger von Herbert Fechner zum neuen Oberbürgermeister.

26. März: Heinz Galinski, der Vorsitzende der Jüdischen Gemeinde zu Berlin, wird mit der Ernst-Reuter-Medaille ausgezeichnet.

22. April: Vor dem Berliner Landgericht beginnt der Prozeß gegen vier mutmaßliche Mitglieder der palästinensischen Terrororganiation Schwarzer September, denen die Vorbereitung von Sprengstoffanschlägen vorgeworfen wird. Zwei Angeklagte werden zu Haftstrafen verurteilt; bei den beiden anderen lautet das Urteil auf Freispruch.

25. April: Die Bauherren des Steglitzer Kreisels müssen Konkurs anmelden. Mit dem Bürohochhaus an der Steglitzer Schloßstraße verbindet sich einer der größten Bauskandale in der Berliner Nachkriegsgeschichte.

2. Mai: In einem Gebäude an der Hannoverschen Straße im Ost-Berliner Bezirk Mitte nimmt die Ständige Vertretung der Bundesrepublik Deutschland bei der DDR ihre Tätigkeit auf. Erster Leiter der Ständigen Vertretung ist Staatssekretär Günter Gaus.

18. Mai: Als Nachfolger von Egon Bahr übernimmt Dietrich Spangenberg das Amt des Bundesbevollmächtigten in Berlin.

27. Mai: In der Kongreßhalle am Alexanderplatz beginnt eine zweitägige Tagung des UN-Sonderausschusses gegen Apartheid. Es ist das erste Mal, daß eine UN-Konferenz in Ost-Berlin veranstaltet wird.

5. Juni: Im Grunewald fällt der Terrorist Ulrich Schmücker einem Fememord zum Opfer. Im Prozeß gegen die mutmaßlichen Täter wird bekannt, daß der Ermordete zeitweise für den Verfassungsschutz gearbeitet hatte. Es gelingt dem Gericht in einem jahrelangen Verfahren nicht, die Hintergründe des Mordes aufzuklären.

Juni 1974: Der West-Berliner Fußballklub Tennis Borussia schafft den Aufstieg in die Bundesliga. Mit Tennis Borussia und Hertha BSC spielen nunmehr zwei Berliner Klubs in der Fußballbundesliga.

14. Juni: Die bundesdeutsche Fußballnationalmannschaft besiegt in einem Weltmeisterschaftsspiel die Auswahl Chiles 1:0. Im Rahmen der Weltmeisterschaftsendrunde werden ungeachtet Ost-Berliner Proteste mehrere Spiele im Berliner Olympia-Stadion ausgetragen.

1. Juli: In West-Berlin tritt ein Rauchverbot in den Bussen der BVG in Kraft.

KALENDARIUM

NEUER OBERÜRGERMEISTER 1974

9. Juli: Die Deutsche Bundespost Berlin richtet den 750 000. Telefonanschluß in West-Berlin ein.

19. Juli: In der Zitadelle Spandau werden bei Ausschachtungsarbeiten die Reste der ersten, um das Jahr 1200 an dieser Stelle errichteten Burg der Askanier freigelegt.

1. Oktober: In der Leipziger Straße in Ost-Berlin wird in einem Neubaukomplex die 500. Poliklinik der DDR eröffnet.

6. Oktober: Am West-Berliner Grips-Theater wird das Stück für Kinder »Nashörner schießen nicht« von Volker Ludwig und Jörg Friedrich uraufgeführt. Das erfolgreiche Kinder- und Jugendtheater hatte erst vor wenigen Tagen ein neues Domizil am Hansaplatz im Bezirk Tiergarten bezogen.

7. Oktober: Das Leipziger Gewandhaus-Orchester gibt unter der Leitung von Kurt Masur in der Philharmonie sein erstes Konzert in West-Berlin.

8. Oktober: Die West-Berliner Außenstelle des amerikanischen Aspeninstituts, das sich mit Fragen der internationalen Politik befaßt, wird auf der Halbinsel Schwanenwerder eröffnet.

23. Oktober: Nach rund fünfjähriger Bauzeit wird der West-Berliner Flughafen Tegel durch Bundesverkehrsminister Kurt Gscheidle eröffnet.

1. November: Nach der Aufnahme diplomatischer Beziehungen zwischen den Vereinigten Staaten und der DDR nimmt die amerikanische Botschaft in Ost-Berlin ihre Arbeit auf.

10. November: Der Präsident des Kammergerichts, Günter von Drenkmann, wird von einem Kommando der Terror-Gruppe »Rote Armee Fraktion« in West-Berlin ermordet.

15. November: Nach monatelangem Drängen des West-Berliner Senats senkt die DDR den Mindestumtausch bei Besuchen in Ost-Berlin von 10 DM auf 6,50 DM.

26. November: Der West-Berliner Senat beschließt eine Zuzugssperre für Ausländer in die Bezirke Kreuzberg, Wedding und Tiergarten. Durch dies Maßnahme, die Anfang 1975 in Kraft tritt, soll verhindert werden, daß der Ausländeranteil an der Wohnbevölkerung, der in Kreuzberg rund 25 %, im Wedding 18 % und im Bezirk Tiergarten 17% beträgt, weiter steigt.

Dezember 1974: Zwischen dem West-Berliner Senat und der Ost-Berlliner Stadtregierung wird ein Vertrag über die Müllentsorgung geschlossen. Ost-Berlin verpflichtet sich darin, von West-Berlin gegen Zahlung erheblicher Gebühren jährlich rund vier Millionen Kubikmeter Müll und Schutt abzunehmen.

1974: Im West-Berliner Bezirk Lichterfelde nimmt das leistungsstärkste Heizkraftwerk Berlins nach rund vierjähriger Bauzeit seinen Betrieb auf.

Anordnung des Ministeriums für Finanzen der DDR vom 5. November 1974 über die Senkung des Mindestumtauschsatzes bei Besuchen in Ost-Berlin und der DDR:

§1
Diese Anordnung gilt für Personen mit ständigem Wohnsitz in nichtsozialistischen Staaten und in Westberlin, die zum besuchsweisen Aufenthalt in die Deutsche Demokratische Republik einreisen.

§2
(1) Personen gemäß §1 haben je Tag der Dauer des Aufenthaltes in der Deutschen Demokratischen Republik einen verbindlichen Mindestumtausch von Zahlungsmitteln fremder Währungen im Gegenwert von 13 Mark der Deutschen Demokratischen Republik zu den in der Deutschen Demokratischen Republik geltenden Umrechnungverhältnissen vorzunehmen.

(2) Personen gemäß §1, die zu einem Tagesaufenthalt in die Hauptstadt der Deutschen Demokratischen Republik einreisen, haben einen verbindlichen Mindestumtausch von Zahlungsmitteln fremder Währungen im Gegenwert von 6,50 Mark der Deutschen Demokratischen Republik zu den in der Deutschen Demokratischen Republik geltenden Umrechnungverhältnissen vorzunehmen.

(3) Der Mindestumtausch gemäß den Absätzen 1 und 2 ist in einer konvertierbaren Währung vorzunehmen.

§3
(1) Ein Rücktausch des verbindlichen Mindestumtausch-Betrags findet nicht statt.

(2) Nichtverbrauchte Zahlungsmittel in Mark der Deutschen Demokratischen Republik können bei allen Wechselstellen und in allen Filialen der Staatsbank der Deutschen Demokratischen Republik deponiert bzw. auf ein Konto eingezahlt werden. Über diese Beträge kann jederzeit bei Wiedereinreise in die Deutsche Demokratische Republik in voller Höhe in Mark der Deutschen Demokratischen Republik verfügt werden.

§4
Vom verbindlichen Mindestumtausch gemäß §2 sind die Personen befreit, die zum Zeitpunkt ihrer Einreise nachweisbar das 16. Lebensjahr noch nicht vollendet haben.

§5
Personen gemäß §1 können zusätzlich zum verbindlichen Mindestumtausch von Zahlungsmitteln entsprechend ihren Bedürfnissen Zahlungsmittel konvertierbarer Währungen in Mark der Deutschen Demokratischen Republik zu geltenden Umrechnungverhältnissen umtauschen.

§6
Diese Anordnung gilt nicht für Personen, die das Territorium der Deutschen Demokratischen Republik im Transitverkehr ohne Unterbrechung durchreisen.

§7
(1) Diese Anordnung tritt am 15. November 1974 in Kraft.
(2) Gleichzeitig tritt die Anordnung vom 5. November 1973 über die Durchführung eines verbindlichen Mindestumtausches von Zahlungsmitteln … außer Kraft.

Die amtliche Nachrichtenagentur der DDR, ADN, veröffentlicht am 1. August 1974 eine Mitteilung zu den »Maßnahmen der DDR gegen die Verletzung des Vierseitigen Abkommens«:

Nach dem Inkrafttreten des BRD-Gesetzes über die Errichtung des Umweltbundesamtes der BRD in Westberlin, das eine Verletzung des Vierseitigen Abkommens darstellt, werden seit dem 26. Juli 1974 die in der Erklärung der Regierung der DDR angekündigten Maßnahmen angewandt. Auf den Verbindungswegen der DDR werden Kotrollen vorgenommen, ob sich unter den Transitreisenden widerrechtlich Mitarbeiter dieser BRD-Behörde befinden, ob Eigentum oder Dokumentationen des BRD-Amtes für Umweltschutz befördert werden.
Die von der DDR ergriffenen Maßnahmen hindern nicht den Transitverkehr nach und von Westberlin. Er verläuft völlig normal …
Die eingeleiteten Maßnahmen betreffen ausschließlich den Personenkreis, das Eigentum und die Dokumentationen des unter Verletzung des Vierseitigen Abkommens in Westberlin eingerichteten Umweltbundesamtes der BRD.
Die Regierung der DDR hatte bekanntlich die Regierung der BRD seit langem wiederholt und gebührend vor dem widerrechtlichen Schritt der Einrichtung eines BRD-Bundesumweltamtes in Westberlin gewarnt und auf die Folgen verwiesen, für die die BRD die Verantwortung trägt.

1975 SPEKTAKULÄRE AKTION DER TERRORISTEN

POLITIK

Terroristen entführen CDU-Politiker: Mitten im Wahlkampf für die Wahlen zum Abgeordnetenhaus am 2. März erschüttert ein tragisches Ereignis die Berliner. Am 27. Februar entführen Mitglieder der terroristischen Bewegung 2. Juni Peter Lorenz, den Spitzenkandidaten der Berliner CDU. Der zweiundfünfzigjährige Politiker und Rechtsanwalt Lorenz befindet sich auf der Fahrt von Zehlendorf in sein Büro, als sein Auto gegen neun Uhr morgens wegen eines quergestellten Lastautos anhalten muß. Drei Täter stürzen sich auf den Wagen, schlagen den Chauffeur nieder, überwältigen Lorenz und rasen mit ihm in dessen Dienstwagen davon.

Die Polizei löst eine der größten Fahndungsaktionen der Berliner Nachkriegszeit aus, ohne der Täter habhaft zu werden. Die Tat wird einhellig in Berlin und der Bundesrepublik verurteilt, und die Parteien vereinbaren die vorübergehende Einstellung des Wahlkampfs.

Am folgenden Tag schicken die Terroristen an die Presse ein Foto des entführten Lorenz und fordern im Austausch für ihn die Freilassung von sechs inhaftierten Gesinnungsgenossen sowie die Bereitstellung eines Flugzeugs. Als Garant für die Erfüllung der Forderungen verlangen sie, daß der ehemalige Regierende Bürgermeister Pfarrer Heinrich Albertz die Freigelassenen zu einem Ort ihrer Wahl begleiten solle. Nach intensiven Beratungen akzeptiert der Bonner Krisenstab unter Leitung von Bundeskanzler Helmut Schmidt im Einvernehmen mit dem Regierende Bürgermeister Klaus Schütz die Bedingungen.

Am 2./3. März fliegen fünf Terroristen (einer lehnt die Aktion ab) in Begleitung von Albertz von Tegel nach Aden im Jemen. Am 5. März, nachdem Albertz aus dem Jemen zurückgekehrt ist, wird Peter Lorenz im Volkspark Wilmersdorf von seinen Entführern freigelassen.

Im September gelingt der Polizei die Festnahme von zwei Männern und drei Frauen, die in dringendem Verdacht stehen, an der Entführung von Lorenz beteiligt gewesen zu sein. Einigen der Festgenommenen wird auch die Beteiligung an der Ermordung des Berliner Kammergerichtspräsidenten Günter von Drenkmann im November 1974 vorgeworfen.

Der nun folgende sogenannte Lorenz-Drenkmann-Prozeß zieht sich über zwei Jahre hin und endet mit der Verurteilung von vier Angeklagten zu lebenslänglich Zuchthaus bzw. langjährigen Haftstrafen. Trotz Bedenken der Westalli-

Extrablätter zur Entführung von Peter Lorenz, 27. Februar 1975.

Während der Entführung des CDU-Politikers Peter Lorenz gibt die West-Berliner Polizei einen Teil ihrer eigenen und der Erklärungen der Entführer an die Presse weiter:

Am 2. März 1975 nimmt die Polizei wiederum Kontakt zu den Entführern auf: Die Polizei wendet sich hiermit erneut an die Entführer von Peter Lorenz. Sie hat die Mitteilung Nr. 3 erhalten. Andere numerierte Mitteilungen liegen ihr nicht vor.
1. Die Polizei geht davon aus, daß Peter Lorenz am Leben ist.
2. Es ist wahrscheinlich, daß zu einem Einflug nach Berlin nur zwei Gefangene bereit sind. ...
3. Sie haben die Erklärung von Pfarrer Albertz gehört und müssen erkennen, daß es unabdingbar ist, die Modalitäten der unversehrten Freilassung von Peter Lorenz klar festzulegen. ...
4. Ihr Weg der Verhandlungen gibt kaum eine Chance, auch Ihren Forderungen zu entsprechen. Wählen Sie einen schnelleren Weg.
5. Um erkennen zu können, daß die Polizei weiterhin mit den Richtigen verhandelt, nennen Sie als Erkennungswort den Ort, an dem die Armbanduhr von Frau Lorenz gekauft worden ist.« ...

Das Tonband, das die Entführer in ihrer »Mitteilung Nr. 4« erwähnten, und auf dem Lorenz selbst etwas über die Freilassungsmodalitäten sagt, hat folgenden Wortlaut:
»Hier spricht Peter Lorenz.
Lieber Herr Pfarrer Albertz! Zunächst möchte ich Ihnen dafür danken, daß Sie sich bereiterklärt haben, bei der Befreiung mitzuwirken. Die Polizei hat wahrscheinlich, um sich zu vergewissern, daß ich noch am Leben bin, gefragt, wo ich die Armbanduhr meiner Frau gekauft habe.
Meine Antwort darauf ist, ich habe sie in Madrid gekauft. Sie selbst, Herr Pfarrer Albertz, wollen sichergehen, daß keine Katastrophe wie in München geschieht und wollen daher wissen, wie und wo ich persönlich befreit werden soll. Meine Bewacher sehen sich nicht in der Lage, die Modalitäten meiner Freilassung bekanntzugeben, weil sie sich damit gefährden würden. Sie erklären, daß sie einer entsprechenden Zusicherung der Polizei keinen Glauben schenken würden. Meine Bewacher haben mir jedoch ihr Ehrenwort gegeben, daß ich, wenn Sie, Herr Pfarrer Albertz, auf dem Luftwege nach Deutschland zurückgekehrt sind, unverzüglich und ohne jeden Schaden an Leib und Seele freigelassen werde. Ich vertraue meinen Bewachern, daß die dieses ihr Ehrenwort halten werden. Ich bitte, meiner Frau meine herzlichsten Grüße auszurichten.

OPTIMISMUS ÜBER ÖKONOMISCHE ENTWICKLUNG 1975

POLITIK

UN-Generalsekretär in Ost-Berlin: Seit ihrer Aufnahme in die Vereinten Nationen im September 1973 ist die DDR darauf bedacht, ihr internationales Ansehen zu festigen. So wird dem Generalsekretär der Vereinten Nationen, Kurt Waldheim, bei seinem Besuch vom 7. bis 9. Februar 1975 in Ost-Berlin ein großer Empfang bereitet.
Waldheim trifft mit Partei- und Staatschef Erich Honecker zu Gesprächen zusammen. Sie erörtern die internationale Lage und insbesondere die Voraussetzungen für weitere Fortschritte in der Entspannungspolitik. Presse, Rundfunk und Fernsehen der DDR widmen dem ersten Besuch des höchsten Beamten der UNO in Ost-Berlin große Aufmerksamkeit.
Die wachsende Bedeutung Ost-Berlins als internationale Kongreßstadt beweist der von der UNO veranstaltete Weltkongreß im Internationalen Jahr der Frau, der vom 20. bis 25. Oktober in Ost-Berlin stattfindet.

Feiern zum 30. Jahrestag der Befreiung: Aus Anlaß des 30. Jahrestags der Befreiung vom Faschismus finden in Ost-Berlin zahlreiche Gedenkveranstaltungen statt. Im Mittelpunkt steht dabei die zentrale Rolle der »ruhmreichen Roten Armee« bei der Niederwerfung des nationalsozialistischen Deutschlands. An den Feierlichkeiten nehmen auch zahlreiche sowjetische Veteranen des »Großen Vaterländischen Krieges« sowie ehemalige Mitarbeiter der Sowjetischen Militäradministration in Deutschland (SMAD) teil.
Am 2. Mai 1975 verleiht die Stadtverordnetenversammlung postum dem ersten sowjetischen Stadtkommandanten Berlins, Generaloberst Nikolai E. Bersarin, die Ehrenbürgerschaft der Hauptstadt Berlin. Am 3. Mai wird im Beisein von rund 30 000 Berlinern die Straße Alt-Friedrichsfelde im Bezirk Lichtenberg in Straße der Befreiung umbenannt. Auf dieser Straße waren Ende April 1945 sowjetische Truppenverbände unter dem Kommando Bersarins in das Stadtzentrum vorgestoßen.

Helsinki-Dokumente sorgen für Diskussionsstoff: Anfang August 1975 sind das »Neue Deutschland« und die »Berliner Zeitung« an den Ost-Berliner Kiosken ungewöhnlich rasch ausverkauft. Mit großem Interesse lesen die Berliner wie die Menschen in der gesamten DDR die in den Zeitungen abgedruckte Schlußakte der Konferenz für Sicherheit und Zusammenarbeit in Europa (KSZE), die vom 30. Juli bis 1. August in Helsinki getagt hatte. Auch die DDR war auf der Konferenz durch Erich Honecker als gleichberechtigter Teilnehmerstaat vertreten, so daß die Medien in Ost-Berlin und der DDR ausführlich darüber berichteten. Die Schlußakte enthält einige Passagen, die bei vielen Menschen in der DDR Hoffnungen auf Verbesserungen der politischen Situation wecken, insbesondere mit Blick auf die Menschen- und Bürgerrechte. Mit ihrer Unterschrift unter die Schlußakte verpflichtete sich die DDR-Regierung nämlich dazu, »die Menschenrechte und Grundfreiheiten, einschließlich der Gedanken-, Gewissens-, Religions-, oder Überzeugungsfreiheit für alle ohne Unterschied der Rasse, des Geschlechts, der Sprache oder der Religion« zu achten.
Die Unterzeichnerstaaten »werden die wirksame Ausübung der zivilen, politischen, wirtschaftlichen, sozialen, kulturellen sowie der anderen Rechte und Freiheiten, die sich alle aus der dem Menschen innewohnenden Würde ergeben, …, fördern und ermutigen.« In der Folgezeit beruft sich eine wachsende Zahl von Ost-Berlinern auf diese Passagen (»Korb 3«), wenn sie von den Behörden größere politische und kulturelle Freiheiten einfordern.
Auch für die oppositionelle Szene, die sich Anfang der achtziger Jahre zunächst unter jungen Künstlern – so im Bezirk Prenzlauer Berg – bildet, enthalten die Helsinki-Dokumente wichtige Argumente bei Konflikten mit den Ost-Berliner Behörden. Auch die Gruppe der ausreisewilligen Ost-Berliner und DDR-Bürger findet in den Helsinki-Dokumenten Rechtfertigungen für ihre Forderung nach der Möglichkeit, der DDR legal den Rücken zu kehren. Nach 1975 werden die Ost-Berliner Behörden immer häufiger mit den entsprechenden Passagen über das Recht auf Freizügigkeit konfrontiert. Diese reagieren zunächst mit Verhärtung und verstärkten Repressionen gegen ausreisewillige Personen.

WIRTSCHAFT

Durch Eigeninitiative zum Übersoll: Die Suche nach Möglichkeiten zur Steigerung der Arbeitsproduktivtät ist seit Jahrzehnten ein zentrales Anliegen der Betriebe Ost-Berlins und der

---

In einem Aide mémoire an den West-Berliner Senat vom 6. Februar 1975 protestiert die Regierung der DDR gegen »gewerbliche Fluchthilfe« auf den Transitstrecken von und nach Berlin:

… muß festgestellt werden, daß die Mißbrauchshandlungen nach Artikel 16 des Transitabkommens ständig zunehmen, vor allem durch den organisierten Menschenhandel unter Mißbrauch der Transitwege der DDR. Dem Senat von Berlin (West) ist dieser Tatbestand mehrfach und auf verschiedenen Ebenen an Hand entsprechender Materialien und Dokumentationen nachgewiesen worden.
Die berechtigten Forderungen der DDR, durch Wirksame Maßnahmen den kriminellen Menschenhandel, der insbesondere in Berlin (West) seinen Ausgangspunkt hat, zu unterbinden, blieben seitens des Senats von Berlin (West) bisher praktisch ohne Antwort. Daran vermögen auch Erklärungen nichts zu ändern, wonach der Senat von Berlin (West) erforderliche Maßnahmen treffe, um derartige Abkommensverletzungen zu verhindern. Sie werden durch die Praxis eindeutig widerlegt, die durch folgendes gekennzeichnet ist:
– Die von Berlin (West) aus operierenden Menschenhändlerbanden forcieren ihre kriminellen Handlungen unter Mißbrauch der Transitwege.
– Diese zunehmend auch nach den Rechtsvorschriften von Berlin (West) strafbaren Handlungen nehmen an Intensität, Gefährlichkeit und Skrupellosigkeit zu.
– Es steigern sich nicht nur die Aktivitäten derjenigen notorischen Menschenhändlerbanden, zu deren Hauptakteuren die Deutsche Demokratische Republik dem Senat von Berlin (West) mehrfach konkrete Angaben zur Person und zu ihren kriminellen Machenschaften übermittelt hat, sondern darüber hinaus werden weitere derartige verbrecherische Banden zum Zwecke der Abwerbung und Ausschleusung von Bürgern der Deutschen Demokratischen Republik unter Mißbrauch des Transitabkommens gebildet.
Das zwingt zu dem Schluß, daß der Senat von Berlin (West) die im Zusammenhang mit dem Transitabkommen übernommene Verpflichtung, Mißbrauchshandlungen zu verhindern, nicht erfüllt. Die Tätigkeit der genannten Banden wird nicht nur geduldet, sondern nachweislich von Behörden in Berlin (West) unterstützt …
Die Regierung der Deutschen Demokratischen Republik muß gegenüber dem Senat von Berlin (West) auf der Einleitung wirksamer Maßnahmen zur Unterbindung der Tätigkeit der genannten Banden, die wesentliche Grundlagen des Transitabkommens untergräbt, sowie auf einer Stellungnahme zu den eingeleiteten und beabsichtigten Maßnahmen nachdrücklich bestehen. Mit gebotenem Ernst muß darauf hingewiesen werden, daß andernfalls bestimmte Konsequenzen für die Regierung der Deutschen Demokratischen Republik unvermeidlich werden können, um die legitimen Interessen der Deutschen Demokratischen Republik im Zusammenhang mit der strikten Erfüllung des Transitabkommens zu sichern.
Im übrigen wird darauf verwiesen, daß auch das vierseitige Abkommen vom 3. September 1971, zu dessen Einhaltung sich sowohl die Deutsche Demokratische Republik als auch der Senat von Berlin (West) bekennen, sich gegen den Mißbrauch der Transitwege wendet. Das Bekenntnis zu diesem Abkommen schließt notwendigerweise ein, im Rahmen der eigenen Zuständigkeiten Mißbrauchshandlungen wirksam zu begegnen und zu verhindern.

1975 SPEKTAKULÄRE AKTION DER TERRORISTEN

ierten im Hinblick auf den Berlin-Status wird die Anklage im Moabiter Gerichtssaal von der Bundesanwaltschaft, die ihren Sitz in Karlsruhe hat, vertreten.

SPD verliert die absolute Mehrheit: Der politische Alltag schlägt sich im Wahlergebnis der Abgeordnetenhauswahlen vom 2. März nieder. Die SPD verliert die langjährige absolute Mehrheit; ihr Stimmenanteil sinkt um 7,8 % auf 42,6 %. Stärkste Partei wird die CDU, die ihren Stimmenanteil um 5,7 % auf 43,9 % verbessern kann. Auf die FDP entfallen 7,1 % der abgegebenen Stimmen.

Auf den Gewinn der CDU hat sich gewiß die Entführung von Lorenz günstig ausgewirkt. Doch liegen die Gründe für die Krise der regierenden SPD/FDP-Koalition tiefer. Klaus Schütz kann nicht länger von den Erfolgen der Ära der Entspannung zu Beginn der siebziger Jahre profitieren. Die kommunalen Versäumnisse jener Zeit, als der Antikommunismus die Kräfte aller Berliner Demokraten gebunden hatte, treten nun zu Tage: Die Umorientierung zur Stadtpolitik ist aus Sicht der Wähler noch nicht gelungen.

SPD und FDP vereinbaren erneut eine Koalition: Klaus Schütz wird am 24. April vom Abgeordnetenhaus im Amt des Regierenden Bürgermeisters bestätigt. Traditionsgemäß stellt die größte Fraktion den Präsidenten des Abgeordnetenhauses. Auf diesen Posten wird Peter Lorenz gewählt.

Der am 24./25. April 1975 gewählte Senat von Berlin: (erste Reihe von links) Horst Korber, Kurt Neubauer, Klaus Schütz, Hermann Oxfort, Ilse Reichel, (zweite reihe von links) Dietrich Stobbe, Harry Ristock, Klaus Riebschläger, Gerd Löffler, Walter Rasch, Harry Liehr, Erich Pätzold, Wolfgang Lüder.

KULTUR

Arbeits- und Begegnungsstätte für Künstler: Nach umfangreichen Restaurierungs- und Umbauarbeiten sind im November die ersten Ateliers und Büroräume im Künstlerhaus Bethanien am Kreuzberger Mariannenplatz bezugsfertig. Der Gebäudekomplex hatte bis 1970 das Krankenhaus Bethanien beherbergt. Nach dessen Schließung war ein heftiger Streit um die künftige Nutzung des Gebäudes entstanden. Eine Bürgerinitiative hatte den geplanten Abriß des spätklassizistischen Baus verhindern können und in langwierigen Verhandlungen mit den Behörden den Ausbau zu einer Arbeits- und Begegnungsstätte für Künstler durchgesetzt.

Das Künstlerhaus Bethanien entwickelt sich rasch zu einem Zentrum der Kreuzberger Kulturszene mit Ausstrahlungen weit über den Bezirk und West-Berlin hinaus. Es stehen 24 Arbeitsräume und fünf Wohnungen für Künstler zur Verfügung, die unter anderem an Stipendiaten des Deutschen Akademischen Austauschdienstes (DAAD) vergeben werden. Zu den Aufgaben des von einer gemeinnützigen GmbH getragenen Hauses zählen die Förderung junger Künstler und die Verbreitung zeitgenössischer Kunst. Auch gibt es einen großen Raum für Veranstaltungen wie Ausstellungen und Theateraufführungen. Der Finanzbedarf der Einrichtung wird zum überwiegenden Teil vom Senat gedeckt.

In dem Gebäudekomplex sind neben den Räumen des Künstlerhauses auch eine Druckerwerkstatt des Berufsverbandes Bildender Künstler, das Kunstamt, die Ausländerbücherei und die Musikschulen des Bezirksamtes Kreuzberg sowie ein Seniorenzentrum untergebracht.

Neue Kunsthochschule: Durch Zusammenlegung der Staatlichen Hochschule für Bildende Künste mit der Staatlichen Hochschule für Mu-

---

In einem Kommentar des »Tagesspiegel« zum Ausgang der Abgeordnetenhauswahlen heißt es:

... Die SPD hat in Berlin einen schweren Schlag erlitten, der vermutlich noch größer gewesen wäre, wenn der Regierende Bürgermeister Schütz sich nicht im letzten Jahr auch vor den skeptischen Berlinern besser profiliert hätte. Tatsächlich ist die Niederlage der SPD noch größer als bei den Wahlen in Hessen, die damals als sensationell empfunden wurde. Nur in einem Punkt läßt sich das Ergebnis der Wahl in Hessen und in Berlin vergleichen: Die Abnahme der Stimmenzahl in den sogenannten typischen »Arbeiterbezirken« ist eher noch größer. Die SPD hat also die falsche Basis. Sie ist für viele Arbeiter einfach die Partei der öffentlichen Angestellten oder der »Bürokraten«, die sich an Verteilungskämpfen einer demokratischen Gesellschaft im wesentlichen von der Position der Arretierten und der gesetzlich Geschützten aus beteiligt. Sie ist die Partei der neuen »Konservativen« im Staate – bedacht auf die Wahrung ihres Besitzstandes. Sie hat den Schlag verdient. Die CDU hat – verglichen damit – einen historischen Erfolg in Berlin erzielt. ...
Die Wahl vom 2. März hat die psychologisch-politische Situation in Berlin mehr verändert, als die Parteien es jetzt wahrhaben wollen. Die CDU wird als eine Partei, ... die nun den größten Stimmenanteil in Berlin hat, einen weitaus größeren Einfluß auf die Politik haben, als die Wiederholung der bereits in Bonn geschwächten sozial-liberalen Koalition äußerlich signalisiert.

Ergebnis der Wahlen zum Abgeordnetenhaus, 2. März 1975.

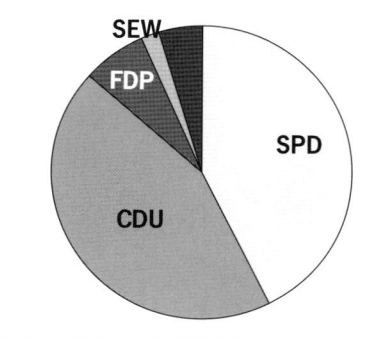

Wahlberechtigte	1 579 713	
Wahlbeteiligung	1 387 483	87,8%
CDU	604 008	43,9% 69 Mandate
SPD	585 603	42,6% 67 Mandate
FDP	97 968	7,1% 11 Mandate
SEW	25 105	1,8%
Sonstige	62 836	4,6%

OPTIMISMUS ÜBER ÖKONOMISCHE ENTWICKLUNG 1975

DDR. Die Partei- und Staatsführung ergreift immer neue Initiativen, um eine effektivere Nutzung von Arbeitszeit und Material zu erreichen. Offiziellen Angaben zufolge arbeiten in Ost-Berliner Betrieben 1975 rund 93 500 Werktätige nach sogenannten kollektiv-schöpferischen Plänen zur Steigerung der Arbeitsproduktivität. Weitere 39 300 Werktätige organisieren ihre Arbeit nach »persönlich-schöpferischen Plänen«, mit deren Hilfe die Vorgaben der zentralen Planungsbehörden überboten werden sollen. Diese Bewegung der kollektiv- und persönlich-schöpferischen Pläne war 1973 angestoßen worden. Bei den damaligen Beratungen über den Volkswirtschaftsplan hatten viele Werktätige und Brigaden in Ost-Berlin und der DDR auf Möglichkeiten hingewiesen, durch eine Verbesserung der Arbeitsorganisation die zentralen Produktionsvorgaben zu übertreffen.

Tatsächlich ist in zahlreichen Betrieben durch Rationalisierung von Arbeitsabläufen und einen effektiveren Materialeinsatz eine überplanmäßige Produktionssteigerung erreicht worden. Dazu tragen auch die sogenannten Neuerer einen beachtlichen Teil bei. In Ost-Berliner Betrieben steigt der Anteil derjenigen Arbeiter, die einen Verbesserungsvorschlag einreichen, von rund 14 % im Jahr 1970 auf rund 25 % im Jahr 1975.

In den vergangenen Jahren hat sich die Versorgungslage in Ost-Berlin und der DDR verbessert. Auch das Nettoeinkommen der Ost-Berliner Arbeiter und Angestellten stieg von 1970 bis 1971 um 40 %. Mitte der siebziger Jahre halten auch diejenigen Ost-Berliner und DDR-Bürger, die dem Staat und seiner Wirtschaftsordnung skeptisch bis ablehnend gegenüberstehen, eine deutliche Steigerung des Lebensstandards in Ost-Berlin und der DDR nicht für ausgeschlossen.

»Die Schlacht« von Heiner Müller; Szene »Fleischer und seine Frau« mit (von links) Helmut Straßburger, Ursula Karusseit, Carl-Hermann Risse und Susanne Düllmann, Oktober 1975

KULTUR

Kontroversen um »Die Schlacht«: Am 28. Oktober 1975 wird an der Volksbühne am Rosa-Luxemburg-Platz Heiner Müllers Drama »Die Schlacht« in der Regie von Manfred Karge und Matthias Langhoff uraufgeführt. Die »Szenen aus Deutschland«, so der Untertitel des Stückes, zeigen eine Folge von Ereignissen aus der Zeit der nationalsozialistischen Herrschaft, wobei sich der Autor zumeist einer drastisch-schaurigen Darstellungsweise bedient, die den Schrecken von nationalsozialistischem Terror und Krieg oft ins Groteske umschlagen läßt.

Die meisten der im Drama verwendeten Texte stammen aus den fünfziger Jahren; Müller selbst äußert in einem auf die Bühne eingespielten Erklärung Zweifel an Aktualität und Brisanz der

---

Der Kritiker Georg Hensel vergleicht in der »Frankfurter Allgemeinen Zeitung« die Ost-Berliner Uraufführung von Heiner Müllers Drama »Die Schlacht« mit der Hamburger Inszenierung durch Ernst Wendt, die wenig später herausgekommen ist:

Verkehrte Welt? Am Ende der »Schlacht«, 1945, dringen drei russische Soldaten in einen Berliner Keller ein, in dem die Menschen eben noch einen Deserteur dem Henkerstrick der SS ausgeliefert haben. Einer der Soldaten gibt den hungernden Deutschen ein Brot. Der andere Soldat teilt ein Brot mit seinen Kameraden: So erfährt man beiläufig, daß die Russen das Brot auch nicht im Überfluß haben.

Wenn der Regisseur statt dessen einen ganzen Trupp russischer Soldaten den Keller erstürmen läßt wie eine Festung: einer pflanzt die rote Fahne mit Hammer und Sichel auf, eine Kommissarin überschüttet die Deutschen mit offenbar eigens zu diesem Zweck mitgebrachten Brotlaiben, die anderen Soldaten stehen mit ihren Maschinenpistolen martialisch herum; wenn der Regisseur auf diese Weise eine Panoptikumsgruppe für einen Schlachtenmaler aufbaut, so sollte man annehmen, dies geschehe in der Ost-Berliner Volksbühne, bei der Uraufführung dieser »Szenen aus Deutschland«, die ihr in der DDR lebender Autor Heiner Müller »Die Schlacht« genannt hat. Mit diesem heroisch pathetischen Tableau für ein sowjetisches Militärmuseum aber endet die erste Aufführung der »Schlacht« in der Bundesrepublik, im Malersaal des Deutschen Schauspielhauses Hamburg.

In Ost-Berlin steht diese Szene nicht am gewichtigen Ende, sondern zwischendurch an dritter Stelle, und nicht die Russen mit ihrem Brot machen den Haupteffekt, sondern die SS-Leute, die den Deserteur suchen: mit mannshohen schwarzen Flügeln sehen sie aus wie Todesengel; mit erhobener Rechten tanzen sie mit Schwebeschritten über Laufstege zu »Tannhäuser-Musik« in den Keller. Diese morbiden Gags, sollte man annehmen, können nur einem westlichen Theatergehirn entspringen, das fleißig den Filmregisseur Visconti studiert hat – sie stammen aber von den Ost-Berliner Regisseuren Manfred Karge und Matthias Langhoff. Verkehrte Welt? ...

Die Ost-Berliner Regisseure stehen der »Schlacht«, diesen Szenen, die Heiner Müller schon in den fünfziger Jahren geschrieben hat, als existentialistische »Grenzsituationen«, als »Umerziehung« und »Bewältigung« der Vergangenheit an der Tagesordnung waren, nicht ohne Skepsis gegenüber. Sie blenden Heiner Müller im Film ein und lassen ihn seine Zweifel an dem äußern, was er da an alten Texten ausgekramt hat. Sie verlassen sich nicht auf diese Texte, sie verlassen sich auf ihre eigenen Einfälle, auf eine trick- und finessenreiche Regie. ...

Wo die Ost-Berliner Regisseure mit deutscher Vergangenheit entspannt umgehen, bemüht sich Ernst Wendt angespannt um deutsche Zukunft. Man spürt, daß er noch da glaubt, wo seine Ost-Berliner Kollegen längst skeptisch sind. Verkehrte Welt? So verkehrt wohl doch nicht.

1975 SPEKTAKULÄRE AKTION DER TERRORISTEN

sik und Darstellende Kunst entsteht Ende September die Hochschule der Künste (HdK). Die HdK ist damit die größte Kunsthochschule Deutschlands und die einzige, deren Studienangebot die Sparten Bildende Künste, Musik und Theater umfaßt. Von der umstrittenen Zusammenlegung der beiden Bildungsstätten erhofft man sich eine höhere Effektivität der Ausbildung sowie Einsparung von Kosten.

In über 30 Studiengängen wird an der HdK mit den Abschlüssen Meisterschüler, Absolvent, Konzertexamen, Diplom und Lehramt ausgebildet. Neben den klassischen Fächern Bildende Kunst, Musik und Theater bietet die HdK Studiengänge in Architektur, Textilgestaltung, Design, Bühnenbild.

Die beiden Hochschulen der HdK stehen in der Tradition der 1696 gegründeten Preußischen Akademie der Künste, seinerzeit neben den Kunstakademien von Rom und Paris die dritte derartige Akademie in Europa. Sie entstanden, als im 19. Jahrhundert die Lehre aus der Akademie ausgegliedert wurde.

Jubiläum für Internationalen Filmfestspiele: Vom 26. Juni bis 8. Juli 1975 finden in West-Berlin zum 25. Mal die Internationalen Filmfestspiele statt. Im Jubiläumsjahr können die Veranstalter darauf verweisen, daß das Festival seit seiner Gründung im Jahr 1951 sich neben Cannes und Venedig zu einem der bedeutendsten Filmforen der Welt entwickelt hat.

Auch in diesem Jahr haben internationale Stars den Weg nach Berlin gefunden, unter ihnen Kirk Douglas und Gina Lollobrigida. Den Goldenen Bären erhält die ungarische Regisseurin Márta Mészáros für ihren Film »Adoption«. Mit einem Silbernen Bären und dem Spezialpreis der Jury wird der britische Beitrag »Kennwort Overlord« von Stuart Cooper ausgezeichnet.

Die Berlinale war 1951 von dem Publizisten Manfred Barthel, dem amerikanischen Filmoffizier Oscar Martay und dem Filmhistoriker Alfred Bauer, der bis 1976 das Festivals auch geleitet hatte, begründet worden. Aufgrund des großen Zuspruchs der ersten beiden Festivals beschloß das Abgeordnetenhaus vom Berlin 1953, die Internationalen Filmfestspiele jährlich stattfinden zu lassen.

Im Jahr 1956 erhielt die Berlinale vom Internationalen Produzentenverband die Anerkennung als A-Festival und damit das Recht, offizielle Preise zu verleihen. 1971 wurde erstmals das Internationale Forum des jungen Films veranstaltet, das Nachwuchsregisseuren Gelegenheit bieten soll, politisch brisante und ästhetisch innovative Produktionen vorzustellen. Unmittelbarer Anlaß für die Gründung des »internationalen Forums« war 1970 der Eklat um den gegen die amerikanische Kriegführung in Vietnam gerichteten Film »o.k.« von Michael Verhoeven, der seinerzeit zum Abbruch der Berlinale geführt hatte.

ALLTAG UND GESELLSCHAFT

Erste Spielbank West-Berlins eröffnet: Auch in West-Berlin rollt nunmehr die Roulettekugel, so daß spielbegeisterte (und -süchtige) West-Berliner nicht mehr nach Westdeutschland fahren müssen, um ihrer Leidenschaft zu frönen. Am 1. Oktober 1975 öffnet im Europa-Center (Charlottenburg) die erste Spielbank ihre Pforten. In einer gediegener Atmosphäre wird an mehreren Tischen Roulette, Black Jack, Baccara und Poker gespielt. Über die Spielbankabgabe (bis zu 90 % der Bruttoeinspielergebnisse) ist das Land Berlin am Gewinn der Spielbank beteiligt.

25. Internationale Filmfestspiele, im Hintergrund die Kaiser-Wilhelm-Gedächtniskirche, Juni 1975.

KALENDARIUM

1. Januar: Die im Vorjahr vom Senat verfügte Zuzugssperre für Ausländer in die West-Berliner Bezirke Kreuzberg, Tiergarten und Wedding tritt in Kraft. Grund ist der hohe Anteil von Ausländern an der Bevölkerung (bis zu 25 %).

11. Januar: Im West-Berliner Forum-Theater wird die Revue »Die Hälfte des Himmels und wir« von Armand Gatti uraufgeführt.

20. Januar: Die Außenminister der Europäischen Gemeinschaft bestimmen West-Berlin zum Sitz des Europäischen Zentrums für die Förderung der Berufsbildung. Die Sowjetunion legt dagegen einen Protest ein, da nach ihrer Ansicht West-Berlin nicht zur EG gehöre.

23. Januar: Das Steglitzer Schloßpark-Theater bringt die Uraufführung des Stückes »Auf dem Chimborasso« von Tankred Dorst.

2. Februar: An der am 24. Januar in den Ausstellungshallen am Funkturm eröffneten Internationalen Grünen Woche beteiligten sich 1178 Aussteller.

14. Februar: An der Deutschen Oper Berlin wird der Einakter »Das Geheimnis des entwendeten Briefes« von Boris Blacher uraufgeführt. Blacher, Direktor der Staatlichen Hochschule für Musik, war am 30. Januar im Alter von 72 Jahren in Berlin gestorben.

27. Februar: Peter Lorenz, CDU-Vorsitzender und Spitzenkandidat für die Wahlen zum Abgeordnetenhaus von Berlin, wird im Bezirk Zehlendorf von Mitgliedern der terroristischen Bewegung 2. Juni entführt.

2. März: Bei den Wahlen zum West-Berliner Abgeordnetenhaus verliert die SPD die absolute Mehrheit. Die CDU wird erstmals stärkste Partei im Abgeordnetenhaus.

22. März: Das vom WDR produzierte Fernsehspiel »Smog« wird auf dem in West-Berlin veranstalteten Fernsehfilmfestival »Prix Futura« mit dem ersten Preis ausgezeichnet.

14. April: Im Zusammenhang des Bau- und Finanzierungsskandals um den sogenannten Steglitzer Kreisel tritt Finanzsenator Heinz Striek von seinem Amt zurück.

24. April: Das West-Berliner Abgeordnetenhaus bestätigt Klaus Schütz (SPD) im Amt des Regierenden Bürgermeisters. Er steht einer Koalition von SPD und FDP vor.

6. Mai: Die DDR-Regierung erteilt drei westlichen Banken die Genehmigung, in Ost-Berlin Vertretungen einzurichten. Diese Maßnahme wird als Schritt zu einer wirtschaftlichen Öffnung der DDR gewertet.

11. Mai: In Kreuzberg ertrinkt ein fünfjähriges Mädchen in der an dieser Stelle zu Ost-Berlin gehörenden Spree. DDR-Grenzsoldaten hatten Rettungsaktionen der West-Berliner Feuerwehr verhindert und eigene Hilfsmaßnahmen erst verspätet eingeleitet.

14. Juni: Hertha BSC belegt zum Saisonende hinter Borussia Mönchengladbach den zweiten

KALENDARIUM

Platz in der Fußballbundesliga. Tennis Borussia schafft den Klassenerhalt nicht und steigt ab.

8. Juli: Zum Abschluß der 25. Internationalen Filmfestspiele werden im West-Berliner Zoo-Palast die Preise vergeben. Den Goldenen Bären erhalten Marta Meszaros (Ungarn) für den Film »Die Adoption« und Robin Lehman (USA) für den Kurzfilm »See«.

20. August: Auf den Vorsitzenden der Jüdischen Gemeinde zu Berlin, Heinz Galinski, wird ein Sprengstoffanschlag verübt. Da der Sprengsatz rechtzeitig entdeckt wird, bleibt Galinski unverletzt. Die Verantwortung für den Anschlag übernimmt die terroristische »Rote Armee Fraktion«.

28. August: In den Ausstellungshallen am Funkturm wird unter Beteiligung von 386 Firmen aus 23. Ländern die Internationale Funkausstellung eröffnet (sie dauert bis 7. September). Messeschlager sind drahtlose Kopfhörer und Videorecorder.

1. September: Der West-Berliner Zentralflughafen Tempelhof wird für den zivilen Luftverkehr geschlossen. Die Flüge werden künftig ausschließlich über den am 23. Oktober 1974 eröffneten Flughafen Tegel abgewickelt.

30. September: Die West-Berliner Hochschule für bildende Künste und die Hochschule für Musik werden in die neugegründete Hochschule der Künste überführt. Der Zusammenlegung waren heftige Diskussionen vorausgegangen.

1. Oktober: Im Europa-Center (Charlottenburg) öffnet die erste Spielbank West-Berlins ihre Pforten. Geboten werden Roulette, Karten- und Würfelspiele sowie Automaten.

7. Oktober: In Ost-Berlin finden zum 26. Jahrestag der Gründung der DDR zahlreiche Kundgebungen und Festveranstaltungen statt. Erstmals wird der 7. Oktober als Nationalfeiertag begangen.

8. Oktober: In Ost-Berlin stirbt Walter Felsenstein, Regisseur und Intendant der Komischen Oper, im Alter von 74 Jahren.

29. Oktober: Senat und Magistrat schließen ein Abkommen über Hilfeleistungen bei Unfällen in Berliner Grenzgewässer.

30. Oktober: Die Ost-Berliner Volksbühne (Mitte) führt »Die Schlacht« von Heiner Müller auf.

14. Dezember: In der Schaubühne am Halleschen Ufer wird die Hölderlin-Montage »Der Tod des Empedokles« uraufgeführt.

16. Dezember: Die DDR-Regierung verfügt die Ausweisung des Ost-Berliner »Spiegel«-Korrespondenten wegen angeblicher Verleumdung der DDR.

19. Dezember: DDR und Bundesrepublik schließen ihre Verhandlungen über Verbesserungen im Verkehr von und nach West-Berlin ab. Vorgesehen ist unter anderem die Erneuerung der Autobahn nach Helmstedt.

OPTIMISMUS ÜBER ÖKONOMISCHE ENTWICKLUNG 1975

Aufführung. Diese wird jedoch von Publikum und Kritik mit großen Interesse aufgenommen, wenngleich die brutale Direktheit der Inszenierung von vielen abgelehnt wird.

ALLTAG UND GESELLSCHAFT

Wohnungsbau geht zügig voran: Am 14. April 1975 wird in einem Haus an der Ho-Chi-Minh-Straße die 500 000. im Rahmen des laufenden Fünfjahresplans in der DDR fertiggestellte Wohnung an die Mieter übergeben. Die Verbesserung der Wohnsituation ist eines der sozialpolitischen Hauptanliegen der Regierung. Im Mai 1973 hatte Bauminister Wolfgang Junker vor der Stadtverordnetenversammlung von Groß-Berlin den ehrgeizigen Plan verkündet, bis 1980 in der Hauptstadt mit einem Kostenaufwand von rund fünf Milliarden Mark 55 000 Neubauwohnungen zu erstellen und 25 000 Altwohnungen zu renovieren.

Wie nötig eine derartige Initiative ist, zeigt eine Erhebung über den Ost-Berliner Wohnungsbestand im Jahr 1975. Demnach werden von den rund 472 000 Wohnungen etwa 85 % mit Öfen beheizt. Rund 40 % der Wohnungen haben weder Bad noch Dusche. Bei 19 % befindet sich die Toilette außerhalb der Wohnung im Treppenhaus oder auf dem Hof. Rund 60 % verfügen über keine Warmwasserversorgung.

Einer Statistik von 1970 zufolge stammen in jenem Jahr fast 50 % der Ost-Berliner Wohnhäuser aus der Zeit vor 1918. Annähernd zwei Drittel davon weisen mehr oder minder schwere Bauschäden auf.

Die Volksbühne am Rosa-Luxemburg-Platz, einer der bemerkenswertesten Theaterbauten Berlins, erbaut von Oskar Kaufmann 1913/14.

Während der Laufzeit des aktuellen Fünfjahresplans (1971 bis 1975) werden offiziellen Angaben zufolge in Ost-Berlin rund 31 700 Wohnungen neu gebaut und rund 15 000 weitere durch Um- oder Ausbau modernisiert. Diese Maßnahmen sorgen bei insgesamt rund 138 000 Ost-Berlinern für eine Verbesserung ihrer Wohnsituation. Nach einer offiziellen Bilanz sind im Rahmen des Fünfjahresplans 1971 bis 1975 in Ost-Berlin Investitionen im Gesamtvolumen von rund 12,9 Milliarden Mark getätigt worden. Zu den industriellen Großprojekten, die in diesem Zeitraum fertiggestellt werden, zählen ein Heizkraftwerk an der Rhinstraße (Lichtenberg), ein Betonwerk des Wohnungsbaukombinats und eine Müllverwertungsanlage, die 1975 ihren Betrieb aufnimmt.

Bei einem Empfang im Gebäude des Staatsrates hält Kurt Waldheim, der im Februar 1975 als erster UN-Generalsekretär die DDR besucht, eine Ansprache:

Ich freue mich, anläßlich meines offiziellen Besuches in der Deutschen Demokratischen Republik heute Ihr Gast zu sein. Für Ihre freundliche Einladung, sehr geehrter Herr Vorsitzender des Staatsrates, möchte ich Ihnen und Ihrer veehrten Gattin meinen besten Dank zum Ausdruck bringen. Die Gespräche, die ich gestern abend mit dem Ersten Sekretär des Zentralkomitees, Herrn Honecker, und heute mit Ihnen, Herr Vorsitzender des Staatsrates führen konnte, betrachte ich als einen nützlichen Beitrag für die Beziehungen zwischen der Deutschen Demokratischen Republik und den Vereinten Nationen ...

Die Weltorganisation ist und bleibt ... eine politische Organisation, deren vornehmste Aufgabe die Aufrechterhaltung des internationalen Friedens und der Weltsicherheit darstellt. Die vielfältige und tiefe Involvierung der Vereinten Nationen in nahezu alle brennenden Probleme unserer Zeit ist ein Beweis dafür, daß die Weltorganisation nach wie vor als das beste Instrument zur Friedenssicherung anerkannt wird.

Seitdem die Deutsche Demokratische Republik im Herbst 1973 Mitglied der Vereinten Nationen geworden ist, hat sie sich aktiv an ihren Arbeiten beteiligt und damit einen nützlichen Beitrag zu den Bemühungen um die Lösung internationaler Probleme geleistet. Ich möchte insbesondere die rege Mitarbeit der Delegation der DDR in Fragen der Sicherheit und Abrüstung hervorheben. Ich begrüße auch die Bemühungen der europäischen Staaten im Rahmen der Konferenz für Sicherheit und Zusammenarbeit in Europa um einen dauerhaften Frieden, auf diesem Kontinent und darf der Hoffnung Ausdruck verleihen, daß diese Konferenz zu einem baldigen positiven Abschluß gebracht werden kann. Schließlich möchte ich die Gelegenheit benutzen, für die Unterstützung zu danken, die die Deutsche Demokratische Republik seit ihrer Mitgliedschaft einer Reihe wichtiger Anliegen der Weltorganisation entgegengebracht hat. Als Beispiel erwähne ich hier die Sitzung des Anti-Apartheid-Ausschusses, die auf Einladung ihrer Regierung im letzten Jahr in der DDR stattgefunden hat.

1976 POLITISCHE FÜHRUNG IN DER KRISE

POLITIK

Scharfe Kritik an »Berliner Filz«: Der Rücktritt des Senators für Verkehr und Betriebe, Harry Liehr (SPD), am 23. Februar löst erneut heftige Auseinandersetzungen um den politischen »Filz« in West-Berlin aus. Vor allem der seit 1955 ununterbrochen regierenden SPD wird politische Vetternwirtschaft und Ämterpatronage in der Verwaltung und vor allem in den Eigenbetrieben der Stadt vorgeworfen.

Verkehrssenator Liehr reagiert mit seinem Rücktritt auf Vorwürfe, bei der Besetzung von Führungspositionen in der Staatlichen Porzellan-Manufaktur (KPM) habe es unzulässige Begünstigungen bestimmter Bewerber gegeben. Ende März beschließt das Abgeordnetenhaus die Auflösung des Ressorts Verkehr und Betriebe.

Der Berliner Filz ist auch Thema im Prozeß gegen den früheren Finanzsenator Heinz Striek (SPD), dem vorgeworfen wird, 1974 vor einem Untersuchungsausschuß um den Skandalbau Steglitzer Kreisel falsche Aussagen gemacht zu haben. Es besteht der Verdacht, daß bei der Gewährung einer Bürgschaft des Senats in Millionenhöhe für das Projekt öffentliche und private Interessen vermischt worden seien.

Ausbruch aus Frauenhaftanstalt Lehrter Straße: Vier mutmaßlichen Terroristinnen gelingt am 7. Juli die Flucht aus der West-Berliner Frauenhaftanstalt Lehrter Straße. Drei der Flüchtigen, Inge Vieth (32), Gabriele Rollnik (26) und Juliane Plambeck (24), stehen in Verdacht, als Mitglieder der terroristischen »Bewegung 2. Juni« an der Entführung des Berliner CDU-Politikers Peter Lorenz im Februar 1975 beteiligt gewesen zu sein. Inge Vieth zählte zu der Gruppe inhaftierter Terroristen, die durch die Entführung eines israelischen Airbusses nach Entebbe (Uganda) freigepreßt werden sollten. Israelische Soldaten beendeten Anfang Juli 1976 in einem Kommandounternehmen die Entführung gewaltsam. Nach Ermittlungen der Polizei war der Ausbruch der vier mutmaßlichen Terroristinnen von langer Hand vorbereitet. Die Gefangenen überwältigen gegen 1.15 Uhr zwei Gefängniswärterinnen, die sich gerade auf einem Kontrollgang befinden. Sie nehmen den gefesselten Beamtinnen die Schlüssel ab und verschaffen sich Zugang zur Gefängnisbücherei. Durch ein Fenster gelangen sie auf einen Vorbau, von dem aus sie sich mittels zusammengeknoteter Bettlaken auf die Straße abseilen. Dort nimmt sie ein bereitstehender PKW auf und rast in die Dunkelheit davon. Mit dreißigminütiger Verzögerung wird eine Großfahndung ausgelöst, die zunächst erfolglos bleibt. Die Fahndungsbehörden halten es für möglich, daß sich die vier Frauen über den Ost-Berliner Flughafen Schönefeld abgesetzt haben. Eine der Ausbrecherinnen, Monika Berberich, wird allerdings 14 Tage nach ihrer Flucht auf dem Kurfürstendamm erkannt und festgenommen.

Durch die Flucht der mutmaßlichen Terroristinnen gerät Justizsenator Hermann Oxfort (FDP) unter politischen Druck. Die oppositionelle CDU macht ihn für Sicherheitsmängel im West-Berliner Strafvollzug verantwortlich. Drei Tage nach dem spektakulären Ausbruch tritt Oxfort von seinem Amt zurück. Obwohl er sich persönlich nichts vorzuwerfen habe, übernehme er die politische Verantwortung für das Geschehen. Zu seinem Nachfolger wählt das Abgeordnetenhaus den Tübinger Staatsrechtler Jürgen Baumann (FDP).

Krisensitzung des Senats: (von links) die Senatoren Jürgen Baumann, Harry Ristock, Dietrich Stobbe, Klaus Riebschläger, Ilse Reichel, Herbert Kleusberg (Bürgermeister von Spandau) und Klaus Schütz, 1976.

In einem Kommentar des »Tagesspiegel« zur Affäre um fragwürdige Personalentscheidungen in West-Berliner Eigenbetrieben heißt es:

Berlin könnte sauberer sein. Nicht nur in den Straßen. Es ist nicht einmal die Ironie politischen Zufalls, die den kommunalen Eigenbetrieb der Stadtreinigung zum äußeren Anlaß eines möglichen Säuberungsprozesses der Kommune werden läßt. Der Rücktritt des für die Eigenbetriebe zuständigen Senators macht eine Krise innerhalb des Apparats deutlich.

Die SPD, in Berlin die Partei des öffentlichen Dienstes und parteiischer Schirmherr der im festen Griff der Gewerkschaften befindlichen städtischen Eigenbetriebe, gerät außer Puste. In Jahren angesetzter Speck bereitet Atemnot, seit die Führung bei den letzten Wahlen in Frage gestellt worden ist und nur noch durch Koalition mit einem kleinen, aber kritischen Partner zu behaupten war.

So ist Harry Liehr, ein eher offener und treuherziger als schlitzohriger Funktionär, mehr Opfer als Exponent einer nun endlich in Gärung geratenen Kommunalpolitik im eigenen Saft. Denn so überzeugend in unserer Ordnung die härteste Konsequenz eines parlamentarisch unmittelbar verantwortlichen Ministers an sich wirkt, so wenig wir gegen das Einsparen eines Senators und eines Senatsdirektors einzuwenden haben – hier wurde ein Schuldiger allzu schnell gefunden. Es entsteht der spontane Eindruck, hinter den Kulissen habe es geheißen: Die Brandung der öffentlichen Mißbilligung will ein Opfer. Eine gute Gelegenheit, den vom Apparat ohnehin ungeliebten Genossen loszuwerden. Nicht nur der Oppositionsführer im Parlament wird fragen, ob es den richtigen erwischt hat.

Damit sollen die Appelle des SPD-Fraktionsvorsitzenden und des Regierenden Bürgermeisters wider die Filzokratie nicht als unglaubwürdig hingestellt werden.

Doch so schnell ist nicht vergessen, daß der Regierende Bürgermeister eben noch öffentliche Kritik am Fall Schwäbl im Fernsehen abtat. Nun läßt er flugs den zuständigen Senator kippen. Soll dieser tatsächlich allein in die Scherben von der KPM bis zur Stadtreinigung ... treten? ...

Ein auf eine Person begrenztes Scherbengericht würde Mangel an Interesse für die sumpfigen Niederungen der eigenen Basis deutlicher machen. Das hieße akute Führungsschwäche. Es ist also schon freundlicher ausgedrückt, wenn man nur wiederholt: Die SPD beginnt jetzt zu ernten, was sie in Jahrzehnten gesät hat. ...

REPRESSIONEN GEGEN OPPOSITIONELLE 1976

Pressekonferenz Wolf Biermanns nach seiner Ausbürgerung: (von links) Otto Schily, Jakob Moneta, Biermann, Helmut Gollwitzer, November 1976.

POLITIK

Wolf Biermann ausgebürgert: Am 16. November entzieht die Regierung der DDR dem Ost-Berliner Lyriker und Sänger Wolf Biermann, der sich in diesen Tagen auf einer Konzerttournee in der Bundesrepublik befindet, die Staatsbürgerschaft und verwehrt ihm damit die Rückkehr nach Ost-Berlin. Zur Begründung heißt es in einer offiziellen Erklärung, Biermann habe bei seinem Konzert in Köln vor über 10 000 Zuhörern feindselige Äußerungen gegen die DDR getan und sich damit »selbst den Boden für die weitere Gewährung der Staatsbürgerschaft der DDR entzogen«.

Die Ausbürgerung Biermanns ruft umgehend viele seiner Ost-Berliner Freunde und Kollegen auf den Plan. Prominente Schriftsteller protestieren in einem offenen Brief an die Führung der SED gegen die Ausbürgerung des »unbequemen Dichters« Biermann und fordern die Rücknahme dieser Maßnahme. Zu den Unterzeichnern des Briefes, dessen Tonfall eher zurückhaltend und von einer gewissen Loyalität gegenüber der DDR gekennzeichnet ist, gehören Christa Wolf, Sarah Kirsch, Stephan Hermlin, Günter Kunert, Stefan Heym, Heiner Müller, Rolf Schneider und Franz Fühmann.

In den folgenden Tagen und Wochen schließen sich mehr als 70 DDR-Künstler, darunter die Schauspieler Angelika Domröse und Manfred Krug, dem Protest an. Die DDR-Führung denkt jedoch nicht daran einzulenken. Vielmehr verschärft sie die Repressalien gegen unbotmäßige Künstler, um die sich im Bezirk Prenzlauer Berg eine unabhängige, zum Teil regimekritische Szene zu bilden beginnt. Mehrere Freunde Biermanns werden in den folgenden Monaten verhaftet.

Bei seinem Auftritt in Köln hatte Biermann als Verfechter eines freiheitlichen Sozialismus zwar polemische Kritik an »stalinistischen« Strukturen in Staat und Politik der DDR geübt, an seiner kritischen Solidarität mit dem sozialistischen deutschen Staat jedoch keinen Zweifel gelassen. Freunde Biermanns vermuten darum, daß die DDR-Regierung von vornherein seine Ausbürgerung geplant hatte, um einen unbequemen Kritiker loszuwerden. Gegen Biermann, der 1953 als siebzehnjähriger von Hamburg in die DDR übergesiedelt war, um am Aufbau des Sozialismus mitzuwirken, besteht seit 1965 ein Auftrittsverbot. Seine Wohnung in der Ost-Berliner Chausseestraße war über Jahre ein wichtiger Treffpunkt für nicht parteikonforme Künstler und Intellektuelle gewesen.

Havemann unter Hausarrest gestellt: Auch ein anderer prominenter Regimekritiker bekommt die Härte der SED-Führung zu spüren. Am 26. November wird Robert Havemann in seinem Haus in Grünau bei Berlin unter Hausarrest gestellt. Havemann, ein enger Freund des ausgebürgerten Wolf Biermann, zählte in den fünfziger und sechziger Jahren zu den führenden Naturwissenschaftlern der DDR. 1964 geriet er wegen seiner Kritik an ideologischen Verhärtungen und zunehmender Bürokratisierung in der DDR in Konflikt mit der Partei- und Staatsführung. Er verlor seine Professur und

---

Die drei Westmächte protestieren in einer Erklärung vom 11. Januar 1977 gegenüber der Sowjetunion gegen die Praxis der DDR-Regierung, Ost-Berlin als einen integralen Bestandteil der DDR zu behandeln:

Die Regierung der Vereinigten Staaten möchte nach Konsultationen mit den Regierungen Frankreichs und Großbritanniens die Aufmerksamkeit der Sowjetregierung auf die unlängst von der Deutschen Demokratischen Republik getroffenen Maßnahmen sowie auf die offizielle Erklärung lenken, die von den Behörden der DDR am 31. Dezember 1976 veröffentlicht wurde und in der unrichtige Behauptungen über den Status der Stadt Berlin und das Vierseitige Abkommen vom 3. September 1971 enthalten sind. Diese Erklärung läßt erkennen, daß mit diesen Handlungen der Eindruck erweckt werden soll, daß die Behörden der DDR mit einer einseitigen Aktion den Ostsektor Berlins in die DDR einbeziehen können.

Im Zusammenhang damit möchte die Regierung der Vereinigten Staaten folgendes erklären: Der Status Groß-Berlins ergibt sich aus den originären Rechten und Verantwortlichkeiten der vier Mächte. In den vierseitigen Vereinbarungen der Kriegs- und Nachkriegszeit und in den auf diesen Rechten und Verantwortlichkeiten beruhenden Beschlüssen war vorgesehen, daß Groß-Berlin ein besonderes Gebiet unter gemeinsamer Verwaltung der vier Mächte sein soll, das sich von der sowjetischen Besatzungszone Deutschlands voll und ganz unterscheidet.

Jegliche Veränderung des Status von Groß-Berlin würde, ..., das Einverständnis aller vier Mächte erforderlich machen. Niemals wurde ein derartiges Einverständnis erzielt, das den Status Berlins verändert oder einen besonderen Status für einen der Sektoren vorsieht.

Weder einseitige Schritte, die unter Verletzung der vierseitigen Vereinbarungen und Beschlüsse über Groß-Berlin unternommen wurden, noch die Tatsache, daß die Regierung der Deutschen Demokratischen Republik gegenwärtig ihren Sitz im Ostsektor der Stadt hat, können bedeuten, daß die vierseitigen Rechte und Verantwortlichkeiten hinsichtlich aller Sektoren Berlins, einschließlich des Ostsektors, irgendwie angetastet werden oder daß eine Staatsgrenze zwischen dem Ostsektor und den Westsektoren Berlins besteht ...

Die Behörden der Vereinigten Staaten, Großbritanniens und Frankreichs werden weiterhin ihre Rechte voll und ganz wahrnehmen und die volle Verantwortung in Berlin tragen. Sie sind der Auffassung, daß die Sowjetregierung für die Einhaltung ihrer Verpflichtungen hinsichtlich Berlins verantwortlich ist.

1976 POLITISCHE FÜHRUNG IN DER KRISE

»Nofretete – Echnaton«, Ausstellung im Ägyptischen Museum (Charlottenburg), April 1976.

KULTUR

Ägyptische Kunst fasziniert das Publikum: Ein sensationeller Erfolg ist die Ausstellung über das altägyptische Königspaar Nofretete und Echnaton, die vom 10. April bis 20. Juni im Ägyptischen Museum am Charlottenburger Schloß zu sehen ist. Rund 300 000 Besucher lassen sich von den mehrere tausend Jahre alten Exponaten aus der Blütezeit der ägyptischen Hochkultur faszinieren.

Echnaton bestieg um 1364 v. Chr. als Amenophis IV. den ägyptischen Thron. Er erhob den Sonnengott Aton zum alleinigen Gott und begründete damit eine monotheistische Religion. Die Mehrzahl der Ausstellungstücke stammt aus Museen in Kairo und Luxor. 17 Exponate gehören zu der Berliner Amarna-Sammlung. Die 1912 in Amarna gefundene Büste der Nofretete ist das Glanzstück der ägyptischen Sammlung der Berliner Museen.

ALLTAG UND GESELLSCHAFT

Neuer Bischof für Evangelische Kirche: Die Evangelische Kirche in Berlin-Brandenburg vollzieht einen Führungswechsel. Zum neuen Landesbischof wählt die Regionalsynode der West-Region am 27. Mai den bisherigen Landessuperintendenten von Stade, Martin Kruse. Der siebenundvierzigjährige Kruse wird Nachfolger von Bischof Kurt Scharf, der dieses Amt seit 1966 innehatte. In dieser Zeit hat Bischof Scharf sich mit großem Engagement und Mut für die Belange der evangelischen Christen in Ost und West eingesetzt.

Erste Fußgängerzone West-Berlins: In der Straße Alt-Tegel im Reinickendorfer Ortsteil Tegel wird am 24. September West-Berlins erste Fußgängerzone eröffnet. Unbelästigt vom Autoverkehr kann man dort einkaufen, flanieren oder sich in einem der Lokale bedienen lassen. Die Fußgängerzone befindet sich in unmittelbarer Nähe des 1973 fertiggestellten Tegel-Centers, des größten Einkaufszentrum im Berliner Norden. In den insgesamt rund zwei km langen Passagen sind etwa 100 Geschäfte und Lokale untergebracht. In den oberen Geschossen des Tegel-Centers gibt es zahlreiche Sport- und Freizeiteinrichtungen, darunter ein Meerwasserschwimmbad.

Amtseinführung Martin Kruses als Evangelischer Bischof von Berlin-Brandenburg durch seinen Vorgänger Kurt Scharf in der Kaiser-Wilhelm-Gedächtniskirche, 16. Januar 1977.

Das Tegel-Center in Tegel (Reinickendorf), 1976.

REPRESSIONEN GEGEN OPPOSITIONELLE 1976

gehört seither zu einer Gruppe von Dissidenten, die die politischen Verhältnisse in der DDR von einer freiheitlich-sozialistsichen Position aus angreifen.

Mehrere Dutzend Volkspolizisten und Mitarbeiter des Staatssicherheitsdienstes sind dazu abgestellt, den Regimekritiker in seinem Haus weitgehend zu isolieren.

ARD-Fernsehkorrespondent ausgewiesen: Dem Ost-Berliner ARD-Korrespondenten Lothar Loewe wird am 22. Dezember vom Außenministerium der DDR die Akkreditierung entzogen. Zugleich ergeht an ihn die Aufforderung, die DDR, das heißt Ost-Berlin, binnen 48 Stunden zu verlassen. Mit dieser Maßnahme entledigt sich die Führung der DDR eines beliebten westlichen Journalisten, der seit einigen Jahren sehr engagiert und kritisch aus Ost-Berlin und der DDR berichtet hatte.

In einer offiziellen Begründung der Ausweisung heißt es, Loewe habe in seinen Berichten und Kommentaren wiederholt die Regierung der DDR diffamiert, gegen die Rechtsordnung verstoßen und sich in innere Angelegenheiten der DDR eingemischt. Insbesondere die Berichterstattung Loewes über Unmut und Proteste zahlreicher DDR-Künstler wegen der Ausbürgerung Wolf Biermanns hat bei den Spitzen von Partei und Regierung zu wachsender Verärgerung geführt.

Den unmittelbaren Anlaß für die Ausweisung bietet ein Fernsehkommentar Loewes zu verstärkten Repressalien der DDR gegenüber Oppositionellen. Darin hatte Loewe geäußert: »Die Zahl der Verhaftungen nimmt im ganzen Land zu. Ausreiseanträge von DDR-Bürgern werden immer häufiger in drohender Form abgelehnt. Hier in der DDR weiß jedes Kind, daß die Grenztruppen den strikten Befehl haben, auf Menschen wie auf Hasen zu schießen.«

Ost-Berliner Kontrollstellen beseitigt: Auch nach Abschluß des Viermächte-Abkommens vom 3. September 1971 ist eine Ende des Statusstreits um Berlin nicht in Sicht. Ende Dezember 1976 geben die Ost-Berliner Behörden ihm neue Nahrung, indem sie die Kontrollpunkte an den Ausfallstraßen von Ost-Berlin in die Nachbarbezirke der DDR beseitigen. Damit will die DDR-Führung dokumentieren, daß Ost-Berlin ein integraler Bestandteil und die Hauptstadt der DDR sei und das Viermächte-Abkommen nur für West-Berlin Geltung habe.

Die drei Westmächte protestieren vergeblich gegen diese Maßnahme. Zugleich appellieren sie an die Sowjetunion, »ihren Verpflichtungen in bezug auf Berlin« – West- wie Ost-Berlin – nachzukommen.

Zudem erklärt die DDR-Regierung, daß vom 1. Januar 1977 an auch die Bürger ausländischer Staaten bei der Einreise nach Ost-Berlin Paß und Visum vorweisen müssen. Für Bundesbürger und West-Berliner gilt die Visumpflicht seit Jahren. Auch in dieser Maßnahme sehen die Westmächte einen Verstoß gegen das Viermächte-Abkommen.

1976 trifft die DDR-Regierung eine Reihe weiterer Maßnahmen zur politischen und rechtlichen Integration Ost-Berlins in die DDR. So wird im September 1976 das »Verordnungsblatt für Groß-Berlin« eingestellt. Die Gesetze und Verordnungen der Volkskammer und Regierung der DDR werden für Berlin nicht mehr gesondert bekanntgemacht.

Am 29. Oktober wird eine Bestimmung aufgehoben, nach der die Berliner Volkskammerabgeordneten besondere Ausweise besitzen müssen. Die Bedeutung Berlins als Hauptstadt und Bestandteil der DDR unterstreicht auch die Anfang November erfolgte Ernennung des Oberbürgermeisters zum Mitglied des Ministerrates der DDR.

Der Palast der Republik, Marx-Engels-Platz.

Lothar Loewe, Korrespondent der ARD, während der Berichterstattung vom IX. Parteitag der SED, Mai 1976.

ALLTAG UND GESELLSCHAFT

Palast der Republik der Öffentlichkeit übergeben: Nach rund zweieinhalbjähriger Bauzeit wird am 23. April 1976 der Palast der Republik am Marx-Engel-Platz (Mitte) in Anwesenheit der Partei- und Staatsführung der DDR mit Erich Honecker an der Spitze feierlich eröffnet. Für die rund 3 800 geladenen Gäste, darunter die am Bau beteiligten Arbeiter mit ihren Frauen, ist ein aufwendiges und vielseitiges Programm unter Mitwirkung zahlreicher Künstler zusammengestellt worden.

Der 180 m lange und 86 m breite Prunkbau, eine Stahlskelettkonstruktion mit Fassaden aus weißem Marmor und braunen Thermoscheiben, bietet vielfältige Nutzungsmöglichkeiten als Veranstaltungs- und Vergnügungszentrum für die Ost-Berliner Bevölkerung und ihre Gäste.

Der Palast der Republik beherbergt einen großen Saal mit maximal rund 4 800 Plätzen, einen Theatersaal, vier Restaurants, mehrere Bars, einen Jugendtreff und eine Bowlingbahn. Auch die DDR-Volkskammer erhält hier ihre Tagungsstätte. Im großen Saal finden neben zahlreichen Konzerten und Showveranstaltungen in den folgenden Jahren auch Parteitage der SED statt.

Der Palast der Republik, wegen seiner prunkvollen, nicht immer geschmackssicheren Ausstattung vom Volksmund bald »Palazzo prozzo«

1976 POLITISCHE FÜHRUNG IN DER KRISE

Die »Berliner Morgenpost« fordert in einem am 9. Juli 1976 erschienenen Kommentar zum Ausbruch von vier mutmaßlichen Terroristinnen politische Konsequenzen:

Die strenge Botschaft hört man wohl, doch der rechte Glaube mag sich beim Bürger nicht einstellen. Es klingt schön und durchaus energisch, wenn der Regierende Bürgermeister Schütz den skandalösen Ausbruch der vier Terroristinnen aus der Berliner Frauenhaftanstalt als einen »unerhörten Vorgang von großer Tragweite« bezeichnet sowie sorgfältige Untersuchungen und eine schonungslose Aufklärung aller Einzelheiten ankündigt.

Wie jedem anderen hart arbeitenden Bürger ist natürlich auch dem Regierenden Bürgermeister und seiner liebenswürdigen Familie ein erqickender Urlaub zu gönnen. Doch wenn es stimmt, was Schütz gestern sagte, daß nämlich der Ausbruch der Anarchistinnen ein Vorgang von großer Tragweite sei, dann muß man in allem Ernst fragen, ob der Regierende Bürgermeister gut beraten war, als er seine Ferienpläne nicht rigoros änderte. Immerhin läßt er eine Stadt zurück, die durch das Gaunerstück der Terroristinnen zutiefst aufgewühlt und deprimiert ist und in der die Diskussion über die mangelhafte innere Sicherheit neu aufflammen wird ...

Wer weiß, vielleicht hätte (Justizsenator) Hermann Oxfort, wäre es allein nach ihm gegangen, die persönlichen Konsequenzen aus dem neuerlichen Handstreich des internationalen Terrorismus gezogen und seinen Hut genommen. Doch er steht halt wie andere in der Pflicht der Partei- und Koalitionsräson ...

Gleichwohl, von der übergeordneten politischen Verantwortung des Regierenden Bürgermeisters und der politischen Ressortverantwortung des Justizsenators für den Ausbruch-Skandal können keine Abstriche gemacht werden. Doch ... der feine preußische Stil ist nicht jedermanns Stil.

Erste Ausgabe der Frauenzeitung »Courage«: Nach einer längeren Vorbereitungsphase hat in diesem Jahr auch ein anderes Projekt der Frauenbewegung Premiere. Mitte September erscheint die erste Nummer der Berliner Frauenzeitung »Courage«. Im Unterschied zu herkömmlichen Frauenzeitschriften widmet sich »Courage« in erster Linie politischen und sozialen Problemen von Frauen. Die Zeitung wendet sich an jüngere, politisch interessierte Leserinnen, die an den Ursachen der gesellschaftlichen Benachteiligung von Frauen und deren Überwindung interessiert sind.

Zufluchtstätte für mißhandelte Frauen: Im November wird in West-Berlin das erste Frauenhaus Deutschlands eröffnet, in dem von ihren Ehemännern oder Partnern mißhandelte Frauen Zuflucht finden können. Die Einrichtung des Frauenhauses geht auf eine Initiative von fünf Frauen aus dem Umkreis des 1972 gegründeten Berliner autonomen Frauenzentrums zurück. Zum Schutz der aufgenommenen Frauen und ihrer Kinder wird die Adresse des Frauenhauses geheimgehalten.

Das Frauenhaus bietet den mißhandelten Frauen jedoch keinen Daueraufenthaltsort.

Meisterschaftsspiel der Bundesliga im Olympiastadion: Hertha BSC gegen Tennis-Borussia, 10. Mai 1976 (siehe auch 12. Juni).

KALENDARIUM

6. Januar: Auf dem Gelände des Flughafens Tempelhof feiert die Deutsche Lufthansa mit einer Festveranstaltung ihr fünfzigjähriges Bestehen.

18. Januar: Eckhard Dagge, Boxeuropameister im Junior-Mittelgewicht, unterliegt in der West-Berliner Deutschlandhalle dem italienischen Herausforderer Vito Antuofermo nach Punkten.

13. Februar: In der Werkstatt des West-Berliner Schiller-Theaters wird das Stück »Vom Werden der Vernunft oder Auf der Durchreise nach Petersburg« von Hartmut Lange uraufgeführt.

25. März: Nach dem Rücktritt von Senator Harry Liehr (SPD) wegen umstrittener Personalentscheidungen bei der Porzellanmanufaktur (KPM) beschließt das West-Berliner Abgeordnetenhaus die Auflösung der erst kürzlich gebildeten Senatsverwaltung für Verkehr und Betriebe.

10. April: Im Ägyptischen Museum am Charlottenburger Schloß öffnet die Ausstellung »Nofretete-Echnaton« ihre Pforten. Bis zum 20. Juni sind Exponate rund um das altägyptische Königspaar zu sehen. Mehr als 300 000 Menschen besuchen die Ausstellung.

10. April: In Dahlem (Zehlendorf) wird das Deutsche Museum für Volkskunde eröffnet.

23. April: Am Marx-Engels-Platz im Ost-Berliner Bezirk Mitte wird der neuerrichtete Palast der Republik der Öffentlichkeit übergeben. In dem Gebäudekomplex wird auch die DDR-Volkskammer tagen.

13. Mai: Nach sechzehntägiger Dauer endet in West-Berlin ein Streik der IG Druck und Papier. Betroffen waren vor allem Tageszeitungen, die nur in Notausgaben erscheinen konnten.

22. Mai: Im Ost-Berliner Palast der Republik findet der IX. Parteitag der SED statt. Kurz nach dem Parteitag beschließt die DDR-Regierung soziale Verbesserungen, darunter eine Anhebung der Mindestlöhne und -renten sowie eine Verringerung der Wochenarbeitszeit.

27. Mai: Nachfolger von Kurt Scharf als Bischof der West-Region der Evangelischen Kirche Berlin-Brandenburg wird Martin Kruse. Scharf hatte das Amt seit 1966 ausgeübt und scheidet aus Altersgründen aus.

30. Mai: In der Ost-Berliner Volksbühne wird das Stück »Die Bauern« von Heiner Müller uraufgeführt.

5. Juni: Bei den DDR-Schwimmeisterschaften in Ost-Berlin stellen die Athletinnen 14 Weltrekorde auf, davon allein fünf die siebzehnjährige Kornelia Enders.

10. Juni: In West-Berlin wird das 17. Chorfest des Deutschen Sängerbundes eröffnet. Teilnehmer sind rund 55 000 Menschen aus 22 Nationen.

12. Juni: Zum Saisonabschluß der Fußballbundesliga belegt Hertha BSC den elften Platz.

KALENDARIUM

REPRESSIONEN GEGEN OPPOSITIONELLE 1976

In der kommenden Spielzeit wird Berlin wieder mit zwei Vereinen in der höchsten Spielklasse vertreten sein, da Tennis Borussia den Wiederaufstieg schafft.

18. Juni: In der Deutschlandhalle wird der Berliner Eckhard Dagge durch einen K. o.-Sieg über Titelverteidiger Elisha Obed (Bahamas) Boxweltmeister im Junior-Mittelgewicht.

23. Juni: Die Oper »Der Tempelbrand« des japanischen Komponisten Toshiro Mayuzumi kommt in der West-Berliner Deutschen Oper zur Uraufführung.

29. Juni: In Ost-Berlin beginnt eine Gipfelkonferenz der kommunistischen Parteien Europas.

5. Juli: Gemäß einem Erlaß der DDR-Regierung erhalten Bundesbürger bei der Einreise nach Ost-Berlin neue Formulare, in denen als Staatsbürgerschaft der Vordruck »BRD« eingetragen ist. Die Angabe »deutsch« war in den letzten Wochen wiederholt von der DDR beanstandet worden.

10. Juli: Der Berliner Justizsenator Hermann Oxfort (FDP) erklärt seinen Rücktritt. Oxfort übernimmt die politische Verantwortung für den Ausbruch von vier Terroristinnen aus der Frauenhaftanstalt Lehrter Straße (Tiergarten) am 7. Juli.

10. September: In Montreux (Schweiz) werden die Berliner Philharmoniker und Herbert von Karajan für ihre Aufnahme des Werkes »Don Quijote« von Richard Strauss mit dem Internationalen Schallplattenpreis ausgezeichnet.

20. September: Das »Verordnungsblatt für Groß-Berlin«, in dem DDR-Gesetze nach Übernahme durch die Stadtverordnetenversammlung und den Magistrat veröffentlicht werden und damit für Ost-Berlin in Kraft treten, wird eingestellt. Künftig gelten – ungeachtet des Viermächte-Status der Stadt – DDR-Gesetze unmittelbar auch in Ost-Berlin.

3. Oktober: Das Abgeordnetenhaus von Berlin bestimmt 22 Abgeordnete für den neugewählten 8. Deutschen Bundestag (CDU 11, SPD 10 und FDP 1).

26. Oktober: Gemäß einem Dekret des Vatikans geht die Berliner Ordinarienkonferenz, ein Zusammenschluß katholischer Bischöfe in der DDR, in der Berliner Bischofskonferenz auf.

1. November: In Grunewald wird ein sogenanntes Frauenhaus eröffnet. Es ist die erste Einrichtung dieser Art in der Bundesrepublik und soll mißhandelten Frauen Zuflucht bieten.

26. November: Der Ost-Berliner Wissenschaftler und Regimekritiker Robert Havemann wird von den DDR-Behörden unter Hausarrest gestellt.

22. Dezember: Wegen angeblicher Verunglimpfung der DDR wird der Korrespondent der ARD, Lothar Loewe, aus Ost-Berlin ausgewiesen.

Eröffnungsfeier, im Palast der Republik: Erich Honecker und seine Gemahlin Margot beim Eröffnungstanz, 23. April 1976.

getauft, ist auf dem Standort des ehemaligen Stadtschlosses errichtet worden.
Bei der Ost-Berliner Bevölkerung erfreut sich der Palast rasch großer Beliebtheit. Familienfeiern werden dort ausgerichtet, Restaurants und Bars sind stark frequentiert. Die zahlreichen Kultur- und Unterhaltungsveranstaltungen finden zumeist vor dicht gefüllten Zuschauerrängen statt.

Kommunistische Parteien tagen in Ost-Berlin: Magistrat und Behörden von Berlin sind stets bemüht, das internationale Ansehen der »Hauptstadt der DDR« zu heben. Dazu bieten multinationale Kongresse Gelegenheit, für deren reibungslose Ausrichtung die zuständigen Stellen besondere Anstrengungen unternehmen. Auch die Delegierten der Konferenz der 29 kommunistischen und Arbeiterparteien, die am 29. und 30. Juni in Berlin zusammentreffen, bekommen dies positiv zu spüren.
Für nicht wenige Ost-Berliner gewinnt die Konferenz wegen der Redebeiträge von sogenannter Euro-Kommunisten aus Italien und Frankreich besonderes Interesse. Deren Ausführungen decken sich in mancher Beziehung mit ihrer eigenen Kritik an ideologischer Erstarrung, Vormacht der Bürokratie und politischer Repression gegen Andersdenkende. Während der Kongreßtage werden darum das »Neue Deutschland« und die »Ber-

---

Über die Eröffnungsfeier für den »Palast der Republik« am 23. April 1976 schreibt die »Berliner Zeitung«:

Mit herzlichem, lang anhaltendem Beifall waren die Mitglieder der Partei- und Staatsführung im Großen Saal des Palastes der Republik von den Bauschaffenden begrüßt worden ...
Der Palast der Republik, sagte Bauminister Wolfgang Junker in seinen Eröffnungsworten, »reiht sich würdig ein in die große erfolgreiche Bilanz, die unsere Partei dank der Schöpferkraft der Arbeiterklasse und des ganzen Volkes in Vorbereitung ihres IX. Parteitags ziehen kann.«
Das Bauwerk im Zentrum unserer Hauptstadt wurde in 32 Monaten geschaffen. Es ist – mit der Front zum Marx-Engels-Platz und mit der Rückseite zur Spree sowie dem Ensemble am Fernsehturm – 180 m lang, 90 m breit und 32 m hoch. Der Große Saal, in dem die Eröffnungsveranstaltung stattfand, hat maximal 5 000 Plätze. 13 ständig nutzbare gastronomische Einrichtungen mit 1 500 Plätzen sind im Haus. Es legt Zeugnis ab von baukünstlerischer Meisterschaft und Qualitätsarbeit. Im zweistöckigen Hauptfoyer befindet sich die Galerie des Palastes mit Werken von 18 zeitgenössischen Malern der DDR. Die Räume sind gediegen, farblich geschmackvoll und mit künstlerischen Arbeiten ausgestaltet.
Seine erste öffentliche Bewährungsprobe bestand der Große Saal mit dem Galaprogramm. Von allen Plätzen hat man eine gute Sicht, und die Akustik ist eindeutig zu loben. Sie entsprach sowohl den klassischen Liedern von Kammersänger Peter Schreier und den Chansons von Juliette Greco als auch dem abschließenden Auftreten von rund 300 Mann des Stabsmusikkorps der NVA und des zentralen Blasorchesters der Gruppe der Sowjetischen Streitkräfte.

1977 STOBBE WIRD REGIERENDER BÜRGERMEISTER

POLITIK

Schütz resigniert: Die Berliner SPD gerät unter Druck. In innerparteilichen Flügelkämpfen hat die Partei ihre Kräfte verschlissen. Hinzu kommt die Routine der Machtausübung. Sie ist seit 1955 ununterbrochen in der Regierungsverantwortung und Klaus Schütz seit zehn Jahre Regierender Bürgermeister. Machenschaften wie die Unregelmäßigkeiten bei der Finanzierung des Steglitzer Kreisels oder undurchsichtige Personalentscheidungen wie bei der stadteigenen Porzellanmanufaktur (KPM) nähren in der Öffentlichkeit den Eindruck, die regierenden Parteien unterschieden nicht scharf genug zwischen öffentlichen und privaten Interessen. Das Wort vom »Berliner Filz« ist in aller Munde.
Als Ende April bei Innensenator Kurt Neubauer finanzielle Unregelmäßigkeiten zu Tage treten, zieht Schütz am 29. April die Konsequenzen und tritt mit dem Senat zurück.

Stobbe wird Regierungschef: Am 2. Mai wählt das Abgeordnetenhaus mit den Stimmen von SPD und FDP den bisherigen Bundessenator Dietrich Stobbe zum neuen Regierenden Bürgermeister. Er hatte sich in einer Sitzung des SPD-Landesvorstandes gegen Harry Ristock, den Führer des linken Parteiflügels, als Kandidat durchsetzen können. Bürgermeister und Wirtschaftssenator bleibt der Koalitionspartner Wolfgang Lüder (FDP).
In der Presse ist bereits von einem letzten Aufgebot der Sozialdemokraten die Rede. Ob der

Kurt Neubauer (SPD), Innensenator, mit Bundestrainer Sepp Herberger während eines Fußballspiels im Olympiastadion, 1976

vielen Berlinern weitgehend unbekannte Dietrich Stobbe die Regierung und Partei aus der Krise führen kann, wird bezweifelt. Obwohl er einen Neubeginn aus eigener Kraft verspricht, unterbleibt eine umfassende personelle Erneuerung des Senats, der Verwaltung und der Parteigremien.

Straßenbenutzungsgebühr: Für Spannungen in den deutsch-deutschen Beziehungen sorgt am 1. März eine Maßnahme der Regierung der DDR. Sie führt eine Straßenbenutzungsgebühr für westliche Ost-Berlin-Besucher ein. Für jeden Pkw sind zehn DM zu entrichten; für Busse beträgt die Gebühr 200 DM. Bislang hatte lediglich bei Besuchen in der DDR Straßenbenutzungsgebühren gezahlt werden müssen.
Für die West-Berliner bedeutet die Maßnahme durchaus eine finanzielle Belastung: Zusammen mit dem weiterhin fälligen Zwangsumtausch kostet ein eintägiger Verwandtenbesuch im Ostteil der Stadt künftig 16,50 DM.

Proteste gegen Verhaftung von Rudolf Bahro: Gegenüber Regimekritikern bleibt die DDR-Führung unnachgiebig. Am 23. August wird in Ost-Berlin der frühere Wirtschaftsfunktionär Rudolf Bahro festgenommen, nachdem das Nachrichtenmagazin »Der Spiegel« Auszüge aus seinem Buch »Die Alternative« veröffentlicht hat. Die Verhaftung von Bahro löst im Westen eine Protestwelle aus.

KULTUR

»Tendenzen der Zwanziger Jahre«: Berlin – ein geistiges und künstlerisches Zentrum des Europas der Zwanziger Jahre – veranstaltet vom 14. August bis 16. Oktober die 15. Europäische

Das West-Berliner Abgeordnetenhaus wählt am 2. Mai den Regierenden Bürgermeister. Vor dem Wahlgang nimmt der Abgeordnete Franz Ehrke (SPD) das Wort:

… Der Regierende Bürgermeister von Berlin, Klaus Schütz, und der Senat haben heute ihren Rücktritt erklärt. Für die Wahl zum neuen Regierenden Bürgermeister von Berlin schlägt die Fraktion der SPD in Übereinstimmung mit ihrem liberalen Koalitionspartner Herrn Dietrich Stobbe vor. Mit Klaus Schütz verläßt ein Mann das höchste Amt der Stadt, der es fast zehn Jahre lang mit Klugheit, Würde und Engagement länger ausfüllte als seine großen Vorgänger, mit denen gemeinsam er in Zukunft genannt werden wird. Am 19. Oktober 1967 – unmittelbar nach seiner Wahl – erinnerte Klaus Schütz an Louise Schroeder, Ernst Reuter, an Walther Schreiber und Otto Suhr. Er erklärte, das gemeinsame Ziel müsse die Festigung im Innern und die Sicherheit nach außen sein. Während die großen Vorgänger von Klaus Schütz – bis hin zu Willy Brandt – sich damit begnügen mußten, den Behauptungswillen der Berliner immer wieder zu artikulieren und die Welt auf die Bedeutung Berlins aufmerksam zu machen, fällt dem heute scheidenden Regierenden Bürgermeister von Berlin das Verdienst zu, durch die aktive Mitgestaltung der neuen Berlin- und Deutschlandpolitik die äußere Sicherheit Berlins und erhebliche Erleichterungen für die Bürger innerhalb und außerhalb der Stadt in Deutschland vertraglich gesichert zu haben. …

Seine geschichtliche Leistung für die Stadt, seine Loyalität und Integrität verdienen nicht nur den Dank dieses Hauses, sondern den Dank der Stadt insgesamt und ihrer Freunde in aller Welt. Herr Stobbe ist Ihnen als langjähriges aktives Mitglied dieses Hauses bekannt. Während seiner vierjährigen Tätigkeit als Senator für Bundesangelegenheiten hat Herr Stobbe bereits ein hohes Maß an Verantwortung für Berlin getragen. … Er erwarb Respekt und Ansehen bei den Schutzmächten. Sein klares Urteil und seine ausgewogene Haltung sowie seine ausgezeichneten Sachkenntnisse haben ihn zum gesuchten Gesprächspartner und gefragten Ratgeber in allen berlin- und deutschlandpolitischen Fragen gemacht. Gegenüber der Bundesregierung ist er stets als fester Sachwalter Berlins aufgetreten. Die Berliner Sozialdemokraten haben ihn mit einem hohen Vertrauensvotum ausgestattet. Wir sind überzeugt, in Herrn Stobbe den Mann gefunden zu haben, dem es gelingt, das Vertrauen der Bürger in eine sachgerechte und effektive Verwaltung zu festigen.

WUNSCH NACH AUSREISE NIMMT ZU 1977

POLITIK

DDR-Bürger wollen ausreisen: Anfang des Jahres kommt es zu einer Verschlechterung der deutsch-deutschen Beziehungen. Am 11. Januar hindern Angehörige des Staatssicherheitsdienstes DDR-Bürger am Betreten der Ständigen Vertretung der Bundesrepublik Deutschland in der Hannoverschen Straße im Bezirk Mitte. Erst nach Protesten der Bundesregierung zieht die DDR-Regierung die Posten ab; allerdings stehen die Besucher der Ständigen Vertretung auch weiterhin unter Beobachtung der Sicherheitsorgane.

Die Ständige Vertretung wird wöchentlich durchschnittlich von rund 200 DDR-Bürgern besucht. Viele erhoffen sich Rat und Hilfe bei der Durchsetzung von Ausreiseanträgen, deren Zahl in den letzten Jahren stetig zugenommen hat. In einem vielbeachteten Interview mit der Saarbrücker Zeitung räumt Staats- und Parteichef Erich Honecker am 17. Februar ein, daß bei den Behörden zehntausende solcher Anträge vorliegen. Allein 1976 sind – so Honecker – rund 10 000 genehmigt worden.

Gezielte »Abwerbung« von Fachkräften: Ein Beweis für die Unzufriedenheit der DDR-Bürger über die politischen und wirtschaftlichen Verhältnisse sei die hohe Zahl von Menschen, die ihre Heimat verlassen wollen, nach Ansicht des Staats- und Parteichefs allerdings nicht. Vielmehr sei sie ein Produkt bundesdeutscher Propaganda, die eine Abwerbung von Fachkräften und die damit verbundene Destabilisierung der DDR zum Ziel habe. Gleichzeitig erklärt Honecker Hoffnungen auf eine freizügige Reiseregelung für DDR-Bürger eine deutliche Absage, da die Grundvoraussetzung – die Anerkennung der DDR-Staatsbürgerschaft durch die Bundesrepublik – nicht gegeben sei.

Haus des ZK der SED am Werderschen Markt (Gebäude der ehemalige Reichsbank): von hieraus wird der Arbeiter- und Bauernstaat gelenkt und der Kurs für den »planmäßigen Aufbau des Sozialismus« bestimmt.

Straßenbenutzungsgebühr: Für weitere Spannungen sorgt am 1. März die Einführung einer Straßenbenutzungsgebühr für die Hauptstadt, die – wie bereits auf dem Gebiet der übrigen DDR üblich – von westlichen Besuchern erhoben wird. Die Vereinheitlichung der Regelungen dient unter anderem der weiteren Eingliederung Ost-Berlins in die DDR.

Die Westalliierten und die Bundesrepublik werten diese Maßnahme als Verstoß gegen die Viermächte-Vereinbarungen über Berlin und erheben Protest.

Maßnahmen gegen Oppositionelle: Mit der Ausbürgerung des Ost-Berliner Liedermachers und Lyrikers Wolf Biermann im November 1976 hatte die Führung von SED und Regierung bewiesen, daß sie eine Liberalisierung im westlichen Sinn nicht wünschte.

Intellektuelle und Künstler, die öffentlich gegen die Ausweisung Biermanns eintreten, werden gemaßregelt. Sie müssen – je nach Prominenz des Betroffenen – mit Maßnahmen wie Arbeitsverbot, Inhaftierung und Ausbürgerung rechnen.

Diese Politik löst im Kulturleben der DDR einen beispiellosen Exodus aus. Immer mehr Schriftsteller, Schauspieler und Musiker kehren der DDR den Rücken und verlassen ihre Heimat in Richtung Westen.

Zu den prominentesten Übersiedlern des Jahres

Die sowjetische Regierung erklärt in ihrer Antwort auf eine Note der Westmächte, in der gegen die Einführung einer Straßenbenutzunggebühr für westliche Besucher Ost-Berlins protestiert wird, am 10. März 1977:

Die sowjetische Seite weist die in der Erklärung der amerikanischen Seite enthaltenen Behauptungen, die kürzlich von der Deutschen Demokratischen Republik getroffenen Maßnahmen seien angeblich eine Verletzung des am 3. September 1971 in Westberlin unterzeichneten Vierseitigen Abkommens, als unbegründet zurück. Bekanntlich regeln diese Maßnahmen das Regime und die Ordnung des Überschreitens der Staatsgrenze der DDR durch Bürger ausländischer Staaten. Folglich geht es dabei um Fragen, bei denen die DDR, wie auch jeder andere souveräne Staat, das Recht hat, nach eigenem Ermessen zu entscheiden. Diese Maßnahmen berühren das Vierseitige Abkommen in keiner Weise, da Gegenstand dieses Abkommens einzig und allein Westberlin ist.

Was die Behauptungen der amerikanischen Seite über »Groß-Berlin« betrifft, das angeblich bis jetzt einen Viermächtestatus haben soll, so ist der sowjetische Standpunkt diesbezüglich wohlbekannt und wurde wiederholt den drei Westmächten zur Kenntnis gegeben. Die sowjetische Seite hält es für erforderlich, erneut zu unterstreichen, daß die USA, Großbritannien und Frankreich niemals irgendwelche »originären«, vertraglich nicht fixierten Rechte in bezug auf Berlin hatten. Berlin ist in territorialer Hinsicht niemals aus dem Bestand der ehemaligen sowjetischen Besatzungszone Deutschlands herausgelöst worden, was auch in den vierseitigen Dokumenten zum Ausdruck kommt. Die in den ersten Nachkriegsjahren erfolgte gemeinsame Verwaltung Berlins wurde seinerzeit von den drei Westmächten selbst liquidiert, die die Erfüllung der vierseitigen Vereinbarungen und Beschlüsse verletzten und die Westsektoren Berlins von ihrer natürlichen Umgebung abtrennten.

Folglich gibt es schon seit langem kein »Groß-Berlin« mehr, ebenso auch keinen »Viermächtestatus für Groß-Berlin«. Es gibt die Hauptstadt der DDR, Berlin, die ein untrennbarer Bestandteil der Republik ist und den gleichen Status wie jedes beliebige andere Gebiet der DDR hat. Und es gibt Westberlin, eine Stadt mit besonderem Status, in der nach wie vor das Besatzungsregime besteht. Eben von diesen Realitäten der Rechts- und Sachlage, die von der überwiegenden Mehrheit der Staaten der Welt anerkannt und respektiert werden, geht das Vierseitige Abkommen aus …

1977 STOBBE WIRD REGIERENDER BÜRGERMEISTER

Kunstausstellung, die unter den Auspizien des Europarates steht.
Die modernen Sammlungen der Museen der Bundesrepublik und aus aller Welt haben zu den vier Abteilungen der Ausstellung in der Neuen Nationalgalerie, der Akademie der Künste und der Orangerie des Charlottenburger Schlosses Leihgaben entsandt, die Zeugnis ablegen von den vielfältigen Erscheinungsformen der Kunst und Kultur in den Zwanziger Jahren.

ALLTAG UND GESELLSCHAFT

Kirchentag für soziales Engagement: Unter dem Motto »Einer trage des anderen Last« steht der am 8. Juni mit einer Kundgebung vor der Kaiser-Wilhelm-Gedächtniskirche eröffnete 17. Evangelische Kirchentag. Rund 60 000 auswärtige und mehr als 40 000 Berliner Christen nehmen an der viertägigen Veranstaltung teil. Geboten werden neben Gottesdiensten und Bibelstunden auch Diskussionsforen. Auf besondere Resonanz stößt der sogenannte Markt der Möglichkeiten, auf dem rund 300 Gruppen Informationen zu kirchlichen und sozialpolitischen Themen geben.

West-Berlin – eine Hochburg der Drogenszene: Eine traurige Bilanz zieht am 27. Dezember der Senat mit der Veröffentlichung eines Berichts über den Mißbrauch von Rauschgift. Danach sind in West-Berlin 1977 84 Menschen an den Folgen des Drogenkonsums gestorben. Im bundesdeutschen Vergleich belegt die Stadt damit den Spitzenplatz (die Bundesrepublik verzeichnet 1977 insgesamt 392 Drogentote).
West-Berlin steht dieser Entwicklung weitgehend hilflos gegenüber. Die Polizei verstärkt ihre Aktivitäten, muß sich jedoch im wesentlichen auf die Bekämpfung der Beschaffungskriminalität beschränken.
Die Gesundheitsbehörden sind um eine vermehrte Aufklärung über die Gefahren des Drogenkonsums bemüht. Um das Übel an der Wurzel zu packen, müßten nach Ansicht von Experten vor allem die eigentlichen Ursachen der Suchtbereitschaft von Jugendlichen bekämpft werden. Gefordert werden vermehrte Angebote zu einer sinnvollen Freizeitgestaltung und die Bereitstellung eines ausreichenden Lehrstellen- und Arbeitsplatzangebotes.

Punker schocken Berliner Bürger: Für Aufsehen sorgt ein neue, aus Großbritannien stammende Musikrichtung, die unter den West-Berliner Jugendlichen immer mehr Anhänger findet. Der sogenannte Punk-Rock mit seiner aggressiven Musik und den provokanten Texten ist Teil einer neuen Protestbewegung, die zwar antibürgerlich, aber unpolitisch im herkömmlichen Sinne ist.
Im Mittelpunkt steht die strikte Abgrenzung von der Welt der Erwachsenen. Dazu dient unter anderem das provokante Auftreten der Punker. Neben grellbunten Frisuren und zerrissener Kleidung tragen die Jugendlichen als Schmuck durch Wange oder Ohren gestochene Sicherheitsnadeln.

SPORT

Hertha verpaßt DFB-Pokal: Für Hertha BSC verläuft die Bundesligasaison 1976/77 enttäuschend. Während sich der West-Berliner Traditionsklub in den letzten Jahren in der Spitzengruppe etablieren konnte, belegt er dieses Mal nur den zehnten Platz. Erfolgreicher ist die Mannschaft im Pokalwettbewerb, wo sie bis in das Finale vorstößt. Das Endspiel muß gleich zwei Mal ausgetragen werden: Nach dem sich Hertha BSC und der 1. FC Köln 1:1 nach Verlängerung getrennt haben, unterliegen die Berliner am 30. Mai im Wiederholungsspiel in Hannover knapp mit 0:1.
Wenig erfolgreich ist der zweite Berliner Bundesligist: der 1976 aufgestiegene Verein Tennis Borussia steht am 22. Mai vorzeitig als Absteiger fest.

Dagge verliert Weltmeistertitel: Eine Enttäuschung müssen auch die Boxfans hinnehmen. Eckhard Dagge, der im Vorjahr Weltmeister im Junior-Mittelgewicht geworden war, kann zwar am 15. März in der Deutschlandhalle seinen Titel im Junior-Mittelgewicht gegen den Briten Maurice Hope durch ein Unentschieden knapp verteidigen. Am 6. August unterliegt er jedoch am gleichen Ort vor rund 10 000 Zuschauern dem Italiener Rocco Matioli durch K. o. in der fünften Runde.

Dritter Weltmeistertitel für Dieter Müller: Schlagzeilen macht 1977 der Billardsport. Am 27. November gewinnt bei einem Turnier in Charlottenburg Lokalmatador Dieter Müller den Weltmeistertitel im Cadre 71/2. Der zwanzigfache Deutsche Meister zählt seit Jahren zu

17. Deutscher Evangelischer Kirchentag, Veranstaltung vor der Kongreßhalle (Tiergarten), Juni 1977.

Nach seiner Wahl zum Regierenden Bürgermeister gibt Dietrich Stobbe (SPD) eine kurze Erklärung ab:

Herr Präsident! Meine Damen und Herren! Ich bin mir der Verantwortung, die ich übernommen habe, voll bewußt. Vor diesem Hohen Hause und vor den Berlinern verspreche ich, daß ich dieser Stadt mit allen meinen Kräften dienen werde. Ich will ein Regierender Bürgermeister sein, der anspornt, der ermutigt und der für die Berliner kämpft. Ich bin zutiefst überzeugt, daß die Sozialdemokraten und die Freien Demokraten in diesem Hause gemeinsam über eine politische Konzeption verfügen, welche die Sicherheit und die Freiheit Berlins nach innen und außen gewährleistet. Ich verspreche, daß ich mich in diesem Hause um eine faire Auseinandersetzung mit der Opposition bemühen werde.
Ich bitte das Abgeordnetenhaus, ich bitte alle Berliner um Vertrauen und um Unterstützung.
Mein Amtsvorgänger Klaus Schütz hat fast zehn Jahre lang als Regierender Bürgermeister politische Verantwortung für Berlin getragen. In seine Amtszeit fallen Entscheidungen von grundlegender Bedeutung für die Entwicklung unserer Stadt. Die Gesamtleistung von Klaus Schütz verdient mehr als formelhaften Respekt, sie verpflichtet uns alle.

WUNSCH NACH AUSREISE NIMMT ZU 1977

1977 zählen die Lyriker Sarah Kirsch und Reiner Kunze sowie der Schauspieler Manfred Krug. Nach West-Berlin abgeschoben werden nach ihrer Haftentlassung im August der Schriftsteller Jürgen Fuchs und die Liedermacher Gerulf Pannach und Christian Kuhnert.

Bahro wegen Landesverrat verhaftet: Einen neuen Höhepunkt erfährt der ungeachtet internationaler Kritik fortgesetzte Repressionskurs gegen sogenannte Andersdenkende am 23. August mit der Verhaftung des ehemaligen Funktionärs Rudolf Bahro in Ost-Berlin. Er hatte in der Bundesrepublik das systemkritische Buch »Die Alternative« veröffentlicht. Darin formuliert Bahro seine Ansichten »Zur Kritik des real existierenden Sozialismus«. Schwächen der DDR-Gesellschaftsordnung – etwa der Zentralismus und die aufgeblähte, jede Eigeninitiative unterdrückende Bürokratie – werden schonungslos aufgezeigt. Dabei plädiert Bahro jedoch nicht für eine Übernahme des kapitalistischen Modells; er fordert vielmehr einen erneuerten, grundlegend reformierten Sozialismus.

Die DDR-Justiz wertet die im Ausland verbreitete Kritik des überzeugten Marxisten als Verbrechen: Am 30. Juni 1978 verurteilt das Ost-Berliner Stadtgericht Bahro wegen Landesverrats, Agententätigkeit und staatsfeindlicher Aktivität zu einer achtjährigen Haftstrafe. Allerdings setzen ihn die Behörden im Herbst 1979 im Rahmen einer Amnestie auf freien Fuß und stimmen seiner Ausreise in den Westen zu.

Unruhen auf dem Alexanderplatz: Nicht nur bei Künstlern und Intellektuellen, sondern auch in anderen Schichten der Bevölkerung wächst der Unmut über die ideologisch unbewegliche Haltung der SED. Am Rande der Feierlichkeiten zum 28. Jahrestag der Gründung der DDR kommt es am 7. Oktober auf dem Berliner Alexanderplatz zu Tumulten, nachdem einer der rund 1000 Besucher eines Jazzkonzertes auf die Mauer eines Belüftungsschachtes klettert und hinuntergestürzt ist.

Die Ost-Berliner Presse berichtet ausführlich von den Feierlichkeiten zum 28. Jahrestag der Gründung der DDR. Die Tumulte auf dem Volksfest auf dem Alexanderplatz am 7. Oktober 1977 werden verschwiegen. Die »Berliner Zeitung« schreibt:

Nationalfeiertag und Volksfest im Stadtzentrum unserer Hauptstadt haben Tradition, sind Anziehungspunkt für Berliner und Geburtstagsgäste aus nah und fern. Am Alex und Fernsehturm, am Haus des Lehrers und an der Kongreßhalle, auf dem Rathaus-Boulevard und in der Alexanderstraße wurde auf sieben Bühnen musiziert, getanzt und gesungen. Hochstimmung vom frühen Nachmittag bis zum späten Abend. Viele Geburtstags-Trümpfe beim Volksfest in der Hauptstadt. So richtig in Feiertagsstimmung versetzte das Zentrale Musikkorps der FDJ gestern nachmittag die in- und ausländische Besucherschar auf dem Alex. Günter Gollasch und seine Mannen vom Berliner Rundfunktanzorchester, die Berliner Blasmusiker und viele mitwirkende sorgten für gute Laune mit ihrer buntgemixten musikalischen Revue »7. Oktober -Berlin-Alexanderplatz«. Frau Mode hatte sich von 14 bis 21 Uhr in der Jüdenstraße am Rathaus postiert. Was Er und Sie trägt, was jung und alt zum Gefallen für Ihn und für Sie am besten kleidet, was modern und chic ist, das präsentierten Mannequins vom Jugendmodezentrum Brüderstraße und vom VEB Magdeburger Damenmoden den Feiernden. Verschiedene Trios und Quintetts gaben den dazu erforderlichen musikalischen Rahmen ...

»Grüße aus dem Freundesland« überbrachte das Zentrale Orchester beim Stab der Gruppe der sowjetischen Streitkräfte in Deutschland auf der Bühne III., eine mitreißende Gratulation zu unserem 28. Geburtstag am Vorabend des Roten Oktober. Am frühen Abend tat das auch das Zentrale Tanz- und Gesangsensemble der Gruppe der sowjetischen Streitkräfte mit »Oktobergrüßen«. Grüße aus Freundesland war auch der Inhalt der schwungvollen Estrade »Drushba – Freundschaft« auf dem festlich illuminierten abendlichen Alex.

Ein guter Verbündeter des turbulenten Treibens war das spätsommerliche Oktoberwetter. Mit Kind und Kegel waren die Hauptstädter zum Alex gekommen. Unter ihnen viele junge Leute, FDJler, die in der Berlin-Initiative beim Aufbau des neuen Stadtbezirks mitarbeiten. »Fast ein Jahr bin ich hier in Berlin«, sagte uns der 24jährige Kraftfahrer Ronald Schreiber aus dem Bezirk Schwerin. >Was ich hier im Stadtzentrum auf dem Volksfest an unserem Nationalfeiertag erlebe, ist einfach Klasse. Vor allem für uns junge Leute ist ein prima Programm zusammengestellt worden«.

... Musikalisches und Gesangliches, Kabarettistisches und Sportliches wechselten in bunter Reihenfolge einander ab. Es war ein stimmungsvolles Volksfest im Herzen unserer Hauptstadt, ein großartiger Auftakt für kommende Feste zum 60. Jahrestag der Großen Sozialistischen Oktoberrevolution mit Freunden aus der Sowjetunion.

Während der Verletzte abtransportiert wird, drängt ein massives Aufgebot der Volkspolizei die Umstehenden ab. Daraufhin bewerfen die meist jugendlichen Konzertbesucher die Polizisten mit Steinen, zerschlagen Schaufenster und rufen »Die Mauer muß weg«. Die sich daraus entwickelnde Straßenschlacht fordert drei Todesopfer, darunter zwei Polizisten. Mehrere Personen müssen mit Verletzungen in Krankenhäuser eingeliefert werden.

WIRTSCHAFT

Für verbesserte Leistungen: Um die Entwicklung der DDR-Volkswirtschaft voranzutreiben, regen SED und die ihr angeschlossenen Organisationen betriebliche Wettbewerbe und Initiativen an. 1975 war in Ost-Berlin erstmals eine Konferenz der sogenannten Bestarbeiter veranstaltet worden, auf der durch hohe Leistungen hervorgetretene Werktätige gemeinsam mit Betriebsleitern, Funktionären und Gewerkschaftern über Maßnahmen zur Produktionssteigerung beraten hatten.

Im November 1977 findet die 2. Bestarbeiter-Konferenz in der Kongreßhalle am Alexanderplatz statt. Im Mittelpunkt stehen dabei Planung und Organisation des sozialistischen Wettbewerbs im Vorfeld des 30. Jahrestages der DDR (1979) sowie Verbesserungen bei der Qualität von Erzeugnissen. Die von großem Propagandarummel begleitete Bestarbeiter-Konferenz wird von nun ab jährlich in Ost-Berlin abgehalten.

Im Vorfeld des 28. Jahrestages der Gründung der DDR und des 60. Jahrestages der sowjetischen Oktoberrevolution wird im Rahmen von »Initiativen« die Bevölkerung zu Arbeitseinsätzen aufgefordert. Über die Aktivitäten Berliner Studenten im Rahmen der September-Initiative berichtet das »Neue Deutschland«:

Wenn Studenten das Hemd in die Jeans gesteckt haben, gehen sie gewöhnlich zur Vorlesung. Tragen sie es darüber, ist Arbeitseinsatz. Diese Hypothese ließ sich einmal mehr ... in der Humboldt-Uni bestätigen. Obwohl ein großer Teil der Kommilitonen zur Zeit bei der Ernte hilft, war in allen Einrichtungen der Alma mater geschäftiges Treiben zu beobachten. Gemeinsam mit Professoren, Dozenten, wissenschaftlichen und technischen Mitarbeitern räumten sie z. B. das Hauptgebäude Unter den Linden auf.

Während unter dem Dachboden Studenten der Sektion Rechtswissenschaft dort seit langem gelagerte Dachschiefer ausräumten, um sie einer nützlichen Verwendung zuzuführen, arbeiteten im Keller des Hauses angehende Mathematik- und Physiklehrer sowie Mitglieder des Universitätssingeklubs an ihrem künftigen Klub weiter. Seine Altehrwürdigkeit Mommsen indes saß auf einem Denkmalssockel und verstand die Welt nicht mehr, als der erste Prorektor der Universität ... sowie weitere leitende Angestellte zu seinen steinernen Füßen begannen, einen Kanalisationsschacht für den Studentenklub zu graben.

1977 STOBBE WIRD REGIERENDER BÜRGERMEISTER

Über die Festnahme des Ost-Berliner Regimekritikers Rudolf Bahro am 23. August 1977 schreibt »Der Spiegel«:

... Bahros Festnahme begründete die SED mit der zugleich härtesten und unwahrscheinlichsten Anschuldigung: dem Verdacht »nachrichtendienstlicher Tätigkeit«. Von diesem perfiden Schachzug erhofft sich die Parteiführung doppelte Wirkung. Zum einen soll jede Diskussion der für das Regime so explosiven Thesen unterdrückt werden – was kaum zu vermeiden gewesen wäre, wenn die Politbürokraten Bahro als ideologischen Abweichler oder Konterrevolutionär hingestellt hätten. Zum anderen will die SED, indem sie den Kritiker als West-Spion brandmarkt, alle potentiellen Gesinnungsgenossen Bahros in der DDR einschüchtern. Zugleich soll es den eurokommunistischen Parteien in Frankreich und Italien schwergemacht werden, sich mit dem Festgenommenen und seiner Kritik am Ostblock-Kommunismus zu solidarisieren.
Die harte Reaktion der Partei, der er seit 23 Jahren angehört, hatte sich Bahro womöglich gewünscht: Er wollte die Provokation – mit allen Konsequenzen. Vor seiner Festnahme sagte er dem SPIEGEL: »Für die Wirkung meines Buches wäre es am besten, wenn sie mich einsperrten.«
Die Partei tat ihm den Gefallen. Unklar bleibt nur, warum der Staatssicherheitsdienst nicht früher zugriff. Bahro selbst ging davon aus, daß er seit einigen Wochen schon von den Sicherheitsbehörden beobachtet wurde. Gleichwohl warteten die Stasi-Beamten, bis der SPIEGEL am vergangenen Montag seine Thesen publik gemacht und das bundesdeutsche Fernsehen auf beiden Kanälen am Tag darauf Interviews mit ihm ausgestrahlt hatte.
Offenbar wollten der Staatssicherheitsdienst und seine Vertrauensleute im Politbüro die Fernsehauftritte nicht verhindern, um auch ihre zaudernden Führungsgenossen zu einem harten durchgreifen zu bewegen.
Selbst in den oberen Rängen der Parteihierarchie wächst jedoch die Erkenntnis, daß Polizeimaßnahmen allein nicht mehr ausreichen, um der Opposition Herr zu werden. Denn Bahro mag ein Einzelgänger gewesen sein, ein Einzelfall ist er sicher nicht. ...

den weltbesten Spielern. Im Mai und im Oktober 1977 hatte er bereits in Deurne (Belgien) bzw. Santiago de Chile den Weltmeistertitel im Fünfkampf geholt.

Eckhard Dagge und sein britischer Gegner Maurice Hope in der Deutschlandhalle, 15. März 1977.

Rosemarie Ackermann überspringt 2-m-Marke: Zu den bedeutendsten Leichtathletik-Sportfesten der Welt zählt das alljährlich im Olympiastadion veranstaltete ISTAF. Am 26. August werden die Zuschauer Zeugen eines besonderen Weltrekordes: Die Athletin Rosemarie Ackermann aus der DDR überspringt als erste Frau die Höhe von 2 m.

KALENDARIUM

11. Januar: In Ost-Berlin hindern Angehörige des Staatssicherheitsdienstes DDR-Bürger am Betreten des Gebäudes der Ständigen Vertretung der Bundesrepublik Deutschland. Nach Bonner Protesten wird der freie Zugang wieder hergestellt.

19. Januar: Die Westmächte lehnen einen Antrag der DDR-Gesellschaft Interflug auf Einrichtung einer Vertretung in West-Berlin ab. Nach ihrer Ansicht können der Wirtschaft die Dumpingpreise der Interflug nicht zugemutet werden.

5. Februar: In Ost-Berlin schließt die von der Bundesrepublik organisierte Ausstellung »Fotografie in Wissenschaft und Technik« ihre Pforten. Die rund dreiwöchige Schau zählte mehr als 150 000 Besucher.

1. März: An den Ausfallstraßen Ost-Berlins in das Umland werden nach Angaben der DDR-Regierung die Kontrollstellen geschlossen. Die Westalliierten werten diese Maßnahme als Verstoß gegen die Viermächte-Vereinbarungen über Berlin.

15. März: In der West-Berliner Deutschlandhalle verteidigt Boxweltmeister Eckhard Dagge seinen Titel im Junior-Mittelgewicht durch ein Unentschieden gegen den Briten Maurice Hope.

23. März: In West-Berlin erscheint die erste Ausgabe der Stadtillustrierten »Zitty«. Es ist nach dem »tip« das zweite Magazin dieser Art, das in der Stadt publiziert wird.

2. April: Der kubanische Staatspräsident Fidel Castro trifft in Ost-Berlin zu einem offiziellen DDR-Besuch ein.

27. April: Der West-Berliner Innensenator Kurt Neubauer (SPD) tritt von seinem Amt zurück. Ihm werden finanzielle Unregelmäßigkeiten vorgeworfen.

29. April: Wegen der andauernden Affären um Mitglieder des Senats erklärt der Regierende Bürgermeister Klaus Schütz (SPD) seinen Rücktritt.

2. Mai: Das West-Berliner Abgeordnetenhaus wählt mit den Stimmen von SPD und FDP den Sozialdemokraten Dietrich Stobbe zum Regierenden Bürgermeister.

9. Mai: In London verabschieden die Staats- und Regierungschefs der Westmächte und der Bundesrepublik die »Erklärung zu Berlin«. Darin wird unter anderem die Respektierung der völkerrechtlich bindenden Viermächte-Vereinbarungen über Berlin bekräftigt.

22. Mai: Der Berliner Fußballverein Tennis Borussia steigt aus der Bundesliga ab. Hertha BSC belegt nach Abschluß der Saison den zehnten Platz.

30. Mai: Hertha BSC unterliegt im Wiederholungsspiel des DFB-Pokalfinales in Hannover dem 1. FC Köln 0:1. Das erste Endspiel hatte 1:1 nach Verlängerung geendet.

8. Juni: Mit einer Kundgebung vor der Ge-

KALENDARIUM

WUNSCH NACH AUSREISE NIMMT ZU 1977

dächtniskirche wird in West-Berlin der 17. Evangelische Kirchentag eröffnet. An der bis zum 12. Juni dauernden Veranstaltung nehmen rund 100 000 Menschen teil.

6. August: Boxweltmeister Eckhard Dagge verliert in der Deutschlandhalle seinen Titel im Junior-Mittelgewicht gegen den Italiener Rocco Matioli durch K.o. in der fünften Runde.

8. August: In der Budapester Straße (Charlottenburg) wird die Staatliche Kunsthalle Berlin eröffnet.

14. August: In West-Berlin öffnet die 15. Europäische Kunstausstellung »Tendenzen der 20er Jahre« ihre Tore. Sie dauert bis zum 16. Oktober.

23. August: DDR-Sicherheitsorgane verhaften in Ost-Berlin Rudolf Bahro, Regimekritiker und Autor des in der Bundesrepublik publizierten Buchs »Die Alternative«.

26. August: Nach ihrer Haftentlassung werden der Schriftsteller Jürgen Fuchs und die Liedermacher Gerulf Pannach und Christian Kuhnert aus Ost-Berlin nach West-Berlin abgeschoben.

26. August: Beim ISTAF im West-Berliner Olympiastadion überspringt Rosemarie Ackermann (DDR) als erste Frau die Höhe von 2 m.

28. August: In Ost-Berlin werden bei einem Schwimmländerkampf zwischen der DDR und den USA mehrere Weltrekorde erzielt.

21. September: Die DDR-Regierung hebt die Beschränkungen bei der Mitführung von Genußmitteln bei Reisen in die DDR auf. Allerdings dürfen diese den Eigenbedarf des Reisenden und des Beschenkten nicht überschreiten.

7. Oktober: Auf dem Ost-Berliner Alexanderplatz kommt es bei einem Jazzkonzert im Rahmen der Feierlichkeiten zum 28. Jahrestag der DDR zu Auseinandersetzungen zwischen Jugendlichen und der Polizei. Dabei kommen drei Menschen ums Leben.

8. Oktober: Die deutsche Fußballnationalmannschaft schlägt im West-Berliner Olympiastadion die Vertretung Italiens 2:1.

26. Oktober: Regierungsvertreter der DDR und der Bundesrepublik kommen in Ost-Berlin zu Verhandlungen über Erleichterungen im Transitverkehr nach West-Berlin zusammen. Die Gespräche waren vor rund einem Jahr wegen der Spannungen im innerdeutschen Verhältnis unterbrochen worden.

27. November: Der West-Berliner Billardspieler Dieter Müller gewinnt bei einem Turnier in seiner Heimatstadt den Weltmeistertitel im Cadre 71/2. Müller ist bereits zweimaliger Titelträger im Fünfkampf.

27. Dezember: Nach Angaben des Senats sind 1977 in West-Berlin 84 Menschen den Folgen des Rauschgiftmißbrauchs erlegen. Damit hat die Stadt die meisten Drogentoten aller deutschen Städte zu beklagen.

Kaffee darf eingeführt werden: Eine für viele Ost-Berliner erfreuliche Entscheidung trifft die DDR-Regierung am 21. September. West-Berliner, die ihre Verwandte und Freunde in der Hauptstadt besuchen, können künftig auch größere Mengen Spirituosen, Wein, Tabakwaren und Kaffee einführen. Allerdings dürfen diese den Eigenbedarf des Beschenkten nicht überschreiten. Beobachter werten die überraschende Neuregelung als Ausdruck der zunehmenden Versorgungsschwierigkeiten in der DDR. So stehen zum Import bestimmter, nur auf dem Weltmarkt erhältlicher Produkte nicht genügend Devisen bereit. Im Bereich der Lebensmittel trifft dies besonders auf Kaffee zu. Aus diesem Grund verfügt die DDR im Spätsommer 1977 für ihre Marken »Mona« und »Rondo« drastische Preiserhöhungen. Als preisgünstiger Ersatz soll verstärkt eine Mixtur aus Malz- und Bohnenkaffee angeboten werden.
Schuld an dieser Entwicklung – so die DDR-Presse – ist die tiefgreifende kapitalistische Wirtschaftskrise, die auf dem Weltmarkt eine beispiellose Kostenexplosion ausgelöst hat, von der auch die DDR-Wirtschaft betroffen ist.

Rudolf Bahro beim Signieren seines Buches »Die Alternative« in Ost-Berlin, 27. März 1990.

Als Einzelheiten über die Krawalle auf dem Alexanderplatz, bei denen drei Menschen ums Leben kommen, im Westen bekannt werden, spricht die DDR- Presse von einer verleumderischen Kampagne. Der »Spiegel« bemerkt:

… Die heftige Reaktion der SED auf die von den eigenen Medien unterdrückten Enthüllungen ist nur zu verstehen. Denn die westlichen Berichte, über Funk und Fernsehen unzensiert in die ostdeutschen Wohnstuben zurückgespielt, waren dazu angetan, drinnen wie draußen das offizielle Klischee von der heilen sozialistische Gesellschaft, von der Einheit zwischen Partei und Volk, anzukratzen. »Die können doch«, so ein Augenzeuge der Alex-Krawalle, »nicht zugeben, daß nach fast 30 Jahren DDR der Haß auf alles, was Uniform trägt, ausgerechnet unter der Jugend so stark ist wie zu Stalins Zeiten.«

… Denn allzu zahlreich sind inzwischen die Indizien, daß die »Konfrontation zwischen der Polizei und einigen Schreihälsen« (»ND«) auf dem Alex weitaus härter war, als die SED bisher zugeben wollte.

Da die Behörden nach wie vor jede Auskunft verweigern, ist zwar bis heute weder die Zahl der an den Krawallen Beteiligten noch die der Verletzten und Festgenommenen genau zu ermitteln. Nach Schätzungen von Augenzeugen aber wurden in die Tumulte 1000 bis 2000 Jugendliche verwickelt, und unter der Hand geben Polizeioffiziere etwas mehr als 200 Verhaftungen zu …

1978 SPANNUNGEN UM BERLIN

POLITIK

Politik der Nadelstiche und Schikanen: Da Berlin die Zeit der Bedrohungen und der Anwendung von Gewalt hinter sich hat, verlegt sich die östliche Seite auf eine Politik der Nadelstiche unterhalb der Schwelle eines Eingreifens der drei Alliierten. Seit 1972 machen Verkehrsschikanen, Erhöhung des Zwangsumtausches, Proteste gegen Bundespräsenz, Boykotte von Veranstaltungen in Berlin und der Schießbefehl an der Mauer den Berlinern bewußt, daß der vom Viermächte-Abkommen erhoffte Zustand der Normalität nicht eingetreten ist.

Zu Beginn des Jahres führen Zwangsmaßnahmen der Regierung der DDR erneut zu einer Belastung der Ost-West-Beziehungen. Am 10. Januar verfügt die Ost-Berliner Führung die Schließung des Büros des Nachrichtenmagazins »Der Spiegel« (Prenzlauer Berg).

Die Bundesregierung legt in Ost-Berlin scharfen Protest gegen die Schließung des Spiegel-Büros ein, handele es sich doch um einen Verstoß gegen die im Grundlagenvertrag von 1972 zwischen der Bundesrepublik und der DDR getroffenen Vereinbarungen über die Arbeitsmöglichkeiten von Journalisten.

Kohl unerwünschte Person: Bereits wenige Tage nach der Schließung des Spiegel-Büros kommt es zu einer weiteren Verschlechterung des politischen Klimas. Der CDU-Vorsitzende Helmut Kohl und sein Parteifreund Philipp Jenninger, die sich anläßlich einer Sitzung der CDU-Fraktion des Bundestages in West-Berlin aufhalten, wollen am 15. Januar den Ostteil der Stadt besuchen. Nach einer erheblichen Wartezeit auf dem Bahnhof Friedrichstraße teilen ihnen Angehörige der DDR-Grenzorgane mit, ihre Einreise sei »zur Zeit nicht erwünscht«. Gegen die Einreiseverweigerung, die von Kohl als »Demonstration der Schwäche« gewertet wird, legt die Bundesregierung unverzüglich Protest ein – ohne Erfolg, denn am folgenden Tag werden weitere Bundestagsabgeordnete der CDU an einem Besuch Ost-Berlins gehindert.

Schikanen auf den Transitstrecken: Von den zunehmenden Spannungen ist neben bundesdeutscher Politprominenz auch die West-Berliner Bevölkerung betroffen. In den ersten Monaten des Jahres 1978 müssen viele Reisende auf den Transitstrecken zeitraubende Fahrzeugdurchsuchungen über sich ergehen lassen. Die DDR-Behörden begründen ihr Vorgehen mit einer angeblichen Zunahme der Verstöße gegen das Transitabkommen von 1974, nach dem derartige Durchsuchungen bei Verdacht auf »Mißbrauch der Transitwege« erlaubt sind.

Verkehrsabkommen: Ungeachtet der deutsch-deutschen Irritationen unterzeichnen am 16. November in Ost-Berlin der Leiter der Ständigen Vertretung der Bundesrepublik in der DDR Günter Gaus und der stellvertretende DDR-Außenminister Kurt Nier ein Abkommen über die Verbesserung der Verkehrswege nach West-Berlin. Kernpunkte des nach monatelangen Verhandlungen zustandegekommenen Vertrages sind der Bau einer Autobahn in Richtung Hamburg, die Wiedereröffnung des Teltowkanals und eine Neuregelung der Transitpauschale. Dabei hat die Bundesrepublik große finanzielle Zugeständnisse gemacht. Neben der Erhöhung der jährlichen Transitpauschale von 400 auf 525 Millionen DM übernimmt sie die Baukosten für die rund 150 km lange Autobahn in Höhe von 1,2 Milliarden DM und zahlt zusätzlich 120 Millionen DM für die Sanierung des Teltowkanals.

Für die West-Berliner bringt das Abkommen eine Reihe von Vorteilen. Die Fahrzeiten nach Ham-

Nach der Unterzeichnung des Verkehrsvertrages im Ministerium für Auswärtige Angelegenheiten in Ost-Berlin: Günter Gaus (links) und Kurt Nier, stellvertretender Außenminister der DDR, beim Händeschütteln, 16. November 1978.

Zur von der DDR-Regierung am 10. Januar 1978 verfügten Schließung seines Ost-Berliner Büros bemerkt das Nachrichtenmagazin »Der Spiegel«:

... Ebenso wie bei früheren DDR-Sanktionen gegen akkreditierte Journalisten liegt ... das Recht durchaus nicht eindeutig auf westlicher Seite. Die Lage ist, formaljuristisch besehen, seit jenem vielzitierten Briefwechsel über Arbeitsmöglichkeiten für Journalisten zwischen DDR-Staatssekretär Michael Kohl und Kanzleramts-Staatssekretär Egon Bahr [1972] vielmehr verfahren. ...

In der einzigen wechselseitig verbindlichen Vereinbarung über die Tätigkeit der Presse im jeweils anderen deutschen Staat sind generalklauselhafte Vorbehalte verankert, mit denen einer freien Berichterstattung jederzeit einseitig Grenzen gesetzt werden können. Nur »im Rahmen ihrer geltenden Rechtsordnung« hat die DDR dem Journalistenaustausch zugestimmt und die Akkreditierung westlicher Berichterstatter »entsprechend der in der Deutschen Demokratischen Republik geltenden Modalitäten« nur bei »Einhaltung von gesetzlichen Bestimmungen und Verordnungen« zugesichert.

Im nachhinein dann, per Verordnung vom 21. Februar 1973 nebst Durchführungsbestimmung, legte die DDR ausdrücklich fest, wie aus ihrer Sicht der »Geist« des Grundlagenvertrages in Pressesachen zu verstehen sei. Jeder Journalist habe, so Paragraph 5 der Verordnung, »die Gesetze und anderen Rechtsvorschriften der Deutschen Demokratischen Republik einzuhalten« und insbesondere »Verleumdungen oder Diffamierungen der Deutschen Demokratischen Republik, ihrer staatlichen Organe und ihrer führenden Persönlichkeiten ... zu unterlassen«.

Er müsse »wahrheitsgetreu, sachbezogen und korrekt« berichten und dürfe »keine böswillige Verfälschung von Tatsachen« auch nur »zulassen«. Bei einer Verletzung dieser Richtlinien, so ergänzt die Durchführungsbestimmung, könne eine »Verwarnung« des Korrespondenten ausgesprochen, seine »Akkreditierung« entzogen, die »Ausweisung« verfügt und letztlich die »Schließung des Büros des Publikationsorgans« angeordnet werden.

Auf dieser Basis arbeiten die westdeutschen Korrespondenten in der DDR: dem von Ost-Berlin nach Belieben gesetzten und ausgelegten Recht wehrlos ausgeliefert. Denn Staatsverleumdung etwa, laut Paragraph 220 des DDR-Strafgesetzbuches mit zwei Jahren Freiheitsstrafe bedroht, kann jederzeit, wie jetzt gegenüber dem Spiegel, ohne Beweisantritt behauptet werden ...

GROSSER EMPFANG FÜR DDR-KOSMONAUTEN 1978

POLITIK

Manifest »Demokratischer Kommunisten«: Die SED-Führung behält ihre kompromißlose Haltung gegenüber Regimegegnern bei. Jeder Ansatz von Kritik wird im Keim erstickt, jede Aufforderung zu Reformen als feindseliger Akt gegen die DDR betrachtet.

Mit gewohnter Härte reagiert die Staatsmacht auf die Veröffentlichung eines Manifestes einer SED-Oppositionsgruppe im Nachrichtenmagazin »Der Spiegel« im Januar 1978. Darin deckt ein sogenannter Bund Demokratischer Kommunisten Deutschlands schonungslos die Mißstände in der DDR auf und legt einen Forderungskatalog vor, der ein Ende der Einparteien-Diktatur, demokratische Reformen und die Einrichtung einer unabhängigen Justiz umfaßt.

Die Verfasser des Manifestes – von der DDR-Führung als unter Beteiligung des Bundesnachrichtendienstes verfaßtes »Machwerk« bezeichnet – bleiben zunächst anonym. Erst nach der Wende 1989 wird bekannt, daß an der Ausarbeitung maßgeblich Wissenschaftler der Ost-Berliner Humboldt-Universität beteiligt gewesen sind.

»Spiegel«-Büro muß schließen: Die DDR-Regierung reagiert auf die Veröffentlichung mit Zwangsmaßnahmen gegen den »Spiegel«. Am 10. Januar verfügt sie die Schließung seines Ost-Berliner Büros in der Storkower Straße (Prenzlauer Berg). Wie bereits bei ähnlich gelagerten Fällen – etwa bei der Ausweisung westlicher Korrespondenten – wird als offizielle Begründung für diese Maßnahme die »fortgesetzte und böswillige Verleumdung der DDR und ihrer Bürger« durch das westliche Nachrichtenmagazin genannt.

Wehrdienstverweigerer verhaftet: Unnachgiebigkeit zeigt die SED-Spitze auch gegenüber Pazifisten und Anhängern der Friedensbewegung. Am 14. März wird in Ost-Berlin der zweiundzwanzigjährige Nico Hübner verhaftet. Er hatte unter Berufung auf den entmilitarisierten Status von Groß-Berlin den Wehrdienst verweigert. Wegen »staatsfeindlicher Hetze« wird Hübner am 7. Juli zu einer fünfjährigen Gefängnisstrafe verurteilt (im Oktober 1979 im Rahmen einer Amnestie vorzeitig entlassen).

Auf Stellungnahmen der drei westlichen Stadtkommandanten, die auf den entmilitarisierten Status von Groß-Berlins hinweisen und damit die Ansichten Hübners ausdrücklich stützen, reagiert der Stadtkommandant der Nationalen Volksarmee von Berlin mit einer knappen Erklärung: »Die Hauptstadt der DDR, Berlin, ist integraler Bestandteil der DDR, in der wie alle anderen Gesetze uneingeschränkt die Wehrgesetzgebung der DDR gilt.«

Kreisky besucht die Hauptstadt: Eine internationale Anerkennung als Hauptstadt der DDR erfährt Berlin durch den österreichischen Bundeskanzler Bruno Kreisky, der am 30. März auf dem Luftweg in der Stadt eintrifft. Es ist der erste offizielle Besuch eines westlichen Regierungschefs in der DDR überhaupt.

Im Mittelpunkt der Gespräche steht die Intensivierung der wirtschaftlichen Kontakte. Kreisky formuliert bei aller Diplomatie jedoch auch deutliche Kritik an den in der DDR herrschenden Defiziten bei den Menschen- und Bürgerrechten, die nach seiner Ansicht einen weiteren Ausbau der Beziehungen zu Österreich erheblich erschweren.

KULTUR

»Moskauer Tage« in Ost-Berlin: Die DDR-Hauptstadt und die sowjetische Metropole Moskau sind um besonders enge und freundschaftliche Beziehungen bemüht. Bereits seit vielen Jahren wurden Besuchs- und Austauschprogramme organisiert, an denen Tausende Berliner und Moskauer teilgenommen haben. Auch auf kulturellem Gebiet wurden enge Kontakte geknüpft; regelmäßig finden Gastspiele von Theatern, Musikensembles oder Ballettgruppen statt.

Vom 31. Januar bis zum 5. Februar werden in Berlin erstmals die Moskauer Tage durchgeführt, in deren Rahmen zahlreiche Veranstaltungen stattfinden. Dazu zählen Ausstellungen, Kulturabende, ein Filmfest und Sportwettkämpfe. Im Gegenzug präsentiert sich im Sommer 1979 die Hauptstadt in Moskau mit den Berliner Tagen.

ALLTAG UND GESELLSCHAFT

Zugeständnisse an die Kirchen: Der 6. März markiert den Beginn einer Neuorientierung der Kirchenpolitik der DDR. Zum ersten Mal überhaupt empfängt Staats- und Parteichef Erich Honecker im Gebäude des Staatsrates (Mitte) den Vorstand der Konferenz der Evangelischen Kirchenleitungen in der DDR.

»Der Spiegel« mit dem Bericht über das Manifest »Demokratischer Kommunisten«, 9. Januar 1978

Bei den Gesprächen macht Honecker eine Reihe von Zugeständnisse; so werden kirchliche Mitarbeiter in die staatliche Sozial- und Rentenversicherung aufgenommen, Seelsorger in Gefängnissen zugelassen, zu Feiertagen Sendezeiten in Funk und Fernsehen zur Verfügung gestellt und größere Freiheiten bei der kirchlichen Betätigung eingeräumt. Forderungen auf dem Gebiet allgemeiner menschlicher Erleichterungen (etwa

---

Am 22. Dezember 1977 übermittelt Rolf Illgen, Hauptabteilungsleiter im DDR-Ministerium für Verkehrswesen, dem Leiter der Ständigen Vertretung der Bundesrepublik, Günter Gaus, ein Schreiben, in dem die DDR die Einzelheiten für den 1978 geplanten Ausbau der Transitstrecke von West-Berlin nach Helmstedt festlegt:

Im Auftrag der Regierung der Deutschen Demokratischen Republik beehre ich mich, Ihnen ... folgendes mitzuteilen:
1. Die Deutsche Demokratische Republik – baut den Autobahnabschnitt zwischen der Grenzübergangsstelle Marienborn und der Grenze zwischen der Deutschen Demokratischen Republik und der Bundesrepublik Deutschland sechsspurig mit beidseitigen Standspuren aus. Die Baudurchführung erfolgt im Zusammenhang mit der Grunderneuerung dieses Autobahnabschnittes. Der Ausbau wird nach den in der Anlage 1 festgelegten Ausbauparametern ausgeführt. An finanziellen Lasten für die über die Grunderneuerung hinausgehenden Arbeiten entstehen der Deutschen Demokratischen Republik 2,7 Millionen Mark. Die genannte Summe versteht sich als Festpreis. Dabei geht die Deutsche Demokratische Republik davon aus, daß der unmittelbare Straßenanschluß auf dem Territorium der Deutschen Demokratischen Republik an die erneuerte Autobahnbrücke in einem 10 m breiten, parallel zur Grenze verlaufenden Streifen im Zuge der Brückenbauarbeiten hergestellt wird; – wird im Zusammenhang mit der Erneuerung der auf dem Territorium der Bundesrepublik Deutschland gelegenen Autobahnbrücke Helmstedt (Abriß und Neuaufbau mit 6 Fahr- und 2 Standspuren, zeitweise Errichtung einer Behelfsbrücke) rechtzeitig ergänzende Baumaßnahmen und verkehrslenkende Maßnahme vornehmen. Dem Verkehr werden während der Bauarbeiten durchgehend 4 Fahrspuren zur Verfügung gestellt. Durch diese Maßnahmen entstehen der Deutschen Demokratischen Republik für ihre Leistungen gemäß Anlage 2 finanzielle Lasten in Höhe von 0,3 Millionen Mark. Die genannte Summe versteht sich als Festpreis ...

1978 SPANNUNGEN UM BERLIN

Staatsbesuch in Berlin: Elisabeth II., Königin von Großbritannien, (links Helmut Schmidt, Prinzgemahl Philipp, Peter Lorenz; rechts Dietrich Stobbe), 23. Mai 1978

burg werden durch die neue Autobahn drastisch verkürzt. Da die alte Fernstraße F5 dem Verkehrsaufkommen schon lange nicht mehr gewachsen war. Für den Güterverkehr bedeutet die Wiedereröffnung des Havel und Spree verbindenden Teltowkanals spürbare Verbesserungen; den Frachtschiffen bleiben künftig zeitraubende und gewässerbelastende Umwege erspart.

Häftlingsbefreiung in Moabit: Für Schlagzeilen sorgt die spektakuläre Befreiung des in der Untersuchungshaftanstalt Moabit einsitzenden mutmaßlichen Terroristen Till M. am 27. Mai. Zwei bewaffnete Frauen geben sich mit gefälschten Ausweisen als Rechtsanwältinnen aus und verschaffen sich so Zutritt zu dem Gefängnis. In der Sprechzelle ziehen sie ihre Waffen, nehmen einen Wärter als Geisel und erzwingen die Flucht.

Nach scharfer Kritik an den offensichtlich mangelhaften Sicherheitsvorkehrungen in der Haftanstalt tritt der West-Berliner Justizsenator Jürgen Baumann (FDP) am 3. Juli von seinem Amt zurück. Der flüchtige M. wird wenige Wochen später zusammen mit zwei Frauen in Bulgarien festgenommen werden.

Königlicher Besuch: 1978 kann der Regierende Bürgermeister Dietrich Stobbe eine Reihe hoher Staatsgäste begrüßen. Besondere Aufmerksamkeit in der Bevölkerung findet die Visite der britischen Königin Elisabeth II., die im Rahmen ihres Deutschlandbesuches am 23. Mai in West-Berlin eintrifft. In einer kurzen Ansprache an die Berliner bekräftigt die Monarchin die besonderen Beziehungen Großbritanniens zu der geteilten Stadt und erklärt, die in West-Berlin stationierten britischen Streitkräfte würden so lange hier verbleiben, bis »die Wunden der Spaltung in Europa und Ihrer Stadt geheilt werden können«. Ähnlich äußert sich der Präsident der Vereinigten Staaten, Jimmy Carter, der am 15. Juli West-Berlin besucht und an einer Gedenkfeier für die Opfer der Luftbrücke teilnimmt.

KULTUR

Stein und Strauß feiern Triumphe: Zwei herausragende Theaterereignisse des Jahres 1978 sind mit der Schaubühne am Halleschen Ufer verbunden. Am 21. März findet die Uraufführung der »Trilogie des Wiedersehens« von Botho Strauß statt. Regie in dem Stück, das die Kommunikationsarmut in einer Kommunikationsüberfluß vorgebenden Gesellschaft thematisiert, führt Peter Stein. Ebenfalls in der Inszenierung von Stein wird am 8. Dezember »Groß und klein« uraufgeführt. Autor ist wiederum der ehemalige Schaubühnen-Dramaturg (1971–1975) Botho Strauß. In der Rolle der Lotte ist Edith Clever zu sehen.

Grass stiftet Literaturpreis: Der Berliner Schriftsteller Günter Grass gibt am 28. März die Stiftung des Alfred-Döblin-Preises bekannt. Die Auszeichnung soll alle ein bis zwei Jahre an Verfasser herausragender Literatur epischen Charakters für ein noch unveröffentlichtes Manuskript verliehen werden. Der aus den Einnahmen des Romans »Der Butt« von Grass finanzierte Preis beträgt bis zu 20 000 DM. Träger der Stiftung ist die Akademie der Künste; erster Preisträger wird 1979 der Autor Gerold Späth.

Neubau der Staatsbibliothek: Als ein architektonisches Meisterwerk wird der am 15. Dezember offiziell eröffnete Neubau der Staatsbibliothek Preußischer Kulturbesitz am Kemperplatz im Bezirk Tiergarten bezeichnet. Die Entwürfe für das in elfjähriger Bauzeit errichtete, rund 250 Millionen DM teure Bauwerk stammen von Hans Scharoun.

In der Staatsbibliothek Preußischer Kulturbesitz finden drei Millionen Bücher Platz. Davon stammen rund 1,7 Millionen Bände aus den Beständen der alten Preußischen Staatsbibliothek Unter den Linden. Sie waren nach dem Krieg in die Westsektoren ausgelagert worden. Die von der DDR wiederholt geforderte Herausgabe der Bestände lehnt die Stiftung ab.

Nina Hagen stürmt die Hitparaden: Große

Am 16. Juli 1978 wird ein neues Gesetz zur Wahl des Europäischen Parlaments erlassen. Die vorgesehene Direktwahl der Abgeordneten ist in West-Berlin aus Statusrechtlichen Gründen nicht möglich. In § 29 heißt es:

Mit Rücksicht auf die bestehenden Rechte und Verantwortlichkeiten Frankreichs, des Vereinigten Königreichs Großbritannien und Nordirland und der Vereinigten Staaten von Amerika für Berlin gilt bis auf weiteres folgende Regelung: Von den auf die Bundesrepublik Deutschland entfallenden Abgeordneten werden im Land Berlin drei Abgeordnete nach Maßgabe folgender Bestimmungen gewählt:

1. Das Abgeordnetenhaus von Berlin wählt die Abgeordneten sowie eine ausreichende Anzahl von Ersatzmännern auf der Grundlage der Zusammensetzung des Abgeordnetenhauses zum Zeitpunkt der Wahl zum Europäischen Parlament. Entsprechende Vorschläge machen die zu diesem Zeitpunkt im Abgeordnetenhaus vertretenen Fraktionen und Gruppen.

2. Die Gewählten haben sich schriftlich dem Präsidenten des Abgeordnetenhauses von Berlin gegenüber über die Annahme oder Ablehnung der Wahl zu erklären.

3. Der Präsident des Abgeordnetenhauses von Berlin teilt das Ergebnis der Wahl unter Beifügung der Annahmeerklärungen unverzüglich dem Präsidenten des Deutschen Bundestages mit, der die Namen der Gewählten sowie der Ersatzmänner zusammen mit dem Wahlergebnis im übrigen Geltungsbereich des Gesetzes (§ 20) dem Präsidenten des Europäischen Parlaments übermittelt.

4. Für die Wählbarkeit und den Verlust der Mitgliedschaft im Europäischen Parlament gelten im übrigen die Bestimmungen dieses Gesetzes entsprechend. Scheidet ein Mitglied aus, so rückt der nächste Ersatzmann nach. ...

GROSSER EMPFANG FÜR DDR-KOSMONAUTEN 1978

Die DDR stimmt 1978 dem Neubau einer Autobahn von West-Berlin in Richtung Hamburg zu. In einem Schreiben an die Ständige Vertretung der Bundesrepublik vom 16. November heißt es:

1. Die Regierung der Deutschen Demokratischen Republik wird – auch zur Verbesserung des Transitverkehrs – den Bau einer Autobahn zwischen der Grenze der Deutschen Demokratischen Republik zu Berlin (West) bei Stolpe-Süd und der Grenze der Deutschen Demokratischen Republik zur Bundesrepublik Deutschland bei Zarrentin einschließlich der erforderlichen Grenzübergangsstellen bei Stolpe-Dorf und Zarrentin gemäß dem Ihnen heute übergebenen Leistungsverzeichnis durchführen.
Für das Vorhaben ist eine Vorbereitungs- und Bauzeit von vier Jahren vorgesehen. Mit den Vorbereitungsmaßnahmen wird am 20. November 1978 begonnen. Die Bauarbeiten beginnen am 1. Juni 1979.
2. Die Regierung der Deutschen Demokratischen Republik geht davon aus, daß sich die Regierung der Bundesrepublik Deutschland an den finanziellen Lasten für den Bau der Autobahn und der Grenzübergangsstellen mit einem Betrag von 1 200 Millionen Mark beteiligt; die genannte Summe versteht sich als Festpreis...

Der Vorstand des Bundes der Evangelischen Kirchen in der DDR beim Vorsitzenden Des Staatsrates der DDR: (ab dritter von links) Manfred Stolpe, Christina Schultheis, Werner Krusche, Bischof Albrecht Schönherr, Erich Honecker und Kurt Domsch, 6. März 1978.

Herabsetzung der Altersgrenze für Reisen in den Westen) lehnt Honecker jedoch ab.
Aufregung um »Bild«-Artikel: Zu einer über die Medien geführten Auseinandersetzung zwischen Ost und West kommt es im August. In reißerischer Form bringt die West-Berliner Ausgabe der »Bild«-Zeitung eine Reportage (»Für harte DM – Heißer Sex am Alex«) über Sextourismus in Ost-Berlin. Darin wird berichtet, das in den Hotels und Bars rund um den Alexanderplatz gegen Devisen Sex aller Art zu haben sei. Die DDR-Presse, so das »Neue Deutschland«, reagiert auf den Artikel mit Empörung. Prostitution sei ein Problem, das es in der sozialistischen Gesellschaft nicht gebe. In ungewöhnlich scharfer Form schildert ein angeblicher Leserbrief aus dem Westen dagegen die Verhältnisse in der »sterbenden Stadt« West-Berlin. Gleichzeitig wird indirekt vor Verleumdungen der DDR und ihrer Bürger gewarnt; sie könnten – so das »Neue Deutschland« – Änderungen der Besuchsregelungen für West-Berliner nach sich ziehen.
Ost-Berlin feiert Siegmund Jähn: Einen großen Empfang bereiten die Ost-Berliner dem Kosmonauten Siegmund Jähn. Er hatte vom 26. August bis zum 3. September als erster Deutscher gemeinsam mit zwei sowjetischen Kosmonauten an Bord der Raumstation Salut 5 die Erde umkreist.
Als er gemeinsam mit Waleri Bykowski am 21. September in Berlin-Schönefeld eintrifft und in das Rote Rathaus zum Empfang der Ehrenbürgerwürde fährt, säumen Zehntausende die

Unter der Überschrift »Springer geht auf den Strich – Korrespondenz aus Westberlin« veröffentlicht das »Neue Deutschland« am 8. August einen angeblichen, unsignierten Leserbrief aus dem Westteil der Stadt. Damit reagiert das SED-Zentralorgan auf eine am Vortag in der »Bild«-Zeitung erschienene Reportage (»Für harte DM – Heißer Sex am Alex«) über Sextourismus in Ost-Berlin:

Wie an jedem Tag, so bot die hiesige Presse auch am Montag das Spiegelbild des Lebens in einer ziemlich verrotteten, dahinsiechenden Stadt. Von den Bemühungen der Stadtväter, Westberlin zu einem »Zentrum deutscher Kultur« zu machen, ist wenig zu spüren. Es spricht für sich, was von den Zeitungen berichtet wird: »19jährige verkaufte ihr kleines Kind für 10 DM!« heißt da eine Schlagzeile. »Tinas Ehe schon gescheitert?« eine andere. Da wird berichtet, daß drei Einbrecher eine 92jährige vergewaltigten, da sprang vor den Augen seiner Frau ein Mann aus dem fünften Stock, da ist von Schmuckdieben die Rede, von Rockerterror und einer Straßenschlacht in Kreuzberg, wegen einer zerbrochenen Bierflasche. All das wird besonders in den Springer-Blättern groß herausgebracht. In anderen Zeitungen sieht es aber nicht viel besser aus.
Den Vogel schoß am Montag Springers »Bild« ab. Das Blatt geht politisch auf den Strich – mit einer »Reportage«, die angeblich aus der Hauptstadt der DDR stammt ... Was Dichtung und was Wahrheit an dieser »Bild«-Reportage ist, das ist für Springer unwichtig. Es ist auch nicht anzunehmen, daß viele Westberliner, die Tag für Tag fleißig ihrer Arbeit nachgehen, sonderlich beeindruckt von diesen Sudeleien sind. Sie kennen zu gut ihre eigene Stadt, die man oft eine »sterbende Stadt« nennt. Die Statistiker teilten erst kürzlich mit, daß die Bevölkerung Westberlins allein im Monat März um 2837 auf 1 920 052 Einwohner zurückgegangen ist – die größte monatliche Abnahme seit langem. Jeder hier weiß: Die arbeitende Bevölkerung nimmt ab, was zunimmt, das ist die Zahl der Prostituierten, der Zuhälter und sonstigen Gesindels. Längerfristige Prognosen sprechen davon, daß die Einwohnerzahl Westberlins bis 1990 auf 1,64 bis 1,45 Millionen schrumpfen wird ...

1978 SPANNUNGEN UM BERLIN

KALENDARIUM

Am 15. Juli 1078 nimmt der amerikanische Präsident Jimmy Carter aus Anlaß des 30. Jahrestages der Berliner Luftbrücke an einer Gedenkfeier in Berlin teil und erklärt:

... Mit dem Mut der Berliner und der Entschlossenheit der Völker des Westens antworteten wir: Berlin bleibt frei. Ich fühle mich geehrt und bin stolz darauf, heute in dieser historischen Zeit bei Ihnen zu sein und der 78 Amerikaner, Engländer und Deutschen zu gedenken, die während der Luftbrücke ihr Leben einbüßten und durch dieses schlichte und doch beredte Denkmal geehrt werden.
Die Ereignisse, an die es erinnert, waren der Anfang von Verpflichtungen, wie das Atlantische Bündnis, die bis zum heutigen Tage die Freiheit und Sicherheit Berlins, der Bundesrepublik Deutschland, Westeuropas und der Vereinigten Staaten bewahrt haben.
Fünf amerikanische Präsidenten haben die von Präsident [Harry S.] Truman in jenen schweren Zeiten übernommenen Garantien fortgesetzt, und ich sage Ihnen heute, daß mein Land sie weiter aufrechterhält. Ich habe heute vormittag deutsche und amerikanische Truppen inspiziert, die als Teil des NATO-Bündnisses in der Bundesrepublik stationiert sind. Die Vereinigten Staaten haben 300 000 Soldaten in Europa stationiert, um die Freiheit dieses Kontinents und unseres eigenen Landes zu garantieren. Während meines Besuchs in der Bundesrepublik habe ich selbst die Stärke der Bindungen zwischen der Bundesrepublik und den Vereinigten Staaten erfahren. Und hier in Berlin legt die Präsenz unserer Truppen und die Einsatzbereitschaft von Tempelhof Zeugnis ab für unsere unverbrüchliche Verpflichtung gegenüber den Menschen dieser großen Stadt. ...

Erfolge feiert die 1976 aus der DDR übergesiedelte, seither in West-Berlin lebende Sängerin Nina Hagen. Gemeinsam mit Mitgliedern der früheren Polit-Rockgruppe »Lokomotive Kreuzberg« produziert sie eine LP, die innerhalb weniger Wochen zum Bestseller wird. Großen Anteil am Erfolg der »Nina Hagen Band« haben die frechen deutschsprachigen Texte und das unkonventionelle Auftreten der Sängerin.

ALLTAG UND GESELLSCHAFT

KaDeWe im neuen Glanz: West-Berlin, das als eines der deutschen Einkaufsparadiese gilt, erhält 1978 eine weitere Attraktion. Das traditionsreiche Kaufhaus des Westens (KaDeWe) an der Schöneberger Tauentzienstraße nahe dem Wittenbergplatz ist mit einem Kostenaufwand von rund 120 Millionen DM grundlegend renoviert worden und öffnet am 6. April seine Pforten. Prunkstück des Konsumtempels ist die neue Lebensmittelabteilung, in der Spezialitäten aus aller Welt erhältlich sind. Mit einer Verkaufsfläche von mehr als 40 000 m² ist das KaDeWe das größte Kaufhaus Kontinentaleuropas.

Drogenhochburg West-Berlin: Betroffenheit löst im September die Illustrierte »Stern« mit einem autobiographischen Bericht der sechzehnjährigen Christiane F. aus. Der später unter dem Titel »Wir Kinder vom Bahnhof Zoo« in Buchform herausgegebene Bericht schildert eindrucksvoll das West-Berliner Drogenmilieu und bewirkt, daß einer breiten Öffentlichkeit die Gefahren des Rauschgiftkonsums bewußt werden. Allein 1978 kommen durch Drogenmißbrauch in der Bundesrepublik und West-Berlin 430 Menschen ums Leben. 1970 waren es noch 29.

Die Staatsbibliothek Preußischer Kulturbesitz an der Potsdamer Straße (Tiergarten).

10. Januar: Die DDR-Regierung verfügt die Schließung des Ost-Berliner Büros des Nachrichtenmagazins »Der Spiegel« in der Storkower Straße (Prenzlauer Berg) wegen »böswilliger Verleumdung der DDR«.

15. Januar: DDR-Grenzsoldaten verweigern Abgeordneten der bundesdeutschen CDU-Fraktion, darunter dem Parteivorsitzenden Helmut Kohl, die Einreise nach Ost-Berlin.

26. Februar: In West-Berlin wird erstmals der Preis der deutschen Filmkritik vergeben. Er geht an den Regisseur Werner Herzog für den Film »Stroszek«.

6. März: Im Gebäude des Staatsrates im Bezirk Mitte empfängt Staats- und Parteichef Erich Honecker den Vorstand der Konferenz der Evangelischen Kirchenleitungen in der DDR. Dabei werden den Kirchenvertretern eine Reihe von bislang verweigerten Rechten zugestanden.

7. März: Die West-Berliner Werkstatt-Bühne des Schiller-Theaters bringt die Uraufführung des Stückes »Lovely Rita« des im Vorjahr in den Westen übergesiedelten DDR-Autors Thomas Brasch.

14. März: In Ost-Berlin wird der zweiundzwanzigjährign Nico Hübner verhaftet. Er hatte unter Berufung auf den entmilitarisierten Status von Groß-Berlin den Wehrdienst verweigert. Am 7. Juli erhält Hübner eine fünfjährige Haftstrafe.

21. März: An der West-Berliner Schaubühne am Halleschen Ufer wird die »Trilogie des Wiedersehens« von Botho Strauß uraufgeführt (Regie Peter Stein).

28. März: Der Berliner Schriftsteller Günter Grass gibt die Stiftung des Alfred-Döblin-Preises bekannt. Er soll in Abständen von ein bis zwei Jahren an Autoren herausragender Literatur epischen Charakters verliehen werden. Erster Preisträger wird 1979 Gerold Späth.

30. März: In Ost-Berlin trifft der österreichische Bundeskanzler Bruno Kreisky zu einem offiziellen Besuch ein. Es ist das erste Mal, daß ein westlicher Regierungschef Ost-Berlin besucht.

1. April: Die amerikanische Regierung genehmigt für West-Berlin Billigtarife im Flugverkehr in die Vereinigten Staaten. Ein Hin- und Rückflug nach New York wird bereits für 658 DM angeboten. Damit wird erstmals das auf den Nordatlantikrouten gültige Tarifsystem des Luftfahrtkartells Iata durchbrochen.

6. April: Nach Abschluß umfassender Um- und Ausbaumaßnahmen ist das Kaufhaus des Westens (KaDeWe) an der Schöneberger Tauentzienstraße das größte Kaufhaus Kontinentaleuropas.

23. Mai: Königin Elisabeth II. von Großbritannien besucht im Rahmen ihres Staatsbesuchs in der Bundesrepublik West-Berlin.

28. Mai: In Ost-Berlin beteiligen sich rund

KALENDARIUM

GROSSER EMPFANG FÜR DDR-KOSMONAUTEN 1978

50 000 Menschen an der Abschlußveranstaltung des Evangelischen Kirchentages.

30. Mai: Auf dem 8. Schriftstellerkongreß der DDR wird Hermann Kant zum Präsidenten der Vereinigung gewählt. Er tritt die Nachfolge von Anna Seghers an, die aus Altersgründen nicht mehr kandidiert hat. Sie wird zur Ehrenpräsidentin des Verbandes gewählt.

3. Juli: Nach der Flucht des mutmaßlichen Terroristen Till M. aus dem Untersuchungsgefängnis Moabit (27. Mai) tritt der West-Berliner Justizsenator Jürgen Baumann (FDP) von seinem Amt zurück.

15. Juli: Der amerikanische Präsident Jimmy Carter besucht im Rahmen seines Staatsbesuchs der Bundesrepublik West-Berlin.

8. August: Die 1977 gegründete Staatliche Kunsthalle des Landes Berlin wird eröffnet (Budapester Straße, Charlottenburg).

8. August: Das SED-Zentralorgan »Neues Deutschland« bezeichnet einen am Vortag in der »Bildzeitung« erschienenen Artikel über Prostitution in Ost-Berlin als geschmacklos und beleidigend. Bei Wiederholung solcher Verleumdungen könnten die Besucherregelungen für West-Berliner eingeschränkt werden.

1. September: An den Schulen in Ost-Berlin und der DDR wird das Fach Wehrkunde eingeführt.

2. September: Im Ost-Berliner Neubaugebiet Marzahn (Bezirk Lichtenberg) wird das erste Richtfest gefeiert.

9. September: Die Führung der West-Berliner CDU bestimmt Richard von Weizsäcker zum Spitzenkandidaten der Partei für die Abgeordnetenhauswahlen 1979.

24. September: Im Rahmen der Aktion »Schöner unsere Hauptstadt Berlin – Mach mit!« beginnt in Ost-Berlin anläßlich des bevorstehenden 62. Jahrestages der Oktoberrevolution die Septemberinitiative. Rund 250 000 Menschen sind beteiligt.

29. November: DDR und Bundesrepublik schließen ein Abkommen über die Verbesserung der Verkehrswege nach West-Berlin. Vorgesehen ist u.a. der Bau einer nach Hamburg führenden Autobahn.

8. Dezember: Die West-Berliner Schaubühne am Halleschen Ufer bringt in der Regie von Peter Stein die Uraufführung des Stückes »Groß und klein« von Botho Strauß.

15. Dezember: In der Potsdamer Straße im West-Berliner Bezirk Tiergarten wird das neuerrichtete Gebäude der Staatsbibliothek Preußischer Kulturbesitz der Öffentlichkeit übergeben. Die Entwürfe stammen von Hans Scharoun.

20. Dezember: Peter Stein, seit 1970 künstlerischer Leiter der Schaubühne, wird in Mannheim mit dem mit 25000 DM dotierten Schiller-Preis, einem der bedeutendsten deutschen Kulturpreise, ausgezeichnet.

Verleihung der Berliner Ehrenbürgerwürde an die beiden Kosmonauten Siegmund Jähn (am Tisch) und Waleri Bykowski (links), Oberbürgermeister Krack (rechts), 21. September 1978.

Straßen. Anschließend werden vor der Archenhold-Sternwarte im Treptower Park Büsten der beiden Kosmonauten enthüllt.

Für eine schönere Hauptstadt: Seit mehreren Jahren wird die Aktion »Schöner unsere Hauptstadt Berlin – Mach mit!« durchgeführt. Sie sieht freiwillige Aufbauleistungen der Berliner vor und hat wegen ihres Umfanges eine erhebliche volkswirtschaftliche Bedeutung.

Im Hinblick auf den 1979 bevorstehenden 62. Jahrestag der Oktoberrevolution wird am 24. September das Programm wesentlich erweitert. An der sogenannten Septemberinitiative sind rund 250 000 Menschen beteiligt. Im Mittelpunkt der Aktivitäten stehen die Pflege und Neuanlage von Grün- und Sportanlagen, der Bau von Spielplätzen und die Renovierung von Alt- und Neubauwohnungen.

In einem Schreiben teilt das Außenministerium der DDR dem Nachrichtenmagazin »Der Spiegel« die Schließung Ost-Berliner Korrespondentenbüros mit:

Ihr Blatt hat in den letzten Monaten in ständig steigendem Maße die Deutsche Demokratische Republik und ihre Verbündeten böswillig verleumdet und vorsätzlich den Versuch unternommen, durch erfundene Nachrichten und Berichte die Beziehungen zwischen der Deutschen Demokratischen Republik und der Bundesrepublik Deutschland zu vergiften. Eine besondere Rolle ist dabei offensichtlich dem von ihnen gemeinsam mit dem Bundesnachrichtendienst der BRD fabrizierten üblen Machwerk »Bruch in der SED« zugedacht. In ihm werden in besonders infamer Weise das Staatsoberhaupt und andere führende Persönlichkeiten der DDR verleumdet. Die von Ihnen vorgenommenen Veröffentlichungen, insbesondere das letztgenannte Pamphlet, sind unvereinbar mit der in der Verordnung von Publikationsorganen anderer Staaten und deren Korrespondenten in der DDR vom 21. Februar 1973 enthaltenen Festlegungen, auf denen die Zulassung Ihres Korrespondentenbüros in der Hauptstadt der DDR beruht ...

Das Ministerium für Auswärtige Angelegenheiten der Deutschen Demokratischen Republik sieht sich daher veranlaßt, die Genehmigung zur Eröffnung Ihres Büros in der Hauptstadt der DDR, Berlin, aufzuheben und das Büro mit sofortiger Wirkung zu schließen.

1979 HAUSBESETZUNGEN IN KREUZBERG

POLITIK

SPD behauptet sich: Mit besonderer Spannung werden die Wahlen zum West-Berliner Abgeordnetenhaus am 18. März erwartet. Im Mittelpunkt des Interesses steht das Abschneiden der SPD, deren Position in den vergangenen Jahren durch zahlreiche Skandale geschwächt worden ist und die seit 1977 unter der Führung des Regierender Bürgermeisters Dietrich Stobbe einen Neuanfang versucht. Die CDU hatte im Vorjahr mit der Wahl eines neuen Spitzenkandidaten ebenfalls einen personellen Wechsel vollzogen; statt Peter Lorenz tritt nun Richard von Weizsäcker an.
Große Veränderungen bringt das Wahlergebnis nicht. Die SPD erhält einen Stimmenanteil von 42,7 % und erzielt damit nahezu das gleiche Resultat wie bei den Wahlen 1975. Die CDU kann leichte Stimmengewinne verbuchen und baut mit 44,4 % ihre Stellung als stärkste Partei aus. Zur Übernahme der Regierung reicht dies nicht aus, da die SPD und die FDP, die 8,1 % erreicht, die sozialliberale Koalition fortsetzen.
Erfolg für die Alternativbewegung: Für eine Überraschung sorgt das Abschneiden einer neuen Partei, der Alternativen Liste für Demokratie und Umweltschutz (AL). Die aus der Alternativbewegung der siebziger Jahre hervorgegangene, im Oktober 1978 gegründete Partei beteiligt sich erstmals an den Wahlen zum Abgeordnetenhaus und erzielt 3,7 %. Zwar scheitert der Einzug der AL in das Parlament an der Fünf-Prozent-Klausel, sie ist aber in der kommenden Legislaturperiode in vier Bezirksverordnetenversammlungen vertreten. Ihr bestes Ergebnis erzielt sie im Bezirk Kreuzberg, wo sie 7,6 % der Stimmen erhält.
Stobbe wiedergewählt: Dietrich Stobbe wird am 26. April vom Abgeordnetenhaus mit den Stimmen von SPD und FDP im Amt des Regierenden Bürgermeisters bestätigt. Er steht wie bisher an der Spitze einer SPD-FDP-Koalition. Die Zusammensetzung des Senates bleibt im wesentlichen gleich; so hat Wolfgang Lüder (FDP) weiterhin die Ämter des Bürgermeisters und des Wirtschaftssenators inne. Zündstoff birgt allerdings die Wahl des Bundessenators: Der von Stobbe favorisierte Horst Korber (SPD) fällt überraschend bei den Abgeordneten durch; statt seiner wird der Spandauer SPD-Vorsitzende Gerhard Heimann gewählt.
Giscard d'Estaing erneuert Berlin-Garantien: Besondere Bedeutung für Berlin hat der Besuch des französischen Staatspräsidenten Valéry Giscard d'Estaing am 29. Oktober. Es ist der erste Besuch eines französischen Staatsoberhauptes in der Stadt und unterstreicht das besondere Interesse und Engagement der Schutzmacht Frankreich für Berlin. In einer vielbeachteten Ansprache bekräftigt Giscard d'Estaing die Garantien für die Freiheit Berlins und bittet um Verständnis, daß die politische Lage eine Beendigung der Dreimächte-Verwaltung 35 Jahre nach Kriegsende nicht immer noch zuläßt.
Gleichzeitig macht der Staatspräsident deutlich, daß Frankreich einseitige Änderungen des Status von Groß-Berlin nicht zulassen wird. Damit nimmt er Bezug auf die am 28. Juni von der DDR-Volkskammer beschlossene Direktwahl der Ost-Berliner Parlamentsabgeordneten. Diese Maßnahme wird von den Westmächten als krasser Verstoß gegen die Viermächte-Vereinbarungen gewertet.
Neuregelungen im Transitverkehr: Am 31. Oktober unterzeichnen Günter Gaus, Leiter der Stän-

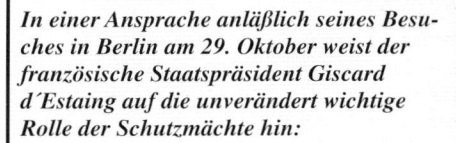

Staatsbesuch in Berlin: (links) Valery Giscard d'Estaing, Präsident der Republik Frankreich, Helmut Schmidt und Dietrich Stobbe, 29. Oktober 1979.

In einer Ansprache anläßlich seines Besuches in Berlin am 29. Oktober weist der französische Staatspräsident Giscard d'Estaing auf die unverändert wichtige Rolle der Schutzmächte hin:

... Berlin [wäre] wohl niemals wieder das geworden, was es heute ist, und hätte niemals die Krisen überwunden, die seine Existenz gefährdeten, ohne die Präsenz der Alliierten und die Garantien, die ihm durch die Rechte und Verantwortlichkeiten der Alliierten auf Grund der Abkommen der Kriegs- und Nachkriegszeit für Berlin und Deutschland als Ganzes gewährt werden. Das Viermächteabkommen von 1971 hat diese Rechte und Verantwortlichkeiten noch einmal bekräftigt. Es erhob nicht den Anspruch – und konnte es auch nicht –, das Berlin-Problem zu lösen, noch vermochte es die Fragen zu klären, über die grundlegende Meinungsverschiedenheiten bestehen. Es wollte im Geist der Gerechtigkeit und des Realismus praktische Lösungen für bestehende Schwierigkeiten bereitstellen. Das Abkommen von 1971 hat dieses Ziel voll erreicht. Die Zeit hat seinen Wert bestätigt. Offensichtlich hat es seine günstigen Auswirkungen noch nicht erschöpft.
... Der Austausch zwischen Ihren Sektoren und der Bundesrepublik Deutschland wurde in spektakulärer Weiser gesteigert. Diese so wichtigen Bindungen an die Bundesrepublik Deutschland, deren Wahrung und Entwicklung das Abkommen vorgesehen hat, können in unseren Augen niemals eng genug sein. Ich weiß das. Sie bedauern die Einschränkungen, die die Drei Mächte zuweilen im Ausübung der obersten Gewalt, die sie in ihren jeweiligen Sektoren innehaben, vorzunehmen gezwungen sind.
Aber Sie wissen auch, daß Ihre Freiheit auf dem Vier-Mächte-Recht beruht. Dieses Recht unterscheidet Berlin als Ganzes von den früheren Besatzungszonen in Deutschland. Es erlaubt den Drei Mächten auch, ihre Rechte zur Geltung zu bringen, wenn es um den Schutz Ihrer Freiheit und Ihrer Sicherheit geht. ...
Unsere Rechte sind Ihre Sicherheit. Frankreich, das sich an den Verhandlungen über das Viermächte-Abkommen entscheidend beteiligt hat, will dessen Bestimmungen voll anwenden und strikt einhalten. Im Bewußtsein der daraus erwachsenden Verpflichtungen, in Wahrung der Bedeutung seiner Zusagen und in Verbundenheit mit dem Schicksal der Stadt durch die ständige Anwesenheit seiner Streitkräfte wird es weiterhin seine Rechte und seine Verantwortung im Interesse Berlins und seiner Bewohner wahrnehmen. ...

KALENDARIUM — GROSSER EMPFANG FÜR DDR-KOSMONAUTEN 1978

50 000 Menschen an der Abschlußveranstaltung des Evangelischen Kirchentages.

30. Mai: Auf dem 8. Schriftstellerkongreß der DDR wird Hermann Kant zum Präsidenten der Vereinigung gewählt. Er tritt die Nachfolge von Anna Seghers an, die aus Altersgründen nicht mehr kandidiert hat. Sie wird zur Ehrenpräsidentin des Verbandes gewählt.

3. Juli: Nach der Flucht des mutmaßlichen Terroristen Till M. aus dem Untersuchungsgefängnis Moabit (27. Mai) tritt der West-Berliner Justizsenator Jürgen Baumann (FDP) von seinem Amt zurück.

15. Juli: Der amerikanische Präsident Jimmy Carter besucht im Rahmen seines Staatsbesuchs der Bundesrepublik West-Berlin.

8. August: Die 1977 gegründete Staatliche Kunsthalle des Landes Berlin wird eröffnet (Budapester Straße, Charlottenburg).

8. August: Das SED-Zentralorgan »Neues Deutschland« bezeichnet einen am Vortag in der »Bildzeitung« erschienenen Artikel über Prostitution in Ost-Berlin als geschmacklos und beleidigend. Bei Wiederholung solcher Verleumdungen könnten die Besucherregelungen für West-Berliner eingeschränkt werden.

1. September: An den Schulen in Ost-Berlin und der DDR wird das Fach Wehrkunde eingeführt.

2. September: Im Ost-Berliner Neubaugebiet Marzahn (Bezirk Lichtenberg) wird das erste Richtfest gefeiert.

9. September: Die Führung der West-Berliner CDU bestimmt Richard von Weizsäcker zum Spitzenkandidaten der Partei für die Abgeordnetenhauswahlen 1979.

24. September: Im Rahmen der Aktion »Schöner unsere Hauptstadt Berlin – Mach mit!« beginnt in Ost-Berlin anläßlich des bevorstehenden 62. Jahrestages der Oktoberrevolution die Septemberinitiative. Rund 250 000 Menschen sind beteiligt.

29. November: DDR und Bundesrepublik schließen ein Abkommen über die Verbesserung der Verkehrswege nach West-Berlin. Vorgesehen ist u.a. der Bau einer nach Hamburg führenden Autobahn.

8. Dezember: Die West-Berliner Schaubühne am Halleschen Ufer bringt in der Regie von Peter Stein die Uraufführung des Stückes »Groß und klein« von Botho Strauß.

15. Dezember: In der Potsdamer Straße im West-Berliner Bezirk Tiergarten wird das neuerrichtete Gebäude der Staatsbibliothek Preußischer Kulturbesitz der Öffentlichkeit übergeben. Die Entwürfe stammen von Hans Scharoun.

20. Dezember: Peter Stein, seit 1970 künstlerischer Leiter der Schaubühne, wird in Mannheim mit dem mit 25000 DM dotierten Schiller-Preis, einem der bedeutendsten deutschen Kulturpreise, ausgezeichnet.

Verleihung der Berliner Ehrenbürger würde an die beiden Kosmonauten Siegmund Jähn (am Tisch) und Waleri Bykowski (links), Oberbürgermeister Krack (rechts), 21. September 1978.

Straßen. Anschließend werden vor der Archenhold-Sternwarte im Treptower Park Büsten der beiden Kosmonauten enthüllt.

Für eine schönere Hauptstadt: Seit mehreren Jahren wird die Aktion »Schöner unsere Hauptstadt Berlin – Mach mit!« durchgeführt. Sie sieht freiwillige Aufbauleistungen der Berliner vor und hat wegen ihres Umfanges eine erhebliche volkswirtschaftliche Bedeutung.

Im Hinblick auf den 1979 bevorstehenden 62. Jahrestag der Oktoberrevolution wird am 24. September das Programm wesentlich erweitert. An der sogenannten Septemberinitiative sind rund 250 000 Menschen beteiligt. Im Mittelpunkt der Aktivitäten stehen die Pflege und Neuanlage von Grün- und Sportanlagen, der Bau von Spielplätzen und die Renovierung von Alt- und Neubauwohnungen.

In einem Schreiben teilt das Außenministerium der DDR dem Nachrichtenmagazin »Der Spiegel« die Schließung Ost-Berliner Korrespondentenbüros mit:

Ihr Blatt hat in den letzten Monaten in ständig steigendem Maße die Deutsche Demokratische Republik und ihre Verbündeten böswillig verleumdet und vorsätzlich den Versuch unternommen, durch erfundene Nachrichten und Berichte die Beziehungen zwischen der Deutschen Demokratischen Republik und der Bundesrepublik Deutschland zu vergiften. Eine besondere Rolle ist dabei offensichtlich dem von ihnen gemeinsam mit dem Bundesnachrichtendienst der BRD fabrizierten üblen Machwerk »Bruch in der SED« zugedacht. In ihm werden in besonders infamer Weise das Staatsoberhaupt und andere führende Persönlichkeiten der DDR verleumdet. Die von Ihnen vorgenommenen Veröffentlichungen, insbesondere das letztgenannte Pamphlet, sind unvereinbar mit der in der Verordnung von Publikationsorganen anderer Staaten und deren Korrespondenten in der DDR vom 21. Februar 1973 enthaltenen Festlegungen, auf denen die Zulassung Ihres Korrespondentenbüros in der Hauptstadt der DDR beruht ...

Das Ministerium für Auswärtige Angelegenheiten der Deutschen Demokratischen Republik sieht sich daher veranlaßt, die Genehmigung zur Eröffnung Ihres Büros in der Hauptstadt der DDR, Berlin, aufzuheben und das Büro mit sofortiger Wirkung zu schließen.

1979 HAUSBESETZUNGEN IN KREUZBERG

POLITIK

SPD behauptet sich: Mit besonderer Spannung werden die Wahlen zum West-Berliner Abgeordnetenhaus am 18. März erwartet. Im Mittelpunkt des Interesses steht das Abschneiden der SPD, deren Position in den vergangenen Jahren durch zahlreiche Skandale geschwächt worden ist und die seit 1977 unter der Führung des Regierender Bürgermeisters Dietrich Stobbe einen Neuanfang versucht. Die CDU hatte im Vorjahr mit der Wahl eines neuen Spitzenkandidaten ebenfalls einen personellen Wechsel vollzogen; statt Peter Lorenz tritt nun Richard von Weizsäcker an.
Große Veränderungen bringt das Wahlergebnis nicht. Die SPD erhält einen Stimmenanteil von 42,7 % und erzielt damit nahezu das gleiche Resultat wie bei den Wahlen 1975. Die CDU kann leichte Stimmengewinne verbuchen und baut mit 44,4 % ihre Stellung als stärkste Partei aus. Zur Übernahme der Regierung reicht dies nicht aus, da die SPD und die FDP, die 8,1 % erreicht, die sozialliberale Koalition fortsetzen.

Erfolg für die Alternativbewegung: Für eine Überraschung sorgt das Abschneiden einer neuen Partei, der Alternativen Liste für Demokratie und Umweltschutz (AL). Die aus der Alternativbewegung der siebziger Jahre hervorgegangene, im Oktober 1978 gegründete Partei beteiligt sich erstmals an den Wahlen zum Abgeordnetenhaus und erzielt 3,7 %. Zwar scheitert der Einzug der AL in das Parlament an der Fünf-Prozent-Klausel, sie ist aber in der kommenden Legislaturperiode in vier Bezirksverordnetenversammlungen vertreten. Ihr bestes Ergebnis erzielt sie im Bezirk Kreuzberg, wo sie 7,6 % der Stimmen erhält.

Stobbe wiedergewählt: Dietrich Stobbe wird am 26. April vom Abgeordnetenhaus mit den Stimmen von SPD und FDP im Amt des Regierenden Bürgermeisters bestätigt. Er steht wie bisher an der Spitze einer SPD-FDP-Koalition. Die Zusammensetzung des Senates bleibt im wesentlichen gleich; so hat Wolfgang Lüder (FDP) weiterhin die Ämter des Bürgermeisters und des Wirtschaftssenators inne. Zündstoff birgt allerdings die Wahl des Bundessenators: Der von Stobbe favorisierte Horst Korber (SPD) fällt überraschend bei den Abgeordneten durch; statt seiner wird der Spandauer SPD-Vorsitzende Gerhard Heimann gewählt.

Giscard d´Estaing erneuert Berlin-Garantien: Besondere Bedeutung für Berlin hat der Besuch des französischen Staatspräsidenten Valéry Giscard d´Estaing am 29. Oktober. Es ist der erste Besuch eines französischen Staatsoberhauptes in der Stadt und unterstreicht das besondere Interesse und Engagement der Schutzmacht Frankreich für Berlin. In einer vielbeachteten Ansprache bekräftigt Giscard d´Estaing die Garantien für die Freiheit Berlins und bittet um Verständnis, daß die politische Lage eine Beendigung der Dreimächte-Verwaltung 35 Jahre nach Kriegsende noch immer nicht zuläßt.
Gleichzeitig macht der Staatspräsident deutlich, daß Frankreich einseitige Änderungen des Status von Groß-Berlin nicht zulassen wird. Damit nimmt er Bezug auf die am 28. Juni von der DDR-Volkskammer beschlossene Direktwahl der Ost-Berliner Parlamentsabgeordneten. Diese Maßnahme wird von den Westmächten als krasser Verstoß gegen die Viermächte-Vereinbarungen gewertet.

Neuregelungen im Transitverkehr: Am 31. Oktober unterzeichnen Günter Gaus, Leiter der Stän-

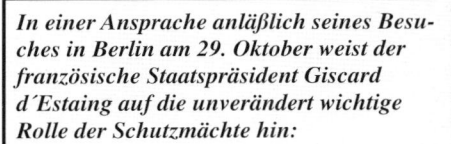

Staatsbesuch in Berlin: (links) Valery Giscard d'Estaing, Präsident der Republik Frankreich, Helmut Schmidt und Dietrich Stobbe, 29. Oktober 1979.

In einer Ansprache anläßlich seines Besuches in Berlin am 29. Oktober weist der französische Staatspräsident Giscard d´Estaing auf die unverändert wichtige Rolle der Schutzmächte hin:

... Berlin [wäre] wohl niemals wieder das geworden, was es heute ist, und hätte niemals die Krisen überwunden, die seine Existenz gefährdeten, ohne die Präsenz der Alliierten und die Garantien, die ihm durch die Rechte und Verantwortlichkeiten der Alliierten auf Grund der Abkommen der Kriegs- und Nachkriegszeit für Berlin und Deutschland als Ganzes gewährt werden. Das Viermächteabkommen von 1971 hat diese Rechte und Verantwortlichkeiten noch einmal bekräftigt. Es erhob nicht den Anspruch – und konnte es auch nicht –, das Berlin-Problem zu lösen, noch vermochte es die Fragen zu klären, über die grundlegende Meinungsverschiedenheiten bestehen. Es wollte im Geist der Gerechtigkeit und des Realismus praktische Lösungen für bestehende Schwierigkeiten bereitstellen. Das Abkommen von 1971 hat dieses Ziel voll erreicht. Die Zeit hat seinen Wert bestätigt. Offensichtlich hat es seine günstigen Auswirkungen noch nicht erschöpft.
... Der Austausch zwischen Ihren Sektoren und der Bundesrepublik Deutschland wurde in spektakulärer Weiser gesteigert.
Diese so wichtigen Bindungen an die Bundesrepublik Deutschland, deren Wahrung und Entwicklung das Abkommen vorgesehen hat, können in unseren Augen niemals eng genug sein. Ich weiß das. Sie bedauern die Einschränkungen, die die Drei Mächte zuweilen im Ausübung der obersten Gewalt, die sie in ihren jeweiligen Sektoren innehaben, vorzunehmen gezwungen sind. Aber Sie wissen auch, daß Ihre Freiheit auf dem Vier-Mächte-Recht beruht. Dieses Recht unterscheidet Berlin als Ganzes von den früheren Besatzungszonen in Deutschland. Es erlaubt den Drei Mächten auch, ihre Rechte zur Geltung zu bringen, wenn es um den Schutz Ihrer Freiheit und Ihrer Sicherheit geht. ...
Unsere Rechte sind Ihre Sicherheit. Frankreich, das sich an den Verhandlungen über das Viermächte-Abkommen entscheidend beteiligt hat, will dessen Bestimmungen voll anwenden und strikt einhalten. Im Bewußtsein der daraus erwachsenden Verpflichtungen, in Wahrung der Bedeutung seiner Zusagen und in Verbundenheit mit dem Schicksal der Stadt durch die ständige Anwesenheit seiner Streitkräfte wird es weiterhin seine Rechte und seine Verantwortung im Interesse Berlins und seiner Bewohner wahrnehmen. ...

DIREKTWAHL DER VOLKSKAMMERABGEORDNETEN 1979

POLITIK

Berliner Abgeordnete gleichgestellt: Die DDR und die Sowjetunion sehen den Viermächte-Status von Groß-Berlin als überholt an. Während der Westteil der Stadt weiterhin als besondere politische Einheit betrachtet wird, gilt Ost-Berlin als integraler Bestandteil und Hauptstadt der DDR.

Einer der letzten Reste des in Ost-Berlin wirksamen Viermächte-Status wird am 28. Juni beseitigt. Die DDR-Volkskammer beschließt eine Änderung des Wahlgesetzes, die die Direktwahl auch der Ost-Berliner Abgeordneten der Volkskammer vorsieht. Bislang mußte die Stadtverordnetenversammlung – ebenso wie das West-Berliner Abgeordnetenhaus – Vertreter für das Parlament bestimmen; eine unmittelbare Beteiligung der Bürger an den Wahlen zur Volkskammer war bisher nicht möglich.

Die offensichtlich mit der Sowjetunion abgestimmte Maßnahme der DDR stößt bei den Westmächten auf scharfen Protest. Nach ihrer Ansicht handelt es sich dabei um eine Verletzung ihrer unverändert gültigen Rechte in Groß-Berlin. Es bleibt jedoch bei Protesten, da eine Verschärfung der Spannungen zwischen Ost- und West nicht im Interesse der Großmächte liegt – schon um die Politik der deutsch-deutschen Annäherung nicht zu gefährden.

Feiern zum 30. Jahrestag: Ein herausragendes Ereignis für die SED und ihren Staat ist der 30. Jahrestag der Gründung der DDR am 7. Oktober, der in der Hauptstadt mit großem Aufwand begangen wird. Im Rahmen der Feierlichkeiten finden zahlreiche Kundgebungen, Festumzüge und Militärparaden statt. Umrahmt werden sie von Volksfesten, Kulturveranstaltungen und Ausstellungen.

Abrüstungsinitiative: An den Feierlichkeiten nehmen eine Reihe von Staats- und Regierungschefs befreundeter Länder teil. Der bedeutendste Gast, der sowjetische Parteichef Leonid I. Breschnew, trifft am 4. Oktober auf dem Flughafen Schönefeld ein.

Breschnew, der bis zum 8. Oktober in der Stadt bleibt, nutzt den Aufenthalt zu einer Abrüstungsinitiative.

In einer Ansprache am Vorabend des Jahrestages kündigt er den Abzug von 20 000 Soldaten sowie von 1000 Panzern und gepanzerten Fahrzeugen vom Gebiet der DDR an.

Zusätzlich versichert Breschnew, sein Land werde niemals Atomwaffen gegen einen Staat richten, der nicht selbst derartige Waffen besitze oder auf seinem Territorium dulde.

Hintergrund der im Westen mit Überraschung aufgenommenen, allerdings als unzureichend bezeichneten Berliner Initiative ist der bevorstehende Doppelbeschluß der NATO, durch die eine vorgebliche Überlegenheit der Streitkräfte des Warschauer Paktes im Bereich der Mittelstreckenwaffen abgebaut werden soll. (Der Beschluß erfolgt am 12. Dezember 1979.)

Fackelzug zum 30. Jahrestag der Gründung der DDR, Unter den Linden, 7. Oktober 1979

WIRTSCHAFT

Devisenquelle Intershop: Seit 1962 werden in Berlin und der DDR Intershops betrieben. In ihnen werden meist westliche Waren gegen Devisen angeboten. Zunächst nur für Ausländer zugänglich, dürfen seit 1974 auch DDR-Bürger in den Geschäften einkaufen. Der Umsatz ist seither ständig gestiegen und lag 1978 nach offiziellen Angaben bei rund 700 Millionen DM. Die jährlich erzielten Gewinne betragen nach Schätzungen rund 350 Millionen DM. Die Geschäfte bilden für die Wirtschaft der DDR eine bedeutende Einnahmequelle an Devisen.

Westwaren nur noch gegen Warenschecks: Sorge bereitete den DDR-Behörden jedoch die sich vor allem in Berlin ausbreitenden Schwarzgeldgeschäfte. Immer häufiger verleiten Besucher aus dem Westen Bürger der DDR, DM (West) gegen Mark der DDR zu tauschen.

In der Ost-Berliner Presse wird in weitgehend gleichlautenden, nüchtern formulierten Meldungen über die am 28. Juni 1979 erfolgte Änderung des DDR-Wahlgesetzes berichtet. Informationen über die bisherigen Beschränkungen des Wahlrechts für Berliner werden den Lesern nicht gegeben:

Der Volkskammerpräsident berichtete darüber, daß er ein Schreiben des Vorsitzenden des Staatsrates der DDR, Erich Honecker, erhalten habe, in dem ihm entsprechend Artikel 65 Absatz 1 der Verfassung der DDR ein Entwurf des Gesetzes zur Änderung des Wahlgesetzes mit der Bitte übermittelt wird, die Gesetzesvorlage der Volkskammer zur Beschlußfassung zu unterbreiten. In diesem Schreiben wird mitgeteilt, daß der Staatsrat der DDR der Vorlage am 28. Juni zugestimmt hat.

Der Präsident erklärt, daß der Verfassungs- und Rechtsausschuß der Volkskammer zur Annahme empfohlen hat Nachdem er festgestellt hatte, daß dazu Wortmeldungen nicht vorlagen, stellte er ihn zur Abstimmung. Die Gesetzesvorlage wurde einstimmig angenommen.

Damit beschloß die Volkskammer ein Gesetz zur Änderung des Paragraphen 7 Absatz 1 des Gesetzes über die Wahlen zu den Volksvertretungen der DDR - Wahlgesetz – vom 24. Juni 1976. Die neue Fassung dieses Absatzes lautet: »Die Volkskammer besteht aus 500 Abgeordneten«.

Bisher wurden die Abgeordneten aus der Hauptstadt der DDR durch die Stadtverordnetenversammlung in die Volkskammer entsandt. Die wahlberechtigten Bürger der Hauptstadt der DDR, Berlin, haben jetzt in Abänderung der bisherigen Praxis das Recht, wie alle wahlberechtigten Bürger der DDR ihre Abgeordneten in die Volkskammer direkt zu wählen.

Damit entspricht das Wahlgesetz dem Artikel 54 der Verfassung der Deutschen Demokratischen Republik, der lautet: »Die Volkskammer besteht aus 500 Abgeordneten, die vom Volke auf die Dauer von fünf Jahren in freier, allgemeiner, gleicher und geheimer Wahl gewählt werden.« ...

1979 HAUSBESETZUNGEN IN KREUZBERG

> *Zur Gleichstellung der Ost-Berliner Abgeordneten der Volkskammer mit den Abgeordneten der Volkskammer der DDR durch Gesetz erklären die Außenminister der Westmächte und der Außenminister der Bundesrepublik am 29. Juni 1979:*
>
> *Die vier Außenminister Frankreichs, der Vereinigten Staaten von Amerika, des Vereinigten Königreichs und der Bundesrepublik Deutschland haben die Entwicklung der Lage in Deutschland und insbesondere in Berlin geprüft. Sie haben mit Sorge Berichte zur Kenntnis genommen über einen Beschluß der Volkskammer der DDR, das DDR-Wahlgesetz zu ändern, der offensichtlich von der Absicht getragen ist, den Einwohnern von Berlin (Ost) das Recht einzuräumen, zukünftig die Abgeordneten der Volkskammer direkt zu wählen. Das würde eine Änderung in der bisherigen Praxis der Entsendung der Abgeordneten durch den Magistrat von Berlin (Ost) darstellen. Die vier Minister erinnern in diesem Zusammenhang an die Londoner Erklärung zu Berlin vom 9. Mai 1977, die auszugsweise wie folgt lautet:*
> *»Wie die Drei Mächte erneut betonten, wurde das Viermächte-Abkommen ausdrücklich darauf gegründet, daß die Rechte und Verantwortlichkeiten der Vier Mächte und die entsprechenden Vereinbarungen und Beschlüsse der Vier Mächte aus der Kriegs- und Nachkriegszeit nicht berührt werden. Sie bekräftigen, daß dieser Status des besonderen Gebietes von Berlin nicht einseitig verändert werden kann. Die Drei Mächte werden auch in Zukunft jeden Versuch zurückweisen, die Rechte und Verantwortlichkeiten in Frage zu stellen, die Frankreich, die Vereinigten Staaten, das Vereinigte Königreich und die Sowjetunion in bezug auf Deutschland als Ganzes und alle vier Sektoren Berlins beibehalten.«*
> *Die Regierungen der USA, Frankreichs und des Vereinigten Königreichs teilen mit der Regierung der Sowjetunion die Verantwortung für die Aufrechterhaltung des Status von Groß-Berlin. Dieser kann nur durch Vereinbarung aller Vier Mächte geändert werden. Die drei Regierungen erwarten von der Regierung der Sowjetunion, daß sie ihren Berlin betreffenden Verpflichtungen nachkommt. Die vier Außenminister betonen zugleich die Bedeutung der Aufrechterhaltung einer ungestörten Lage in und um Berlin für Entspannung, Sicherheit und Zusammenarbeit in Europa.*

Ergebnis der Wahlen zum Abgeordnetenhaus, 18. März 1979

Wahlberechtigte	1 533 728		
Wahlbeteiligung	1 310 553	85,4	
CDU	570 174	44,4%	63 Mandate
SPD	548 060	42,7%	61 Mandate
FDP	103 609	8,1%	11 Mandate
SEW	13 744	1,1%	
AL	47 642	3,7%	
Sonstige	4 627	0,1%	

Das Internationale Congress Centrum (ICC) am Messedamm in Charlottenburg nach Entwürfen der Architekten Ralf Schüler und Ursuline Schüler-Witte.

digen Vertretung der Bundesrepublik, und Hans Nimmrich, Abteilungsleiter im Finanzministerium der DDR, eine Vereinbarung über die Pauschalabgeltung von Straßenbenutzungsgebühren, die eine Reihe von Neuregelungen im Transitverkehr von und nach West-Berlin vorsieht.
Die DDR verzichtet künftig auf die Erhebung von Straßenbenutzungsgebühren für Lastautos und Omnibusse und stimmt einer Pauschalisierung der Gebühren für Personenautos zu. Die Bundesrepublik wird ab 1980 jährlich 50 Millionen DM an die DDR überweisen. Darüber hinaus vereinbaren beide Staaten den Verzicht auf die Erhebung von Kraftfahrzeugsteuern für Lkw und Busse, die sich weniger als ein Jahr im jeweils anderen Land aufhalten.

KULTUR
Schaubühne präsentiert Robert Wilson: Ein geteiltes Echo findet das Stück »Death, Destruction & Detroit« von Robert Wilson, das am 12. Februar im Rahmen des Theatertreffens in der Schaubühne am Halleschen Ufer uraufgeführt wird. Das avantgardistische Werk des amerikanischen Autors, Regisseurs und Bühnenbilders trägt die Züge einer Performance; anstelle einer von Text getragenen Handlung treten Bildfolgen, deren Wirkung durch Tanz, Posen, Ton- und Lichteffekte erzielt werden.

Ostblock boykottiert Berlinale: Zu einem Eklat kommt es am 22. Januar während der Internationalen Filmfestspiele. Nach der Aufführung des amerikanischen Films »The Deer Hunter« (Regie: Michael Cimino), der den Vietnamkrieg thematisiert, ziehen die Sowjetunion und die anderen Ostblockstaaten ihre Beiträge zurück. Die sowjetische Delegation begründet ihren Schritt mit rassistischen Tendenzen des Films, die dem völkerverbindenden Charakter der Berlinale zuwiderliefen.
Die Filmfestspiele werden dennoch weitergeführt. Den »Goldenen Bären« erhält Peter Lilienthal für den Film »David«, der das Schicksal eines jungen Juden während des Nationalsozialismus schildert. Die Preise als beste Darsteller gehen an Hanna Schygulla (»Die Ehe der Maria Braun«) und den Italiener Michele Placido (»Ernesto«).

ALLTAG UND GESELLSCHAFT
Kongreßzentrum der Superlative: Mit einem Festakt wird am 2. April am Messegelände unter dem Funkturm das Internationale Congress Centrum Berlin (ICC) eröffnet. Der von dem Architektenehepaar Ralf Schüler und Ursulina Schüler-Witte entworfene Bau hat eine Nutzfläche von 24 000 m² und ist mit der modernsten Technik ausgestattet. Sie ermöglicht es, das bestimmte Säle miteinander verbunden werden können. Auf diese Weise stehen bis zu 80 Säle und Tagungsräume zur Verfügung, die insgesamt 20 000 Menschen Platz bieten.
Die rund zehnjährigen Planungs- und Bauarbeiten des ICC waren von zahlreichen Querelen

DIREKTWAHL DER VOLKSKAMMERABGEORDNETEN 1979

Die DDR-Nachrichtenagentur ADN berichtet über die deutsch-deutschen Verkehrsvereinbarungen:

Am 31. Oktober wurde in der Hauptstadt der DDR, Berlin, zwischen dem Abteilungsleiter im Ministerium der Finanzen der DDR, Hans Nimmrich, und dem Leiter der Ständigen Vertretung der BRD in der DDR, Günter Gaus, ein Regierungsabkommen über die Befreiung von Straßenfahrzeugen von Steuern und Gebühren unterzeichnet. ... Ferner wurde ein Protokoll über die Vereinbarung einer Pauschalabgeltung von Straßenbenutzungsgebühren für im Geltungsbereich der Straßenverkehrszulassungsordnung der BRD zugelassene Personenkraftfahrzeuge im Verkehr in und durch das Gebiet der DDR unterzeichnet.
Die neuen Vereinbarungen dienen entsprechend dem Verkehrsvertrag zwischen der DDR und der BRD dazu, den Straßenverkehr zu erleichtern und möglichst zweckmäßig zu gestalten.
Das bestehende Abkommen über den Transitverkehr zwischen der BRD und Berlin (West) bleibt von den Vereinbarungen unberührt ...

Um die Lage unter Kontrolle zu bekommen, beschließt das Außenhandelsministerium am 4. April, daß künftig DDR-Bürger in den Intershops nur noch mit speziellen Warenschecks einkaufen dürfen. Diese können bei den Banken gegen DM erworben werden.
Bereits seit Wochen hatte es Gerüchte über eine Neuregelung der Einkaufsmöglichkeiten in den Intershops gegeben. Dies hatte zu »Hamsterkäufen« und langen Schlangen vor den Geschäften geführt.

KULTUR

Verfahren gegen kritische Autoren: Der seit der Ausbürgerung von Wolf Biermann 1976 anhaltende Exodus von Schriftstellern, Schauspielern und Musikern aus der DDR setzt sich 1979 fort. So siedelt im Oktober der Autor Günter Kunert in die Bundesrepublik über.
Eine Reihe von Schriftstellern setzt sich über die gesetzlichen Vorschriften hinweg und publiziert ihre Schriften ohne Genehmigung der Behörden im Westen. Daraufhin leitet die Justiz verschiedene Strafverfahren ein. So verurteilt das Stadtbezirksgericht Köpenick am 22. Mai Stefan Heym wegen Devisenvergehens zu einer Geldstrafe von 9000 Mark; der Wissenschaftler Robert Havemann erhält am 20. Juni wegen der Nichtversteuerung von im Ausland erzielten Honoraren eine Geldstrafe von 10 000 Mark.

Schriftstellerverband schließt Abweichler aus: Auf Unterstützung vom DDR-Schriftstellerverband können die »kritischen« Autoren nicht hoffen. Am 7. Juni werden auf einer vom Präsidenten des Verbandes, Hermann Kant, einberufenen Sitzung der Berliner Sektion neun ihrer Mitglieder ausgeschlossen. Ihnen wird vorgeworfen, antikommunistische Hetze gegen die DDR betrieben zu haben. Für den Ausschluß der Betroffenen, unter ihnen Stefan Heym und Rolf Schneider, stimmen rund 350 der 400 Anwesenden.

ALLTAG UND GESELLSCHAFT

Ausbau Berlins zur Hauptstadt: Auf einer Parteikonferenz der SED am 10. Februar kündigt Staats- und Parteichef Erich Honecker einen verstärkten Ausbau der Hauptstadt an. Im Mittelpunkt sollen neben einer Verbesserung der Infrastruktur, die Errichtung neuer Repräsentationsbauten und die Restaurierung sanierungswürdiger Altbauwohnungen stehen. Das bislang größte Projekt dieser Art in der DDR wird zur Zeit im Stadtbezirk Lichtenberg realisiert.
Im Ortsteil Marzahn entsteht seit 1976 unter der Leitung des Architekten Heinz Graffunder auf einer Fläche von rund 600 ha eine große Siedlung, die 100 000 Menschen Platz bieten soll. Die ersten in Plattenbauweise errichteten Hochhäuser sind bereits fertiggestellt. Aus diesem Grund erhält Marzahn am 30. März den Status eines Stadtbezirkes. Damit hat die Hauptstadt nun neun Bezirke.

Andrang vor dem Intershop am Bahnhof Friedrichstraße bei der Einführung des Gutscheinsystems, April 1979.

Erich Honecker, der Staats- und Parteichef der DDR, fordert am 10. Februar 1979 auf einer Berliner Bezirksdelegiertenkonferenz der SED den weiteren Ausbau der Hauptstadt und zieht Vergleiche zum Westteil der Stadt:

... Berlin ist als Hauptstadt der Deutschen Demokratischen Republik im wahrsten Sinne des Wortes eine aufstrebende Stadt. Allein dadurch unterscheidet es sich schon von Berlin-West, dessen Einwohnerzahl seit 1959 von 2,3 Millionen auf 1,9 Millionen zurückgegangen ist, während zur gleichen Zeit die Einwohnerzahl der Hauptstadt der DDR um 40 000 stieg. Die Hauptstadt der Deutschen Demokratischen Republik wurde nicht wie Berlin-West zu einer Stadt heruntergewirtschaftet, in der die Zahl der Industriebeschäftigten seit dem Jahre 1961 von 314 000 auf 176 000 zurückging und im gleichen Zeitraum die Zahl der Angestellten im Verwaltungsbereich und in anderen Institutionen von 110 000 auf 220 000 anstieg. Wobei sich der größte Arbeitsplatzrückgang während der letzten Jahre in den Großkonzernen vollzog ...
So entwickelte sich Berlin-West zu einer Stadt, die es trotz schönfärberischer Fernsehreklame, trotz der Ausweitung des Dienstleistungsbereiches für Touristen über 40 000 Arbeitslose gibt, darunter viele Jugendliche, in der trotz großen Reichtums Weniger die Zahl der Armen nicht kleiner wurde als zur Zeit Zilles und in der jährlich über 100 Jugendliche durch Drogen sterben.
Man fragt sich unwillkürlich, wo da der Felsen ist, mit dem die Parteien des Senats noch etwas offenhalten wollen. Selbst mit Hilfe der türkischen Gastarbeiter, die in Kreuzberg bald die Mehrheit bilden, wird es ihnen nicht gelingen ...
Berlin als Hauptstadt der DDR ist keine Dienstleistungsstadt für Multis und leidet nicht an Auszehrung. Unser Berlin, das die großen revolutionären und humanitären Traditionen des deutschen Volkes bewahrt und zugleich bereichert, entwickelt sich als lebendiges Zentrum unserer Republik, als eine Stadt, deren Industrie sich im Aufstieg befindet, in der die Industrieproduktion allein in den letzten acht Jahren um 48,7 Prozent anstieg und in der Perspektive weiter wachsen wird als eine Stadt, deren Einwohnerzahl nicht zurückgeht, sondern zunimmt, als eine Stadt, in der Wissenschaft und Kultur aus den Schätzen der Vergangenheit schöpfen und für Gegenwart und Zukunft wirken.

1979 HAUSBESETZUNGEN IN KREUZBERG

Instandbesetzung in Kreuzberg.

> **Hellmuth Karasek schreibt im »Spiegel« über die Uraufführung des Schauspiels »Death, Destruction & Detroit« von Robert Wilson am 12. Februar in der Schaubühne am Halleschen Ufer:**
>
> *Bei Bob Wilson ist alles anders. Dieser sanfte Theaterdiktator aus Texas läßt sich mit keiner Richtung, Schule, Doktrin, mit keinem modischen Trend unter einen Hut kriegen. ...*
> *Seine optischen Einfälle, seine szenischen Phantastereien, die scheinbar zusammenhanglose slow motion seiner Theaterfigurationen, daß alles gehört ihm so ausschließlich, daß da weder Kritik noch Beschreibung, weder Interpretation noch polemische Ablehnung heranreichen.*
> *Er verfügt über Zeit, Sprache und Raum mit einer Autonomie, die sich [nicht] an herkömmliche Theatererwartungen hält.*
> *... Übliches Theater tut dem Zuschauer Gewalt an, indem es ihn spannt, ärgert, bewegt, erregt oder langweilt. Wilson tut seinen Zuschauern Gewalt an, in dem er ihnen keine Gewalt antut. ...*
> *Wilson hat erkannt, daß übliches Theater »reißende Zeit« (Hölderlin) ist – und setzt dem verweilende, ja stillstehende Zeit entgegen. Seine Szenen drehen sich, gleich langsam bewegten Zirkeln, im Kreise; sie haben die Eile und die Weile von Träumen; das heißt sie sind jähe Momente und geduldige Momentaufnahmen, und das möglichst zur gleichen Zeit ...*

begleitet. Auf Kritik stießen vor allem die gigantischen Dimensionen des Baus (320 m lang, 85 m breit, 40 hoch) und die ins Astronomische gestiegenen Baukosten: Statt der geplanten 36 Millionen DM kostet der Bau am Ende rund 800 Millionen DM.

Luxussanierung von Altbauten: Seit Mitte der siebziger Jahre verfolgt der Berliner Senat eine veränderte Wohnungspolitik. Altbauten, deren Ausstattung und Zustand nicht mehr den heutigen Erfordernissen genügen, sollen möglichst nicht mehr abgerissen, sondern modernisiert und instandgesetzt werden. Ein Abriß ist nur noch erlaubt, wenn die Bausubstanz eine Sanierung nicht zuläßt. Nach erfolgter Modernisierung können die Mieten bis um das vierfache steigen.

10 000 Wohnungen stehen leer: Da nach der Modernisierung eines Altbaus zwar deutlich höhere, aber gebundene Mieten verlangt werden dürfen, gehen viele Hausbesitzer dazu über, ihre Altbauten zu »entmieten«. Durch den Leerstand verwahrlosen und verfallen die Häuser in kurzer Zeit. Dann ist eine Abrißgenehmigung leicht zu bekommen, und der Errichtung eines wirtschaftlich lukrativeren Neubaus steht nichts mehr im Weg. 1979 beträgt die Zahl der leerstehenden Wohnungen in West-Berlin rund 10000, während die Zahl der nach billigem Wohnraum Suchenden auf 80 000 geschätzt wird.

»Instandbesetzungen«: Am 26. November greifen Mitglieder der Bürgerinitiative SO 36 zur Selbsthilfe. Sie besetzen im Bezirk Kreuzberg drei leerstehende Häuser, um sie selbst bewohnbar zu machen. Obwohl die Aktion gegen geltendes Recht verstößt, findet sie rasch Nachahmer. In den folgenden Monaten und Jahren werden in West-Berlin eine ganze Reihe solcher Instandbesetzungen vorgenommen.

KALENDARIUM

10. Februar: Auf einer SED-Parteikonferenz kündigt DDR-Staats- und Parteichef Erich Honecker den verstärkten Ausbau der Hauptstadt an. Ost-Berlin sei ein »Symbol für den Sieg des Sozialismus auf deutschem Boden«.

12. Februar: In der West-Berliner Schaubühne wird im Rahmen des Theatertreffens das Stück »Death, Destruction & Detroit« des US-Amerikaners Robert Wilson uraufgeführt.

22. Februar: Wegen der Aufführung des amerikanischen Kriegsfilms »The Deer Hunter« (Regie Michael Cimino) ziehen die Ostblockstaaten ihre Beiträge von den Internationalen Filmfestspielen in West-Berlin zurück.

18. März: Aus den Wahlen zum West-Berliner Abgeordnetenhaus geht die CDU mit 44,4 % als stärkste Partei hervor. SPD und FDP erreichen 42,7 % und 8,1 % der Stimmen und können gemeinsam weiterregieren. Die erstmals angetretene Alternative Liste (AL) verfehlt mit 3,7 % den Sprung ins Parlament.

20. März: Lutz Eigendorf, Mittelfeldspieler des BFC Dynamo – der Ost-Berliner Fußballklub erringt 1979 die DDR-Meisterschaft – bleibt nach einem Freundschaftsspiel gegen den 1. FC Kaiserslautern (1:4) im Westen.

30. März: Das Ost-Berliner Neubaugebiet Marzahn (Lichtenberg) erhält den Status eines eigenständigen Stadtbezirks.

2. April: Am Charlottenburger Messedamm wird das Internationale Congress Centrum Berlin (ICC) eröffnet.

4. April: Das Außenhandelsministerium der DDR gibt in Ost-Berlin bekannt, daß in den sogenannten Intershops DDR-Bürger Westprodukte nur noch mit Warenschecks und nicht mehr mit DM einkaufen dürfen.

17. April: In West-Berlin erscheint die erste Ausgabe der überregionalen linksalternativen »Tageszeitung« (taz).

26. April: Das West-Berliner Abgeordnetenhaus bestätigt mit den Stimmen von SPD und FDP Dietrich Stobbe als Regierenden Bürgermeister. Parlamentspräsident bleibt Peter Lorenz (CDU).

28. April: Im Endspiel um den FDGB-Pokal in Ost-Berlin unterliegt der BFC Dynamo dem 1. FC Magdeburg 1:0 nach Verlängerung.

14. Mai: Die DDR-Regierung verfügt die Ausweisung des Ost-Berliner ZDF-Korrespondenten Peter von Loyen. Wenige Wochen zuvor waren verschärfte Bestimmungen über die Arbeitsmöglichkeiten westlicher Journalisten erlassen worden.

20. Mai: Bei den Wahlen zur Ost-Berliner Stadtverordnetenversammlung entfallen nach offiziellen Angaben 99,83 % der Stimmen auf die Kandidaten der Einheitsliste der Nationalen Front.

22. Mai: Wegen eines »Devisenvergehens« wird der Ost-Berliner Schriftsteller und Regimekritiker Stefan Heym vom Stadtbezirksge-

KALENDARIUM
DIREKTWAHL DER VOLKSKAMMERABGEORDNETEN 1979

richt Köpenick zu einer Geldstrafe von 9000 Mark verurteilt.

7. Juni: Der Ost-Berliner Bezirksverband des Schriftstellerverbandes der DDR beschließt mit großer Mehrheit den Ausschluß von neun seiner Mitglieder, darunter die Autoren Stefan Heym und Rolf Schneider.

10. Juni: Das Abgeordnetenhaus von Berlin wählt drei Abgeordnete in das Europäische Parlament.

28. Juni: Die DDR-Volkskammer beschließt ein neues Gesetz, das die Direktwahl der Ost-Berliner Parlamentsabgeordneten vorsieht. In der gleichen Sitzung wird eine Strafrechtsänderung verabschiedet, die höhere Strafen für politische Vergehen beinhaltet.

23. August bis 2. September: Im Mittelpunkt der Internationalen Funkausstellung in den Messehallen am Funkturm stehen Kabelfernsehen, Video- und Bildschirmtext sowie digitale Aufzeichnungsverfahren.

6. September: In der West-Berliner Neuen Nationalgalerie (Tiergarten) öffnet die Ausstellung »Max Liebermann und seine Zeit« ihre Pforten (bis 11. November).

28. September: Die DDR-Staats- und Parteiführung beschließt in Ost-Berlin eine Anhebung der Mindestrenten.

4. Oktober: Anläßlich der Feierlichkeiten zum 30. Jahrestag der DDR-Gründung trifft der sowjetische Parteichef Leonid I. Breschnew in Ost-Berlin zu einem offiziellen Besuch ein (er bleibt bis 8. Oktober). Dabei kündigt Breschnew den Abzug von 20 000 sowjetischen Soldaten aus der DDR an.

5. Oktober: Zum Abschluß der West-Berliner Festwochen findet in der Philharmonie ein Konzert des Berliner Philharmonischen Orchesters unter Leitung von Leonard Bernstein zugunsten der Gefangenenhilfsorganisation Amnesty International statt.

11. Oktober: Im Rahmen einer Amnestie werden in der DDR rund 22 000 Häftlinge entlassen, darunter auch der Regimekritiker Rudolf Bahro und der Ost-Berliner Wehrdienstverweigerer Nico Hübner. Sie reisen in den Westen aus.

15. Oktober: Der Belgier Patrick Sercu gewinnt gemeinsam mit Dietrich Thurau das Sechstagerennen in der Deutschlandhalle.

29. Oktober: Frankreichs Staatspräsident, Valéry Giscard d'Estaing, trifft zu einem offiziellen Besuch in West-Berlin ein. Es ist der erste Besuch eines französischen Staatsoberhauptes in der Stadt.

31. Oktober: Regierungsvertreter der DDR und der Bundesrepublik unterzeichnen in Ost-Berlin eine Vereinbarung, die die Zahlung einer Pauschalgebühr für die Benutzung der Transitautobahnen nach West-Berlin vorsieht.

26. November: Im West-Berliner Bezirk Kreuzberg finden die ersten Hausbesetzungen statt.

Neubauten im neuen Stadtbezirk Marzahn (1979).

SPORT

Serienmeister BFC Dynamo: Der herausragende Ost-Berliner Fußballverein ist der BFC Dynamo. 1979 holt der Klub die Meisterschaft der DDR und legt damit den Grundstein für eine einmalige Erfolgsserie. Neunmal kann der BFC in den folgenden Jahren seinen Titel verteidigen. Im FDGB-Pokal bleibt dem Verein 1979 der Erfolg verwehrt: Am 28. April unterliegt er im Finalspiel vor heimischer Kulisse dem 1. FC Magdeburg 0:1 nach Verlängerung.

Länderspiele in der Hauptstadt: International bleibt der DDR-Fußball zum Leidwesen der Fans zunächst zweitklassig. 1979 muß die Auswahl eine Reihe schmerzlicher Niederlagen gegen vermeintlich schwache Gegner hinnehmen, darunter gegen die Nationalmannschaft des Irak (11. Februar). Die Ost-Berliner erleben die DDR-Auswahl jedoch in einer besseren Verfassung. Am 1. Juni schlägt sie Rumänien 1:0 und am 13. Oktober die Schweiz mit 5:2.

Doping-Vorwürfe gegen Renommierklub: Schatten auf den mit Ausnahme des Fußballs international äußerst erfolgreichen DDR-Sport fällt durch die Veröffentlichung eines Berichtes der Ost-Berliner Leichtathletin Renate Neufeld nach ihrer Flucht in den Westen. Gegenüber dem Nachrichtenmagazin »Der Spiegel« berichtet sie von systematischen Dopingpraktiken bei ihrem früheren Verein TSC Berlin. Dort sollen die Sportlerinnen durch gezielte Gabe von Anabolika und Hormonpräparaten zu Höchstleistungen getrieben worden sein.

Der DTSB, Dachverband des DDR-Sports, lehnt jede Stellungnahme zu den Vorwürfen ab.

Die Nachrichtenagentur ADN verbreitet eine Mitteilung der Pressestelle des Außenhandelsministeriums der DDR, in der über die Neuregelung der Einkaufsmöglichkeiten für Bürger der DDR in den Intershops informiert wird:

Das Ministerium für Außenhandel der Deutschen Demokratischen Republik teilt mit, daß mit Wirkung vom 16. April 1979 der Verkauf von Waren in den Einrichtungen des Außenhandels (Intertank, Genex, Intershop) an Bürger der DDR nur mit Scheck der Forum Außenhandelsgesellschaft mbH erfolgt. Die Mark-Wertschecks der Forum Außenhandelsgesellschaft können ab sofort mit der Einzahlung frei konvertierbarer Währungen bei Bankinstituten der DDR erworben werden. Die Umrechnung der frei konvertierbaren Währungen beim Erwerb der Schecks erfolgt auf der Basis der von der Staatsbank der DDR festgelegten Devisenumrechnungssätze. Die Schecks sind nicht übertragbar und nicht rücktauschbar. Sie gelten als Gutscheine für den Kauf von Waren in den Einrichtungen des Außenhandels. Die Einführung dieser Regelung erfolgt in Anpassung an entsprechende Regelungen in anderen sozialistischen Ländern.

Bürger der DDR haben laut Mitteilung des Ministeriums der Finanzen und des Präsidenten der Staatsbank der DDR die Möglichkeit, die in ihrem Besitz befindlichen frei konvertierbaren Währungen den Bankinstituten der DDR zum Kauf bzw. dieselben zum Erwerb von Mark-Wertschecks der Forum Außenhandelsgesellschaft für den Einkauf in Einrichtungen des Ministeriums für Außenhandel anzubieten.

Ausländische Staatsbürger sind berechtigt, mit der Vorlage ihres Personaldokuments Waren in Einrichtungen des Außenhandels gegen Bargeld frei konvertierbarer Währungen zu erwerben.

1980 GARSKI-SKANDAL LÖST SENATSKRISE AUS

POLITIK

Bund zahlt Pauschale: Im Transitverkehr von und nach West-Berlin treten Anfang des Jahres Erleichterungen in Kraft. Die von der DDR erhobenen Straßenbenutzungsgebühren (10 DM für Pkw, bis zu 200 DM für Busse) müssen ab dem 1. Januar nicht mehr individuell an den Kontrollpunkten entrichtet werden. Statt dessen überweist die Bundesregierung künftig eine Pauschale von 50 Millionen DM jährlich. Für die West-Berliner und ihre westdeutschen Gäste bedeutet diese Regelung eine spürbare Verbesserung, da die Abfertigung an den Grenzen jetzt zügiger voran geht. Die Folge sind kürzere Reisezeiten.

Autobahnneubau für Transitverkehr: Gleichzeitig signalisiert die DDR ihre Bereitschaft, die Beschaffenheit der Transitstrecken zu verbessern. Am 30. April stimmt sie nach mehrmonatigen Verhandlungen der Errichtung eines neuen Übergangs bei Wartha zu, der durch eine neues Autobahnteilstück an das Transitnetz angeschlossen werden soll. Für die Bauarbeiten ist ein Zeitraum von rund vier Jahren vorgesehen. Die Bundesrepublik wird sich an den Baukosten mit einem Betrag von 268 Millionen DM beteiligen; ein Teil der erforderlichen Arbeiten soll von West-Berliner Unternehmen durchgeführt werden.

Erhöhung des Zwangsumtausches: Zu einer Abkühlung der deutsch-deutschen Beziehungen kommt es am 9. Oktober, als die DDR-Regierung die Anhebung der Mindestumtauschsätze anordnet. Mit sofortiger Wirkung müssen bei Besuchen in Ost-Berlin und in der DDR pro Tag und Person 25 DM in Mark der DDR umgetauscht werden. Bei Kindern und Jugendlichen im Alter von 6 bis 16 Jahren beträgt der Zwangsumtausch 7,50 DM. Die finanzielle Belastung trifft besonders kinderreiche und sozial schwache Familien. Die Erhöhung bewirkt einen drastischen Rückgang der Besucherzahlen; allein während der Weihnachtstage sinken sie gegenüber dem Vorjahr um rund 50%.

WIRTSCHAFT

Reichsbahner im Ausstand: Im Herbst ist die West-Berliner S-Bahn von einem Streik betroffen. Hintergrund ist die bereits seit Jahren bei großen Teilen des Personals vorhandene Unzufriedenheit über die Arbeitsbedingungen bei der von der Deutschen Reichsbahn (DDR) verwalteten S-Bahn. Als am 17. September die Absicht der Reichsbahn bekannt wird, unwirtschaftliche Teile des Streckennetzes stillzulegen und den Fahrbetrieb auf den meisten verbleibenden Linien nur bis 21 Uhr zu gewährleisten, treten die West-Berliner Eisenbahner in den Ausstand.
Höhepunkt des Arbeitskampfes ist die Besetzung des Stellwerks am Bahnhof Zoo am 21. September, durch die der gesamte Fernverkehr der Eisenbahn zum Erliegen kommt. Die Reichsbahn ist zu Zugeständnissen gegenüber den Streikenden nicht bereit. In den folgenden Wochen wird rund die Hälfte des 144,8 km langen Streckennetzes stillgelegt; zahlreiche Angestellte werden entlassen.

Skandale um Senatsbürgschaft: 1987 ist Berlin – wie bereits häufig in den vorangegangenen Jahren – Schauplatz eines Bauskandals. Am 18. Dezember kündigt die landeseigene Berliner Bank Kredite für die Firma Bautechnik KG des Architekten Dietrich Garski mit einem Volumen von rund 140 Millionen Mark. Das Unternehmen muß Konkurs anmelden. Da die Kredite in einer Höhe von bis zu 115 Millionen Mark durch Landesbürgschaften abgesichert gewesen sind, muß nun das Land Berlin und somit der Steuerzahler einspringen.
Garski, der Bauprojekte im arabischen Raum abwickelt, soll Kredit- und Subventionsbetrug begangen haben. In die Kritik gerät aber vor allem der SPD/FDP-Senat. Er habe – so der Vorwurf der Opposition – Bürgschaften leichtfertig

Am Bahnhof Halensee: Alle Räder stehen still. Streik des West-Berliner Personals der von der Ost-Berliner Direktion der Reichsbahn verwalteten S-Bahn, 20. September 1980.

Deutsch-deutsche Vereinbarungen, die die Transitwege von und nach West-Berlin betreffen, müssen von den Schutzmächten genehmigt werden. In einer Note vom 29. April 1980 erklären die drei Alliierten:

Die Botschaften Frankreichs, des Vereinigten Königreichs Großbritannien und Nordirland und der Vereinigten Staaten von Amerika beehren sich, dem Auswärtigen Amt unter Bezugnahme auf seine Noten vom 29. April 1980, mit denen der »Protokollvermerk zu einer Vereinbarung über die finanzielle Beteiligung der Bundesrepublik Deutschland am Bau eines Autobahnteilstückes zwischen der Anschlußstelle Eisenach-West und der Grenze der Deutschen Demokratischen Republik zur Bundesrepublik Deutschland bei Wartha sowie an weiteren Baumaßnahmen östlich der Anschlußstelle Eisenach-West und hinsichtlich der Benutzung dieses Autobahnteilstückes für den Transitverkehr zwischen der Bundesrepublik Deutschland und Berlin (West)« und die Briefe, auf die sich dieser Protokollvermerk bezieht, übermittelt wurden, folgendes mitzuteilen:
Die Regierungen Frankreichs, des Vereinigten Königreichs und der Vereinigten Staaten haben diesen Protokollvermerk und die Briefe, auf die er sich bezieht, zur Kenntnis genommen, insbesondere die Bestimmungen, wonach das neue Autobahnteilstück und die neue Grenzübergangsstelle Wartha Teil einer vorgesehenen Transitstrecke im Sinne des Transitabkommens vom 17. Dezember 1971 zwischen der Regierung der Bundesrepublik Deutschland und der Regierung der Deutschen Demokratischen Republik sein sollen, wogegen die Fernverkehrsstraße 7/7a zwischen der Anschlußstelle Eisenach-West und der Grenze der Deutschen Demokratischen Republik zur Bundesrepublik Deutschland bei Wartha und die bisherige Grenzübergangsstelle Wartha nicht mehr als Teil einer Transitstrecke im Sinne des Transitabkommens betrachtet werden. Die drei Regierungen sind überzeugt, daß diese Bestimmungen mit dem Viermächte-Abkommen vom 3. September 1971 in Einklang stehen...

KULTURHAUPTSTADT BERLIN 1980

Tagung der 67. Konferenz der Interparlamentarischen Union im Palast der Republik, September 1980.

Kampf gegen den Imperialismus: Vom 20. bis 24. Oktober ist Ost-Berlin Schauplatz einer »wissenschaftlichen Konferenz«, an der Vertreter von 116 kommunistischen Parteien und Organisationen aus aller Welt teilnehmen. Zentrales Thema der von der SED initiierten Tagung sind Maßnahmen zur Bekämpfung des Imperialismus, der Sicherung des Weltfriedens und die Förderung des sozialen Fortschritts. In den Medien der DDR findet die propagandistisch ausgerichtete Veranstaltung ein lebhaftes Echo.

WIRTSCHAFT

Planerfüllung: In der DDR laufen die Vorbereitungen für den für 1981 geplanten X. Parteitag der SED auf Hochtouren. Für die Arbeit-

POLITIK

Interparlamentarische Union tagt in Ost-Berlin: Die um internationale Anerkennung bemühte DDR-Regierung erfährt 1980 eine Aufwertung. Am 16. September wird im Palast der Republik die 67. Konferenz der Interparlamentarischen Union (IPU) eröffnet. Ost-Berlin ist als erste Stadt der DDR Gastgeber einer Vollversammlung dieser nichtstaatlichen Vereinigung von Parlamentariern aus aller Welt. An der vom Staats- und Parteichef der DDR Erich Honecker eröffneten Konferenz, die der Förderung der internationalen Zusammenarbeit im Hinblick auf die Friedenssicherung dienen soll, nehmen mehr als 1000 Delegierte aus 87 Ländern teil.

DDR erhöht Mindestumtausch: Am 9. Oktober setzt die Regierung der DDR den Mindestumtausch, den Bundesbürger und West-Berliner bei einem Besuch in Ost-Berlin und in der DDR zu entrichten haben, neu fest. Künftig müssen pro Tag und Person 25 DM in Mark der DDR zum Kurs von 1:1 umgetauscht werden (Jugendliche bis 16 Jahren 7,50 DM). Dies entspricht einer Verdoppelung der bisherigen Sätze. Die Maßnahme wird mit der sinkenden Kaufkraft der westlichen DM begründet; die Inflation in der Bundesrepublik habe eine unangemessene Verschiebung im Verhältnis der stabilen Mark der DDR bewirkt. Bei der Anhebung des Mindestumtausches handele es sich lediglich um eine längst überfällige Angleichung.

Entgegen der offiziellen Darstellung dürften jedoch andere Gründe ausschlaggebend gewesen sein. Es ist zu vermuten, daß auf diese Weise die DDR dringend benötigte Devisen erhalten möchte. Darüber hinaus bekommt sie eine bessere Kontrolle über die nach Ost-Berlin fließenden DM-Beträge: Viele West-Besucher hatten bei ihren Besuchen Mark der DDR privat getauscht. Auf diese Weise konnten sie zu Spottpreisen einkaufen und Restaurants oder Kultureinrichtungen besuchen.

In der am 9. Oktober 1980 veröffentlichten Verordnung der DDR über die Erhöhung des Mindestumtausches heißt es:

1

Diese Anordnung gilt für Personen mit ständigem Wohnsitz in nichtsozialistischen Staaten und in Westberlin, die zum besuchsweisen Aufenthalt in die Deutsche Demokratische Republik einreisen.

2

1) Personen gemäß 1 haben je Tag der Dauer des Aufenthaltes in der Deutschen Demokratischen Republik einschließlich ihrer Hauptstadt einen verbindlichen Mindestumtausch von Zahlungsmitteln fremder Währungen im Gegenwert von 25 Mark der Deutschen Demokratischen Republik zu den in der Deutschen Demokratischen Republik geltenden Umrechnungsverhältnissen vorzunehmen.

2) Der Mindestumtausch gemäß Abs. 1 ist in einer konvertierbaren Währung vorzunehmen.

3

1) Ein Rücktausch des verbindlichen Mindestumtauschbetrages findet nicht statt.

2) Nichtverbrauchte Zahlungsmittel in Mark der Deutschen Demokratischen Republik können bei allen Wechselstellen und in allen Filialen der Staatsbank der Deutschen Demokratischen Republik deponiert bzw. auf ein Konto eingezahlt werden. Über diese Beträge kann jederzeit bei Wiedereinreise in die Deutsche Demokratische Republik verfügt werden.

4

Vom verbindlichen Mindestumtausch gemäß 2 sind Kinder befreit, die zum Zeitpunkt ihrer Einreise nachweisbar das 6. Lebensjahr noch nicht vollendet haben. Personen vom 6. bis zum vollendeten 15. Lebensjahr haben einen verbindlichen Mindestumtausch von Zahlungsmitteln fremder Währungen im Gegenwert von 7,50 Mark der Deutschen Demokratischen Republik zu den in der Deutschen Demokratischen Republik geltenden Umrechnungsverhältnissen vorzunehmen.

5

Personen gemäß 1 können zusätzlich zum verbindlichen Mindestumtausch von Zahlungsmitteln entsprechend ihren Bedürfnissen Zahlungsmittel konvertierbarer Währungen in Mark der Deutschen Demokratischen Republik zu den in der Deutschen Demokratischen Republik geltenden Umrechnungsverhältnissen umtauschen.

6

Diese Anordnung gilt nicht für Personen, die das Territorium der Deutschen Demokratischen Republik im Transitverkehr ohne Unterbrechung durchreisen.

7

1) Diese Anordnung tritt am 13. Oktober 1980 in Kraft.

2) Gleichzeitig tritt die Anordnung vom 5. November 1974 über die Durchführung eines verbindlichen Mindestumtausches von Zahlungsmitteln ... und die Anordnung Nr. 2 vom 10. Dezember 1974 über die Durchführung eines verbindlichen Mindestumtausches von Zahlungsmitteln ... außer Kraft. ...

1980 GARSKI-SKANDAL LÖST SENATSKRISE AUS

> *Die Erhöhung des Mindestumtausches für West-Berliner und westdeutsche Besucher in Ost-Berlin durch die Regierung der DDR wird von der Bundesregierung als Belastung für die deutsch-deutschen Beziehungen gewertet. In einer Erklärung vom 15. Oktober 1980 heißt es:*
>
> *Das Kabinett hat sich unter Vorsitz des Bundeskanzlers ausführlich mit der willkürlichen Erhöhung des Mindestumtausches durch die Regierung der DDR beschäftigt und bei dieser Gelegenheit auch die Rede des Staatsratsvorsitzenden der DDR in Gera erörtert.*
>
> *Das Kabinett stimmte der Feststellung des Bundeskanzlers zu, daß der Entspannungspolitik mit der Erhöhung des Mindestumtausches ein schwerer Rückschlag versetzt worden ist und daß die Führung der DDR wissen müsse, daß eine solche Maßnahme das Verhältnis zwischen den beiden deutschen Staaten erheblich belasten.*
>
> *Das Kabinett war sich einig, daß wir gegenwärtig nichts tun wollen, ja dürfen, was die Bürger in den beiden deutschen Staaten und in Berlin zusätzlich in Bedrängnis bringen müßte.*
>
> *Vier Gesichtspunkte sind der Bundesregierung vor allen anderen wichtig:*
>
> *Erstens: Wir würden gegen den Grundsatz verstoßen, daß der Zusammenhalt der Nation gewahrt und gestärkt werden muß, wenn wir eine Politik der von der DDR gewollten Abgrenzung von uns aus mit Abgrenzung begegnen würden. Das wäre eine Politik gegen die Interessen der Menschen.*
>
> *Zweitens: Die Bundesregierung wird auch künftig im Bewußtsein ihrer besonderen Verantwortung für den Fortgang den Entspannungspolitik in Europa handeln und sich nicht zu einer Politik der Nadelstiche drängen lassen.*
>
> *Es ist und bleibt das Ziel der Bundesregierung, darauf hinzuwirken, daß die Erhöhung des Mindestumtausches zurückgenommen wird. Die Bundesregierung sieht einstweilen allerdings keinen Anlaß, über den sogenannten Swing, also den der DDR gewährten zinslosen Überziehungskredit, und über solche wichtigen Projekte zu verhandeln, die mit Verkehrs- und Energiefragen zu tun haben.*
>
> *Drittens: Die Bundesregierung wird im übrigen alles in ihren Kräften Stehende tun, um im Gesamtzusammenhang unserer Deutschland- und Ostpolitik zu gegebener Zeit eine positive Klärung der jetzt entstandenen Lage zu erreichen.*
>
> *Viertens: Das Kabinett war sich darin einig, daß die willkürlichen Maßnahmen der DDR auf der Konferenz für Sicherheit und Zusammenarbeit in Madrid zur Sprache gebracht werden sollen.*

übernommen und damit dem Land Berlin großen finanziellen Schaden zugefügt. Der Garski-Skandal löst eine tiefgreifende Regierungskrise aus, an deren Ende am 15. Januar 1981 der Rücktritt des Regierenden Bürgermeisters Dietrich Stobbe (SPD) steht.

KULTUR
Tutanchamun in Berlin: Am 16. Februar öffnet gegenüber dem Charlottenburger Schloß in eigens für diesen Zweck eingerichteten Räumen einer ehemaligen Kaserne eine Ausstellung ihre Pforten, die zu einem großen Publikumserfolg wird. Gezeigt werden die Grabbeigaben des altägyptischen Pharaos Tutanchamun. Die kostbaren Exponate, darunter die prachtvolle Totenmaske des vor rund 3300 Jahren verstorbenen Königs, sind im Rahmen einer von Ägypten organisierten Welttournee nach Berlin gelangt und werden bis zum 26. Mai ausgestellt.

ALLTAG UND GESELLSCHAFT
Steglitzer Kreisel eröffnet: Am 27. Februar erhält Steglitz am Hermann-Ehlers-Platz mit dem sogenannten Kreisel ein neues Wahrzeichen. Nach rund zehnjähriger Bauzeit wird der Gebäudekomplex, dessen Mittelpunkt ein dreißiggeschossiger Hochhausbau bildet, seiner Bestimmung übergeben.
Der Steglitzer Kreisel hatte 1976 im Zusammenhang mit umstrittenen Senatsbürgschaften für einen Skandal gesorgt. Als der Bauträger – die Firma Avalon-Bau der Architektin Sigrid Kressmann-Zschach – in Konkurs gegangen war, hatte das rund 330 Millionen DM teuere Gebäude als eine Bauruine stehen bleiben müssen. 1977 war der Steglitzer Kreisel für 32 Millionen DM versteigert worden. Er beherbergt nun hauptsächlich ein Hotel mit 440 Betten sowie Teile des Bezirksamtes Steglitz.

Einsturz der Kongreßhalle: 1957 hatten die Vereinigten Staaten im Rahmen der Interbau West-Berlin die Kongreßhalle im Tiergarten geschenkt. Mit einer kühnen Spannbeton-Deckenkonstruktion, die weitgehend ohne stützende Pfeiler auskommt, hat das Bauwerk weltweit Aufsehen erregt.
Am 21. Mai stürzen Teile der Decke infolge von Materialermüdung ein. Dabei kommt ein Mensch ums Leben; fünf Personen erleiden Verletzungen. Hätte zum Zeitpunkt des Unglücks in dem Bauwerk eine Veranstaltung stattgefunden, wäre die Zahl der Opfer weitaus höher gewesen.
Wegen seiner herausragenden architektonischen Bedeutung und seiner Symbolkraft für die deutsch-amerikanische Freundschaft beschließt der Senat unmittelbar nach dem Einsturz den Wiederaufbau des Gebäudes.

Türkischer Basar: Eine in Deutschland einmalige Einrichtung öffnet am 5. September im stillgelegten Hochbahnhof Bülowstraße (Schöneberg) die Tore. Die Halle des Bahnhofes beherbergt künftig einen türkischen Basar, in dem 35 Geschäfte und Restaurants ihre Produkte feilbieten.
Von den 1980 rund 210 000 in West-Berlin lebenden Ausländern stellen die Türken mit einem Anteil von rund 50% die größte Gruppe. Die meisten leben in den Bezirken Kreuzberg, Schöneberg und Wedding.

Berliner Neubürger: In diesem Jahr erhält der Berliner Zoologische Garten eine neue Attraktion. Am 5. November treffen auf dem Flugha-

Die Kongreßhalle im Tiergarten nach dem Einsturz, 21. Mai 1980.

KULTURHAUPTSTADT BERLIN 1980

Die »Berliner Zeitung« schreibt über die Uraufführung des Dramas »Der Bau« von Heiner Müller in der Ost-Berliner Volksbühne am 3. September 1980:

... Müllers Stücke sind immer Herausforderungen für das Theater gewesen. Der Einsatz des gesamten Ensembles der Volksbühne für die Uraufführung des »Bau«, der vor gut 16 Jahren geschrieben wurde, ist deshalb nicht hoch genug zu veranschlagen. In Fritz Marquardt hatte man zudem einen Regisseur mit Erfahrungen im Umgang mit Stücken des Haus-Autors (»Weiberkomödie«, »Die Bauern«). Marquardt wußte vor allem jene Kunst-Ebene herzustellen (und, anders gesagt, jeden Naturalismus zu vermeiden), ohne die dieses Stück nicht funktionieren kann. Müller hält zu Recht den »Bau« als »Abbildung eines Baugeschehens« für nicht aufführbar. »Der Abstand (die Haltung) zum Material (ich bin kein Bauarbeiter Ingenieur Parteifunktionär) ist mitgeschrieben, gehört zur Wirklichkeit des Stücks und muß mit dargestellt werden.«

... Müllers »Bau« hat seine Bewährungsprobe auf dem Theater bestanden. Das Haus am Luxemburgplatz hat sein Repertoire um ein wichtiges Stück bereichert. Wenn spätere Generationen über den Aufbau des Sozialismus in unserem Lande Mitteilung erhalten wollen, dann gehört Heiner Müllers »Bau« in die Reihe der wesentlichen künstlerischen Zeugnisse dieser Jahre.

nehmer bedeutet dies, die staatlichen Planungsvorgaben zu übertreffen. Vor diesem Hintergrund findet am 17. September im Palast der Republik die 5. Berliner Bestarbeiter-Konferenz statt, an der rund 4000 wegen besonderer Leistungen ausgezeichnete Werktätige teilnehmen.

Auf der Konferenz wird ein optimistisches Bild der Wirtschaft der Hauptstadt gezeichnet. Nach Angaben der Referenten konnte in der industriellen Warenproduktion der Plan von Anfang Januar bis Ende August mit 101% erfüllt werden. In der Bauproduktion wurden 102% erreicht. Das entspricht insgesamt einer Mehrleistung im Wert von 142 Millionen Mark. Zusätzlich soll das Ergebnis durch Materialeinsparungen verbessert werden. Auf diese Weise können – so die Berliner Bestarbeiter – bis zum Jahresende zwei zusätzliche Tagesproduktionen realisiert werden.

KULTUR

Ernst Busch gestorben: Einen schmerzlichen Verlust erleidet das Kulturleben der DDR-Hauptstadt mit dem Tod des Schauspielers und Sängers Ernst Busch am 8. Juni.

In der Weimarer Republik hatte Busch die Kulturszene Berlins mitgeprägt und war maßgeblich am Aufstieg der Stadt zur europäischen Theatermetropole beteiligt gewesen. So hatte er in zahlreichen Inszenierungen Bertolt Brechts und Erwin Piscators mitgewirkt. Nach dem Krieg spielte Busch an verschiedenen Ost-Berliner Bühnen. Große Popularität hat der im Alter von 80 Jahren Verstorbene durch seine Aufnahmen von Liedern aus dem spanischen Bürgerkrieg erlangt.

Theaterstadt Berlin: 1980 finden in Ost-Berlin eine Reihe von bemerkenswerten Theateraufführungen statt. Am 26. April kommt auf der Probebühne des Berliner Ensembles Volker Brauns Text-Collage »Simplex Deutsch« zur Uraufführung.

Heiner Müllers »Der Bau« feiert am 3. September an der Volksbühne am Rosa-Luxemburg-

Ernst Busch als Galilei, 1957

Platz Weltpremiere. Regie in dem bereits Mitte der sechziger Jahre in Anlehnung an Erik Neutschs »Spur der Steine« entstandenen Stück führt Fritz Marquardt. Ebenfalls an der Volksbühne wird am 3. November Heiner Müllers Drama »Der Auftrag. Erinnerungen an eine Revolution« uraufgeführt.

Festtage verbreiten internationales Flair: Die XXIV. Festtage, die vom 26. September bis zum 12. Oktober in Ost-Berlin stattfinden, sollen – so Kulturstadtrat Jürgen Schuchhardt – »den Entwicklungsstand unserer sozialistischen Nationalkultur dokumentieren und ihre internationale Bedeutung als wichtigstes kulturelles

---

In einem Interview mit der Zeitung »Neues Deutschland« begründet Werner Schmieder, Minister der Finanz der DDR, die Erhöhung des Mindestumtauschs vom 9. Oktober 1980:

... Die bisherige Regelung über den Mindestumtausch von Zahlungsmitteln für die Einreise von Personen aus nichtsozialistischen Ländern in die DDR, die ja bekanntlich aus dem Jahre 1974 stammt, entsprach nicht mehr den Notwendigkeiten der Gegenwart. Es ist bekannt, daß die Währungen in den nichtsozialistischen Ländern heute nicht mehr den gleichen Wert haben. Immerhin sind seit 1974 sechs Jahre vergangen. Die Einzelverkaufspreise für Waren des Grundbedarfs in der DDR sind demgegenüber stabil geblieben. Die Kaufkraft der Mark hat sich also erhöht. Es ist völlig normal, daß diese Regelungen durch den Minister der Finanzen jetzt getroffen wurden. Diese Regelungen ergaben sich aus den souveränen Rechten der DDR, festzulegen, in welcher Höhe und zu welchem Zeitpunkt ein verbindlicher Mindestumtausch von konvertierbaren Währungen in Mark der DDR erfolgt ...

Das einzige, was die Neufestlegung mit berührt, ist die Eindämmung der Spekulation mit der Mark der DDR in Westberlin. Schließlich ist es nicht normal, daß man in Westberlin für 1 DM der BRD 5 Mark der DDR illegal tauscht. Es kann ja nicht so sein, daß Bürger aus der BRD oder Westberlin dann dafür in einem Restaurant der DDR ein gutes Mittagessen bekommen, während sie in der BRD oder Westberlin mindestens 16 DM bezahlen müssen ...

Ich kann mir nicht vorstellen, daß notwendige finanzielle Maßnahmen, die nur die DDR etwas angehen, die Beziehungen zwischen der DDR und der BRD bzw. Westberlin belasten können. Dies würde jedem Sinn für Realität widersprechen.

1980 GARSKI-SKANDAL LÖST SENATSKRISE AUS

Zu der Affäre um die Bürgschaften des Landes für die am 18. Dezember 1980 in Konkurs gegangene Baufirma des Architekten Dietrich Garski schreibt das Nachrichtenmagazin »Der Spiegel«:

... Es geht um rund 125 Millionen DM, dreimal soviel wie einst beim Berliner Bauskandal um den Steglitzer Kreisel. Und diesmal ist auch die politische Brisanz ums Dreifache gefährlicher. Getäuscht und betrogen durch den Berliner Architekten und Bauunternehmer Dietrich Garski, 49, fühlen sich ... der Präsident der Landeszentralbank, Dieter Hiss, Wirtschaftssenator Wolfgang Lüder und Finanzsenator Klaus Riebschläger.
Über gut zwei Jahre freilich haben eben diese Experten Kredite der senatseigenen Berliner Bank für das Garski-Unternehmen ... gutgeheißen und jeweils 90prozentige Ausfallbürgschaften des Landes Berlin zugestanden. ...
Ein Niedergang des FDP-Landesvorsitzenden Lüder und des stellvertretenden SPD-Vorsitzenden Riebschläger aber könnte den ganzen Berliner Koalitionssenat ruinieren – zumal nach einem von [Dietrich] Stobbe insgeheim gehegten Plan auch ohne die neuerdings verheerende Finanz-Affäre ein paar schwache Köpfe hätten rollen sollen ...

fen Tempelhof zwei Pandabären ein. Sie sind ein Geschenk der Volksrepublik China an die Bundesregierung.
Die possierlichen Tiere, für die extra ein neuer Anbau an das Raubtierhaus errichtet worden ist, genießen bei den Berlinern sofort große Beliebtheit. Für Schlagzeilen sorgen die Bären mit Namen Bao Bao und Tian Tian wegen ihrer anspruchsvollen Beköstigung – für sie wird regelmäßig frischer Bambus eingeflogen.

Der Pharao Tutanchamun und seine Gemahlin Anchesenamun, eine Schwester der Nofretete, goldenes Relief, um 1323 v. Chr.

KALENDARIUM

1. Januar: Gemäß einem deutsch-deutschen Abkommen müssen im Transitverkehr von und nach West-Berlin von der DDR erhobene Straßenbenutzungsgebühren nicht mehr individuell entrichtet werden. Die Bundesrepublik wird künftig eine Pauschale von jährlich 50 Millionen DM überweisen.

15. Februar: In der Schloßstraße am Charlottenburger Schloß öffnet die Tutanchamun-Ausstellung ihre Pforten. Gezeigt werden kostbare Exponate aus dem Grab des altägyptischen Pharaos. Die bis zum 26. Mai geöffnete Ausstellung besuchen mehr als 650 000 Menschen.

27. Februar: Nach rund zehnjähriger Bauzeit wird der sogenannte Steglitzer Kreisel an der Schloßstraße seiner Bestimmung übergeben. Der Bau war in den vergangenen Jahren wegen großer Finanzierungsprobleme ins Gerede gekommen.

1. April: Die West-Berliner Pädagogische Hochschule in Lankwitz wird aufgelöst. Die einzelnen Teilbereiche werden in die Freie Universität, die Technische Universität und in die Hochschule der Künste eingegliedert.

26. April: Auf der Probebühne des Berliner Ensembles in Ost-Berlin wird Volker Brauns Text-Collage »Simplex Deutsch« uraufgeführt.

30. April: Die DDR erklärt sich zu der Errichtung eines neuen Grenzübergangs bei Wartha und zum Bau eines neuen Autobahnteilstückes bereit. Dadurch soll der Transitverkehr nach West-Berlin erleichtert werden. Die Kosten für das Projekt übernimmt die Bundesrepublik.

16. Mai: Im Bezirk Frohnau wird der 344 m hohe Fernmeldeturm in Betrieb genommen.

21. Mai: Beim Einsturz eines Teils der Dachkonstruktion der Kongreßhalle im Tiergarten wird ein Mensch getötet. Mehrere Personen erleiden Verletzungen. Der Einsturz wird von Experten auf Materialermüdung zurückgeführt.

8. Juni: In Ost-Berlin stirbt im Alter von 80 Jahren Ernst Busch. Der Schauspieler und Sänger zählte zu den herausragenden Persönlichkeiten der DDR-Kulturszene.

19. Juni: König Khalid von Saudi-Arabien trifft im Rahmen seines offiziellen Besuches der Bundesrepublik zu einer Kurzvisite in West-Berlin ein.

3. Juli: Nach offiziellen Angaben sind seit 1964 in der DDR rund 13 000 politische Häftlinge vorzeitig entlassen und in die Bundesrepublik abgeschoben worden. Erreicht wurde dies, wie es heißt, durch »besondere Bemühungen« der Bundesregierung.

4. Juli: Auf dem Kurfürstendamm findet ein internationales Drehorgel-Festival statt, auf dem rund 50 Drehorgelspieler ihre Künste zu Gehör bringen.

3. September: An der Ost-Berliner Volksbühne am Rosa-Luxemburg-Platz wird Hei-

KALENDARIUM

KULTURHAUPTSTADT BERLIN 1980

ner Müllers Stück »Der Bau« in der Regie von Fritz Marquardt uraufgeführt.

5. September: Im stillgelegten Hochbahnhof Bülowstraße in Schöneberg wird ein türkischer Basar eröffnet.

15. September: Im Ost-Berliner Palast der Republik wird die 67. Konferenz der Interparlamentarischen Union eröffnet, an der über 1 000 Delegierte aus 87 Ländern teilnehmen.

17. September: Die Bediensteten der S-Bahn in West-Berlin treten in einem Streik, mit dem sie bessere Arbeitsbedingungen erreichen wollen. Im Gefolge des zehntägigen Ausstandes stellt die Ost-Berliner S-Bahn-Verwaltung den Betrieb auf fast der Hälfte des West-Berliner S-Bahn-Netzes ein.

17. September: Im Ost-Berliner Palast der Republik tagt die 5. Bestarbeiter-Konferenz und berät über Maßnahmen zur Produktionssteigerung. An der Konferenz nehmen mehr als 4000 Werktätige und Funktionäre teil.

1. Oktober: Die Verlängerung der U-Bahn-Linie 7 vom Richard-Wagner-Platz zur Station Rohrdamm wird eröffnet.

5. Oktober: Als Berliner Vertreter für den neugewählten Deutschen Bundestag bestimmt das Abgeordnetenhaus 11 Abgeordnete der CDU, 10 der SPD und 1 der FDP. Eine Direktwahl ist wegen des besonderen Status der Stadt nicht möglich.

9. Oktober: Die Regierung der DDR erhöht den Zwangsumtausch für Bundesbürger bei Besuchen in Ost-Berlin auf 25 DM pro Tag.

18. Oktober: Das »Antikenprojekt II«, die »Orestie« des Aischylos, hat in der Schaubühne am Halleschen Ufer Premiere. Regie führt Peter Stein, das Bühnenbild besorgte Karl-Ernst Herrmann. Es ist eine der letzten Aufführungen vor dem Umzug der Schaubühne in das neue Haus am Lehniner Platz (Charlottenburg).

3. November: Heiner Müllers Drama »Der Auftrag. Erinnerungen an eine Revolution« wird an der Ost-Berliner Volksbühne uraufgeführt.

5. November: Auf dem Flughafen Tegel treffen zwei Pandabären ein, die West-Berlin von der Volksrepublik China zum Geschenk gemacht wurden. Die Pandabären werden zu einer der Hauptattraktionen des West-Berliner Zoos.

18. Dezember: Die Baufirma des Berliner Architekten Dietrich Garski muß Konkurs anmelden. Es handelt sich um einen der größten Bauskandale der West-Berliner Nachkriegsgeschichte. Das Land Berlin ist in den Skandal durch Bürgschaften in Höhe von rund 115 Millionen DM verwickelt.

31. Dezember: Nach Angaben des Senates leben rund 230 000 Ausländer in West-Berlin. Dies entspricht einem Bevölkerungsanteil von 10%.

Ereignis im geistig-kulturellen Leben der Hauptstadt der DDR unter Beweis stellen«. Geboten wird eine breite Palette von Veranstaltungen. Das Angebot reicht von Theateraufführungen, Opern- und Ballettabenden, Sinfonie- und Kammerkonzerten bis hin zu Kabarett, Pantomime, Puppentheater und Lesungen. Darüber hinaus sollen die Besucher die Möglichkeit erhalten, mit den Künstlern in Diskussionsveranstaltungen zusammenzukommen.

Eingeladen sind 19 Ensembles und 23 Solisten aus 20 Nationen. Hinzu kommen Gastspiele von Theatern aus anderen Bezirken der DDR. Die Ost-Berliner Bühnen präsentieren während der Festtage neun Premieren.

ALLTAG UND GESELLSCHAFT

Sozialpolitik der DDR: Zu den zentralen Aufgaben der Kommunen und des Staates gehört die Betreuung von Kinder und Jugendlichen. 1980 stehen in Ost-Berlin für knapp 700 von 1000 Kindern Krippenplätze zur Verfügung; rund 66% der schulpflichtigen Kinder der Klassen 1 bis 4 besuchen einen Schulhort. Ihre Ferien verbringen sie u.a. in den rund 500 Betriebsferienlagern (1980 knapp 100 000 Berliner Teilnehmer). Für die Eltern – meist sind Mutter und Vater berufstätig – bringt diese umfassende Betreuung spürbare Erleichterungen im Alltagsleben.

Aufstellung des Reiterstandbildes Friedrichs II., Unter den Linden, Dezember 1980.

Friedrich II. an alter Stelle: Im November wird das bronzene Reiterstandbild des preußischen Königs, Friedrichs II., wieder Unter den Linden aufgestellt. Das Denkmal gilt als eindrucksvollstes Werk des Bildhauers Christian Daniel Rauch und war 1840 enthüllt worden. Es zeigt den König in historischem Kostüm hoch zu Roß auf einem dreistufigen Sockel.

Im Juli 1950 ist das Denkmal als Symbol des Feudalismus abgeräumt und in den Park von Schloß Sanssouci bei Potsdam gebracht worden. Seit sich Ende der siebziger Jahre ein differenziertere und objektivere Betrachtungsweise der deutschen Geschichte durchsetzt, werden auch preußische Denkmäler als Zeugnisse der Geschichte gewertet. So reitet auch Friedrich II. wieder Unter den Linden.

SPORT

Rund um Berlin: Zum 74. Mal wird am 6. September der Radsportklassiker Rund um Berlin ausgetragen. An dem über 195 km führenden Rennen nehmen 84 Fahrer teil, darunter Spitzenathleten aus der Sowjetunion, der CSSR, Bulgarien und Rumänien. Überraschungssieger der hochklassig besetzten Konkurrenz wird der 20jährige Jörg Köhler (SG Wismut Aue). Er absolviert die Strecke in einer Zeit von 4:54:00 h. Bereits am Vortag hatte ebenfalls unter internationaler Beteiligung das Radrennen um den vom SC Dynamo Berlin gestifteten Dynamo-Cup stattgefunden. Gewinner über die 166 km wurde Olaf Ludwig aus Gera (4:01:23 h).

1981 MACHTWECHSEL IN BERLIN

POLITIK

Senat erklärt Rücktritt: Der 1979/80 aufgedeckte Skandal um die Landesbürgschaft für die Baufirma des Architekten Dietrich Garski zieht Kreise. Nach den Rücktritten mehrerer Senatoren im Vorjahr gelingt es dem Regierenden Bürgermeister Dietrich Stobbe (SPD) nicht, die Ämter neu zu besetzen, weil seine Personalvorschläge im Abgeordnetenhaus keine Mehrheit finden.

Stobbe und der SPD/FDP-Senat ziehen am 15. Januar die Konsequenzen und treten zurück. Um einen Neuanfang zu ermöglichen, nominieren die Sozialdemokraten wenige Tage später Bundesjustizminister Hans-Jochen Vogel für das Amt des Regierenden Bürgermeisters. Die Entscheidung ist nicht unumstritten; zwar wird die Kompetenz des langjährigen Münchener Oberbürgermeisters nicht angezweifelt, die Berufung eines Mannes aus Westdeutschland, eines »Imports«, jedoch von vielen Berlinern als Affront empfunden.

Am 23. Januar wählt das Abgeordnetenhaus mit 73 von 135 Stimmen Vogel zum Regierenden Bürgermeister. Die zwölf vorgeschlagenen Senatoren – fünf stammen aus der Bundesrepublik – erhalten ebenfalls die notwendige Stimmenmehrheit.

CDU gewinnt vorgezogene Wahlen: Am 10. Mai stellt sich der neue Senat dem Wähler. Dabei müssen die Koalitionsparteien SPD und FDP empfindliche Verluste hinnehmen, sie erhalten nur 38,3 % und 5,6 % der Stimmen. Offensichtlich haben die West-Berliner die zahlreichen Skandale und Affären der letzten Jahre satt.

Die CDU erzielt mit 48 % deutliche Gewinne und damit ihr bestes Berliner Ergebnis; sie verfehlt allerdings die absolute Mehrheit. Großer Gewinner der Wahlen ist die Alternative Liste für Demokratie und Umweltschutz (AL), die mit 7,2 % erstmals den Sprung in das Abgeordnetenhaus schafft und die Liberalen als drittstärkste politische Kraft ablöst.

Weizsäcker Regierender Bürgermeister: Für eine Neuauflage der Koalition von SPD und FDP besteht im Abgeordnetenhaus keine Mehrheit. Die linksgerichtete AL gilt wegen ihrer teilweise radikalen und unklaren Positionen – etwa in der Gewaltfrage – als nicht koalitionsfähig. Aus diesem Grund bildet die CDU als stärkste Partei einen Minderheitssenat unter Richard von Weizsäcker. Am 11. Juni wird Weizsäcker mit Duldung einiger Abgeordneter der FDP zum Regierenden Bürgermeister gewählt.

Als Schwerpunkte seiner Politik bezeichnet er in einer Regierungserklärung am 2. Juli die Stadtentwicklung und den Wohnungsbau sowie den Erhalt und die Schaffung von Arbeitsplätzen. Gleichzeitig sollen wegen der angespannten Finanzlage der Stadt drastische Sparmaßnahmen eingeleitet werden.

Antiamerikanische Krawalle: In diesem Jahr ist West-Berlin wiederholt Schauplatz von Auseinandersetzungen zwischen linksgerichteten Jugendlichen – zum Teil Mitgliedern der sogenannten Autonomen Szene – und der Polizei. So kommt es anläßlich des Besuches des amerikanischen Außenministers Alexander Haig am 13. September bei einem vom Olivaer Platz (Charlottenburg) zum Winterfeldtplatz (Schöneberg) führenden Demonstrationszug zu schweren Krawallen. Dabei werden 151 Polizeibeamte verletzt. Der Sachschaden ist groß: Zahlreiche Schaufensterscheiben werden eingeschlagen, mehrere Autos angezündet.

Demonstration gegen Häuserräumung fordert Todesopfer: Die Welle der Gewalt findet wenige Tage später ihre Fortsetzung. Am 22. September läßt der Senat acht besetzte Häuser in den Bezirken Schöneberg, Kreuzberg, Charlottenburg und Wedding räumen.

Damit entspricht er dem Verlangen der Eigentümer, die mit der Sanierung der Gebäude beginnen wollen. Am Winterfeldtplatz sowie in der Bülowstraße kommt es daraufhin zu Straßenschlachten, in deren Verlauf der achtzehnjährige Klaus-Jürgen Rattay von einem BVG-Bus erfaßt und getötet wird. Noch am selben Abend findet in der Innenstadt ein Trauermarsch statt, der von neuen Zusammenstößen mit der Polizei begleitet ist.

KULTUR

Zadek-Revue birgt Zündstoff: Spektakulär und umstritten ist die am 9. Januar im Schiller-Theater uraufgeführte Bühnenfassung von Hans Falladas Roman »Jeder stirbt für sich allein«. Der Regisseur Peter Zadek hat in Zusammenarbeit

---

Unterschriftensammlung zum Volksbegehren für Neuwahlen, Wittenbergplatz, Januar 1981.

Ergebnis der Wahlen zum Abgeordnetenhaus, 10. Mai 1981

Wahlberechtigte	1 514 642		
Wahlbeteiligung	1 291 842	85,3%	
CDU	605 265	48,0%	65 Mandate
SPD	483 778	38,3%	51 Mandate
FDP	70 529	5,6%	7 Mandate
AL	90 653	7,2%	9 Mandate
SEW	8 176	0,6%	

Am 15. Januar 1981 erklärt Dietrich Stobbe (SPD) vor dem Abgeordnetenhaus seinen Rücktritt vom Amt des Regierenden Bürgermeisters:

Gemäß Artikel 41 Absatz 4 der Verfassung von Berlin erkläre ich hiermit meinen Rücktritt. Gleichzeitig stellen alle anderen Mitglieder des Senats ihre Ämter zur Verfügung. Ich habe mit meinem Vorschlag zur Senatsumbildung, den ich mit den Koalitionsfraktionen in aller Sorgfalt abgestimmt hatte, im Abgeordnetenhaus von Berlin keine Mehrheit gefunden. Ich ziehe daraus die politische Konsequenz meines Rücktrittes. Ich habe unserer Stadt - und, meine Damen und Herren, damit meine ich die ganze Stadt Berlin - und ich habe den Koalitionsfraktionen, den Sozialdemokraten und den Freien Demokraten, mit diesem Vorschlag dienen wollen.

Den Berlinern möchte ich sagen, daß ich mit allen Kräften versucht habe, einen Weg aus der gegenwärtigen Krise heraus zu finden, damit die Stadt einen handlungsfähigen Senat hat. Dies ist mir nicht gelungen; jetzt muß ein anderer die Bürde dieses Amtes tragen. Berlin zu dienen war in jedem Zeitpunkt meiner Amtszeit Ziel meines Handelns und wird es auch bleiben, wenn ich nicht mehr das Amt des Regierenden Bürgermeisters wahrnehme. Ich liebe unsere Stadt.

OST-BERLINER WÄHLEN VOLKSKAMMER MIT 1981

POLITIK

Wahlen in der Hauptstadt: Am 14. Juni werden in der DDR die Wahlen zur Volkskammer und zu dem Bezirkstagen und Stadtkreisen mit Stadtbezirken durchgeführt.

Die Ost-Berliner haben erstmals die Möglichkeit, neben den Abgeordneten für die Stadtverordnetenversammlung von Berlin, Hauptstadt der DDR 40 Vertreter für die Volkskammer zu wählen. Bislang hatte sich die Gesetzgebung der DDR insofern an den Viermächte-Status Berlins gehalten, als er eine direkte Wahl von Berliner Abgeordneten zur Volkskammer ausschließt. Erst 1979 ist eine Änderung des Wahlgesetzes erfolgt.

Krack bleibt Oberbürgermeister: Sowohl die Wahlen zur Volkskammer als auch die zur Stadtverordnetenversammlung bergen keine Überraschungen. Nach offiziellen Angaben entscheiden sich mehr als 99 % der Stimmberechtigten für die Kandidaten der Nationalen Front. Auf ihrer konstituierenden Sitzung am 29. Juni bestätigt die Stadtverordnetenversammlung Erhard Krack (SED) im Amt des Oberbürgermeisters. Bei der Zusammensetzung des Magistrats gibt es ebenfalls keine bemerkenswerten Änderungen.

SED feiert »Antifaschistischen Schutzwall«: Mit großem Aufwand begeht die DDR am 13. August den 20. Jahrestag des Baus der Berliner Mauer. In der Karl-Marx-Allee im Bezirk Mitte findet aus diesem Anlaß eine Militärparade statt, bei der rund 10 000 Angehörige der Grenzstreitkräfte, der Volkspolizei und der Betriebskampfgruppen an der Partei- und Staatsführung

---

Die Wahlkommission veröffentlicht das offizielle Ergebnis der Stadtverordnetenwahlen vom 14. Juni 1981:

Zahl der Wahlberechtigten:	872 793
Zahl der abgegebenen Stimmen:	856 513
Wahlbeteiligung in Prozent:	98,13
Zahl der ungültigen Stimmen:	449
Prozentsatz der ungültigen Stimmen:	0,05
Zahl der gültigen Stimmen:	856 064
Prozentsatz der gültigen Stimmen:	99,95
Zahl der für den Wahlvorschlag der Nationalen Front abgegebenen gültigen Stimmen:	853 078
Prozentsatz der für den Wahlvorschlag der Nationalen Front abgegebenen gültigen Stimmen:	99,65
Zahl der gegen den Wahlvorschlag der Nationalen Front abgegebenen Stimmen:	2 986
Prozentsatz der gegen den Wahlvorschlag der Nationalen Front abgegebenen Stimmen:	0,35
Anzahl der zu besetzenden Mandate:	225
Anzahl der gewählten Abgeordneten:	225
Anzahl der gewählten Nachfolgekandidaten:	77

Am 29. Juni 1981 tritt die neugewählte Stadtverordnetenversammlung von Berlin, Hauptstadt der DDR, zu ihrer konstituierenden Sitzung zusammen. Der Leiter der Sitzung, Konrad Naumann, Mitglied des Politbüro des ZK der SED und Erster Sekretär der Bezirksleitung Berlin der SED, erklärt:

... Der eindeutige Vertrauensbeweis der Bürger der Hauptstadt am 14. Juni 1981 verpflichtet uns, mit großer Aufmerksamkeit die vertrauensvolle politische Massenarbeit fortzuführen und den gewachsenen Bedürfnissen und politisch-ideologischen Ansprüchen mit noch höherer Qualität gerecht zu werden. ... Überall gilt es, die schöpferische Tätigkeit der Werktätigen im sozialistischen Wettbewerb zu fördern, um den Volkswirtschaftsplan allseitig zu erfüllen und die zusätzlichen Verpflichtungen einzulösen. Darin besteht ein entscheidende Bedingung für die Fortführung unseres Kurses der Hauptaufgabe. Die weitere Aussprache über die Direktive des X. Parteitages für den Fünfjahrplan und über den Volkswirtschaftsplan 1982 wird dazu beitragen, Reserven zu erschließen, um die ökonomische Leistungskraft unserer Republik zu stärken ...

vorbei marschieren. Die Bevölkerung empfindet in ihrer großen Mehrheit die propagandistischen Feierlichkeiten als Zynismus: Seit seinem Bau 1961 hat der sogenannte Antifaschistische Schutzwall bereits 186 Menschenleben gefordert.

WIRTSCHAFT

Flughafen Schönefeld gewinnt an Internationalität: Bereits seit längerem versucht die DDR-Führung, den Berliner Flughafen Schönefeld als Devisenquelle zu erschließen. Durch ein auf West-Berliner abgestimmtes Angebot spricht die staatliche Gesellschaft Interflug eine zahlungskräftige westliche Kundschaft an. Geboten werden preiswerte Flüge zu einigen beliebten Reisezielen.

Am 20. Januar senkt die Interflug abermals ihre Preise. So kostet jetzt ein Flug von Schönefeld nach Athen und zurück 284 DM (bislang 420 DM). Westliche Fluggesellschaften können dabei nicht mithalten, für sie werden die »Dumping-Preise«, wie sie sie nennen, zunehmend zu einem Problem.

Auch wenn die Interflug über preiswerteres Fluggerät als die westliche Konkurrenz verfügt, einen vergleichsweise bescheidenen Service bietet und nur bestimmte Flughäfen anfliegt, können sie bei derartig niedrigen Preisen keine Gewinne erzielt werden. Die notwendige Subventionierung nimmt die DDR jedoch in Kauf, um die dringend benötigten Devisen zu erhalten.

Von den Billigangeboten der Interflug können die Ost-Berliner nicht profitieren, da sie nicht in den Westen reisen dürfen.

Wirtschaft auf Wachstumskurs: Eines der zentralen Themen des am 11. April im Palast der Republik eröffneten X. Parteitages der SED ist der Fünfjahresplan 1981 bis 1985. Gefordert werden drastische Produktionssteigerungen. Allein in Ost-Berlin soll der Zuwachs jährlich rund acht % betragen. Neben einer höheren Quantität ist auch eine Steigerung der Qualität – insbesondere der Konsumgüter – vorgesehen.

Große Aufmerksamkeit wird den Zukunftstechnologien gewidmet; vor allem auf dem Gebiet der Mikroelektronik, der Halbleiterfertigung und der Nachrichtentechnik sollen verstärkte Anstrengungen erfolgen. Eine Schlüsselrolle spielen dabei Ost-Berliner Betriebe, die über entsprechende Kapazitäten verfügen und eng mit den hier ansässigen Hochschulen zusammenarbeiten.

KULTUR

Annäherung an Preußen: Das 1945 untergegangene Preußen hat seit Anbeginn der DDR als Hort des Militarismus und der Reaktion gegolten. »Preußisches« war, seit die KPD und SED die Herrschaft angetreten hatten, aus allen Lebensbereichen zu tilgen, so auch aus dem Berliner Stadtbild. Das Stadtschloß war 1950 gesprengt, die Reiterstandbilder Friedrichs II. und Wilhelms I. sowie die Generäle bei der Neuen Wache und auf dem Thälmann-Platz abgeräumt worden.

1980/81 deutet sich eine offizielle differenziertere Bewertung der preußischen Geschichte an. Das von Christian Daniel Rauch geschaffene Reiterstandbild von Friedrich II. ist wieder Unter den Linden aufgestellt worden.

1981 werden Erinnerungen an das alte Stadtbild geweckt: Am 29. April kehren die acht von Karl Friedrich Schinkel entworfenen Figuren der Marx-Engels-Brücke (Schloßbrücke) an ihren Standort zurück. Sie hatten seit Kriegsende in West-Berlin gelagert und werden nun aus Anlaß des 200. Geburtstages Schinkels vom Senat zurückgegeben.

»Berliner Begegnung«: Am 13. und 14. Dezember ist das Hotel Stadt Berlin Schauplatz eines herausragenden literarisch-politischen Ereignisses. Auf Initiative von Stefan Hermlin kommen im Rahmen der Berliner Begegnung rund 100 Schriftsteller, Künstler und Wissenschaftler aus Ost und West zusammen, um Erfahrungen auszutauschen und über Möglichkeiten zur Friedenssicherung zu diskutieren. Unter den Teilnehmern sind Stephan Heym, Christa Wolf und Bernt Engelmann.

Die zentralen Diskussionsthemen sind die drohende Nachrüstung der NATO (NATO-Doppelbeschluß) und das genau zu diesem Zeitpunkt von der polnischen Regierung über das Land verhängte Kriegsrecht, das sich gegen die Ge-

1981 MACHTWECHSEL IN BERLIN

mit dem Franzosen Jérôme Savary die Vorlage in eine fünfstündige Revue umgesetzt. Im Mittelpunkt steht das Schicksal eines Arbeiters (Bernhard Minetti) und seiner Frau (Angelika Domröse) während des Dritten Reiches.
Für Diskussionen sorgt vor allem die Darstellung der nationalsozialistischen Schergen. Sie sind von Zadek mit einer gewissen Attraktivität versehen worden. Nicht wenige empfinden diese Darstellung der nationalsozialistischen Barbarei als zynisch, verharmlosend und unangemessen.
Rückblick auf Preußen: Nach der Schinkel-Ausstellung findet im Martin-Gropius-Bau im Rahmen der Festwochen eine Ausstellung zum Thema »Preußen – Versuch einer Bilanz« statt. Um die 500jährige preußische Geschichte (von der Belehnung der Hohenzollern mit der Mark Brandenburg 1415 bis zur formellen Auflösung des Staates Preußen 1947) in möglichst vielen Facetten zu dokumentieren, sind während der rund zweieinhalbjährigen Vorbereitungszeit 2500 Exponate zusammengetragen worden.
Umzug der Schaubühne: Die Schaubühne am Halleschen Ufer bezieht am 21. August ein neues Theater. Die bisherige Spielstätte in Kreuzberg genügte seit längerer Zeit nicht mehr den Ansprüchen dieser Berliner Bühne. Am Lehniner Platz am Kurfürstendamm bezieht sie nun einen modern ausgestatteten, für 90 Millionen DM errichteten Theaterbau.
Der Gebäudekomplex, das berühmte Universum-Kino, von Erich Mendelsohn (1927/28) ist im Äußeren originalgetreu wiederhergestellt und im Inneren nach modernsten theatertechnischen Gesichtspunkten gestaltet worden.

ALLTAG UND GESELLSCHAFT

Abschied vom »Abend«: 1981 erleidet die West-Berliner Presselandschaft einen Verlust. Die Zeitung »Der Abend« erscheint am 22. Januar zum letzten Mal. Bereits seit längerem hatte das Blatt mit wirtschaftlichen Problemen zu kämpfen, an denen auch die Umstellung der Erscheinungsweise auf die Morgenstunden nichts mehr ändern konnte. Die Lücke, die die vor allem in Konkurrenz zu den Springer-Zeitungen stehende linksliberale Zeitung hinterläßt, versucht das »Spandauer Volksblatt« zu füllen: Einen Tag

»Jeder stirbt für sich allein«, Revue nach Hans Fallada im Schiller-Theater, Januar 1981.

> *Am 23. Januar 1981 wählt das Abgeordnetenhaus Hans-Jochen Vogel (SPD), zum Regierenden Bürgermeister. Vogel erklärt nach seiner Wahl:*
>
> *Ich danke im Namen der neugewählten Mitglieder des Senats und im eigenen Namen für die Glückwünsche, die Sie ... soeben entboten haben. Als Regierender Bürgermeister gilt mein erster Gruß den Menschen in und um Berlin.*
> *Und er gilt auch der Senatorin und den Senatoren, die in dem Senat vor uns für Berlin, für die Menschen gearbeitet haben.*
> *Ich rufe Ihnen zu: Die Leistung wird bleiben!*
> *Und das, was als Zumutung – von dort oder dort – empfunden wurde, wird die Jahre nicht überdauern.*
> *Ich lade alle Fraktionen dieses Hauses ein, ich lade die Abgeordneten der Koalition ebenso wie die Abgeordneten der Opposition ein, sachlich zusammenzuarbeiten, konstruktiv und kritisch in der Auseinandersetzung und in der Diskussion. Diese Einladung gilt für die Zeit bis zur Neuwahl, die für mich eine Voraussetzung für die Bereitschaft zu meiner Kandidatur war und über deren Zeitpunkt nach den Bestimmungen der Verfassung von Berlin - nach einer vorhergehenden Verständigung unter den Fraktionen - das Abgeordnetenhaus von Berlin durch Beschlußfassung über seine Selbstauflösung entscheiden wird.*
> *Die Einladung zur sachlichen, wenn auch kritischen Auseinandersetzung gilt aber auch über diesen Zeitpunkt hinaus, sie gilt auch für die Zeit der eigentlichen Wahlvorbereitung und der Wahl. Ich glaube, es ist unsere Aufgabe, durch diese Zusammenarbeit und die Art der Auseinandersetzung nicht Vertrauen zu zerstören, sondern Vertrauen wiederaufzubauen und Vertrauen zu festigen. ...*

OST-BERLINER WÄHLEN VOLKSKAMMER MIT 1981

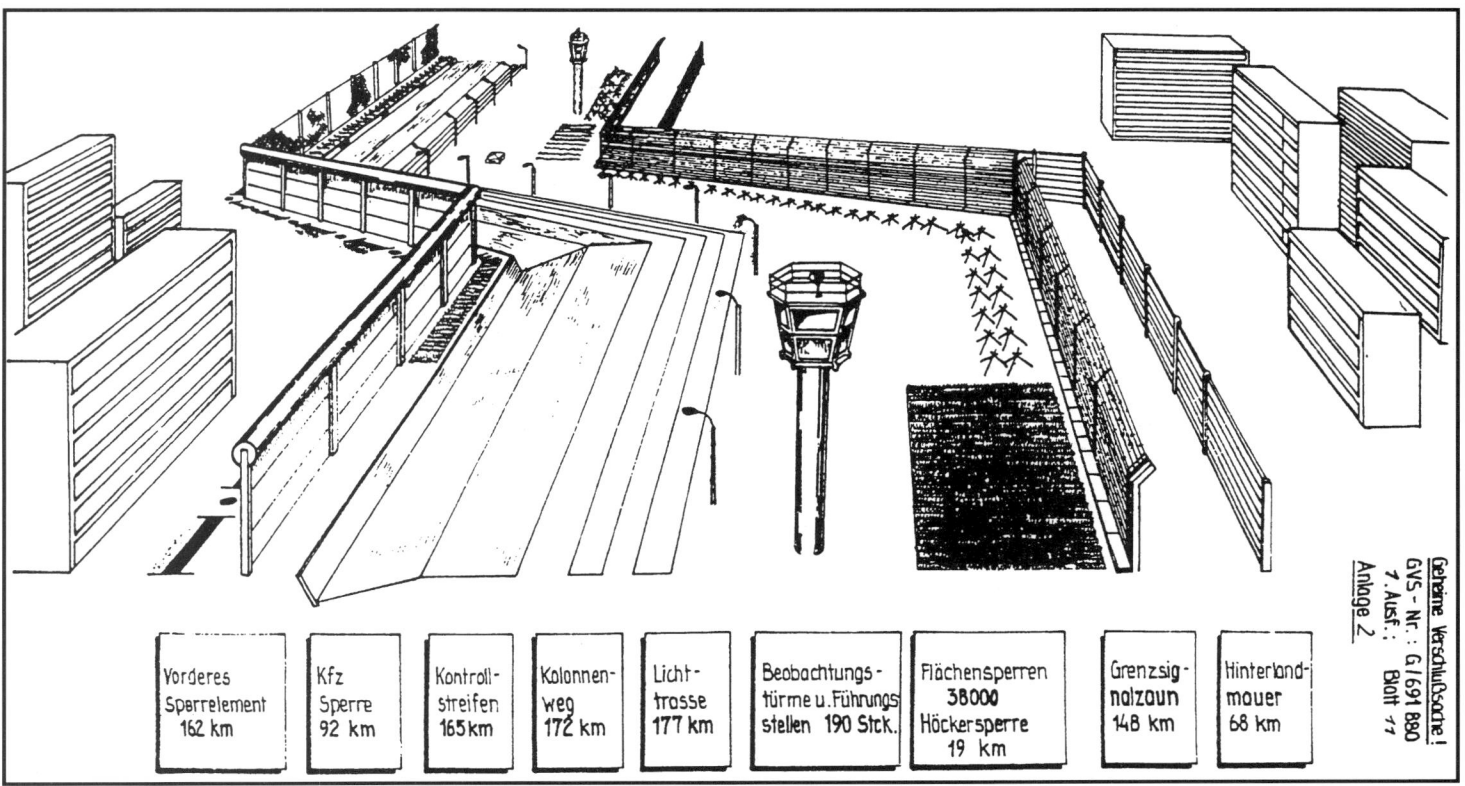

Vorderes Sperrelement 162 km	Kfz Sperre 92 km	Kontrollstreifen 165 km	Kolonnenweg 172 km	Lichttrasse 177 km	Beobachtungstürme u. Führungsstellen 190 Stck.	Flächensperren 38000 Höckersperre 19 km	Grenzsignalzaun 148 km	Hinterlandmauer 68 km

Der »Antifaschistische Schutzwall« (rechts Berlin, links West-Berlin), Ende der siebziger Jahre.

Der »Antifaschistische Schutzwall« entlang der Zimmerstraße, im Hintergrund die Grenzkontrollstelle Friedrichstraße (Checkpoint Charlie) zwischen Mitte und Kreuzberg.

werkschaftsbewegung Solidarnosc richtet. Dabei wird von den Vertretern beider deutscher Staaten die geplante Aufstellung amerikanischer Pershing-Raketen auf deutschem Boden verurteilt, aber auch in offener Form die Repressionspolitik der Ostblockstaaten kritisiert.

> *Während eines »Kampfappells« in Ost-Berlin anläßlich des 20. Jahrestags des Bau des »Antifaschistischen Schutzwalls« erklärt Erich Honecker, Staats- und Parteichef der DDR am 13. August 1981:*
>
> *... Heute begehen wir ... in feierlicher Form den Tag, an dem vor 20 Jahren entsprechend einem Beschluß des Warschauer Paktes rings um Westberlin eine solche Grenzordnung eingeführt wurde, die eine zuverlässige Kontrolle gewährleistete und der imperialistischen Wühlarbeit gegen die Länder der sozialistischen Gemeinschaft wirksam den Weg verlegte. ... Durch die Errichtung des antifaschistischen Schutzwalls sorgten wir für den Schutz der sozialistischen Errungenschaften. ...*

1981 MACHTWECHSEL IN BERLIN

nach der Einstellung des »Abend« erscheint sie als Tageszeitung für ganz Berlin unter dem neuen Titel »Volksblatt Berlin«.

SPORT

Berlin-Marathon: Am 27. September wird erstmals der Berliner City-Marathonlauf veranstaltet. Die Strecke führt über 42,195 km quer durch die West-Berliner Bezirke; der Startpunkt ist das Reichstagsgebäude und das Ziel der Kurfürstendamm (Ecke Joachimstaler Straße). An dem Rennen beteiligen sich rund 3100 Läufer und Rollstuhlfahrer. Bei den Berlinern findet der Marathonlauf, der in den folgenden Jahren zu einer festen Institution wird, große Resonanz: Mehr als 250 000 Menschen säumen die Strecke und feuern die Teilnehmer an.

Die Preußen-Ausstellung im Martin-Gropius-Bau, August 1981.

Richard von Weizsäcker wird am 11. Juni 1981 vom Abgeordnetenhaus zum Regierenden Bürgermeister gewählt. Er erklärt:

Zunächst möchte ich im Namen aller Mitglieder des neugewählten Senats für die guten Wünsche herzlich danken, die Sie, Herr Präsident, im Namen des Hauses uns mit auf den Weg geben. Wir sind uns alle dessen wohl bewußt, daß wir diese guten Wünsche auch gut gebrauchen können. Es liegen jetzt eine Reihe von Monaten an Kämpfen und Auseinandersetzungen in Berlin hinter uns. Diese Zeit war anstrengend, und - wer wollte es leugnen? - sie war anstrengend bis in den heutigen Nachmittag hinein. Sie war anstrengend für die Politiker, anstrengend auch für die Vertreter der Medien und, wie ich meine, nicht zuletzt auch und vor allem für die Bürger unserer Stadt.
Das, was jetzt not tut, ist, daß unter stabilen Verhältnissen wir an eine kontinuierliche Arbeit gehen können.
Wir wissen, daß wir für diese Arbeit uns das Zutrauen und die Zustimmung in unserer Bevölkerung erst erarbeiten müssen. Wir wissen, daß die Mehrheitsverhältnisse, wie sie durch die Wahl am 10. Mai geschaffen worden sind, nicht bequem sind. Aber der neue Senat ist der Oberzeugung, daß die Aufgaben, die vor uns stehen, es uns ohnehin zur Aufgabe machen, in einer offenen Form um die Meinungsbildung und Zustimmung zu ringen sowohl im Hause wie darüber hinaus. ...
Frieden und Freiheit. Gerechtigkeit und Solidarität - jeder von uns mag in der konkreten Verwirklichung dieser Begriffe unterschiedliche Vorstellungen haben. Aber niemand möge dem anderen die Absicht zu diesem Ziel bestreiten, und gemeinsam mögen wir uns darum bemühen, daß wir sie auch erreichen.
Wir sind freie Bürger, und wir werden es bleiben, wenn wir uns dessen bewußt sind, daß Freiheit und Verantwortung nicht voneinander zu trennen sind. Dafür wollen wir im neugewählten Senat in unserer Arbeit, aber auch in der Zusammenarbeit mit diesem Hohen Hause ein Beispiel geben, und in diesem Geist fühlen wir uns mit allen Bürgern unserer Stadt, unabhängig von ihrem politischen Standort, verbunden und ihnen verantwortlich, und in diesem Sinne grüße ich von hier aus im Namen des Senats zu Beginn unserer Arbeit alle unsere Mitbürgerinnen und Mitbürger.

KALENDARIUM

15. Januar: Da der Koalitionssenat von SPD und FDP im Abgeordnetenhaus nicht mehr über die notwendige Mehrheit verfügt, erklärt der Regierende Bürgermeister Dietrich Stobbe (SPD) seinen Rücktritt.

22. Januar: Wegen erheblicher Auflagenverluste wird die 1946 gegründete West-Berliner Tageszeitung »Der Abend« eingestellt. Durch den Wegfall dieses Konkurrenzblattes wird die bereits fast übermächtige Position der Springer-Zeitungen auf dem West-Berliner Markt weiter gestärkt.

23. Januar: Das West-Berliner Abgeordnetenhaus wählt den früheren Bundesjustizminister Hans-Jochen Vogel zum neuen Regierenden Bürgermeister. Bis zu vorgezogenen Neuwahlen steht Vogel an der Spitze einer Koalitionsregierung von SPD und FDP.

30. Januar: Nach der Verurteilung eines Hausbesetzers wegen Landfriedensbruchs kommt es in der West-Berliner Innenstadt und im Bezirk Kreuzberg zu gewalttätigen Auseinandersetzungen zwischen Angehörigen der Hausbesetzerszene und der Polizei.

7. Februar: Rund 10 000 zumeist jugendliche West-Berliner demonstrieren friedlich vor dem Schöneberger Rathaus gegen den illegalen Leerstand von Wohnungen und die Festnahme von Hausbesetzern.

29. April: Der West-Berliner Senat übergibt den Ost-Berliner Behörden acht von Karl Friedrich Schinkel geschaffene Figuren der ehemaligen Schloßbrücke (Marx-Engels-Brücke), die wieder an ihren angestammten Plätzen aufgestellt werden sollen. Im Gegenzug übergibt Ost-Berlin das Archiv der Königlichen Porzellan-Manufaktur, jetzt Staatlichen Porzellan-Manufaktur im Bezirk Tiergarten.

10. Mai: Bei den vorgezogenen Wahlen zum Abgeordnetenhaus erleidet die bislang regierende SPD eine schwere Niederlage (38,3 %). Mit 48 % der abgegebenen Stimmen wird die CDU erneut stärkste Partei. Die Alternative Liste erhält 7,2 % der Stimmen und ist damit erstmals im Abgeordnetenhaus von Berlin vertreten. Am 11. Juni wird der CDU-Politiker Richard von Weizsäcker zum Regierenden Bürgermeister gewählt. Er bildet einen Minderheitssenat, der von einigen FDP-Abgeordneten gestützt wird.

22. Mai: In der West-Berliner City wird an der Rankestraße das Luxushotel Steigenberger eröffnet.

12. Juni: In der Herbartstraße im Bezirk Charlottenburg wird die Leo Baeck Synagoge feierlich eingeweiht. Die nach dem bedeutenden Berliner Rabbiner benannte Synagoge ist das erste seit 55 Jahren in Berlin neu errichtete jüdische Gotteshaus.

14. Juni: Bei den Wahlen zur Volkskammer der DDR werden die 40 Ost-Berliner Abgeordneten erstmals direkt gewählt und nicht wie

KALENDARIUM

OST-BERLINER WÄHLEN VOLKSKAMMER 1981

bisher von der Stadtverordnetenversammlung delegiert. Die Westmächte und der Regierende Bürgermeister Richard von Weizsäcker protestieren gegen dieses Verfahren, das einen Verstoß gegen den Viermächte-Status von ganz Berlin darstellt.

22. Juni: Bei der Räumung eines besetzten Hauses kommt es in West-Berlin zu schweren Zusammenstößen zwischen Hausbesetzern und der Polizei, in deren Verlauf über 170 Jugendliche festgenommen werden. Angesichts der Krawalle erklärt der Regierende Bürgermeister Richard von Weizsäcker (CDU), er wolle die vom SPD-Senat eingeführte »Berliner Linie der Vernunft« fortführen und Räumungen künftig erst bei Vorliegen von Nutzungskonzepten der Eigentümer und Strafanträgen zulassen.

21. Juli: Im Zeughaus Unter den Linden wird im Museum für deutsche Geschichte die Dauerausstellung zur deutschen Geschichte von den Anfängen bis zur Gegenwart eröffnet. Die Ausstellung bietet ein ideologisch gefärbtes Bild der Entwicklung Deutschlands mit der DDR als vorläufigem Zielpunkt des historischen »Fortschritts«.

15. August: Im Martin-Gropius-Bau (Kreuzberg) öffnet die Ausstellung »Preußen – Versuch einer Bilanz« ihre Pforten. Anhand von rund 2 500 Exponaten versuchen die Gestalter der Ausstellung, einen breitgefächerten Überblick über die brandenburgische und preußische Geschichte zu geben.

21. August: Das Ensemble der von Peter Stein geleiteten Schaubühne bezieht am Lehniner Platz (Wilmersdorf) ein neues Theatergebäude.

13. September: Bei Protestdemonstrationen gegen den Berlinbesuch des amerikanischen Außenministers Alexander Haig kommt es zu schweren Zusammenstößen zwischen linksgerichteten Demonstranten und der Polizei.

22. September: Bei Auseinandersetzungen zwischen Hausbesetzern und der Polizei gerät ein Demonstrant in Schöneberg unter einen BVG-Bus und erleidet tödliche Verletzungen. In den folgenden Tagen kommt es zu zahlreichen Trauerkundgebungen mit mehreren tausend Teilnehmern.

20. November: Nach Wiederherstellung eines fünf km langen Teilstücks zwischen Kohlhasenbrück und Zehlendorf wird der Teltowkanal wieder für Binnenschiffe freigegeben. Durch die Eröffnung des Teltowkanals verkürzt sich die Fahrtzeit der Schiffe aus dem Westen zu zahlreichen Hafen- und Industrieanlagen in beiden Teilen Berlins.

13. Dezember: Auf Einladung von Stephan Hermlin kommen im Ost-Berliner Hotel Stadt Berlin rund 100 namhafte Schriftsteller, bildende Künstler und Wissenschaftler aus ganz Europa zusammen, um über Möglichkeiten zur Bewahrung des Friedens zu beraten.

Die Berliner Zeitung berichtet über die »Berliner Begegnung«, auf der vom 13. und 14. Dezember 1981 Schriftsteller aus Ost und West über die Erhaltung des Friedens diskutieren. Im Brennpunkt steht dabei die Stationierung neuer Waffensysteme in Ost und West:

… Die Schriftstellerin Ingeborg Drehwitz aus Westberlin stellte an den Beginn ihres Beitrages das Bekenntnis: »Ich glaube, es ist für Schriftsteller eigentlich keine Frage, wenn sie vom Krieg schreiben, gegen den Krieg zu sein, soweit sie ihren Beruf als eine Verpflichtung, eine gesellschaftliche Verpflichtung verstehen«.
Und auch das wurde wiederholt betont - die gemeinsame Verantwortung von DDR und BRD, den Frieden für die heutige und für die kommenden Generationen zu sichern. Der Schriftsteller Jurij Brezan sagte: »Wie viele von uns hier bin ich einer von denen, die als Soldat den zweiten Weltkrieg überlebt haben. Mir scheint, mir schien es schon immer, daß wir überlebt haben mit der Verpflichtung, den dritten, den letzten nicht stattfinden zu lassen.
Ich bin kein obrigkeitsgläubiger Mensch, aber ein denkender, und so bin ich überzeugt, daß in dem Augenblick, da die erste Pershing II und die Flügelraketen in ihre Startlöcher in Westeuropa gebracht werden, der große Tod seinen Fuß in die Tür setzt …
Der Präsident der Akademie der Künste der DDR, Konrad Wolf, wies in einer bewegenden Replik die These des BRD-Schriftstellers Günter Grass zurück, er fühle sich von amerikanischen wie von sowjetischen Raketen bedroht. Für ihn, Wolf, sei das die fundamentalste Frage: »Wer bedroht wen?« Konrad Wolf bat alle Anwesenden, ehrlich auf die Frage zu antworten: »Fühlen sie sich von den Russen bedroht?« Der Akademiepräsident erinnerte daran, daß im letzten Krieg keine einzige Bombe auf das Territorium der USA fiel, während die sowjetischen Menschen auf dem Boden ihrer Heimat schwerste Leiden erdulden mußten. Er habe als junger Emigrantensohn selbst erlebt, was damals geschah: »Glauben Sie, daß die heute noch lebenden oder ihre Söhne und Enkel in der heutigen Situation jemanden bedrohen? Und glauben Sie, daß die Politiker dieses Landes wirklich in der Lage wären, die ja zum großen Teil selbst an diesem Krieg teilgenommen haben, mit ihren Raketen ein anderes Volk zu vernichten und zu überfallen? Glauben Sie das wirklich?« …

»Berliner Begegnung«: Stephan Hermlin im Gespräch mit Günter Grass, Dezember 1981.

SPORT

Höchstleistungen und Breitensport: Bei den nationalen Schwimmeisterschaften am 4. Juli erleben die Berliner zahlreiche Spitzenleistungen. Die DDR-Athleten zählen zur absoluten Weltklasse und bestimmen maßgeblich das Niveau des internationalen Schwimmsports. Ein Höhepunkt der Wettkämpfe sind die 200 m Lagen der Frauen. Hier gelingt es der 17jährigen Olympiasiegerin Ute Geweniger mit einer Zeit von 2:11,79 min ein Weltrekord.

Wenige Tage nach den Schwimmeisterschaften, am 20. Juli, ist Ost-Berlin Gastgeber der VII. Kinder- und Jugendspartakiade. Sechs Tage lang kämpfen rund 11 000 Teilnehmer aus der gesamten DDR um Medaillen. Die erfolgreichste Vertretung stellt Ost-Berlin, sie belegt in der Gesamtwertung vor den Bezirken Leipzig und Potsdam den ersten Platz.

1982 DEMONSTRATIONEN – PROTESTE – KRAWALLE

POLITIK

Gegen Wohnungsleerstand und Nachrüstung: West-Berlin ist in diesem Jahr erneut Schauplatz von Krawallen und Straßenschlachten. Linksgerichtete Jugendliche machen immer wieder ihrem Unmut über den Wohnungsleerstand und die Räumung besetzter Häuser oder den NATO-Doppelbeschluß in Demonstrationen Luft. Während ein großer Mengen der Jugendlichen friedlich demonstriert, tritt immer häufiger ein harter Kern militanter Demonstranten in Erscheinung. Diese werden der sogenannten Autonomen Szene zugerechnet und gelten als »gewaltbereit«; sie suchen gezielt die Auseinandersetzung mit der Polizei.

Straßenschlacht am Nollendorfplatz: Zu schweren Krawallen kommt es am 11. Juni während eines Besuches des amerikanischen Präsidenten Ronald Reagan, der wegen seiner Aufrüstungspolitik besonders umstritten ist. Trotz eines Demonstrationsverbotes – am Vortag hatten rund 40 000 Menschen in Charlottenburg friedlich gegen die amerikanische Politik protestiert – versammeln sich am Schöneberger Nollendorfplatz rund 3000 zum Teil vermummte Jugendliche. Die Polizei sperrt den Platz mit Stacheldraht ab. Daraufhin errichten die Demonstranten Barrikaden und bewerfen die Beamten mit Steinen. Bei der sich daraus entwickelnden Straßenschlacht werden zahlreiche Personen verletzt. Der Sachschaden geht in die Hunderttausende, da zahlreiche Geschäfte verwüstet und Autos beschädigt oder angezündet werden.

Krawalle auf nahe Nollendorf- und Winterfeldplatz während einer nicht genehmigten Demonstration anläßlich des Besuchs des amerikanischen Präsidenten in Berlin, 11. Juni 1982.

Kurzbesuch: Präsident Reagan, der eine größere Europareise unternimmt, kommt in Begleitung von Bundeskanzler Helmut Schmidt für nur drei Stunden nach Berlin. Höhepunkt der Stippvisite ist ein Empfang im Park des Charlottenburger Schlosses, wo er sich in das Goldene Buch der Stadt einträgt und in einer Ansprache vor mehreren tausend geladenen Berlinern die Dauerhaftigkeit der Verpflichtungen der Vereinigten Staaten für Berlin bekräftigt.
Weitere Stationen des Präsidenten sind ein Besuch der amerikanischen Garnison auf dem Flughafen Tempelhof sowie eine Besichtigung des alliierten Kontrollpunktes Checkpoint Charlie an der Kreuzberger Friedrichstraße. Aus Sicherheitsgründen benutzt der Präsident vorwiegend einen Hubschrauber.

Machtwechsel in Bonn: Nachdem die FDP im September die Koalition mit der SPD aufkündigt hat und die SPD allein nicht regieren kann, wählt der Deutsche Bundestag am 1. Oktober nach einem konstruktiven Mißtrauensvotum den Vorsitzenden der CDU, Helmut Kohl, zum neuen Bundeskanzler. Damit endet nach 13 Jahren die sozial-liberale Ära.
Eine der ersten Konsequenzen, die sich aus dem Bonner Machtwechsel für West-Berlin ergeben, ist eine personelle Umbesetzung des CDU-Senates. Bundessenator Norbert Blüm wechselt in die Bundesregierung als Bundesminister für Arbeit und Sozialordnung. Seine Amtsgeschäfte übernimmt zunächst Justizsenator Rupert Scholz.

FDP in der Zerreißprobe: Die Berliner Freien Demokraten bewerten die Entscheidung der Bundespartei für eine Koalition mit der CDU/CSU unterschiedlich. Ihre Fraktion im Abgeordnetenhaus hatte bereits im Vorjahr die Zusammenarbeit mit den Sozialdemokraten auf-

---

Bei seinem Aufenthalt in Berlin am 11. Juni 1982 erklärt der amerikanische Präsident Ronald Reagan:

… Unsere Verpflichtung gegenüber Berlin ist eine dauerhafte Verpflichtung. Tausende unserer Bürger haben hier Dienst getan, seit das erste kleine Kontingent amerikanischer Truppen am 4. Juli 1945, dem Jahrestag unserer eigenen Unabhängigkeit als Nation, hier eingetroffen ist. Seither haben Amerikaner ständig hier Dienst getan – nicht als Eroberer, sondern als Hüter der Freiheit West-Berlins und seiner tapferen, stolzen Einwohner. Heute möchte ich meinen amerikanischen Mitbürgern, im militärischen und im zivilen Bereich, die den USA und seiner Bevölkerung von Berlin und damit als Schildwache der Freiheit für alle dienen, mein Lob und meinen Dank aussprechen.
Ich möchte auch der Bevölkerung dieser großen Stadt meine persönliche Hochachtung ausdrücken. Mein heutiger Besuch hier ist Beweis dafür, daß sich diese amerikanische Verpflichtung gelohnt hat. Unsere Freiheit ist unteilbar.
Die amerikanische Verpflichtung geht weit tiefer als unsere militärische Präsenz. In den 37 Jahren seit Ende des Zweiten Weltkrieges haben amerikanische Präsidenten immer wieder klargemacht, daß unsere Rolle in Berlin Sinnbild für unser gesamtes Streben nach Freiheit in ganz Europa und in der Welt ist …

Die »Frankfurter Allgemeine Zeitung« kommentiert den von Demonstranten begleiteten Besuch des amerikanischen Präsidenten Ronald Reagan in Berlin:

Das Bekenntnis des amerikanischen Präsidenten zu einem militärischen Gleichgewicht ist deshalb für West-Berlin, für das ganze westliche Europa eine Freiheitsgarantie. Nur ausreichende Stärke Amerikas macht aber auch Rüstungskontrolle und Abrüstung möglich. …
Doch wie sah er sich dort aufgenommen? Die Polizei hatte ihre Not damit, ihn vor Beschimpfungsumzügen zu schützen. Am Vorabend des Besuchs ergötzten sich Zehntausende an Beleidigungen des Gastes, … Gewiß, die große Mehrheit der Berliner hat mit alledem nichts zu tun. Doch die Minderheit ist gewachsen, und sie fühlte sich bestärkt von einflußreichen Politikern. Noch mehr nützen ihr Opportunismus und Feigheit: wie viele Kniebeugen sieht man in diesen Monaten vor Antiamerikanismus, Neutralismus, Prosowjetismus, die alle in der »Friedensbewegung« verankert sind.

SORGE UM DEN FRIEDEN 1982

POLITIK

Initiative für Frieden: 1982 formiert sich in der DDR und in Ost-Berlin eine Friedensbewegung. Unter dem schützenden Dach der Kirchen schließen sich Tausende von Menschen in Initiativen und Gruppen zusammen, um für Abrüstung in Ost- und West einzutreten. Eine der zentralen Forderungen ist die Nichtverwirklichung des 1979 von der NATO beschlossenen Doppelbeschlusses. Er sieht wegen der erfolgten Stationierung sowjetischer Mittelstreckenraketen die Nachrüstung mit entsprechenden Waffen im Falle des Scheiterns der Genfer Abrüstungsverhandlungen vor.

Die Forderung nach Verzicht auf die Nachrüstung entspricht der offiziellen Politik der DDR. Da sich das Engagement der Friedensgruppen jedoch auch gegen Militarismus und Rüstung im Ostblock richtet, und die Menschen darüber hinaus die Respektierung von Grundrechten fordern, geraten sie in Konflikt mit der Staatsmacht.

»Berliner Appell«: Ende Januar bringt der Ost-Berliner Pfarrer Rainer Eppelmann ein Schreiben in Umlauf, in dem eine öffentliche Diskussion über die »Fragen des Friedens« in einer »Atmosphäre der Toleranz und der Anerkennung des Rechts auf freie Meinungsäußerung« gefordert wird. Einigen Vertretern der Kirchenleitungen geht dieser Appell zu weit, sie raten den Anhängern der Friedensbewegung von einer Unterzeichnung ab. Die Partei und die Regierung reagieren auf den Vorstoß Eppelmanns mit Repression: Der Pfarrer wird am 11. Februar festgenommen, nach zweitägigen Verhören durch den Staatssicherheitsdienst jedoch auf freien Fuß gesetzt.

Evangelische Kirche besorgt: Einen gemäßig-

Friedenswerkstatt in der Rummelsburger Erlöser-Kirche (Lichtenberg), 1982.

ten, nicht auf Konfrontation angelegten Kurs verfolgt die Evangelische Kirche in Berlin-Brandenburg, die am 16. April im Weißenseer Stephanusstift zur 4. Tagung der 8. Synode zusammentritt. Sie ermutigt in einem Schreiben an die Gemeinden »alle Träger und Nichtträger« des Aufnähers »Schwerter zu Pflugscharen« – des Symbols der Friedensbewegung in der DDR –, ihr Engagement aufrechtzuerhalten, warnt aber zugleich vor Provozierung der Staatsmacht. Auch konnten die Bemühungen um den Frieden im Westen mißverstanden werden und unerwünschte Auswirkungen auf die kirchliche Arbeit haben.

Proteste gegen NATO-Rüstung: Den unabhängiger Friedensgruppen setzt die DDR-Regierung eine staatlich gelenkte Friedensbewegung entgegen. Auf zahlreichen Kundgebungen der SED und der ihr angeschlossenen Massenorganisationen werden der NATO Hochrüstung und Kriegstreiberei vorgeworfen. So findet im Rahmen des traditionellen Pfingsttreffens der FDJ am 27. Mai eine Demonstration auf dem Bebelplatz (Mitte) statt, an der rund 150 000 Jugendliche teilnehmen. Die Losungen lauten »Gegen NATO-Waffen Frieden schaffen« und »Mit unserer Tat – für unseren Friedensstaat«.

Künstler für den Frieden: Teile der Ost-Berli-

Die »Berliner Zeitung« berichtet über eine Kundgebung der FDJ am 27. Mai 1982 auf dem Bebelplatz (Mitte), die gegen die Nachrüstungspläne der NATO (»Raketenbeschluß«) gerichtet ist:

Die Straßen und Plätze der Berliner Innenstadt sind schon Stunden vor der machtvollen Friedensdemonstration der Berliner Jugend von dem bevorstehenden Ereignis geprägt. Die Jungen und Mädchen demonstrieren für die Stärkung des Friedens und des Sozialismus, gegen den NATO-Raketenbeschluß. Am Fuße des Fernsehturms, auf dem Marx-Engels-Platz, entlang der Straße Unter den Linden bis zur Friedrichstraße treffen sich junge Arbeiter und Lehrlinge, Studenten sowie Wissenschaftler, um von hier aus zum Bebelplatz zu ziehen ...

»Mit unserer Tat für unseren Friedensstaat – gegen NATO-Waffen Frieden schaffen« – die Losung an der Stirnseite der Tribüne wird von vielen mitgeführten Transparenten der jugendliche Demonstranten aufgegriffen. So verweisen die FDJler von Stern-Radio Berlin darauf, daß sie mit 60 000 Stunden Arbeitszeiteinsparung ihren aktiven Beitrag für die Sicherung des Friedens leisten wollen ...

»Wir sind hier, in tiefer Sorge um das Schicksal der Menschheit, um unser eigenes Schicksal.« Mit diesen Worten wendet sich der 1. Sekretär der FDJ-Bezirksleitung, Ellen Brombacher, an die Teilnehmer der Manifestation. »Es darf kein atomares Inferno geben, heraufbeschworen durch die verantwortungslosen Führer der USA – und beseelt von diesem Willen stellen wir uns dem Kampf um den Frieden mit Standhaftigkeit«. Unter dem Beifall der 150 000 versichert sie: »Wir tun alles für die allseitige Stärkung der DDR – wir machen gute Arbeit an der Werkbank und auf dem Bau, am Reißbrett und im Labor, sind bereit und fähig zur Verteidigung des Sozialismus. So gesehen produzieren wir jeden Tag ein Stück Frieden. Das ist unser Beitrag, den wir in die weltumspannende Friedensbewegung einbringen.« ...

1982 DEMONSTRATIONEN – PROTESTE – KRAWALLE

> *Am 29. Oktober 1982 trifft die britische Premierministerin Margaret Thatcher zu einem Besuch in Berlin ein. Dabei erneuert sie die Garantie des Vereinigten Königreiches für die Freiheit der Stadt:*
>
> … Heute nachmittag bin ich mit Vertretern der hier stationierten Streitkräfte zusammengekommen. Ihre Präsenz versinnbildlicht die unerschütterliche Verpflichtung Großbritanniens – ebenso wie die unserer französischen und amerikanischen Partner –, die Freiheit Ihrer Stadt sicherzustellen. Unsere Streitkräfte bleiben hier, weil ihnen damit eine lebenswichtige Aufgabe zufällt und weil Sie es so wünschen.
> Wir haben als Mitglieder der NATO und der Europäischen Gemeinschaft eine umfassendere kollektive Verantwortung. Wir werden uns dafür einsetzen, daß diese Eckpfeiler der westlichen Freiheit auch weiterhin als Garanten unserer Lebensweise erhalten bleiben.
> Gemeinsam sind wir stärker als allein. Wenn die Freiheit an einem Ort angegriffen wird, dann wird sie überall beeinträchtigt. Wenn wir in Europa an einem Ort nicht zu unseren Verpflichtungen stehen, dann wird unsere Bereitschaft, an einem anderen zu ihnen zu stehen, in Frage gestellt …

gekündigt und seither den CDU-Senat unter Richard von Weizsäcker toleriert. Der Koalitionswechsel auf Bundesebene stößt jedoch bei nicht wenigen Parteimitgliedern auf Ablehnung. Zu den prominentesten Kritikern zählt der 87jährige Ehrenvorsitzende der West-Berliner FDP, William Born, der am 12. November seinen Austritt aus der Partei erklärt.

KULTUR und WISSENSCHAFT

Teilchenbeschleuniger in Dahlem: Der Stärkung des Wissenschaftsstandortes West-Berlin dient das in mehrjähriger Bauzeit in der Dahlemer Lentzeallee errichtete, am 12. Februar eröffnete

Die Zitadelle Spandau.

Elektronen-Speicherring-Synchrotron (Bessy). Von dem Teilchenbeschleuniger versprechen sich die Forscher wichtige Aufschlüsse über Vorgänge im subatomaren Bereich. Die Anlage hat rund 72 Millionen DM gekostet.

Philharmoniker feiern Geburtstag: Am 30. April feiert das Berliner Philharmonische Orchester sein 100jähriges Bestehen. Es war 1882 von Mitgliedern des Bilse-Orchesters gegründet worden und hat mit seinen Chefdirigenten Hans von Bülow, Arthur Nickisch, Wilhelm Furtwängler, Sergiu Celibidache und Herbert von Karajan Weltruhm erlangt.

Das Jubiläum wird mit einer Philharmonischen Revue gefeiert. Gäste wie der Satiriker Vicco von Bülow (»Loriot«) sorgen mit ihren Auftritten dafür, daß der Humor bei der Festveranstaltung nicht zu kurz kommt. Mit viel Beifall wird der amerikanische Violinvirtuose und Dirigent, Yehudi Menuhin, bedacht, der eine Kurzfassung von Beethovens 5. Sinfonie zeitweilig im Kopfstand dirigiert.

Wenige Wochen nach der Festveranstaltung bricht das als eigenwillig geltende Berliner Philharmonische Orchester mit einer Tradition: Die 117 Musiker wählen die sechsundzwanzigjährige schweizerische Sologeigerin Madeleine Karuzzo als erste Frau in das bislang ausschließlich aus Männern bestehende Orchester.

»Neue Wilde« im Gropiusbau: Einmal mehr ist der Kreuzberger Martin-Gropius-Bau Veranstaltungsort einer publikumswirksamen Ausstellung. Unter dem Titel »Zeitgeist« wird vom 16. Oktober bis zum 16. Januar 1983 die »Internationale Kunstausstellung 1982« gezeigt, die einen umfassenden Überblick über die zeitgenössische bildende Kunst gibt. Einen Schwerpunkt bilden dabei die Arbeiten der »Neuen Wilden«, zu deren wichtigsten Vertretern der in West-Berlin und New York lebende Maler Rainer Fetting gehört.

ALLTAG UND GESELLSCHAFT

Polnische Luftpiraten: Der Flughafen Tempelhof wird in diesem Jahr wiederholt zum Ziel von Flugzeugentführungen. Mehrfach zwingen polnische Bürger, die aus politischen oder wirtschaftlichen Gründen ihr Land verlassen wollen, bei Inlandsflügen die Piloten zur Landung in West-Berlin. Am 12. Februar landet auf dem von der amerikanischen Schutzmacht genutzten Areal des Flughafens Tempelhof eine polnische Verkehrsmaschine mit 19 Passagieren und vier Besatzungsmitgliedern an Bord. Die angebliche Entführung stellt sich jedoch als Täuschung des Chefpiloten heraus, der in West-Berlin politisches Asyl beantragen möchte.

Statt der erhofften Freiheit erwartet ihn nun ein Strafverfahren wegen Freiheitsberaubung. Glimpflicher kommen drei Polen davon, die am 12. Juni bei Breslau ein Sportflugzeug entwenden und in Tempelhof landen. Sie werden nach Angaben der Staatsanwaltschaft lediglich wegen Diebstahls belangt.

Blutig endet die Entführung einer polnischen Verkehrsmaschine am 12. November. Als der Luftpirat – ein Sicherheitsbeamter – nach der Landung in Tempelhof die Maschine verläßt, wird er von einem Kollegen beschossen und verletzt. Er kann sich jedoch retten und beantragt nach seiner Festnahme wegen Angriffs auf den Flugverkehr zusammen mit vier Passagieren politisches Asyl.

Wiedereröffnung der Zitadelle: Der Berliner Bezirk (ehemals Stadt) Spandau feiert in diesem Jahr sein siebenhundertfünfzigjähriges Bestehen. Der Bezirk, der stets auf seine Eigenständigkeit bedacht ist, begeht das Ereignis mit einer Vielzahl von Veranstaltungen. Höhepunkt der

SORGE UM DEN FRIEDEN 1982

ner Kulturszene bekunden ebenfalls ihren Protest gegen den Doppelbeschluß der NATO. Am 25. April findet im Theater des Berliner Ensembles am Bertolt-Brecht-Platz (Mitte) eine Veranstaltung unter dem Motto »Schauspieler für den Frieden« statt, an der zahlreiche prominente Bühnenkünstler teilnehmen. Die Kongreßhalle am Alexanderplatz ist am 25. Mai Tagungsort einer entsprechenden Veranstaltung von Musikschaffenden (»Musizieren für den Frieden«).

KULTUR

Puppentheater aus der Tschechoslowakei: Am 1. Oktober finden die Berliner Festtage statt. Bis zum 17. Oktober präsentieren sich im Rahmen der Veranstaltungsreihe 24 Ensembles und sechs Solisten aus 19 Nationen. Geboten werden Theateraufführungen, Konzerte sowie Ballett- und Opernabende. Zu den Höhepunkten zählt ein Gastspiel des Picco Teatro di Milano in der Volksbühne mit Brechts »Der gute Mensch von Sezuan« in der Inszenierung von Giorgio Strehler.
Einen Schwerpunkt der diesjährigen Festtage bildet das Puppentheater. Zu sehen sind unter anderen Aufführungen der im Bereich dieser Kunstform weltweit führenden tschechoslowakischen Marionettenbühnen.

Pergamonmuseum wiedereröffnet: Am 7. Oktober wird der Umbau des Pergamonmuseum (Mitte) abgeschlossen. Besonders augenfällig ist die neue Zugangsbrücke über den Kupfergraben sowie die neugestaltete, repräsentative Ein-

Die Eingangsfront des Pergamonmuseums, vollendet 1982.

gangshalle. Gleichzeitig ist die Anordnung der nun wieder für die Öffentlichkeit zugänglichen Antikensammlung verändert worden.
Im Querbau befinden sich die großen Architekturteile von antiken Bauwerken. Der Südflügel beherbergt eine besondere Attraktion: die Prozessionsstraße und das Ischtartor aus Babylon (1. Hälfte 6. Jahrhundert v. Chr.). Der Schmuck der Wände besteht aus glasierten Kacheln.

ALLTAG UND GESELLSCHAFT

Charité erhält Chirurgie-Zentrum: 1975 hatte die DDR-Regierung den Ausbau der Charité (Mitte) beschlossen. Das traditionsreiche Krankenhaus mit Weltruf – hier wirkten so berühmte Wissenschaftler wie Rudolf Virchow, Robert Koch und Ferdinand Sauerbruch – ist zu einem hochmodernen medizinisch-wissenschaftlichen Zentrum ausgebaut worden. Das Vorhaben ist in mehreren Abschnitten durchgeführt worden; 1978/79 erhielt die Charité neue Versorgungseinrichtungen, wenig später einen am Invalidenpark gelegenen Bau mit Schwesternwohnungen. Am 14. Juni wird am Robert-Koch-Platz das neuerrichtete Chirurgisch Orientierte Zentrum (COZ) in Anwesenheit von DDR-Staats- und Parteichef Erich Honecker feierlich an die Humboldt-Universität übergeben. Der dreiundzwanziggeschossige Hochhausbau verfügt über eine Kapazität von 1156 Betten. Für die medizini-

Der Neubau der Charité, des Universitätsklinikums der Humboldt-Universität,

---

Erich Honecker, Staats- und Parteichef der DDR weiht am 14. Juni 1982 den Erweiterungsbau der Charité in der Hermann-Matern-Straße (Mitte) ein:

… Wir haben uns zusammengefunden, um das chirurgisch orientierte Zentrum der Charité seiner Bestimmung zu übergeben. fertiggestellt wurde das bisher größte und bedeutendste Investitionsvorhaben des Hochschul- und Gesundheitswesens unserer Republik. Es zeugt davon, daß wir die vom X. Parteitag der SED beschlossene Wirtschafts- und Sozialpolitik konsequent verwirklichen. Nach gründlicher Beratung hatten wir im Jahr 1975 entschieden, die Charité an dieser traditionsreichen Stätte im Herzen der Hauptstadt der DDR, Berlin, zu erweitern und zu rekonstruieren. Hier, wo so berühmte Gelehrte … den medizinischen Wissenschaften große schöpferische Impulse verliehen, entstand ein leistungsfähiges Zentrum der Forschung, Lehre und ärztlichen Hilfe. …
Nicht zuletzt verdient hervorgehoben zu werden, wovon die Einwohner selbst hochentwickelter kapitalistischer Staaten nur träumen können: Über die kompliziertesten Operationen und aufwendige Behandlungen entscheidet nicht der Geldbeutel des Einzelnen, sondern ausschließlich die medizinische Notwendigkeit. Auch im Gesundheits- und Sozialwesen der DDR treten die Errungenschaften und Vorzüge des real existierenden Sozialismus klar zutage.

1982 DEMONSTRATIONEN – PROTESTE – KRAWALLE

KALENDARIUM

Eröffnung des Grenzüberganges bei Gudow und Zarrentin durch die Verkehrsminister Werner Dollinger (rechts, Bundesrepublik) und Otto Arndt (DDR), 20. November 1982.

Feierlichkeiten ist die Übergabe der wiederhergestellten Zitadelle am 12. März. Die Festung, deren Anfänge in die Zeit Albrechts des Bären (Ende 12. Jahrhundert) zurückreichen, war zwischen 1560 und 1594 im italienischen Stil erbaut worden. Die Rekonstruktion hat sechs Jahre gedauert und 4,7 Millionen DM gekostet.

Transitautobahn nach Hamburg: Drastische Verkürzungen der Fahrzeiten im Transitverkehr Richtung Hamburg bringt eine neue Autobahn, deren letztes Teilstück am 20. November übergeben wird. Der Bau der Trasse war 1978 zwischen der Bundesrepublik und der DDR vereinbart und mit 1,2 Milliarden DM vom Westen finanziert worden.

Mit der Inbetriebnahme der Autobahn werden bei Gudow (Bundesrepublik) und Zarrentin (DDR) neue Grenzübergänge geöffnet. Sie ersetzen die alten Kontrollpunkte Lauenburg und Horst. Die Anbindung in West-Berlin dagegen kann nicht wie geplant erfolgen: Der neue Kontrollpunkt Heiligensee verfügt über keinen innerstädtischen Zubringer, da die projektierte Trassenführung durch den Tegeler Forst auf massiven Widerstand von Anwohnern und Umweltschützern stößt.

Die entführte polnische Verkehrsmaschine auf dem Flughafen Tempelhof, 12. November 1982.

10. Januar: Rund 2 500 Menschen demonstrieren im Tegeler Forst gegen den Bau eines Autobahnzubringers, der den geplanten Grenzübergang Heiligensee mit der West-Berliner Stadtautobahn verbinden soll. Die Demonstranten protestieren gegen die Abholzung von mehreren ha Wald für die Autobahntrasse.

12. Februar: In Dahlem übergibt Bundesforschungsminister Andreas von Bülow das Elektronen-Speicherring-Synchroton (Bessy) seiner Bestimmung. Die aufwendige Anlage dient zur Erforschung physikalischer Vorgänge im subatomaren Bereich.

28. Februar: In Ost-Berlin wird das neue Empfangsgebäude des Bahnhofs Lichtenberg der Öffentlichkeit übergeben.

3. März: Im Rahmen eines Staatsbesuchs in der Bundesrepublik Deutschland besuchen die niederländische Königin Beatrix und ihr Gemahl Prinz Claus West-Berlin.

7. März: »Die Pferde von San Marco« sind die Attraktion einer Ausstellung, die im Martin-Gropius-Bau im Bezirk Kreuzberg eröffnet wird. Die berühmten Bronzefiguren aus der Antike werden erstmals außerhalb Venedigs gezeigt.

12. März: Der Vorsitzende der Palästinensischen Befreiungsorganisation (PLO), Yasir Arafat, trifft zu einem offiziellen Besuch in Ost-Berlin ein. Die DDR unterstützt seit langem den Kampf der PLO gegen Israel und für einen eigenen Palästinenser-Staat und plant, die PLO-Vertretung in der DDR in den Rang einer Botschaft zu erheben.

12. März: Nach mehrjährigen Restaurierungsarbeiten wird der mittelalterliche Pallas in der Spandauer Zitadelle wieder der Öffentlichkeit zugänglich gemacht. Der Bezirk Spandau feiert seit Mitte Januar mit zahlreichen Veranstaltungen sein siebenhundertfünfzigjähriges Jubiläum.

25. April: Unter dem Motto »Schauspieler für den Frieden« findet im Berliner Ensemble in Ost-Berlin eine Veranstaltung statt, mit der namhafte Bühnenkünstler der DDR gegen die geplante Aufstellung von US-Mittelstreckenraketen in der Bundesrepublik protestieren.

30. April: Aus Anlaß seines 100jährigen Bestehens gibt das Berliner Philharmonische Orchester in der Philharmonie ein Festkonzert unter dem Chefdirigenten Herbert von Karajan.

11. Juni: Während des Besuchs des amerikanischen Präsident Ronald Reagan in West-Berlin kommt es im Bezirk Schöneberg zu schweren Zusammenstößen zwischen linksgerichteten Demonstranten und der Polizei. Dabei werden mehrere Hundert Demonstranten und Polizisten verletzt.

12. Juni: Mit einem in Breslau entführten einmotorigen Flugzeug landen drei junge Polen auf dem Flughafen Tempelhof und bitten um politisches Asyl.

KALENDARIUM

SORGE UM DEN FRIEDEN 1982

15. Juni: Im Ost-Berliner Bezirk Mitte wird der Neubau des Chirurgie-Zentrums der Charité in Anwesenheit von Partei- und Staatschef Erich Honecker eröffnet und der Hunboldt-Universität übergeben. Der dreiundzwanziggeschossige Klinikbau verfügt unter anderen medizinischen und technischen Einrichtungen über 24 Operationssäle.

27. Juli: Als Reaktion auf die Räumung von zwei besetzten Häusern in Schöneberg verüben vermutlich linksautonome Täter mehrere Brandanschläge auf katholische Einrichtungen, Bankfilialen und ein Kaufhaus.

28. September: DDR und Bundesrepublik einigen sich auf die Reinigung von Abwässern, die über Flüsse oder Kanäle nach West-Berlin gelangen. Es ist das erste deutsch-deutsche Umweltabkommen.

7. Oktober: Das teilweise umgebaute und mit einer neuen, repräsentativen Eingangshalle versehene Pergamonmuseum in Ost-Berlin wird in erweiterter Form wieder für das Publikum geöffnet.

16. Oktober: Im Martin-Gropius-Bau wird die Internationale Kunstausstellung Berlin 1982 eröffnet. Unter dem Titel »Zeitgeist« wollen die Ausstellungsmacher einen repräsentativen Überblick über die zeitgenössische bildende Kunst geben. Besondere Beachtung finden die Arbeiten der »Neuen Wilden«, zu denen etwa Rainer Fetting und Jiri G. Dokoupil gerechnet werden.

2. November: Am Kronprinzessinenweg (Nikolassee) wird ein neuerbautes Jugendgästehaus eröffnet.

20. November: Das letzte Teilstück der Autobahnverbindung zwischen West-Berlin und Hamburg wird von Bundesverkehrsminister Werner Dollinger (CSU) und seinem DDR-Amtskollegen Otto Arndt dem Verkehr übergeben. Durch diese Autobahnverbindung verkürzt sich die Fahrzeit zwischen Berlin und Hamburg um rund eine Stunde.

1. Dezember: Der Senat teilt mit, daß es derzeit in West-Berlin noch 108 besetzte Häuser gebe. Mitte Juni 1981, beim Amtsantritt des neuen Senats, seien in der Stadt noch 165 Häuser besetzt gewesen.

4. Dezember: Durch einen 10:6 – Sieg über Dynamo Alma Ata (Sowjetunion) in der Schöneberger Schwimmhalle werden die Wasserfreunde Spandau 04 im Wasserball Europapokalsieger der Landesmeister.

7. Dezember: Die West-Berliner Polizei durchsucht 35 Wohnungen von Angehörigen rechtsradikaler Gruppierungen. Dabei werden Waffen und neonazistisches Propagandamaterial sichergestellt.

17. Dezember: Das Hotel Mondial am Kurfürstendamm, das erste weitgehend behindertengerechte Hotel in Europa, öffnet seine Pforten.

sche Versorgung stehen 24 Operationssäle, eine Intensivstation, eine Rettungsstelle sowie verschiedene medizinisch-diagnostische Einrichtungen zur Verfügung. Mit der Eröffnung des COZ ist der Ausbau der Charité jedoch noch nicht abgeschlossen; in den folgenden Jahren werden die alten Gebäude des Krankenhauses renoviert und modernisiert.

Forcierung des Wohnungsbaus: Auch in anderen Bereichen soll der Ausbau der Hauptstadt weiter vorangetrieben werden. Anläßlich einer Ausstellung über Städtebau und Architektur in der DDR in der Wallstraße (Mitte) kündigt der Berliner Chefarchitekt, Roland Korn, am 27. Juli die Schaffung von knapp 104 000 Wohnungen bis zum Jahre 1985 an.

Dieses ehrgeizige Ziel soll sowohl durch Errichtung von Neubauten als auch durch Modernisierung von Altbauten – vor allem in der Innenstadt – erreicht werden. Genaue Angaben macht Oberbürgermeister Erhard Krack am 23. Dezember vor der Stadtverordnetenversammlung bei der Vorlage des Volkswirtschaftsplans 1982; er sieht den Neubau von rund 13 600 Wohnungen sowie die Sanierung von 19 900 Altbauwohnungen vor. Geplant ist außerdem der Bau von neun Schulen, zehn Sporthallen, sechs Kaufhallen und zahlreichen Horten für rund 2340 Kinder.

Ein Großteil der zu errichtenden Neubauten entsteht in Marzahn. 1982 erfährt der junge Stadtbezirk eine bedeutende Verbesserung der Infrastruktur durch die Fertigstellung der von Ahrensfelde in das Stadtzentrum führenden S-Bahnlinie. Der letzte Bauabschnitt wird am 30. Dezember von DDR-Verkehrsminister Otto Arndt übergeben.

Erfolg für »Revue 82«: Besonderer Beliebtheit erfreuen sich die Produktionen des Friedrichstadtpalastes. Am 23. Juli wird die von Detlef-Elken Kruber inszenierte »Revue 82« im Palast der Republik uraufgeführt. Geboten wird ein bunter Reigen aus humoristischen Einlagen, Musik, Tanz und Artistik. Präsentatoren der von Publikum und Kritik mit viel Zustimmung aufgenommenen Revue sind Hans-Joachim Wolfram und Hans-Joachim Wolle, Moderatoren der Fernsehsendung »Außenseiter – Spitzenreiter«.

SPORT

BFC verpaßt Pokalgewinn: Der BFC Dynamo kann seine dominierende Stellung im DDR-Fußball weiter festigen. Zum vierten Mal in Folge gewinnt der Rekordmeister 1982 den Titel. Das »Double« bleibt der Mannschaft jedoch versagt: Am 1. Mai unterliegt sie Dynamo Dresden im Endspiel um den FDGB-Pokal 1:2. International muß der Ost-Berliner Renommierklub eine weitere Enttäuschung hinnehmen. Am 15. September erreicht er im Europapokal der Landesmeister im Friedrich-Ludwig-Jahn-Sportpark (Prenzlauer Berg) gegen den bundesdeutschen Meister Hamburger Sportverein nur ein 1:1. Da das Hinspiel mit 0:2 verloren wurde, scheidet der BFC bereits in der ersten Runde des Wettbewerbs aus.

Am 23. Juli 1982 hat die vom Publikum begeistert aufgenommene »Revue 82« im Friedrichstadtpalast Premiere. Anja Braatz von der »Berliner Zeitung« schreibt:

Man nehme zwei Moderatoren, eine gute Handvoll Schlagersänger, Artisten, einen Chor, ein Orchester, mische alles gut miteinander und fertig ist eine Revue? – Schön wär's. Beim letzten Friedrichstadtpalast-Programm der Spielzeit 1981/82 hat Regisseur Detlef-Elken Kruber dies, wie man sah, sehr wohl bedacht. Am vorigen Freitag hatte seine »Revue 82« im gastgebenden Palast der Republik Premiere und ist dort (leider nur noch) bis zum 31. Juli zu erleben.

Der Regisseur tat mehr, als sich mit obigem Rezept zu begnügen. Er übernahm, was völlig legitim, eine langjährig praktizierte und überaus erfolgreiche Idee und zugleich deren geschätzte Verfechter: nämlich die der hintersinnig-humorigen Fernsehsendung »Außenseiter – Spitzenreiter«, nebst Hans-Joachim Wolfram und Hans-Joachim Wolle. Dank dieser Kooperation, an der bekanntermaßen auch die Fernsehfans mit ihren Vorschlägen zum »Kundendienst für Neugierige« ihren Anteil haben, gab's diesmal viel zum Lachen und bestaunen wie selten in einer Revue ...

Es folgten unter Jubel und Begeisterung der ausdauerndste Badewannentaucher, der längste Mann der DDR, die einzige Kuh mit weißen Ohren, der auf dem gefürchteten Zahnborapparat musikmachende Zahnarzt – Außenseiter und Spitzenreiter zum Anfassen.

Mittendrin Schlager ... aber auch mit erfolgreichen Choreographien von Ballettdirektorin Gisela Walther ... Ein Fest fürs Auge immer wieder, ganz andere Farbtupfer setzten die Artisten: Klaus Lohse und Assistentin Sylvia präsentierten waghalsige Balanceakte mit zwölf Stühlen, und die Geschwister Schwenk, bereits in 40 Ländern gefeiert, brillierten mit Kraft, Geschicklichkeit und Ästhetik noch oben an der Decke des großen Saales am Hängeperch.

Waren alle diese Revuenummern auch geschickt eingesetzt und durchaus unterhaltsam, so dienten sie doch dem Publikum, wie es schien, in erster Linie als Ruhepausen zwischen zwei Lachstürmen, hervorgerufen durch Wolfram & Wolle, das charmant-locker und imagepflegende Außenseiter-Spitzenreiter-Duo und seine Gags. Die »Revue 82« hatte dadurch neben vielen schmackhaften Zutaten und allerlei Gewürzen ihr Salz in der Suppe.

1983 KOALITION FESTIGT BASIS DER REGIERUNG

POLITIK

CDU und FDP bilden Koalition: Die Freien Demokraten, einst Koalitionspartner der SPD und seit der Wahl vom 10. Mai 1981 in der Opposition, wechseln wieder in das Lager der Regierung. Am 17. März gehen sie eine Koalition mit der CDU ein. Damit verfügt der von Richard von Weizsäcker geführte Senat über eine Mehrheit im Abgeordnetenhaus. Der Schritt der FDP kommt nicht überraschend. Sie hatte bislang den Minderheitssenat der CDU toleriert und so dessen Arbeitsfähigkeit überhaupt erst ermöglicht. Auch auf Bundesebene besteht seit Oktober 1982 eine Koalition der Christdemokraten mit der FDP.

Das Regierungsbündnis erfordert eine umfassende Senatsumbildung. Die FDP stellt jetzt die Senatoren für Justiz (Hermann Oxfort) sowie für Stadtentwicklung und Umweltschutz (Horst Vetter). Die Amtsvorgänger in diesen Ressorts, Rupert Scholz und Volker Hassemer, wechseln in das für Bundesangelegenheiten und das für Kultur. Wilhelm Kewenig, bislang Senator für Wissenschaft und Kultur, beschränkt sich künftig auf den Bereich Wissenschaft und Forschung.

Terroranschläge erschüttern Berliner: Im Jahr 1983 verüben verschiedene terroristische Gruppen mehrere Anschläge in Berlin. Am 15. August legen unbekannte Täter im Bezirk Tiergarten Brände in einem Möbelhaus und in dem Papierlager einer Druckerei. Menschen kommen nicht zu Schaden, der Sachschaden ist jedoch erheblich; er beträgt rund eine Million DM. Der Hintergrund der Tat bleibt im Dunkeln. Allerdings vermutet die Polizei die Urheber in der linksextremen Szene.

Weitaus folgenreicher ist ein Bombenanschlag auf das französische Kulturzentrum Maison de France am Kurfürstendamm am 25. August. Ein Mensch wird getötet; 23 Personen erleiden zum Teil schwere Verletzungen.

Als Täter vermuten die Polizei und der Staatsschutz zunächst die sogenannte Geheime Armee zur Befreiung Armeniens, die auf ihren Kampf gegen die Unterdrückung ihres Volkes in der Türkei aufmerksam machen will und in den vergangenen Monaten für eine Reihe ähnlicher Taten verantwortlich gemacht wurde.

Nach der deutschen Vereinigung 1990 werden jedoch neue Fakten bekannt, nach denen Angehörige des syrischen Geheimdienstes Urheber des Anschlags gewesen waren. Im Laufe der Ermittlungen stellt sich heraus, daß der Staatssicherheitsdienst der DDR über die Terroraktion informiert gewesen war. Aus diesem Grund wird ein früherer Mitarbeiter der Stasi wegen Beihilfe zu der Tat zu einer Gefängnisstrafe verurteilt.

Asylbewerber stürzt sich in den Tod: Große Betroffenheit löst am 30. August der Selbstmord des Türken Kemal Altun aus. Der dreiundzwanzigjährige Mann war in seinem Heimatland politisch verfolgt worden und hatte 1982 in West-Berlin um Asyl gebeten. Die türkische Regierung verlangt daraufhin die Auslieferung und begründet das Ersuchen mit Altuns angeblicher Verstrickung in einen Mordfall. Deshalb haben die Berliner Behörden Altun in Auslieferungshaft genommen.

Als nach 14 Monaten das Verwaltungsgericht über das türkische Ersuchen entscheiden will, stürzt sich Kemal Altun aus dem Fenster des im

Das Maison de France am Kurfürstendamm nach dem Sprengstoffanschlag, August 1983.

> *Die Bundesregierung begrüßt die von der DDR verfügte Neuregelung des Mindestumtauschs und erklärt:*
>
> *Die DDR hat am 27. September 1983 Jugendliche bis zum vollendeten 14. Lebensjahr vom verbindlichen Mindestumtausch bei Reisen in die DDR befreit.*
>
> *Damit hat die DDR zum erstenmal seit Erhöhung und Erweiterung des verbindlichen Mindestumtausches im Herbst 1980 einen Schritt getan, der die damals von der DDR einseitig geschaffenen Belastungen für einen bestimmten Personenkreis beseitigt.*
>
> *Die Neuregelung kommt vor allem Familien mit mehreren Kindern zugute, für die eine längere gemeinsame Reise in die DDR nur schwer zu finanzieren ist.*
>
> *Dieser Schritt der DDR muß im Zusammenhang mit anderen Entwicklungen im innerdeutschen Reiseverkehr gesehen werden, die in jüngster Zeit zu spürbaren Erleichterungen geführt haben.*
>
> *Die Bundesregierung sieht darin einen positiven Ansatz für den notwendigen weiteren Abbau von Erschwernissen.*
>
> *Die Bundesregierung wird in ihrem Bemühen fortfahren, weitere menschliche Erleichterungen zu erreichen und in Gesprächen und Kontakten mit der DDR die innerdeutschen Beziehungen schrittweise zu verbessern.*

FRANZÖSISCHER DOM IM NEUEN GLANZ 1983

POLITIK

Reporter des »Stern« unerwünscht: Die DDR-Führung zeigt gegenüber westlichen Medien, deren Berichterstattung über Funk und Fernsehen auch von der eigenen Bevölkerung verfolgt werden können, eine gewisse Empfindlichkeit. Wegen angeblicher Verleumdung und mißliebiger Berichte war in den letzten Jahren wiederholt bundesdeutschen Korrespondenten die Akkreditierung entzogen worden. Zu den prominentesten Fällen dieser Art zählen die Ausweisung des ARD-Korrespondenten Lothar Loewe (1976) und die Schließung des Ost-Berliner Büros des Nachrichtenmagazins »Der Spiegel« (1978).

Am 12. Januar entzieht das Außenministerium dem Ost-Berliner Vertreter der Hamburger Illustrierten »Stern«, Dieter Bub, die Akkreditierung. Als Grund werden »wahrheitswidrige und verleumderische Berichterstattung« genannt. Der Hintergrund ist eine Reportage des »Stern«, über einen angeblichen Attentatsversuch auf Staats- und Parteichef Erich Honecker, den die DDR zu vertuschen suche. Sofort nach Veröffentlichung dementieren die Ost-Berliner Behörden den Bericht. Und auch im Westen wird dessen Wahrheitsgehalt angezweifelt.

Der Turm des Französischen Doms am Platz der Akademie, 1984.

Flucht in den Westen: Die scharfe Reaktion ist ein Indiz für die Nervosität der Regierung der DDR. Die innerstaatliche Opposition im Land gewinnt langsam, aber stetig an Boden. Selbst in den Reihen der SED soll es – westlichen Gerüchten zufolge – Kritik an der Führungsspitze geben.

Gleichzeitig wollen noch immer zahlreiche DDR-Bürger ihre Heimat verlassen. Die Zahl der Ausreiseanträge wird auf mehrere Zehntausend geschätzt. Da diese jedoch häufig wenig Aussicht auf Erfolg haben, wählen einige Bürger den gefährlichen Weg über den »antifaschistischen Schutzwall«. 1983 ist Ost-Berlin Schauplatz einer Reihe von spektakulären Fluchten.

Über das Treffen zwischen Erich Honecker, dem Staats- und Parteichef der DDR, und dem West-Berliner Regierenden Bürgermeister Richard von Weizsäcker in Ost-Berlin berichtet die amtliche Nachrichtenagentur ADN:

… Im Mittelpunkt der Unterredung, die in einer aufgeschlossenen Atmosphäre verlief, standen aktuelle Fragen der internationalen Entwicklung, insbesondere der Sicherung des Friedens und der Verhinderung einer neuen Runde des Wettrüstens. Ferner wurden Fragen des Verhältnisses zwischen der Deutschen Demokratischen Republik und Berlin (West) erörtert.

Übereinstimmend wurde betont, daß von deutschem Boden nie wieder ein Krieg ausgehen darf und von den politisch Verantwortlichen alles getan werden muß, um die Gefahr eines nuklearen Infernos abzuwenden.

Erich Honecker erklärte, daß demgegenüber die beabsichtigte Verwandlung des Territoriums der BRD in eine Startrampe von USA-Erstschlagswaffen weder für die BRD noch für West-Berlin mehr Sicherheit schaffen könne. Sie würde sich zu einer weiteren Komplizierung der internationalen Lage, zur Erhöhung der Gefahr eines neuen Weltkrieges und zu einer Verschlechterung der Beziehungen zwischen beiden deutschen Staaten führen, was sich zweifellos auch negativ auf das Verhältnis zu Berlin (West) auswirken könne …

Übereinstimmend unterstrichen die beiden Gesprächspartner, daß sich seit dem Abschluß des Vierseitigen Abkommens am 3. September 1971 in den West-Berliner Angelegenheiten vieles zum Besseren gewendet hat. Die seither eingetretene Beruhigung der Lage sei den Bemühungen um Entspannung in Europa und der Sicherung des Friedens zugute gekommen. Nicht zuletzt habe sie sich für Berlin (West) und seine Einwohner selbst positiv ausgewirkt …

1983 KOALITION FESTIGT BASIS DER REGIERUNG

> *Das Nachrichtenmagazin »Der Spiegel« berichtet über den wirtschaftlichen und statusrechtlichen Hintergrund, der die Verhandlungen über die Übergabe der S-Bahn an West-Berlin bestimmt:*
>
> *Funzelig beleuchtete Geisterzüge, ein um die Hälfte gekapptes 145-km-Netz, wuchernde Steppe über stillgelegten Gleisen – die hundert Jahre alte S-Bahn in West-Berlin rumpelt der Pleite entgegen. Nach Berechnungen des in Ost-Berlin siedelnden S-Bahn-Betriebes, der »Deutschen Reichsbahn«, lief in den letzten zehn Jahren ein Defizit von 1,5 Milliarden DM West auf.*
> *… Das Geld, das aus Pacht und Miete von »nicht eisenbahnbetrieblichen Zwecken dienenden Objekten« übrigbleibt, wird seit 1953 von der »Verwaltung des ehemaligen Reichsbahnvermögens (Vorratsvermögen) in West-Berlin« (VdeR) gehortet, jährlich bis zu zwanzig Millionen Mark. Der Wert der Liegenschaften, 3000 Wohnungen und die [gewerblich nutzbaren] Gewölbe [unter den Viaduktbögen], dürfte anderthalb bis zwei Milliarden DM betragen.*
> *Nun, da der Osten die marode Stadtbahn im Westen nicht mehr betreiben möchte und der Senat sie zwecks Einbeziehung in das Nahverkehrssystem der Stadt in eigener Regie fahren will, haben die Vorrats-Millionen die Begehrlichkeit der DDR geweckt …*
> *Der Dissens im Bahn-Poker entspricht im Grunde den alten Frontlinien: Die DDR betrachtet S- wie Fernbahn in West-Berlin quasi als Ost-Berliner Exklave. Die Westseite dagegen pocht auf den Berlin-Status, dessen ungeschmälerten Bestand die Siegermächte akribisch hüten. Symptomatisch für die vertrackte Rechtslage ist der Streit um das vielbegehrte Vorratsvermögen.*
> *… Die DDR-Reichsbahn, von der Sowjetunion mit der Aufrechterhaltung des gesamten Berliner S-, Güter- und Fernbahnnetzes betraut, hat keinen Zugang zu den Mitteln, seit im Zuge der Währungsreform Betriebs- und Vorratsvermögen separiert wurden.*
> *Auch die westliche Seite darf nicht an die Bestände. Als Bonn und Berlin 1954 versuchten, das Berliner Reichsbahnvermögen der Bundesbahn zu übereignen, blockten die drei Alliierten ab. Vor dem Gesamt-Berliner S-Bahn-Gipfel steckten die Souveräne per bindender »Kommandantura«-Order den Spielraum in alten Grenzen ab. Alliierte Rechte dürfen durch die angestrebte Vereinbarung nicht berührt werden, der auszuhandelnde Kompromiß muß von den Siegermächten gebilligt werden …*

sechsten Stock des Gebäudes gelegenen Verhandlungsraumes. Wenig später erliegt er seinen Verletzungen.
Gegen die Berliner Justiz werden in den folgenden Tagen schwere Vorwürfe erhoben. Sie hätte – so die Gefangenenhilfsorganisation Amnesty International – im Interesse der guten Beziehungen der Bundesrepublik zur Türkei Altun einem unnötig langen Verfahren ausgesetzt. Da die ihm offensichtlich aus politischen Gründen zur Last gelegten Verbrechen in der Türkei mit der Todesstrafe geahndet werden, hätte ohnehin keine Auslieferung erfolgen dürfen. Die andauernde Ungewißheit und die Angst vor der Abschiebung habe den türkischen Asylbewerber schließlich zu der Verzweiflungstat veranlaßt.

Weizsäcker trifft Honecker: Eine bemerkenswerte Begegnung findet am 15. September im Ost-Berliner Schloß Niederschönhausen statt. Erich Honecker, der Staats- und Parteichef der DDR, empfängt den Regierenden Bürgermeister Richard von Weizsäcker zu einem Meinungsaustausch über internationale und West-Berlin betreffende Fragen.
Im Mittelpunkt stehen dabei die Senkung der Mindestumtauschsätze bei Reisen nach Ost-Berlin und in die DDR sowie die Einbeziehung des von der DDR-Reichsbahn verwalteten West-Berliner S-Bahnnetzes in den Stadtverkehr. Beschlüsse werden nicht gefaßt. Dennoch ist dieses erste Treffen eines West-Berliner Regierenden Bürgermeisters mit einem Partei- und Staatschef der DDR für die deutsch-deutschen Beziehungen bedeutsam.

Blockade der Andrews-Barracks: Die seit Monaten anhaltenden Demonstrationen gegen die im Rahmen des NATO-Doppelbeschlusses geplante Aufstellung von atomaren Mittelstreckenraketen in Deutschland gehen weiter. Eine besonders spektakuläre Aktion unternehmen Mitglieder der Friedensbewegung am 15. Oktober in Lichterfelde (Steglitz). Im Rahmen einer bundesweiten Aktionswoche versuchen rund 6 000 Demonstranten, die amerikanischen Andrews-Barracks an der Finkensteinallee (die ehemalige Hauptkadettenanstalt) zu blockieren. Zu größeren Auseinandersetzungen kommt es nicht; es gelingt der Polizei, den Zugang zum Haupttor der Kaserne zu freizuhalten.

WIRTSCHAFT

Erdgas für Berlin: Die Erfahrungen der Blockade der Stadt durch die Sowjetunion 1948/49 hatten westlichen Behörden veranlaßt, große Vorratslager mit zahlreichen lebenswichtigen Gütern anzulegen. So sollte die Versorgung der Stadt in einem eventuellen Krisenfall gewährleistet bleiben. Aus diesem Grund und um die Autarkie der Stadt zu wahren, sind Lieferverträge mit der DDR und anderen Ostblock-Staaten nur in einem begrenzten Maße abgeschlossen worden.
Am 30. März unterzeichnen in Ost-Berlin Vertreter des Senats, der DDR, der Essener Ruhrgas AG und einer sowjetischen Exportgesellschaft einen Vertrag über die Lieferung von sowjetischem Erdgas. Damit erhält West-Berlin die Möglichkeit, an den Erdgaslieferungen der Sowjetunion an die Bundesrepublik beteiligt zu werden. Eine Abhängigkeit von den sowjetischen, über Röhren durch das DDR-Gebiet geführten Lieferungen ist nach Angaben des Senates jedoch ausgeschlossen. So sollen für den Krisenfall Vorratsbehälter angelegt und die Möglichkeit einer raschen Umstellung auf alternative Energieträger gewährleistet werden.
Für die Stadt bringt dieses Abkommen eine

Blockade der Andrews-Barracks in Lichterfelde durch Mitglieder der Friedensbewegung, 15. Oktober 1983.

FRANZÖSISCHER DOM IM NEUEN GLANZ 1983

So überwinden am 31. März im Bezirk Treptow zwei junge Leute mit einem über die Grenzanlagen katapultierten Stahlseil die Mauer. Am 7. September flüchten zwei Angehörige der Grenztruppen in Uniform und bewaffnet vom Umland aus in den West-Berliner Ortsteil Buckow.

Flüge in den Osten: Die Sperranlagen werden 1993 nicht nur in Ost-West-, sondern auch in West-Ost-Richtung überwunden. Am 28. August steigen im West-Berliner Wilmersdorf zwei Mitglieder der Umweltschutzorganisation »Greenpeace« mit einem Heißluftballon auf, um gegen die Atomwaffentests der vier Siegermächte des Zweiten Weltkrieges zu demonstrieren. Sie werden in Richtung Süden abgetrieben und landen nach einer knappen Stunde Flug auf dem Gebiet der DDR bei Groß-Ziethen.

Ein ähnlicher Vorfall ereignet sich am 15. September, als ein indischer Yogi vom West-Berliner Gatow aus mit einem Leichtbauflugzeug zu einem »Flug für den Frieden« startet und die Staatsgrenze überquert. Er landet in Weißensee. Die Grenzverletzer werden von den zuständigen Organen abgeschoben.

KULTUR

Französischer Dom eröffnet: Am 17. April wird am Platz der Akademie (Mitte) nach mehrjährigen Restaurierungsarbeiten die als Französischer Dom bekannte Französische Friedrichstadtkirche eingeweiht. Das Anfang des 18. Jahrhunderts für die in Berlin lebenden Hugenotten errichtete und in der folgenden Zeit wiederholt baulich veränderte Gotteshaus war während des Zweiten Weltkrieges schwer beschädigt worden. Mit finanzieller Hilfe der westdeutschen Kirchen war 1977 mit der weitgehend originalgetreuen Restaurierung begonnen worden. Den Wiederaufbau der Turmanlage übernahm der Staat.

Deutsches Theater feiert Jubiläum: Das traditionsreiche Deutsche Theater an der Schumannstraße (Mitte), das 1983 sein hundertjähriges Bestehen feiert, bezieht am 29. September seine umfassend renovierten Räumlichkeiten. Der in seiner ursprünglichen Form 1850 von Eduard Titz, einem Schüler Karl Friedrich Schinkels, errichtete Bau, in dem 1883 eine private Bühne den Namen Deutsches Theater angenommen hatte, erstrahlt nach zweijährigen Arbeiten in neuem Glanz. Das Haus verfügt nun über moderne Bühnentechnik. Zur feierlichen Wiedereröffnung wird Johann Wolfgang von Goethes Drama »Torquato Tasso« gegeben.

Anna Seghers gestorben: Mit dem Tod der Schriftstellerin Anna Seghers am 1. Juni erleidet die Ost-Berliner Kulturszene einen großen Verlust. Mit Werken wie »Der Aufstand der Fischer von St. Barbara« (1928) und »Das siebte Kreuz« (1942) hatte die Autorin Weltruhm erlangt. Seit 1947 lebte die in Mainz geborene, während des Nationalsozialismus exilierte Anna

Joachim Meisner, Bischof von Berlin, in Ost-Berlin, 1980.

Seghers in Ost-Berlin. Über ihre literarische Arbeit hinaus engagierte sich die überzeugte Sozialistin im Schriftstellerverband der DDR, in dem sie von 1952 bis 1978 den Vorsitz – und anschließend den Ehrenvorsitz – führte. Anna Seghers wurde 82 Jahre alt.

Würdigung für Martin Luther: Das Museum für Deutsche Geschichte im Zeughaus Unter den Linden zeigt vom 15. Juni bis 20. November die Ausstellung »Martin Luther und seine Zeit«. Anlaß ist der 500. Geburtstag des Reformators. Bemerkenswert ist ein differenziert gezeichnetes Bild Luthers, der bisher in der offiziellen Geschichtsschreibung der DDR wegen seiner antirevolutionären Haltung im Bauernkrieg eher negativ beurteilt worden ist.

ALLTAG UND GESELLSCHAFT

Papst Johannes Paul II. beruft am 2. Februar Joachim Meisner, Bischof von Berlin, zum Kardinal. Der neunundvierzigjährige Meisner, seit 1980 als Nachfolger des verstorbenen Alfred Bengsch Berliner Bischof, hat seinen Amtssitz in der Hauptstadt, ist aber auch für die Katholiken im Westteil der Stadt verantwortlich. Das katholische Bistum erstreckt sich auf ganz Berlin und umfaßt darüber hinaus noch Teile der DDR.

Am 18. Dezember konsekriert Bischof Meisner im Berliner Bezirk Marzahn die Kirche Maria Königin des Friedens. Sie wurde teilweise vom Bonifazius-Werk finanziert.

Udo Lindenberg im Palast: Unter der Losung »Für den Frieden der Welt – Weg mit dem NATO-Raketenbeschluß« findet am 25. Oktober im Palast der Republik ein Konzert mit international bekannten Sängern und Musikern statt. Der Veranstalter ist die Freie Deutsche Jugend (FDJ). Umjubelte Stars sind der Amerikaner Harry Belafonte und der deutsche Rockstar Udo Lindenberg. Vor allem der Auftritt von Lindenberg, der in Berlin große Popularität genießt, wird mit Begeisterung aufgenommen. Allerdings übersteigt die Nachfrage das zur Verfügung stehende, von der FDJ verwaltete Kartenkontingent bei weitem.

Lindenberg, zu dessen erfolgreichsten Hits der unpolitische, aber respektlose Song »Sonderzug nach Pankow« zählt, hatte sich bereits mehrfach vergeblich um Auftritte in der DDR bemüht.

SPORT

BFC ohne Niederlage: Der erfolgreichste Fußballverein der DDR, der BFC Dynamo, erringt 1993 eine weitere Trophäe. Am 28. Mai besiegt er im Friedrich-Ludwig-Jahn-Sportpark (Prenzlauer Berg) den FC Carl Zeiss Jena mit 2:0 Toren und sichert sich damit frühzeitig die fünfte Meisterschaft in Folge. Die Dominanz der Berliner in der Oberliga ist beispiellos: Während

1983 KOALITION FESTIGT BASIS DER REGIERUNG

In der Vereinbarung zwischen dem Senat und der Deutschen Reichsbahn (DDR) über die Übergabe der West-Berliner S-Bahn vom 30. Dezember 1983 heißt es:

I.
1. Die Deutsche Reichsbahn – Reichsbahndirektion Berlin – wird den Betrieb der S-Bahn in Berlin (West) am 9. Januar 1984, 3 Uhr, einstellen.
Die Betriebsdurchführung der S-Bahn einschließlich Unterhaltung, Verkehrssicherung oder Nutzung aller S-Bahnstrecken nebst den dazugehörigen Anlagen, Einrichtungen und Betriebsmitteln wird vom gleichen Zeitpunkt an von einer vom Senat zu bestimmenden Stelle aus Berlin (West) wahrgenommen.
Der Bereich der S-Bahn ist in Plänen dargestellt, die Bestandteil dieser Vereinbarung sind. Auf dem Streckenabschnitt Lehrter Stadtbahnhof – Friedrichstraße werden die S-Bahnzüge mit Zugpersonal der Deutschen Reichsbahn besetzt.
2. Statusfragen bleiben durch diese Vereinbarung unberührt.

II.
1. Die vom Senat zu bestimmende Stelle aus Berlin (West) übernimmt die bei der Deutschen Reichsbahn zum Zeitpunkt der Änderung der Betriebsdurchführung für die S-Bahn beschäftigten S-Bahn-Arbeitskräfte mit Wohnsitz in Berlin (West). ...

Zu der Übernahme der West-Berliner S-Bahn durch den Senat erklärt die Alliierte Kommandantur am 28. Dezember 1983:

1. Die Alliierte Kommandantura hat den Entwurf einer Vereinbarung über die Voraussetzungen der Integration der S-Bahn-Linien in das öffentliche Nahverkehrsnetz geprüft, die nach Gesprächen zwischen dem Senat und der Deutschen Reichsbahn auf der Grundlage und im Rahmen der durch BK/O (83)7 erteilten Ermächtigung ausgearbeitet wurde.
2. Sie erteilt durch vorliegende BK/O die gemäß den Bestimmungen von Nr. 2 (2) der oben genannten BK/O (83)7 erforderliche Ermächtigung.
3. Dabei weist sie nochmals darauf hin, daß:
(A) diese Vereinbarung, die lediglich technischer Natur ist, die Rechte und Verantwortlichkeiten der Alliierten, insbesondere auf dem Gebiet der Kontrolle der betroffenen Einrichtungen und des Vermögens, deren Status unverändert bleibt, nicht berühren darf;
(B) das in den Westsektoren Berlins befindliche Reichseisenbahnvermögen dem zufolge weiterhin der Kontrolle des jeweiligen Sektoren-Kommandanten unterliegt.
4. In Anbetracht der erwähnten Rechte und Verantwortlichkeiten ist die vorherige Ermächtigung der Alliierten Kommandantura vor der Verkündung etwaiger Rechtsvorschriften über den Betrieb der S-Bahn durch eine vom Senat zu bestimmende Stelle erforderlich.

Reihe von Vorteilen: Das Erdgas ist preiswerter, umweltfreundlicher und sicherer als das konventionelle Stadtgas. Die Umstellung wird allerdings noch längere Zeit in Anspruch nehmen.

KULTUR
Karajan und Philharmoniker im Streit: Das Berliner Philharmonische Orchester ist Ende 1982 in die Schlagzeilen geraten. Herbert von Karajan, Chefdirigent, hatte sich für die Aufnahme der Münchner Klarinettistin Sabine Meyer ausgesprochen. Das nur aus männlichen Musikern bestehende Orchester lehnte dies wohl aus Gründen der Tradition ab. Vordergründig werden auch Zweifel an der Eignung der Musikerin geäußert.
Der »Fall Meyer« gerät zur Machtprobe zwischen dem stets auf seine Unabhängigkeit bedachten Orchester und Karajan. Erst im Januar kann der Streit beigelegt werden: Das Orchester schließt mit Sabine Meyer einen Vertrag für ein Probejahr. Das Verhältnis zwischen den Philharmonikern und Karajan bleibt jedoch gespannt.

100 000 sehen Pablo Picassos Skulpturen: Zu einem Publikumsmagneten entwickelt sich die am 7. Oktober in der Tiergartner Neuen Nationalgalerie eröffnete Ausstellung »Picasso – das plastische Werk«, die einen umfassenden Überblick über das bildhauerische Schaffen des aus Spanien stammenden, wohl bedeutendsten und einflußreichsten Künstlers des 20. Jahrhunderts bietet. Die Resonanz ist groß; bis Ende November besuchen mehr als 100 000 Berliner und auswärtige Gäste die Ausstellung.

ALLTAG UND GESELLSCHAFT
Eine ungewöhnliche Publikation kommt am 21. Januar auf den Markt. Als erstes deutsches Blatt dieser Art erscheint in Berlin die »Zweite Hand«, die auf einen redaktionellen Teil verzichtet und nur Anzeigen enthält. Für Privatleute sind die Inserate kostenlos; die Zeitung finanziert sich aus dem Verkaufspreis. Das neuartige Konzept hat großen Erfolg: Zunächst in wöchentlicher Erscheinungsweise, bringt die »Zweite Hand« schon bald je Monat zwölf Ausgaben heraus.

KALENDARIUM

12. Januar: Dem Korrespondenten der Hamburger Illustrierten »Stern« in der DDR, Dieter Bub, wird vom Außenministerium der DDR wegen »wahrheitswidriger und verleumderischer Berichterstattung« die Akkreditierung entzogen. Bub wird aus der DDR ausgewiesen.

17. März: Die FDP geht mit der CDU eine Koalition ein, so daß der von Richard von Weizsäcker geführte Senat nunmehr über eine Mehrheit im Abgeordnetenhaus verfügt.

30. März: In Ost-Berlin unterzeichnen Vertreter des West-Berliner Senats, eines sowjetischen und eines DDR-Energie-Kombinats einen Vertrag über die Lieferung von sowjetischem Erdgas nach West-Berlin.

31. März: Mittels eines Stahlseils gelingt zwei jungen Ost-Berlinern in den frühen Morgenstunden die Flucht von Treptow nach Neukölln. Die beiden Flüchtlinge haben zu Beginn der Aktion das Seil über den Grenzstreifen zu einem West-Berliner Haus katapultiert.

14. April: Der U-Bahnhof Wittenbergplatz wird nach aufwendigen Restaurierungsarbeiten, bei denen der ursprüngliche optische Eindruck weitgehend wiederhergestellt worden ist, wieder eröffnet. Das U-Bahn-Gebäude war zwischen 1911 und 1913 nach Entwürfen des schwedischen Architekten Alfred Grenander erbaut und im Zweiten Weltkrieg stark zerstört worden.

17. April: Nach mehrjährigen Restaurierungsarbeiten wird der Französische Dom am Ost-Berliner Platz der Akademie (Gendarmenmarkt) mit einem Festgottesdienst eingeweiht.

28. Mai: Der Ost-Berliner Fußball-Club BFC Dynamo gewinnt im Friedrich-Ludwig-Jahn-Stadion gegen den FC Carl Zeiss Jena mit 2:0 Toren und wird damit zum fünften Mal in Folge DDR-Fußballmeister.

12. Juni: Im Anschluß an einen offiziellen Besuch der Bundesrepublik Deutschland besucht Javier Pérez de Cuellar, der Generalsekretär der UN, West-Berlin. Er besichtigt das Reichstagsgebäude und trifft mit dem Regierenden Bürgermeister Richard von Weizsäcker im Senatsgästehaus zu einem Gespräch zusammen.

15. Juni bis 20. November: Aus Anlaß des 500. Geburtstags Martin Luthers zeigt das Ost-Berliner Museum für Geschichte eine große Ausstellung über den Reformator.

15. August: Unbekannte Täter, die nach Vermutungen der Polizei der linksextremen Szene angehören, verüben im Bezirk Tiergarten Brandanschläge auf ein Möbelhaus und das Papierlager einer Druckerei. Der Sachschaden beträgt rund eine Million DM.

25. August: Bei einem Bombenanschlag auf das Maison de France am Kurfürstendamm

KALENDARIUM

wird ein Mensch getötet. 23 Menschen erleiden zum Teil schwere Verletzungen.

7. September: Zwei Angehörige der DDR-Grenztruppen überwinden gemeinsam unbemerkt die Sperranlagen und melden sich in Uniform und mit entladenen Maschinenpistolen im West-Berliner Ortsteil Buckow in einem Lokal.

15. September: Im Schloß Niederschönhausen (Pankow) empfängt der Partei- und Staatschef der DDR, Erich Honecker, den Regierenden Bürgermeister Richard von Weizsäcker zu einem Meinungsaustausch über internationale Probleme und Fragen, die das Verhältnis zwischen West-Berlin und der DDR betreffen. Im Volkspark Prenzlauer Berg in Ost-Berlin wird ein Denkmal für die sogenannten Kampfgruppen der Arbeiterklasse (Betriebskampfgruppen) enthüllt.

17. September: Neun Polen, drei Männer, zwei Frauen und vier Kinder, landen mit einem Flugzeug vom Typ Antonow auf dem Flughafen Tempelhof und bitten die West-Berliner Behörden um politisches Asyl.

29. September: Das traditionsreiche Deutsche Theater in Ost-Berlin wird nach umfangreichen Renovierungsarbeiten mit einer Aufführung von Johann Wolfgang von Goethes Drama »Torquato Tasso« wiedereröffnet.

7. Oktober: In der Neuen Nationalgalerie (Tiergarten) wird die Ausstellung »Picasso – das plastische Werk« eröffnet. Das Werk Pablo Picassos stößt auf ein außerordentlich großes Interesse; bis Ende November 1983 werden mehr als 100 000 Besucher gezählt.

15. Oktober: Zu Beginn einer in ganz Westdeutschland und in West-Berlin von der Friedensbewegung veranstalteten Aktionswoche gegen die Aufstellung amerikanischer Mittelstreckenraketen in Deutschland versuchen rund 6 000 Demonstranten, die Andrews-Barracks in Lichterfelde zu blockieren.

25. Oktober: Die kommunistische Jugendorganisation FDJ veranstaltet im Ost-Berliner Palast der Republik ein Konzert unter dem Motto »Für den Frieden der Welt – Weg mit dem NATO-Raketenbeschluß«, an dem namhafte Künstler teilnehmen, darunter Harry Belafonte und Udo Lindenberg.

14. Dezember: Auf dem Gelände einer ehemaligen Fabrik und des Bahnbetriebswerkes des ehemaligen Anhalter Bahnhofs (Kreuzberg) werden die ersten Ausstellungsräume des neugegründeten Museums für Verkehr und Technik der Öffentlichkeit zugänglich gemacht.

18. Dezember: Der katholische Bischof von Berlin, Joachim Kardinal Meisner, konsekriert im Ost-Berliner Neubau-Bezirk Marzahn die Kirche Maria Königin des Friedens. Das Sakralgebäude ist zu einem großen Teil vom Bonifazius-Werk finanziert worden.

FRANZÖSISCHER DOM IM NEUEN GLANZ 1983

Heinz-Florian-Oertel, Sportreporter und Kolumnist der »Berliner Zeitung«, schreibt über den erneuten Titelgewinn des BFC Dynamo:

Noch dröhnt und jubelt das »Bravo BFC« in den Ohren, von Tausenden am Sonnabend im Jahn-Sportpark lauthals skandiert, und noch viel länger werden die Glückwünsche per Telegramm und Brief und Blumen ins Hauptquartier des alten und neuen DDR-Fußballmeisters in die Steffenstraße transportiert. Nach Monate währendem Dauerfleiß und Schweißfluß ist dies alles wohlverdiente Anerkennung für eine enorme Leistung. Fünfmal in Folge erkämpfte sich noch keine unserer Spitzenmannschaften den Titel, und noch niemals in unserer fünfunddreißigjährigen Fußballgeschichte gelang einem Meister der »Durchmarsch«: keine Niederlage in allen 26 Punktepartien! Dieser Erfolg und sein WIE vermehren das Triumphkonto der dreißigjährigen Dynamogeschichte, und sie erhöhen auch den Siegesberg des hauptstädtischen Sports.
Doch gerade solch ein Ereignis, solche Spitzenresultate erinnern auch an die grundsätzlichen Zusammenhänge. Das Große geht nicht ohne das Kleine und umgekehrt. Alles gehört zusammen. So feiern wir hier den Fußballmeister unseres Landes, der aus Berlin kommt, und so freuen wir uns dort mit den Autotrans- und Außenhandels-Spielern, die just zur Berliner Bezirksliga emporstießen. Und nicht minder gilt unsere Sympathie den »Untersten«, ob Robotron oder Wasserwerke, Forst oder Tabak, alle sind unsere ...

Udo Lindenberg während seines Auftritts im Palast der Republik, 25. Oktober 1983.

1984 WECHSEL AN DER SPITZE DES SENATS

POLITIK

Brand in Abschiebehaftanstalt: Am frühen Morgen des 1. Januar kommen bei einem Brand in der Abschiebehaftanstalt am Steglitzer Augustaplatz sechs Menschen ums Leben. Es handelt sich nicht um einen Unfall, sondern um eine Brandstiftung aus Protest: Die Insassen einer Zelle hatten mutwillig Feuer gelegt, um auf menschenunwürdige Haftbedingungen aufmerksam zu machen.
Bereits mehrfach hatten die Häftlinge – Ausländer ohne Aufenthaltsgenehmigung und nicht anerkannte Asylbewerber – mit Protestaktionen vergeblich auf Mißstände wie Überbelegung der Zellen und unangemessen lange Haftdauer hingewiesen.
Scharfe Kritik wird an Innensenator Heinrich Lummer (CDU) geübt. SPD und Alternative Liste fordern seinen Rücktritt, da er nach ihrer Ansicht die politische Verantwortung für die skandalösen Zustände in den Berliner Abschiebehaftanstalten trage. Lummer, der dem rechten Flügel der CDU zugerechnet wird und als Befürworter einer rigiden Ausländerpolitik gilt, lehnt die Forderung der Oppositionsparteien ab. Angesichts der hohen Zahl an Asylbewerbern – 1984 in West-Berlin rund 19 000 Menschen – und des zunehmenden Mißbrauchs des Asylrechts können nach Angaben des Innensenators räumliche Engpässe in den Haftanstalten nicht immer vermieden werden.

Eberhard Diepgen Regierender Bürgermeister: Am 9. Februar wählt das Berliner Abgeordnetenhaus mit den Stimmen von CDU und FDP Eberhard Diepgen zum Regierenden Bürgermeister. Er tritt die Nachfolge von Richard von Weizsäcker an, der seit 1981 dem Senat vorstand und wegen seiner Kandidatur für das Amt des Bundespräsidenten zurückgetreten ist. Weizsäckers Weggang aus Berlin wird von großen Teilen der Bevölkerung bedauert, aber auch kritisiert, weil er bei Amtsantritt als Bürgermeister versprochen hatte, die Legislaturperiode zu beenden.
Diepgen, seit 1980 Fraktionsvorsitzer der CDU und im Vorjahr zum Landesvorsitzenden seiner Partei gewählt, haftet das Image eines nüchternen Technokraten an. Er gilt als Pragmatiker. Dennoch gelingt es Diepgen in nur wenigen Monaten, Profil zu gewinnen. Obwohl er sich um weitgehende Kontinuität in der Regierungsarbeit – etwa in der erfolgreichen Wirtschaftspolitik – bemüht, setzt der neue Regierende Bürgermeister Akzente. Dazu zählen selbstbewußtes Auftreten gegenüber der CDU-Bundespartei ebenso wie der Versuch, den West-Berlinern das Gefühl zu vermitteln, Bürger einer weltoffenen Stadt zu sein. Ein zentrales Element ist dabei die Kulturpolitik: volksnahe Großveranstaltungen wie André Hellers Feuertheater (7. Juli) sollen die Attraktivität West-Berlins nach innen und außen verstärken.

Hans Apel Spitzenkandidat der SPD: Dabei profitiert die von Diepgen geführte CDU-FDP-Koalition von der Schwäche der SPD. Erstmals in der West-Berliner Nachkriegsgeschichte in der Opposition, gelingt es den Sozialdemokraten nicht, ihre seit 1981 schwelende Führungskrise beizulegen. Als Harry Ristock seine Bewerbung als Spitzenkandidat für die im März 1985 vorgesehenen Wahlen zum Abgeordnetenhaus zurückzieht, entscheidet sich die Berliner SPD auf einem außerordentlichen Landesparteitag am 31. März mit Zweidrittel aller Stimmen für Hans Apel. Die Entscheidung ist dennoch umstritten. Obwohl die Qualifikation des Hamburger Politikers nicht angezweifelt wird, werten viele Berliner den Umstand, daß die SPD mit Apel eine nicht aus Berlin stammende Persönlichkeit aufstellt, als Zeichen für einen Mangel geeigneter Kandidaten innerhalb der Landespartei.

Wechsel im Amt des Regierenden Bürgermeisters: Richard von Weizsäcker tritt zurück und Eberhard Diepgen wird am 9. Februar 1984 zu seinem Nachfolger gewählt.

KULTUR

Stein inszeniert Tschechows »Drei Schwestern«: Zum meistdiskutierten Theaterereignis dieses Jahres wird die Aufführung von Anton Tschechows »Drei Schwestern« an der Schaubühne am Lehniner Platz am 4. Februar. Theaterleiter und Regisseur Peter Stein entwickelt das um die Jahrhundertwende entstandene Drama zur Überraschung von Publikum und Kritik »zu einem unübertrefflichen Tschechow-Kolossalgemälde«.
Die Ansichten über Steins Inszenierung gehen weit auseinander. Sie reichen von Jubel bis Kopfschütteln ob der Schönheit der Bilder und der Choreographie der Szenen. Unbestritten bleiben die darstellerischen Leistungen des Ensembles.

Ende der »Ära Stein« an der Schaubühne: Stein, seit 1970 künstlerischer Leiter der Schaubühne und maßgeblich am Aufstieg des Renommier-Theaters beteiligt, gibt am 6. März bekannt, daß er seine Tätigkeit zum Ende der

---

Die Zeitung »Der Tagesspiegel« kommentiert am 9. Februar, dem Tag der Wahl Eberhard Diepgens (CDU) zum Regierenden Bürgermeister, den Wechsel an der Spitze des Senats:

… Die großen Regierenden Ernst Reuter, Willy Brandt und Richard von Weizsäcker wurden dem … Wunschbild gerecht, Sicherheit und Selbstvertrauen zu vermitteln. Insofern findet heute mit dem Abschied Weizsäckers und der Wahl seines Nachfolgers Eberhard Diepgen ein entscheidender Wechsel in der politischen Führung statt. Der parteioffiziell von der CDU verbreitete Optimismus kann nicht darüber hinweg täuschen, ob es Diepgen gelingt, in den Mantel seiner großen Vorgänger hineinzuwachsen. Kein Zweifel, daß er ein großes Päckchen zu tragen hat.
Eine unverwechselbare Ausstrahlung ist dem Naturell des 42jährigen Juristen und gebürtigen Berliners von der »Plumpe« nicht eigen.
Man mag ihm das als Handicap ankreiden. Als Pluspunkte sind zähe Zielstrebigkeit, solide politisch-handwerkliche Fertigkeit und nüchterne Einschätzung der Situation zu nennen. Diepgen bestreitet nicht, daß es gewaltiger Anstrengungen bedarf, um die 1981 bei den Berliner Wahlen gewonnene »konjunkturelle Mehrheit« von 48 Prozent der Wählerstimmen für die CDU zu einer »strukturellen« auszubauen.
… Dennoch wirkt Diepgen gelassen, ein Musterbeispiel an Selbstdisziplin. Zweifel an seiner Führungsfähigkeit begegnet er mit dem selbstbewußten und sicher gerechtfertigten Hinweis, daß er die CDU-Politik seit gut zwölf Jahren, die Regierungspolitik seit 1981 entscheidend mitgestaltet habe. … In Zukunft aber wird Diepgen nicht mehr Zuarbeiter im Hintergrund sein, sondern als Hauptverantwortlicher im Scheinwerferlicht agieren. Daß er es mit der versprochenen »Kontinuität« in personeller und politischer Hinsicht ernst nimmt, ist logisch. Doch das Ansehen eines Regierungschefs hängt nicht nur von der großen Linie ab, sondern auch von seiner Persönlichkeit und von der Art, wie er mit den nie ausbleibenden Problemen umgeht …

FORTSCHRITT IM WOHNUNGSBAU 1984

POLITIK

Anerkennung der DDR: Die DDR-Regierung erzielt 1984 einen Durchbruch. Seit Gründung der DDR hatte sich ihre Regierung vergeblich um internationale Anerkennung bemüht. Die westlichen Staaten und mit ihnen die meisten blockfreien Länder weigerten sich aus Rücksicht auf die Bundesrepublik, den zweiten deutschen Staat anzuerkennen. Erst nach Abschluß des Grundlagenvertrages zwischen der Bundesrepublik und der DDR 1972 kam es zu einer Normalisierung. Immer mehr Länder nahmen diplomatische Beziehungen mit der DDR auf und eröffneten Botschaften in der Hauptstadt. Offizielle Besuche führender westlicher Regierungsvertreter blieben jedoch aus.

Westliche Prominenz in Ost-Berlin: Am 26./27. Januar ändert sich die Lage. Der französische Außenminister Claude Cheysson besucht die DDR-Hauptstadt, um Unter den Linden ein Kulturzentrum zu eröffnen. Wenige Tage später trifft mit Kanadas Premierminister Pierre Trudeau der erste Regierungschef eines NATO-Staates in Ost-Berlin ein. Ihnen folgen zahlreiche Staatsmänner: Olof Palme (Schweden; 29.-30. Juni), Andreas Papandreou (Griechenland; 4.-6. Juli), Bettino Craxi (Italien; 9.-10. Juli) und Fred Sinowatz (Österreich; 5.-6. November) werden von Staats- und Parteichef Erich Honecker empfangen. Damit ist die DDR als vollwertiges Mitglied der internationalen Staatengemeinschaft akzeptiert.

Forderung nach Reformen: Während die DDR-Regierung auf außenpolitischem Parkett Erfolge erzielt, gerät sie innenpolitisch zunehmend unter Druck. Die Bürgerrechtsbewegung hat weiter Zulauf und klagt ungeachtet staatlicher Repressionen immer drängender demokratische Reformen ein. Am 1. Januar treten die wegen ihrer Aktivitäten in Ost-Berlin inhaftierten Mitglieder der Gruppierung »Frauen für den Frieden« Bärbel Bohley und Ulrike Poppe in einen Hungerstreik. Sie versuchen damit ihre Abschiebung in den Westen zu verhindern.

Ausreisewillige besetzen Botschaften: Gleichzeitig sieht sich die Führung einem neuen Problem gegenüber. Um ihre Ausreise zu erzwingen, flüchten immer mehr Bürger in die Botschaften verschiedener Staaten, darunter am 20. Januar sechs in die der USA. Sie können zwei Tage später nach West-Berlin ausreisen. Besonders in der

Der kanadische Premierminister Pierre E. Trudeau bei seinem Besuch in Berlin im Gespräch mit Staats- und Parteichef Erich Honecker am 31. Januar/1. Februar 1984.

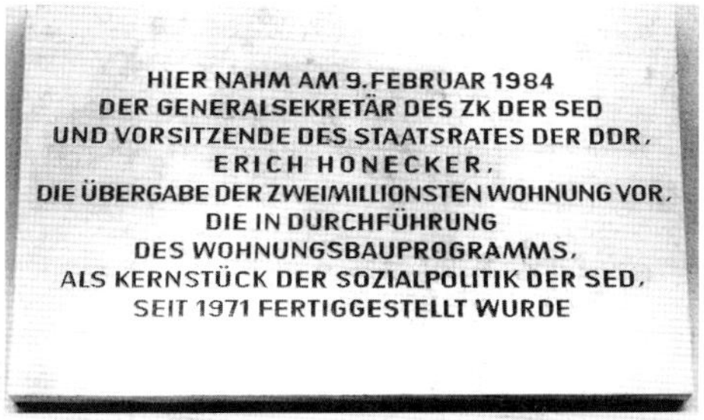

Gedenktafel für die zweimillionste Wohnung.

Nach der Übergabe der zweimillionsten, seit 1971 neu erbauten oder sanierten Wohnung: Staats- und Parteichef Erich Honecker zu Gast bei der Familie Fichtner in der Swinemünder Straße am 9. Februar 1984.

Staats- und Parteichef Erich Honecker hält am Arkonaplatz im Bezirk Mitte anläßlich der Übergabe der zweimillionsten seit 1971 in der DDR neugebauten oder modernisierten Wohnung eine Ansprache:

… Heute übergeben wir einer Berliner Arbeiterfamilie ihr neues Heim. Das allein ist schon ein sehr erfreuliches Ereignis. Aber in diesem Falle erhält es eine besondere Bedeutung. Es handelt sich um die zweimillionste Wohnung, die seit dem Jahr 1971 in der Deutschen Demokratischen Republik fertiggestellt wurde.

Zwei Millionen Wohnungen - das sind bessere Lebensverhältnisse für etwa sechs Millionen Bürger unseres Landes. Für den Neubau, die Modernisierung, die Erhaltung und Bewirtschaftung der Wohnungen wurden von 1971 bis 1983 210 Milliarden Mark ausgegeben. Das ist eine hervorragende Leistung unserer Arbeiter-und-Bauern-Macht, der Deutschen Demokratischen Republik. Um so mehr ist es zu begrüßen, daß die Mieten stabil und erschwinglich geblieben sind. Und das soll auch in Zukunft so bleiben.

Die Durchführung des Wohnungsbauprogramms erbringt uns allen anschaulich den Beweis, daß in der Politik unserer Partei Wort und Tat voll übereinstimmen. Wie wir alle wissen, war die Lösung der Wohnungsfrage stets ein Grundanliegen der revolutionären Arbeiterbewegung. Vom Kapitalismus konnte sie keiner erwarten. Auch in Berlin, gerade hier im Stadtbezirk Mitte, läßt sich das deutlich erkennen.

Es war ein Gebiet, das in den sogenannten Gründerjahren des Kapitalismus entstand, mit Mietskasernen und düsteren Hinterhöfen.

Heinrich Zille hat mit seinen Milieuzeichnungen den Zustand richtig dargestellt. Wir sind ihm sehr dankbar dafür, denn er bestärkt uns in der Entschlossenheit, mit Mietskasernen und Hinterhöfen in Berlin endgültig aufzuräumen.

… Wir schätzen sehr hoch ein, was in den vergangenen Jahren von den Bauleuten geschaffen wurde. Ebenso wissen wir, daß es noch viel zu leisten gibt. Aber wir alle sind fest entschlossen, die auf dem VIII. Parteitag der SED gestellte Aufgabe zu erfüllen und bis 1990 die Wohnungsfrage als soziales Problem zu lösen.

… Wir wollen die Voraussetzungen schaffen, um das Tempo bei Neubau und bei der Modernisierung von Wohnungen in Berlin enorm zu erhöhen. Dabei werden uns Bauarbeiter-Delegationen aus der ganzen Republik unterstützen. Die ganze Republik baut ihre Hauptstadt …

HIER NAHM AM 9. FEBRUAR 1984
DER GENERALSEKRETÄR DES ZK DER SED
UND VORSITZENDE DES STAATSRATES DER DDR,
ERICH HONECKER,
DIE ÜBERGABE DER ZWEIMILLIONSTEN WOHNUNG VOR,
DIE IN DURCHFÜHRUNG
DES WOHNUNGSBAUPROGRAMMS,
ALS KERNSTÜCK DER SOZIALPOLITIK DER SED,
SEIT 1971 FERTIGGESTELLT WURDE

1984 WECHSEL AN DER SPITZE DES SENATS

> *Hellmuth Karasek veröffentlicht im Nachrichtenmagazin »Der Spiegel« eine Kritik über Peter Steins Inszenierung von Anton Tschechows »Drei Schwestern« an der Schaubühne. Neben der Regiearbeit selbst zollt Karasek dem Bühnenbild und den Darstellern, wie Edith Clever, Jutta Lampe, Corinna Kirchhoff und Otto Sander, großes Lob:*
>
> … Tschechow findet und setzt seine stetig eindringlichen Zeichen mit dem flüchtigen beiläufigen Material der Wirklichkeit, Peter Stein in seiner »Drei Schwestern«-Inszenierung folgt ihm dabei mit ingeniöser Bühnenphantasie.
> Tschechows »Komödie« (so befremdlich nennt er sie) handelt von den Verwüstungen, die die Zeit in das Provinzleben von drei höheren Töchtern schlägt. Sie handeln von Schmerz und Untätigkeit, vom Unflat des gemeinen Lebens. Es sind Tragödien der Nichtigkeit, wobei Tschechows Gerechtigkeitssinn dem Nichtigen Tragödienwürde im Gelächter der Komödie zubilligt.
> Wer die imponierende Künstlichkeit und zuweilen imponiersüchtige Kälte in den jüngeren Arbeiten Peter Steins (in den »Negern« oder im »Klassenfeind«) noch vor Augen hat, der wird um so stärker bewundern müssen, wie Stein mit seiner Tschechow-Arbeit zurückgefunden hat zum theatralischen Abbild des Lebens.
> Jedes der vier Bilder hat eine unverwechselbare Atmosphäre, hat ein eigenes Zeit- und Lebensgefühl, im Bühnenraum (Karl-Ernst Herrmann) wird dunkle Enge oder tristes Verlorensein in heller Weite deutlich.
> … Seit Rudolf Noelte mit seiner Stuttgarter Inszenierung (1965) das Stück radikal zu einem Schwanengesang auf die Poesie der Nutzlosen, Uneffektiven, vom historischen Prozeß in die Nichtigkeit der Provinz Gestoßenen verknappte, hat noch im deutschen Theater niemand sich so gründlich und einleuchtend schön mit Tschechows lakonischer Weitschweifigkeit eingelassen wie Stein. Und er tut es, ohne das Stück einzuengen.
> Während sich das Stück scheinbar in kleine Episoden verliert und zu beiläufigen Szenen des Wartens verflüchtigt, wird deutlich, daß jede Einzelheit eine unwiederbringliche Veränderung bewirkt: Leisere und doch gnadenlosere Hammerschläge sind nie ausgeteilt worden. Steins Inszenierung, weit davon entfernt die Poesie dieses wegwelkenden Lebens zu vertuschen, macht deutlich, daß es die Brutalität ist, die in diesem Stück überlebt.
> Und die kann sich nicht einmal zugute halten, daß sie auch Lebenstüchtigkeit genannt werden könnte.

Spielzeit 1984/1985 einstellt. Was er selbst in der Bedeutung einen »Furz« nennt, spielen Kommentatoren als »kulturpolitische Bombe« (RIAS) hoch. Als freier Regisseur will Stein jedoch auch weiterhin der Schaubühne verbunden bleiben. Seine Nachfolge als künstlerischer Leiter tritt 1985 Luc Bondy an.

500 000 Menschen sehen »Feuertheater«: Am 7. Juli ist West-Berlin Schauplatz eines spektakulären Großereignisses. Im Rahmen der erstmals durchgeführten Veranstaltungsreihe »Berliner Sommernachtstraum« präsentiert der Wiener Aktionskünstler André Heller vor dem Reichstagsgebäude (Tiergarten) ein »Feuertheater mit Klangwolke«. Durch Abbrennen von auf Gerüsten montierten Feuerwerkskörpern werden flüchtige Bilder erzeugt, die beim Publikum die Phantasie anregen sollen. Begleitet wird das Spektakel von klassischer Musik und einem aufwendigen Höhenfeuerwerk. Die Resonanz ist überwältigend: Rund eine halbe Million Zuschauer strömen auf den Platz der Republik, um Hellers »Feuertheater« mitzuerleben.

Karajan sagt Konzert ab: Im Verhältnis zwischen dem Berliner Philharmonischen Orchester und seinem Chefdirigenten Herbert von Karajan kommt es 1984 zu neuen Spannungen: Karajan fordert die Auflösung des Kammerorchesters der Philharmoniker, da – so der Maestrow – deren häufige Auftritte die Arbeit des Orchesters beeinträchtigten. Als sich die Orchestermitglieder weigern, sagt Karajan ver-

»Feuertheater mit Klangwolke« inszeniert von André Heller auf dem Platz der Republik am 7. Juli 1984.

Das Elefantentor am Eingang Budapester Straße des Zoologischen Gartens, 1984.

ärgert ein für den 11. Juni in Salzburg vorgesehenes Konzert ab. Erst am 31. August kann die Kontroverse beigelegt werden: In einer Vollversammlung nimmt das Orchester das Versöhnungsangebot Karajans an, während der Berliner Festwochen wieder gemeinsam zu musizieren.

FORTSCHRITT IM WOHNUNGSBAU 1984

Ständigen Vertretung der Bundesrepublik spitzt sich die Lage zu. Sie muß am 27. Juni geschlossen werden, da 59 DDR-Bürger hier Zuflucht gesucht haben und den Geschäftsbetrieb lahmlegen. Erst nach Zusage der Ost-Berliner Behörden, die Ausreiseanträge der Betroffenen wohlwollend zu prüfen, verlassen am 5. Juli die letzten Besetzer das Gebäude.

Die Mauer wird verstärkt: Am 14. März beginnen Bautrupps und Soldaten in unmittelbarer Nähe des Brandenburger Tores mit der Verstärkung der Sperranlagen. In der Mitte des rund 200 m breiten Grenzstreifens, vor der West-Berlin zugewandten Mauer, wird ein rund fünf Meter hoher Betonwall aufgestellt. Hintergrund dieser Maßnahme ist der im Vorjahr von der DDR bei den Verhandlungen über die Gewährung von Krediten zugesagte Abbau der Selbstschußanlagen.

WIRTSCHAFT

DDR erhält weiteren Milliardenkredit: Die wirtschaftliche Lage der DDR und damit auch die Ost-Berlins bleibt gespannt. Um dringend erforderliche Investitionen tätigen zu können, bemüht sich die Staatsführung um Kredite. Im Vorjahr hatte sie von der Bundesrepublik bereits ein Darlehen in Milliardenhöhe erhalten. Am 25. Juli erklärt sich die Bundesregierung bereit, die Bürgschaft für weitere 950 Mio. DM zu übernehmen. Vorausgegangen war eine Zusage Ost-Berlins, Erleichterungen im Reiseverkehr zu gewähren.

Das restaurierte Schauspielhaus bei Nacht am Platz der Akademie im Oktober 1984.

> *Intendant Wolfgang E. Struck richtet am 27. April, dem Tag der Eröffnung des neuen Friedrichstadtpalastes, ein Grußwort an die anwesenden Ehrengäste:*
>
> … Vor Ihnen steht ein glücklicher Mensch. Einer für Hunderte und Tausende. Denn hinter dem Vorhang warten viele Künstler auf den beglückenden Moment, wo sie endlich von ihrer neuen Wirkungsstätte sozialistischer Unterhaltungskunst Besitz ergreifen können, und die Bürger unserer Republik freuen sich auf die Stunden des künstlerischen Vergnügens, die sie in diesem Zuschauerrund verbringen werden.
>
> … Als Professor [Erhard] Gißke vor gut drei Jahren mit uns die ersten Absprachen über dieses kolossale Projekt traf, da wagten wir kaum zu glauben, daß dieser Revuetraum einmal Realität werden könnte. Nun ist er da, schöner noch, als wir ihn erträumten, ausgestattet mit modernster Bühnentechnik, um unsere Kunst auf eine neue Basis zu stellen. Die Hauptstadt verfügt nun über ein Revuetheater, das in seiner Art absolut europäische Spitzenklasse darstellt.
>
> … Der Friedrichstadtpalast kann auf eine traditionsreiche Vergangenheit der Revue und des Varietés zurückblicken und wird sich zugleich den unterhaltungskünstlerischen Forderungen der Zukunft stellen. Der Friedrichstadtpalast ist immer auch Stätte des politischen Bekenntnisses für Frieden und gesellschaftlichen Fortschritt gewesen und wird das auch in Zukunft sein. In einer Zukunft des gesicherten Friedens, auf die wir mit den Mitteln unserer Kunst schon heute Lust machen wollen. Denn Lachen und Nachdenken, Lebensfreude und Optimismus zu vermitteln ist die Aufgabe unserer Kunst …

KULTUR

Dom und Schauspielhaus in neuem Glanz: Grund zur Freude bietet die Wiederherstellung der äußeren Hülle des Berliner Doms am Marx-Engels-Platz. Nach achtjährigen Arbeiten findet in der Trau- und Taufkapelle des während des Zweiten Weltkrieges stark zerstörten Bauwerks am 22. Januar ein Dankgottesdienst statt. Allerdings sind die Restaurierungsarbeiten, die von den westdeutschen Landeskirchen mit bislang rund 45 Millionem DM unterstützt worden sind, noch nicht abgeschlossen.

Als ein weiteres markantes Bauwerk erstrahlt nach langjährigen Restaurierungsarbeiten am 1. Oktober das während des Krieges zerstörte Schauspielhaus am Platz der Akademie (Gendarmenmarkt) wieder im alten Glanz. Die äußere Form des 1818-1821 von Karl Friedrich Schinkel errichteten Baus wurde weitgehend originalgetreu rekonstruiert. Das Innere allerdings ist »frei nach Schinkel« gestaltet worden und beherbergt jetzt einen großen Konzertsaal und einen Kammermusiksaal.

Neuer Friedrichstadtpalast öffnet seine Pforten: Ein kultureller und gesellschaftlicher Höhepunkt ist die Eröffnung des neuen Friedrichstadtpalastes am 27. April. Der alte Bau des berühmten Varietés mußte 1980 wegen Baufälligkeit abgerissen werden. Rund 100 m entfernt ist nun an der Friedrichstraße ein Theaterbau der Superlative entstanden. Das Gebäude verfügt über zwei Säle mit 1900 bzw. 240 Plätzen und ist mit modernster Technik ausgestattet. Dazu gehören eine Drehbühne und versenkbare Eis- und Wasserflächen. Geboten werden sollen Varieté-Veranstaltungen, Shows und Konzerte. Der aufwendige Bau ist Teil des von der DDR betriebenen Projekts einer Wiederbelebung des Berliner Stadtkerns. Allein an der Friedrichstraße sind zahlreiche Bauten geplant.

ALLTAG UND GESELLSCHAFT

Zweimillionste Wohnung fertiggestellt: Als zentrales Anliegen der Sozialpolitik hatte der VIII. Parteitag der SED 1971 ein Programm zur Behebung der Wohnungsnot beschlossen. Bis Ende der neunziger Jahre sollte eine Vollversorgung erreicht werden. Bislang wurden knapp 126 000 Neubauten und 60 000 modernisierte Altbauten fertiggestellt. Am 9. Februar übergibt Erich Honecker in der Swinemünder Straße am Arkonaplatz (Berlin-Mitte) persönlich die zweimillionste Wohnung, die im Rahmen des Programms neugebaut oder modernisiert wurde.

Wohnsiedlung statt Baudenkmal: Einer neu-

1984 WECHSEL AN DER SPITZE DES SENATS

ALLTAG UND GESELLSCHAFT

Elefantentor in alter Pracht: Der Zoologische Garten erhält 1984 eines seiner Wahrzeichen zurück. Am Eingang Budapester Straße wird die Rekonstruktion des 1898/99 errichteten und im Zweiten Weltkrieg völlig zerstörten Elefantentores abgeschlossen. Die bildhauerischen Arbeiten hat Jochen Ihle ausgeführt. Zwei mächtige Elefanten tragen ein Pagodendach und geben zusammen mit dem im gleichem Stil errichteten Kassenhaus diesem Teil des Zoologischen Gartens ein asiatisches Gepräge.

Mit knapp 11 000 Tieren in mehr als 1500 Arten besitzt West-Berlin den weltweit artenreichsten Zoo. Jährlich besuchen rund 250 000 Menschen die trotz des begrenzten Areals großzügig gestalteten Anlagen. Bei den Besuchern besonders beliebt sind das 1974 erbaute Nachttierhaus und das 1977 eröffnete Tropenhaus.

Um die Attraktivität des Zoos zu erhöhen und um den modernen Erkenntnissen über eine tiergerechte Haltung zu entsprechen, sind in den letzten Jahren zahlreiche Um- und Ausbauten erfolgt. Die gesamte Fläche des Berliner Zoologischen Gartens beträgt nun 34 ha.

Reichsbahn tritt die S-Bahn an die BVG ab: Eine herausragende Bedeutung für die Verkehrspolitik West-Berlins hat die Übernahme der S-Bahn durch die BVG am 9. Januar. Seit Ende des Zweiten Weltkrieges steht das knapp 145 km lange Bahnnetz unter Verwaltung der DDR-Reichsbahn. Ende 1983 konnten sich Reichsbahn und Senat nach zähen Verhandlungen auf die Übergabe einigen.

Allerdings wird es noch Jahre dauern, die S-Bahn in das West-Berliner Verkehrsnetz zu integrieren. Der technische Zustand von Zügen, Gleisanlagen und Bahnhöfen ist katastrophal. Aus diesem Grund kann die BVG zunächst nur zwei Linien in Betrieb halten (zwischen Charlottenburg und Friedrichstraße sowie Anhalter Bahnhof und Lichtenrade.

Magnetbahn als Verkehrsmittel der Zukunft: Obwohl die Modernisierung des S-Bahnnetzes erhebliche Mittel verschlingen wird, beginnen die Verkehrsplaner bereits mit Erprobung neuer Konzepte. Am 28. Juni nimmt im Bezirk Tiergarten eine von AEG-Telefunken gefertigte und vom Senat geförderte Magnetschwebebahn den Testbetrieb auf. Auf einer zunächst 600 m langen, später auf 1,7 km Länge erweiterten Trasse soll die neue Technik erprobt werden. Vorteile gegenüber konventionellen Antriebsarten sind vor allem ein geringerer Energiebedarf und eine geringe Lärmbelästigung der Anwohner.

SPORT

Boxidol »Bubi« Scholz unter Mordverdacht: Für Schlagzeilen – vor allem in der Boulevardpresse – sorgt der frühere Boxer Gustav »Bubi« Scholz. Der zweimalige Europameister im Mittelgewicht (1958 und 1964) wird am 23. Juli unter dem Verdacht festgenommen, seine Ehefrau unter Alkoholeinfluß im gemeinsamen Haus in Charlottenburg erschossen zu haben. Der Prozeß gegen den wohl populärsten West-Berliner Sportler der Nachkriegszeit beschäftigt über Monate die Medien, jedes noch so intime Detail aus dem Privatleben des Ex-Boxers gelangt in die Öffentlichkeit. Am 1. Februar 1985 wird Scholz wegen fahrlässiger Tötung zu einer dreijährigen Haftstrafe verurteilt.

Die Berliner Kritikerin Karena Niehoff schildert im »Tagesspiegel« ihre Eindrücke vom am 7. Juli 1984 vor dem Reichstagsgebäude gezeigten »Feuertheater mit Klangwolke«. Zu dem von André Heller inszenierten Spektakel kommen 500 000 Menschen - mehr als doppelt so viel wie vom Veranstalter erwartet:

... Nun also endlich eintauchen in die Seligkeit jener, die es rechtzeitig geschafft hatten. Das Angstherz, eines der »Heller-Bilder«, liegt aufgerissen vor uns: Eine Wunde aus wütenden Farben, wie sie dem Höllenfürsten zu Gebote stehen, wenn ihm zum Fratzenschneiden zumute ist. Das Orchester spielt (vom Band natürlich) Mussorgskys »Bilder einer Ausstellung«. Ob diese malerisch beschreibende Musik dem hämmernden Herz die rechte Stütze ist?

Heller ist – unter anderem – Liedersänger, Literat, Musikfreund, Maler. Die phantastischen »Figuren« hat er alle zeichnend, aquarellisierend entworfen. Die, die jetzt kommen, aus Leinwand geschnitten (also nicht als segmentierte »Grafik«, wie die meisten anderen seiner zehn »Abteilungen«), sind surreale Monster, angesiedelt, schien mir, in der Nähe von Max Ernst.

... Teils, weil jedes Bild nur 90 Sekunden Bestand hat, teils in diesem Fall wohl auch, weil die Länge fürs Böse reicht: Kein Erschrecken ohne Ende mutet uns Heller zu. Es ist zum Staunen - zum Fürchten eigentlich weniger: Ein bißchen wie die Bösewichter aus »Krieg der Sterne«, nur kindlicher, einfacher, poetischer.

... Am Ende bedankte er sich, wieder eine Spur zu beflissen, bei den Berlinern und Berlinerinnen, den auswärtigen Gästen und so weiter, deren »Wünschen erst ein Gelingen dieses außergewöhnlichen Abends möglich gemacht« hätte. Das Publikum klatschte verhältnismäßig sparsam – es hatte ja keinen Platz, die Hände zu bewegen und plötzlich war Hellers »Welt und Gegenwelt« zum weltlosen Geröll verdammt. Scharf deppernde Dauergeräusche. Sehr konkret. Sturz durch die Träume in den Müll. Die Welt, diese unsere, hatte uns wieder.

KALENDARIUM

1. Januar: Bei einem Brand in einer Abschiebehaftanstalt im West-Berliner Bezirk Steglitz werden sechs Häftlinge getötet.

9. Januar: Die Deutsche Reichsbahn übergibt Verwaltung und Betrieb der West-Berliner S-Bahnstrecken an die Berliner Verkehrsbetriebe (BVG). Ein entsprechendes Abkommen war 1983 abgeschlossen worden.

20. Januar: Sechs DDR-Bürger flüchten in die Ost-Berliner US-Botschaft, um ihre Ausreise in den Westen zu erzwingen. Wenige Tage später entsprechen die DDR-Behörden ihrem Anliegen. Erfolg haben auch zwölf Ausreisewillige, die am 24. Januar die Ständige Vertretung der Bundesrepublik in Ost-Berlin besetzen.

22. Januar: Mit einem Gottesdienst wird die Fertigstellung der äußeren Hülle des im Ostteil der Stadt gelegenen Berliner Doms gefeiert.

27. Januar: Unter den Linden eröffnet der französische Außenminister Claude Cheysson ein Kulturzentrum. Es ist die erste derartige Einrichtung eines westlichen Landes in der DDR.

30. Januar: Am Ost-Berliner Flughafen Schönefeld trifft der kanadische Ministerpräsident Pierre Trudeau als erster Regierungschef eines NATO-Staates zu einem offiziellen Besuch ein.

4. Februar: An der Schaubühne am Lehniner Platz inszeniert Peter Stein Anton Tschechows Drama »Drei Schwestern«.

8. Februar: Der West-Berliner Zoo verliert mit der Pandabärin Tian Tian eines seiner wertvollsten Tiere. Es erliegt den Folgen einer Infektion.

9. Februar: Mit den Stimmen von CDU und FDP wählt das West-Berliner Abgeordnetenhaus den Christdemokraten Eberhard Diepgen zum Regierenden Bürgermeister. Diepgen tritt die Nachfolge des designierten Bundespräsidenten Richard von Weizsäcker an.

9. Februar: Staats- und Parteichef Erich Honecker übergibt im Stadtbezirk Mitte die zweimillionste seit 1971 in der DDR fertiggestellte Wohnung. Am selben Tag legt Honecker den Grundstein für die Großsiedlung Hohenschönhausen (Weißensee). Geplant ist der Bau von 100 000 Wohnungen.

17. Februar: Im West-Berliner Zoo-Palast werden die 34. Internationalen Filmfestspiele eröffnet. Den »Goldenen Bären« für den besten Film des Festivals erhält der US-Streifen »Love Streams« von John Cassavetes.

6. März: Der Regisseur Peter Stein gibt die Niederlegung der künstlerischen Leitung der Schaubühne am Lehniner Platz bekannt.

14. März: Am Brandenburger Tor beginnen DDR-Grenztruppen mit dem Ausbau der Absperranlagen.

18. März: Das im ehemaligen Hamburger

KALENDARIUM   FORTSCHRITT IM WOHNUNGSBAU 1984

Bahnhof (Moabit) untergebrachte frühere Verkehrs- und Baumuseum für Verkehr und Technik wird wiedereröffnet. Das Gebäude war seit 1945 von der DDR-Reichsbahn verwaltet und am 1. Februar an West-Berlin übergeben worden.

31. März: Die Berliner SPD nominiert Hans Apel als Spitzenkandidat für die für 1985 vorgesehenen Wahlen zum Abgeordnetenhaus.

März: Zum Nachfolger des Indendanten des Deutschen Theaters in Ost-Berlin, Rolf Rohmer, wird der Schauspieler Dieter Mann berufen. Die künstlerische Leitung übernimmt Friedo Solter. Rohmer – seit 1982 im Amt – galt als Protegé der SED-Funktionäre, war jedoch beim Ensembles stark umstritten.

27. April: In Berlin-Ost wird der Neubau des Friedrichstadtpalastes (Friedrichstraße, Mitte) eröffnet.

6. Mai: Bei den Kommunalwahlen in Ost-Berlin erhält die Einheitsliste nach offiziellen Angaben 99,88 % der Stimmen.

29. Mai: BFC Dynamo gewinnt die DDR-Fußballmeisterschaft.

6. Juni: Nach 13 Wochen endet in West-Berlin ein Streik in der Metall- und Druckindustrie mit der Einführung der 38,5-Stunden-Woche.

27. Juni: Nachdem 55 ausreisewillige DDR-Bürger Zuflucht in der Ständigen Vertretung der Bundesrepublik in Ost-Berlin gesucht haben, verfügt die Bundesregierung die vorläufige Schließung für den Besucherverkehr.

28. Juni: Im Bezirk Tiergarten wird eine Magnetschwebebahn dem Verkehr übergeben. Das neue Verkehrsmittel soll auf einer Strecke von auf 1,7 km Länge erprobt werden.

7. Juli: Im Rahmen der West-Berliner Veranstaltungsreihe »Sommernachtstraum« inszeniert André Heller vor dem Reichstagsgebäude sein »Feuertheater«.

23. Juli: In Charlottenburg wird der frühere Box-Europameister Gustav »Bubi« Scholz wegen Mordverdacht festgenommen.

24. Juli: Die West-Berliner Polizei räumt das »Kunst- und Kulturcentrum Kreuzberg« (KuKuCK). Das Haus war 1981 von Jugendlichen besetzt worden und galt als Treffpunkt der alternativen Kulturszene.

25. Juli: Die DDR erhält einen weiteren von der Bundesregierung abgesicherten Milliardenkredit. Im Gegenzug sagt die Ost-Berliner Führung Erleichterungen im Reiseverkehr zu, die am 1. August in Kraft treten.

1. Oktober: Nach mehrjährigen Restaurierungsarbeiten öffnet am Ost-Berliner Platz der Akademie (Gendarmenmarkt) das Schauspielhaus seine Pforten.

1. Oktober: Mit der Fertigstellung der Verlängerung der Linie 7 wird der Bezirk Spandau an das West-Berliner U-Bahnnetz angeschlossen.

Am 1. Oktober trägt sich DDR-Staats- und Parteichef Erich Honecker in das Gästebuch des wiedereröffneten Schauspielhauses (ursprünglich ein Bau Karl Friedrich Schinkels) am Platz der Akademie (Gendarmenmarkt) ein:

Die Wiedereröffnung des Schauspielhauses Berlin als Konzerthaus der Hauptstadt der Deutschen Demokratischen Republik ist ein denkwürdiges Ereignis im gesellschaftlichen und geistig-kulturellen Leben unserer Republik. Mit diesem beeindruckenden Werk der architektonischen Kunst von Karl Friedrich Schinkel ist eine traditionsreiche Stätte deutscher Kultur- und Kunstgeschichte wiedererstanden, die auf das engste mit den progressiven und humanistischen Bestrebungen und Traditionen unseres Volkes verbunden ist.
Dem großen Fleiß und der Schöpferkraft der Bauschaffenden in unserer sozialistischen Gesellschaft ist es zu danken, daß dieses im Zweiten Weltkrieg völlig zerstörte Baudenkmal heute im neuen Glanz erstrahlt.
Am Vorabend des 35. Jahrestages der Deutschen Demokratischen Republik erlangt die Wiedereröffnung des Schauspielhauses Berlin besondere Bedeutung. Vornehmste Aufgabe dieses neuen Zentrums sozialistischer Musikkultur wird es sein, das reiche humanistische Musikerbe unseres Volkes und der Menschheit, das sozialistisch-realistische wie das humanistische Musikschaffen der Gegenwart vielen Menschen nahe zu bringen und ihnen nachhaltige Erlebnisse zu bereiten. Möge dieses Haus von der Schöpferkraft und dem Friedenswillen unseres Volkes künden und als Heimstatt sozialistischer Musikkultur im Frieden gedeihen …

---

en Siedlung müssen am 28. Juli im Stadtbezirk Prenzlauer Berg drei riesige Gasbehälter weichen. Die in den letzten Jahren des vergangenen Jahrhunderts entstandenen Bauten werden gesprengt. Bürger und Experten hatten sich zuvor vergeblich für den Erhalt der architekturgeschichtlich wertvollen Gebäude eingesetzt. An ihre Stelle soll nun eine großzügige Wohnanlage mit Sportstätten, Restaurants, einem Planetarium und einem im Zentrum angesiedelten Thälmann-Denkmal treten.

Frohsinn auf dem Alexanderplatz: Während der Pfingstfeiertage findet in der Hauptstadt das von der FDJ veranstaltete Nationale Jugendfestival der DDR statt. Für mehr als 2000 politische, kulturelle und sportliche Veranstaltungen sind rund 90 Freilichtbühnen in den Straßen des Zentrum meist extra dafür errichtet worden. Bei der abschließenden Kampfdemonstration in der Karl-Marx-Allee ziehen rund 750000 Jugendliche an der Partei und Staatsführung vorbei.

SPORT

Dynamo holt die Meisterschaft: Einmal mehr DDR-Meister wird am 29. Mai vorzeitig der Fußballverein BFC Dynamo. Es ist bereits der sechste Titel in Folge. Allerdings leidet der Klub noch immer unter seinem Ruf, vom allmächtigen Staatssicherheitsdienst protegiert zu werden. Bereits seit Jahren sorgt dessen Einfluß dafür, daß die besten Spieler der DDR verpflichtet werden. Eine Erfolgsgarantie bietet diese Methode aber nicht: Im Finale um den FDGB-Vereinspokal (26.5.) unterliegen die Berliner Dynamo Dresden mit 1:2.

Zentrum der antiimperialistischen Solidarität, Frieden und Freundschaft auf dem Alexanderplatz am 8. Juni 1984 (der Leipziger Liedersänger Marcus Stück und das Mitglied des Politbüros Egon Krenz).

1985 CDU UND FDP SETZEN KOALITION FORT

POLITIK

Niederlage der Sozialdemokraten: Die Verluste der Berliner Sozialdemokraten bei den Wahlen zum Abgeordnetenhaus am 10. März nehmen gegenüber denen von 1981 erheblich zu. Nur noch 32,4 % der Wähler geben ihre Stimme der SPD (1981: 38,3 %); die Partei erzielt ihr schlechtestes Ergebnis der Nachkriegsgeschichte. Die West-Berliner wollen offenkundig der SPD und ihrem Spitzenkandidaten, dem ehemaligen Bundesfinanz- und Verteidigungsminister Hans Apel, nach den Erfahrungen von »Filz« und Bauskandalen der vergangenen Jahre die Geschicke der Stadt noch nicht wieder anvertrauen.
Eindeutiger Sieger der Wahl ist trotz leichter Stimmenverluste (-1,6 %) die regierende CDU mit 46,4 % der abgegebenen Stimmen. Ihr Koalitionspartner FDP verbessert sich von 5,6 % auf 8,5 %.
Mit einem Stimmenanteil von 10,6 % – ein Zugewinn gegenüber 1981 von 3,4 % – behauptet die Alternative Liste ihre Position als drittstärkste politische Kraft in West-Berlin.
In den folgenden Wochen einigen sich CDU und FDP auf die Fortsetzung der Koalition. Der Regierende Bürgermeister Eberhard Diepgen wird am 18. April vom Abgeordnetenhaus im Amt bestätigt und die Senatoren gewählt. Für Diepgen ist der Wahlausgang auch ein persönlicher Erfolg, weil er erstmals als CDU-Spitzenkandidat angetreten war.

Baulöwe muß ins Gefängnis: Ein Regierender Bürgermeister war 1981 wegen der Affäre um den Architekten und Bauunternehmer Dietrich Garski gestürzt, und die SPD »verdankt« ihr wesentlich den politischen Niedergang seit Anfang der achtziger Jahre.
Nun zieht das Berliner Landgericht einen juristischen Schlußstrich unter einen der größten Bauskandale West-Berlins, indem es Garski am 17. Oktober 1985 neben anderen Delikten wegen »fortgesetzter Untreue und Kreditbetrugs« zu drei Jahren und elf Monaten Haft verurteilt. Der Angeklagte hatte zugegeben, einen Kredit der landeseigenen Berliner Bank in Höhe von 7,1 Millionen Mark zweckentfremdet und weitere 25,8 Millionen DM durch falsche Angaben über Bauprojekte erlangt zu haben.

KULTUR

Schauspielbühnen unter neuer Leitung: An den beiden wichtigsten Theaterbetrieben der Stadt, der Schaubühne am Lehniner Platz und den Staatlichen Schauspielbühnen, erfolgt im Herbst dieses Jahres eine Wachablösung.
Peter Stein, dessen Name eng mit dem steilen Aufstieg der Schaubühne zu einem der führenden deutschsprachigen Theater verbunden ist, legt nach 15 Jahren deren künstlerische Leitung nieder. Dem Haus will er jedoch als freier Regisseur weiterhin verbunden bleiben. Steins Nachfolger als künstlerischer Leiter wird der siebenunddreißigjährige Regisseur Luc Bondy, der an der Bühne bereits mit einigen spektakulären Inszenierungen, so mit »Kalldeway Farce« von Botho Strauß, hervorgetreten ist.
Der 1983 zum neuen Intendanten der Staatlichen Schauspielbühnen, des größten Theaterbetriebs West-Berlins (Schiller-Theater, Schloßpark-Theater, Schiller-Theater-Werkstatt), berufene Schauspieler und Regisseur Heribert Sasse tritt mit der Spielzeit 1985/86 das Amt an. Die Entscheidung der Kulturpolitiker hatte Befremden ausgelöst, denn Sasse hat für den anspruchsvollen Posten keine andere Qualifikation als einige Erfolge als Schauspieler und Regisseur. So hat er in der vergangenen Saison als Intendant des Renaissance-Theaters mit einer überaus erfolgreichen Inszenierung von Bertolt Brechts Stück »Der aufhaltsame Aufstieg des Arturo Ui« auf sich aufmerksam gemacht. Manche Kritiker bezweifeln, daß Sasse seine volltönende Absicht, in West-Berlin ein »neues deutsches Nationaltheater« zu errichten, wird realisieren können. Tatsächlich kann er mit den ersten Inszenierungen der Saison (»Nathan der Weise« von Gotthold Ephraim Lessing, »Der Talisman« von Johann Nepomuk Nestroy oder »Die schmutzigen Hände« von Jean-Paul Sartre) die künstlerische Qualität, die bereits unter seinem Vorgänger Boy Gobert gelitten hatte, nicht herstellen, geschweige denn an das Niveau eines Boleslaw Barlog anknüpfen.

Bilder aus Dichtung und Traum in Charlottenburg: Zu den herausragenden Kulturereignissen in West-Berlin zählt 1985 eine Ausstellung von Werken des französischen Rokokomalers Antoine Watteau (1684–1721), die vom 23. Februar bis 27. Mai im Knobelsdorff-Flügel des Schlosses Charlottenburg zu sehen ist. Gezeigt werden 40 Gemälde (darunter zwölf aus Berliner Besitz) und 91 Zeichnungen Watteaus, die

Am Abend der Wahl im Rathaus Schöneberg: Sympathisanten der AL, 10. März 1985.

Ergebnis der Wahlen zum Abgeordnetenhaus, 10. März 1985

Wahlberechtigte	1 507 276		
Wahlbeteiligung	1 259 788	83,6%	
CDU	577 867	46,4%	69 Mandate
SPD	402 875	32,4%	48 Mandate
AL	132 484	10,6%	15 Mandate
FDP	105 209	8,5%	12 Mandate
SEW	7 731	0,6%	

MACHTKAMPF UM FÜHRUNG DER BERLINER SED 1985

Erneut »Spiegel«-Büro in Ost-Berlin: Die Ost-Berliner Partei- und Staatsbehörden bemühen sich seit einiger Zeit um einen entkrampfteren Umgang mit westlichen Medienvertretern. Auch das Hamburger Nachrichtenmagazin »Der Spiegel«, eines der offiziell bestgehaßten westdeutschen Presseerzeugnisse, profitiert von dieser Klimaverbesserung.
Im April erhält das Blatt die Erlaubnis, sein Ost-Berliner Büro, das 1978 von der DDR geschlossen worden war, wiederzueröffnen. Seinerzeit hatte Ost-Berlin die Schließung des Büros verfügt, nachdem im »Spiegel« das regimekritische Manifest einer Gruppe von oppositionellen SED-Funktionären veröffentlicht worden war.
Kirchenbau muß weichen: Im Bezirk Mitte unmittelbar an der Grenze zu West-Berlin steht die Versöhnungskirche, die seit Errichtung der Grenzanlagen im Jahr 1961 nicht mehr genutzt

Sprengung des Turmes der Versöhnungskirche, 28. Januar 1985.

POLITIK

Selbstherrlicher SED-Bezirkschef abgelöst: Konrad Naumann, langjähriger 1. Sekretär der Berliner Bezirksleitung der SED, wird auf einer Tagung der Bezirksleitung am 25. November seines Amtes enthoben. Auf Druck von Partei- und Staatschef Erich Honecker hatte Naumann drei Tage zuvor bereits seinen Sitz im Politbüro des ZK der SED, dem Machtzentrum der DDR, aufgeben müssen. Zum Nachfolger Naumanns als 1. Sekretär der Berliner Bezirksleitung der SED wird der 56jährige Günter Schabowski, bislang Chefredakteur des SED-Parteiorgans »Neues Deutschland«, gewählt.
Obwohl die Ablösung Naumanns offiziell mit dessen gesundheitlichen Problemen begründet wird, vermuten westliche Beobachter, daß politische Ursachen für seinen Sturz entscheidend sind. Er sei das Ergebnis eines Machtkampfes zwischen Partei- und Staatschef Honecker und dem Dogmatiker Naumann, der in seiner Politik sich immer wieder stalinistischer Methoden bediente.
So hatte der selbstherrlich agierende Naumann, seit 1971 an der Spitze der Berliner SED, in den vergangenen Monaten ein schärferes Vorgehen gegen kritische Intellektuelle wie auch gegen die evangelische Kirche gefordert. Das aber widersprach den vorsichtigen Entspannungsbemühungen Honeckers, dem eine Verstärkung politischer Repressionen zu diesem Zeitpunkt nicht angeraten erscheint.
Zahlreiche Gegner hatte Naumann sich auch durch die eklatante Mißwirtschaft in seinem Einflußbereich und die offene Begünstigung von Verwandten und Freunden gemacht. Dem als integer geltenden Schabowski fällt die Aufgabe zu, die Berliner SED mit ihren rund 170 000 Mitgliedern und Kandidaten neu zu organisieren und der Partei neue Impulse zu geben.

Das Zentralorgan der SED »Neues Deutschland« schreibt in der Ausgabe vom 1. Oktober 1985 über die Uraufführung der Oper »Judith« von Siegfried Matthus in der Komischen Oper:

Mit zwei außerordentlich gewichtigen, äußerlich grundverschiedenen Werken hat sich der Berliner Komponist Siegfried Matthus in diesem Jahr in Zentrum des neuen Opernschaffens unseres Landes gestellt. Im Frühjahr war in Dresdens Semperoper »Die Weise von Liebe und Tod des Cornets Christoph Rilke«, eine psychologisch tieflotende »Opernvision« nach Rainer Maria Rilke zu erleben. Nun hatte in der Komischen Oper als Beitrag zu den Berliner Festtagen die Oper »Judith« nach Friedrich Hebbels Erstlingstragödie von 1840 ihre umjubelte Uraufführung. Den musiktheatralischen Rilke-Visionen folgt die tragische Oper dramatischen Zuschnitts. Die Idee zur »Judith« kam von Harry Kupfer, dem Regisseur der Uraufführung. Der alttestamentarische Stoff war durch den 27jährigen Hebbel auf jenen Stand gebracht worden, der dem Komponisten heute die anspruchsvolle Auseinandersetzung mit ihm sinnvoll erscheinen ließ: Judith tötet, um ihre Heimatstadt Bethulien zu retten, den babylonischen Welteroberer Holofernes inmitten seiner Soldaten.
Judith, der in einer kurzen Ehe die Erfüllung ihres Weibtums versagt blieb, wird von KLeinmut und Dünkelsucht ihrer Umgebung abgestoßen. In Holofernes, dem Feind, erkennt sie die große Persönlichkeit, von der sie abgestoßen, zugleich aber auch angezogen ist und die sie verwirrt. Sie spürt Ebenbürtigkeit, Zuneigung. Da er sie aber schließlich in egozentrischer Hybris mißbraucht, rächt sie an ihm mehr die erlittene Erniedrigung, als daß sie die Bedrohung ihrer Heimat abzuwenden trachtet. Sie zerbricht an dem Widerspruch, der in ihrer Tat offenbar wird. In dieser Sicht auf den Stoff ergibt sich die große Chance seiner musiktheatralischen Gestaltung und zugleich deren Schwierigkeit. Die gesellschaftlichen Bezüge der beiden Helden der Oper müssen mitspielen. Matthus hat dafür meines Erachtens eine außerordentlich gute Lösung gefunden. Der erste der beiden Akte rückt die beiden Parteien, die bedrohte Stadt und die Belagerer, simultan zueinander …
Im zweiten Akt rückt das Simultane zur Totalen zusammen, im Feldlager des Holofernes findet die tragische Begegnung statt. Den Schluß, die Vernichtung Judiths, gestaltet der Komponist in einer Passacaglia musikalisch bis zur Kulmination in gnadenlosen Akkordschlägen des Orchesters sowie achtstimmigem Chor der Juden (»Her, errette mich aus dem Kot«).
Das ist das Konzept eines Musikers, eines Theatermannes dazu. Und es wird musikalisch packend realisiert …
Für einen Mann wie Harry Kupfer und sein Kollektiv war dieses neue Werk die rechte Aufgabe, szenische Phantasie im Ganzen wie im Detail walten zu lassen …
Insgesamt eine großartige Leistung des Ensembles der Komischen Oper. Die Solisten, die Chorsolisten (Einstudierung Gerhart Wüstner), alle übrigen Mitwirkenden auf der Bühne boten Mustergültiges, wie es den besten Traditionen des Hauses in der Behrenstraße entspricht …
Ein bedeutendes neues Werk, eine exzellente, faszinierende Interpratation: der lange und begeisterte Premierenapplaus machte deutlich, es war ein Festtage-Abend hohen Ranges.

1985 CDU UND FDP SETZEN KOALITION FORT

zuvor bereits in der Washingtoner National Gallery und im Pariser Louvre ausgestellt waren. Bis Ende Mai lassen sich über 150 000 Besucher von Watteaus Gestaltungskraft faszinieren. Ein besonderer Anziehungspunkt der Ausstellung ist das Gemälde »Die Einschiffung nach Cythera«, das als rätselvolle, atmosphärisch dichte Darstellung menschlicher Sehnsüchte gilt. Cythera, eine der Aphrodite heilige Insel südlich der Peloponnes, hatte im 18. Jahrhundert als utopisches Eiland der Liebe gegolten. Zumeist dicht umlagert ist auch ein weiteres Hauptwerk Watteaus, das geheimnisvoll-melancholische Bildnis des »Gilles«, des Clowns Pierrot.

Neuinszenierung von Wagners »Ring«: Mit einer glanzvollen Inszenierung der »Götterdämmerung«, die am 6. Oktober 1985 an der Deutschen Oper in der Bismarckstraße Premiere hat, schließt Götz Friedrich seine Neuerarbeitung der Opern-Tetralogie »Der Ring des Nibelungen« von Richard Wagner ab. René Kollo als Siegfried und Catarina Ligendza als Brünnhilde erhalten tosenden Beifall.
Bei Publikum und Kritik findet das aufwendige Projekt, das 1983 mit der Premiere von »Das Rheingold« begonnen hatte, großen Anklang. Es könne sich durchaus neben der Bayreuther »Jahrhundertinszenierung« des Rings von Patrice Chéreau aus dem Jahr 1976 sehen lassen. Als besondere Stärken der Inszenierung werden von der Kritik die Klarheit der Konzeption und die präzise Personenführung Friedrichs hervorgehoben. Starken Eindruck macht auch das von Peter Sykora entworfene Bühnenbild mit dem »Zeittunnel« als beherrschendem Gestaltungselement.

> *Anläßlich eines Besuchs in West-Berlin bekräftigt der französische Staatspräsident François Mitterand in einer Rede am 10. Oktober 1985 im Rathaus Schöneberg die Sicherheitsgarantien Frankreichs für die Stadt:*
>
> *Ich bin hierher gekommen, um das zu bekräftigen und es im Namen der Französischen Republik zu sagen, was auch meine Vorgänger hier bekräftigt haben, nämlich die Entschlossenheit Frankreichs, den Frieden und die Freiheit Berlins zu schützen. Unser Land zeigt dies klar durch die Anwesenheit seiner Truppen, die zum großen Teil aus jungen Rekruten bestehen, die aus allen Regionen Frankreichs kommen, um in Berlin ihren Wehrdienst zu leisten.*
>
> *Ich bin hierher gekommen, um Ihnen zu sagen, Daß Frankreich an Ihrer Seite mit Wachsamkeit stehen wird, um die Freiheit aller Zugangswege nach Berlin zu garantieren. ...*
>
> *Ich möchte Wiederholen, daß die Lage Berlins verankert ist in einer rechtlichen Situation. Das heißt, daß hier ein besondere Status besteht, den es zu wahren gilt, der aber nicht einen Hemmschuh darstellen darf für die Ausübung der Grundfreiheiten, auch kein Hindernis für die Entwicklung der Bindungen mit der Bundesrepublik Deutschland, die in besonderen Abkommen gefestigt sind, auch kein Hindernis gegenüber den Fortschritten in der Entwicklung von Beziehungen zu der Umgebung dieser Stadt.*
>
> *Nachdem Berlin so lange, ja zu lange im Zentrum der Krise zwischen Ost und West gestanden hat, hat Berlin jetzt die Berufung, ein privilegierter Ort des Austausches zu sein, ein Ort, wo Schranken und Spaltungen überwunden werden können.*
>
> *Ich verstehe Ihre Ungeduld, wenn es darum geht, gewissen Beschränkungen zu beachten, die begründet sind in der besonderen Situation. Frankreich ist aber entschlossen, gemeinsam mit seinen Partnern und im Einklang mit seinen Partnern hier Lösungen zu finden.*
>
> *Meine Worte sollen genau abgewogen sein. Wir müssen hier mit besonderer Behutsamkeit handeln, denn der Status von Berlin beruht auf einem zerbrechlichen und mit großer Geduld hergestellten Gleichgewicht. Und es wäre unverantwortlich, dieses in Frage zu stellen, denn das Recht jedes einzelnen Alliierten hier kann nur verändert werden auf der Grundlage eines einstimmigen Beschlusses aller vier Alliierten.*

»Die Einschiffung nach Cythera«, Gemälde Antoine Watteau im Schloß Charlottenburg, um 1717.

ALLTAG UND GESELLSCHAFT

Blumenmeer in Britz: Nach einer mehrjährigen Vorbereitung öffnet am 26. April die 18. Bundesgartenschau (BUGA) in Britz (Neukölln) ihre Pforten. Auf einem Gelände von rund 100 ha ist eine Parkanlage mit künstlichen Seen, Tümpeln und Spontanvegetation mit rund 500 000 Blumen, 120 000 Sträuchern und 80 000 Stauden geschaffen worden, die von einem 22 km langen Wegenetz durchzogen ist. Die Besucher können sich an zahlreichen exotischen Pflanzen erfreuen. Die Anlage ist nach dem Vorbild englischer Landschaftsgärten gestaltet worden. Zu den Attraktionen der BUGA zählen ein 67 m hoher Aussichtsturm und eine Schmalspurbahn. Die Kosten für die Gesamtanlage betragen rund 200 Millionen DM.
Im Rahmen der BUGA werden auch Öko-Häuser mit Solaranlagen und begrünten Dächern als Beispiele für umweltschonendes Bauen präsentiert. Bis Ende Oktober 1985 zählt die BUGA über 5,2 Millionen Besucher. Die Bewohner der südlichen Stadtteile freuen sich über eine neue Freizeit- und Erholungsstätte, die den Wohnwert dieser Bezirke steigert.
Nach Abschluß der Ausstellung bleibt die Anlage der Öffentlichkeit als Erholungspark zugänglich. Das ehemalige BUGA-Gelände bekommt 1989 den Namen Britzer Garten.

MACHTKAMPF UM FÜHRUNG DER BERLINER SED 1985

»Judith«, Oper von Siegfried Matthus, Uraufführung in der Komischen Oper, 28. September 1885.

werden kann. Der überwiegend Teil der Versöhnungsgemeinde gehört zu West-Berlin; der kleinere im Bezirk Mitte hat sich der St. Elisabethkirche angeschlossen.

Im Jahr 1984 hatte die westliche Gemeinde das Gelände samt Kirche dem Ost-Berliner evangelischen Konsistorium geschenkt. Dieses wiederum hat es mit dem Staat gegen ein Grundstück für ein Gemeindezentrum in Hohenschönhausen getauscht. Die Behörden können nun den Abriß des Kirche vornehmen, die im neogotischen Stil nach Plänen des Architekten Gotthilf Ludwig Möckel errichtet und 1894 eingeweiht worden war. Die Sprengung des Kirchenschiffs und Turmes erfolgen im Januar.

KULTUR

Erfolg für Matthus' Oper »Judith«: Als Höhepunkt der XXIX. Berliner Festtage gilt die Uraufführung der Oper »Judith« von Siegfried Matthus nach dem gleichnamigen Drama von Friedrich Hebbel, die am 28. September 1985 in der Komischen Oper in der Behrenstraße stattfindet. Die Regie führt Harry Kupfer. Matthus hat auch den Text für die zweiaktige Oper geschrieben, wobei er neben dem Hebbelschen Text auch Passagen aus Büchern des Alten Testaments verwendete.

Während der vom 27. September bis zum 13. Oktober dauernden Festtage finden rund 350 Veranstaltungen statt, die von insgesamt 210 000 Musik- und Theaterinteressierten besucht werden. Großen Beifall ernten für ihre Darbietungen die Münchner Philharmoniker unter Sergiu Celibidache und das London Symphony Orchestra.

Dank an »kunstbewahrende« Rote Armee: Aus Anlaß des bevorstehenden 40. Jahrestages des »Sieges über den Faschismus und der Befreiung des deutschen Volkes« am 8. Mai wird im Alten Museum eine Ausstellung mit dem Titel »Weltschätze der Kunst – der Menschheit bewahrt« gezeigt.

Die am 13. März von Kurt Hager, einem Mitglied des Politbüros des ZK der SED, eröffnete Ausstellung umfaßt rund 450 wertvolle Kunstwerke aus Museen in Ost-Berlin, Dresden, Leipzig, Potsdam, Dessau und Gotha. Ein Großteil von ihnen war während und nach dem Zweiten Weltkrieg von sowjetischen Truppen beschlagnahmt und in die UdSSR verbracht worden. Nach 1955 wurde ein Teil dieser Kunstwerke unter großem Propagandaaufwand von der Sowjetunion an Museen der DDR zurückgegeben. An diese »kulturbewahrenden Taten« der Sowjetarmee soll die Ausstellung erinnern, die bis Ende Mai 1985 über 220 000 Besucher anzieht.

ALLTAG UND GESELLSCHAFT

Katholischer Kirchenneubau in Friedrichsfelde: Obwohl die DDR nach dem Selbstverständnis der SED ein atheistischer Staat ist, bemüht sich das Regime seit Ende der siebziger Jahre um ein konstruktives Verhältnis zu den Kirchen. Diese liberalere Kirchenpolitik kommt darin zum Ausdruck, daß die Ost-Berliner und DDR-Behörden den Kirchen verstärkt Unterstützung bei der Neuerrichtung von Sakralbauten gewähren.

Das Zentralorgan der SED »Neues Deutschland« schreibt über eine Ausstellung von Kunstwerken, die von der Roten Armee während und nach dem Zweiten Weltkrieg in die Sowjetunion verbracht und in den fünfziger Jahren an Museen in der DDR zurückgegeben worden sind.

Im Alten Museum, das wie die meisten Bauten der Museumsinsel nach den schweren Zerstörungen, die der zweite Weltkrieg hinterlassen hatte, in alter Schönheit wiedererstanden ist, wurde die Ausstellung »Weltschätze der Kunst - der Menschheit bewahrt« eröffnet. Sie ist dem 40. Jahrestag des Sieges über den Hitlerfaschismus und der Befreiung des deutschen Volkes gewidmet. Die Schau erinnert an die in der Menschheitsgeschichte einmalige Rettungstat der Sowjetunion, die 1945 eineinhalb Millionen Kunstwerke aus den Trümmern deutscher Museen beziehungsweise aus unzulänglich gesicherten Auslagerungsorten barg. Dieses wertvolle Kulturgut erfuhr in den Museen von Moskau, Leningrad und Kiew bis zur Übergabe an die DDR in den Jahren 1955 und 1958 eine sorgsame Pflege und restauratorische Betreuung ...

»Mit dieser Ausstellung soll der Ruhmestat der Helden der Sowjetunion, den Töchtern und Söhnen des Landes Lenins gedacht werden, die als entscheidende Kraft der Antihitlerkoalition mit der Zerschlagung des deutschen Faschismus eine welthistorische, befreiende Tat für das deutsche Volk, für die Menschheit vollbracht haben«, betonte Kurt Löffler, Staatssekretär im Ministerium für Kultur, in seinen Begrüßungsworten.

Die Kunstschätze sind von sowjetischen Soldaten, oft unter Einsatz ihres Lebens, gerettet worden. Den Ort der Ausstellung auf der Museumsinsel in Berlin habe man bewußt gewählt. 1958 fand hier jene große Ausstellung statt, die von der Sowjetunion gerettete und restaurierte Kunstwerke vorstellte. ...

Es spricht einiges dafür, den Rundgang durch die Sonderausstellung im Alten Museum vor Adolph Menzels Gemälde »Das Eisenwalzwerk« zu beginnen, jenem herausragenden Beispiel der realistischen Malerei des 19. Jahrhunderts, das zu den Glanzstücken der Nationalgalerie zählt ...

Neben weiteren Arbeiten Menzels birgt dieser erste Raum unter anderem Gemälde so bekannter Künstler des 19. und 20. Jahrhunderts wie etwa Paul Cezanne, Edgar Degas oder Vincent van Gogh und Mihály Munkaczy, Fritz von Uhde, Wilhelm Leibl, Karl Schuch, Max Liebermann, Max Slevogt und Oskar Kokoschka.

249

1985 CDU UND FDP SETZEN KOALITION FORT

Über die Premiere der »Götterdämmerung«, mit der Götz Friedrich seine Neuinszenierung von Richard Wagners Tetralogie »Der Ring des Nibelungen« an der Deutschen Oper abschließt, schreibt der »Tagesspiegel« in der Ausgabe vom 8. Oktober 1985:

Es bleibt noch Theater zu spielen. Wenn der »Berliner Ring«, so wie er nun in der Rezeptionsgeschichte des Wagnerschen Werkes seinen Platz behauptet, mit der offenen Frage des »Götterdämmerungs«-Schlusses optisch zum »Rheingold«-Anfang zurückkehrt, scheint zumindest diese interpretatorische Aussage getan. Die Götter, unter weißem Tuch, harren träumend im »Zeittunnel«, um ihr Endspiel von neuem zu beginnen.

Ein schlimmes Stück, sagt die Inszenierung der »Götterdämmerung«, die indes das dunkle Konzept mit einer brillanten Aufführung beglaubigt: lebendiges Musiktheater. Götz Friedrich als Regisseur hat einen großen Anlaß wahrnehmen können, und die Premieren-Ovationen in der Deutschen Oper, die durch Buhrufe kaum mehr wesentlich beeinträchtigt werden konnten, standen dafür, daß er einen Sieg davongetragen hat. Mit ihm das hinreißende Ensemble, das sich partiell bis zur Erschöpfung verausgabt hatte, Bühnenbildner, Chor, Orchester und Jesus Lopez Cobos, der musikalische Spiritus rector des fünfeinhalbstündigen spannenden Abends.

Die Bildfindungen Peter Sykoras, die den Tunnel als Endspielbühne variieren, sind eine Qualität für sich. Bewundernswert ist, daß der große Reiz der Bilder das Beklemmende der unterirdischen Endzeitsituation nicht übertüncht, sondern sublimiert. Den realistischen Mitteln der Szene – von der Schraube bis zum Theaterrequisit – verbindet sich eine Farbigkeit, die Sykora als Meister der Schattierung, der Lichtbrechungen ausweist.

Blick vom Aussichtsturm auf das Gelände der Bundesgartenschau, 1985.

KALENDARIUM

1. Januar: Durch ein Großfeuer wird im West-Berliner Bezirk Tegel das Tegel-Center schwer beschädigt. Rund 30 Geschäfte brennen aus.

15. Januar: Der West-Berliner Senat beschließt die Einrichtung einer Stiftung Japanisch-Deutsches Zentrum Berlin. Ihr Sitz soll die im Krieg zerstörte japanische Botschaft im Tiergarten werden, deren Aufbau noch in diesem Jahr beginnt.

22. Januar: Auf Anordnung der Ost-Berliner Behörden wird die im Mauerstreifen gegenüber der Bernauer Straße (Wedding) gelegene Versöhnungskirche gesprengt.

1. Februar: Zwischen Wannsee und Anhalter Bahnhof nimmt die BVG den S-Bahnverkehr wieder auf.

10. März: Aus den Wahlen zum West-Berliner Abgeordnetenhaus geht die CDU mit einem Stimmenanteil von 46,4 % als Sieger hervor. Die SPD erhält 32,4 %, die AL 10,6 % und die FDP 8,5 % der abgegebenen Stimmen.

11. April: Auf Beschluß der Ost-Berliner Stadtverordnetenversammlung werden die Ortsteile Hohenschönhausen, Falkenberg, Malchow und Wartenberg des Stadtbezirks Weißensee zu einem neuen Stadtbezirk Hohenschönhausen zusammengefaßt.

26. April: Im West-Berliner Ortsteil Britz (Neukölln) wird die 18. Bundesgartenschau (BUGA) eröffnet.

28. April: In der Kurzen Straße im Ost-Berliner Ortsteil Friedrichsfelde (Lichtenberg) weiht Joachim Kardinal Meisner, Bischof von Berlin, den Neubau der im Krieg zerstörten Kirche Zum guten Hirten.

22. Mai: Der DDR-Radrennfahrer Uwe Raab gewinnt die von Neubrandenburg zur Karl-Marx-Allee führende letzte Etappe der 38. Friedensfahrt. Gesamtsieger der Einzelwertung wird der Pole Lech Piasecki, den Sieg in der Mannschaftswertung holt die UdSSR.

26. Mai: Erstmals seit Kriegsende ist das West-Berliner Olympiastadion Austragungsort des Endspiels um den DFB-Pokal (Bayer 05 Uerdingen – FC Bayern München 2:1).

1. Juni: Der BFC Dynamo besiegt im Friedrich-Ludwig-Jahn-Sportpark den FCV Frankfurt an der Oder mit 2:1. Damit erringt der Ost-Berliner Klub zum 7. Mal in Folge die DDR-Fußballmeisterschaft.

10. Juni: In Ost-Berlin trifft der französische Premierminister Laurent Fabius ein. Es ist das erste Mal, daß ein Regierungschef der drei Westmächte die DDR besucht.

4. Juli: Die DDR-Fluggesellschaft Interflug läßt mit sofortiger Wirkung aus Sri Lanka kommende Reisende ohne gültige Papiere nicht mehr auf dem Ost-Berliner Flughafen Schönefeld aussteigen. Damit entspricht sie Bitten der Bundesregierung, die illegale Einreise von Asylbewerbern nach West-Berlin verhindern zu helfen.

KALENDARIUM

MACHTKAMPF UM FÜHRUNG DER BERLINER SED 1985

2. Juli: Zum Auftakt der Veranstaltungsreihe »Sommernachtstraum« gibt das Berliner Philharmonische Orchester ein Konzert in der Charlottenburger Waldbühne.

7. Juli: Nach fünf Jahren beendet Boy Gobert seine Amtszeit als Generalintendant der Staatlichen Schauspielbühnen West-Berlins. Ihm folgt Heribert Sasse im Amt.

23. August: Bei dem im Olympiastadion ausgetragenen Internationalen Sportfest (ISTAF) läuft der Marokkaner Said Aouita mit 3:29,45 min Weltrekord über 1500 m.

28. August: In der Voltastraße im Bezirk Wedding wird ein Kabelprojekt gestartet. Rund 220 000 West-Berliner können künftig zusätzliche Fernseh- und Rundfunkprogramme empfangen.

22. September: Bei einem Sportfest im Dynamo-Sportforum (Hohenschönhausen) stellen DDR-Sportler mehrere Weltrekorde auf.

28. September: Die Komische Oper (Mitte) findet die Uraufführung der Oper »Judith« von Siegfried Matthus statt. Das Libretto entstand nach dem gleichnamigen Drama von Friedrich Hebbel.

1. Oktober: West-Berlin wird an ein Leitungsnetz von Erdgas aus dem sowjetischen Sibirien angeschlossen.

6. Oktober: Die Deutsche Oper Berlin (Charlottenburg) bringt eine Neuinszenierung von Richard Wagners »Götterdämmerung« heraus. Regie führt Götz Friedrich.

10. Oktober: In Begleitung von Bundeskanzler Helmut Kohl stattet der französische Staatspräsident François Mitterand West-Berlin einen kurzen Besuch ab.

17. Oktober: Wegen Untreue und Kreditbetrug verurteilt das West-Berliner Landgericht den Architekten Dietrich Garski zu einer mehrjährigen Haftstrafe.

26. Oktober: Zum 300. Jahrestag des Edikts von Potsdam, das den aus Frankreich vertriebenen Hugenotten die Ansiedlung in Preußen erlaubt hatte, finden in beiden Teilen Berlins Gedenk- und Festveranstaltungen statt.

23. November: In der Staatsbibliothek Preußischer Kulturbesitz wird erstmals seit 1932 der Kleist-Preis verliehen. Preisträger 1985 der Auszeichnung für Literatur ist der Autor und Regisseur Alexander Kluge.

25. November: Die Ost-Berliner SED-Bezirksleitung entbindet ihren langjährigen Ersten Sekretär, Konrad Naumann, von seinen Pflichten. Nachfolger wird Günter Schabowski.

30. November: Die Wasserball-Mannschaft von Spandau 04 gewinnt in der Schöneberger Sportschwimmhalle den Europapokal der Landesmeister gegen BVSS Budapest.

30. November: In der Charlottenburger Deutschlandhalle finden die 10. Weltmeisterschaften im Formationstanzen der Amateure statt.

Joachim Kardinal Meisner, Bischof von Berlin, konsekriert am 28. April 1985 in Friedrichsfelde (Lichtenberg) den Neubau der Kirche Zum Guten Hirten. Das Gotteshaus steht an der Stelle der alten Kirche Zum Guten Hirten, die bei einem Bombenangriff im Jahr 1944 zerstört worden war. Die Pläne für den innerhalb von drei Jahren im Rahmen eines Sonderprogramms für Kirchen errichteten Sakralbau stammen von der Bauakademie der DDR.

Mit dieser Friedrichsfelder Gemeinde eng verbunden war Dompropst Bernhard Lichtenberg gewesen, ein mutiger und konsequenter Gegner des nationalsozialistischen Regimes, der 1943 beim Transport in das KZ Dachau ums Leben gekommen war.

SPORT

Weltrekorde am Fließband: Seit Jahren ist die Leichtathletik eines der Aushängeschilder der DDR. Dank umfassender staatlicher Förderung gehören zahlreiche DDR-Sportler in ihren Disziplinen zur absoluten Weltspitze. Dennoch ist es ungewöhnlich, daß die Zuschauer bei einer Veranstaltung gleich drei neue Weltrekorde erleben, wie am 22. September 1985 im Dynamo-Sportforum in Hohenschönhausen.

Der Ost-Berliner Ulf Timmermann verbessert den bislang von Udo Beyer aus Potsdam gehaltenen Weltrekord im Kugelstoßen um 40 cm auf 22,62 m. Mit einer Weite von 7,44 m stellt Heike Drechsler vom SC Motor Jena eine neue Weltbestmarke im Weitsprung auf. Angefeuert von einem begeisterten Publikum verbessert Sabine Busch aus Erfurt über 400 m Hürden den Weltrekord der Russin Margarita Ponomarjowa um 2/100 sec auf 53,56 sec.

Verdächtigungen westlicher Medien, daß es bei den beindruckenden Spitzenleistungen der DDR-Sportler nicht immer mit rechten Dingen zugehe und in manchen Fällen Doping im Spiel sei, werden von den Sportlern und Sportfunktionären der DDR empört zurückgewiesen.

Etappensieg für DDR-Radfahrer: Die 38. Friedensfahrt, das bedeutendste Etappenrennen für Radamateure, endet am 22. Mai 1985 in Ost-Berlin mit einem dreifachen Erfolg für die DDR. Sieger der 130 km langen Schlußetappe von Neubrandenburg nach Berlin wird unter dem Jubel der dichtgedrängten Zuschauer Uwe Raab vor Falk Boden und Uwe Ampler.

Den Gesamtsieg der über 1 712 km von Prag über Warschau nach Berlin führenden Friedensfahrt sichert sich der Pole Lech Piasecki vor seinem Landsmann Mierzejewski und Uwe Ampler. In der Mannschaftswertung belegt das Team der Sowjetunion den ersten Platz.

38. Internationale Friedensfahrt: Die drei besten Fahrer – Falk Boden, Uwe Raab, Uwe Ampler – während der Siegerehrung auf der Karl-Marx-Allee, 22. Mai 1985.

1986 BESTECHUNGSAFFÄRE BELASTET LANDESREGIERUNG

POLITIK

Bombenanschlag auf Diskothek »La Belle«: Bei einem Sprengstoffanschlag auf die überwiegend von Angehörigen der amerikanischen Streitkräfte besuchte Diskothek »La Belle« in der Friedenauer Hauptstraße (Schöneberg) werden am 5. April ein einundzwanzigjähriger amerikanischer Soldat und eine achtundzwanzigjährige Türkin getötet; über 190 Menschen erleiden zum Teil schwere Verletzungen. Zum Zeitpunkt der Explosion befinden sich in dem Lokal rund 500 Personen. Von der Wucht der Detonation wird die Inneneinrichtung des Lokals völlig zerstört.

Wenige Stunden nach dem Anschlag besichtigen der Regierende Bürgermeister Eberhard Diepgen und amerikanische Botschafter Richard Burt den Tatort und sprechen den Opfern und deren Angehörigen ihr Mitgefühl aus. Als eine Konsequenz aus dem Anschlag verfügen die drei westlichen Stadtkommandanten eine Verstärkung der Sicherheitsvorkehrungen für die alliierten Streitkräfte in West-Berlin.

Die Polizei vermutet die Täter in Kreisen arabischer Terroristen. Tatsächlich gehen mehrere Anrufe von Bekennern – auch von bislang unbekannten arabischen Terrorgruppen – ein, doch können die Hintergründe des Attentats nicht eindeutig geklärt werden. Für die amerikanische Regierung steht allerdings fest, daß der libysche Revolutionsführer Umar Muammar Al Kadhdhafi hinter dem Anschlag steckt. Präsident Ronald Reagan läßt darum als Vergeltung am 15. April einen Luftangriff gegen die libyschen Städte Tripolis und Bengasi fliegen, bei dem über 100 Menschen ums Leben kommen; die meisten von ihnen sind Zivilisten. Diese Tat stößt allenthalben auf Kritik.

Nach dem Sturz des SED-Regimes 1989/90 erhärten sich die Verdachtsmomente gegen den libyschen Geheimdienst. Aus Akten des Staatssicherheitsdienstes der DDR geht hervor, daß die Einschleusung der Attentäter und des Sprengstoffs nach West-Berlin zumindest mit Wissen hoher Stasi-Offiziere erfolgt ist.

Gefängnisstrafe wegen Annahme von Schmiergeldern: Eine ganze Reihe von Schmiergeldaffären bringt 1986 den CDU-FDP-Senat in Bedrängnis. Die Hoffnungen, daß der Garski-Skandal und die Affäre um die Finanzierung des Steglitzer Kreisels, die Anfang der achtziger Jahre wesentlich zum Machtverlust der SPD beigetragen hatten, reinigend gewirkt hätten, erweisen sich als trügerisch. Die spezifischen politischen und wirtschaftlichen Verhältnisse in West-Berlin bilden nach wie vor einen günstigen Nährboden für unsaubere Geschäfte vor allem in der Baubranche.

Am 12. Dezember wird die Schlüsselfigur einer neuen Affäre, der frühere Leiter der Baubehörde Charlottenburgs, Wolfgang Antes, vom Landgericht wegen Vorteilsnahme und Bestechlichkeit zu fünf Jahren Gefängnis verurteilt. Antes hatte gestanden, während seiner Amtszeit von 1981 bis 1984 rund 300 000 DM Schmiergeld für die Bewilligung von Bauvorhaben kassiert zu haben.

Im Zusammenhang mit der Korruptionsaffäre ist der Regierende Bürgermeister Eberhard Diep-

Vladimir Horowitz und seine Frau Wanda geborene Toscanini zu Gast beim Regierenden Bürgermeister Eberhard Diepgen im Rathaus Schöneberg, 19. Mai 1986.

Über das Konzert von Vladimir Horowitz am 18. Mai 1986 in der Philharmonie schreibt der Kritiker des »Tagesspiegel«:

Nun hat also das Konzert stattgefunden, das bis vor wenigen Monaten niemand für möglich gehalten hätte: Horowitz spielte in Berlin. Der große alte Tastenstar, der sonst New York kaum je verläßt, kam nach fast 60jähriger Abwesenheit wieder in diese Stadt, in der neben Kiew, Leningrad, Moskau und Hamburg die Quellen seiner künstlerischen Existenz liegen ...

In seinem jetzigen Berliner Programm stand eindeutig ... die Romantik im Mittelpunkt. Selbst Scarlatti, von dem er einleitend drei Sonaten mit chopinesker Empfindsamkeit, elfenhafter Leichtigkeit und mit unvergleichlichem Pianissimoklangzauber spielte, nennt Horowitz im Programmheft »einen sehr frühen modernen Virtuosen, den ersten romantischen Komponisten von Klaviermusik«. Romantisch ist für ihn die Einheit von Poesie und Virtuosität, wobei er sich besonders gern auf Chopin beruft. Der Pole, der zu den ersten Wiederentdeckern Scarlattis gehörte und dem Robert Schumann seine »Kreisleriana« widmete, bildete das innere Zentrum des Programms, das ausschließlich solche Komponisten umfaßte, die, wie Scarlatti, Schumann, Chopin, Liszt, Skrjabin und Rachmaninow, auch Klaviervirtuosen waren. Das Berliner Konzert von Horowitz gestaltete sich so zu einer Hommage auf das romantische Klavier ...

Der unvergleichliche Horowitz kann allein an den Maßstäben gemessen werden, die er mit seinen Schallplatten selbst gesetzt hat. Schumanns »Kreisleriana« hat er 1969 in den schnelleren Teilen heftiger und schärfer, im Forte auch kraftvoller gespielt; die langsameren und leiseren Abschnitte jedoch klangen nie so herrlich vielstimmig abgetönt wie jetzt. Noch mehr als früher machte Horowitz die Komposition zum Ausdruck gebrochener Gefühle, wobei sich verschiedene Schichten überlagerten und die eine aus der anderen erwuchs, so gleich in der ersten Fantasie die liebliche B-Dur-Sphäre aus dem drängenden d-Moll. Gleichsam improvisatorisch ließ Horowitz die Reprisen tastend wie Erinnerungen wiederkehren.

Wer einmal das Pianissimo von Horowitz erlebt hat, wird es nie vergessen können. Kein anderer Pianist bietet Vergleichbares. Daß ein 81jähriger Künstler so elegant und virtuos über die Tasten wirbelt wie Horowitz in den »Soirées de Vienne« von Liszt oder so makellose Oktaven spielt wie in der dis-Moll-Etüde Opus 8 Nr. 12 von Skrjabin, grenzt an ein Wunder ...

BERLIN – EINE »SOZIALISTISCHE METROPOLE« 1986

POLITIK

Ausbau zur »sozialistischen Metropole«: Im Palast der Republik findet vom 17. bis 21. April der XI. Parteitag der SED statt. Die Delegierten bekräftigen im Lauf der Beratungen den Auftrag, Berlin als »sozialistische Metropole« und Aushängeschild des Sozialismus weiter auszubauen. Partei- und Staatschef Erich Honecker erklärt in diesem Zusammenhang: »Gerade in der Hauptstadt werden die großen politischen, sozialen und ökonomischen Errungenschaften zum Ausdruck bringen, daß der Sozialismus nicht, wie einige Konservative des Westens behaupten, ein ›Irrtum der Geschichte‹ ist, sondern die Zukunft der Menschheit repräsentiert.«
Der Bezirkschef der Berliner SED, Günter Schabowski, der auch Mitglied des Politbüros der SED ist, teilt den Delegierten mit, daß die Werktäti-

Michael Gorbatschow, Generalsekretär des ZK der KPdSU vor dem XI. Parteitag der SED im Palast der Republik (in der erste Reihe von links: Egon Krenz, Willi Stoph, Erich Honecker, Kurt Hager, Horst Sindermann), 18. April 1986.

Die Rede von Partei- und Staatschef der DDR Erich Honecker bei der Einweihung des Marx-Engels-Forum in Berlin (Mitte) am 4. April 1986:

Im Herzen Berlins weihen wir heute, kurz vor dem XI. Parteitag der Sozialistischen Einheitspartei Deutschlands, ein städtebauliches und künstlerisches Ensemble ein, das den größten Söhnen des deutschen Volkes, Karl Marx und Friedrich Engels, gewidmet ist. Das Marx-Engels-Forum im historischen Kern der Hauptstadt der Deutschen Demokratischen Republik zeugt vom meisterlichen Können der daran beteiligten Künstler und Bauleute. Es wird zu einem weiteren Anziehungspunkt für die Berliner und ihre Gäste aus aller Welt werden. Dieses Forum kündet mit künstlerischen Mitteln davon, daß die Ideen der Begründer des wissenschaftlichen Sozialismus in der Deutschen Demokratischen Republik, dem sozialistischen Staat der Arbeiter und Bauern auf deutschem Boden, für immer ihre Heimstatt gefunden haben ...
Für nicht wenige Erkenntnisse, aus denen der wissenschaftliche Sozialismus entstand, wurden hier in Berlin die Grundlagen gelegt. Nur einige Hundert Meter von dieser Stätte entfernt, erwarben sich Marx und Engels als junge Männer in den Hörsälen der Berliner Universität wichtige Voraussetzungen für die spätere Ausarbeitung der wissenschaftlichen Weltanschauung der Arbeiterklasse und für die streitbare Auseinandersetzung mit den Dunkelmännern ihrer Zeit ...
Wir empfinden Freude und Stolz darüber, daß das revolutionäre Vermächtnis von Marx, Engels und Lenin auch in der Deutschen Demokratischen Republik realisiert wird. Hier im sozialistischen deutschen Staat erfüllt die Arbeiterklasse ihre historische Mission, gestaltet sie im Bündnis mit den Bauern und allen anderen Werktätigen erfolgreich die entwickelte sozialistische Gesellschaft, lenkt sie Staat, Wirtschaft und Kultur ...
Mit Genugtuung können wir auf dieser Kundgebung feststellen: Das Werden und Wachsen unseres Arbeiter- und Bauern- Staates, die sozialistischen Errungenschaften aller Werktätigen sind untrennbar verbunden mit den Leistungen der SED ... Auch bei uns erweist sich der Sozialismus als die Gesellschaftsordnung, die allein den Interessen und dem Wohl des Volkes dient, die soziale Geborgenheit und hohen Bildungsstand, Freiheit, Demokratie und Menschenwürde für alle Werktätigen garantiert. ...
Das von dem Bildhauer Ludwig Engelhardt geschaffene eindrucksvolle Denkmal von Marx und Engels, die von Margret Middell und Werner Stötzer gestalteten Reliefs im Vordergrund und Hintergrund der Anlage und die von einem Künstlerkollektiv nach einer neuen Technologie entwickelten Stelen mit historischen Fotos über den Kampf um Frieden, Demokratie und Sozialismus führen vor Augen, wie das Wirken von Marx und Engels dem einen Zweck diente, die arbeitenden Menschen von Unterdrückung, von Krisen und Kriegen, von Unwissenheit und Existenzangst zu befreien, ihnen ein Leben in Freiheit und Menschenwürde, in Frieden und Sicherheit, ein wahrhaft lebenswertes Leben zu schaffen. ...

---

gen in der Ost-Berliner Industrie zu Ehren des Parteitags eine überplanmäßige Produktionsleistung von anderthalb Tagen erreicht hätten. Bis Ende 1986 wollen sie den Produktionsvorsprung weiter ausbauen. In diesem Zusammenhang würdigt Schabowski besonders die »Kampfkraft und Reife« der 176 000 SED-Mitglieder und Kandidaten des Bezirks Berlin.

DDR sperrt Sektorengrenze für Asylbewerber: Das Außenministerium der DDR teilt am 18. September mit, daß die DDR künftig alle Transitreisenden, die nicht im Besitz eines Visums für ein Drittland sind, an der Grenze zurückweisen werde. Damit ist Ost-Berlin als Durchgangsstation für Asylbewerber, die nach West-Berlin oder in die Bundesrepublik gelangen wollen, weitgehend gesperrt.
In den vergangenen Wochen waren tausende Asylsuchende auf dem Flughafen Schönefeld gelandet, von wo aus sie ungehindert nach West-Berlin einreisen konnten. Die Bundesregierung war wegen des wachsenden Asylbewerberstroms bereits vor Wochen in Ost-Berlin vorstellig geworden, um eine Sperrung des »Schlupflochs« Ost-Berlin zu erreichen. Politische Beobachter vermuten, daß Bonn der DDR für die Schließung der Sektorengrenze für Asylsuchende finanzielle Gegenleistungen westlicher Währung in Aussicht gestellt hat.

KULTUR

Unangepaßte Künstler in Kirchenräumen: Seit einiger Zeit treten nonkonformistische und oppositionelle Künstler in Ost-Berlin mit gewachsenem Selbstbewußtsein hervor. Da ihnen staatlich kontrollierte Spiel- und Ausstellungsräume verschlossen bleiben, begeben sich viele

1986 BESTECHUNGSAFFÄRE BELASTET LANDESREGIERUNG

In der Grundschule der Jüdischen Gemeinde, August 1986.

gen (CDU) im April zu einer umfassenden Senatsumbildung genötigt, weil Innensenator Heinrich Lummer (CDU), Bausenator Klaus Franke (CDU) und der Senator für Stadtentwicklung und Umweltschutz Horst Vetter (FDP) von ihren Ämtern zurücktreten.

Gegen Lummer besteht der Verdacht, von Schmiergeldzahlungen eines Autohändlers an Baustadtrat Antes gewußt zu haben. Bausenator Franke übernimmt die politische Verantwortung für den Korruptionsskandal in der Bauverwaltung. Horst Vetter wird vorgeworfen, erhebliche Spendengelder eines Bauunternehmers an die FDP nicht ordnungsgemäß weitergeleitet zu haben. Das Abgeordnetenhaus wählt am 17. April die Nachfolger der zurückgetretenen Senatoren: Wilhelm Kewenig (Inneres), Georg Wittwer (Bau- und Wohnungswesen) und Jürgen Starnick (Stadtentwicklung und Umweltschutz). Neuer Senator für Wissenschaft und Forschung wird George Turner.

KULTUR

Jubel um Vladimir Horowitz: Am 18. Mai findet in Berlin ein denkwürdiges Kulturereignis statt. Der zweiundachtzigjährige Pianist Vladimir Horowitz, einer der bedeutendsten Interpreten des 20. Jahrhunderts, gibt nach mehr als 50 Jahren wieder ein Konzert in Berlin.
In der seit Wochen ausverkauften Philharmonie spielt Horowitz Werke von Alessandro Scarlatti, Robert Schumann, Frédéric Chopin, Franz Liszt, Alexandr N. Skrjabin und Sergei W. Rachmaninow. Die begeisterten Zuhörer, darunter Bundespräsident Richard von Weizsäcker und der amerikanische Botschafter Richard Burt, danken dem Künstler mit minutenlangen Ovationen. Berührt von der Herzlichkeit des Berliner Publikums, entschließt sich Horowitz spontan zu einem zusätzlichen Konzert am 24. Mai.
Der 1905 als Sohn jüdischer Eltern in der Ukraine geborene Horowitz hatte 1925 seine Heimat verlassen und lebt seither in den Vereinigten Staaten. Mit Hinweis auf die nationalsozialistische Herrschaft hatte er es bislang abgelehnt, in Deutschland zu gastieren. Nach fünf Jahrzehnten und dem Heranwachsen neuer Generationen scheint dem weltberühmten Pianisten die Zeit für einen Auftritt in Deutschland reif.

ALLTAG UND GESELLSCHAFT

Grundschule für jüdische Kinder: Nach jahrzehntelangem Vakuum hat Berlin wieder eine jüdische Schule. Am 18. September wird in der Charlottenburger Bleibtreustraße die erste jüdische Grundschule seit Schließung der jüdischen Schulen durch die Nationalsozialisten von Schulsenatorin Hanna-Renate Laurien und dem Vorsitzenden der Jüdischen Gemeinde, Heinz Galinski, feierlich eröffnet. Die 25 Kinder der ersten Klasse werden von fünf Lehrern und Lehrerinnen sowie zwei Erzieherinnen neben den üblichen Fächern auch in jüdischer Religion, Kultur und Geschichte sowie in Hebräisch unterrichtet.
Vor Beginn der nationalsozialistischen Herrschaft gab es in Berlin drei jüdische Volksschulen, ein Realgymnasium und ein Oberlyzeum. Daneben unterhielt die jüdischen Gemeinde eine Taubstummen- und eine Kochschule, ein Rabbiner-Seminar sowie mehrere Vorbereitungsanstalten für die Wissenschaft des Judentums.

SPORT

Steffi Graf schlägt Martina Navratilova: Das Finale um die Internationalen Deutschen Tennismeisterschaften der Damen in der Anlage eines Tennisclubs am Hundekehlesee (Wilmers-

---

Die »Berliner Morgenpost« schreibt über den Sieg von Steffi Graf über die Weltranglistenerste Martina Navratilowa bei den Internationale Tennismeisterschaften:

Eine wie in allen Tagen zuvor überaus lockere, fröhliche, ansprechbare Steffi Graf plauderte auch nach dem größten sportlichen Triumph in ihrem jungen Leben, dem durch die Deutlichkeit und Souveränität frappierenden 6:2, 6:3 in nur 66 Minuten gegen die nach wie vor weltbeste Martina Navratilowa, aus dem Nähkästchen:
»Ich glaube, den Grundstein zu meinem Sieg habe ich schon am Tage zuvor beim Doppelerfolg mit Helena Sukova gegen Martina und Andrea Temesvari gelegt. Schon dort sind mir Bälle gegen Martina gelungen, die sie sicherlich zum Nachdenken gebracht haben ...«
Es wurde ein einziger Triumphzug für Steffi, nahezu eine Demütigung für die große Martina, die dann auch nach minutenlangem herzlichen Beifall ans Mikrofon trat. Sie bedankte, entschuldigte sich (das hätte sie gar nicht nötig gehabt), geriet ins Stocken und ging weinend weg. Martina konnte einem leid tun, doch gerade diese Reaktion macht Mut: Sie zeigte, daß da Menschen spielen. Menschen mit Schwächen, Stärken und Regungen, keine Roboter.
Und da Martina kein Roboter ist, war sie an diesem Tage eben chancenlos ...
Martina konnte ihr bestes Tennis nicht zeigen, weil Steffi das nicht zuließ. Versuchte Martina nicht alles, setzte sie nicht auf »Serve und Volley«, dann lange Duelle, Tempoverzögerung, harte Schüsse – und hatte nicht Steffi auf alles eine noch bessere Antwort?
Ich behaupte: Beide boten Weltklassetennis, nur war Steffi Graf an diesem Tage, dem 19. Mai 1986, ganz einfach die Glücklichere, Nervenstärkere, Bessere.
... all jene (könnten) recht behalten ..., die unter dem Eindruck der vergangenen Woche, ..., orakeln: »Berlin hat die Geburtsstunde eines neuen Weltstars erlebt«.
Kein Zweifel: Berlin, der LTTC Rot-Weiß, der Tennissport ist beiden Finalistinnen für eine der schönsten Stunden zu Dank verpflichtet.

BERLIN – EINE »SOZIALISTISCHE METROPOLE« 1986

In einer Erklärung vom 11. August 1986 lehnt das Außenministerium der DDR das Ersuchen der Bundesregierung und des Senats auf Sperrung der Sektorengrenze für Asylbewerber mit Schärfe ab:

In Berlin (West) können Ausländer ohne Visum einreisen. Bis jetzt ist uns nicht bekannt, ob die drei westlichen Alliierten, die dort das Sagen haben, daran etwas ändern wollen. Es gibt also für die Deutsche Demokratische Republik als Transitland keinen Grund, Ausländern die Durchreise durch die DDR zu verweigern, nur weil sie nach Berlin (West) wollen.

Nun sagt man, unter den Ausländern, die von ihrem Recht Gebrauch machen, nach Berlin (West) zu reisen, befinden sich pseudo-politische Flüchtlinge, Wirtschaftsasylanten und vieles andere mehr. In dieser Frage eine Entscheidung zu finden, sind selbstverständlich die Grenzbeamten der DDR und das Personal von Interflug und anderen Einrichtungen der DDR überfordert. Es liegt auf der Hand, daß darüber nur jene eine Entscheidung treffen können, die für die Einhaltung der in Berlin (West) gültigen Gesetze zuständig sind. Die Deutsche Demokratische Republik ist, das sollte auch Herrn Diepgen bekannt sein, der sich gestern besonders marktschreierisch aufführte, für die volle Einhaltung und Anwendung des Vierseitigen Abkommens über Berlin (West). Dies hat nahezu 15 Jahre zum Abbau der Spannungen um Berlin (West) und zur Förderung seiner internationalen Beziehungen geführt. Es gab eine Zeit, in der Berlin (West) um internationalen Zuzug von Arbeitskräften warb. Daß von über 200 000 ausländischen Bewohnern der 1,9 Millionen Einwohner von Berlin (West) jetzt viele arbeitslos sind, dafür ist die DDR nicht verantwortlich.

Mitte September entschließt sich die Regierung der DDR doch, der westlichen Bitte nachzukommen, und sperrt die Grenze für Asylbewerber ohne Visum. In einer Mitteilung des Außenministeriums vom 18. September 1986 heißt:

Angesichts der Einführung der Visapflicht in vielen Ländern West- und Nordeuropas, die aus verschiedenen Gründen erfolgt, teilt das Ministerium für Auswärtige Angelegenheiten mit, daß ab 1.10.1986 nur solche Personen die DDR im Transit bereisen können, die über ein Anschlußvisum anderer Staaten verfügen. Personen aus Staaten, mit denen die DDR Visafreiheit vereinbart hat, werden von dieser Regelung nicht berührt. Nicht betroffen von dieser Regelung sind wie bisher solche Personen, die aus politischen, rassischen oder religiösen Gründen in ihrer Heimat verfolgt werden, diese verlassen müssen und in der DDR um Asyl nachsuchen.

ALLTAG UND GESELLSCHAFT

Sozialistische Kultstätte in Berlin-Mitte: Die Neugestaltung der Stadtmitte von Ost-Berlin schreitet mit Blick auf die 750-Jahr-Feier im Jahr 1987 weiter voran. Am 4. April wird das Marx-Engels-Forum, nördlich des Nikolai-Viertels zwischen Spree und Spandauer Straße gelegen, von Partei- und Staatschef Erich Honecker im Beisein mehrerer tausend Gäste eingeweiht. Im Mittelpunkt der kreisförmigen Anlage mit einem Durchmesser von 60 m steht ein von dem Bildhauer Ludwig Engelhardt geschaffenes Bronzedenkmal von Karl Marx und Friedrich Engels, den Begründern des wissenschaftlichen Sozialismus. Auf zwei Bronzereliefs der Bildhauerin Margret Middell sind Beispiele eines »glücklichen menschlichen Daseins im Sozialismus, das individuelle Erfüllung ermöglicht« – so eine offizielle Erläuterung –, dargestellt. Zwei weiße Marmorreliefs von Werner Stötzer zeigen dagegen »unmenschliche Zustände in der alten, kapitalistischen Welt«. Zu dem künstlerischen Ensemble gehören vier Doppelstelen aus Edelstahl, auf denen mittels einer Ätztechnik zahlreiche Dokumentarfotos aus der Geschichte der Arbeiterbewegung angebracht sind.

Neue Wege im sozialistischen Wohnungsbau: Ein weiteres städtebauliches Großprojekt der Hauptstadt, der »Ernst-Thälmann-Park« (Prenzlauer Berg), wird von Erich Honecker am 15. April im Rahmen einer Kundgebung mit rund 100 000 Teilnehmern der Öffentlichkeit übergeben. Auf dem rund 26 ha großen Gelände eines

unter das Dach der Kirche, um ihre Kunst vor ein Publikum zu bringen. So führt etwa Lutz Dammbeck im Juni eine originelle Medien-Collage mit dem Titel »Real-Film« im Evangelischen Sprachen-Konvikt in der Invalidenstraße (Mitte) vor.

Auf diesem Forum zeigen auch der Liedermacher Stefan Krawczyk und die Regisseurin Freya Klier – beide wegen regimekritischer Äußerungen von den DDR-Behörden mit Berufsverbot belegt – ihr gemeinsam erarbeitetes Schauspiel »Steinschlag«.

Frischer Wind im staatlichen Kunstbetrieb: Auch in der staatlich geduldeten und geförderten Kunst bewegt sich einiges. Anfang Februar veranstaltet die Akademie der Künste der DDR in Ost-Berlin die multimedial angelegten Werkstätten »Junge Kunst«. Besonderes Aufsehen erregen kleinere Theatergruppen mit ihren frisch-frechen Aufführungen. Steffen Mensching und Hans-Eckardt Wenzel bringen ihr Clownsspiel »Neues aus der Da Da eR«. Auch die Gruppen »Zinnober« und »Brigade Feuerstein« können das aufgeschlossene Publikum mit ihren Stücken überzeugen.

Denkmal für Karl Marx und Friedrich Engels von Ludwig Engelhardt im Zentrum des Marx-Engels-Forums.

1986 BESTECHUNGSAFFÄRE BELASTET LANDESREGIERUNG

dorf) endet mit einer Sensation. Die erst sechzehnjährige Steffi Graf aus Brühl schlägt die Weltranglistenerste Martina Navratilova mit 6:2 und 6:3. Mit ihrem kraftvollen Spiel läßt Steffi Graf ihre Gegnerin Navratilova nicht zur Entfaltung kommen. Nach ihrer überraschenden Niederlage verläßt die gebürtige Tschechoslowakin, die seit Jahren in den Vereinigten Staaten lebt, enttäuscht den Platz.

Der Sieg am Hundekehlesee ist einer der bislang größten Erfolge von Steffi Graf und Beginn eines steilen Aufstiegs im internationalen Tennissport. Am Ende des Jahres belegt sie auf der Weltrangliste bereits Platz 3.

Blau-Weiß 90 steigt in die 1. Bundesliga auf: Mit Blau-Weiß 90 ist nach drei Jahren wieder ein Berliner Verein in der Fußballbundesliga vertreten. Trotz einer Niederlage am letzten Spieltag der 2. Liga gelingt den Schützlingen von Trainer Bernd Hoss der direkte Aufstieg ins Oberhaus. Die West-Berliner Fußballfans atmen auf. Endlich dürfen sie wieder auf Spitzenspiele im Olympia-Stadion hoffen. Die Blau-Weißen können die hochgesteckten Erwartungen der Fans jedoch nicht erfüllen und müssen nach einer Spielzeit wieder absteigen.

Beim Traditionsklub Hertha BSC setzt sich 1986 die sportliche und finanzielle Talfahrt fort. Nachdem sie 1983 aus der 1. Bundesliga abgestiegen waren, müssen die Herthaner zusammen mit Tennis Borussia in der nächsten Saison in der Amateurliga antreten.

Steffi Graf (rechts) und Martina Navratilova im Tennisclub am Hundekehlensee, 19. Mai 1986.

KALENDARIUM

11. Februar: Auf der Glienicker Brücke, die vom West-Berliner Bezirk Zehlendorf nach Potsdam führt, findet zwischen Ost und West ein Häftlingsaustausch statt. Prominentester Betroffener ist der sowjetische Regimekritiker Anatoli Schtscharanski.

18. Februar: Ein Londoner Gericht weist die Klage von West-Berliner Bürgern nach einer Schließung des Schießplatzes der britischen Armee in Gatow ab. Anlaß für die Klage war die hohe Lärmbelästigung.

25. Februar: Zum Abschluß der 36. West-Berliner Internationalen Filmfestspiele erhält der deutsche Beitrag »Stammheim« von Reinhard Hauff den »Goldenen Bären«. Innerhalb der Jury ist die Entscheidung für den Film, der den Prozeß gegen die RAF-Terroristen thematisiert, stark umstritten.

7. März: Am West-Berliner Klinikum Charlottenburg implantiert der Chirurg Emil Sebastian Bücherl einem Patienten ein von ihm entwickeltes künstliches Herz. Der Patient überlebt den Eingriff nur wenige Tage.

3. April: Das in West-Berlin befindliche Schiller-Denkmal von Reinhold Begas (1871) kehrt an seinen ursprünglichen Standort auf den Platz der Akademie (Gendarmenmarkt) zurück. Im Gegenzug übergibt die DDR mehrere Kunstgegenstände an West-Berlin, darunter eine Reihe in Potsdam befindlicher Reliefbilder, die aus dem Schlößchen auf der Pfaueninsel stammen.

4. April: Im Ost-Berliner Bezirk Mitte, in unmittelbarer Nähe zum Fernsehturm, wird das Marx-Engels-Forum eingeweiht. Im Mittelpunkt steht ein Denkmal der beiden kommunistischen Theoretiker, Karl Marx und Friedrich Engels.

5. April: Bei einem Bombenanschlag auf die überwiegend von Amerikanern besuchte Diskothek »La Belle« in der Friedenauer Hauptstraße (Schöneberg) kommen zwei Menschen ums Leben.

15. April: Im Ost-Berliner Bezirk Prenzlauer Berg wird der Ernst-Thälmann-Park offiziell eröffnet.

16. April: Anläßlich des bevorstehenden XI. Parteitages der SED im Palast der Republik (Bezirk Mitte) trifft in Ost-Berlin der sowjetische Staats- und Parteichef Michail Gorbatschow ein.

29. April: Auf dem Gelände des Rudolf-Virchow-Krankenhauses im West-Berliner Bezirk Wedding nimmt das Deutsche Herzzentrum Berlin seinen Betrieb auf.

8. Mai: Der West-Berliner Fußballverein Blau-Weiß 90 steigt in die 1. Bundesliga auf.

18. Mai: Der amerikanische Pianist Vladimir Horowitz tritt in der Philharmonie auf. Es ist sein erstes Konzert in Berlin seit mehr als 50 Jahren.

19. Mai: Die sechzehnjährige Steffi Graf besiegt im Endspiel um die Internationalen Deut-

KALENDARIUM

BERLIN – EINE »SOZIALISTISCHE METROPOLE« 1986

schen Tennismeisterschaften der Damen in Berlin die Weltranglistenerste Martina Navratilova (USA).

31. Mai: Im Endspiel um den FDGB-Pokal unterliegt der 1. FC Union im Ost-Berliner Stadion der Weltjugend Lokomotive Leipzig mit 5:1.

8. Juni: Bei den Wahlen zur Stadtverordnetenversammlung von Berlin, Hauptstadt der DDR, erhalten die Kandidaten der Nationalen Front nach offiziellen Angaben 99,8 % der Stimmen.

9. August: Am Checkpoint Charlie überschreiten rund 150 West-Berliner Demonstranten aus Protest gegen den Bau der Mauer die Grenze nach Ost-Berlin. Es kommt zu Auseinandersetzungen mit den DDR-Grenzposten.

13. August: Anläßlich des 25. Jahrestages des Baus der Berliner Mauer findet im Reichstagsgebäude (Tiergarten) eine Gedenkveranstaltung statt.

16. August: Im Schloß Charlottenburg öffnet eine Ausstellung zum Gedenken an den vor 200 Jahren gestorbenen König von Preußen, Friedrich II., den Großen ihre Pforten.

29. August: Am Checkpoint Charlie durchbricht ein Ost-Berliner mit einem LKW die Sperranlagen und flüchtet nach West-Berlin.

18. September: Das Außenministerium der DDR gibt bekannt, daß ab dem 1. Oktober 1986 Transitreisende, die kein Visum für ein Drittland vorweisen können, an der Grenze zurückgewiesen werden. Dadurch wird der unkontrollierte Zustrom von Asylbewerbern nach West-Berlin erschwert.

18. September: Für den symbolischen Kaufpreis von einer DM kauft der West-Berliner Brotfabrikant Horst Schiesser die Wohnungsbaugesellschaft »Neue Heimat«.

15. Oktober: Der West-Berliner Wissenschaftler Ernst Ruska erhält den Nobelpreis für Physik.

15. November: Nach mehrmonatigen Bauarbeiten wird die mit einem Kostaufwand von rund 100 Millionen Mark renovierte und modernisierte Deutsche Staatsoper Unter den Linden (Mitte) feierlich wiedereröffnet.

12. Dezember: Das West-Berliner Landgericht verurteilt den früheren Charlottenburger Baustadtrat Wolfgang Antes (CDU) wegen Bestechlichkeit und Vorteilnahme im Amt zu einer mehrjährigen Haftstrafe.

12. Dezember: In der Nähe des Ost-Berliner Flughafens Schönefeld stürzt eine sowjetische Passagiermaschine ab. Dabei kommen 72 Menschen ums Leben.

20. Dezember: Der West-Berliner Kabelrat teilt dem kommerziellen Fernsehsender SAT 1 eine terrestrische Frequenz zu. Um die Frequenz hatten sich mehrere Sender, darunter RTL plus beworben.

abgerissenen Gaswerks zwischen der Dimitroff- und der Greifswalder Straße ist eine Hochhauswohnanlage mit insgesamt 1 300 Wohnungen sowie Bildungs- und Freizeiteinrichtungen, mehreren Geschäften und Restaurants entstanden.

Die Wohngebäude zeichnen sich durch eine abwechslungsreiche Fassadengestaltung mit verglasten Loggien, unterschiedlichen Balkonformen und Erkern aus. Im Zentrum der dicht begrünten, parkähnlichen Gesamtanlage steht ein von dem sowjetischen Bildhauer Lew Kerbel geschaffenes Denkmal Ernst Thälmanns, des von den Nationalsozialisten ermordeten Vorsitzenden der KPD. Die 13 m hohe Skulptur ist eine Monumentalbüste Thälmanns mit geballter Faust vor einem Fahnentuch. Auf dem Granit-Sockel des Bronzedenkmals sind der Name des Vorsitzenden der KPD und die Partei-Parole »Rot Front« eingemeißelt.

Initiative zur Verschönerung des Straßenbilds: Gesellschaftspolitische und ökonomische Initiativen werden in Ost-Berlin und der DDR traditionell im Hinblick auf ein bestimmtes Ereignis, wie ein Jubiläum oder einen Parteitag, ergriffen. 1986 ist es vor allem die im folgenden Jahr anstehende 750-Jahr-Feier Berlins, die zum Anlaß gesellschaftlicher Anstöße genommen werden soll.

Als Beispiel sei der Wettbewerb um die »Goldene Hausnummer« erwähnt, zu dem Anfang April die Berliner Hausgemeinschaften vom Magistrat, dem Bezirksausschuß der Nationalen

Denkmal für Ernst Thälmann von Lev Kerbel am Ernst-Thälmann-Park (Prenzlauer Berg), April 1986.

Front und von der »Berliner Zeitung« aufgerufen werden. Im Herbst 1987 werden rund 1 000 Hausgemeinschaften mit einer »Goldenen Hausnummer« ausgezeichnet, die sich besonders erfolgreich um die Instandsetzung und Verschönerung ihrer Wohnhäuser und um ein besseres Straßenbild bemüht haben.

Flugzeugabsturz in der Nähe von Schönefeld: Der Absturz einer zweistrahligen Tupolew 134 der sowjetischen Fluggesellschaft Aeroflot am 12. Dezember in der Nähe des Berliner Flughafens Schönefeld fordert 72 Todesopfer. Zwölf Menschen überleben den Absturz, von denen jedoch zwei in den folgenden Tagen ihren schweren Verletzungen erliegen. Die aus Minsk kommende Passagiermaschine hatte beim Landeanflug rund drei km vor der Landebahn Baumwipfel gestreift und war in ein Waldstück gestürzt.

Nach Ermittlungen einer Untersuchungskommission flog die Maschine aufgrund eines Fehlers des Piloten zu niedrig, dadurch sei es zu dem Absturz gekommen. Möglicherweise habe ein Verständigungsfehler zwischen Flughafentower und den Piloten die Katastrophe verursacht. Der Pilot habe zunächst die falsche Landebahn angesteuert und beim Versuch, den Fehler zu korrigieren, die Kontrolle über das Flugzeug verloren.

1987 750-JAHR-FEIER UND KRAWALLE

POLITIK

Festveranstaltungen zum Stadtjubiläum: Im Jahr 1987 steht das öffentliche Leben Berlins im Zeichen der 750-Jahr-Feier. Mit zahlreichen Veranstaltungen, Ausstellungen, Volksfesten, und Umzügen wird der urkundlichen Ersterwähnung Cöllns, der Schwesterstadt Berlins, am 28. Oktober 1237 gedacht.

Am 30. April gibt der Regierende Bürgermeister Eberhard Diepgen im Internationalen Congreß Centrum (ICC) vor 4 000 Gästen, darunter Bundespräsident Richard von Weizsäcker und Bundeskanzler Helmut Kohl, den offiziellen Auftakt für die Feiern. Zu den Höhepunkten zählen ein Japanisches Feuerwerk, das am 30. August von weit über einer Million begeisterter Zuschauer auf dem Flughafen Tempelhof verfolgt wird, und ein prächtiger Wasserkorso am 25. Juli mit über 100 zum Teil historischen Schiffen, der rund 500 000 Menschen an die Spree und die Kanäle lockt. Unter dem Titel »Sternstunden« werden rund um die Siegessäule im Tiergarten an mehreren Abenden Szenen aus der Geschichte Berlins in Form einer lockeren Revue dargeboten.

Reagan vor dem Brandenburger Tor: Wie der französische Präsident François Mitterand und die britische Königin Elisabeth II. erweist auch der amerikanische Präsident Ronald Reagan Berlin zum 750jährigen Stadtjubiläum seine Reverenz. Am 12. Juni kommt er mit seiner Frau Nancy zu einem Besuch nach Berlin und absolviert nach einem Höflichkeitsbesuch bei Bundespräsident Richard von Weizsäcker im Schloß Bellevue ein reichhaltiges Programm. Der Höhepunkt der Visite ist eine Rede des Präsidenten vor dem Brandenburger Tor. Dabei erinnert Reagan an die jahrzehntelange Verbundenheit der Vereinigten Staaten mit Berlin und bekräftigt die Sicherheitsgarantien für die Stadt. Unter dem Jubel der 25 000 geladenen Gäste fordert Reagan den sowjetischen Parteichef Michail Gorbatschow dazu auf, die Teilung der Stadt aufzuheben: »Herr Gorbatschow, öffnen Sie dieses Tor – Herr Gorbatschow, reißen Sie diese Mauer nieder!«

Polizei riegelt Kreuzberg ab: Begleitet wird der Besuch Reagans von beispiellosen Sicherheitsvorkehrungen. Rund 10 000 Polizisten sind im Einsatz, um einen reibungslosen Ablauf des Staatsbesuchs zu gewährleisten. Für mehrere Stunden wird dabei der Stadtteil Kreuzberg nahezu vollständig abgeriegelt. Der U- und S-Bahn- sowie fast der gesamte Busverkehr von und nach Kreuzberg ist unterbrochen; an den Hauptstraßen errichtet die Polizei Kontrollstellen, um das »Vordringen« sogenannter Autonomer in die Nähe des Präsidentenpaares zu verhindern. Während der Veranstaltung am Brandenburger Tor wird der Tiergarten von der Polizei ebenfalls weiträumig abgesperrt. Mehrere hundert Menschen, unter ihnen Mitglieder der autonomen Szene, die trotz eines gerichtlich bestätigten Demonstrationsverbots gegen die Anwesenheit Reagan protestieren wollen und sich auf dem Kurfürstendamm am Kranzler-Eck versammeln, werden von der Polizei in der Nähe der Kaiser-Wilhelm-Gedächtniskirche stundenlang eingekesselt. Obwohl es

Ronald Reagan, Präsident der USA, bei seiner Ansprache vor dem Brandenburger Tor, 12. Juni 1987.

Eröffnung der 750-Jahr-Feier im Internationalen Congreß Centrum, 30. April 1987.

am Vorabend dieses Tages zu gewalttätigen Auseinandersetzungen zwischen Demonstranten und der Polizei mit über 130 Verletzten gekommen ist, halten zahlreiche Berliner die Polizeimaßnahmen für unangemessen.

Schwere Krawalle zum 1. Mai in Kreuzberg: Daß in der autonomen Szene tatsächlich ein hohes Gewaltpotential steckt, zeigen die Krawalle am 1. Mai. In Kreuzberg kommt es im Anschluß an ein Straßenfest auf dem Lausitzer Platz zu schweren Ausschreitungen. Vermummte Jugendliche zünden Bauwagen und zahlreiche Autos an und errichten Barrikaden. Die anrückende Polizei ist zunächst nicht in der Lage, die Randalierer aufzuhalten.

In der Nacht werden mehrere Geschäfte geplündert und der U-Bahnhof Görlitzer Bahnhof völlig verwüstet. Über die Ursachen des Gewaltausbruchs gibt es verschiedene Ansichten. Während konservative Politiker von der kriminellen Energie der Randalierer sprechen, verweisen Sozialarbeiter auf die sozialen Mißstände in dem betroffenen Stadtteil.

STADTERNEUERUNG ZUR 750-JAHR-FEIER 1987

POLITIK

Festumzug durch die Berliner City: Ebenso wie im Westteil der Stadt ist auch in Ost-Berlin der 750. Jahrestag der erstmaligen urkundlichen Erwähnung von Cölln Anlaß für zahlreiche Festveranstaltungen und Aktionen. Ein gewisses Konkurrenzverhalten beider Stadthälften ist dabei nicht zu verkennen. Auch sind sich einige Feierlichkeiten diesseits und jenseits der Grenze in ihrem Charakter recht ähnlich.
Allerdings versucht die SED-Führung auch, den Jubiläumsfeiern einen politischen Anstrich zu geben. In offiziellen Verlautbarungen wie etwa den »Thesen« des Komitees der DDR zum 750jährigen Bestehen von Berlin wird das »sozialistische Berlin« als vorläufiger Höhepunkt einer 750jährigen Stadtgeschichte dargestellt: »In Berlin vollzog sich die Gründung der Deutschen Demokratischen Republik. Das war ein Wendepunkt in der Geschichte unseres Volkes und Europas. Geprägt durch den Sozialismus und die Arbeiter- und Bauern-Macht, wurden die seither verflossenen Jahrzehnte zum wichtigsten Kapitel der 750jährigen Stadtgeschichte ... Das sozialistische Berlin bezeugt den gesetzmäßigen Gang der Geschichte, wie es den endgültigen ... Bruch mit dem deutschen Militarismus, Imperialismus und Faschismus, mit allen dunklen Seiten Berliner Vergangenheit verkörpert.«
Ausstellungen, Vortragsreihen und auch Festveranstaltungen sollen diese Sicht der Geschichte Berlins vermitteln. Zu den Höhepunkten der Ost-Berliner 750-Jahr-Feier gehört ein rund zehn km langer Festumzug, der am 4. Juli rund 700 000 Schaulustige in die Straßen der Innenstadt lockt. Auf Motivwagen werden bedeutende Ereignisse aus der Stadtgeschichte dargestellt; über 350 Musikkapellen sorgen auf dem Weg für stimmungsvolle Unterhaltung. Insgesamt sind an dem Festzug etwa 40 000 Personen aktiv beteiligt. An einem Großen Wasserfest, das am 25. Juli parallel zum West-Berliner Wasserkorso auf den Ost-Berliner Gewässern veranstaltet wird, nehmen über 400 darunter auch historische Schiffe teil.
Begegnung der beiden Stadtoberhäupter: Die 750-Jahr-Feier Berlins trägt auch dazu bei, politische Verkrampfungen zu lösen. So kommt es am 21. Oktober in der Ost-Berliner Marienkirche zu einem historischen Händedruck zwischen dem Oberbürgermeister der Hauptstadt, Erhard Krack, und dem Regierenden Bürgermeister von West-Berlin, Eberhard Diepgen. Es ist die erste Begegnung von Stadtoberhäuptern seit dem Auseinanderbrechen des Magistrats von Groß-Berlin im Herbst 1948.

Der historische Festumzug im Zentrum (Mitte) anläßlich der 750-Jahr-Feier, Juli 1987.

Die Nikolaikirche im gleichnamigen Viertel (Mitte), um 1987.

1987 750-JAHR-FEIER UND KRAWALLE

Rede des amerikanischen Präsidenten Ronald Reagan am 12. Juni 1987 vor dem Brandenburger Tor:

Wir amerikanischen Präsidenten kommen nach Berlin, weil wir gerade an diesem Ort von der Freiheit sprechen sollten. Aber ich muß gestehen, daß es noch andere Dinge sind, die uns hierhergeführt haben: Das Gefühl für Geschichte in dieser Stadt, die mehr als 500 Jahre älter ist als unsere eigene Nation. Die Schönheit des Grunewalds und des Tiergartens. Am meisten aber Ihr Mut und Ihre Entschlossenheit.

Vielleicht hat der Komponist Paul Lincke die amerikanischen Präsidenten richtig eingeschätzt. Wissen Sie, ich komme heute hierher, wie so viele Präsidenten vor mir, weil, wo ich auch hingehe und was ich auch tue: »Ich hab' noch einen Koffer in Berlin.«

Unsere heutige Veranstaltung wird in ganz Westeuropa und Nordamerika ausgestrahlt. Ich denke, daß sie auch in Osteuropa zu hören und zu sehen sein wird.

Ich möchte auch den Zuhörern in Osteuropa meine herzlichsten Grüße und die besten Wünsche des amerikanischen Volkes aussprechen. Denen, die in Ost-Berlin zuhören, gebühren einige besondere Worte. Obwohl ich nicht bei Ihnen sein kann, richte ich meine Ansprache selbstverständlich ebenso an Sie wie an meine unmittelbaren Zuhörer. Ich stehe genauso zu Ihnen wie zu Ihren Landsleuten im Westen in dem festen, unerschütterlichen Glauben: Es gibt nur ein Berlin. Hinter mir steht eine Mauer, die die freien Sektoren dieser Stadt umschließt, ein Teil der massiven Schranken, die den gesamten Kontinent Europa spalten. Südlich der Ostsee schneiden diese Schranken durch Deutschland hindurch einen Riß aus Stacheldraht, Beton, Hundelaufanlagen und Wachtürmen. Weiter im Süden mag es keine sichtbare, augenfällige Mauer geben. Aber es bleiben trotzdem noch die bewaffneten Wachposten und Kontrolltürme – immer noch eine Einschränkung der Freizügigkeit, immer noch ein Instrument, Menschen den Willen eines totalitären Staates aufzuzwingen.

Es ist jedoch gerade in Berlin, wo die Mauer am sichtbarsten aufragt; sie spaltet die Stadt genau an der Stelle, wo Zeitungsphotos und Fernsehschirme diese brutale Teilung eines Kontinents für das Bewußtsein der Welt festhalten. Jeder Deutsche, der vor dem Brandenburger Tor steht, ist ein Mensch, der von seinen Landsleuten getrennt ist. Jeder dieser Menschen ist ein Berliner, der gezwungen ist, diese sichtbare Wunde zu ertragen.

Präsident von Weizsäcker hat einmal gesagt: Die deutsche Frage ist so lange offen wie das Brandenburger Tor zu ist. Heute sage ich: solange das Tor zu ist, solange wird diese Mauer als Wunde fortbestehen; es ist nicht die deutsche Frage allein, die offen bleibt, sondern die Frage der Freiheit für die gesamte Menschheit.

Ich komme jedoch nicht hierher, um zu klagen. Denn ich erkenne in Berlin ein Signal der Hoffnung – im Schatten dieser Mauer sogar ein Signal des Triumphes ... Wo vor vier Jahrzehnten nur Trümmer lagen, haben jetzt die Westsektoren Berlins die umfangreichste industrielle Produktion aller Städte in Deutschland; Bürotürme, schöne Wohnanlagen und Siedlungen, prächtige Straßen und ausgedehnte Parks. Wo die Kultur einer Stadt zerstört zu sein schien, gibt es heute zwei große Universitäten, Orchester und eine Oper, zahllose Theater und Museen. Wo einst Bedarf bestand herrscht heute Fülle: Lebensmittel, Kleider, Autos, die wunderbare Warenwelt auf dem Ku`damm.

Aus der Zerstörung – aus bloßen Ruinen – haben Sie, die Berliner, in Freiheit eine Stadt wiederaufgebaut, die wiederum als eine der großartigsten der Erde einzuordnen ist. Die Sowjets mögen andere Pläne gehabt haben. Aber, meine Freunde, es gab einige Dinge, die die Sowjets nicht berücksichtigten: Berliner Herz, Berliner Humor und Berliner Schnauze ...

Nach vier Jahrzehnten ist nun für die gesamte Welt klar: Freiheit führt zu Wohlstand. Freiheit ersetzt den Völkerhaß durch Einvernehmen und Frieden. Freiheit siegt.

Jetzt wird den Sowjets auch allmählich die Bedeutung der Freiheit klar. Aus Moskau ist viel von einer neuen Politik der Reform und Offenheit zu vernehmen. Einige politische Gefangene sind freigelassen worden. Bestimmte ausländische Nachrichtensendungen werden nicht länger gestört. Manche Wirtschaftsunternehmen können jetzt freier von staatlicher Kontrolle operieren. Sind dies die Anfänge tiefgreifender Veränderungen im Sowjetstaat? Oder sind es Scheingesten, die im Westen falsche Hoffnungen wecken oder das System festigen sollen, ohne es zu verändern. Wir sind der Ansicht, daß Freiheit und Sicherheit zusammengehen – daß das Vorrücken der Menschenrechte die Sache des Friedens nur vorantreiben kann. Die Sowjets würden damit ein unmißverständliches Zeichen setzen, das die Sache von Freiheit und Frieden dramatisch vorantreiben würde.

Generalsekretär Gorbatschow, wenn Sie nach Frieden streben – wenn Sie Wohlstand für die Sowjetunion und für Osteuropa wünschen – wenn Sie die Liberalisierung wollen, dann kommen Sie hierher zu diesem Tor.

Herr Gorbatschow, öffnen Sie dieses Tor! Herr Gorbatschow, reißen Sie diese Mauer nieder!

KULTUR

Streit um »Skulpturen-Boulevard«: Wie sehr Kunst auch in den achtziger Jahren noch zu provozieren vermag, beweist im Frühjahr die erregte Debatte um den Skulpturen-Boulevard auf dem Kurfürstendamm, ein Kunstprojekt im Rahmen der 750-Jahr-Feier Berlins. Konservative Berliner nehmen vor allem an Olaf Metzels aufgetürmten Polizeigittern und Wolf Vostells Arbeit »2 Beton-Cadillacs in Form der nackten Maja« Anstoß. Viele West-Berliner sehen in Vostells einbetonierten Cadillacs auf dem Rathenauplatz eine »unzumutbare Provokation« und fordern die Entfernung der Skulptur, was den Künstler durchaus mit Genugtuung erfüllen mag.

Insgesamt werden im Rahmen der vom Senat mit 1,8 Millionen DM geförderten Aktion sieben große Skulpturen in der West-Berliner City aufgestellt. Auf eine offizielle Eröffnung des Skulpturen-Boulevards wird verzichtet, um, so ein Sprecher des Neuen Berliner Kunstvereins, zu verhindern, daß »die Künstler öffentlich an den Pranger gestellt werden«.

Ausstellung zur Geschichte Berlins: Die wechselvolle Geschichte Berlins versucht eine Ausstellung unter dem Titel »Berlin, Berlin« zu dokumentieren, die am 28. Oktober im Martin-Gropius-Bau in Kreuzberg eröffnet wird. Etwa 3 000 Exponate sind zu 36 räumlichen Inszenierungen zusammengefaßt worden, um den Besuchern einen möglichst anschaulichen Eindruck von der wechselvollen Entwicklung der Stadt vom 13. Jahrhundert bis zur Gegenwart zu vermitteln.

Die monumentale Torplastik »Berlin« auf der Tauentzienstraße, ein Werk des Projekts Skulpturen-Boulevard, 1987.

STADTERNEUERUNG ZUR 750-JAHR-FEIER 1987

Protestversammlung in der Zionskirche wegen der Durchsuchung der Umweltbibliothek, 26. November 1987.

Platz der Akademie in neuem Glanz: Im Rahmen der 750-Jahr-Feier werden in Berlin auch mehrere städtebauliche Projekte der Öffentlichkeit übergeben. Unter Aufbietung großer Geldmittel, umfangreicher Fertigungskapazitäten und zahlreicher Baubrigaden aus der gesamten DDR können in Berlin eine ganze Reihe von Bauvorhaben zur Harmonisierung des Stadtbilds fristgerecht abgeschlossen werden.
So wird am 29. Juli der Französische Dom am Platz der Akademie (Gendarmenmarkt) nach rund siebenjährigen Restaurierungsarbeiten feierlich wiedereröffnet. Das nahebei gelegene Schinkelsche Schauspielhaus war nach dem Auf- und Umbau zu einem Konzertsaal bereits 1984 eröffnet worden, so daß der Platz der Akademie teilweise wieder in altem Glanz erstrahlt. Der im Zweiten Weltkrieg stark beschädigte Deutsche Dom harrt jedoch noch seiner Wiederherstellung.

Nikolaiviertel wiederaufgebaut: Das aufwendigste Jubiläumsprojekt ist der Wiederaufbau des im Zweiten Weltkrieg nahezu völlig zerstörten Nikolaiviertels. Rings um die Nikolaikirche zwischen Marx-Engels-Forum und Mühlendamm ist in mehrjähriger Arbeit ein dem historischen Vorbild nachempfundenes Viertel entstanden. Die engen Gassen mit niedrigen Häusern und einigen restaurierten alten Gebäuden gruppieren sich um die Nikolaikirche, die die älteste Kirche und eigentliche Stadtpfarrkirche Altberlins ist. Zahlreiche Geschäfte und Lokale locken die Berliner und ihre Gäste an. Der bauliche Glanzpunkt ist das rekonstruierte Palais Ephraim, das in den dreißiger Jahren abgerissen worden war und dessen eingelagerte

---

Zur Geschichte des wiederhergestellten Palais' Ephraim im Bezirk Mitte heißt es in einem Artikel der »Berliner Zeitung«:

Der preußische Unternehmer, Hofjuwelier und Münzpächter Nathan Veitel Heine Ephraim (1703 bis 1775) hatte in der Zeit des Siebenjährigen Krieges (1756 bis 1763) ... ein großes Vermögen zusammengetragen, das er unter anderem auch in Immobilien anlegte. So ließ er sich im Stadtzentrum von 1761 bis 1766 ein an der Poststraße/ Mühlendamm liegendes Eckgrundstück prachtvoll umbauen. Dazu erhielt der Architekt Friedrich Wilhelm Dieterichs den Auftrag. Der reiche korinthische Pilasterschmuck, ein die ganze Ecke umschließender prächtiger gitterverzierter Balkon mit steinernen Putten sowie vier weitere Balkons und Reliefs über den Fenstern, ferner Steinvasen auf dem Dach machten nach Fertigstellung den besonderen Schmuck des Gebäudes aus. Ephraim hatte sein prächtiges Haus, das einem Adelspalais glich, als »Logie zu drei, vier und mehr Stuben sowie Läden für Kaufleute und Italiener« angeboten. Außerdem pachtete die »General-Tabak-Administration« einige Räume. Im Hof wurde eine Tabaksmühle errichtet. Nach Ephraims Tod wechselte das Palais mehrfach den Besitzer. 1843 erwarb es der Fiskus, für stolze 185 000 Taler ...
Das Ephraimpalais beherbergte im Laufe seiner Geschichte das Berliner Einwohnermeldeamt sowie Dienststellen des Polizeipräsidiums. Anfang der neunziger Jahre des 19. Jahrhunderts erfolgten umfangreiche Erweiterungs- Um- und Anbauten. Anfang der dreißiger Jahre wurden Pläne der Erweiterung des Mühlendamms spruchreif. Doch danach stand das Palais im Wege. 1935 wurde es ungeachtet energischer Proteste der Berliner abgerissen, architektonische Details und der Bildschmuck jedoch geborgen. Die demontierten Teile überstanden den zweiten Weltkrieg im heutigen Berlin (West). 1983 erhielt die DDR Säulen, Kapitelle, Pilaster, Fenstergewände und andere restaurierungsbedürftige Originalteile sowie Figuren zurück.
Das ermöglichte den Bauleuten, Denkmalpflegern und Restauratoren unserer Republik, das Ephraimpalais etwa 20 Meter vom ursprünglichen Standort entfernt wiederaufzubauen.

1987   750-JAHR-FEIER UND KRAWALLE

> *Rede des Regierenden Bürgermeisters Eberhard Diepgen bei der offiziellen Eröffnung der 750-Jahr-Feiern am 30. April 1987 im Internationalen Congreß Centrum:*
>
> *Berlin bleibt eine Stadt, auch wenn wir zweimal feiern müssen. deshalb grüße ich zuallererst die Berlinerinnen und Berliner in West und Ost, von Neukölln bis Köpenick von Spandau bis Weißensee ...*
> *Das Stadtjubiläum ist das bewußte Bekenntnis der Berliner zu sich selbst - in beiden Teilen. Die gemeinsame Vergangenheit, das Miteinander in der gegenwärtigen Teilung und die ungeteilte Hoffnung auf eine gemeinsame Zukunft verbinden uns. Wir arbeiten in der Zuversicht, daß die Mauer vor der Geschichte keinen Bestand haben wird. Das Lied der Deutschen, das wir eben gehört haben, spricht von dem Streben nach Einigkeit und Recht und Freiheit. Berlin steht für diesen Auftrag ...*
> *Berlin ist und bleibt die Herausforderung für Freiheit. Freiheit aber will immer neu verdient sein. Sie verpflichtet deshalb zuallererst uns selbst - zu ihrem Schutz und zu ihrem verantwortungsvollen Gebrauch.*
> *Innere Lebenskraft, wirtschaftliche Leistung und ein Geist von Vernunft und Toleranz sind in diesem Sinne notwendige Bedingungen für eine erfolgreiche Berliner Zukunft. Mit der 750-Jahr-Feier bekennen wir uns zu dem Auftrag, die Chancen der Freiheit zu nutzen ...*
> *Einigkeit. Das alte Freiheitslied der Deutschen fordert von uns auch das Streben nach Einheit. Das gilt auch und gerade für Berlin. Unsere Stadt - ganz Berlin - ist und bleibt die Hauptstadt der Deutschen Nation. Beide Teile Berlins sind aufeinander bezogen. Sie bleiben aufeinander angewiesen. Berlin lenkt den Blick nach Westen, aber genauso im Osten Deutschlands und Europas auf die Mitte. Es scheint widersprüchlich, aber es ist richtig: Das geteilte Berlin führt beide Teile Europas zusammen.*
> *Nie geht es in Berlin nur um Berlin. Die deutsche Vergangenheit und die deutsche Zukunft sind gewiß Sache der Deutschen. Aber sie gehören den Deutschen nicht allein. Politik in der Mitte Europas muß nach zwei verheerenden Weltkriegen und nach dem Kalten Krieg eine europäische Friedenspolitik sein. Das ist die einfache und doch komplizierte Lehre Berlins. Sie verpflichtet Ost und West gemeinsam mit den Deutschen, Schritt für Schritt Ausgleich und Verständigung zu suchen - nicht nur in Berlin. Sie verpflichtet uns Berliner, das uns mögliche dazu selbst beizutragen und unsere Freunde und Nachbarn immer wieder an diese Berliner Lehre zu erinnern.*

»Berlin im Mittelalter«: Speziell dem mittelalterlichen Berlin ist eine Ausstellung in der Zitadelle Spandau gewidmet. Unter dem Titel »Bürger Bauer Edelmann« werden zahlreiche Exponate zur politischen, wirtschaftlichen und kulturellen Entwicklung Berlins und Cöllns gezeigt. Ein besonderer Akzent liegt darauf, den Besuchern ein anschauliches Bild von der Lebenswirklichkeit in einer Stadt des Mittelalters zu geben.

Kontroverse um »Mythos Berlin«: Für viel Diskussionsstoff sorgt die Ausstellung »Mythos Berlin« auf dem Gelände des Anhalter Bahnhofs im Bezirk Kreuzberg. In der ambitionierten Veranstaltung - deklariert als »szenische Ausstellung« - werden die verschiedenen Bilder und Projektionen thematisiert, die sich insbesondere seit Ende des 19. Jahrhundert um die Stadt ranken. Dabei setzen die Ausstellungsmacher weniger auf die Aussagekraft bestimmter Exponate als auf die Assoziationsbereitschaft der Besucher, der sie durch inszenierte Räume Anstöße geben wollen. Während vor allem jüngere Besucher großen Gefallen finden am freien Umgang mit Hoffnungen, Ängsten, Utopien im Zusammenhang mit dem »Mythos Berlin«, kritisieren Skeptiker eine gewisse Beliebigkeit in Konzept und Gestaltung der Ausstellung.

Neue Konzepte für den Wohnungsbau: Die Internationale Bauausstellung (IBA) 1987 erweist sich nach jahrelanger Vorbereitung als ein Ereignis von Weltgeltung. Unter dem zentralen Thema »Die Innenstadt als Wohnort« zeigt die IBA neue Perspektiven für Stadterneuerung und Wohnungsbau. Erklärte Absicht der Organisatoren war es dabei, Fehlentwicklungen der Nachkriegsjahre zu korrigieren, »um in der stark ramponierten und geteilten Stadt gegen die erkannten Defizite des neuen Städtebaus modellhaft eine menschliche und künstlerisch anspruchsvolle Architektur zu stellen...« Die Hauptaktivitäten innerhalb der IBA sind auf Stadträume konzentriert, die, wie der Bezirk Kreuzberg, durch den Mauerbau in eine Randlage geraten sind. Zahlreiche Stararchitekten wie Aldo Rossi, Hans Hollein, Rem Koolhaas, Rob Krier, James Sterling, Oswald Matthias Ungers sind auf der IBA mit eigenen Bauten vertreten.

Zu den herausragenden Projekten gehören die von acht Architekten unter Leitung Rob Kriers entworfenen Stadtvillen an der Rauchstraße im Bezirk Tiergarten sowie die von Hinrich und Inken Baller entworfenen Wohnanlagen am Kreuzberger Fraenkelufer, die als Musterbeispiel behutsamer Stadterneuerung gesehen werden.

Große Beachtung finden auch fünf »Energiesparhäuser« am Lützowufer in Tiergarten. Bei den mit Mitteln des sozialen Wohnungsbaus errichteten Gebäuden wurden unterschiedliche Konzepte zur Energieeinsparung realisiert, darunter Wärmepumpen, optimierte Wärmedämmung und Sonnenkollektoren.

ALLTAG UND GESELLSCHAFT

Fahrverbot nach Smogalarm: Aufgrund außergewöhnlich hoher Schadstoffbelastung der Luft wird am 1. Februar in West-Berlin erstmals

Wasserkorso, ein historischer Festumzug auf Berlins Gewässern anläßlich der 750-Jahr-Feier, 25. Juli 1987.

STADTERNEUERUNG ZUR 750-JAHR-FEIER 1987

Fassade und plastischer Schmuck den Krieg überdauert hatten. Dieses bürgerliche Rokokopalais aus dem 18. Jahrhundert beherbergt jetzt Ausstellungsräume des Märkischen Museums.

Luxus nur für Devisen: Am 1. August wird an der Ecke Unter den Linden und Friedrichstraße das Grand Hotel eröffnet, ein Luxushotel mit über zehn Restaurants, in dem allerdings nur mit westlicher Währung gezahlt werden kann. Das Hotel verfügt über 600 Betten in 350 »stilvoll möblierten« Zimmern und mehrere Suiten, für die allerdings mindestens 2 500 DM pro Nacht zu zahlen sind. Den devisenschweren Gästen stehen Schwimmbad und Sauna sowie mehrere Mercedes-Limousinen zur Verfügung.

Repressionen gegen Oppositionsgruppen: 1987 verschärft sich in Ost-Berlin die Konfrontation zwischen der Staatsmacht und den oppositionellen Gruppen. Nach Zeiten eines gewissen Gewährenlassens gehen Staatssicherheitsdienst, Volkspolizei und Justiz mit Härte gegen Friedens- und Umweltgruppen vor, die insbesondere im Umkreis von Berliner Kirchengemeinden eine zunehmende Aktivität entfalten. So kommt es am 25. November zu einer Polizeiaktion gegen die in einem Nebengebäude der Zionskirche (Prenzlauer Berg) untergebrachte Umweltbibliothek, bei der mehrere Mitglieder der dortigen Menschenrechts- und Ökologiegruppe festgenommen werden.

Sie seien, so eine Verlautbarung der Staatsanwaltschaft, »auf frischer Tat bei der Herstellung staatsfeindlicher Schriften« ertappt worden. Es werden vom Staatssicherheitsdienst neben regimekritischen Informationsschriften auch die Vervielfältigungsmaschinen der Umweltbibliothek beschlagnahmt.

Eine wachsende Zahl von Ost-Berlinern ist jedoch nicht länger bereit, die Disziplinierungsmaßnahmen der Behörden widerstandslos hinzunehmen. Noch am selben Tag fordern mehrere hundert Personen auf einer Protestveranstaltung die Freilassung der Festgenommenen. Auch die Leitung der Evangelischen Kirche in Berlin-Brandenburg erhebt deutlichen Protest gegen das Vorgehen der Staatsmacht, das es seit den Repressionen der frühen fünfziger Jahre so nicht mehr gegeben habe. Die Kirche werde sich staatlichen Einschüchterungsversuchen widersetzen und jedes ernsthaft gefährdete Mitglied oppositioneller Gruppen zu schützen versuchen.

Die verhafteten Mitarbeiter der Umweltbibliothek werden zwar nach wenigen Tagen wieder entlassen; die Räume der Bibliothek lassen die Behörden jedoch aus »baupolizeilichen« Gründen schließen.

Straßenschlachten wegen »Hörverbots«: Im Juni kommt es in Ost-Berlin nahe dem Brandenburger Tor zu schweren Zusammenstößen, als ein großes Aufgebot an Volkspolizisten und Stasimitarbeitern Tausende von Jugendlichen gewaltsam daran zu hindern sucht, ein in West-Berlin vor dem Reichstagsgebäude stattfindendes Rockkonzert zumindest akustisch mitzuerleben. Bei dem dreitägigen Rockspektakel im Rahmen der 750-Jahr-Feier treten internationale Rockgrößen wie David Bowie, die Gruppe »Genesis« und die »Eurythmics« auf. Die Veranstalter haben einige Lautsprecher nach Osten ausgerichtet.

In der Nacht zum 9. Juni eskalieren die Unruhen zu regelrechten Straßenschlachten. Die Volkspolizei hat das Gebiet um das Brandenburger Tor wie an den Tagen zuvor weiträumig abgesperrt. Als mehrere tausend Jugendliche versuchen, den Polizeikordon zu durchbrechen, um näher an das musikalische Geschehen heranzukommen, gehen Polizei und Staatssicherheit mit großer Brutalität gegen die Menge vor. Über 50 Personen werden festgenommen; laut Augenzeugenberichten werden viele von ihnen nach der Festnahme von Polizisten und zivil gekleideten Stasiangehörigen verprügelt. Rasch erhalten die Unruhen auch einen politischen Akzent. In Sprechchören fordern die Jugendlichen: »Die Mauer muß weg!«. Immer wieder wird auch der Name des sowjetischen Parteichefs Michail Gorbatschow skandiert.

Auch gegen Fernsehteams von ARD und ZDF, die über die Zusammenstöße berichten wollen, wenden Volkspolizei und Stasi Gewalt an. Zwei ARD-Mitarbeiter erleiden dabei erhebliche Verletzungen. Die Bundesregierung und der West-Berliner Senat protestieren in scharfer Form gegen die Übergriffe auf westliche Journalisten.

In Moskau kommentiert man die »Gorbatschow-Sprechchöre« mit schmunzelnder Zufriedenheit. So sagt ein Sprecher des Moskauer Außenministers auf Befragung: »Was das Skandieren der Worte ›Gorbatschow, Gorbatschow‹

Das Zentralorgan SED »Neues Deutschland« berichtet über den Festumzug zur 750-Jahr-Feier am 4. Juli 1987:

Diese erste Juliwochenende im 750. Jahr von Berlin, es wurde zum größten Volksfest, das diese Stadt je sah. Hunderttausende erlebten bei bestem Sommerwetter Stunden fröhlichen Treibens im Herzen Spree-Athens, mit einem Feuerwerk von Phantasie und Originalität, mit Musik, Tanz, Spiel und Spaß für jung und alt. Stunden, die geprägt waren von der Liebe der Berliner zu dieser attraktiven, lebensfrohen und weltoffenen Stadt des Friedens, vom Stolz auf die Metropole unseres sozialistischen Staates.

Am Sonnabend 13 Uhr war es soweit: Der große historische Festumzug, bei dem über 40 000 Mitwirkende rund 300 Bilder gestalteten, setzte sich in Bewegung. An seiner Spitze, gewissermaßen als Prolog, ein Mammut bezwingende Gesellen. Ihr »Ur-Tanz« deutete an, daß hier in der Spreeniederung schon seit der Eiszeit Menschen siedelten.

Dann das große farbenfrohe Eröffnungsbild, eingeleitet von einem mehr als hundertköpfigen Musikkorps zu Fuß und zu Pferde sowie 54 Herolden hinter dem ältesten Stadtsiegel. Auf den Plan traten der Berliner Bär und bekannte Originale der Stadt – von der Blumenfrau bis zum Hauptmann von Köpenick. Das Wappentier versäumte dabei nicht, seine Herzensdame vorzustellen: »Miß Berlin 1987«. Stürmischer Beifall galt den Honoratioren der Stadt. Blumen schwenkend zogen Oberbürgermeister Erhard Krack und die Stadtverordneten ein. Überbracht wurden die Grüße von Hauptstädten der Welt an die Jubilarin ...

Vorüber zog nun eine Abfolge von Bildern und Szenen aus der wechselvollen Geschichte Berlins, die sich zu einem einzigartigen Panorama dieser 750jährigen Historie entfalteten, gestaltet mit ebenso vielen originellen Einfällen und Witz wie Liebe zum Detail.

Ganz vorne jene, die das Bild Berlins in seiner Frühzeit prägten: Händler mit Planwagen und warenbepackten Pferden, Eseln, Maultieren und Kamelen; Bauern, Knechte und Mägde mit ihren Gerätschaften; Fischer, die unter Hallo Nixen aus ihren Netzen wickelten. Die große Urkunde vom 28. Oktober 1237 mit der frühesten Erwähnung Berlins in den Händen der ersten namentlich bekannten Berliner: Propst Symeon, Marsillius und Konrad von Beelitz.

Und so war es während des gesamten zehn Kilometer langen Zuges, den über 350 Kapellen und Orchester musikalisch begleiteten: Pausenlos gab es Mannigfaltiges zum »Kieken, Staunen und Wundern«, wie die Berliner sagen, die gemeinsam mit ihren Gästen aus nah und fern mit großer Begeisterung die phantasievolle Revue verfolgten – ob dichtgedrängt, in mehreren Reihen entlang der Strecke oder von vollbesetzten Balkonen und aus Fenstern anliegender Häuser.

Spritzig und mit Pfiff eingefangen: das Leben in der Weltstadt Berlin, zu der sich Spree-Athen seit der Gründerzeit mauserte ...

»Wir bauen das neue Berlin« ... Da marschierten die Mädchen und Jungen der »FDJ-Initiative Berlin« und die erfahrenen Bauarbeiter in blau, grün und gelb mit ihrer modernen Technik (und natürlich mit dem Versorgungswagen). Am Baumeister-Stammtisch diskutierten die alten Hasen ... Als der Tisch an der Ehrentribüne vorbeizog, riefen sie Erich Honecker ein fröhliches »Prost« zu.

Ausdruck für das Tat gewordene sozialpolitische Programm war eine komplette – bewohnte – 3-Zimmer-Neubauwohnung mit Bad und Balkon, inmitten eines munteren Wohngebietsfestes.

1987 750-JAHR-FEIER UND KRAWALLE

»Sternstunde«, eine Festveranstaltung an der Siegessäule anläßlich der 750-Jahr-Feier, August 1987.

Smogalarm der Stufe I gegeben und ein Fahrverbot für Autos erlassen. An mehreren Meßstellen hat die Belastung mit Schwefeldioxid und Staub den Grenzwert von 1,4 mg pro m^3 Luft überschritten. Von dem Fahrverbot ausgenommen sind schadstoffarme Autos und Wagen mit Sondergenehmigung. Die Polizei überwacht an 75 Kontrollstellen die Einhaltung des Fahrverbots.
Während des zweitägigen Smogalarms herrscht bei Bussen, S- und U-Bahn Hochbetrieb; die BVG verzeichnet rund 800 000 Fahrgäste mehr als an gewöhnlichen Werktagen. Um den Andrang vor allem im Berufsverkehr bewältigen zu können, setzen die Verkehrsbetriebe rund 90 zusätzliche S- und U-Bahnwagen ein. Die West-Berliner Bevölkerung reagiert überwiegend verständnisvoll auf das Fahrverbot und versucht, die Ausnahmesituation gelassen und diszipliniert zu bewältigen.
Grenzübergang Heiligensee/Stolpe: Nach mehrjährigen Bauarbeiten wird am 22. Dezember 1987 der Kontrollpunkt Heiligensee vom Regierenden Bürgermeister Eberhard Diepgen eröffnet. Zugleich wird die durch den Tegeler Forst führende Verbindungsstraße für den Verkehr freigegeben. Umweltschützer hatten über Jahre versucht, den Bau der Straße durch das Waldgebiet Tegeler Forst im Norden Berlins zu verhindern.
Durch die Öffnung des Grenzübergangs Heiligensee/Stolpe ist die Transitverbindung nach Hamburg stark verbessert. Vor dem Ausbau der Autobahn nach Hamburg bewegte sich der Transitverkehr jahrelang über Staaken auf der Landstraße F 5 nach Lauenburg und Hamburg.

KALENDARIUM

1. Januar: Zum Auftakt der Ost-Berliner Veranstaltungen zur 750-Jahr-Feier findet im Schauspielhaus am Platz der Akademie ein Festkonzert statt.
1. Februar: In West-Berlin wird Smogalarm der Stufe I ausgerufen. Damit tritt ein Fahrverbot für nicht-schadstoffarme Fahrzeuge in Kraft.
5. April: Im Rahmen der 750-Jahr-Feier findet im West-Berliner Renaissance-Theater die erste Lesung der »Berliner Lektionen« statt. Veranstalter sind die Festspiele GmbH und die Bertelsmann AG.
9. April: Der israelische Staatspräsident Chaim Herzog stattet West-Berlin einen Besuch ab.
10. April: In der Paulsborner Straße (Wilmersdorf) nimmt der Sender Hundert,6 den Betrieb auf. Er ist die erste kommerzielle Rundfunkanstalt West-Berlins.
12. April: Dem West-Berliner Eishockeyklub BSC Preußen gelingt der Aufstieg in die Bundesliga.
25. April: Die offizielle Eröffnung des Skulpturen-Boulevards auf dem Charlottenburger Kurfürstendamm wird nach heftigen Diskussionen abgesagt.
30. April: Mit einem Festakt im Internationalen Congreß Centrum (ICC) werden die offiziellen Feierlichkeiten West-Berlins zum 750jährigen Jubiläum der Stadt eingeleitet.
1. Mai: Im Anschluß an ein Straßenfest kommt es im West-Berliner Bezirk Kreuzberg zu Straßenschlachten zwischen Angehörigen der sogenannten Autonomen Szene und der Polizei.
9. Mai: Im Tiergarten wird die 1980 teilweise eingestürzte Kongreßhalle wiedereröffnet.
11. Mai: Zur 750-Jahr-Feier besucht der französische Staatspräsident François Mitterand West-Berlin.
14. Mai: Im Ost-Berliner Bezirk Mitte wird die rekonstruierte Nikolaikirche eröffnet. Die älteste Kirche Altberlins bildet den Mittelpunkt des in den letzten Jahren wiederhergestellten Nikolaiviertels.
23. Mai: Der BSC Dynamo gewinnt durch seinen Auswärtssieg über Energie Cottbus vorzeitig zum 9. Mal in Folge die Fußballmeisterschaft der DDR.
26. Mai: Anläßlich der 750-Jahr-Feier trifft die britische Königin Elisabeth II. zu einem offiziellen Besuch in West-Berlin ein.
6. bis 8. Juni: Auf dem Platz der Republik vor dem Reichstagsgebäude findet das »Concert for Berlin« statt. Ost-Berliner Rockfans, die das Ereignis in Mauernähe zumindest akustisch verfolgen wollen, werden von der Volkspolizei mit Gewalt vertrieben. Am 8. Juni kommt es zu regelrechten Straßenschlachten.
12. Juni: Der amerikanische Präsident Ronald Reagan besucht West-Berlin. Aus Sicherheitsgründen riegelt die Polizei weite Teile der Bezirke Tiergarten und Kreuzberg ab.

KALENDARIUM

2.–3. Juli: Anläßlich der 750-Jahr-Feier werden in West-Berlin zwei Halbetappen des Radsportklassikers Tour de France ausgetragen.

4. Juli: Im Ost-Berliner Bezirk Mitte findet ein Festzug zur 750-Jahr-Feier statt. Rund 700 000 Menschen nehmen an dem Ereignis teil.

29. Juli: Am Platz der Akademie (Bezirk Mitte) wird nach mehrjährigen Rekonstruktionsarbeiten der Französische Dom wiedereröffnet.

1. August: An der Ecke Friedrichstraße und Unter den Linden (Mitte) öffnet das luxuriöse Grand Hotel seine Pforten.

12. August: Im Olympiastadion schlägt die bundesdeutsche Fußballnationalmannschaft Europameister Frankreich 2:1.

14. August: Als größte Ausstellung im Rahmen der West-Berliner Feiern zum Stadtjubiläum wird im Martin-Gropius-Bau (Kreuzberg) »Berlin, Berlin« eröffnet.

17. August: Nach dem Tod des dreiundneunzigjährigen Rudolf Heß im Spandauer Alliierten Kriegsverbrechergefängnis beenden die Vier Mächte dessen gemeinsame Verwaltung und ordnen den Abriß des Gebäudes an.

30. August: Auf dem Gelände des Flughafens Tempelhof wird das »Japanische Feuerwerk« gezeigt. Rund 1,2 Millionen West-Berliner verfolgen das Spektakel.

5. September: Im Ost-Berliner Bezirk Prenzlauer Berg kommt es zu einer nicht angemeldeten Demonstration von rund 1000 Mitgliedern unabhängiger Friedensgruppen. Die Volkspolizei schreitet nicht ein.

23. September: Gegenüber dem ZDF erklärt der sowjetische Diplomat und jetzige Chefredakteur der amtlichen Nachrichtenagentur Nowosti, Valentin Falin, das Viermächte-Abkommen über Berlin sei »nicht das letzte Wort«. Möglich sei eine weitere »Normalisierung der Situation«. Bei der Führung der DDR lösen die Bemerkungen Falins Verärgerung aus.

23. September: In West-Berlin trifft der türkische Ministerpräsident Turgut Özal zu einem viertägigen Besuch ein.

9. Oktober: Im Ernst-Thälmann-Park (Prenzlauer Berg) eröffnet Staats- und Parteichef Erich Honecker ein großes Planetarium.

22. Oktober: Im Rahmen der kirchlichen Schlußveranstaltung zur 750-Jahr-Feier in der Ost-Berliner Marienkirche treffen Oberbürgermeister Erhard Krack und der West-Berliner Regierende Bürgermeister Eberhard Diepgen zusammen.

28. Oktober: Der ersten urkundlichen Erwähnung Böllns (der Schwesterstadt Berlins) im Jahre 1237 gedenkt die Ost-Berliner Stadtverordnetenversammlung mit einem Festakt im Roten Rathaus. Anschließend werden die Goethe-Preise des Magistrats für herausragende Verdienste um die Stadt verliehen.

STADTERNEUERUNG ZUR 750-JAHR-FEIER 1987

angeht, sind wir nicht im mindesten verärgert. Wir können uns darüber nur freuen.« Angesichts der bekannten Weigerung der DDR-Führung, Gorbatschows Ansätze zu Reformen zu übernehmen, erregen diese Formulierungen aus Moskau bei politischen Beobachtern einiges Aufsehen.

ALLTAG UND GESELLSCHAFT

Neues Planetarium: Auf dem Gelände des Ernst-Thälmann-Parks im Bezirk Prenzlauer Berg übergibt Partei- und Staatschef Erich Honecker am 9. Oktober 1987 das Zeiss-Großplanetarium der Öffentlichkeit. Mit seiner Kuppel von 23 m Durchmesser ist es das größte Planetarium in der DDR. Mittels des computergesteuerten Planetariumsprojektors »Cosmorama«, hergestellt im Kombinat Carl-Zeiss Jena, können ans Innere der Kuppel unterschiedliche Ausschnitte des Sternenhimmels projiziert werden. In dem Planetarium finden in der Folgezeit zahlreiche gutbesuchte Veranstaltungen zu Themen der Astronomie und Raumfahrt statt.

»Skin-Heads«: Auch in Ost-Berlin gibt es rechtsradikale Jugendliche, wie die Behörden im Dezember 1987 anläßlich eines Gerichtsverfahrens einräumen müssen. Am 22. Dezember 1987 werden vier »Skin-Heads«, die im Oktober 1987 Besucher eines Rockkonzerts in der Zionskirche im Bezirk Prenzlauer Berg angegriffen und dabei rechtradikale Parolen gerufen hatten, zu Haftstrafen zwischen 18 Monaten und vier Jahren verurteilt. Bislang hatte die DDR die Existenz einer neofaschistischen Szene geleugnet, da dies dem Anspruch der SED, durch politische und erzieherische Maßnahmen dem Faschismus den Boden entzogen zu haben, widersprach.

Der historische Festumzug am Alexanderplatz, anläßlich der 750-Jahr-Feier, im Hintergrund die Marienkirche, Juli 1987.

1988 KULTURSTADT EUROPAS

POLITIK

Katz-und-Maus-Spiel am Lenné-Dreieck: Neben ungezählten Tragödien sorgt die Teilung Berlins auch für ein paar amüsante und groteske Ereignisse und Zustände. Zu diesen zählen fraglos die Geschehnisse um das Lenné-Dreieck im Sommer dieses Jahres. Das rund vier ha große, von der Lenné-, Bellevue- und Ebertstraße begrenzte Gelände am Potsdamer Platz liegt zwar westlich der Mauer, gehört aber zum Ost-Berliner Bezirk Mitte.

Am 31. März schließen der Senat von Berlin und die Regierung der DDR die dritte Vereinbarung über einen Gebietsaustausch, durch die das Lenné-Dreieck neben anderen Gebieten zum Land Berlin kommen soll. Bis zum Inkrafttreten der Vereinbarung am 1. Juli bleibt das Gelände jedoch Ost-Berliner Gebiet, das von West-Berlinern nicht betreten werden darf. Diesen exterritorialen Zustand machen sich einige Dutzend Angehörige der autonomen Szene von Kreuzberg zunutze. Ende Mai besetzen sie das Gelände aus Protest gegen die hier vom Senat geplante Bebauung und errichten dort mit stillschweigender Duldung der Ost-Berliner Behörden ein Hüttendorf.

In den folgenden Wochen kommt es vor dem Gelände wiederholt zu Rangeleien mit der Polizei, die der Besetzer nicht habhaft werden kann, weil diese sich immer wieder auf das Lenné-Dreieck zurückziehen, wohin die Polizei nicht folgen darf. Zahlreiche Berliner beobachten dieses Katz-und-Maus-Spiel mit den Ordnungshütern mit wachsendem Amüsement. Die Behörden nutzen dann allerdings die erste Gelegenheit, um dem Treiben ein Ende zu bereiten. In den frühen Morgenstunden des 1. Juli rücken etwa 900 Polizisten an, um das Gelände zu räumen; sie nehmen zahlreiche Besetzer in Gewahrsam und zerstören das Hüttendorf. Während der Polizeiaktion wählen rund 200 Besetzer einen ungewöhnlichen Fluchtweg: Sie entweichen in Richtung Osten und überklettern die Mauer. Dort werden sie von Grenzsoldaten der DDR in Empfang genommen, mit einem Frühstück versorgt und anschließend ohne Formalitäten über verschiedene Grenzübergänge nach West-Berlin zurückgeschickt.

Internationaler Kongreß unter Polizeischutz: Ende September tagt in West-Berlin der 43. Jahreskongreß des Internationalen Währungsfonds und der Weltbank (IWF). Rund 10 000 Delegierte aus 151 Staaten sprechen an den drei Konferenztagen im Internationalen Congreß Centrum (ICC) vor allem über die dramatische Verschuldung der Dritte-Welt-Länder. Dabei werden mehrere Modelle zur Überwindung der Schuldenkrise präsentiert und kontrovers diskutiert. So fordern zahlreiche Redner den Abbau von Handelsschranken, die die Industriestaaten gegen Waren aus den Entwicklungsländern errichtet haben. Der Vorstandssprecher der Deutschen Bank, Alfred Herrhausen, sorgt mit dem Vorschlag für Aufsehen, einigen hoch verschuldeten Ländern ihre Schulden zu erlassen, um ihnen eine ökonomische Perspektive zu geben. Insbesondere die amerikanische Delegation sperrt sich gegen derartige Ansätze zur Lösung der Verschuldung von entwicklungsbedürftigen ändern.

Das Hüttendorf auf dem besetzten Lenné-Dreieck am östlichen Rand des Tiergartens, Juni 1988.

Über die Räumung des Hüttendorfes auf dem Lenné-Dreieck durch die West-Berliner Polizei am 1. Juli 1988 berichtet der »Tagesspiegel«:

Punkt fünf Uhr rückten Polizeibeamte gestern auf das seit Mitternacht zu West-Berlin gehörende Lenné-Dreieck in Tiergarten vor. Die Besetzer flüchteten auf einen etwa zwei Meter breiten Streifen an der Mauer, das Unterbaugebiet, das noch zu Ost-Berlin gehört, und erstiegen die Krone der Mauer. Viele wurden drüben von Angehörigen der Nationalen Volksarmee in Lastwagen weggefahren ...

Konsequent vorgehen, aber fair bleiben, hatte Landespolizeidirektor Kittlaus zuvor von seinen Beamten gefordert. Daran haben sich die rund 900 Polizisten gehalten. Mit »Spanischen Reitern« waren die Zugänge zu dem Gebiet abgesperrt worden. Die Besetzer konnten über eine Schleuse in Richtung Brandenburger Tor das Gelände verlassen. 52 Personen machten davon Gebrauch. Ihre Personalien wurden von den Beamten überprüft, drei hatten keine Ausweise bei sich, berichtete Landespolizeidirektor Kittlaus ...

Mit überdimenionalen Holzschilden waren die ersten Beamten auf das Lenné-Dreieck vorgerückt, um möglicherweise geworfene Brandflaschen abzufangen. Anderthalb Stunden nach Beginn des Polizeieinsatzes befand sich noch etwa ein Dutzend Personen auf dem Unterbaugebiet an der Mauer, das von den Besetzern selbst zur West-Berliner Seite hin mit rot-weißen Hamburger Gittern »abgesperrt« worden war. Sie hatten dort erneut ein Zelt aufgeschlagen ...

Einige der nach Ost-Berlin ausgewichenen Besetzer, die sogar ein Fahrrad mit über die Mauer geschleppt hatten, berichteten später, sie seien »in ein Verwaltungsgebäude gegenüber dem Gropiusbau« gebracht worden, wo sie ein Frühstück, bestehend aus Brötchen, »viel zu wenig Käse« und »vielen warmen Würstchen« erwartete. Auch Zigaretten seien stangenweise verteilt worden. Anschließend seien die Personalien aufgenommen worden. Bei der Anhörung sei auch nach dem Grund für den Sprung über die Mauer gefragt worden. Man habe das, was einen in der DDR erwarte, der Konfrontation mit der Polizei auf dem Lenné-Dreieck vorgezogen, erläuterte der junge Mann, der sich nicht als Besetzer, sondern »ehemaliger Bewohner« des Lenné-Dreiecks bezeichnete. Wer keine Papiere bei sich hatte, habe seinen Namen genannt. Die Ost-Berliner Bediensteten hätten versichert, sie arbeiteten nicht mit den West-Berliner Behörden zusammen. ...

SELBSTBEWUSSTE OPPOSITION 1988

POLITIK

Festnahmen bei Luxemburg-Demonstration: In Ost-Berlin nehmen in diesem Jahr die Konflikte zwischen oppositionellen Gruppen und der Staatsmacht zu. Die große Masse der Bevölkerung nimmt eine eher passive oder abwartende Haltung gegenüber den politischen Entwicklungen ein. Am 17. Januar kommt es im Verlauf der alljährlich stattfindenden »Kampfdemonstration« zum Gedenken an die Ermordung von Rosa Luxemburg und Karl Liebknecht zu einer Konfrontation von Regimegegnern mit der Polizei. Über 150 Mitglieder von Friedens- Umwelt- und Menschenrechtsgruppen schließen sich dem Zug von mehr als 200 000 Personen, darunter fast die gesamte Führungsspitze der SED, zur Gedenkstätte der Sozialisten im Bezirk Friedrichsfelde an.

Als sie Transparente mit dem Zitat Rosa Luxemburgs »Freiheit ist immer die Freiheit des Andersdenkenden« entrollen, schreiten Volkspolizisten und Angehörige des Staatssicherheitsdienstes unverzüglich ein. Über 120 Oppositionelle werden festgenommen. Unter den Verhafteten befinden sich die Mitglieder der Initiative für Frieden und Menschenrechte, Bärbel Bohley, das Ehepaar Wolfgang und Regine Templin und Ralf Hirsch. Auch der mit Auftrittsverbot belegte Liedermacher Stephan Krawzcyk und seine Frau, die Regisseurin Freya Klier, werden vom Staatssicherheitsdienst in Gewahrsam genommen.

Gegen mehr als 20 Personen werden Strafverfahren wegen »Rowdytums«, »Zusammenrottung« oder auch »landesverräterischer Beziehungen« eingeleitet. Mehrere Regimegegner werden noch im Januar wegen »Zusammenrot-

Feier zum Gedenken an die Novemberrevolution 1918 im Marstall (Mitte) während der Rede von Günter Schabowski (im Hintergrund mit dunklem Mantel Oberbürgermeister Erhard Krack), 9. November 1988.

Währen der Räumung des Lenné-Dreiecks: über die Mauer geflüchtete Besetzer auf einem LKW der Grenztruppen der DDR, 1. Juli 1988.

tung« oder »Störung der öffentlichen Ordnung« zu Haftstrafen zwischen sechs Monaten und einem Jahr verurteilt.

Das Verhalten der Polizei und Justiz werden in der Bundesrepublik und im westlichen Ausland scharf kritisiert. Das Zentralorgan der SED »Neues Deutschland« verwahrt sich gegen die ausländischen Attacken und veröffentlicht eine Vielzahl von »Leserbriefen«, in denen Bürger aus Ost-Berlin und der DDR ein strenges Vorgehen gegen Oppositionelle fordern.

Am 2. Februar werden 55 Festgenommene entlassen und nach West-Berlin oder in die Bundesrepublik abgeschoben. Stefan Krawczyk und Freya Klier betonen, daß sie die DDR nicht freiwillig verlassen hätten, vielmehr von der Stasi vor die Wahl Ausreise oder zehn Jahre Gefängnis gestellt worden seien.

Gedenken an das Judenpogrom von 1938: Aus Anlaß des 50. Jahrestages des nationalsozialistischen Judenpogroms vom 9. November 1938 finden in Ost-Berlin wie auch im Westteil der Stadt zahlreiche Gedenkveranstaltungen statt. Die zentrale Gedenkfeier des Verbandes der Jüdischen Gemeinden in der DDR wird im Deutschen Theater in der Schumannstraße abgehalten. Die Führung der DDR ist durch Horst Sindermann, Präsident der Volkskammer, und Hans-Joachim Hoffmann, Minister für Kultur, vertreten. Der Vorsitzende des westdeutschen Zentralrats der Juden in Deutschland, Heinz Galinski, begrüßt in seiner Ansprache, daß beide deutsche Staaten sich in mahnender Erinnerung der Verantwortung für die an den europäischen Juden begangenen Verbrechen stel-

1988 KULTURSTADT EUROPAS

Mahnwache am Grenzübergang Checkpoint Charlie für Inhaftierte Bürger der DDR, Ende Januar 1988.

»The Forest« des amerikanischen Regisseurs Robert Wilson, Szene der Aufführung in der Freien Volksbühne, Oktober 1988.

Die Tagung des IWF wird von starken Sicherheitsvorkehrungen der Polizei begleitet. Rund 10 000 Beamte sind im Einsatz, um das ICC gegen Demonstranten abzuschirmen. Zu Beginn der Tagung demonstrieren rund 20 000 Personen in der West-Berliner Innenstadt gegen die »Ausbeutung der Dritten Welt durch die Industriestaaten«. Am Rande der Demonstration kommt es zu gewalttätigen Auseinandersetzungen zwischen Protestierenden und der Polizei, wobei die Polizei nach Berichten von Augenzeugen häufig unangemessen hart vorgeht.

KULTUR

Kulturelles Mammutprogramm: Berlin ist in diesem Jahr Kulturstadt Europas (E 88). Seit 1983 wird dieser Ehrentitel an europäische Städte von historisch-kulturell herausragendem Rang vergeben. In diesen Städten wird jeweils ein vielgestaltiges Kulturprogramm mit nationalen wie europäischen Bezügen präsentiert.
Ein rund 400 Millionen DM teures, vielfältiges kulturelles Angebot von bildender Kunst, Theater, Ballett, Lesungen und Konzerten macht West-Berlin zu einem zentralen Schauplatz internationaler Kunst. Die Eröffnungsveranstaltung für »E 88« findet am 23. April in der Orangerie des Charlottenburger Schlosses statt. Unter den Ehrengästen sind Bundespräsident Richard von Weizsäcker, Außenminister Hans-Dietrich Genscher und die Kulturminister der zwölf EG-Staaten, darunter Melina Mercouri, von der die Idee zur jährlichen Benennung einer Kulturstadt Europas stammt. Der spanische Ministerpräsident Felipe Gonzales betont in seiner Eröffnungsrede die Notwendigkeit von kultureller Zusammenarbeit und gegenseitiger Anregung in Europas, wobei er ausdrücklich auch die Staaten außerhalb der EG einbezieht. Das Eröffnungskonzert der Berliner Philharmoniker wird in Vertretung für den erkrankten Chefdirigenten Herbert von Karajan von Carlo Maria Giulini geleitet.

Im Rahmen von »E 88« finden zahlreiche Ausstellungen, Theater- und Musikdarbietungen statt. Zu den spektakulärsten Ausstellungen zählen die »Schätze aus dem Topkapi-Serail – Das Zeitalter Süleymans des Prächtigen«, die in der Orangerie des Charlottenburger Schlosses gezeigt werden, und eine »Zeitlos« betitelte Präsentation herausragender Beispiele zeitgenössischer Bildhauerkunst in der Halle des alten Hamburger Bahnhofs an der Invalidenstraße (Tiergarten).

Zu den Glanzpunkten von »E 88« gehört nach Meinung vieler Kritiker und Besucher auch das aufwendige Theaterprojekt »The Forest« des amerikanischen Regisseurs Robert Wilson, wenngleich die Bedeutung der Inszenierung sich zahlreichen Zuschauern nur schwer erschließt. Die neue Fassung des altorientalischen Epos vom König Gilgamesch (Ende 2. Jahrtausend v. Chr.) hat am 18. Oktober in der Freien Volksbühne an der Wilmersdorfer Schaperstraße Premiere. Ein großer Teil der Texte des Stücks stammt von dem in Ost-Berlin lebenden Dramatiker Heiner Müller.

Eine Besonderheit der 38. Berliner Festwochen ist die erstmalige Teilnahme von Künstlern aus Ost-Berlin und der DDR. So zeigt das Staats-

SELBSTBEWUSSTE OPPOSITION 1988

Die Ruine der Neuen Synagoge an der Oranienburger Straße, um 1985.

len. Von westlicher Seite nehmen an der Feierstunde Kanzleramtsminister Wolfgang Schäuble und der Regierende Bürgermeister Eberhard Diepgen teil.

Am 10. November wird in der Oranienburger Straße im Bezirk Mitte in Anwesenheit von Partei- und Staatschef Erich Honecker symbolisch der Grundstein für den Wiederaufbau der Neuen Synagoge gelegt. Das Gotteshaus, das die Pogromnacht 1938 fast unbeschädigt überstanden hat, war im Zweiten Weltkrieg stark beschädigt worden.

KULTUR

DDR schottet sich weiter ab: Im Theater im Palast (Mitte; Palast der Republik) findet im Dezember eine Uraufführung ganz eigener Art statt. Zum Vortrag gelangt eine Komposition von Reiner Bredemeyer zu einem Text, der aus dem »Neuen Deutschland«, dem Zentralorgan der SED, stammt.

Der Text lautet: »Berlin (ADN). Wie die Pressestelle des Ministeriums für Post- und Fernmeldewesen mitteilt, ist die Zeitschrift »Sputnik« von der Postzeitungsliste gestrichen worden. Sie bringt keinen Beitrag, der der Festigung der deutsch-sowjetischen Freundschaft dient, statt dessen verzerrende Beiträge zur Geschichte.«

Der Hintergrund dieser ungewöhnlichen Darbietung ist das faktische Verbot der sowjetischen, auch in deutscher Sprache erscheinenden Zeitschrift »Sputnik« in der DDR. Im Zei-

---

Das »Neue Deutschland«, das Zentralorgan der SED, berichtet am 10. November 1988 über die symbolische Grundsteinlegung zum Wiederaufbau der Neuen Synagoge in der Oranienburger Straße:

Zur Kundgebung vor der Ruine der Neuen Synagoge, des einstigen Kleinods unter den jüdischen Gotteshäusern Europas, hatten sich in der Oranienburger Straße tausende Berliner versammelt. Staatsflaggen der DDR und Fahnen ihrer Hauptstadt schmückten das Areal.

Der Vizepräsident des Verbandes der Jüdischen Gemeinden in der DDR und Vorsitzende der Jüdischen Gemeinde zu Berlin, Dr. Peter Kirchner, Präsident der Stiftung »Neue Synagoge Berlin – Centrum Judaicum« eröffnete die Manifestation und begrüßte sehr herzlich unter lang anhaltendem Beifall den Vorsitzenden des Staatsrates, »den aufrechten Widerstandskämpfer gegen den deutschen Faschismus Erich Honecker«. Dr. Kirchner hieß alle in- und ausländischen Gäste willkommen. Sein Gruß galt den Tausenden Mitbürgern seiner Heimatstadt, unter ihnen viele Mitglieder der Freien Deutschen Jugend und der Pionierorganisation »Ernst Thälmann«, die mit ihrer Teilnahme an diesem Höhepunkt des Gedenkens zum 50. Jahrestag der Pogromnacht zugleich die Millionen jüdischen Opfer des Faschismus ehrten.

Anja Blaut, ein junges Mitglied der jüdischen Gemeinde zu Berlin, überreichte Erich Honecker Blumen. Dann sprach Erhard Krack, Oberbürgermeister von Berlin. In ehrendem Gedenken an die Menschen jüdischen Glaubens, deren Leidenszeit mit der faschistischen Pogromnacht vor 50 Jahren in Deutschland vor aller Welt erschreckend sichtbar wurde, haben wir uns an diesem Ort der steten Erinnerung und Mahnung versammelt, sagte er. Fünf Jahrzehnte, nachdem auch in Berlin die Synagogen brannten, der rasende faschistische Mob Hunderte jüdische Geschäfte verwüstete und plünderte, jüdische Menschen erschlug und peinigte und schließlich zehntausende Berliner Juden in Konzentrationslager verschleppt wurden, werde an diesem Tag symbolisch der Grundstein zum Wiederaufbau der Neuen Synagoge gelegt.

Sie wird wiedererstehen als nationales und internationales Zentrum der Begegnung, der Bewahrung und Pflege jüdischer Religion, Kultur und Tradition, als Stätte der Forschung zum antifaschistischen Widerstandskampf, als Mahnmal für die gegenwärtigen und künftigen Generationen. Sie wird als »Centrum Judaicum« bleibende Wirkungsstätte und ein weiteres Wahrzeichen Berlins als Stadt des Friedens sein, unterstrich der Redner.

Die Geschichte Berlins sei auch ein Spiegelbild reicher jüdischer Traditionen, die seit eh und je zum Leben und zum geistigen Antlitz der Stadt gehören, betonte der Oberbürgermeister.

In großer Vielfalt seien von Juden in Berlin progressive Einflüsse auf die gesellschaftlichen Entwicklungen ausgegangen, haben sich durch sie neue Ideen ihren Weg im deutschen Volk gebahnt ... Mancher im deutschen Volk habe in der Nacht des Faschismus geschwiegen und die Augen vor dem Unrecht verschlossen, sagte Erhard Krack. Um so mehr ehren wir und achten wir all jene Mutigen, die auch den Juden beistanden, ihnen Unterschlupf gewährten oder zur Flucht verhalfen, die gemeinsam mit jüdischen Verfolgten dem Terror im antifaschistischen Widerstandskampf begegneten.

Als stärkste Kraft des deutschen Widerstandes habe die KPD entschieden den Kampf gegen die antijüdischen Nürnberger Gesetze aufgenommen. ...

Nach der mit großer Zustimmung aufgenommenen Rede des Oberbürgermeisters wandte sich der Vorsitzende der Jüdischen Gemeinde zu Berlin, Dr. Peter Kirchner, erneut an die Versammelten. Die jüdische Geschichte, so sagte er, verzeichnet eine zweimalige Zerstörung des historischen Tempels in Jerusalem. Konnte er nach seiner ersten Schändung nochmals wiedererrichtet werden, so blieben nach der zweiten Zerstörung durch die Römer nur die Grundmauern erhalten. Im November 1938, sagte er weiter, mußten wir in Berlin und in vielen anderen deutschen Städten eine dritte Tempelzerstörung erleben. Heute nun können wir in diesem Festakt mit der symbolischen Grundsteinlegung an der Stelle der einstigen Hauptsynagoge ein neues Lehrhaus errichten. Es soll eine Stätte der Begegnung und der Bewahrung jüdischer Kultur in dieser Stadt und in unserem Lande sein.

Dr. Kirchner dankte allen, die bisher bereits mit Spenden das Anliegen unterstützten und, wie er sagte, auch jenen, die dies in der Zukunft tun wollen. Er wünschte den Bauarbeitern ein gutes Gelingen und dem »Centrum Judaicum« ein segensvolles Wirken.

Dann enthüllte der Vorsitzende der Berliner Jüdischen Gemeinde an der Vorderfront des Bauwerkes eine marmorne Tafel mit den in goldenen Lettern geprägten Worten:

»50 Jahre nach der Schändung dieser Synagoge und 45 Jahre nach ihrer Zerstörung wird dieses Haus nach unserem Willen mit Unterstützung vieler Freunde in unserem Lande und aller Welt neu entstehen.

9. November 1988
Jüdische Gemeinde zu Berlin«

1988 KULTURSTADT EUROPAS

> *Zur Uraufführung des Stücks »The Forest« von Robert Wilson, eines der am meisten beachteten Projekte im Rahmen von »E 88«, schreibt der Kritiker des »Tagesspiegel«:*
>
> … »The Forest«, im Auftrag der Kulturstadt Europas innerhalb der »Werkstatt Berlin« entstanden, ist angeregt vom altbabylonischen Gilgamesch-Epos, jedoch keine Nacherzählung, sondern, so Wilson, »eine Erwiderung auf die Geschichte«. Das Gilgamesch-Epos, um 1200 vor Christus nach älteren Vorlagen niedergeschrieben und in zwölf Tontafeln überliefert, die der assyrische König Assurbanipal um 650 v. Chr. für seine Bibliothek in Ninive anfertigen ließ, handelt vom Gottmenschen Gilgamesch und seiner Gewaltherrschaft über die Stadt Uruk, vom Tiermenschen Enkidu, der, Gilgamesch an Körperkräften ebenbürtig, in der Wildnis lebt, von ihrer Gegnerschaft, die zur Freundschaft wird, von gemeinsamen Abenteuern, vom Tode Enkidus, von der Trauer Gilgameschs um den Freund … Vom Wortlaut dieses ältesten großen Epos der Weltliteratur macht »The Forest« keinen Gebrauch, und von der Handlung ist nur ein einzelnes Motiv übernommen: Gilgamesch schickt eine Hure in die Wildnis zu Enkidu, auf daß sie ihn verführe, den Tieren entfremde und in die Stadt locke. So ist hier vom Gilgamesch-Epos letztlich nur das Gegensatzpaar übriggeblieben: der Zivilisationsmensch und der Naturmensch. Unter Hinweis darauf, daß das Gilgamesch-Epos im 19. Jahrhundert wieder entdeckt worden ist, erläutert Wilson: »Das erschien uns eine spannende Verbindung: ein Werk, das aus einer sehr alten Zeit stammt, wie es vom 19. Jahrhundert aus betrachtet wird und dann von unserer Zeit aus.«…
>
> Später sehen wir den Tiermenschen domestiziert in schwarzem Gehrock wieder, und am Ende tritt er, Seit' an Seit' mit Gilgamesch, in eine grellweiße Fläche ab – ein Aufbruch ins Jenseits? Eva-Maria Meinecke in der Rolle der Mutter Gilgameschs gebietet einer Menge von gesichtslosen Kapuzenträgern, die den beiden nachdrängt, mit erhobener Hand Einhalt. Der Vorhang zu und alle Fragen offen, wie bei Wilson üblich. Wie von seinem Publikum mittlerweile ebenfalls gewohnt, einhelliger Beifall in der Freien Volksbühne. Wir haben ein Stück Traumtheater mit etlichen Längen gesehen, wir haben eine zwischen romantisch-orchestralem Pomp und perkussiven Mustern changierende Musik gehört …

Ausstellung »Zeitlos« im alten Hamburger Bahnhof an der Invalidenstraße, Juli 1988.

schauspiel Dresden Friedrich Hebbels Trauerspiel »Die Nibelungen«. Im Neuen Kunstquartier des Technologie- und Innovationsparks im Bezirk Wedding werden rund 180 Bilder von Künstlern der DDR ausgestellt. Politiker aus Ost und West wollen die Präsenz von DDR-Künstlern in West-Berlin als Beitrag zum Abbau von Konfrontation und zur Entwicklung einer Kooperation auf kulturellem Gebiet verstanden wissen.

Bei den im Oktober in Ost-Berlin veranstalteten Berliner Festtagen treten quasi im Gegenzug die West-Berliner Schauspieler Bernhard Minetti und Martin Held mit Lesungen literarischer Texte hervor.

Das Berliner Teatertreffen, bei dem alljährlich herausragende Inszenierungen deutschsprachiger Bühnen gezeigt werden, findet 1988 zum 25. Mal statt: Publikumsandrang und Presseecho beweisen, daß die Anziehungskraft dieser Veranstaltung – so umstritten einige Jury-Entscheidungen immer wieder sind – ungebrochen ist. Besonderes Aufsehen erregen in diesem Jahr Peter Zadeks Hamburger Inszenierung von Frank Wedekinds »Lulu« und die Burgtheater-Version von Bertolt Brechts Stück »der aufhaltsame Aufstieg des Arturo Ui«. Berliner Bühnen sind mit Peter Steins Schaubühnen-Inszenierung von Jean Racines »Phädra« und einer Produktion des Schloßpark-Theaters, Fred Berndts Inszenierung von Doris Lessings Stück »Jedem das Seine« vertreten.

Europäischer Filmpreis »Felix«: Am 26. November wird im Theater des Westens im Rahmen einer Galaveranstaltung erstmals der »Europäische Filmpreis Felix« vergeben. Als bester europäischer Film des Jahres wird von der Jury, der unter anderen der britische Schauspieler Ben Kingsley und der griechische Komponist Mikis Theodorakis angehören, »Ein kurzer Film über das Töten« des polnischen Regisseurs Krysztof Kieslowski ausgezeichnet. Die preisgekrönte Arbeit ist Teil einer ganzen Reihe von Filmen, die Kieslowski zu jedem einzelnen der biblischen Zehn Gebote gedreht hat. Der italienische Schauspieler Marcello Mastroianni wird für sein »Lebenswerk« mit einem Felix ausgezeichnet.

Die Initiative zur Vergabe des mit 100 000 DM dotierten Felix ist vom West-Berliner Kultursenator Volker Hassemer ausgegangen. Der in Gestaltung und Verleihung an den alljährlich in Hollywood vergebenen Oskar angelehnte Preis soll die Eigenständigkeit und das internationale Ansehen des europäischen Films stärken.

SELBSTBEWUSSTE OPPOSITION 1988

chen von Glasnost erscheinen in dem für junge Leser gemachten Blatt vermehrt Artikel, die sich kritisch mit den dunklen Seiten der Geschichte der Sowjetunion auseinandersetzen. Das Verbot der Zeitschrift macht einer breiteren Öffentlichkeit in Ost-Berlin und der DDR klar, daß die Regierung nicht bereit ist, der von Michail Gorbatschows eingeleiteten Reformpolitik zu folgen.

SPORT

Uwe Ampler gewinnt die Friedensfahrt: Zum zweiten Mal hintereinander gewinnt am 23. Mai Uwe Ampler aus der DDR in Ost-Berlin die Friedensfahrt, das bedeutendste Rennen für Radamateure, vor Wladimir Pulnikow aus der UdSSR. Sieger in der Mannschaftswertung wird das Team aus der Sowjetunion. Das zum 41. Mal ausgetragene Etappenrennen führt durch die CSSR, Polen und die DDR. Der dreiundzwanzigjährige Ampler, derzeit das Aushängeschild des Radsports in der DDR, gewinnt den Prolog, ein Einzel-Zeitfahren über vier km, und kann das Trikot des Spitzenreiters bis ins Ziel der Schlußetappe nach Ost-Berlin gegen die starke Konkurrenz aus den Ostblockstaaten verteidigen. Die erste Friedensfahrt war 1948 ausgetragen worden, führte jedoch zunächst nur durch Polen und die Tschechoslowakei. Seit 1952 sind auch die DDR und Ost-Berlin in die Streckenführung der Friedensfahrt einbezogen.

BFC Dynamo Berlin dominiert den DDR-Fußball: Durch einen 2:0-Sieg über den BFC Carl Zeiss Jena gewinnt der FC Dynamo Berlin am 4. Juni im Ost-Berliner »Stadion der Weltjugend« den Vereinspokal des FDGB. Der Rekordmeister der DDR schafft damit 1988 zum erstenmal in seiner Vereinsgeschichte das »Double«, d.h. den Gewinn der Meisterschaft und des Pokals in einer Saison. Vor 40 000 Zuschauern fällt die Entscheidung in einer kampfbetonten, spielerisch weitgehend glanzlosen Partie in der Verlängerung durch Tore von Thomas Doll und Michael Schulz.

Seinen 10. DDR-Meistertitel hintereinander hatte der BFC Dynamo am 29. Mai mit einem Sieg über den ASK Vorwärts Frankfurt an der Oder errungen. Der BFC Dynamo Berlin ist zwar seit Jahren mit Abstand der erfolgreichste Fußballklub der DDR, allerdings keineswegs auch der beliebteste. Dies hängt wesentlich mit seinem schlechten Image als Klub des Staatssicherheitsdienstes zusammen. Finanzen und Einfluß der Stasi sorgen zwar für die Verpflichtung der stärksten Spieler und für sportliche Erfolge, bei den Ost-Berliner Fans bleibt der Verein jedoch unbeliebt. Ihr Herz hängt weit eher am Lokalrivalen FC Union, der in der Saison 1987/88 nur knapp dem Abstieg aus der DDR-Oberliga entgangen ist.

Uwe Ampler, Gewinner der Friedensfahrt, am 23. Mai 1988.

1988 KULTURSTADT EUROPAS

Berlin – Kulturstadt Europas, Eröffnungsfeier in der Orangerie des Charlottenburger Schlosses, 23. April 1988.

SPORT

»Rocky« Rocchigiani verteidigt Weltmeistertitel: Deutschland hat wieder einen Boxweltmeister, und er stammt sogar aus Berlin. Am 3. Juni verteidigt Graciano Rocchigiani in der Berliner Deutschlandhalle vor rund 4 000 begeisterten Zuschauern seinen Weltmeistertitel im Supermittelgewicht durch einen Punktsieg über den Herausforderer Nicky Walker aus den Vereinigten Staaten.

Den Titel der International Boxing Federation (IBF) hatte sich der in Neukölln aufgewachsene »Rocky« Gracchiagni am 3. März in seinem 24. Profikampf durch einen Sieg über den Amerikaner Vincent Boulware gesichert. Nach Max Schmeling (1930) und Eckhart Dagge (1976) ist der vierundzwanzigjährige Sohn einer Berlinerin und eines Italieners der dritte deutsche Boxweltmeister.

Anfang Oktober kann »Rocky« Gracchiagni in der Deutschlandhalle seinen Weltmeistertitel noch einmal verteidigen, verliert ihn jedoch einige Monate später, als er aufgrund von Gewichtsproblemen in die nächsthöhere Gewichtsklasse aufsteigt.

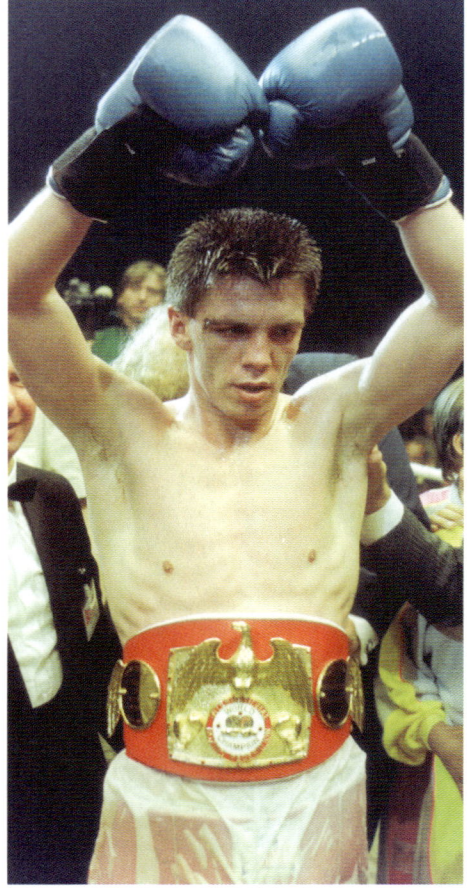

Boxweltmeister Graciano »Rocky« Rocchigiani verteidigt seinen Weltmeistertitel erfolgreich, 3. Juni 1988.

KALENDARIUM

1. Januar: Am West-Berliner Robert-Koch-Institut nimmt das Nationale Aids-Zentrum seine Arbeit auf. Aufgabe ist die Koordination der Aids-Forschung in der Bundesrepublik.

10. Januar: Der West-Berliner Fußballzweitligist Verein Blau-Weiß 90 gewinnt durch einen Sieg über Bayern München das 17. Internationale Hallen-Fußballturnier in der Deutschlandhalle.

17. Januar: Wegen ihrer versuchten Teilnahme an der offiziellen Demonstration zum Gedenken an die Ermordung von Rosa Luxemburg und Karl Liebknecht werden in Ost-Berlin mehr als 120 Mitglieder von Bürgerrechtsgruppen festgenommen.

30. Januar: Im Deutschen Theater in Ost-Berlin kommt das Schauspiel »Transit Europa« von Volker Braun zur Uraufführung. Wegen seiner Unzufriedenheit mit der Inszenierung untersagt der Autor nach wenigen Tagen weitere Aufführungen.

15. Februar: Die West-Berliner Justiz bestätigt Pressemeldungen, daß aus dem Berlin Document Center in Zehlendorf mehrere zehntausend Akten aus dem Dritten Reich verschwunden sind. Im 1945 von der amerikanischen Besatzungsmacht eingerichteten Archiv befinden sich Akten aus der Zeit der nationalsozialistischen Herrschaft.

19. Februar: Im Rahmen von »Berlin – Kulturstadt Europas« öffnet im Kreuzberger Martin-Gropius-Bau eine Ausstellung mit Werken von Joseph Beuys ihre Pforten.

26. Februar: In der Schöneberger Sporthalle verbessert der Hochspringer Carlo Tränhardt den Hallenweltrekord auf 2,42 m.

9. März: In beiden Teilen Berlins wird der Kinofilm »Ödipussi« des Humoristen Vicco von Bülow (Loriot) uraufgeführt.

18. März: Heribert Sasse, Generalintendant der Staatlichen Schauspielbühnen, gibt die Beendigung seiner Arbeit zum Ende der laufenden Spielzeit bekannt.

2. April: Gewinner des Vierländer-Fußballturniers im Olympiastadion wird Schweden vor der UdSSR. Den dritten Platz belegt die deutsche Nationalmannschaft vor Argentinien.

23. April: Mit einem Festakt im Schloß Charlottenburg wird die Veranstaltungsreihe »Berlin – Kulturstadt Europas« offiziell eröffnet.

15. Mai: Der ungarische Autor und Regisseur George Tabori erhält im Rahmen des 25. Berliner Theatertreffens den Theaterpreis Berlin.

23. Mai: Der Radrennfahrer Uwe Ampler (DDR) gewinnt in Ost-Berlin die Einzelwertung der 41. Friedensfahrt Prag-Warschau-Berlin. In der Mannschaftswertung ist die UdSSR erfolgreich.

3. Juni: Der Boxweltmeister im Super-Mittelgewicht, Graciano »Rocky« Rocchigiani, verteidigt in der West-Berliner Deutschland-

KALENDARIUM

halle seinen Titel gegen Nicky Walker (USA) nach Punkten.

4. Juni: Der Ost-Berliner Fußballklub BSC Dynamo, der am 28. Mai seinen zehnten Meistertitel in Folge geholt hatte, gewinnt im Stadion der Weltjugend durch ein 2:0 über FC Carl Zeiss Jena den FDGB-Pokal.

19. Juni: Auf dem Platz der Republik gibt der amerikanische Rockstar Michael Jackson ein Konzert. In Ost-Berlin strömen mehrere tausend Jugendliche zur Mauer, um das Musikspektakel mitzuhören. Sie werden von der DDR-Volkspolizei vertrieben. Zeitgleich finden im Ost-Berliner Bezirk Weißensee von der FDJ organisierte Rockkonzerte statt.

1. Juli: Vor der Räumung des Lenné-Dreiecks im Bezirk Tiergarten durch die West-Berliner Polizei flüchten rund 200 Besetzer auf Ost-Berliner Gebiet.

11. August: ADAC und das Verkehrskombinat Potsdam einigen sich auf ein Abkommen, das westlichen Pannenhilfsfahrzeugen den Einsatz auf den Transitstrecken von und nach West-Berlin erlaubt.

9. September: Air France und Lufthansa gründen die Fluggesellschaft Euro-Berlin. Die Lufthansa kann dadurch indirekt am West-Berliner Flugverkehr teilhaben. Flüge nach West-Berlin sind gemäß dem besonderen Status der Stadt deutschen Gesellschaften nicht erlaubt.

27.–29. September: Im West-Berliner Internationalen Congreß Centrum (ICC) findet eine Tagung des Internationalen Währungsfonds (IWF) und der Weltbank statt. Die Veranstaltung wird von Demonstrationen begleitet.

30. September: Zu den Höhepunkten der XXXII. Berliner Festtage, an denen Gäste aus 24 Ländern teilnehmen, zählen Auftritte der West-Berliner Schauspieler Martin Held und Bernhard Minetti. Die Veranstaltungsreihe dauert bis zum 16. Oktober.

7. Oktober: Graciano »Rocky« Rocchigiani, Weltmeister im Super-Mittelgewichtsboxen, verteidigt in Deutschlandhalle seinen Titel gegen den Amerikaner Cris Neid.

18. Oktober: An der West-Berliner Freien Volksbühne präsentiert Robert Wilson das Schauspiel »The Forest«. Die Texte schrieb der Ost-Berliner Dramatiker Heiner Müller.

12. Oktober: Staats- und Parteichef Erich Honecker übergibt im Ost-Berliner Stadtbezirk Hohenschönhausen die dreimillionste seit dem VIII. SED-Parteitag 1971 in der DDR gebaute Wohnung.

8. November: Aus Anlaß des 50. Jahrestages der 1938 von den Nationalsozialisten inszenierten Pogromnacht finden in beiden Teilen der Stadt Gedenkveranstaltungen statt.

26. November: Im Theater des Westens (Charlottenburg) wird erstmals der »Europäische Filmpreis Felix« vergeben.

SELBSTBEWUSSTE OPPOSITION 1988

Die »Berliner Zeitung« schreibt in ihrer Ausgabe vom 6. Juni 1988 über den Pokalgewinn des Fußballklubs BFC Dynamo Berlin:

Vor 40 000 Zuschauern im Berliner »Stadion der Weltjugend«, unter ihnen die Mitglieder und Kandidaten des Politbüros des Zentralkomitees der SED Egon Krenz, Sekretär des Zentralkomitees der SED, Erich Mielke, Minister für Staatssicherheit, Harry Tisch, Vorsitzender des FDGB-Bundesvorstandes, und Gerhard Schürer, Stellvertreter des Vorsitzenden des Ministerrats, bezwang der BFC Dynamo im 37. Finale um den FDGB-Pokal den FC Carl Zeiss Jena mit 2:0 Toren.

Im letzten Spiel der Saison mußte der Zehnfachmeister BFC in die Verlängerung, um endlich im fünften Anlauf innerhalb der zurückliegenden zehn Jahre das vieldiskutierte Doppel – Landesmeistertitel und Pokalsieg – zu schaffen …

Überraschend fanden die Jenaer eher zu ihrem Rhythmus, vor allem dank eines zumindest über weite Strecken der regulären Spielzeit überragenden Jürgen Raab, der von Bernd Schulz nie zu bändigen war. Raab kurbelte unermüdlich im Mittelfeld, trieb seine Sturmspitzen, meist den eminent schnellen Lesser, immer wieder in den BFC-Strafraum … »Hätte Lesser, dem ich aber keinerlei Vorwürfe mache, eine seiner vielen Chancen vor der Pause genutzt, wäre das Finale vielleicht anders ausgegangen«, resümierte Zeiss-Trainer Lothar Korbjuweit. Seine Mannschaft spielte lange Zeit gradliniger, zeigte Zug zum Tor, scheiterte aber letztendlich an den eigenen Unfertigkeiten …

Die ersten Chancen in der Verlängerung haben die Jenaer. Dann wechselt Korbjuweit den schußgewaltigen Burow ein, allerdings bereits das drohende Elfmeterschießen im Hinterkopf. Sein Gegenüber Bogs will das vermeiden. Und das klappt letztlich noch verdient. Dolls Treffer macht schon fast alles klar, da der Ball zu Penzel sprang, war Dolls Abseitsstellung aufgehoben, der eingewechselte Michael Schulz trifft nach einer Kombination über Thom und Küttner, als Bräutigam im letzten Jenaer Aufbäumen weit vorm Tor plaziert war. 2:0 in einem gutklassigen, fairen Finale, dem aber oft der ganz große Atem fehlte – der BFC am Ziel aller Wünsche.

Rock für atomwaffenfreie Zonen mit Sportlern: Über 120 000 Menschen verfolgen am 20. Juni in der Radrennbahn Weißensee das spektakuläre Abschlußkonzert des dreitägigen Rockfestivals im Rahmen einer »FDJ-Friedenswoche«. Dabei erleben die Berliner Katharina Witt in einer ungewohnten Rolle – als Moderatorin. Kompetent und locker führt der internationale Eislaufstar durch das Programm und macht auch auf dieser Bühne eine gute Figur. Das mehrstündige Konzert ist ein voller Erfolg. Die Ost-Berliner Band »City« erntet ebenso viel Beifall wie Heinz Rudolf Kunze aus der Bundesrepublik. Musikalische Höhepunkte der Veranstaltung sind die Auftritte der schottischen Band »Big Country« und des kanadischen Rockstars Bryan Adams, der mit seinen zupackenden Songs das Publikum zu Begeisterungsstürmen hinreißt.

Die Eiskunstläuferin Katharina Witt tritt als Moderatorin beim Rockfestival auf.

1989 NACH 28 JAHREN FÄLLT DIE MAUER

POLITIK

Überraschendes Wahlergebnis: Bei den Wahlen zum Abgeordnetenhaus von Berlin am 29. Januar erleidet die CDU mit dem Regierenden Bürgermeister Eberhard Diepgen eine unerwartete Niederlage. Sie verliert gegenüber den Wahlen 1985 8,6 % der Stimmen und kann mit 37,8 % ihre Stellung als stärkste Partei nur knapp behaupten. Die Sozialdemokraten mit Walter Momper erzielen Zugewinne und liegen mit 37,3 % der Stimmen fast gleichauf mit der CDU. Die Alternative Liste (AL) kommt auf 11,8 %. Die Freien Demokraten scheitern an der Fünf-Prozent-Hürde. Einen in der Höhe unerwarteten, von den demokratischen Kräften mit Sorge betrachteten Erfolg verbuchen die rechtsradikalen Republikaner, die mit 7,5 % der Stimmen in das Abgeordnetenhaus einziehen.

Denkzettel für Diepgen: Beobachter werten das Wahlergebnis als Ausdruck der Unzufriedenheit der Berliner mit der in den vergangenen Jahren vom Senat geleisteten Arbeit. Vor allem in den Bereichen Wohnungsbau- und Arbeitsmarktpolitik werden der Regierung Versäumnisse angelastet. Zahlreiche Wähler verlor die CDU auch in Gebieten mit hohem Ausländeranteil; dort fielen die Hetzparolen der Republikaner offenbar auf besonders fruchtbaren Boden.

Walter Momper wird Regierender Bürgermeister: Bemühungen der CDU, nach dem Verlust ihres bisherigen Regierungspartners FDP eine große Koalition zu bilden, scheitern am Widerstand der Sozialdemokraten. Sie favorisieren ein Bündnis mit der AL. Nach mehrwöchigen Koalitionsverhandlungen wird Walter Momper vom Abgeordnetenhaus am 16. März mit den Stimmen von SPD und AL zum Regierenden Bürgermeister gewählt. Dem von ihm gebildeten rot-grünen Senat gehören acht Senatorinnen – davon drei der AL – und fünf Senatoren an. Es ist das erste Mal in der deutschen Geschichte, daß in einer Regierung mehr Frauen als Männer vertreten sind.

Ökologischer Stadtumbau: Der Alternativen Liste ist es gelungen, das Regierungsprogramm des neuen Senats maßgeblich zu prägen. So soll der ökologische Stadtumbau einen Schwerpunkt der rot-grünen Regierungsarbeit bilden. Dazu zählen der Ausbau des öffentlichen Nahverkehrs und Maßnahmen zur Verkehrsberuhigung. Aber auch die AL hat Kompromisse eingehen müssen. So erkennt die Partei das Gewaltmonopol des Staates, die Bindungen West-Berlins an die Bundesrepublik und die Rechte der Alliierten ausdrücklich an. Diese drei von Momper als »Essentials« bezeichneten Punkten waren Voraussetzung für die Zusammenarbeit.

Autokorso auf der AVUS: Die Verkehrspolitik des neuen Senates stößt bei Teilen der Bevölkerung auf starken Widerstand. Die beabsichtigte Eindämmung und Reduzierung des Individualverkehrs werden vor allem von Autofahrern mit Skepsis betrachtet. Umstritten sind die Einrichtung gesonderter Spuren für die Omnibusse der BVG in den Hauptverkehrsstraßen sowie Beschränkungen der Geschwindigkeit für Autos in Wohnstraßen. Eine besonders spektakuläre Pro-

Unterzeichnung der Koalitionsvereinbarung durch Walter Momper (SPD) und Astrid Geese (AL), 15. März 1989.

Nach der Wahl des rot-grünen Senates durch das Abgeordnetenhaus am 16. März 1989 ergreift der Regierende Bürgermeister Walter Momper (SPD) das Wort:

Ich möchte mich bei den Kolleginnen und Kollegen bedanken, die den neuen Senat mit ihrem Vertrauen ausgestattet haben. Ich weiß und der Senat weiß, daß Vertrauen in der Demokratie immer nur ein Vorschuß ist und sein kann, der durch politische Leistung eingelöst werden muß. Dieser Senat ist entschlossen, diese Leistung auch bei den schwierigen Problemen, die vor uns liegen, zu bringen zum Wohle der Stadt.

Der Senat weiß auch, daß die Wahl dieses Senats eine Zäsur für die Stadt ist, daß eine neue Seite aufgeschlagen wird bei der Fortentwicklung der Berliner Demokratie, weil die Aufgaben und die Probleme, die besonders bei der Alternativen Liste Gegenstand der Politik waren, in Regierungsverantwortung einbezogen werden. Wir sind uns der Schwierigkeit, aber auch der Größe dieser Aufgabe wohl bewußt – alle!

Ich denke …, daß die große Geschlossenheit, die heute beide Regierungsfraktionen in der Abstimmung bewiesen haben, auch ein Signal für Berechenbarkeit und Stabilität dieser Koalition ist.

Der Senat geht jetzt an die Arbeit, und alle, alle im Abgeordnetenhaus und alle darüber hinaus, sind eingeladen, ihren Beitrag dazu zu leisten, daß die Arbeit für Berlin bei der Bewältigung der Probleme, die vor uns stehen, geleistet und geschafft werden kann. Ich möchte gerade auch die Opposition zu konstruktiver Mitarbeit, zu konstruktiver Kritik bei aller Härte in der Sache, die notwendig ist, einladen. Ich freue mich darauf, daß wir alle in der Verpflichtung stehen, unsere Leistung zum Wohl unserer Stadt zu bringen. Ich bitte Sie um Ihre Mitarbeit, um Ihre Kritik und auch um Ihre Hilfe. – Schönen Dank; der Senat geht jetzt an die Arbeit!

---

testaktion findet am 7. Juni statt, als rund 18 000 Berliner gegen die Begrenzung der Höchstgeschwindigkeit auf der AVUS (100 km/h) mit einem Autokorso demonstrieren.

Wende im Osten: Im Herbst 1989 überschlagen sich im Ostteil der Stadt die Ereignisse. Die durch Demonstrationen und Massenfluchten in Bedrängnis geratene Staats- und Parteiführung der DDR versucht ihre Macht durch einen Wechsel an der Führungsspitze und Reformversprechungen zu sichern. Der Berliner Senat übt dabei weitgehende Zurückhaltung, um im Interesse der Bevölkerung nicht zu einer Eskalation beizutragen.

Öffnung der Mauer: Am 9. November ge-

FRIEDLICHE REVOLUTION 1989

POLITIK

Protest gegen Wahlfälschung: Trotz des wachsenden Drucks der Demokratiebewegung sind der Staats- und Parteichef der DDR, Erich Honecker, und die übrige Führung des Staates nicht zu Reformen bereit. Wie in den vergangenen Jahrzehnten beharrt die SED auf ihrem Führungsanspruch und versucht jeden Anflug von Opposition im Keim zu ersticken.

So verlaufen auch die Wahlen zu den Ost-Berliner Stadtbezirksversammlungen am 7. Mai in gewohnter Weise. Nach offiziellen Angaben stimmen 98,63 % der Bevölkerung für die Einheitsliste der Nationalen Front. Angesichts des großen Potentials der mit den Verhältnissen in der DDR Unzufriedenen werden Zweifel an der korrekten Auszählung der Stimmen laut. Bürgerrechtsgruppen, die in mehreren Bezirken die Auszählung beobachtet haben, sprechen offen von Wahlfälschung. Ihren Protest äußern sie am 7. September während einer Demonstration auf dem Alexanderplatz, die allerdings nach wenigen Minuten von der Polizei und Mitarbeitern des Staatssicherheitsdienstes unterbunden wird.

Massenflucht in den Westen: Zu diesem Zeitpunkt zeichnet sich eine ernsthafte Krise der Herrschaft der SED bereits ab. Die Zahl der Ausreisewilligen hat Ausmaße angenommen, die den Staat in seinem Bestand bedrohen. Am 8. August muß die Ständige Vertretung der Bundesrepublik in Ost-Berlin wegen Überfüllung geschlossen werden. Rund 100 Menschen haben sich hierher geflüchtet, um ihre Ausreise zu erzwingen.

Vor der Ständigen Vertretung der Bundesrepublik bei der DDR, Juni 1989.

Zu einer Massenflucht kommt es am 19. August bei Sopron in Ungarn, als die dortigen Behörden den Grenzübertritt von rund 900 Bürgern der DDR, darunter viele Ost-Berliner, nach Österreich dulden. Gleichzeitig bitten Tausende die bundesdeutschen Botschaften in Warschau und Prag um Aufnahme. Als Polen und die Tschechoslowakei der DDR die Unterstützung entziehen und eine Lösung des Problems fordern, muß die Regierung in Ost-Berlin der Ausreise zustimmen.

Oppositionsbewegung wächst: Am 11. September formiert sich mit dem Neuen Forum in Grünheide bei Berlin die erste landesweite Oppositionsgruppe. Die Initiatoren, darunter die Malerin Bärbel Bohley und der Jurist Rolf Henrich, fordern öffentlich eine Demokratisierung der DDR. In den folgenden Tagen gründen sich weitere regimekritische Vereinigungen, darunter Demokratie jetzt (15. September), Demokratischer Aufbruch (2. Oktober) und die Sozialdemokratische Partei (SDP; 7. Oktober).

Hoffen auf Gorbatschow: Ungeachtet der gespannten innenpolitischen Lage feiert die Staatsführung am 6. Oktober den 40. Jahrestag der Gründung der DDR. Einer der Teilnehmer an den Feierlichkeiten ist der sowjetische Parteichef Michail Gorbatschow. Viele Ost-Berliner hoffen, der Initiator der Reformpolitik in der UdSSR könne die Staatsführung der DDR von der Notwendigkeit eines politischen Kurswechsels überzeugen. Auf die entsprechende Frage eines Journalisten antwortet Gorbatschow: »Wer zu spät kommt, den bestraft das Leben«.

Volkspolizei löst Demonstration auf: Am 7. Oktober formiert sich in Ost-Berlin ein Demonstrationszug zum Palast der Republik, dem sich zunächst nur einige Hundert, später rund 7000 Menschen anschließen. Während im Palast die Staatsführung mit Gorbatschow konferiert, ertönen vor dem Gebäude Sprechchöre, in denen Freiheit, und Demokratie gefordert werden. Zu hören sind Rufe, in denen Gorbatschow um Hilfe gebeten wird. Die Volkspolizei treibt die Menge mit Knüppeln auseinander und nimmt mehrere hundert Personen fest.

Honecker entmachtet: Staats- und Parteichef Honecker tritt am 18. Oktober aus – wie es offiziell heißt – gesundheitlichen Gründen von seinen Ämtern zurück. Die Nachfolge tritt Egon Krenz an. Durch den Rücktritt Honeckers und dem damit erweckten Anschein einer Reformbereitschaft versucht die SED die Herrschaft zu bewahren. Den rapiden Machtverlust kann der Wechsel an der Führungsspitze jedoch nicht mehr aufhalten.

Demontration auf dem Alexanderplatz: Am 4. November erlebt der Alexanderplatz die größte Massenkundgebung in der Geschichte der DDR. Rund über eine halbe Million Menschen haben sich versammelt, um für Demokratie und das Ende der Herrschaft der SED zu demonstrieren. Schriftsteller wie Christa Wolf

---

Günter Schabowski, Mitglied des Politbüros des ZK der SED und Chef der Bezirksleitung Berlin der SED, gibt am 9. November 1989 gegen 19 Uhr auf einer Pressekonferenz den Beschluß, die Staatsgrenzen zu öffnen, bekannt:

1. Privatreisen nach dem Ausland können ohne Vorliegen von Voraussetzungen (Reiseanlässen oder Verwandtschaftsverhältnisse) beantragt werden. Die Genehmigungen werden von den zuständigen Abteilungen Paß- und Meldewesen der Volkspolizei-Kreisämter kurzfristig erteilt. Versagungsgründe werden nur in besonderen Ausnahmefällen angewandt.

2. Die zuständigen Abteilungen Paß- und Meldewesen der Volkspolizei-Kreisämter sind angewiesen, Visa zur ständigen Ausreise unverzüglich zu erteilen, ohne daß dafür noch geltende Voraussetzungen für eine ständige Ausreise vorliegen müssen. Die Antragstellung auf ständige Ausreise ist wie bisher auch bei den Abteilungen innere Angelegenheiten möglich.

3. Ständige Ausreisen können über alle Grenzübergangsstellen der DDR zur BRD bzw. zu Berlin (West) erfolgen. Damit entfällt die vorübergehende Erteilung von Genehmigungen in Auslandsvertretungen der DDR bzw. über die ständige Ausreise mit dem Personalausweis der DDR über Drittstaaten.

---

oder Stefan Heym ergreifen ebenso das Wort wie einige Führer der Bürgerrechtsbewegungen. Auch Repräsentanten der Staatsmacht – etwa Günter Schabowski, Chef der Bezirksleitung Berlin der SED und Mitglied des Politbüros, oder der frühere Spionagechef Markus Wolf – halten Ansprachen. Letztere werden von der Menge ausgepfiffen.

Öffnung der Grenzen: Völlig überraschend und eher beiläufig gibt Schabowski, der die Funktion eines Regierungssprechers übernommen hat, am Abend des 9. November bekannt, daß die Bürger der DDR mit sofortiger Wirkung ohne größere Formalitäten in das Ausland reisen dürfen. Nach einer kurzen Phase des ungläubigen Staunens verbreitet sich die Nachricht in Ost-Berlin wie ein Lauffeuer. Zehntausende strömen zur Grenze, um nach West-Berlin zu gelangen.

Die Grenzkontrollstellen sind jedoch nicht informiert worden. Angesichts des Ansturms erteilt gegen 23.15 Uhr am Übergang Bornholmer Straße schließlich ein Hauptmann der Grenztruppen aus eigenem Entschluß den Befehl zur Öffnung der Grenze. An weiteren Übergängen wird ebenso verfahren. Damit ist die Mauer faktisch gefallen; die Ost-Berliner erhalten freien Zugang zum Westteil der Stadt. Noch in

1989 NACH 28 JAHREN FÄLLT DIE MAUER

Öffnung des Grenzübergangs Sonnenallee, etwa 23.00 Uhr am 9. November 1989.

schieht etwas, was bisher unmöglich erschien. Am Abend kündigt die Führung der DDR völlig überraschend die Öffnung der Grenzen an. Bereits wenige Stunden später strömen Zehntausende von Ost-Berlinern nach West-Berlin. Damit ist die Mauer, die 28 Jahre lang die Menschen in West und Ost voneinander getrennt und die zahlreiche Todesopfer gefordert hatte, plötzlich frei passierbar.

Wie ein Volksfest: In den folgenden Tagen erlebt West-Berlin einen beispiellosen Ansturm. Hunderttausende von Menschen aus Ost-Berlin und dem Umland besuchen den Teil der Stadt, der über Jahrzehnte für sie unerreichbar gewesen ist. Bevorzugtes Ziel sind die City um den Kurfürstendamm und die großen Geschäftsstraßen. Der Verkehr bricht fast völlig zusammen, und die Verkehrsmittel sind überfüllt. Dicht umlagert sind die Banken und Sparkassen, bei denen sich die Besucher ein sogenanntes Begrüßungsgeld in Höhe von 100 DM auszahlen lassen können. In der gesamten Stadt herrscht eine ausgelassene, freudige Stimmung. Es ist das größte Volksfest, das Berlin in seiner über siebenhundertfünfzigjährigen Geschichte jemals gefeiert hat.

Pfiffe bei Kundgebung: Am 10. November findet vor dem Schöneberger Rathaus eine Kundgebung statt, an der rund 30 000 Menschen teilnehmen. Nach einer Sondersitzung des Abgeordnetenhauses sprechen Jürgen Wohlrabe, Parlamentspräsident, Walter Momper, Regierender Bürgermeister, Willy Brandt, Ehrenbürger Berlins und Ehrenvorsitzender der SPD, Helmut Kohl, Bundeskanzler, und Hans-Dietrich Genscher, Bundesaußenminister, zur Berliner Bevölkerung. Sie drücken ihre Freude über den Mauerfall aus, erinnern aber auch an die zahlreichen Opfer, die das Bauwerk gefordert hat. Überschattet wird die Kundgebung durch Unmutsbekundungen, die die Rede Kohls begleiten, und die zum Abschluß intonierte Nationalhymne geht in einem Pfeifkonzert unter.

Neue Grenzübergänge: Nach dem Fall der innerstädtischen Grenze ist der Senat um Zusammenarbeit mit dem Ost-Berliner Magistrat bemüht, um eine Normalisierung der zeitweise chaotischen Zustände herbeizuführen. Zu diesem Zweck wird die Öffnung neuer Grenzüber-

---

Ergebnis der Wahlen zum Abgeordnetenhaus, 29. Januar 1989.

Wahlberechtigte	1 532 870		
Wahlbeteiligung	1 220 423	79,6%	
CDU	453 211	37,7%	55 Mandate
SPD	448 203	37,3%	55 Mandate
AL	141 529	11,8%	17 Mandate
REP	90 222	7,5%	11 Mandate
FDP	47 153	3,9%	
SEW	6 875	0,6%	

Das West-Berliner Abgeordnetenhaus verabschiedet am 10. November 1989 – dem Tag nach dem Mauerfall – eine Entschließung zur aktuellen Situation in Berlin:

Wir, die Abgeordneten des Abgeordnetenhauses von Berlin, und mit uns alle Berlinerinnen und Berliner freuen uns über die Öffnung der Grenzen, die der Erfolg einer friedlichen Volksbewegung in der DDR ist und die unmenschliche Spaltung unserer Stadt nach 28 Jahren beendet hat. In dieser historischen Stunde, in der die Mauer durch unsere Stadt überflüssig geworden ist, grüßen wir die Bürgerinnen und Bürger im anderen Teil der Stadt und bekunden ihnen unsere Verbundenheit und unsere Solidarität. Es war in der vergangenen Nacht eine überwältigende Erfahrung, die Grenze ohne die erniedrigenden Formalitäten von Ost nach West und von West nach Ost zu überschreiten. Uns alle bewegt, wie niemals zuvor nach dem Ende des Zweiten Weltkrieges, die Hoffnung, daß die Grenze in unserer Stadt bedeutungslos wird.

Die Entwicklung in der DDR hat eindrucksvoll bestätigt, daß die Menschenrechte unteilbar sind. Millionen von Bürgerinnen und Bürgern in der DDR erkämpfen sich das Selbstbestimmungsrecht. Sie bestimmen Wege und Ziele der gesellschaftlichen und politischen Umgestaltung der DDR. Wir unterstützen den Wunsch nach Reisefreiheit, die Forderung nach freien Wahlen und nach Beendigung des Machtmonopols einer Partei. Wir fordern die Führung der DDR auf, den Weg für allgemeine, gleiche und geheime Wahlen freizumachen.

Mit den Demokraten in der DDR wünschen wir, daß die Bürgerinnen und Bürger der DDR die Möglichkeit haben, ihre politischen Rechte so auszuüben, wie es die Menschenrechtskonventionen und die KSZE-Dokumente verlangen.

Ein neues Zusammengehörigkeitsgefühl bestimmt die Völker in Ost- und Westeuropa. Zum ersten Mal ist die historische Chance erkennbar, ein wirkliches Europäisches Haus auf die freie Zustimmung der Menschen in Ost und West zu gründen.

Heute haben wir Anlaß, im Geiste unseres Grundgesetzes vor der Weltöffentlichkeit zu bekunden:

Das Abgeordnetenhaus von Berlin hält fest an dem Ziel, auf einen Zustand des Friedens und der Einheit Europas hinzuwirken, in dem auch das deutsche Volk in freier Selbstbestimmung zu der Gestaltung seines Zusammenlebens gelangen kann, für die es sich in Ausübung seines Selbstbestimmungsrechtes entscheidet.

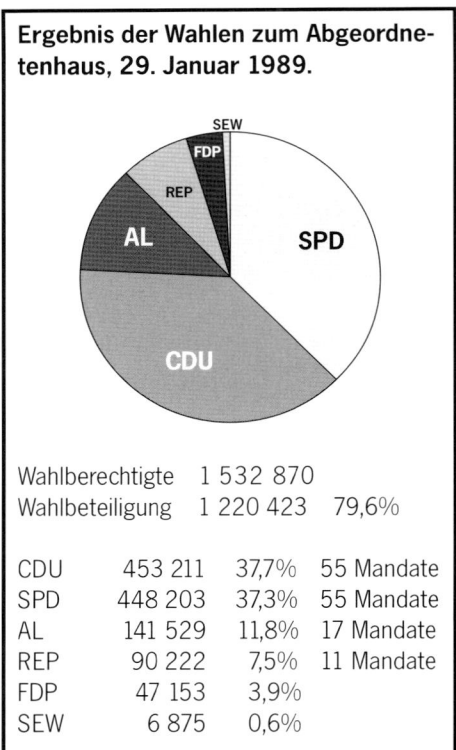

FRIEDLICHE REVOLUTION 1989

Parade zum 40. Jahrestag der Gründung der DDR auf der Karl-Marx-Allee, 7. Oktober 1989.

der Nacht statten Zehntausende von Ost-Berlinern West-Berlin einen Kurzbesuch ab.
SED wird zur PDS: Die Umwälzungen setzen sich in einem atemberaubenden Tempo fort. Am 13. November wählt die Volkskammer den dem Reformflügel der SED zugerechneten Hans Modrow zum Vorsitzenden des Ministerrates. Staats- und Parteichef der DDR Egon Krenz tritt am 3. Dezember von seinen Ämtern zurück. Zwei Tage später stimmt die Regierung der Abschaffung des Mindestumtausches für westliche Besucher bei Reisen nach Ost-Berlin und in die DDR zu. Im Ost-Berliner Dietrich-Bonhoeffer-Haus konstituiert sich am 7. Dezember auf Initiative der Kirchen der »Runde

Protestdemonstration auf dem Alexanderplatz, 4. November 1989.

Tisch«, an dem Vertreter der Bürgerrechtsbewegungen gemeinsam mit Repräsentanten der bisherigen Blockparteien über die Zukunft des Landes beraten.
Die SED veranstaltet am 8. Dezember in der Dynamo-Sporthalle einen Sonderparteitag, auf dem der Rechtsanwalt Gregor Gysi zum Vorsitzenden gewählt wird. Gleichzeitig üben die Delegierten Kritik an der alten Führung und verabschieden eine Erklärung, in der sie sich bei der Bevölkerung für die von ihnen verursachte »existenzgefährdende Krise« der DDR entschuldigen. Wenige Tage später folgt die Umbenennung der SED in Partei des Demokratischen Sozialismus (PDS).
Forderung nach Wiedervereinigung: Der durch den Mauerfall eingeleitete Prozeß des Zusammenwachsens Ost- und West-Berlins sowie der beiden deutschen Staaten ist nicht mehr aufzuhalten. Auf Demonstrationen fordert die Bevölkerung der DDR im Frühjahr 1990 immer offener die Vereinigung mit der Bundesrepublik.

In einer Ansprache bei den Feierlichkeiten zum 40. Jahrestag der Gründung der DDR am 6. Oktober 1989 in Berlin erklärt der sowjetische Parteichef Michail Gorbatschow:

... Schon Ende der sechziger Jahre hatte die DDR fest ihren Platz unter den zehn entwickeltsten Industriestaaten der Welt eingenommen, und seitdem wächst ihre Wirtschaft beständig. Was das Leben der Menschen, die Arbeits- und Lebensbedingungen, die Wohnverhältnisse, das Gesundheitswesen und die Volksbildung betrifft, so sind die Errungenschaften unserer deutschen Genossen allgemein bekannt.
Natürlich hat die DDR, wie jedes andere Land, ihre eigenen Entwicklungsprobleme, die ihre Durchdenkung und ihre Lösung erfordern. Sie sind sowohl vom inneren Bedürfnis der Gesellschaft zur ständigen Weiterentwicklung hervorgerufen als auch vom allgemeinen Prozeß der Modernisierung und Erneuerung, der jetzt im gesamten sozialistischen Lager vorgeht.
... Ich möchte besonders folgendes erwähnen. Für die sozialistische Welt wie für die heutige Zivilisation insgesamt ist die wachsende Vielfalt der Formen der Produktionsorganisation, der sozialen Strukturen und der politischen Einrichtungen charakteristisch. Es erfüllt sich die These W. I. Lenins, daß jede Nation ihre Eigenart in diese oder jene Form der Demokratie, dieses oder jenes Tempo der sozialistischen Umwandlungen einbringen wird.
Die Versuche der Unifizierung und Standardisierung in den Fragen der gesellschaftlichen Entwicklung, einerseits der Nachahmung, andererseits der Aufzwingung von irgendwelchen verbindlichen Mustern, gehören der Vergangenheit an. Die Palette der schöpferischen Möglichkeiten wächst, die Idee des Sozialismus an sich bekommt einen unvergleichlich reicheren Inhalt.
Die Auswahl der Entwicklungsformen ist eine souveräne Angelegenheit eines jeden Volkes. Aber je größer die Vielfalt und Eigenart dieser Formen ist, desto stärker ist auch der Bedarf an Erfahrungsaustausch sowie an der Diskussion theoretischer und praktischer Probleme. ...
Anders ausgedrückt, ist die Mannigfaltigkeit nicht nur kein Hindernis, sondern im Gegenteil ein weiteres gewichtiges Argument für die Entwicklung der Zusammenarbeit. Dies ist der Standpunkt unserer Partei, auf dieser Basis sind wir bestrebt, unsere Beziehungen zu den sozialistischen Ländern aufzubauen. Gleichberechtigung, Eigenständigkeit, Solidarität – das bestimmt heute den Inhalt dieser Beziehungen.

1989 NACH 28 JAHREN FÄLLT DIE MAUER

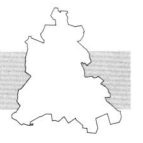

Willy Brandt, Ehrenbürger Berlins und Ehrenvorsitzender der SPD, erklärt am 10. November vor dem Schöneberger Rathaus:

...Es wird jetzt viel davon abhängen, ob wir uns - wir Deutschen hüben und drüben - der geschichtlichen Situation gewachsen erweisen. Das Zusammenrücken der Deutschen, darum geht es. Das Zusammenrücken der Deutschen verwirklicht sich anders, als es die meisten erwartet haben. Und keiner sollte jetzt so tun, als wüßte er ganz genau, in welcher konkreten Form die Menschen in den beiden Staaten in ein neues Verhältnis zueinander geraten werden. Daß sie in ein anderes Verhältnis zueinander geraten, daß sie in Freiheit zusammenfinden und sich entfalten können, darauf kommt es an. Und sicher ist, daß nichts im anderen Teil Deutschlands wieder so werden wird, wie es war. Die Winde der Veränderung, die seit einiger Zeit über Europa ziehen, haben an Deutschland nicht vorbeiziehen können. Meine Überzeugung war es immer, daß die betonierte Teilung und daß die Teilung durch Stacheldraht und Todesstreifen gegen den Strom der Geschichte standen...

Denen, die heute noch so schön jung sind, und denen, die nachwachsen, kann es nicht immer leichtfallen, sich die historischen Zusammenhänge, in die wir eingebettet sind, klarzumachen. Deshalb sage ich nicht nur, daß wir bis zum Ende der Spaltung - zornig, aber auch im Gefühl der Ohnmacht habe ich im August '61 dagegen angeredet - noch einiges vor uns haben, sondern ich erinnere uns auch daran, daß das alles nicht erst am 13. August 1961 begonnen hat. Das deutsche Elend begann mit dem terroristischen Nazi-Regime und dem von ihm entfesselten Krieg. Jenem schrecklichen Krieg, der Berlin wie so viele andere deutsche und nichtdeutsche Städte in Trümmerwüsten verwandelte. Aus dem Krieg und aus der Veruneinigung der Siegermächte erwuchs die Spaltung Europas, Deutschlands und Berlins. Jetzt erleben wir, und ich bin dem Herrgott dankbar dafür, daß ich dies miterleben darf, daß die Teile Europas zusammenwachsen.

... Ich möchte noch sagen: Zusätzlich dazu, daß es einen Hoffnungsträger auch in der Sowjetunion gibt und daß es Demokratiebewegungen in Polen und Ungarn gibt - anderswo werden sie folgen - ist ein neuer Faktor von eigener Qualität hinzugetreten. Und zwar dadurch, daß unsere Landsleute in der DDR und in Ost-Berlin ihre Geschicke selbst, unüberhörbar für alle Welt, in ihre Hände übernommen haben. Das Volk selbst hat gesprochen...

Noch einmal: Nichts wird wieder so, wie es einmal war. Dazu gehört, daß auch wir im Westen nicht an mehr oder weniger schönen Parolen von gestern gemessen werden, sondern an dem, was wir heute und morgen zu tun, zu leisten bereit und in der Lage sind, geistig und materiell. Ich hoffe, die Schubladen sind nicht leer, was das Geistige angeht. Ich hoffe auch, die Kassen geben noch was her. Und ich hoffe, die Terminkalender lassen Raum für das, was jetzt sein muß. Die Bereitschaft nicht zum erhobenen Zeigefinger, sondern zur Solidarität, zum Ausgleich, zum neuen Beginn, wird auf die Probe gestellt.

Die »Frankfurter Rundschau« kommentiert die Ereignisse vom 9. November 1989:

... Die Mauer wurde überwunden, einfach so, weil in der logischen Folge eines von unten erzwungenen Umbaus der DDR sich die Mär vom existenzgarantierenden antifaschistischen Schutzwall in Luft aufgelöst hat, weil das SED-Regime die Bürger nicht mehr daran hindern kann, dorthin zu gehen, wohin sie wollen und können. Die Szenen im nächtlichen Berlin, diese Mischung aus Freude und Taumel, dieser überwältigende und bewegende Direktvollzug des fundamentalen Rechts, frei zu ziehen, zeigte unwiderlegbar, was die Ost-Berliner Machthaber in all den Jahren ihrem Volk angetan haben ...

gänge vereinbart. Am 14. November stehen bereits 22 Übergänge zur Verfügung.

Öffnung des Brandenburger Tores: Mit besonderer Spannung wird die Öffnung des Brandenburger Tores erwartet. Die Einrichtung eines Übergangs an dem geschichtsträchtigen Bauwerk – Symbol der deutschen Teilung – stößt jedoch auf Widerstand der Führung der DDR. Erst am 22. Dezember kann das Brandenburger Tor nach einer Vereinbarung zwischen Bundeskanzler Kohl und Hans Modrow, dem Regierungschef der DDR, für Fußgänger feierlich geöffnet werden.

Silvesterfeier fordert Verletzte: Das Brandenburger Tor ist am 31. Dezember Schauplatz einer ausgelassenen Silvesterparty. Rund 500 000 Menschen aus beiden Teilen der Stadt feiern den Fall der Mauer und begrüßen gemeinsam das neue Jahr. Dabei kommt es jedoch zu einem tragischen Zwischenfall: Als Jugendliche auf eine Videowand klettern, stürzt das Gerüst in sich zusammen. Dabei werden 135 Menschen verletzt.

Viermächte-Status soll bestehen bleiben: Im Ausland werden die Ereignisse in Berlin mit Freude, aber auch einer gewissen Besorgnis aufgenommen. Die Ende des Jahres vor allem von der CDU und zunehmend auch von Bürgern der DDR erhobene Forderung nach einer Wiedervereinigung stößt auf Vorbehalte; befürchtet werden eine wirtschaftliche und politische Dominanz Deutschlands sowie eine sicherheitspolitische Destabilisierung Europas.
Am 16. November erklärt der britische Außenminister Douglas Hurd bei einem kurzen Besuch in Berlin, eine Wiedervereinigung Deutschlands und damit auch Berlins stehe »nicht auf der Tagesordnung«.
Dies wird auch am 11. Dezember deutlich, als Vertreter der Sowjetunion erstmals seit 18 Jah-

Erstürmung der Mauer am Brandenburger Tor in der Nacht vom 9./10. November 1989.

FRIEDLICHE REVOLUTION 1989

Nach den ersten freien Volkskammerwahlen am 18. März, aus denen die CDU als stärkste Partei hervorgeht, werden zwischen den beiden deutschen Staaten entsprechende Verhandlungen aufgenommen.

Ein erster Schritt ist die Wirtschafts-, Währungs- und Sozialunion, die am 1. Juli in Kraft tritt und die DM als alleiniges Zahlungsmittel in der DDR einführt.

Gleichzeitig sind die Regierungen in Ost-Berlin und Bonn bemüht, die Zustimmung der Siegermächte zur Vereinigung zu erhalten. Am 22. Juni beginnen im Schloß Niederschönhausen (Pankow) die Zwei-plus-Vier-Gespräche auf Außenministerebene über die Wege zur deutschen Vereinigung.

Schwierzina wird Oberbürgermeister: Am 6. Mai 1990 finden in der DDR Kommunalwahlen statt. In Ost-Berlin geht die SPD aus ihren mit 34 % der abgegebenen Stimmen als stärkste Partei hervor. Die PDS erzielt mit 30 % ein unerwartet hohes Ergebnis. 17,7 % der Wähler entscheiden sich für die CDU, 9,9 für das Bündnis 90. Die konstituierende Sitzung der Stadtverordnetenversammlung findet am 28. Mai statt. Zwei Tage später wählen die Abgeordneten den Sozialdemokraten Tino Schwierzina zum Oberbürgermeister; er leitet einen von SPD und CDU gebildeten Magistrat. Die Stadtverordnetenversammlung und der Magistrat sind um enge Abstimmung mit dem Abgeordnetenhaus und Senat bemüht. Am 12. Juni – 42 Jahre nach der administrativen Spaltung der Stadt – findet im Roten Rathaus eine gemeinsame Sitzung beider Parlamente und Regierungen statt. Dabei wird eine Resolution über die Wiederherstellung der Einheit Berlins verabschiedet.

Spaltung überwunden: Die deutsche Vereinigung wird am 3. Oktober 1990 gemäß einem Beschluß der Volkskammer durch den Beitritt der DDR zur Bundesrepublik gemäß Artikel 23 des Grundgesetzes vollzogen. Damit ist die Spaltung Berlins und Deutschlands formal beendet.

Pressekonferenz zum Beschluß des ZK der SED über allgemeine Reisefreiheit (auf dem Rednerpult Günter Schabowski, Mitglied des Politbüros des ZK der SED), 9. November 1989.

Das erste frei gewählte Gesamtparlament der künftigen Hauptstadt seit 1946 tritt am 11. Januar 1991 in der Nikolaikirche (Mitte) zu seiner konstituierenden Sitzung zusammen. Zum ersten Gesamtberliner Regierenden Bürgermeister wird wenige Tage später Eberhard Diepgen (CDU) gewählt, der mit den Sozialdemokraten eine große Koalition bildet.

Das Zentralorgan der SED »Neues Deutschland« veröffentlicht am 19. Oktober 1989 das Rücktrittsgesuch Erich Honeckers, des Staats- und Parteichefs der DDR:

Nach reiflichen Überlegen und im Ergebnis der gestrigen Beratung im Politbüro bin ich zu folgendem Entschluß gekommen: Infolge meiner Erkrankung und nach überstandener Operation erlaubt mir mein Gesundheitszustand nicht mehr den Einsatz an Kraft und Energie, den die Geschicke unserer Partei und des Volkes heute und künftig verlangen. Deshalb bitte ich das Zentralkomitee, mich von der Funktion des Generalsekretärs des ZK der SED, vom Amt des Vorsitzenden des Staatsrates der DDR und von der Funktion des Vorsitzenden des Nationalen Verteidigungsrates der DDR zu entbinden. Dem Zentralkomitee und der Volkskammer sollte Genosse Egon Krenz vorgeschlagen werden, der fähig und entschlossen ist, der Verantwortung und dem Ausmaß der Arbeit so zu entsprechen, wie es die Lage, die Interessen der Partei und des Volkes und die alle Bereiche der Gesellschaft umfassenden Vorbereitungen des XII. Parteitages erfordern.

Liebe Genossen!

Mein ganzes bewußtes Leben habe ich in unverrückbarer Treue zur revolutionären Sache der Arbeiterklasse und unserer marxistisch-leninistischen Weltanschauung der Errichtung des Sozialismus auf deutschem Boden gewidmet. Die Gründung und die erfolgreiche Entwicklung der sozialistischen Deutschen Demokratischen Republik, deren Bilanz wir am 40. Jahrestag gemeinsam gezogen haben, betrachte ich als Krönung des Kampfes unserer Partei und meines eigenen Wirkens als Kommunist.

Dem Politbüro, dem Zentralkomitee, meinen Kampfgefährten in der schweren Zeit des antifaschistischen Widerstandes, den Mitgliedern der Partei und allen Bürgern unseres Landes danke ich für jahrzehntelanges gemeinschaftliches und fruchtbares Handeln zum Wohle des Volkes. Meiner Partei werde ich auch in Zukunft mit meinen Erfahrungen und mit meinem Rat zur Verfügung stehen.

Ich wünsche unserer Partei und ihrer Führung auch weiterhin die Festigung ihrer Einheit und Geschlossenheit und dem Zentralkomitee weiteren Erfolg.

Auf der Kundgebung auf dem Alexanderplatz am 4. November 1989 erklärt der Schriftsteller und Regimekritiker Stefan Heym:

Es ist, als habe einer die Fenster aufgestoßen. Nach all den Jahren der Stagnation, der geistigen, wirtschaftlichen, politischen; nach den Jahren von Dumpfheit und Mief, von Phrasengewäsch und bürokratischer Willkür, von amtlicher Blindheit und Taubheit – welche Wandlung! Vor noch nicht vier Wochen die schon gezimmerte Tribüne hier um die Ecke mit dem Vorbeimarsch, dem bestellten, vor den Erhabenen. Und heute, heute ihr, die ihr euch aus eigenem freiem Willen versammelt habt, für Freiheit und Demokratie und für einen Sozialismus, der des Namens wert ist …

1989 NACH 28 JAHREN FÄLLT DIE MAUER

Claudio Abbado, der neue Chefdirigent des Berliner Philharmonischen Orchesters.

ren in Berlin wieder mit den drei Westalliierten zu Beratungen zusammenkommen und die Teilnehmer ausdrücklich auf das Fortbestehen des besonderen Status der Stadt hinweisen.

Gleichwohl sind die Siegermächte bemüht, an der Überwindung der Spaltung der Stadt mitzuwirken. Besonders symbolträchtig ist der im Rahmen einer feierlichen Zeremonie erfolgte Abbau des Übergangs Checkpoint Charlie an der Friedrichstraße am 22. Juni 1990.

Spaltung überwunden: 45 Jahre nach dem Ende des Zweiten Weltkrieges »wächst zusammen, was zusammengehört« (Willy Brandt). Am 1. Juli 1990 tritt die zwischen den beiden deutschen Staaten vereinbarte Wirtschafts-, Währungs- und Sozialunion in Kraft. Damit ist die Einführung der DM als alleiniges Zahlungsmittel in der DDR verbunden.

Gleichzeitig verhandeln die Vier Mächte, die Bundesrepublik und die DDR über die deutsche Vereinigung (Zwei-plus-Vier-Gespräche) und die Ablösung der Rechte der Alliierten in ganz Deutschland. Schwierigkeiten bereiten Probleme um die militärische Stärke des vereinigten Deutschlands und dessen Bündniszugehörigkeit.

Ende der alliierten Rechte: Am 12. September 1990 unterzeichnen die Außenminister der beiden deutschen Staaten, Hans-Dietrich Genscher und Lothar de Maizière, sowie die der Viermächte, James A. Baker (USA), Roland Dumas (Frankreich), Douglas Hurd (Großbritannien) und Eduard Schewardnadse (Sowjetunion) in Moskau den Vertrag über die abschließende Regelung in bezug auf Deutschland. Darin stimmen die Viermächte dem Beitritt der DDR zur Bundesrepublik zu. Mit sofortiger Wirkung wird der besondere Status Berlins aufgehoben; die Rechte und die Verantwortlichkeiten der Alliierten für Berlin und Deutschland als Ganzes enden.

Die offizielle Verabschiedung der westlichen Stadtkommandanten von Berlin erfolgt am 2. Oktober im Rathaus Schöneberg.

Am 2. Dezember 1990 finden erstmals seit 1946 freie Gesamtberliner Wahlen statt.

KULTUR

Ende der Ära Karajan: In den letzten Jahren hat das einst enge Verhältnis zwischen dem Berliner Philharmonischen Orchester und dem Chefdirigenten Herbert von Karajan Risse bekommen. Die selbstbewußten Musiker sind nicht bereit, den Vorstellungen des Dirigenten kritiklos zu folgen. Vor allem in personalpolitischen Fragen – etwa die umstrittene Aufnahme der Klarinettistin Sabine Meyer 1983 oder der Konflikt um die Entlassung des Intendanten Peter Girth 1984 – hat es Auseinandersetzungen gegeben.

Als Karajan ankündigt, 1989 nur sechs statt der bislang zwölf Konzerte in Berlin dirigieren zu wollen, kommt es zum Bruch. Am 24. April legt er sein Amt als Chefdirigent nieder und nennt als Begründung seinen schlechten Gesundheitszustand; außerdem habe man seiner seit vielen Jahren geäußerten Bitte nach Festlegung seiner Pflichten *und* Rechte nicht entsprochen. Damit endet nach fast 35 Jahren eine überaus erfolgreiche und künstlerisch fruchtbare Zusammenarbeit.

Entscheidung für Abbado: Zum Nachfolger Karajans, der am 16. Juli im Alter von 81 Jahren in Anif bei Salzburg gestorben ist, wählt das Berliner Philharmonische Orchester am 8. Oktober Claudio Abbado. Die Entscheidung für den Italiener wird von Kritikern begrüßt; er gilt als ein Dirigent, der in der Interpretation gängiger Werke Akzente setzt und das wenig populäre Repertoire zeitgenössischer Musik mit besonderer Aufmerksamkeit pflegt.

KALENDARIUM

29. Januar: Bei den Wahlen zum West-Berliner Abgeordnetenhaus müssen CDU und FDP schwere Verluste hinnehmen. SPD und AL dagegen erzielen Gewinne. Erstmals im Parlament vertreten sind die rechtsradikalen Republikaner.

8. Februar: An der West-Berliner Schaubühne wird das Stück »Die Zeit und das Zimmer« von Botho Strauß uraufgeführt.

4. März: Die West-Berliner Polizei führt auf dem sogenannte Polenmarkt vor dem Reichstagsgebäude eine Razzia durch.

16. März: Mit den Stimmen von SPD und AL wählt das West-Berliner Abgeordnetenhaus Walter Momper zum Regierenden Bürgermeister. Der Sozialdemokrat bildet eine rot-grüne Koalition.

1. April: Im Ost-Berliner Stadion der Weltjugend gewinnt der BFC Dynamo das Endspiel um den FDGB-Pokal gegen den FC Karl-Marx-Stadt 1:0. Es ist der dritte Pokalerfolg des Vereins in Folge.

24. April: Herbert von Karajan legt das Amt des Künstlerischen Leiters des Berliner Philharmonischen Orchesters nieder. Er hatte das Orchester fast 35 Jahre lang geleitet.

7. Mai: Bei den Wahlen zu den Ost-Berliner Stadtbezirksversammlungen erhält nach offiziellen Angaben die Einheitsliste der Nationalen Front 98,63 % der Stimmen. Bürgerrechtsgruppen zweifeln das Ergebnis an und sprechen von Wahlfälschung.

15. Mai: Olaf Ludwig (DDR) gewinnt die von Halle/Saale nach Ost-Berlin führende 7. Etappe der Friedensfahrt. Gesamtsieger des Radrennens wird am 20. Mai sein Teamkollege Uwe Ampler. Die Mannschaftswertung gewinnt ebenfalls die DDR.

30. Mai: Unter der Leitung des amerikanischen Dirigenten James Levine gibt das Berliner Philharmonische Orchester im Ost-Berliner Schauspielhaus ein Konzert. Es ist das erste im Ostteil der Stadt seit 40 Jahren.

7. Juni: Gegen die vom Senat verhängte Geschwindigkeitsbegrenzung von 100 km/h auf der AVUS protestieren rund 18 000 West-Berliner mit einem Autokorso.

17. Juni: Auf dem Ost-Berliner Flughafen Schönefeld fordert ein Flugzeugunglück 17 Tote und 36 Verletzte. Eine Interflug-Maschine vom Typ »IL 62« hatte nach dem Start eine Baumgruppe gestreift.

8. August: Wegen Überfüllung wird die Ständige Vertretung der Bundesrepublik in Ost-Berlin geschlossen. Mehr als 100 ausreisewillige Bürger der DDR haben sich in das Gebäude geflüchtet. Erst nach Zusicherung der Behörden der DDR auf wohlwollende Prüfung ihrer Anträge verlassen sie die Vertretung.

11. September: Mit dem Neuen Forum konstituiert sich in Grünheide bei Berlin die erste landesweite Oppositionsgruppe in der DDR.

KALENDARIUM

FRIEDLICHE REVOLUTION 1989

6. Oktober: In Ost-Berlin finden anläßlich des 40. Jahrestages der Gründung der DDR zahlreiche Veranstaltungen, Kundgebungen und Paraden statt. Prominentester Gast ist der sowjetische Parteichef Michail Gorbatschow. Begleitet werden die Feierlichkeiten von Protesten von Bürgerrechtlern.

8. Oktober: Das Berliner Philharmonische Orchester wählt den Italiener Claudio Abbado zum Chefdirigenten.

18. Oktober: Auf einer Sondersitzung des Zentralkomitees der SED in Ost-Berlin erklärt Staats- und Parteichef Erich Honecker den Rücktritt. Nachfolger wird Egon Krenz.

4. November: Auf dem Ost-Berliner Alexanderplatz versammeln sich über eine halbe Million Menschen, um für umfassende demokratische Reformen in der DDR zu demonstrieren.

9. November: Überraschend gibt die Führung der DDR am Abend bekannt, daß alle Bürger mit sofortiger Wirkung ohne größere Formalitäten in das Ausland reisen dürfen. Wenige Stunden später strömen Zehntausende von Ost-Berlinern zur innerstädtischen Grenze, um nach West-Berlin zu gelangen. Damit ist die Berliner Mauer gefallen.

10. November: Rund 30 000 Menschen versammeln sich aus Anlaß des Mauerfalls zu einer Kundgebung vor dem Schöneberger Rathaus.

3. Dezember: In Ost-Berlin tritt Egon Krenz, der Staats- und Parteichef der DDR, von seinen Ämtern zurück. Neues Staatsoberhaupt wird Manfred Gerlach (LDPD). Zum neuen Regierungschef hatte die Volkskammer der DDR bereits am 13. November Hans Modrow (SED) gewählt.

7. Dezember: Im Ost-Berliner Dietrich Bonhoeffer-Haus (Bezirk Mitte) nimmt der sogenannte Runde Tisch seine Arbeit auf. Ihm gehören Vertreter der wichtigsten gesellschaftlichen und politischen Kräfte in der DDR an.

8. Dezember: Auf einem Sonderparteitag der SED in der Ost-Berliner Dynamo-Sporthalle wird Gregor Gysi zum Vorsitzenden der Partei gewählt. Bei der Fortsetzung des Parteitages am 16. und 17. Dezember beschließen die Delegierten den Parteinamen »Partei des Demokratischen Sozialismus« (PDS).

22. Dezember: Bundeskanzler Helmut Kohl, der Vorsitzende des Ministerrates der DDR, Hans Modrow, sowie der Regierende Bürgermeister, Walter Momper, und der Ost-Berliner Oberbürgermeister, Erhard Krack, eröffnen am Brandenburger Tor einen Fußgängerübergang.

31. Dezember: Vor dem Brandenburger Tor feiern rund 500 000 Ost- und West-Berliner gemeinsam Silvester. Überschattet wird die Feier von einem Unfall: Bei dem Einsturz einer Videowand werden 135 Menschen verletzt.

Öffnung der Mauer am Brandenburger Tor durch Grenzorgane der DDR, 21. Dezember

Die Silvesternacht am Brandenburger Tor, 1989.

PERSONENREGISTER

Abbado, Claudio *280f.*
Abel, Rudolf J. 116
Abrassimow, Pjotr A. 135, 139, 158f., 164
Abusch, Alexander 118, 137, 151
Acker, Heinrich 18
Ackermann, Rosemarie 202f.
Adams, Bryan 273
Adenauer, Konrad *42*, 46, 58, 63, 65, 69f., 72, 82, *94f.*, 100, 108, 110f., 118, *120*, 142, 144
Aischylos 221
Albee, Edward 96
Albertz, Heinrich 133f., 136, 139f., 142, 144f., 186
Albrecht der Bär 232
Aldrin, Edwin E. 154
Allende, Salvador 181, 184
Allison *90*
Altun, Kemal 234, 236
Ampler, Uwe 251, *271f.*, 280
Amrehn, Franz 86, 98
Anchesenamum *220*
Andersen, Hans Christian 155
Anouilh, Jean 74f.
Antes, Wolfgang 252, 257
Antuofermo, Vito 196
Aouita, Said 251
Apel, Hans 240, 245f.
Arafat, Yasir 232
Armstrong, Louis »Satchmo« 129, *131f.*
Armstrong, Neil A. 154
Arndt, Otto *232f.*
Assurbanipal (Assyrischer König) 270
Attlee, Clement R. 10

Baader, Andreas 158, 162
Baal, Karin 80
Bach, Otto *134*
Bachmann, Ingeborg 128, 176
Bahr, Egon 134, 158, 164, *167*, 169, *171*, 175, 184, 204
Bahro, Rudolf 198, 201ff., 215
Baller, Hinrich 262
Baller, Inken 262
Balzer, Karin 157
Barlog, Boleslaw 78, 80f., 87, 172, *174*, 246
Barthel, Manfred 190
Bartning, Otto *84*
Bauer, Alfred 190
Baumann, Jürgen *192*, 206, 209
Bäumler, Hans-Jürgen 110
Beatrix (Königin der Niederlande) 232
Becher, Johannes R. 15, *47*, *67ff.*
Beck, Erwin 150
Beckett, Samuel 60, 62f., 96, 99
Beckmann, Max 14
Beelitz, Konrad von 263
Beethoven, Ludwig van 14, 26, 75, 230
Begas, Reinhold 155, 256
Behra, Jean 90
Behrend, Horst 78, 80
Beilke, Irma *14*
Belafonte, Harry 237, 239
Beljajew, Pawel *133*

Ben-Natan, Asher *136*, 138
Bengsch, Alfred Kardinal 122, 144, 237
Benjamin, Hilde 83
Bentzien, Hans 137
Berberich, Monika 192
Berghaus, Ruth 169, 179
Berndt, Fred 270
Bernstein, Leonard 151, 215
Bersarin, Nikolai 8, 10, 15, 131, 187
Besson, Benno 67f., 103
Beuys, Josef 272
Beyer, Uwe 251
Bidault, Georges 64
Bienert, Olaf *40*
Biermann, Wolf 137, *139*, *193*, 199, 213
Bildt, Paul *35*, *39*
Blacher, Boris *148*, 150, 190
Blech, Hans Christian 35
Blüm, Norbert 228
Böckmann, Gerd 156
Boden, Falk *251*
Boehnke, Anneliese 47
Bogatzky, Erich 127
Bogs 273
Bohley, Bärbel 241, 267, 275
Bohnen, Michael *14*
Bondy, Luc 242, 246
Bonnier, Joakim 90
Borchert, Wilhelm *19*
Born, Nicolas 176
Born, William 230
Bornemann, Fritz 108, 111f.
Borsche, Dieter *120*
Boulware, Vincent 272
Boumann, Johann 69
Bowie, David 263
Braatz, Anja 233
Brandt, Willy 70, 74, 76, *82*, 84, 86ff., 92, 94ff., 98, 100, 106, 110, 112f., 117f., *120ff.*, 124, 128, 132, 134ff., 139f., *142*, 154, 157, 159, 198, 240, 276, 278, 280
Brandt, Ruth *136*
Brasch, Thomas 208
Braun, Volker 219, 220, 272
Braun, Wernher von 122
Brecht, Bertolt 39f., *47*, 59, 61, *67ff.*, 79, 81, 103, 136, 138, 169, 179, 219, 231, 246, 270
Bredel, Willi 69
Bredemeyer, Reiner 269
Brehm, Erich 61
Brentano, Heinrich von 73, 82
Breschnew, Leonid I. 129, 133, 141, 150. 153, 157, 178, 211, 215
Brezan, Jurij 227
Britten, Benjamin 26
Brombacher, Ellen 229
Bub, Dieter 235, 238
Bucerius, Gerd 146
Buch, Hans Christoph 176
Bücherl, Emil Sebastian 256
Buchholz, Horst 80, 86
Buchholz, Peter 10
Bugdahl, Klaus 122

Bulganin, Nikolai A. 75
Bülow, Andreas von 232
Bülow, Hans von 230
Bülow, Vicco von (»Loriot«) 230, 272
Burghardt, Max 73, 75
Burow 273
Burt, Richard 252, 254
Busch, Ernst *219f.*
Busch, Sabine 251
Büsch, Wolfgang 142, 145
Bykow, Pawel 49
Bykowski, Waleri 207, *209*

Carraciola, Rudolf 90
Carter, Jimmy 206, 208f.
Cassavetes, John 244
Castro, Fidel 202
Celibidache, Sergiu 24, 230, 249
Cezanne, Paul 249
Charell, Eric 102
Chéreau, Patrice 248
Cheysson, Claude 241, 244
Chopin, Frédéric 252, 254
Chruschtschow, Nikita S. 75, 77, *83*, 85, 87ff., 94f., 97f., 119, 121, 125, 129
Churchill, Winston 10, 16
Cimino, Michael 212, 214
Claus (Prinzgemahl) 232
Clay, Lucius D. 28, 35, 106, 111, *114*, 116
Clever, Edith 182, 206, 242
Cobos, Jesus Lopez 250
Collins, Michael 154
Cooper, Stuart 190
Cranach, Lucas d. Ä. 73
Craxi, Bettino 241
Cyrankiewicz, Józef 129

Dagge, Eckhard 196f., 200, *202f.*, 272
Dammbeck, Lutz 255
Danguillaume, Jean-Pierre 156f.
Davis, Angela 179
Davis, Miles 176, 178f.
Degas, Edgar 73, 249
Delius, Friedrich Christian 176
Demirel, Süleyman 144
Dessau, Paul *79*, 153, 179
Dibelius, Otto 14, *53*, 92, 108, 136, 138
Dibrowka, Pawel A. 71, 75
Dickel, Friedrich 147
Dieckmann, Johannes *53*
Diehle, Hans-Joachim *168*
Diepgen, Eberhard *240*, 244, 246, *252*, 255, 258f., 262, 264f., 269, 274, 279
Dieter, Fritz 155
Dietrich, Marlene *102*, 104
Diterichs, Friedrich Wilhelm 261
Dohnányi, Christoph von 128
Dokoupil, Jiri G. 233
Doll, Thomas 271, 273
Dollinger, Werner *232f.*
Domröse, Angelika 193, 224
Domsch, Kurt *207*
Dönitz, Karl 22

282

PERSONENREGISTER

Döpfner, Julius Kardinal 122
Dorst, Tankred 190
Douglas, Kirk 190
Douglas-Home, Alec *170*
Drechsler, Heike 251
Drenkmann, Günter von 160, 180, 185f.
Drewitz, Ingeborg 227
Drews, Berta 96
Drinda, Horst *117*
Duensing, Erich 140
Dulles, John Foster 64
Düllmann, Susanne *189*
Dumas, Roland 280
Dutschke, Rudi 134, *146*, 148, 150
Düttmann, Werner 100, 105, 162

Ebert (Vater), Friedrich 31
Ebert (Sohn), Friedrich 30f., 35, 41, 49, 51, 62, *65*, *71*, 73, 85, *89*, 93, 99, 101, *103*, 111, *131*, 141, 145
Echnaton (Amenophis IV. von Ägypten) 194
Eden, Anthony 57, 64
Eder, Gustav 34
Ehlers, Hermann 51, *66*
Ehrke, Franz 198
Eiermann, Egon 108, 111
Eigendorf, Lutz 214
Eisbrenner, Werner 34
Eisenhower, Dwight D. *94*, 97, 99
Elisabeth II. von England 128, 133, *206*, 208, 258, 264
Ellington, Duke 176
Enders, Kornelia 178, 196
Engel, Erich 35, *79*
Engelhardt, Ludwig 253, 255
Engelmaier *92*
Engelmann, Bernt 223
Engels, Friedrich 39, 253, 255f.
Enzensberger, Hans Magnus 176
Eosander von Göthe, Johann Friedrich 43
Ephraim, Nathan Veitel Heine 261
Eppelmann, Rainer 229
Erhard, Ludwig 134
Ermisch 49
Ernst, Max 244

F., Christiane 208
Fabius, Laurent 250
Falin, Valentin 265
Fallada, Hans 222, 224
Farquhar, George 75
Fechner, Herbert 141, 143ff., 153, 162f., 172, 175, 181, 184
Fechter, Peter *112*, 117
Fehling, Jürgen 15, 32, 34
Felsenstein, Walter 27, 104, 137, 191
Fernau, Rudolf 96
Fetting, Rainer 230, 233
Fichtner (Familie) *241*
Finck, Werner 18, 20
Fischer, Martin 146
Fischer, Oskar 183
Fischer von Erlach, Josef Emanuel 109

Florin, Peter *167*
Foster, Tyrone 178
Franck, Walter *60*, 96
Frank, Anne 76, 78, 80f.
Franke, Günter 155
Franke, Klaus 254
Friedrich, Götz 248, 250f.
Friede, Dieter 25
Friedensburg, Ferdinand 18, 35
Friedrich, Jörg 185
Friedrich I. (König in Preußen) 74
Friedrich II. (König von Preußen) 69, *221*, 223, 257
Frisch, Max 176
Fritz, Bruno 40
Fröbe, Gert 34f.
Fuchs, Jürgen 201, 203
Fühmann, Franz 193
Funk, Walther 22
Furtner, Joe 40
Furtwängler, Wilhelm 24, 26, 72, 74, 230

Gagarin, Jurii 123
Galinski, Heinz 62, 98, 184, 191, 254, 267
Ganz, Bruno 166, 182
Garbe, Hans 45ff., 49
Garski, Dietrich 216, 218, 220ff., 246, 251
Gass, Karl 117
Gatti, Armand 190
Gaus, Günter 179, 181, 184, *204f.*, 210, 213
Geese, Astrid *274*
Genet, Jean 96, 98
Genscher, Hans-Dietrich 268, 276, 280
Gerkan, Meinhard von *184*
Gerlach, Manfred 281
Germer, Karl J. 16
Gerstenmaier, Eugen 72, 110
Geschke, Ottomar *18*
Geweniger, Ute 227
Girnus, Wilhelm *65*
Girth, Peter 280
Giscard d'Estaing, Valéry *210*, 215
Giskes, Heinrich 166
Gißke, Erhard 243
Giulini, Carlo Maria 268
Gladkow, Fjodor 179
Gladow, Werner 46f.
Glahn, Klaus 163
Goebbels, Josef 8, 14, 178
Göbel, Peter 110
Gobert, Boy 251
Göbl, Margret 110
Godard, Jean-Luc 133
Goethe, Johann Wolfgang von 237, 239
Gogh, Vincent van 249
Gollasch, Günter 201
Gollwitzer, Helmut *193*
Gonzales, Felipe 268
Goodrich, Frances 78, 80f.
Gorbatschow, Michail 253, 256, 258, 260, 263, 265, 271, 275, 277, 281
Göring, Peter 113
Gorki, Maxim 182

Gorvin, Joana Maria 34
Grabert, Horst 153
Graf, Steffi 254, *256*
Graffunder, Heinz 213
Graham, Billy 105
Grass, Günter 136, 138, 146, 151, 154, 156, 176, 206, 208, *227*
Greco, Juliette 197
Gregory, Masten 90
Greifzu, Paul 52
Grenander, Alfred 238
Gromyko, Andrej A. *91*, 97f., 152f., 155, *170*
Gropius, Walter *84*, 162
Gross, Walter 40
Grotewohl, Otto 10, 16f., 37, *47*, 55f., 59, *65*, 71, *83*, 87, 89, *95*
Gruber, Detlef-Elken 233
Grüber, Heinrich 10, 131
Grünberg, Karl 45
Gruntz, George 176
Gscheidle, Kurt 185
Gysi, Gregor 277, 281
Gysi, Klaus 137

Habisch (»Krücke«), Reinhold *114*, 116
Hackett, Albert 78, 80f.
Hacks, Peter 79, 81, 174
Hagen, Nina 208
Hager, Kurt 249, *253*
Hahn, Otto *96*
Haig, Alexander 222, 227
Haile Selassie (Kaiser von Äthiopien) 139
Haley, Bill 90, 93
Handke, Peter 145
Harich, Wolfgang 55, 77, 79, 81
Harry, Arnim 98
Hasse, O. E. 18, 34
Hassemer, Volker 234, 270
Hauff, Wilhelm 128
Hauff, Reinhard 256
Hausberg, Fritz *18*
Havemann, Robert 125ff., 137, 193, 195, 197, 213
Hebbel, Friedrich 247, 249, 251, 270
Heckel, Erich 142
Heimann, Gerhard 210
Heine, Heinrich 49
Heineke, Anna Maria 21
Heinemann, Gustav 76, 152f., 156
Heinrichs, Georg 162
Heinz, Wolfgang 139
Helbich, Hans-Martin 121
Held, Martin 144, 156, 270, 273
Heller, André 240, 242, 245
Hennecke, Adolf 33, 47, 49
Henninger, Rolf 156
Henrich, Rolf 275
Hensel, Georg 189
Henselmann, Hermann 56f., 62, 127, 155
Henze, Hans Werner 76, 81, 128, 132
Herberger, Sepp *198*
Herbolzheimer, Peter
Hermann, Kai 151
Hermes, Andreas 10

283

PERSONENREGISTER

Hermlin, Stephan 193, 223, *227*
Herrhausen, Alfred 266
Herrmann, Karl-Ernst 166, 182, 221, 242
Herter, Christian H. 98
Hertz, Paul 124
Herzog, Chaim 264
Herzog, Werner 208
Hessling, Hans, *60*
Heß, Rudolf 22, 265
Heuss, Theodor 41, 47, 50, 53, 64, *66*, 69, *82*, 84, 96, 99
Heym, Stefan 137, *139*, 193, 213ff., 223, 275, 279
Hilbert, Horst 141
Hinz, Werner *39*
Hirsch, Ernst E. 68
Hirsch, Ralf 267
Hirsch, Rudi 93
Hiss, Dieter 220
Hitler, Adolf 8, 14, 120, 131, 151
Ho Chi Minh 83
Hochhut, Rolf 118, 120, 122
Hofer, Karl 14, 15
Hoff, Claudia 78
Hoff, Hein ten 34
Hoffmann, Hans-Joachim 267
Hoffmann, Heinz *109*
Hoffmann, Kurt 86, 92
Hoffmann, Paul G. 53
Hölderlin, Friedrich 191, 214
Hollein, Hans 262
Höllerer, Walter 123, 176
Honecker, Erich 17, 20, 107, *135*, 157, 165, 167f., 173, 177f., 187, 191, 195, *197*, 199, 205, *207f.*, 211, 213f., 217, 225, 231, 233, 235f., 239, *241*, 243ff., 247, *253*, 255, 263, 265, 269, 273, 275, 279, 281
Honecker, Margot *197*
Hope, Maurice *202*
Horowitz, Vladimir *252*, 254, 256
Horowitz, Wanda *252*
Hoss, Bernd 256
Howley, Frank L. 29, 32
Hübner, Nico 205, 208, 215
Huch, Ricarda *27*
Humez, Charles 92f.
Humphrey, Hubert 140, 144
Hurd, Douglas 278, 280
Hurwiz, Angelika *39*

Ibsen, Henrik 166, 168
Ihle, Jochen 244
Illgen, Rolf 205

Jackling, Roger *158*, 164
Jackson, Michael 273
Jähn, Siegmund 207, *209*
Janka, Walter 77, 79, 81
Jarrett, Keith 176
Jelisarow, Iwan 35
Jendretsky, Hans 17
Jenninger, Philipp 204
Johannes Paul II. (Papst) 237

John, Erich 155, 157
John, Otto *65*, 69
Johnson, Harold *116*
Johnson, Lyndon B. 106, 108, 110
Johnson, Uwe 108, 176
Jonas, Anna 176
Josselson 81
Junker, Wolfgang 179, 189, 197
Just, Gustav 77, 79, 81

Kadhdhafi, Umar Muammar Al 252
Kaiser, Jakob 10, *25*, 27
Kalinin, Michail I. 29
Kant, Hermann 149, 209, 213
Karajan, Herbert von 72, 74, 197, 230, 232, 238, 242, 268, 280
Karasek, Hellmuth 214, 242
Karge, Manfred 189
Karsch, Walther 32, 80
Karsunke, Yaak 176
Karusseit, Ursula *189*
Karuzzo, Madeleine 230
Kaufmann, Oskar 191
Käutner, Helmut 80, 84, 86, 102
Kellermann, Bernhard *47*
Kennedy, John F. 106, 114, 117, *118*, *120*, 123
Kennedy, Robert F. 116
Kerbel, Lev 257
Kernbach, Otto 116
Kewenig, Wilhelm 234, 254
Khalid (König von Saudi-Arabien) 220
Kiesinger, Kurt Georg 134, 148, 151
Kieslowski, Krysztof 270
Kilger, Heinrich 34
Kilius, Marika 110
King, B. B. 176
King, Martin Luther 127
Kingsley, Ben 270
Kipphardt, Heinar 120, 124, 126, 127
Kirchhoff, Corinna 242
Kirchner, Peter 269
Kirsch, Sarah 193, 201
Kittlaus, Manfred 266
Klarsfeld, Beate 148, 151
Klawonn *84*
Kleiber, Erich 73, 74
Klein, Gerhard 85
Kleinschmidt, Werner 80
Kleist, Heinrich von 174f.
Kleusberg, Herbert *192*
Klier, Freya 255, 267
Kling, Karl 90
Kluge, Alexander 136, 251
Knef, Hildegard *19*
Koch, Robert 231
Koczian, Johanna von 78, 81
Kohl, Helmut 204, 208, 228, 251, 258, 276, 278, 281
Kohl, Michael 134f., 153, 164, *167*, 169, *171*, 175, 204
Köhler, Jörg 221
Kohrt, Günter 167
Kokoschka, Oskar 249

Kölblin, Arno 34
Kollmann *92*
Kollo, René 248
König, Karl 133
König, Michael 166, 182
Konjew, Iwan S. 129
Koolhaas, Rem 262
Korabelnikowa 49
Korber, Horst 119, *128*, 134, *188*, 210
Korbjuweit, Lothar 273
Korn, Roland 127, 233
Kossygin, Alexei N. 129, 150
Kotikow, Alexander G. 23, 25, 37, 41, 129
Kowaljow 49
Krack, Erhard *181*, 184, *209*, 223, 233, 259, 263, 265, *267*, 269, 281
Kramer, Heinz von 76
Krawzcyk, Stephan 255, 267
Kreisky, Bruno 205, 208
Krenz, Egon *245*, *253*, 273, 275, 277, 279, 281
Kressmann, Willy 62
Kressmann-Zschach, Sigrid 218
Kreuder, Peter 14
Krier, Rob 262
Kroll, Erwin 26
Krug, Manfred 193, 201
Krusche, Werner *207*
Kruse, Martin *194*, 196
Kuhnert, Christian 201, 203
Külz, Karina *14*
Külz, Wilhelm 10
Kunert, Günter 193, 213
Kunze, Heinz Rudolf 273
Kunze, Reiner 201
Kupfer, Harry 247, 249
Küttner 273

Lampe, Jutta 182, 242
Lange, Hartmut 196
Langhans, Carl Ferdinand d. J. 111
Langhans, Carl Gotthard 96, 99
Langhans, Rainer 134
Langhoff, Matthias 189
Langhoff, Wolfgang 47, 69, 79, 117
Lasky, Melvin J. 27, 69
Laue, Max von *96*
Laurien, Hanna-Renate 254
Le Corbusier *84*
Leander, Zarah 179
Legal, Ernst *47*
Lehman, Robin 191
Liebl, Wilhelm 249
Lemmer, Ernst 10, 25, 27, *82*
Lenin, Wladimir I. 49, 77, 111, 125, 159, 161f., 253, 277
Leonhard, Wolfgang 10
Leonow, Alexei *133*
Lerner, Alan J. 110
Lesser 273
Lessing, Doris 270
Lessing, Gotthold Ephraim 246
Leuschner, Bruno 89
Levine, James 280

PERSONENREGISTER

Lichtenberg, Bernhard 249
Liebermann, Max 249
Liebknecht, Karl 43, 101, 127, 156, 267, 272
Liehr, Harry *188*, 192, 196
Lietzau, Hans 96, 154, 156, 172, *174f.*
Ligendza, Catarina 248
Lilienthal, Peter 212
Lincke, Paul 260
Lindenberg, Udo 237, *239*
Lingner, Max *47*
Linse, Walter 54, 57
Lipnitzki *11*
Liszt, Franz 252, 254
Loch, Hans *65*, 145
Löffler, Gert *188*
Löffler, Kurt 249
Lohse, Klaus 233
Lollobrigida, Gina 190
Looy, Rik van 122
Lorenz, Peter 186, 188, 190, 192, *206*, 210, 214
Loewe, Frederick 110
Loewe, Lothar *195*, 197, 235
Löwenthal, Richard 158
Loyen, Peter von 214
Lübke, Heinrich 96, 99, 108, 132
Luchaire, Julien 56
Lucht, Friedrich-Wilhelm *18*
Lüder, Wolfgang *188*, 198, 210, 220
Ludwig, Eduard 50
Ludwig, Leopold 14
Ludwig, Olaf 221, 280
Ludwig, Volker 185
Luft, Friedrich 39, 62, 120, 126, 166
Lummer, Heinrich 240, 254
Lusset, Felix 32
Luther, Martin 237, 238
Luxemburg, Rosa 101, 156, 267, 272

M., Erika 55
M., Till 206, 209
Mahler, Horst 162
Maizière, Lothar de 280
Mann, Dieter 245
Mann, Thomas 75, 86
Marceau, Marcel 163
Markgraf, Paul 35
Maron, Karl 10, *131*
Marquardt, Fritz 219, 221
Marshall, George C. 24
Marsilius 263
Martay, Oscar 190
Marx, Karl 39, 253, 255f.
Mastroianni, Marcello 270
Masur, Kurt 185
Matioli, Rocco 202f.
Matthes, Gottfried 104
Matthes, Günter 92
Matthes, Roland 157
Matthus, Siegfried 247, 249, 251
Maurer, Friedrich *60*, 96
Mayuzumi, Toshiro 197
McCarthy, Josef R. 68, 126
McCloy, John J. 66

Meinecke, Eva-Maria 270
Meinecke, Friedrich 32
Meinhof, Ulrike 158
Meisel, Kurt 34
Meisner, Joachim Kardinal *237*, 239, 249f.
Meißner, Renate 163
Meitner, Lise *96*
Mendelsohn, Erich 224
Mensching, Steffen 255
Menuhin, Yehudi 24, 27, 230
Menzel, Adolph 249
Mercouri, Melina 268
Mészáros, Márta 190f.
Metzel, Olaf 260
Meyer, Ernst *47*
Meyer, Sabine 238, 280
Middell, Margret 253, 255
Mielke, Erich 139, 273
Mierzejewski 251
Mies van der Rohe, Ludwig 150f.
Mikojan, Anastas *83*, *89*, 94
Miller, Arthur 68
Minetti, Bernhard 96, 224, 270, 273
Mira, Brigitte 14
Mischnick, Wolfgang 178
Mitterand, François 248, 251, 258, 264
Möckel, Gotthilf Ludwig 249
Modrow, Hans 277f., 281
Moholy-Nagy, Lázló 174
Molière 67f., 74
Molotow, Wjatscheslaw M. 64
Mondrian, Piet 150
Moneta, Jakob *193*
Montgomery, Bernhard L. *11*
Moore, Henry 50, 150
Morgenstern, Christian 166
Mozart, Wolfgang Amadeus 108, 111
Mtume 178
Müller, Dieter 202f.
Müller, Franz 15
Müller, Gerda *47*
Müller, Hans C. 162
Müller, Heiner 153, 179, 189, 191, 193, 196, 219ff., 268, 273
Müller, Peter »De Aap« 87
Müller, Ulrich *167*
Müller, Wolfgang 75
Müller-Rehm, Klaus H. 84
Munkaczy, Mihály 249
Mussorgsky, Modest Petrowitsch 244

Nagel, Otto *47*
Naumann, Konrad 165, 167f., 223, 247, 251
Navratilova, Martina 254, *256f.*
Nehring, Johann Arnold 55
Neid, Cris 273
Nestroy, Johann Nepomuk 246
Neubauer, Kurt 142, 160, *188*, *198*, 202
Neufeld, Renate 215
Neumann, Franz 16, 88, 92
Neumann, Günter 34, *40*
Neurath, Konstantin Freiherr von 22
Neuss, Wolfgang *139*

Neutsch, Erik 219
Nickisch, Arthur 230
Niehoff, Karena 244
Nielsen, Hans *120*
Niemöller, Marin 53, 76
Nier, Kurt *204*
Niklas, Wilhelm 52
Nimgel, Franz 110
Nimmrich, Hans 213
Nixon, Richard M. *152*, 156
Noelte, Rudolf 104, 242
Nofretete 194, 220
Nuschke, Otto 25, *53*

Obed, Elisha 197
Oertel, Heinz-Florian 239
Ogbe Ogbu, Edwin 183
Ohnesorg, Benno 140, 142, 144, 172
Ollenhauer, Erich *82*
Opitz 49
Opitz, Max *83*
Oppenheimer, J. Robert 126
Osborne, John 87
Ossietzky, Carl von 99
Ostrowski, Otto *18*, 21ff., 26
Oxfort, Hermann *188*, 192, 196f., 234
Özal, Turgut 265

Palme, Olof 241
Palucca, Gret *47*
Pannach, Gerulf 201, 203
Papandreou, Andreas 241
Pasolini, Pier Paolo 175
Pätzold, Erich *188*
Paul VI. (Papst) 144
Pechstein, Max 14
Penzel 273
Pérez de Cuellar, Javier 238
Philip, Prinz Edinburgh 128, 132, *206*
Piasecki, Lech 250f.
Picasso, Pablo 238f.
Pieck, Arthur 10, 105
Pieck, Wilhelm 17, *37*, 51, *53*, *71*, *83*, 101
Piscator, Erwin 69, 120, 122, 124, 219
Pius XII. (Papst) 120, 122
Placido, Michele 212
Plambeck, Juliane 192
Plenzdorf, Ulrich 178
Podgorny, Nikolai W. 150
Polk, James 124
Pollex, Wolfgang 175
Ponomarjowa, Margarita 251
Poppe, Ulrike 241
Porter, Cole 74f.
Power, Francis G. 116
Preiss, Wolfgang 74f.
Preußen, Louis Ferdinand von 110
Pulnikow, Wladimir 271
Puschkin, Georgij M. 37, *83*

Raab, Jürgen 273
Raab, Uwe 250f.
Rachmaninow, Sergei W. 252, 254

PERSONENREGISTER

Racine, Jean 270
Raeder, Erich 22
Raffael 73
Rahn, Helmut 92
Rasch, Walter *188*
Rattay, Klaus-Jürgen 222
Rau, Lieselotte *126*
Rauch, Christian Daniel 221, 223
Ray, Johnny 90
Reagan, Nancy 258
Reagan, Ronald 228, 232, 252, *258*, 260, 264
Redslob, Edwin 32
Rehm, Werner *168*
Reichel, Ilse *188*, *192*
Reichhold, Henry H. 102
Renz, Siegfried 122
Resa Pahlawi (Schah von Persien) 140, 144
Reuter, Ernst 22f., 25, 27, 30, 32, 35, 38, 40ff., 48, 50, 52f., 58, 63, 198, 240
Riebschläger, Klaus *188*, *192*, 220
Rilke, Rainer Maria 247
Risse, Carl-Hermann *189*
Ristock, Harry 150, *188*, *192*, 198, 240
Robertson, Brian H. 28
Rocchigiani, Graciano »Rocky« *272f.*
Rogers, William *170*
Rohmer, Rolf 245
Rollnik, Gabriele 192
Rosemeyer, Bernd 90
Rossi, Aldo 262
Rossijskij 49
Rühmann, Heinz 84, 87
Rumler, Fritz 156
Rush, Kenneth *158*, 164
Ruska, Ernst 257
Rykow 49

Sais, Tatjana 34, *40*
Sander, Otto 182, 242
Sartre, Jean Paul 32, 34, 246
Sasse, Heribert 246, 251, 272
Sattelberg, Helmut 175
Säuberlich, Lu 18
Sauerbruch, Ferdinand 10, 231
Sauvagnargues, Jean *158*, 164
Savary, Jérôme 224
Scarlatti, Alessandro 252, 254
Schabowski, Günter 247, 251, 253, *267*, 275, *279*
Schamoni, Peter 136
Schamoni, Ulrich 136
Scharf, Kurt 136, 138, 173, 175, *194*, 196
Scharnowski, Ernst 60
Scharoun, Hans 10, 102, 122, 123, *148*, 150, 206, 209
Schäuble, Wolfgang 269
Scheel, Walter 158
Scheibe, Richard 80, 150
Schewardnadse, Eduard 280
Schieske, Alfred *60*
Schiesser, Horst 257
Schiller, Friedrich von 67f., 117
Schiller, Karl 133

Schily, Otto *193*
Schinkel, Karl Friedrich 101, 104, 137, 223, 226, 237, 243, 245
Schirach, Baldur von 22
Schirp, Wilhelm *14*
Schlesinger, John 117
Schlöndorf, Volker 136
Schlüter, Andreas 41, 43, 47, 55
Schmeling, Max 34, 116, 178, 272
Schmidt, Helmut 186, *206*, *210*, 228
Schmidt-Rottluff, Karl 142
Schmieder, Werner 219
Schmücker, Ulrich 180, 184
Schneider, Peter 176
Schneider, Rolf 193, 213, 215
Schnitzler, Karl Eduard von 117
Schnoor, Robert 80
Schollwer, Edith *4 0*
Scholz, Gustav »Bubi« 87, 92f., *116*, 130, 132, 244f.
Scholz, Rupert 228, 234
Schönberg, Arnold 96
Schönemann, Horst 149
Schönfelder, Gerolf 145
Schönherr, Albrecht 155, *173*, 175, *207*
Schreiber, Roland 201
Schreiber, Walther 10, *18*, 48, 50, 58, 63f., 69f., 74, 198
Schreier, Peter 197
Schröder, Ernst *126*
Schroeder, Louise 18, 22, 24, 26, 198
Schroth, Hannelore 74f.
Schtscharanski, Anatoli 256
Schuch, Karl 249
Schuchhardt, Jürgen 219
Schukow, Georgi K. *11*, 13, 20
Schüler, Ralf 212
Schüler-Witte, Ursulina 212
Schulte-Frohlinde, Georg 166
Schultheis, Christina *207*
Schultz, Eva-Katharina 156
Schulz, Bernd 273
Schulz, Michael 271, 273
Schulze, Horst *128*
Schumacher, Kurt 18
Schuman, Robert *170*
Schumann, Robert 252, 254
Schur, Gustav Adolf »Täve« 157
Schürer, Gerhard 273
Schütz, Helga 178
Schütz, Klaus 141ff., 152, 157f., 163, 166, 168, 186, *188*, 190, *192*, 196, 198, 200, 202
Schwarz, Edith 46
Schwarz, Jewgeni L. 155
Schwedler, Rolf *84*, 126
Schwenk (Geschwister) 233
Schwiedrzik, Wolfgang 154
Schwierzina, Tino 279
Schygulla, Hanna 212
Seebohm, Hans-Christoph 110, 117
Sefrin, Max 115
Seghers, Anna *47*, 209, 237

Seitz, Gustav 47
Sellner, Gustav Rudolf 96, 128
Senf, Margit 110
Sercu, Patrick 215
Severeyns, Emile 87
Seydoux Fornier de Clausonne, François 158
Shakespeare, William 74, 138
Shaw, George Bernhard 110
Sickert, Walter 146
Siegmann, Gerhard 84
Simonow, Konstantin 26f.
Sindermann, Horst *253*, 267
Singer, Katharina 74
Sinowatz, Fred 241
Skrjabin, Alexandr N. 252, 254
Slevogt, Max 249
Smirnow, Andrej 110
Sokolowski, Wassili D. 20, 34, 129
Solf, Reinhold 156
Solowjew, Andreij L. 106
Solter, Friedo *117*, 245
Soraya 140
Spangenberg, Dietrich 184
Späth, Gerold *206*, 208
Speer, Albert 22
Spranger, Eduard 15
Springer, Axel Cäsar 136, 207
Stachanow, Alexei Grigorjewitsch 49
Stalin, Josef W. 10, 41, 49, 77, 120, 203
Starnick, Jürgen 254
Starosch, Leo 34
Staudte, Wolfgang 19, 21
Steckel, Leonard 74f.
Steenbergen, Rik van 87, 122
Stein, Peter 154, 166, 168, 174, 182, 206, 208f., 221, 227, 240, 242, 244, 246, 270
Stein, Werner 168
Steinboeck, Rolf 74
Stemmle, Robert A. 34f.
Sterling, James 262
Sternberg, Josef von 102
Stevens, George 160
Stewart, James 114
Dietrich Stobbe *188*, *192*, 198, 200, 202, *206*, *210*, 214, 218, 220, 222, 226
Stolpe, Manfred *207*
Stoph, Willi 110, 129, *135*, 141, 157ff., 183, *253*
Stötzer, Werner 253, 255
Straßburger, Helmut *189*
Straub, Marie 136
Strauss, Richard 197
Strauß, Botho 166, 206, 208f., 246, 280
Strauß, Johann 27
Strehler, Giorgio 231
Striek, Heinz 190, 192
Strittmatter, Erwin 61, 103, 105
Stroux, Johannes 19
Stroux, Karlheinz 60, 63, 74
Struck, Wolfgang E. 243
Strucksberg, Georg 40
Stück, Marcus *245*
Stumm, Johannes 35

PERSONENREGISTER/BILDNACHWEIS

Suhr, Otto 21, 23, 26, 28f., *64*, 69f., *74*, 82, 84, 86ff., 198
Suhr, Susanne *7 4*, *82*
Sukova, Helena 254
Swolinsky, Curt 16
Sykora, Peter 248, 250
Sylvia 233
Symeon 263

Tabor, Günter *120*
Tabori, George 272
Temesvari, Andrea 254
Templin, Regine 267
Templin, Wolfgang 267
Tereschkowa, Valentina 123
Tessenow, Heinrich 101
Teufel, Fritz 134
Thadden-Trieglaff, Reinhold von 51, *53*
Thälmann, Ernst 257
Thatcher, Margaret 230
Theodorakis, Mikis 270
Theuner, Otto 133
Thiess, Frank 68
Thom, Andreas 273
Thurau, Dietrich 215
Tiburtius, Joachim 51
Timmermann, Ulf 251
Tisch, Harry 273
Tito, Josip Broz 29, 129
Titz, Eduard 237
Tizian 73
Tokarew, S. A. 51
Tomski, Nikolai W. 159, 162
Toulouse, Edouard K. 124
Towner, Ralph 176
Tränhardt, Carlo 272
Trautschold, Ilse *40*
Treptow, Gunther *14*
Tressler, Georg 80
Trowe, Gisela 35
Trudeau, Pierre E. *241*, 244
Truman, Harry S. 10, 34, 52, 208
Tschechow, Anton 240, 242, 244
Tschechowa, Vera 114
Tscholakowa, Ginka 153
Tschuikow, Wassili I. 8, 37
Tschutkib 49
Turner, George 254
Tutanchamun 218, *220*

Uhde, Fritz von 249
Ulbricht, Walter 10, 15f., 43, 59, 77, 80f., *83*, 89, 91, *95*, 101, 106f., 109, 112f., 115, 119, 123, 125, 129, *135*, 141, 153, 155, 157, 159, 161, 165, 168
Ungers, Oswald Matthias 262

Vallentin, Maxim 55
Velázquez, Diego Rodríguez da Silva y 73
Verner, Paul 167f.
Verhoeven, Michael 160, 163, 190
Vetter, Horst 234, 254
Vieth, Inge 192

Virchow, Rudolf 231
Visconti, Luchino 189
Vockel, Heinrich *42*, *74*
Vogel, Hans-Jochen 222, 224, 226
Vogt, Richard 34
Vostell, Wolf 260

W., Ekkehard 168
Waesemann, Friedrich 71
Wagner, Richard 73, 248, 250f.
Wagner-Régency, Rudolf 75
Waldheim, Kurt 187, 191
Walker, Nicky 272f.
Wäscher, Aribert 34
Watteau, Antoine 73, 246, 248
Wedekind, Frank 156, 270
Wegener, Paul 15
Wehner, Herbert 156, 178
Weidling, Helmuth 8, 14
Weigel, Helene *39*, *47*, 67f., *79*, *169*, 179
Weill, Kurt 67
Weisenborn, Günther 18, 20
Weiss, Peter 120, 124, 126, 154
Weizsäcker, Richard von 209f., 222, 226f., 230, 234ff., 238ff., 244, 254, 258, 260, 268
Wenck, Ewald *40*
Wendt, Erich 118, *129*
Wendt, Ernst 189
Wenzel, Hans 14
Wenzel, Hans-Eckardt 255
Werner, Arthur 10f., 15, *131*
Weskamm, Wilhelm 69, 73
Wicken *90*
Wicki, Bernhard 96
Wilder, Thornton 32
Wilhelm I. (Deutscher Kaiser) 111, 223
Williams, Tennessee 34
Wilson, Harold 132
Wilson, Robert 212, 214, 268, 270, 273
Windeck, Agnes *40*
Winzer, Otto 10, 25
Wirth 49
Witt, Katharina 273
Wittwer, Georg 254
Wohlrabe, Jürgen 134, 276
Wolf 49
Wolf, Christa 193, 223, 275
Wolf, Konrad 227
Wolf, Markus 275
Wolf, Wilhelm 25
Wolff, Karl-Dietrich 146
Wolfram, Hans-Joachim 233
Wolle, Hans-Joachim 233
Wüstner, Gerhart 247

Yates, David P. 124

Zadek, Peter 222, 224, 270
Zille, Heinrich 92, 213, 241
Zweig, Arnold *47*, 151

BILDNACHWEIS

Archiv für Kunst und Geschichte, Berlin: 8, 11, 13, 14, 16, 17, 20, 21, 25, 30, 31, 32, 33, 35 oben, 36, 37, 41, 44, 45, 46, 49, 50, 52, 54, 55, 56, 58, 59, 61, 64, 65 oben, 67, 68, 71, 72, 75, 77, 82 oben, 83, 84 oben, 86, 89, 91, 93 oben, 96 (2), 100, 102, 103, 106, 108, 112, 113, 115, 118, 120 oben, 122, 131 unten, 139 unten, 140, 142 oben, 145, 146, 148 (2), 150, 152, 157, 161, 164, 191, 195 unten (2), 200, 211, 212, 215, 231 oben, 235, 241 unten (2), 242 oben, 243, 245, 251, 255, 257, 259 unten, 269, 261, 265, 269, 276, 277 (2), 278, 281 unten, Einband (6).
Berliner Ensemble, Berlin: 219.
Adelheid Beyer (Volksbühne), Berlin: 189.
Bildarchiv Preußischer Kulturbesitz, Berlin: 69 oben, 190, 248, Einband oben links (1), 288.
Chronos-Film, Kleinmachnow: 9 (2), 11 unten.
Deutsches Theater, Berlin: 117.
Filmmuseum Potsdam, Potsdam: 19.
Hagen Koch, Berlin: 107, 109, 225 (2).
Landesbildstelle, Berlin: 18, 23, 24, 26, 28, 29, 35 unten, 38, 39, 42, 43, 48, 51, 57, 65 unten, 66, 69 unten, 70, 74, 76, 78, 81, 82 unten, 84 unten, 85, 88, 93 unten, 95, 98, 105, 110, 114 unten, 119, 121 oben., 124, 127, 128 oben, 129 oben, 132, 133, 134, 135, 136, 138, 142 unten, 144, 154, 155, 158, 160, 162, 167 (2), 169, 170, 171, 172, 176, 177, 178, 180, 181 unten, 184 (2), 186, 188, 192, 194 (2), 196, 202, 204, 206, 208, 210, 213, 214, 216, 218, 221, 228, 229, 230, 232 oben, 234, 236, 246, 247, 250, 252, 253, 254, 258 (2), 259 oben, 262, 266, 272 oben, 275, 281 oben.
Lehnartz, Das Hauptstadt-Bildarchiv, Berlin: 217.
Der Spiegel, Hamburg: 205.
Ullstein Bilderdienst, Berlin: 27, 40, 47, 53, 60, 62, 63, 73, 79, 80, 87, 90, 92, 94, 97, 101, 104, 111, 114 oben, 116, 120 unten, 121 unten, 123, 125, 126, 128 unten (2), 129 unten, 130, 131 oben 137 (2), 139 oben 141, 143, 147, 149, 151, 153, 156, 159, 163, 166, 168, 173, 174 (2), 181 oben, 182, 183, 193, 195 oben, 198, 199, 203, 207, 209, 222, 224, 226, 227, 231 unten, 232 unten, 237, 239, 2240, 241 oben, 242 unten, 249, 256, 264, 267 (2), 268 (2), 270, 271, 272 unten, 273, 274, 279, 280.
Verlagsarchiv: 22, 220.

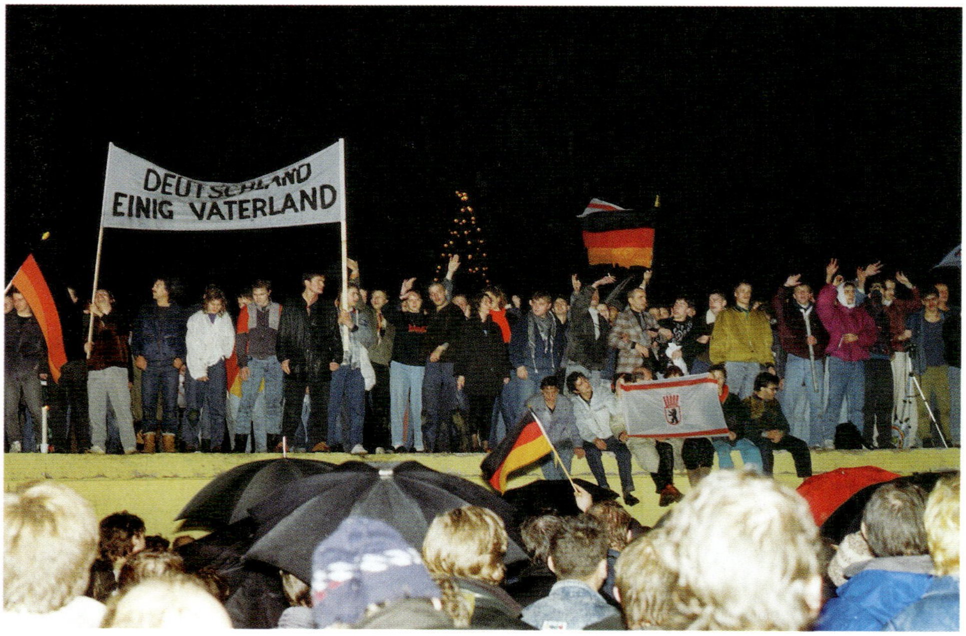
DEUTSCHLAND
EINIG VATERLAND